2019
Selected Cases
on the Information Mangament to Insurance Industry

保险业信息化优秀案例精编

中国银行保险传媒股份有限公司 编

中国金融出版社

责任编辑：张清民
责任校对：张志文
责任印制：程　颖

图书在版编目（CIP）数据

2019 保险业信息化优秀案例精编／中国银行保险传媒股份有限公司编．—北京：中国金融出版社，2019.12

ISBN 978-7-5220-0409-9

Ⅰ．①2… Ⅱ．①中… Ⅲ．①保险业—信息化—案例—中国—2019 Ⅳ．①F842

中国版本图书馆 CIP 数据核字（2019）第 269053 号

2019 保险业信息化优秀案例精编
2019 Baoxianye Xinxihua Youxiu Anli Jingbian

出版发行　中国金融出版社
社址　北京市丰台区益泽路 2 号
市场开发部　（010）63266347，63805472，63439533（传真）
网上书店　http：//www.chinafph.com
　　　　　（010）63286832，63365686（传真）
读者服务部　（010）66070833，62568380
邮编　100071
经销　新华书店
印刷　北京市松源印刷有限公司
尺寸　210 毫米 × 285 毫米
印张　30.5
字数　716 千
版次　2019 年 12 月第 1 版
印次　2019 年 12 月第 1 次印刷
定价　158.00 元
ISBN 978-7-5220-0409-9
如出现印装错误本社负责调换　联系电话(010)63263947

本书编委会

主　　编：朱进元　吴晓军

副 主 编：杜增良　李俊岭　左　春　刘　勇

编 辑 组：许　闲　李晓波　肖菲菲　孔瑞敏　郑青莹

学术支持：复旦大学保险科技实验室

前言

信息化水平是保险企业核心竞争力与经营管理水平的重要体现，也是衡量整个行业发展质量和水平的重要标志。大力推进保险业信息化建设，坚持以信息化驱动保险业发展，是实现保险业高质量发展的重要战略举措。

当前，中国保险业正进入转型升级的关键阶段。回归保障本源、服务实体经济、增强金融普惠等重要任务都离不开信息技术的助力。作为资金密集、数据密集、知识密集的现代保险业，在组织结构建设、业务流程再造、业务领域开拓以及客户服务等方面，日益体现出以信息技术为驱动力的特征。

尤其是随着金融科技的迅猛发展，保险业满足精准需求的能力不断提升。基于大数据、云计算的风险测评、信息分析与场景模拟，可以使产品和服务实现个性化定制，增加了保险产品和服务的有效供给。另外，以信息技术作为支撑，有利于完善企业内部管理、降低成本、提升效率，形成创新型的业务模式和行业生态。

为强化保险业信息化建设成果宣传，深化行业信息技术交流，大力推动行业信息技术创新，提升行业信息化建设水平，《中国银行保险报》于2019年6月启动"2019保险业信息化案例征集活动"，得到了各保险机构的积极响应。

项目组联合复旦大学保险科技实验室，经过初评与专家组评审，从业务理念、技术创新、自主产权、项目效果、示范性及安全性等方面综合考虑，聚焦行业的难点、痛点，评选出入围案例106个，涵盖了产品开发、保险营销、保险代理、客户服务、基础设施、信息安全等多个环节。

本书精心筛选70个案例编辑成册，以技术应用领域为划分依据，将精选的案例分为赋能营销与客户服务、智能风控、运营效率、基础设施建设与数据安全四个篇章，旨在通过一系列优秀案例展现保险业信息技术发展现状，并为保险业信息技术的进一步发展提供参考借鉴。

本书编辑组
2019 年 12 月

目录

▶ **第一章 赋能营销与客户服务** / 1

太保集团保险营销员智能展业助手 / 2

人保 V 盟 / 8

平安好车主 APP / 12

太平人寿易行销项目 / 16

平安人寿代理人智能赋能方案 / 27

平安人寿人机交互应用平台 / 31

爱心人寿 Pro-A Tech 系统 / 36

泰康大健康云泰汇智能名片 / 38

泰康大健康云基于小程序的保险智能营销新模式 / 43

天安 e 点通 APP / 50

泰康在线智能交互机器人 / 54

华泰财险产品工厂服务平台 / 59

华海保险移动营销 2.0 项目 / 73

建信 e 保移动项目 / 83

华夏人寿凤凰营销企业号 3.0 / 88

大童保单托管项目 / 96

保通微客站 / 104

▶ **第二章 智能风控** / 111

泰康集团新一代"AI 慧影"智能影像处理综合服务平台 / 112

泰康集团新一代全流程数字化认知核保系统 / 121

人保财险大数据智能风控系统 / 132

人保健康心血管疾病慢病管理中的应用研究 / 139

中国人寿智能核保模型建设 / 146

"国寿i农险"项目 / 151

"太平财险定损宝"图片智能定损 / 157

太平人寿智慧营业厅 / 163

太平洋产险"e农险" / 168

太平洋产险"听风者"构建保险理赔防欺诈新模式 / 174

太平洋产险构建"太睿保"智能车联网运营平台 / 177

平安养老"智慧理赔" / 181

平安健康智能理赔"E秒赔" / 190

平安医疗健康案件欺诈预测模型在人身险案件理赔中的应用 / 195

壹账通基于智能定损和风控技术的车险理赔及服务平台 / 200

泰康在线反欺诈大数据智能风控系统 / 207

华泰财险国内公路货物运输保险智能定价引擎 / 214

安心保险基于高并发场景、多维联动的去中心化承保平台 / 227

安心保险基于知识图谱的核赔辅助决策引擎 / 236

安心保险基于自学习的360度全方位风控平台 / 241

太保安联智控罗盘 / 249

安盛保险理赔反欺诈项目实践 / 255

环亚保险经纪"道路运输第三方安全监测平台"案例成果展示 / 266

民太安商用车智能风控解决方案 / 280

第三章 运营效率 / 291

太保集团智维项目 / 292

阳光云项目 / 298

PICC分布式微服务技术体系（PDF-C）标准 / 314

人保云 / 320

人保客户线上化商业模式 / 326

人保健康互联网保险云核心业务系统 / 329

人保资产一体化资金清算平台 / 335

人保资产超级现金宝业务资源整合平台 / 341

中国人寿数字化平台项目 / 346

国寿财险客户中心枢纽建设项目 / 351

太平洋产险大灾指挥平台 / 355

平安产险智能作业项目 / 358

大地保险指挥管理系统 / 362

大地保险"筋斗云"新一代核心业务系统 / 367

华泰财险车险核心系统架构升级项目 / 372

华安保险智能运维"天眼"项目介绍 / 387

渤海人寿互联网子核心 / 397

华夏人寿CRM系统 / 406

众惠相互云上应用级双活数据中心项目 / 411

泛华新互联网核心云平台 / 414

▶ 第四章 基础设施建设与数据安全 / 421

人保财险数据中心 IPv6 SDN / 422

泰康保险集团"动静合一 透明防护"从源头做好数据安全保护 / 429

安心保险基于互联网技术的大数据平台 / 433

中再巨灾风险中国地震巨灾模型 / 443

中银保险信时空大数据分析研判技术在保险业的研究和应用 / 447

众惠相互基于流程再造在分级诊疗服务中的应用 / 458

轻松筹与中再产险、华泰保险发布首款全产业链区块链保险 / 462

中国信保信用保险客户服务模式创新与外贸信用生态建设的探索和实践 / 466

中国银保信意健险风险管理系统赋能行业风控水平提升 / 473

▶ 后 记 / 477

第一章

赋能营销与客户服务

2019 保险业信息化优秀案例精编
Selected Cases on the Information Mangament to Insurance Industry

太保集团保险营销员智能展业助手
——人生规划咨询系统

◎ 中国太平洋保险（集团）股份有限公司

一、项目概述

人生规划咨询系统定位于为保险营销员团队打造一款智能展业助手。该系统利用自然语言处理技术，通过智能语义解析和多轮对话引擎，建立智能化、趣味化的场景式咨询模式；结合中国太平洋保险（集团）股份有限公司（以下简称中国太保）海量的客户数据，运用大数据技术，从责任保障、健康保障、教育保障和养老保障四个方面，为客户提供专业化、个性化的人生规划咨询服务。

该系统为寿险行业首创，它将人生规划咨询服务与AI人工智能相结合，使营销员在智能对话机器人的协助下，可以更专业、更互动地挖掘客户的保障需求，激发客户的责任感；同时运用大数据技术建立了业界领先的人生梦想规划模型，提供客户视角的专业定制报告。

该系统的上线和推广大大提升了中国太保的客户服务体验和保险转化率，加速了中国太保寿险"金玉兰"人生规划咨询服务的品牌推广，深度打造了中国太保城区市场队伍的专业服务形象。

二、项目背景及意义

在中国太保转型2.0的背景下，"队伍为基、客户为本、产品为体、体验为魂"已经成为寿险保险营销渠道新的发展要求。针对中国城区市场高端客户对专属、定制、周全的风险与财富管理服务需求，中国太保科技创新团队联合寿险公司"金玉兰"财富管理团队，利用人工智能技术和专家的财富规划经验，通过自然语言处理与智能对话机器人技术，结合中国太保的海量客户大数据优势，构建了专业的人生规划模型，并在智能机器人生动有趣的场景式交互下，从责任保障、健康保障、教育保障和养老保障四个方面，帮助寿险公司财富规划团队为客户提供个性化的家庭财务和人生规划检视报告。在人生规划咨询智能展业助手的帮助下，每位保险营销员都可以通过机器人的智能提示，为客户提供专业的咨询服务，大大降低了保险产品和服务培训成本；同时也允许客户在保护自己家庭财富隐私信息的要求下，可以利用互联网通过一对一顾问式服务获得更高效的专业家庭保险规划咨询服务，既提高了客户体验，也进一步提高了保险顾问的专业服务品质。

三、项目重点解决的问题及主要创新点

（一）项目重点解决的问题

1. 从营销队伍的角度来看，项目重点解决

了以下几个问题。

（1）解决了保险专业性的难度。营销员在使用人生规划咨询系统的过程中，通过与智能机器人的交互，能轻松完成与客户的沟通，降低了对保险专业性的要求，特别是对新的营销员来说更容易掌握业务知识，更容易操作该系统。

（2）缩短了业务成交周期。营销员在利用该系统与客户沟通后，系统会实时产生"梦想蓝图""家庭财务报告""人生规划检视报告"，从而可以快速地使营销员给客户介绍产品组合，进行产品方案设计，大大缩短了业务成交时间。

（3）提升了从业认同度。营销员对自己的定位不再是"卖保险的"，而是"客户家庭的财务和风险规划医生"。营销员利用该系统，可以真正地为客户进行"家庭风险诊断"和"人生财务规划"。

（4）改变了单一产品销售的思维。营销员通过对四个维度的缺口诊断，会自发地为客户配置保险组合方案。

2. 从客户体验的角度来看，项目重点解决了以下几个问题。

（1）客户对保险销售的印象大大改观。从实践反馈来看，客户非常惊讶于保险销售的先进性和专业性，而不是像之前客户认为的保险营销员只是一味地推销产品。

（2）客户更清楚怎么为家庭配置保险组合。客户可以根据自己的家庭情况，参与保险方案的设计，而不是被动地接受"推销"，使客户能非常清晰地为自己或家人购买保险产品及产品额度。

（3）咨询过程中的体验轻松愉快。通过AI智能对话、图像化的选择、充满画面感的未来规划以及一目了然的缺口报告，客户可以获得轻松、愉快的体验。

（二）项目主要创新点

人生规划咨询系统有以下五大创新点。

1. 全智能。AI智能机器人引导客户做全方位的人生规划。通过AI智能机器人与客户之间的多轮问答，帮助客户厘清自己的家庭责任，比如孩子的培育、父母的赡养、自己和配偶的品质生活和养老安排等；根据客户与机器人问答过程中提供的信息，自动生成个性化的梦想蓝图，帮助客户意识到未来期望的生活越美好，当下自己需要承担的责任越重大（见图1）。

图1　AI智能机器人引导客户做全方位的人生规划示意

2. 趣场景。用生动有趣的对话和图案为客户勾画梦想。在客户有保险需求，但需要进行家庭保险需求诊断与分析的时候，传统保险营销员缺乏有效的咨询与分析工具，一般只是让客户做一个简单的调查问卷，然后形成一个简单的缺口报告，无法直观形象地展现客户的家庭风险，难以有效激发客户的风险防范意识与投保需求。

人生规划咨询系统采用生动有趣的对话和直观形象的图像为客户勾勒出一幅美好的人生梦想蓝图,将客户心中所想立即呈现在他的眼前,增强了人生规划过程中的画面感,从而激发客户保护家人,实现梦想的需求(见图2)。

图2 人生规划咨询系统用生动有趣的图案为客户勾画梦想

3. 强专业。为客户定制梦想报告和人生规划检视报告。人生规划咨询系统充分利用大数据技术,通过分析公司海量客户的个人及家庭信息、历史投保数据、理赔数据和客户服务数据,构建专业的人生梦想规划模型,自动为客户出具以下两种测算报告。

(1)家庭财务报告。系统对中高端客户家庭的收支、现金流状况、资产和负债状况进行分析后,提出专业的资产配置建议。

(2)人生规划检视报告。系统为每位家庭成员做4个风险保障维度的缺口分析,分别是责任保障缺口、健康保障缺口、教育保障缺口和养老保障缺口,从而让客户清楚地知道每位家庭成员需要配置哪些保障、具体额度是多少、配置的先后顺序等,进而为家庭的每位成员定制合理的风险保障方案。

4. 快转化。可立即在线出报告,转发给客户,同时转给保险计划系统制作产品方案。在人生规划咨询测评完成后,系统立即调用后台模型进行计算,实时为客户提供家庭财务报告和人生规划检视报告,并充分利用互联网工具,通过微信分享给客户及客户家人,减少客户与家人的沟通时间。对有保险购买意向的客户,系统还可以立即对接核心保险计划系统,根据保障缺口和建议方案制作保险产品方案,促进方案快速转化。

5. 易统计。对个人使用量、团队使用量时时统计。人生规划咨询系统还能够提供丰富的统计功能,实时查询个人及团队的业务使用情况,并进一步利用大数据技术对历史数据进行分析。通过对客户数据进行大数据画像和建模,建立多维度的客户画像标签,从中分析客户的各种不同特征对后续转化率的影响,并反馈给业务团队,使其有针对性地对客户提供差异化服务,提升业务团队的专业性。

四、项目主要建设内容

人生规划咨询系统是依托中国太保智能对话机器人平台打造而成的，该系统从逻辑上分为以下几层。

（一）计算与存储层

计算与存储层依托中国太保云计算平台提供服务器、数据库和分布式存储资源，并通过人工智能平台、大数据平台为上层算法模型层提供算力支持和大数据计算能力，通过搜索引擎平台为上层应用层提供海量的数据分布式搜索与查询功能。

（二）智能对话引擎层

智能对话引擎层利用深度学习算法，结合中国太保在保险领域积累的海量语料，经过训练建立了适用于保险业的NLP自然语言模型。该智能对话引擎层从词向量模型、意图识别模型到语义相似度模型、语义解析模型，到实体抽取模型，再到多轮对话模型全部实现自研，其中核心的多轮对话引擎与基于深度学习的NLU意图识别算法模型分别见图3、图4。

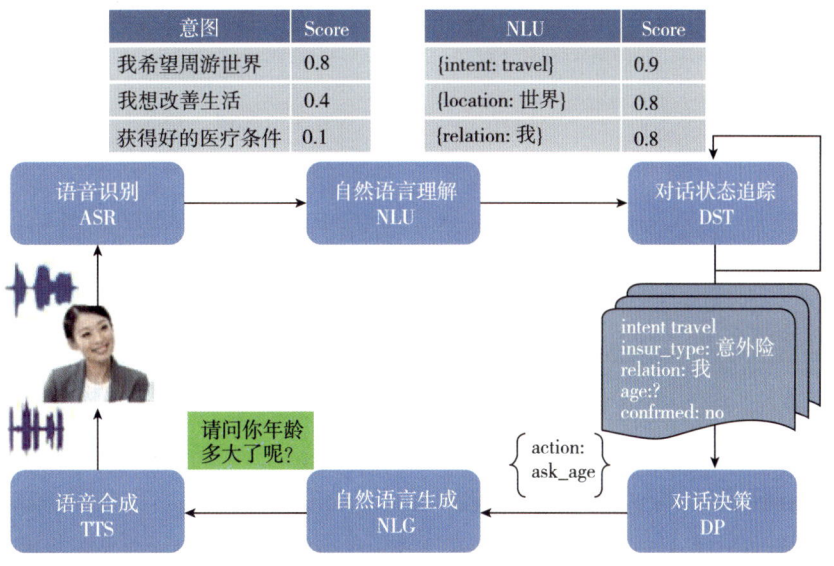

图3　多轮对话引擎流程

（三）机器人平台层

机器人平台层主要包括对话状态追踪（Dialogue State Tracker）、对话策略管理（Dialogue Policy Optimizer）和对话回复生成（Dialogue Reply Generator），负责会话连接，提供会话接口等功能。

（四）机器人运营后台层

机器人运营后台层主要包括机器人对话语料管理、NLP模型训练与管理、可视化多轮对话流程配置与管理以及统计与运营分析，其中最核心的可视化多轮对话流程配置与管理模块支持对话流程分支、跳转、组合、语义解析、场景数据收集等多项常用功能（见图5）。

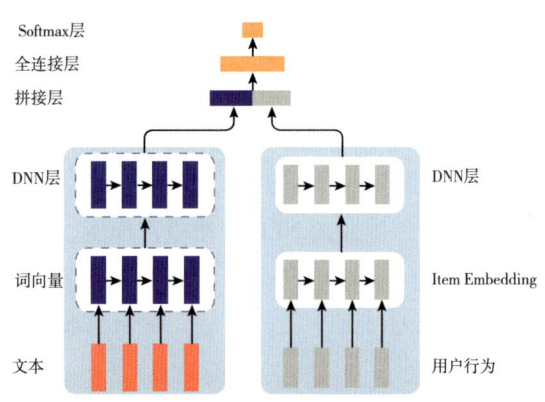

图4 NLU 意图识别算法模型

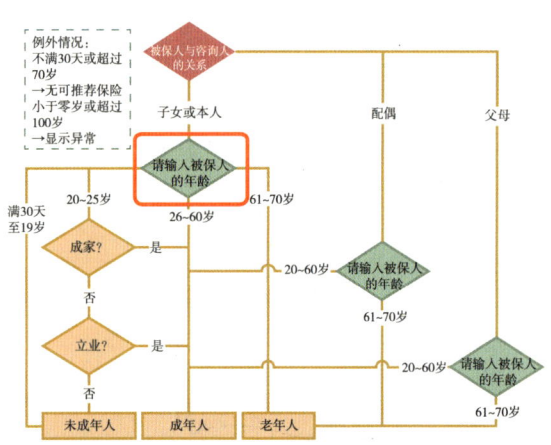

图5 多轮对话流程配置示例

（五）前端展示层

前端展示层负责具体的页面展现和交互方式的实现，采用业界通用的前端技术解决方案，支持跨平台、跨浏览器访问，用户体验良好。

五、项目效果

人生规划咨询系统自2019年7月正式投入使用以来，已完成全部分公司的推广，覆盖了86%的"金玉兰"营销员。试点期间，客户成交率超过26%；团队目标达成率为98%，举绩率为70%，远高于传统服务模式；客均保单相对传统渠道提升了60%；客均保费提高了近40%，充分发挥了该智能助手在公司城区高端市场上的助力作用。

六、总结

传统保险营销员在面对有保险需求的客户时，缺乏有效的咨询与分析工具，一般只是让客户做一个简单的调查问卷，形成简单的建议书，无法直观形象地展现客户家庭风险，难以有效地激发客户的风险防范意识与投保需求。

人生规划咨询系统定位于为保险营销员团队提供一款智能展业助手，其利用自然语言处理技术，通过智能语义解析与多轮对话引擎，建立智能化的场景式咨询模式，辅助保险营销员为客户提供专业化、个性化的人生规划咨询服务。

该系统利用大数据技术，通过分析调研海量客户的个人与家庭数据，并结合公司在保险领域的丰富经验，建立了一套人生规划模型。针对客户的不同家庭结构、人生发展阶段，采用AI智能交互方式，根据客户提供的个人及家庭信息，完成人生梦想规划设计、家庭财务及家人健康风险分析，并从责任保障、健康保障、教育保障和养老保障四大维度为客户提供缺口检视分析与投保建议。

该系统的推广将进一步提升整个保险业保险营销员的专业形象，为客户提供更优质的咨询服务体验，具体包括以下两个方面。

（1）该系统提升了保险营销员团队的服务专业性，缩短了成交周期，增强了从业认同度，进一步推动保险销售模式从"产品推广模式"向"家庭保险顾问式服务模式"转变。

（2）该系统改善客户对保险营销员的印象，

进一步发挥帮助国民了解保险在家庭责任与风险防范中的作用,并获得更加专业的保险规划建议。

该系统是寿险行业首创的人工智能展业工具,它的上线大大提升了中国太保的客户服务体验和保险转化率,加速了中国太保寿险"金玉兰"人生规划咨询服务的品牌推广,深度打造了中国太保城区市场队伍的专业服务形象。

该系统的推广,有助于提升全行业的服务形象。

专家点评

自复业以来,中国保险业获得快速持续发展,而基于保险营销员的主动营销模式,是推进中国保险业成功发展的重要原因。随着保险业的发展,营销员规模也快速扩大,营销管理和服务愈加困难。传统保险营销员在面对有保险需求的客户时,一般凭着个人经验为客户进行分析,缺乏有效的咨询与分析工具,无法直观形象地展现客户家庭风险,难以有效地激发客户风险防范意识与投保需求。太保集团开发的人生规划咨询系统,基于中国太保大数据,通过人工智能分析,针对客户的不同家庭结构、人生发展阶段,建立了一套人生规划模型,从责任保障、健康保障、教育保障和养老保障四大维度为消费者提供缺口检视分析与投保建议。这一套系统的应用从根本上解决了保险营销员团队专业化、个性化不足以及营销随意性强的问题,对密切客户联系、深入分析"痛点"、挖掘潜在需求、实现精准营销发挥了重要作用,对行业具有很强的示范应用价值。

人保 V 盟

◎ 中国人民财产保险股份有限公司

一、项目概述

近年来，国家大力推进"大众创业，万众创新"，共享经济成为新的发展热点；同时，社会分散型代理人成为保险新的业务"蓝海"与价值增长点，而移动互联、社交网络等新技术的发展为"低门槛"创造保险财富带来可能，保险应积极助力国家经济建设与财富创造。

人保 V 盟是基于移动互联技术打造的社交化全民营销模式，主要针对分散型客户和分散型保险营销员，以及社会上有志于成为保险代理的人员，打造新型代理及推广人员的聚合平台，有效拓展公司销售渠道。通过一分钟快速注册和一分钟快速出单功能，显著提升销售效率，提高公司在城网及农网的推广覆盖率；通过一分钟佣金提取功能可有效解决销售人员的垫付"痛点"。

二、项目背景及意义

（一）项目背景

随着保险业的发展，销售渠道也不断推陈出新，其主要分为以下三类：第一类是销售型渠道，如中介、电销、网销；第二类是场景化渠道，如车商；第三类是社交型渠道，如自媒体。不同类型的渠道各有优势，效率上也存在差异，但这种效率上的差异是一时的，或者说在当时的特定历史时期是存在差异的。从每类渠道的宿命来看，成本曲线上升的宿命无法改变。

以电销、网销为例。电销、网销正是在传统直销和代理渠道陷入发展"瓶颈"、成本居高不下时出现的内部渠道创新。早期，电销的成本较代理渠道要低得多，特别是互联网兴起后，网销借助电销体系的积累，一度展现出更强劲的发展速度和效率。但是，谁都逃脱不了成本曲线上升的宿命。保险业面临的最大成本有三类。显性的最大成本是人力成本和销售费用，隐性的最大成本是体制或者政策成本。近两年，电销的人力成本已从早期的 6% 左右上升到 10% 以上，而电销、网销的销售费用甚至超过了很多线下代理渠道。与互联网行业面临的很多问题一样，线上的获客成本开始超越线下，但转化率和销售效率却不及线下。因此，电销、网销渠道走弱，线下代理渠道重新成为主流。隐性成本也在不断提升，但核心还是渠道的效率问题，哪个渠道的效率更高、成本更低，保险公司就会选择以谁为主。

（二）项目意义

人保 V 盟的目标是成为社交化、便捷化、个性化和游戏化的销售人员移动端便捷展业工具和面向分散型市场的社交化营销与推广平台。具体来讲，就是人保 V 盟面向有保险从业意向的社会自然人及团体开放，以及向专业的保险从业合作平台开放，即对普通自然人、团体、中介机构全面开放，对社会代理人的正常人才流动开放。专业包括人员管理专业、知识培训专业、出单工具专业、佣金结算制度专业。人保V盟平台的开放和专业以及销售模式的社交化、扁平化，可以实现公司在行业中技术模式和业务规模方面的双重领先。

三、项目重点解决的问题及主要创新点

（一）项目重点解决的问题

项目重点解决员工在线、产品在线、客户在线、管理在线"四个在线"问题。

1. 员工在线。员工在线是"四个在线"的核心，员工对于客户的连接是紧密的，客户的行为与员工的业绩息息相关，因此员工更有动力服务客户。而企业需要为员工提供展业工具，帮助员工更好地维护客户。

2. 产品在线。产品在线是要帮助客户更好地选择产品。

3. 客户在线。客户是被两个方面黏住的，首先是人介绍人，需要员工把客户黏住，通过转介绍使人对人变成社交关系；其次是用好的商品黏住客户。

4. 管理在线。管理在线包括服务和监督，服务就是赋能员工，让员工的能力得到大幅提高；最好的监督者是消费者，客户通过微信/APP实时反馈信息，这就是管理在线。

（二）项目主要创新点

1. 极简流程快速创富。通过"1分钟注册""1分钟投保""1分钟提现"，实现在线注册代理人、在线快速出单、代理人佣金实时到账，打造极简用户体验，提升会员展业效率与积极性。

2. 线上增员突破规模。借助"社群分享"激活粉丝价值，通过存量会员的二级分享功能，会员邀请好友会获得推广奖励，形成裂变式传播，使会员规模迅速扩张。

3. 社交媒体促进推广。会员可通过定制海报在社交媒体分享，配合热点营销软文及电子保险卡的分享传播，实现场景化营销，精准触达客户。凭借会员自身的影响力，可大幅提升客户线上转化率。

四、项目主要建设内容

1. 全流程在线，打造"又快又好"的互联网展业平台。通过手机端实现产品分享、投保出单、代理人注册、佣金支付、订单及客户管理、技能培训等功能，从吸引客户关注到保单生命周期维护，平台各环节支持服务全流程线上化，助力会员推广展业，提升销售效率。

2. "社群分享"激活公司优势，形成线上裂变传播。人保V盟平台面向全类别用户，借助互联网传播的优势，实现由内向外的辐射性覆盖，在短时间内达成裂变式拓展效果，形成社会松散型保险营销人员的聚合平台。

3. "场景化营销"满足各类需求，精准触达用户。针对个人微店主，既可以帮助好友投保，也可以给好友分享店铺或某款产品的链接、海报，让好友自助投保，借助个人资源实现公司自营平台的快速传播。针对合作的第三方，可以轻松植入合作方的微信公众号、移动官网平台和APP，极大地缩短简单对外合作模式的系统上线周期，借助第三方销售资源拓展客户的覆盖面。

4. 做好分散型保险产品的市场拓展，支持灵活的非车产品场景化承保。人保V盟平台聚

焦分散型保险产品市场，覆盖全部产品线的在线销售，不仅支持"新、续、转"家庭自用车业务在线出单，还支持多款非车产品销售，承保方案灵活，支持场景化营销，客户可自主选择，满足多样化需求。根据分散型非车险业务特点，通过非车险配置化技术创新，支持分省差异化非车险产品在人保V盟的上线。

5. 持续引入区块链、OCR图像识别、智能机器人等新技术以及前后端分离体系架构，完善系统新功能和加速版本的迭代上线。人保V盟通过区块链技术所构建的"保钻"积分体系可用于营销激励，根据微店用户的活跃度，通过平台向其奖励"保钻"积分，增加用户黏性，积分发放均记录在区块链中，安全、高效；引入智能机器人技术实现代理人信息自动注册；通过前后端分离体系架构的升级，提升人保V盟的研发效率，加快版本功能迭代速度，支持人保V盟业务快速发展。

6. 为有保险从业意向的社会自然人及团体提供开放、专业的保险从业合作平台。开放体现在向普通自然人、团体、中介机构全面开放，向有技术能力或无技术能力的平台全面开放，向社会代理人的正常人才流动开放。专业体现在人员管理专业、知识培训专业、出单工具专业、佣金结算制度专业。

五、项目效果

（一）项目对公司产生的实际效果

人保V盟平台拥有百万名会员，保费收入达百亿元。回顾人保V盟的成长经历，其应用程度快速扩大，保费收入呈指数极增长，所获荣誉颇丰，包括荣获中国保险行业协会评选的"2016年保险业信息化建设优秀案例一等奖""感动中国人保财险2017年度人物"称号、"2018年人保财险科技创新二等奖""2019年人保集团创新发展战略实施先进集体二等奖"；《金融电子化》杂志评选的"2016年度金融行业渠道创新突出贡献奖"；"2018年金融区块链应用创新优秀案例"。

（二）项目对行业的应用价值和示范效应

卖保险有时候和卖水果蔬菜很像，从田间地头到大城市的消费者手里，蔬菜水果经手多个批发商，层层加价，导致成本和实际售价相去甚远。新型的模式是"中介"直接从原产地购入，再向消费者销售和配送，比如盒马鲜生和每日优鲜。传统的保险中介渠道也是多层模式，严格上来说，保险公司的业务机构和业务员也是一级代理，从保险公司出去的佣金往往很高，但实际到达"乡镇"一级代理人的佣金要少很多。在过去的物理连接时代，信息沟通不畅，交易成本高，造成这种现象并不奇怪，但今天移动互联网已覆盖10亿人，通过互联网可以击穿信息壁垒。

相对当下成本已经趋近饱和的电销、网销和传统中介渠道，人保V盟的销售模式成本更低，与人保V盟类似的模式还有创保网、i云保、开心保，它们的共同点就是社交化、扁平化销售，这种销售模式效率更高，按照效率为先、优胜劣汰的基本逻辑，这类新型销售模式很有可能成为下一个阶段保险公司的主要业务渠道。

专家点评

互联网时代，网络的便捷性、高覆盖性和低成本为保险营销的商业模式创新提供了广阔空间。人保财险实施的人保V盟项目，借助于移动互联网，创新性地实现了基于社交化的全民营销模式。这种针对分散型客户和分散型保险营销员的新型代理及推广聚合平台，通过便捷的功能、个性化的服务、社交化的营销，有效拓展了公司销售渠道，既是互联网时代下，发掘长尾营销员和长尾客户的积极尝试，也是营销模式的典型创新。

平安好车主 APP

◎ 中国平安财产保险股份有限公司

一、项目概述

中国平安财产保险股份有限公司（以下简称平安产险）依托平安好车主 APP，围绕车主的需求，搭建了涵盖"保险、服务、生活"的一站式用车服务平台，以满足用户的长尾需求。车保险、车服务、车生活是平安好车主 APP 的三大核心模块。已为车主提供"70 +"款服务产品，包括违章查办、停车缴费、车损估算、年检代办、道路救援、一键挪车、车资讯、平安行、在线理赔和在线投保等。

平安好车主 APP 将传统的保险产品从人情销售向数据化客户经营转变，将传统的客户主动要求服务向保险公司主动提供服务转变，改变保险公司只销售不服务的刻板印象，提升保险业的客户满意度和整体口碑。此外，其整合了车后市场的全产业链服务，为车市场的生态化作出卓越贡献。

二、项目背景和意义

目前车主服务领域玩家众多，但缺乏有黏度的服务内容和运营模式。市场上的车服务主要围绕车险、维修、保养等高消费低频次业务，很难培养用户习惯。因此，要想获取更多稳定的用户流量，势必要将车服务的理念进行延展，将所有与车相关的生活场景纳入车服务生态。权威数据机构易观发布的《移动互联网用户价值度评级体系》显示，平安好车主 APP 在用户规模、活跃人数等领域均已跃居汽车工具类移动应用第一位，而优质的车主服务是其用户规模保持42.4%高速增长及86%次月留存率的主要原因。

三、项目重点解决的问题及主要创新点

（一）平安行

平安好车主 APP 为行业首创，其通过软件 APP 来判断驾驶行为、倡导文明驾驶。

（二）智能客户助手

平安产险全面梳理财产保险领域的知识图谱，充分利用大数据和人工智能等技术，让机器人能听、说、看、想、做。

（三）AskBob 智能搜索

平安产险提供精准的、千人千面的智能搜索服务，实现不同类型内容间的智能导流。

（四）营销大脑

平安产险实施数据化客户运营，基于大数据和 AI 算法实现千人千面精准服务客户。

（五）车损测算

平安好车主 APP 对意外蹭车拍照上传，以及受损部件、维修方案和来年保费上涨的情况实

时测算。该项目对车损测算包括以下三大创新。

（1）高精度图片识别。车损监测覆盖所有乘用车型、外观部件、23种损失程度，识别精度高达90%。

（2）一键秒级定损定价。平安产险构建覆盖全中国以及精准到县、市的工时配件价格体系，达到一键上传照片、秒级完成维修方案定价，定损价格真实准确。

（3）全流程维修方案推荐。平安产险向用户提供修理厂、4S店两类报价，用户不仅可以根据保费上涨情况来决策后续的维修方案，还可以直接与通过质量认证的修理企业进行预约维修。

四、项目主要建设内容

（一）"平安行"：判断驾驶行为、倡导文明驾驶

平安自主研发的"平安行"是目前我国最大的安全驾驶细分领域APP，"平安行"通过车主授权同意，将车主行驶过程中的GPS数据和传感器数据，基于大数据算法得出急减速、急加速、急转弯、夜间驾驶、疲劳驾驶等多种危险驾驶行为，并在手机端向车主展示，提醒车主安全驾驶。

截至2019年6月30日，"平安行"为近1000万名车主提供了安全驾驶指导，累计上传里程100亿公里，使这部分车主的赔付率下降2PT，每年为公司减少理赔支出约4亿元。

平安拥有"平安行"100%的自主知识产权，"平安行"拥有自动起停、驾驶DNA、异常驾驶判断、后台持久驻留、去噪算法、行程分段技术、多线程与数据压缩7大核心技术和15项国家专利。

（二）智能客户助手：快速高效地解决用户问题

平安产险搭建了"机器人工厂"，打破了机器人简单做手工录入替代者的行业思维，全面梳理并打造财产保险领域的知识图谱，依托自然语言处理（NLP）技术持续深化提高客户意图识别能力，同时融合语音识别、语音转文字技术，让机器人能听、说、看、想、做。其中在"看"部分的OCR智能单证识别，能自动识别提取图片信息，支持37种单证自动分类，覆盖41类业务场景。该技术在国际文档分析与识别大会（ICDAR）国际票据扫描件文字识别和信息提取（2019 SROIE）国际大赛中获得世界第一。

截至2019年6月30日，智能机器人累计用户问答量达到1822万人次，回复成功率为98.6%，转人工率小于3%。

（三）AskBob智能搜索：构建车后市场知识体系、服务精准搜索、智能问答

平安产险搭建了AskBob智能搜索平台，全面引入知识图谱、NLP、建模技术对现有的搜索能力进行升级。首先，通过整合车后市场相关内容知识，构建了车后市场知识图谱体系（知识涵盖车辆认知、车辆服务、保险产品、保险服务、理赔知识等方面），为精准搜索、智能问答提供基础知识支持。同时，利用NLP技术构建用户意图库、内容标签体系，提升用户搜索意图识别精准度和内容召回准确率。此外，还结合用户的历史搜索行为、业务规则引擎，构建千人千面的结果排序算法，实现结果排序最优化、个性化。AskBob不仅更好地满足了用户精准搜索、智能问答的需求，而且还在不同类型服务间形成了有机关联，实现流量高效互通。

2019年1月功能优化上线后，截至2019年6月实现搜索功能月使用用户数持续增长，月均增长率达到17%，搜索结果点击转化率整体提升4%。

（四）营销大脑：数据化客户运营，基于大数据和AI算法千人千面精准服务客户

为了解决保险业客户感知的营销骚扰多、销售不精准、服务体验差、理赔时效慢的"痛点"，平安产险营销大脑依托长期积累的线上线下数据，自主研发了多种保险业垂直领域深度学习算法，实现客户全生命周期销售服务的数据化、智能化。一是通过对客户行为的预识别预测，大大减少了客户干扰次数；二是通过对客户风险的识别，辅助客户重点保障关键风险点、降低客户损失风险；三是通过对客户服务需求的及时、精准洞察，无感提升客户车服务体验、车生活质量；四是通过对客户历史信用的评估，提供精准快速的理赔方案，发挥客户风险黄金时间的效能，有效保障客户利益。

平安产险营销大脑应用IDMapping技术识别用户，底层数据涵盖业内最完整、最准确、时效最高的客户以及车型、配件、工时、价格、天气、地理数据库，覆盖99%的车型、85%的配件、93%的维修工时、98%的修理厂、55%客户授权的LBS信息及上百种天气数据；基于"Kafka + Flink + TiDB"实时计算框架，支持亿级客户群体的秒级推荐；同时，运用知识图谱、AI自然语言处理能力，结合"GBDT + LR"、PNN、AFM、DeepFM、DCN、XDeepFM、"Q - learning"等算法，实现对客户潜在意向的深度挖掘。

经过对营销大脑近半年的持续迭代优化，在"400＋"组、1.4亿次营销过程中，精准服务线上线下客户超过7100万户，在平安好车主APP绑车体验过精准服务的客户续保率高出10.2PT，客户好评率持续上升。

（五）车损测算：对意外蹭车拍照上传，以及受损部件、维修方案和来年保费上涨情况实时测算

车辆损失评估、来年保费上涨金额是用户在处理车损时最关注的问题。在传统情况下，用户只能通过报案或到修理厂定损获取信息，这既占用用户的时间，又无统一标准。平安产险的车损测算是行业首次向全量车主提供的快捷定损服务，基于平安产险海量的历史定损、修理厂等数据，依托卷积神经网络的深度学习算法的图片自动定损等AI技术，通过用户上传的车辆信息、车损照片，实时评估车辆损失金额、来年保费上涨金额并向用户推荐可靠的修理厂商，为用户解决是否应该通过保险维修、双方事故对方要价是否合适、哪里修车有保障等"痛点"，进一步降低用户修车、理赔需要了解知识的门槛，打破用户对维修、保险领域了解的专业壁垒，将小事故维修的主动权交给车主，使车主第一次真正意义上获得了车辆维修的选择权。

五、项目效果

截至2019年6月30日，注册用户数突破7100万户，绑车用户数突破4600万户，6月当月活跃用户数超过1600万户，稳居中国汽车工具类应用市场第一位，具有以下四大领先优势。

1. 行业领先。依托汽车保险第一品牌平安车险，利用"互联网＋"的大数据优势赋能，为车主提供车保险、车服务、车生活的一站式车主服务生态智能化平台。

2. 用户领先。以 7100 万注册用户、1600 万月活跃用户，稳居中国汽车工具类应用市场第一位。

3. 服务领先。合作超过 2 万家修理厂、8000 家保养连锁店等资源，一站式提供保单查询、极速理赔、违章处理、道路救援、保养维修等 "70+" 种车主服务。

4. 创新领先。根据用户数据，智能推荐个性化产品、服务；首创自助理赔服务，AI 智能一键续保；首创的"平安行"记录车主的驾驶行为，倡导安全文明驾驶，并为探索一人一车一价的 UBI 车险模式提供定价支持。

专家点评

保险作为低频次行业，在保持客户黏性上具有挑战性。平安财险推出的平安好车主 APP，围绕车主需求搭建了涵盖保险、服务、生活的一站式用车服务平台，用以满足用户的长尾需求，实现了保险服务的高频化，对增强客户黏性、保持活跃人数、提高客户留存率将发挥重要作用。该系统是互联网思维在保险业的典型应用，是增强客户黏性、延伸保险服务的有效举措。

太平人寿易行销项目

◎ 太平人寿保险有限公司

一、项目概述

在互联网日新月异的今天，场景决胜市场。对于很多金融科技公司来说，场景即入口，有了入口，就有了数据，有了数据，就有了更好地服务用户的可能。中国太平作为有着历史悠久的百年品牌，变革一触即发。随着互联网保险平台营销的不断创新，寿险营销需借势而变，创新突破。综观全球金融，大数据、云计算、人工智能等技术正在改变传统的寿险经营模式，科技赋能已成为保险业高质量转型发展的重要抓手。太平人寿保险有限公司（以下简称太平人寿）在集团赋能计划的指引下，快速启动易行销项目建设，打造营销智能生态系统平台，通过"大平台"赋能一线队伍。

项目探索初期，项目组深入研究成熟化的金融生态平台，经过太平人寿、太平金科相关项目组的反复论证，调研一线保险销售团队和内勤管理干部的整体业务诉求，并了解行业标杆的运作模式，讨论制定项目方案。

二、项目背景及意义

（一）背景和意义

习近平总书记曾在"两院"院士大会上指出，全面深化科技体制改革，提升创新体系效能，着力激发创新活力。科技创新已经成为经营战略赋能利器，保险从业人员身处金融领域，更应该深刻地感受到全球金融增长点在于金融科技，国际金融中心竞争的焦点也在金融科技。因此，保险从业人员应高度重视金融科技发展。创新数字化、网络化、智能化的金融产品和服务，全面提升金融科技应用水平，充分发挥金融科技赋能作用，不断增强金融风险防范能力，将金融科技打造成为金融高质量发展的"新引擎"，更好地服务实体经济和金融消费者。

科技创新正在全方位的赋能保险业，通过大数据、云计算、人工智能等技术，改变寿险定价模式、销售方式和运营流程，使服务变得更智能、更便捷、更能满足客户体验。保险业最前沿的是个人寿险业务，在信息化时代，业务团队也从早期的线下展业发展到线上展业。太平人寿早期开发奔驰、立保通、产品通、保宝等专业工具协助代理人进行销售。随着保险业的不断变革，以及营销模式多元化的更迭，代理人这一角色也在不断升级，对"智能化、移动化""用户体验，赋能营销""系统生态圈"等诉求日益增深，着力服务定位于集团范畴的管理平台，易行销项目应运而生。

（二）建设目标

易行销建设目标为打造营销智能生态系统平

台,通过"大平台"赋能队伍。

1. 单入口解决代理人的所有展业诉求。易行销实现一个账号,一次登录,一站式服务。

2. 人机协同,智能展业。基于移动互联平台,易行销采用人工智能技术,将业务和技术融合,使线上线下相结合,平台和人脑相配合,成为日常展业新常态。

3. 垂直管理,功能模块精细化,提质增效:引入大数据平台,易行销将经营过程数字化,以结果为导向,优化管理流程和关键销售动作。

(三)建设思路

1. 易行销将现有的系统工具打通,整合完善,追求功能极致,注重体验。

2. 易行销结合业务节奏,快速试点应用,应基层需求优化迭代。

3. 借鉴行业经验,着眼未来,易行销采用先进成熟的技术解决方案。

三、项目重点解决的问题及主要创新点

太平人寿易行销在技术上使用了人工智能、大数据、微服务、Hybrid APP、DevOps、Docker、K8S 等互联网应用中比较新的技术,采用人脸识别技术在考勤、会议、无纸化上岗等功能中实现智能识别,能够更准确、更智能地管理会议、培训、考勤、上岗等活动;采用语音识别技术进行工作日志填写、机器人语音对话,让代理人随时随地使用语音即可录入当天的工作日志,经过语音识别转文字后再转成结构化数据存入系统中,供主管审查、批阅;采用 NLP 技术制作了保险大智机器人,代理人可以在线咨询机器人相关保险问题,其具有智能问答、智能导航等功能;采用 OCR 技术实现无纸化上岗过程中的身份证识别、银行卡识别,方便用户上传卡证资料,减少手工录入错误;采用大数据技术寻找目标销售客户,根据对客户的保障分析、家庭分析、收入分析,分析客户的缺口,赋能代理人实现精准营销。

易行销采用微服务技术支撑整个系统的高并发访问,依据分布式能力实现系统的可扩展性;采用敏捷开发模式让用户、需求、开发共同协作,实现系统功能的快速迭代上线;使用 Hybrid APP 技术整合代理人使用的多个 APP,将易行销打造成为代理人的统一门户系统,使用一个 APP 实现所有相关的业务操作;使用 DevOps 技术实现系统开发的持续集成、自动化发布、自动化运维,让自动化运维跟上敏捷开发的模式;采用 Docker 技术、K8S 技术实现应用程序的容器化部署,让部署可以弹性扩展,进一步提升自动化运维能力,从而真正实现敏捷开发,提升系统开发速度,以较低成本紧跟业务活动推广、快速上线功能。

易行销从业务实际需求出发,运用互联网思维,设计贴合业务场景的用户体验,满足内外勤的展业经营诉求。其搭建具有高扩展性的算法引擎,对多维度业务指标实施高强度计算。自系统搭建以来,其业务规则和技术方案已得到实际应用的验证,技术架构和技术改造开发方案以及方案实现都有一套严格的流程,具有可行条件。

易行销依托平台,以代理人展业模式为基础,全面覆盖各渠道,深入对接外勤展业经营及内勤追踪分析的各种应用场景,提升公司内外勤团队整体的数字化经营管理能力;通过不断丰富客户画像,利用大数据技术对客户进行追踪和管理,挖掘销售线索,提升展业效率;通过"好习

惯工作日志"帮助队伍建立良好的工作习惯，贯穿有效管理和辅导经营过程，提升工作效能；通过大智机器人为每位代理人配置贴心秘书和销售助手，即时问答、智能推荐，有效解决代理人的"痛点"。

四、项目主要建设内容

（一）技术方案

易行销采用混合 APP 前端架构、微服务、持续集成、持续部署架构完成项目的快速迭代，通过基础服务建立业务智能服务模块（见图1）。

1. 敏捷开发。易行销采用了敏捷开发模式，开发周期拆分为多阶段迭代上线，基本达到两周一个迭代、1 个月一个里程碑的上线节奏，让项目快速交付，整个开发过程不影响用户使用。

2. 混合 APP 架构。易行销前端使用混合 APP 架构，混合架构可以实现一次开发多端适配，微信、手机 APP、浏览器同时可用，实现 APP 间自由跳转，混合架构可以方便接入其他 APP 应用，目前易行销使用混合应用架构整合了多个代理人 APP，打造代理人统一入口平台，实现跨平台、热部署、丰富的现有组件，以及友好的原生体验。

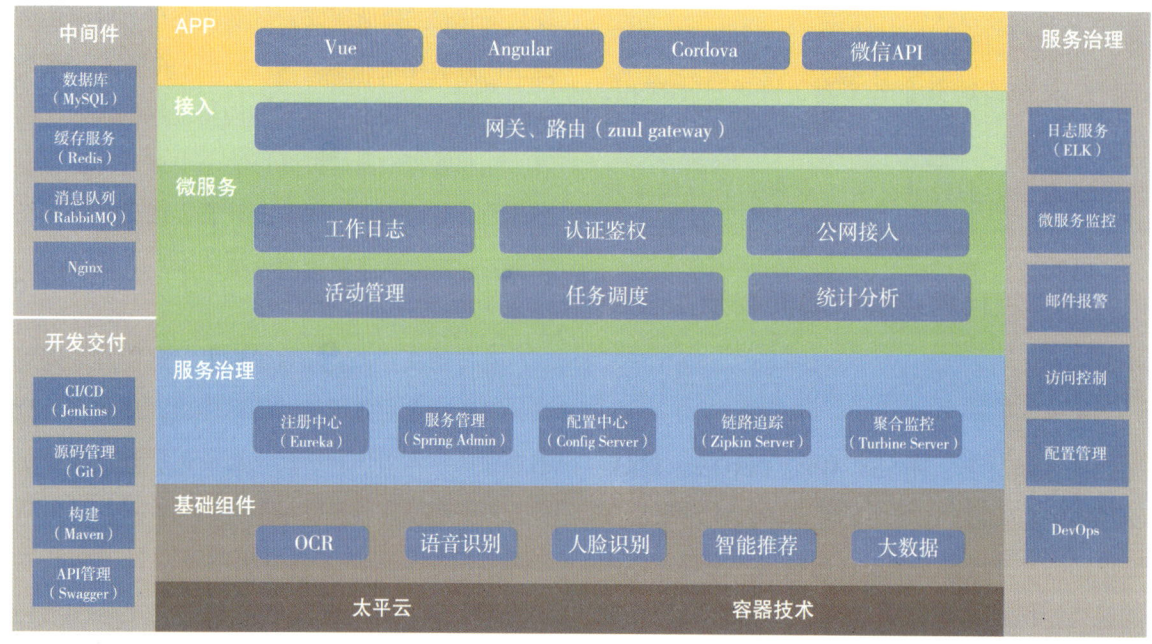

图1 易行销系统技术架构

3. 大数据。通过大数据平台实现易行销数据整合、营销活动标签统计及指标计算，通过对代理人及其客户的数据分析，为代理人展业提供数据支撑。主要场景应用于数据整合、标签画像、目标分析、保障分析、精英分析等领域。

4. 人工智能。易行销使用语音识别、NLP 技术让代理人通过语音录入工作计划，利用 NLP 技术处理语义理解，实现在线咨询、菜单语音导航等功能。目前，大智机器人能够持续为代理人提供智能导航、在线咨询及在线学习等功能，实现语音录入、支持方言、语义分析、语音转换、多轮对话和机器学习。

5. 微服务架构。易行销使用微服务技术架构，通过分布式应用降低系统耦合，提升开发效率，既能够保持技术的先进性，也能够支持百万级代理人的高频次访问。

6. DevOps开发管理平台。易行销通过DevOps，完成一键部署、快速构建，提升部署效率，改善系统容错率；通过容器云技术实现自动化运维；通过可视化、自动化测试提升质量，为项目开发提速增效。

（二）业务方案

1. 大智机器人。利用人工智能技术，打造成大智机器人，协同代理人展业，实现即时问答，智能推荐，使之成为代理人手上的展业百科全书、贴心的智能销售专家（见图2）。

大智机器人主要有以下两大功能：人机交互（语音导航、智能问答、智能任务）和智能推荐（推荐课程、智能训练、推荐计划书）。其通过强大的展业知识库提供问答服务，通过场景定制化和多轮会话提供语音操作、异议处理、查询产品信息、销售保单实时咨询、工作日志的智能填写，化繁为简地满足代理人的日常工作需求。

大智机器人知识库融合个险销售活动方案、工具、运营、客户等级、增值服务、健康服务、热销产品及产品组合等庞大的展业知识体系，每个知识点既可以设置标准问题，并在此基础上进行泛化，也可以设置关键字进行精准匹配，支持95%以上的智能匹配。大智机器人具有强大的后台支持，为其提供销售场景智能化模型。比如，新人在展业过程中遇到无法回答的异议处理情况，可以直接问大智机器人，大智机器人将为其提供文字说明及相关的视频课程；大智机器人支持互动工作日志、提示标准话术、拜访对象和拜访时间自动存储及多条拜访记录合并等功能。

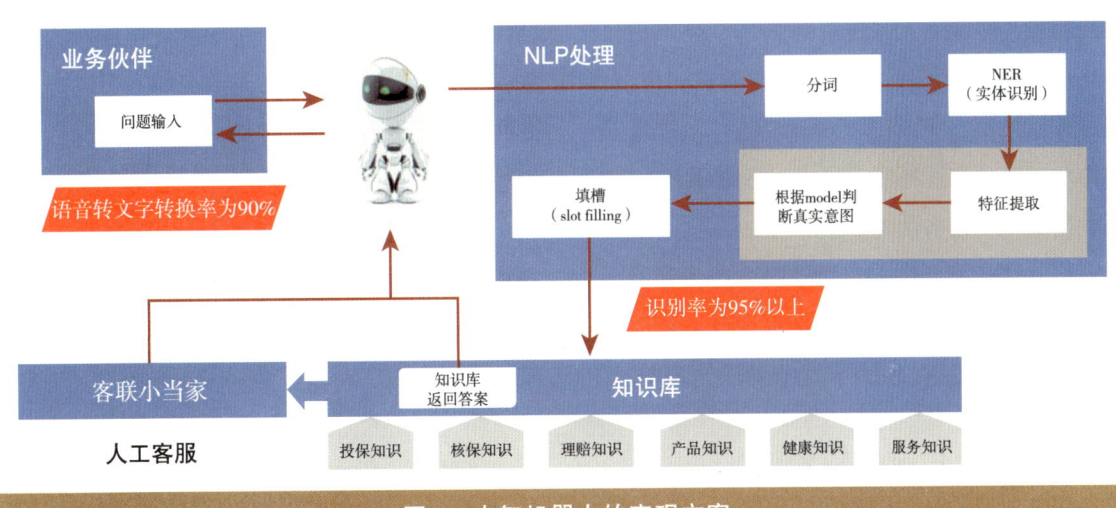

图2 大智机器人的实现方案

2. 增员全流程数字化、标准化。组织发展数字化，为代理人建立全面的增员档案，提供动态的增员分析，多种工具支持、帮助代理人招募合适的团队伙伴。

(1)"太平足迹"展示代理人精彩的成长轨迹。"太平足迹"整理了代理人在太平人寿成长的数据,包括"我的足迹""榜样力量"两个功能。

"我的足迹"以星轨图的形式展示了代理人的成长、业绩、履历、收入等,图片结合简洁的文字,形象的展示代理人加入公司以来的各类信息,如客户信息、保单信息、职级变更信息等,还从不同的维度展示代理人的月收入、年收入及收入成长图。

"榜样力量"通过展示公司优秀代理人的客户数据、组织发展、销售件数等信息,树立榜样力量。榜样数据支持查看详细的客户数据(总客户数、总保单数)、组织发展数据(增员总人数、直辖团队人数)、销售件数数据(承保保单总件数、单张保单最高保额、主推产品),为代理人提供奋斗方向与数据参考。"我的足迹"与"榜样力量"均支持分享给微信好友。其页面简洁,形式新颖,展现代理人的职业风采,通过榜样的力量吸引优秀人才。

(2)性格色彩分析助力精准增员。代理人通过分享性格色彩分析工具 H5 链接给准增员,辅助增员对象在线答题,完成性格测评。该工具从性格类型、性格动力、性格基本特征、性格维度分析、性格行为描述、性格职业选择等方面,解析准增员的性格趋向,分为"红、黄、蓝、绿"四种色彩性格。每一种色彩对应的是不同的性格特点,在实际工作和生活中四种性格色彩表现也各不相同,从而采用精准的面谈建议,锁定增员目标,赋能业务伙伴"招兵买马"。

(3)全渠道无纸化上岗。无纸化上岗通过线上录入个人信息、提交个人材料等步骤,不仅保证个人信息采集全面,也极大地缩减了纸质材料的使用量,有效地提高了机构人员的上岗效率,提高了机构人员档案管理及防范稽核风险的水平。多系统无感知的交互和数据信息存储实现电子化,让新人在体验高效快捷的上岗流程的同时,也为新人档案的保存管理增加了保障。具体实施步骤如下。

第一个步骤,通过易行销,新人录入姓名、手机号码实现在线注册,并自主完善求职信息,包括个人信息、家庭成员信息、教育经历、工作经验、担保人信息等。

第二个步骤,新人通过在线扫码参加面试,实时获取面试结论;线上录入培训信息,实时查询培训结果;培训后进行在线考试,实时获取考试结果。

第三个步骤,新人在上岗过程中推荐人、主管、高级经理、区域总监、营服经理实行线上认可,系统自动查找对应负责人,自动推送认可信息,极其有效地提高了上岗审核的效率。

第四个步骤,新人可通过上岗材料清单功能自助上传证件照片、身份证照片、学历照片等影像资料;线上签署合同、附约功能,通过电子签名代替纸质签名,在保证信息有效的同时,极大地缩减了纸质材料用量。

第五个步骤,新人在完成以上准备后,最后在线上交纳押金,给上岗新人快捷有效地支付体验的同时,也为公司财务人员减轻了大量的冗余工作。

在无纸化方面,目前正在开发对接通过公安系统进行身份识别的工具,最大限度地保证个人信息的真实性和有效性。通过公安系统验证真实性后,采集代理人面部识别模板,将面部模板信息直接推送到考勤终端,为后续上岗后的考勤,带来极大的便利,人脸识别等技术应用为全系统代理人的实名制奠定了基础。

3. 培训线上化、个性化。空中职场是一次对过去培训学习模式彻底的颠覆与革命，让实时分享互动传播成为可能。空中职场利用互联网视频技术和大屏硬件，拓宽管理的半径，创造全新的营销场景，丰富学习渠道。

空中职场包含企业组织内知识的生产、储存、传播、应用的整个过程。它既可以通过问答、案例萃取等方式，动员更多员工参与知识的生产与创造，又能够通过移动平台对接工作系统，实现廉价高效的传播与应用知识分享，还能够像"知库"一样建立网络知识库，分权限标准化储存起来，从而极大地提升组织知识管理的效能。

空中职场的直播功能，可实现先进员工与业务明星的海选、标杆案例分享、表彰会等的直播，利用粉丝效应发挥榜样的示范作用；利用移动平台的考试功能，使全员掌握当前最重要的战略、文化、制度、产品等关键内容，实现人人通关。

空中职场还能够与 E-leaning、线下课程相互融合，发展 O2O 混合式学习模式。而移动学习能有效利用碎片化时间，在领导力发展项目中，训前可以通过移动学习掌握基础知识，训中可以采用在线学习解决疑惑问题，训后可以在移动学习平台进行跟踪，形成社群化交流互动，推动学习的转化与绩效的达成。

公司培训部门依靠空中职场平台积累学习数据，优化培训管理，如代理人的学习习惯、培训档案、讲师授课档案等众多数据。基于个性化推送，无论是学员还是讲师，所有的用户都能看到自己感兴趣的内容，比如这个岗位的必修课程是什么，学习了多少课时，作为讲师讲了多少课时，通过平台都可以了解到相关信息。培训大数据可以指导培训部门优化培训学习，开发受欢迎与务实的培训课程，提升学员的学习兴趣。

4. 基础管理标准化、智能化。太平人寿个险代理人突破 50 万人，人力平台已站上新高点，公司对于代理人基础管理工作，亟须新的智能科技工具辅助管理。出勤方面定点人脸考勤，与增员模块无缝连接，公安系统验证后采集照片作为考勤模板，请假线上审批，数据即时查询；将代理人日常工作日志、重要事项、批阅辅导、管理审批等方面全面系统化，简化流程，提质增效；将枯燥的基础管理注入人工智能技术，打造好习惯的特色功能。

好习惯的功能助力代理人的习惯养成，每月制定目标，规划好月内每一天的工作，记录与客户的每一次接触，定期分析改善。代理人在好习惯模块中可对即将拜访的客户新增拜访计划，记录拜访方式、拜访目的。为了更好地适应现在人们使用手机高频次的习惯，拜访计划内容可语音录入，且支持多方言识别。好习惯模块中另增设提醒功能，可设置指定时间提醒代理人。拜访记录创建完成后，其主管可实时查看属员的日志情况，对工作日志进行随时随地的线上批阅辅导，代理人第一时间可查看主管的辅导情况，辅导效果大幅提升。

除了基础管理功能，还开发了效率工具。报数工具是一款线上统计项目报名人数的快捷工具，不仅操作简单、时效高，还极其有效地减少了由人为因素引起的误差。该工具可以适用于报目标、物品征订等场景，操作简单，具体步骤如下。

（1）项目发起人只需在报数工具中创建报数项目，录入统计事项名称、报名截止日期、报名项目。

（2）录入完整的项目信息后生成二维码，通过微信分享二维码。

（3）报名参与者通过扫描发起人分享的报数二维码，即可录入项目报数信息，并实时上报给项目发起人。

（4）项目发起人可以实时查看各项目的报数情况。

该工具操作简单便捷，历史数据实时保存，便于后续数据核对，可有效避免因人工保存问题造成数据缺失。

好习惯依托线上高效的数据传输与数据交互的准确性，有效地避免了传统事项统计工作可能存在的数字缺失、数据错报等问题，极大地缩减了使用者的时间成本与经济成本。

5. 客户经营线上化、社群化。以客户为中心，实现从获客到签单的闭环经营，精准了解客户需求，适时跟进，不断提升客户价值，拓展经营客户家庭、所在职场、社区社群，让一位客户成为一片市场。

在客户档案的基础上，实现客户全生命周期的触点管理，开发PAC名单整理、保障分析、免体检保额计算器、转介绍关系树等功能，聚合资讯、商品、互联网产品、健康服务等功能，为客户提供多元的销售服务体验。

（1）客户档案。易行销的客户中不仅包含代理人自建的准客户，还包含代理人的寿险客户、公司分配的服务客户等有效保单的承保客户，以及通过营销活动、网络获客、转介绍的准客户。代理人在经营这些客户时，可以先了解客户的详细情况。

客户档案信息涵盖客户的基本信息、客户权益、联系方式、联系地址、房车信息、亲属关系及保单信息，完整、高效的客户管理档案信息，便于代理人经营客户。目前经营客户包括生日经营、客户标签、附近客户等。

生日经营主要为查看近期生日的客户，为近五天内将要过生日的客户自动发送生日贺卡，送去真挚的生日祝福。

客户标签主要为客户设置标签，如可根据客户的兴趣爱好设置标签，便于依据标签更好地服务客户。

附近客户为易行销智能化的一个亮点，可在地图上根据代理人当前的定位地址，查看半径3公里范围内的客户。客户地址包含常住地址、家庭地址、收费地址、单位地址，便于代理人在同一时间在相近范围内，可对多个客户进行经营拜访，以此可为代理人节约时间成本，更有效地提高了代理人的工作效率，用更少的时间，创造出更大的效益。

（2）触点管理。易行销的客户触点管理是记录、呈现与客户接触的每个瞬间，全面了解客户、感知客户，为客户全生命周期提供卓越的服务体验。触点包括但不限于续期回访、客服活动、惠汇活动、计划书、建议书等，对客户和太平的点点滴滴都全面记录，随时可查。客户触点又分为目标客户和转介绍关系树两大分类。

目标客户。根据公司的营销活动方案，通过大数据技术为每位代理人以标签形式展示需要经营的客户，并根据营销节奏提供具体的经营动作，也可以根据条件细分，帮助代理人精准销售转化。为迎合公司快节奏的销售方案，将符合公司销售方案的代理人名下的客户群体，便捷地检索出来，快速地定位销售客户群体，帮助代理人提升销售成交率，更好地帮助代理人展业，同时最大限度地满足客户群体的实际诉求。

转介绍关系树。依据互联网的流程特性，为溯本求源，呈现出营销本质，将客户转介绍的情况以树状形式展示，让代理人形象清晰地了解自己名下客户转介绍的过程，同时了解经营业务的情况。通过转介绍关系树有助于代理人清晰地了解转介绍客户，发现客户影响力的中心，让这些老客户提高复购的同时，提高转介绍的效率。通过转介绍关系树还能够看出转介绍的客户之间的关系，了解每位客户的成交保单情况，便于更精确地维护客户，同时结合展业夹，提供扇形转介绍支持。

（3）客户保障分析。一键梳理客户保单信息，为客户提供保障责任分析，及时发现和挖掘客户保障缺口，便于后续跟进和了解，更好地服务客户。

为了了解客户保障信息，便于代理人整合客户的保单，针对保障缺口进行针对性的产品销售。代理人可以通过保障检视功能，便捷地整理客户保单、手动添加保单、导出保单信息及线下补充客户的保单信息。根据客户当前的保障信息，推荐给客户实用且缺失的保障产品，为客户提供全面的护航保障。

（4）获客。利用微信生态营销传播，实现线上线下相结合的展业模式，通过流量获取新的线上客户。实现方式有线上趣味游戏、优惠保险小产品销售、保险的商品和文章资讯等，方便获得流量导入准客户。

根据客户的出生日期，利用生命密码小游戏，可以提高与客户沟通的频率，增加沟通的趣味，更主要的是代理人能通过客户完成生命密码的测算，了解客户的性格及天赋、行为方式等特点，以便增加代理人获客的广度。太平微店为服务客户推出各种优惠保险小产品，给太平老客户以最优惠的价格，享受更全面的保障，增加代理人获客的广度和深度；同时也借助互联网平台，分享保险好文章，让更多客户了解保险知识，熟悉保险产品，明晰保险场景，让保险文章触达客户内心深处，从而增加代理人获客的深度。

依托互联分享流量，让获客不生硬、不抵触，在卓越的客户体验中自然获客，让销售从容自然发生。

（5）销售服务。众所周知，展业回归本质依托的是服务，易行销在服务上深入挖掘，解决客户的问题，满足客户的真实诉求。从售前、售中、售后三个阶段服务客户，广泛连接和感知客户，构建代理人对客户一对一的线上销售服务模式。

第一个阶段是售前服务，包括展业夹功能和计划书和产品中心功能。

易行销开发展业夹功能，帮助代理人营销宣传；支持H5的海量分享和传播，吸引客户眼球，支持客户自己测算，后台数据实时跟进，感知跟进客户需求。

展业夹内容包含与活动相关的产品，目前有热门产品H5、公司相关宣传材料、产品资料、养老社区、赋能计划（增员）、90周年大回访等文件夹。这些文件夹中包含了一些辅助代理人展业的图片、H5、文字内容。通过代理人在展业夹中分享这些产品以及宣传资料链接，客户可了解太平寿险的产品信息，以及一些可操作测算保费的流程，了解更多产品的优点。展业夹有效地替代了代理人口头阐述的内容，更加直观、高效地让客户了解信息。代理人通过展业夹功能，让签单更容易，客户了解产品后还可以主动下单，快速拓展人脉，节省时间和人力。展业夹模块还统计代理人转发图片、H5、文字的次数（转发量）和转发出去的链接被点击的次数（点击量），后期内勤人员能有效地追踪统计数据。

易行销计划书和产品中心功能是针对不同的客户，因销售产品的情况不同而定制的计划书，让客户了解自己购买的产品价格，了解后续获取的产品保障和利益演示，包括产品责任发生的赔偿情况和赔偿金额，知悉产品保险条款、保险责任、保险疾病、利益演示，保障客户在销售前期就明白自己承担的消费情况和后期获取的利益，按客户的实际需求制订销售计划，不欺瞒客户。

第二个阶段是售中服务，包括问题件的实时提醒、客服活动。

易行销打通系统，在客户销售中，及时帮助客户解决出现的问题，比如保单模块的问题件和新契约的问题件，实时了解客户的销售进展，如出现体检、核保等问题时会实时提醒代理人，代理人进行精准的服务跟进，提升客户满意度，提高交易销售促成率。

易行销打通客服部的活动，让老客户获知公司的客服活动，保障自己的客户权益，在客户模块有专门的客户权益介绍分享给客户，同时将总公司和所在分公司层面的客服活动及时推送给代理人，代理人负责分享告知自己的客户，让客户感知太平。

易行销将销售端和出单系统打通，提升代理人的出单效率，助力一线销售业务。

第三个阶段是售后服务，包括加保、保全、理赔。

代理人在易行销系统可以了解客户的加保、保全和理赔情况，帮助客户完成售后服务。

6. 数据指标可视化。将代理人关注的个人和组织的相关数据指标整合在一起，方便评估规划，追踪督导，为管理提供数字化支持，从数据中发现问题，找到方法。

（1）个人视角。落实业绩、考核、活动量、收入、方案的数据指标。

（2）团队视角。落实人力指标、业绩指标等数据指标。

（3）业绩。实时了解自己的销售情况和组队员的销售情况。业绩明细的主要内容为该月发生新契约费用的所有保单的件数、合计保额、合计承保规模保费、合计承保期交保费及产生的合计初佣等；支持代理人查看保单详情，对于团队主管，可查看其团队每月的合计业绩数据及组员业绩，方便主管对各个组织及成员进行业绩追踪及督促。

（4）考核。了解自己和队员的考核情况与明细。根据渠道和职级的不同，各渠道代理人可查看维持考核的职级、代理人维持考核的结果、维持考核的各项考核指标以及各项考核指标的目标值、当前值和差额等。对于团队主管，可查看其团队下辖成员最近一次考核期间维持晋升和考核预警的详细数据，方便主管对各个组员的维持晋升考核进行追踪及督促。

（5）活动量。实时了解自己的活动量分析，知悉团队组员的活动量情况。

（6）收入。实时知悉自己的收入情况和明细，了解团队组员的收入情况。

五、项目效果

（一）对公司产生的实际效果

1. 一个入口、一次登录、全部功能，易行销为代理人提供一站式服务，提升客户体验。

2. 持续打磨系统流畅性，提升功能细节易用性，改善用户体验，真正做到赋能业务（见图3）。

3. 营销宣传、获客增员、技能提升，销售管理一体的线上支持，让代理人展业更轻松。

4. 移动智能化、材料电子化、信息数据化大幅缩短了审批流程，提升了新人入职效率。

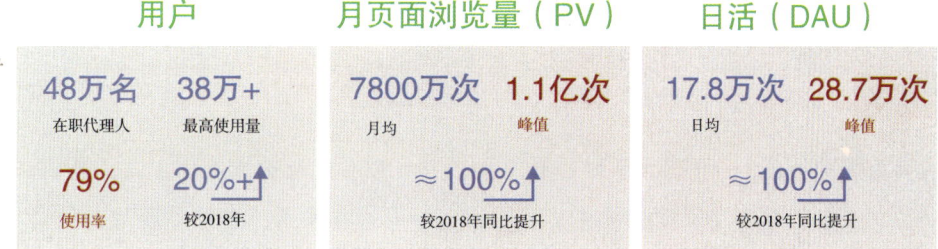

截至2019年7月底的数据

图3　易行销的使用情况

（二）对行业的应用价值和示范效应

在移动互联时代，金融科技兴起，传统模式下的展业工具已经无法有效地支持代理人高效展业，为客户提供卓越的服务体验。易行销在寿险经营底层逻辑的基础上，融合科技元素，创造代理人销售的系统生态。好习惯助力代理人坚持关键有效的销售动作，精准高效地开展工作；社群化的客户经营，实现了代理人、客户、公司的共生共荣；大智机器人将人工智能赋能每位代理人，让代理人在展业中更加自信从容。

易行销将能够实现精准营销、智能客服、协同办公、在线教育等方面的场景，解决使用者与管理者的多种诉求。嵌入特定的场景，解决参与者的"痛点"，真正实现科技赋能。

金融科技服务将日益呈现出场景化、平台化、智能化的发展趋势，我们更应当顺应时代的发展，不断探索金融大数据、云计算、人工智能和区块链的实际应用。太平人寿从数据层、智能层、产品层多维度地向金融领域的细分场景和业务链条各环节渗透，将项目打造成为全能的行销支持平台。

六、总结

易行销项目定位为金融服务终端，将对整个行业发展发挥引领作用。

首先，前端功能主要着力提升客户体验。随着金融科技的飞速发展，易行销已经基本实现突破金融服务的时空束缚，全方位、个性化地服务客户。其次，作为金融平台的终端，易行销支持各类数据收集和分析，使决策更加智能化；提升数据收集的效率，以及分析决策的精度，使用户得到全方位的瞬息体验。最后，平台在后端支持运营管理、风险识别和防控，延展了金融业风险管理的内涵。

金融科技是决定金融业未来转型创新的关键变量，力求抢占先机，成为技术改革的标志。

易行销尚处于实现初期，实现了精准营销、智能客服、协同办公、在线教育等方面的场景，解决使用者与管理者的多种诉求。根据嵌入特定的场景，解决参与者的"痛点"，真正实现科技赋能。

易行销在未来成熟期，金融科技服务将日益

呈现出场景化、平台化、智能化的发展趋势。我们更应当顺应时代的发展，不断探索金融大数据、云计算、人工智能和区块链的实际应用，从数据层、智能层、产品层多维度地向金融领域的细分场景和业务链条各环节渗透，将项目打造成为全能的金融服务终端。

专家点评

移动互联的时代，传统模式下的展业工具已经无法有效地支持代理人高效展业。太平人寿推出的易行销在寿险经营底层逻辑基础上，融合科技元素，实现了增员流程数字化、基础管理标准化、客户经营社群化、数据指标可视化，创造了代理人销售的系统生态，在助力代理人精准高效开展工作、社群化客户经营、人工智能赋能等方面发挥了重要作用，构建起代理人、客户、公司的共生共荣合作发展生态，在精准营销、智能客服、协同办公、在线教育等方面真正实现科技赋能。

平安人寿代理人智能赋能方案

◎ 中国平安人寿保险股份有限公司

一、项目概述

中国平安人寿保险股份有限公司（以下简称平安人寿）拥有百万名代理人。在传统代理人管理模式下，招聘、培训、销售等环节存在诸多的"痛点"、难点。针对这些"痛点"、难点，平安人寿积极引入科技手段，基于 30 余年的业务积累带来的大量数据和知识，综合运用多种 AI 技术，通过自主研发开创性地搭建了一整套智能赋能项目。

该项目主要包括 AI 面试官、智慧培训、代理人 AskBob 三大核心项目，实现对代理人入司、上岗、展业等整个过程的赋能，为社会保险意识普及、就业岗位创新、保险业发展提供强大动力。

二、项目背景及意义

中国平安是全球市值、品牌第一的保险集团，致力于成为"国际领先的个人金融生活服务提供商"。平安人寿是平安集团旗下的重要成员，2018 年规模保费为 5431.68 亿元，净利润为 732.71 亿元，代理人规模为 141.74 万人，服务客户数达 1.84 亿户。面对如此庞大的业务规模，平安人寿积极引入科技手段，优化运营管理，改善业务流程，提高服务效率。

近年来，人们的保险意识持续提升，保障需求日益旺盛，对保险产品、销售服务的要求也越来越多。同时，随着中国劳动力规模出现拐点，保险业的人力增长速度已放缓，对人力资源的争夺非常激烈。代理人渠道是寿险公司收入的重要来源之一，在新的形势下，如何全面提升代理人的产能，已成为业务发展的当务之急。

在传统代理人管理模式下，存在诸多"痛点"。在招聘环节，场次频繁、人力投入大，海量筛选难；在培训环节，培训内容千人一面、实战演练机会较少，学习效果难以得到保证，针对性辅导难；在销售环节，代理人新人普遍存在难以把握针对用户需求进行方案推荐的问题，精准销售难。

通过该项目，准代理人可随时随地参与高效、专业的在线面试；加入公司后代理人可通过个性化、智能化远程培训和在线学习体系，加快专业养成；日常展业中，配备在线 AI 助理，提供产品知识问答、售前方案建议、工作规划等功能服务。该项目有效地解决了代理人机制中的业务"痛点"，助力代理人职业发展，并极大地提升产能。

三、项目重点解决的问题及主要创新点

针对这些代理人管理过程中的"痛点"、难点，平安人寿积极引入科技手段，提升代理人服

务技能和专业水平，推动代理人队伍稳定发展。基于 30 余年的业务积累带来的大量数据和知识，综合运用深度学习、自然语言处理、人机交互、智能推荐、图像识别等 AI 技术，通过自主研发开创性地搭建了一整套智能赋能项目。

（一）开发过程

1. 代理人画像体系搭建，实现对千人千面信息的建模，以寿险大数据技术平台为基础，建立了完整的持续迭代模式。

2. 千人千面培训实现，帮助代理人快速提升专业知识水平，基于代理人画像，对代理人进行有针对性的课程配置，并及时评估学习效果，进行循环配置。

3. 人机实战系统搭建，辅助代理人实现销售，提升业务能力，建设人机对话系统，实现多轮对话；实战过程中，对实战中代理人的表现进行量化，给出优化建议。

4. 基于 attention 的孪生网络和知识图谱技术，计算用户问题和知识系统条目的语义匹配，实现基于业务经验实时系统的自动问答。

5. 智能对话引擎搭建，实现专家经验级别的问答系统；针对用户的话题脉络进行深挖，实现话题性个性化回复，使对话更为流畅自然。

6. 多轮对话引擎搭建，穿插融合智能问答、智能追问、智能寒暄及智能短回应，实现以话题为中心的多轮人机交互。

7. 人机交互平台搭建，快速响应业务需求，融合智能问答、智能对话、多轮对话引擎等功能，实现对 AI 机器人功能的快速搭建和冷启动。

8. 构建保险科普知识图谱和寿险领域专业知识图谱，支持代理人问答和学习。

（二）核心技术

1. 智能问答技术。基于寿险领域知识的积累和沉淀，综合运用问答和知识图谱技术，自主研发了寿险领域的智能问答系统，实现了 AI 面试官对新人加入公司的答疑和代理人 AskBob 的保险业务答疑，达到专家水准。

2. 智能对话技术。基于 Seq2Seq 对话生成技术，探索了 Transformer 等业界领先模型，自主研发了业界首创的智能对话技术，大幅提升了对话过程中人机交互的流畅性。

3. 意图识别技术。运用业界领先的 bert 技术，精准判断对话意图，同时基于线上千万量级数据，利用在线学习技术快速更新迭代模型，优化机器人的理解能力，增强对话机器人的智能性。

四、项目主要建设内容

该项目主要包括 AI 面试官、智慧培训、代理人 AskBob 三大核心项目，实现代理人加入公司、上岗、展业等整个过程的智能赋能。

（一）AI 面试官

AI 面试官是保险业首个大规模运用的面试机器人，通过机器人模拟面试官进行代理人吸引和上岗面谈，为准代理人带来拟人化、情感化的面试体验。该机器人具有以下五大核心能力。

1. 人脸识别核实身份能力。采用先进的人脸识别技术，更高效、准确地进行身份确认。

2. 全流程语音交互能力。运用业界领先的语音识别和真人语音合成技术，营造真实的面试氛围。

3. 专家面试经验赋能能力。采用专家话术和问答库，保证面试水准的专业性。

4. 多媒体展示能力。全程动画面试官模拟，利用视频、网页等多媒体形式呈现出丰富的内容。

5. 智能面试评价能力。对代理人进行多维度、全方位考察，并实现面试结果的自动评价。

（二）智慧培训

代理人经过招聘进入公司后，就需要通过个性化、全方位、多维度的培训提高专业服务技能，平安人寿打造了"远程培训＋线上学习"的智慧培训机制。一方面，运用人脸识别、微表情识别、视频合成等图像技术，实现智能互动、秩序监督等功能；另一方面，运用语音识别、文本分析和智能推荐技术，进行千人千面的课程配置，同时实现了基于代理人的语速、完整度、熟练度等多维度的培训评分生成。

此外，平安人寿还研发了 AI 陪练机器人，不仅可以给代理人做智能考试及评分，还可以模拟实际业务场景扮演客户角色与代理人进行语音演练，提供评、练、测的全方位体验。

（三）代理人 AskBob

代理人 AskBob 是保险业首个业务员个人助理机器人，协助代理人为客户提供更专业的保险服务。可以随时为代理人解答各类保险问题和业务问题，同时可以结合不同的客户情况，为代理人提供有针对性的专业保险销售方案建议，帮助代理人为客户制定最优的保险方案。此外，还具有培训管理、任务管理、绩效管理等贴心功能，100%助力代理人快速成长和专业养成。

五、项目效果

2018 年，该项目已在平安人寿各分公司、百万名代理人队伍中全面推广使用，五星好评率达94%，为公司节约财务成本超过 6 亿元，并为业绩增长带来新动力。

截至 2019 年 6 月底，该项目累计面试超过340 万人次，面试总时长超过 29 万小时；为代理人提供 7×24 小时在线培训，月均 3570 人次在线学习；通过高仿真的对话机器人 AskBob 为代理人提供销售辅助，疑问解答准确率高达95%，任务查询和智能办理功能覆盖代理人 90% 的常用需求，销售场景模拟演练覆盖100%的代理人。

该项目在保险业属于首创，没有竞品可以参考，主要结合寿险自身多年的业务经验和先进深度学习技术进行研发，众多技术和应用在寿险乃至保险业都属于首创。通过规范面试、培训等流程，提升代理人的业务能力，让客户能享受更专业的服务。通过贴身的代理人 AI 助理，为客户解答代理人无法回答的疑问。在智能赋能代理人的同时，让客户享受到专业、贴心的保险服务。一方面，有力地提升了公司专业、创新、科技化的品牌形象；另一方面，坚定了代理人的从业信心，让更多的代理人服务于社会。

该项目累积的技术可以推广到各类相似的场景，服务于公司员工和社会大众，为社会保险意识普及、就业岗位创造、保险业发展提供了强大助力，践行了平安服务社会的承诺，实现了公司、社会协同发展和良性循环的双赢局面。

六、总结

随着保险科技的不断发展，人工智能技术在保险业的应用范围和领域将不断扩大。保险业是传统金融行业，相较于互联网公司而言，在数据积累、用户洞察、客户交互等方面智能化程度较低。平安人寿的科技运用一直走在行业前沿，在此次人工智能浪潮下，把握时代趋势，积极推进数据化、智能化的转型升级，在销售支持、服务提供、客户经营、运营管理、风险管控等方面全面赋能，布局智慧经营。

在人工智能等技术的赋能下，科技会提升保险代理人的服务技能和专业水平，获得量和质的双重提升。然而，科技并不会替代保险代理人，而是更好地赋能代理人。平安人寿将持续利用科技给予保险代理人"高精尖的装备"，让他们成为保险的专家、财富的顾问、生活的助手。为客户提供更加专业、更加精准、更加贴心的服务。

在保险销售方面，尤其是在复杂产品、中长期人身保险产品的销售方面，人与人的连接和信任很重要。因此，如何帮助代理人触达客户、有效互动，传递专业保险知识，并通过识别客户需求，为客户精准地推荐最优保障方案和服务，需持续探索保险与科技的深度融合。

专家点评

在寿险营销领域，如何筛选出好的保险代理人，并对大批量的代理人进行具有实战价值的培训，成为个险营销渠道快速制胜的关键。平安人寿基于30余年业务积累的大量数据，综合运用深度学习、自然语言处理、人机交互等AI技术，开创性地搭建了一整套代理人招聘、培训和服务系统，实现了对代理人加入公司、上岗、展业等整个过程的赋能。该系统最大的特色就是实现了千人千面实战培训，借助于人机实战系统搭建，对实战中代理人的表现量化，给出优化建议。这种做法在国内属于首创。同时，该系统通过规范面试、培训等流程，减少人力资源环节的消耗；通过贴身的代理人AI助理，为客户解答代理人无法回答的疑问。这些做法均具有较强的实战价值。

平安人寿人机交互应用平台

◎ 中国平安人寿保险股份有限公司

一、项目概述

为了更好、更迅速地实现科技赋能业务,中国平安人寿保险股份有限公司(以下简称平安人寿)深入分析业务需求,综合运用各项 AI 技术,自主研发规划并设计了支持综合机器人快速落地的人机协同工作站——寿险人机交互应用平台,为所有人机交互应用提供高效管理的智能化服务。

该平台包括以下三个核心部件。

(1)人机交互应用引擎。该引擎能够快速满足不同业务场景的人机交互应用需求。

(2)人机交互应用物料管理平台。该平台能够提供丰富而准确的知识保证。

(3)深度学习应用平台。该平台能够提供基础架构与强大算力支持,实现从单机单一算法驱动到 A(算法)、B(大数据)、C(计算)复合驱动的计算平台新模式。

自上线以来,该平台通过应用寿险场景共性,结合各业务场景具体需求进行快速的人机交互应用搭建,节省了大量的应用开发时间,大幅提高了人机交互应用效果。

二、项目背景及意义

中国平安是全球市值、品牌第一的保险集团,致力于成为"国际领先的个人金融生活服务提供商"。平安人寿是平安集团旗下的重要成员,2018 年规模保费为 5431.68 亿元,净利润为 732.71 亿元,代理人规模为 141.74 万名,服务客户数达 1.84 亿户。面对如此庞大的业务规模,平安人寿积极引入科技手段,优化运营管理、改善业务流程、提高服务效率。

平安人寿的各个业务场景中都有强烈的人机交互应用需求,包括代理人管理中的面试、培训、销售支持以及面向客户的保险顾问、客户服务、运营等场景,可利用对话机器人来替代重复性人力、创新销售模式和满足个性化需求等功能。同时,平安人寿的庞大业务规模、用户群体以及海量数据积累、知识沉淀也为人机交互技术的运用提供了有利条件,为前沿技术的迅速落地、迭代和发展打下了坚实的基础。

三、项目重点解决的问题及主要创新点

多模态对话机器人在行业应用过程中普遍存在以下三大"痛点":机器人系统复杂,搭建成本较高;知识管理和知识维护成本较高;人工智能模型复杂,对计算能力要求较高。

为了更好、更迅速地实现科技赋能业务,平安人寿深入分析业务需求,综合运用深度学习、语音处理、自然语言处理、知识图谱、图像等 AI 技术,通过自主研发规划并设计了支持综合

机器人快速落地的人机协同工作站——寿险人机交互应用平台，为所有人机交互应用提供高效管理的智能化服务。主要创新点有以下几个方面。

（一）人机交互应用平台的人机交互应用引擎通过组件化的方式，提供快捷搭建寿险人机交互应用的整体方案

在算法上攻关多个技术要点，有多种技术创新，保证了人机交互中多个模块的准确性、多样性、高效性，有效提升用户解决率、满意度、使用便捷性及用户体验。

1. 智能问答技术。结合寿险多年积累沉淀的领域业务知识，通过文本预处理、问题改写、多模型候选召回、答案重排序、后处理等流程，实现寿险垂直领域的智能问答系统（见图1）。

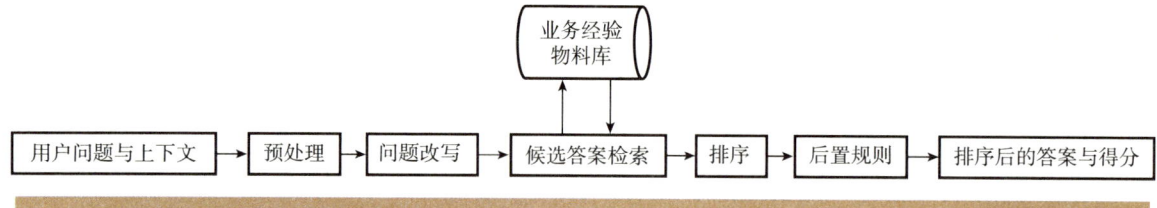

图 1　智能问答技术流程

2. 生成式技术实现智能回应。提升对话流畅度和交互感，并提升聊天纵向深度，对话轮数显著提升。

3. 意图识别技术。利用业界领先的基于attention机制的意图识别和slot filling联合模型，并结合线上百万量级大数据，精准识别用户意图及语义实体信息，并进一步深度挖掘对话潜在意图。

4. 任务型多轮对话技术。基于attention机制的上下文对话管理策略技术，落地多轮对话，识别上下文语义，帮助用户更加高效地实现复杂任务，提升业务办理效率。

5. 基于意图图谱的问题推荐。结合寿险垂直领域百万级语料，不断迭代优化寿险意图图谱，通过意图图谱，推荐与用户意图相关的问题与答案，大幅提升用户问答体验。

6. 基于Transformer的生成式闲聊模型。加入情感、主题等多属性控制落地闲聊模型，大大提高了客服的应答能力，使其具有更有趣的对话能力。

（二）人机交互应用物料管理平台通过多种物料管理方式，支持不同应用场景下人机交互应用的快速应用搭建

1. 知识管理。使业务专家将业务经验快速转化为可落地的标准化数据。

2. 语料管理。图形可视化对话树编辑工具，降低剧本编辑的学习成本，提高机器人落地效率。

3. 数据标注管理。利用Online Learning技术，打通线上数据，并同步到标注平台进行标注和回收训练模型，持续优化各种模型效果。

（三）面向寿险人机交互应用的深度学习应用平台大量的创新点

1. 大规模算力集成。支持模型并行和数据并行，将单机多卡计算能力汇聚成统一强大算力，有效提升了资源综合使用率，解决了部分AI模型无法训练的问题。

2. 在线学习/增量学习。通过在线学习/增量学习方式，改变了传统的"T+1"模型更新

间隔，提升 AI 模型更新的时效性。

3. 一站式服务。与寿险人机交互应用平台完成数据联动与业务流程闭环，汇集寿险 AI 项目语料数据、画像等数据源，打造一站式服务。

4. 灵活且可扩展。支持各种深度学习框架及组件，支持以插件方式快速插拔各类组件；支持水平扩展，可方便灵活地加入更多节点，提高存储能力和整体计算能力。

四、项目主要建设内容

（一）总体介绍

人机交互应用平台旨在为平安人寿各渠道、业务线提供一站式交互应用解决方案。支持的场景包括智能客服机器人、个人助理类机器人、面试类机器人、培训类机器人等。

专家用户可以通过寿险人机交互应用平台完成基于以下四种逻辑的综合型机器人对话配置工作：基于对话树的多轮、多意图对话；单意图任务型对话；问答类对话；闲聊。同时，支撑人机对话类项目运转的产品、开发、测试等各个环节都可以在平台上协同工作，共同完成机器人从建立、配置、调优、实验到上线的过程。

（二）平台框架

人机交互应用平台包括三个核心部件：人机交互应用引擎、人机交互应用物料管理平台、深度学习应用平台（见图2）。

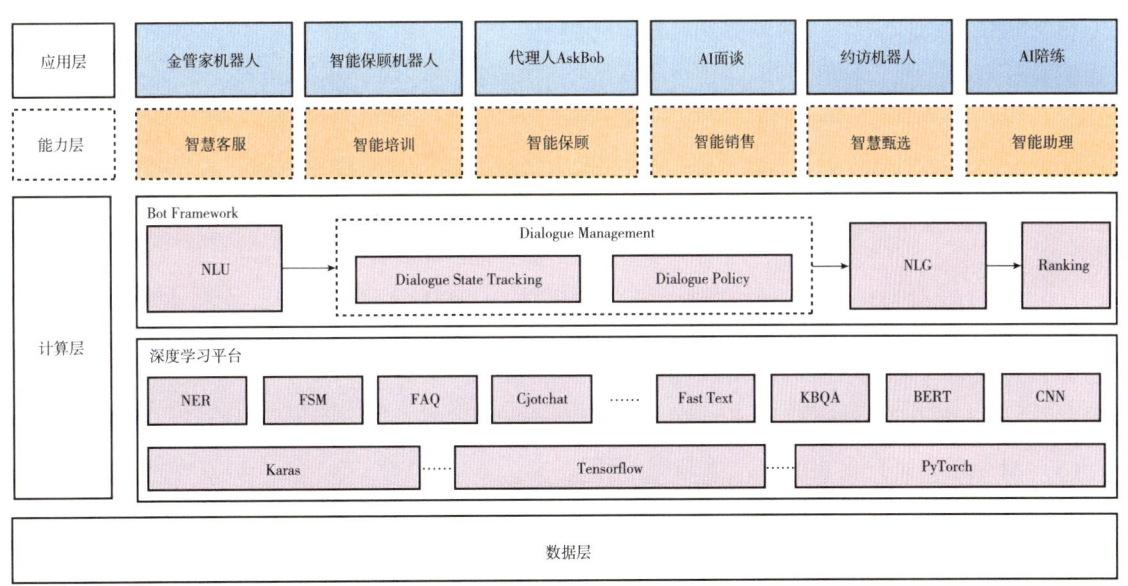

图2　人机交互应用平台架构

1. 人机交互应用引擎，实现寿险人机交互应用的快速搭建。提供多种前沿的人机交互寿险领域应用组件，主要包括寿险智能问答、多轮问答、任务型机器人对话、智能短回复、寒暄。通过不同人机交互组件的合理组合，高效、高质地搭建人机交互应用，快速满足业务需求。

2. 人机交互应用物料管理平台，实现合理高效的业务经验知识的管理与维护。管理与维护包含问答类数据、寿险领域知识图谱、业务剧本、销售话术等核心数据。通过建立可用性高的权限管理机制，保证每条知识有唯一的属主，以确保其保证权威性与一致性。同时，实现了知识自学习闭环，进一步提升知识的丰富度和准确性。最后，为方便机器人训练与运维人员使用，该平台提供了可视化图形操作界面，提升业务知识生产效率，缩短应用的上线时间。

3. 面向人机交互应用的分布式深度学习应用平台，实现从单机单一算法驱动到算法、大数据、算力复合驱动的计算平台新模式。

该平台的大规模分布式集群，提高了存储和计算力上限，实现模型一键上线，提高产品更新迭代速度。涵盖 AI 应用的调试、自动调参、开发、上线、管理的全流程生命周期，为寿险机器人提供强大算力的同时有效提高了研发效率。

基于寿险人机交互应用平台，逐步落地寿险高价值人机交互应用，全面覆盖寿险各个应用场景，具体如下。

（1）AI 面试机器人服务于代理人招聘。

（2）智能陪练机器人帮助代理人提升专业技能与服务水平。

（3）代理人 AskBob 辅助代理人进行销售服务。

（4）智慧客服机器人为用户提供一站式业务办理、智能问答、产品推荐等服务。

（5）AI 陪练为用户提供智能问答与保险顾问功能。

五、项目效果

截至 2019 年 9 月，人机交互应用的总请求量高达近 4.2 亿次，月活跃用户约 500 万人，应答准确率达到 80% 以上。预计 2019 年内将有超过 20 个各类型的人机交互类应用，包括培训类、助理类、营销类等，通过人机交互应用平台进行实现与落地。预测智能问答的总请求量超过 10 亿次，日均活跃用户约 500 万人，应答准确率将达到 90%，且平均每个人机交互应用将囊括超过 100 万条业务数据。

六、总结

随着保险科技的不断发展，人工智能技术在保险业的应用范围和领域将不断扩大。保险业是传统金融业，相较于互联网公司而言，在数据积累、用户洞察、客户交互等方面智能化程度不足。平安人寿的科技运用一直走在行业前沿，在此次人工智能浪潮下，把握时代趋势，积极推进数据化、智能化的转型升级，在销售支持、服务提供、客户经营、运营管理、风险管控等方面全面赋能，布局智慧经营。

从技术发展来看，随着语音识别、语义理解、人脸识别等人工智能技术的不断发展，人机交互将从以机器为中心走向以人为中心的自然交互。寿险人机交互应用平台已实现人机协同下的机器人快速落地支撑，而如何更精准地接触客户、捕捉客户需求，并在合适的时机推送给他们需要的产品和服务，持续提升客户体验，仍有巨大的提升空间。

专家点评

人机交互应用作为人工智能时代的产物，以机器代替人工，实现保险各业务场景智能化发展的重要基础。平安人寿基于庞大的业务规模、用户群体以及海量数据积累、知识沉淀，通过人工智能技术，自主研发规划并设计了支持综合机器人快速落地的人机协同工作站——寿险人机交互应用平台，为所有人机交互应用提供高效管理的智能化服务，成为贯穿公司各业务环节的关键基础设施。该系统将成为平安人寿迈入智能化阶段的重要推动力，对行业具有典型的示范价值。

爱心人寿 Pro – A Tech 系统
——享签

◎ 爱心人寿保险股份有限公司

一、项目背景和意义

近年来，移动互联网、大数据、区块链、人工智能等技术迅速发展，尤其是中国移动互联网呈爆发式增长，经过近 15 年的发展，移动终端已经超越桌面 PC 成为第一大上网终端，在各行各业都掀起一股互联网化的革新浪潮，对保险这一传统金融业产生了深刻的影响。

新技术与行业应用的融合创新，驱动着保险这一传统金融业的发展和转型变革。从保险业乃至整个金融业来看，通过新技术应用来促进服务和销售模式转型已逐渐成为共识。互联网金融是发展趋势，保险业只有与信息化相结合，才是重塑核心竞争力的现代服务业。

移动互联网实实在在地影响和改变着人们的生活、学习和工作方式，同时也在推动商业社会的深刻变革。消费者掌握信息的能力和速度大幅提升，在这样的背景下，保险公司亟须更加快速和准确地了解及响应客户的诉求，以保持自己的竞争力。

二、重点解决的问题

随着移动互联网等信息化技术在保险业的发展，各家保险公司都开始开展新型销售方式——移动展业销售，代理人通过智能手机、平板电脑等移动终端设备，通过全自动销售平台，现场帮助客户了解产品、完成投保、获得核保结果、现场交纳保费等全部新契约流程。但早期移动展业销售中很多公司还存在不足之处，在移动展业中未能实现全流程无纸化操作，仍然需要客户面对面签署纸质的投保确认书，对投保行为进行确认，这一环节需要耗费一定的纸张、人工和时间成本。

为了真正地将面对面的线下新契约流程全部转移至线上远程操作，亟待有一种更为高效安全的远程签名流程，既能实现全流程电子化又能确保业务真实安全、合法有效。

三、项目主要建设内容

为进一步贯彻"以客户为中心"的差异化管理、增强创新技术对销售的支持、降低展业成本、实现绿色运营，通过引入远程分享签名流程，实现承保业务流程无纸化，真正实现以客户为中心的平台建设，实现投保用户在移动终端进行投保确认签署，并配合专业的第三方签字认证供应商确保所签署电子单证的合法合规性。

方案具体包括，根据《电子签名法》的要求，由合法的第三方认证中心为投保人颁发针对投保确认书签名事件的数字证书；部署信手书手写数字签名系统，实现证书申请、PDF 投保确认书生成、展现、签名、验证、提交等功能；配合时间戳服务器，对数字签名后的投保确认书加盖时间戳，证明投保确认书签署的时间；根据移动展业客户端设备环境，部署适用的手写签名设备，供投保人手写签名。

四、对公司产生的实际效果

通过"享签"将服务环节的手工纸质单证交接升级为电子化流转，大大缩短了服务时效，提升了客户体验。其中，投保环节由原来的2天提升为实时投保。保单回执的电子签收将原来手工回收2~3天的时效提升为实时签收，为进一步推动实时回访、充分保护消费者合法权益奠定了基础。与此同时，电子签名技术带来的低碳无纸化，为保险公司履行"绿色保险"的社会责任提供了有效手段。

五、对行业的应用价值和示范效应

在投保新契约环节，"享签"采用远程电子签名技术，打破时空界限，即使投保人与被保险人身处异地，也能第一时间完成投保，实现客户投保、保单签发、保单制作、客户签收和新技术回访全流程线上无纸化操作，完成了新契约业务线全流程数字化。

客户全程参与业务受理过程，直接监督服务环节中的所有操作，使服务流程更加透明，提高用户投保体验。同时，方案符合绿色金融、节能环保理念和要求，大量节省保险公司单证纸张的印刷、运输与保存管理等社会资源消耗。

> **专家点评**
>
> 高效安全的远程签名既是实现保单无纸化的基础，也是推进互联网保险营销的重要一环。爱心人寿保险股份有限公司基于合法的第三方认证，为投保人颁发针对投保确认书签名事件的数字证书，实现了证书申请、投保确认、展现、签名、验证、提交等功能，真正地将面对面的线下新契约流程全部转移至线上远程操作。通过"享签"系统，爱心人寿将服务环节的手工纸质单证交接升级为电子化流转，大大缩短了服务时效，提升了客户体验。

泰康大健康云泰汇智能名片

◎ 泰康大健康云

一、项目概述

泰康大健康云作为泰康保险集团旗下"创新+科技驱动"的大健康生态云平台，聚焦大健康机构、服务消费者、连接政务和生态伙伴，全链条、全周期赋能大健康企业销售、运营和服务，实现促增收、降成本和增效率的目标，助力大健康产业互联网化、数字化和智能化。

泰汇智能名片是泰康大健康云推出的一款通用智能产品，基于创新型"AI+微信"，可实现服务和商品的社交化营销裂变，赋能企业提升销售效率和品牌裂变能力。

二、项目背景及意义

针对A端保险代理人，泰康大健康云推出的泰汇智能名片（小程序），通用于智能营销、智能运营、智能服务和智能生态四大创新方向，助力保险代理人连接海量的消费者，实现智能触达、互动和转化，实现商品和内容的精准推荐，提高代理人的服务质量，提升用户体验（见图1）。

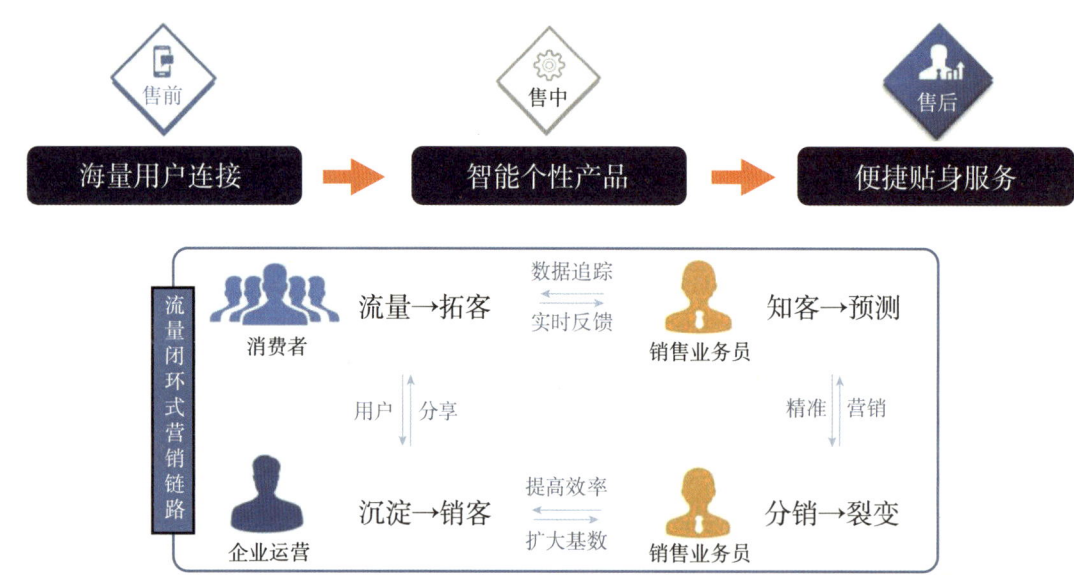

图1 泰汇智能名片

三、项目重点解决的问题及主要创新点

（一）项目重点解决的问题

近年来，保险市场规模越来越大，但传统保险业的营销模式老旧，主要面临以下几个"痛点"。

从销售的角度来看，拓客手段老旧，传统销售途径销量低下，开发新客户困难；对于保险公司和保险代理人来说，在新客获取和用户行为等用户画像数据的获取、用户需求的浅层分析及针对用户推送相关保险资讯或保险产品等方面，都是十分重要但难以攻克的难点。

从公司的角度来看，保险广告收入投入大，但引流效果差，客户群体难触达；销售岗位人员流动性较大，容易造成客户流失；以大数据、AI为代表的新兴科技正在逐步渗透保险产业链。

综合以上"痛点"，保险业只有借助科技赋能，向智能化、数字化转型，才能提升综合竞争力。泰汇智能名片背靠微信上亿人的月活，在流量上极具优势。以"AI+微信"的小程序模式实现了科技对保险的赋能，作为保险代理人的智能商务工具，可以实现服务和商品的社交化营销裂变，赋能企业提升销售效率和品牌裂变能力，通过大数据智能分析驱动保费长效增长。

（二）项目主要创新点

泰汇智能名片主要有以下几个创新点。

1. 无纸化社交传播连接微信10亿用户，打破交集界限。

企业名片。企业名片是企业赋予每名业务员的身份象征，利用无纸化微信小程序传播企业名片，可以使业务员快速触达消费者。

名片编辑。名片头像、个人视频可编辑，业务员可以定制自己专属的个性化名片。

行业资讯。利用专业的最新行业资讯与名片结合传播，可以提升业务员个人的影响力。

2. 蜘网式数据分析系统让客户数据有迹可查，永久锁定客户。

访客轨迹。业务员能够追踪客户的行为轨迹，挖掘分析客户的意向。

客户画像。对海量数据进行智能分析，使客户画像清晰可见，业务员能够及时洞察客户所需。

业绩报表。提供多维度分析报表，助力业务员挖掘客户意向，提升销售转化率。

3. 社交营销裂变商品或活动裂变式传播赋能新客增值。

在线商城。企业可为每名业务员配置售卖商品，实现在线交易。

裂变活动。开展拼团、砍价、助力抽奖等各种裂变活动，让新客户源源不断地涌现。

保险服务。利用保险业独设的保险商品、保险计划书和保险图文，业务员能够随时随地触达客户。

4. 鹰眼系统跟踪销售业绩概览、活动数据，管理者对一切尽在"掌"握。

触达客户销售的跟踪。业务员对客户的拜访、跟进及名片转发、商城销售情况等数据可查，及时为管理者提供考核依据。

数据仪表盘。对业绩概览、活动数据、订单数据进行分析，提升管理效率。

客户CRM系统。名片沉淀的客户资源自动存储于企业小程序中，由企业统一管理，员工离职是带不走的。

5. 服务至上理念让业务人员与客户不再有距离感。

名片展示。客户可查看业务员的全方位信息，对业务员不再有陌生感。

实时聊天。无须添加好友或下载软件，业务员就可以与客户实时在线交流，获取客户需求。

消息提醒。支持已读未读提示，业务员及时跟进提供服务。

四、项目主要建设内容

（一）筛选目标客群，实现高效转化

从保险代理人的角度来看，传统保险代理人在筛选目标客户群的过程中，会通过朋友圈、微信群、微信好友等途径分发名片，看似触达很多客户，但并不知道是哪位客户点击查看了名片，所以对真正感兴趣的客户无法跟进。

泰汇智能名片可以很好地解决这一需求。保险代理人每发出一张名片，凡是点击进入名片的客户，都可以被后台自动记录下来，并将信息及时反馈给保险代理人，有助于保险代理人筛选出潜在客户，然后有选择地跟进目标客户，实现高效转化（见图2）。

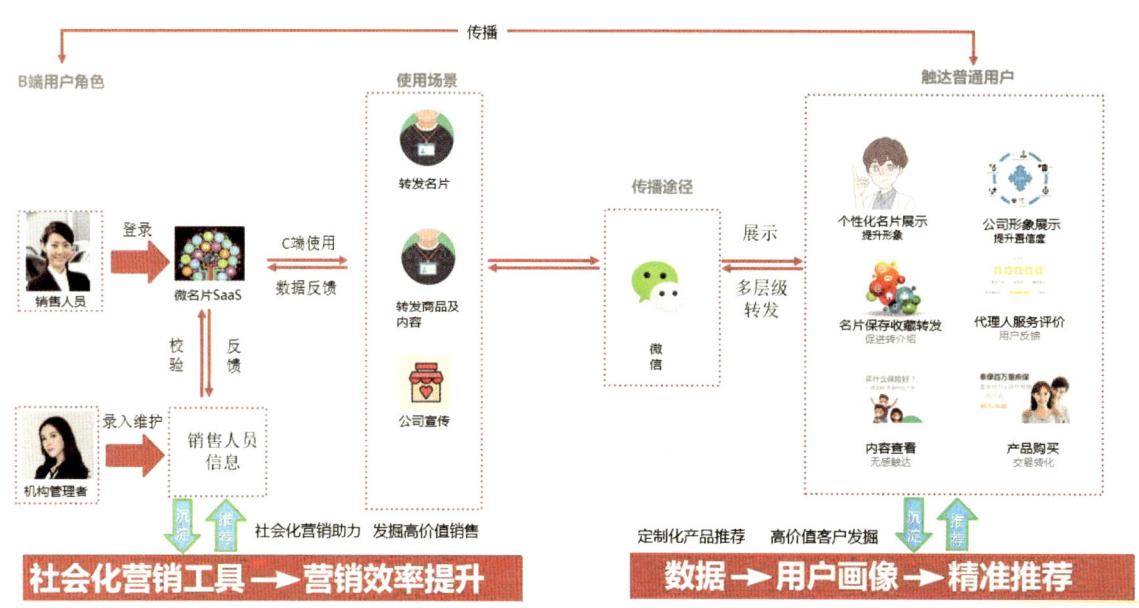

图2　泰汇智能名片筛选目标客户流程

（二）追踪客户行为路径，深挖客户购买意向

保险代理人在追踪客户行为路径的过程中，仅仅筛选出目标客户还不够，还需要详细了解目标客户的兴趣点和需求。

泰汇智能名片通过保险代理人、推荐商品、观看视频、推荐阅读等模块，向客户详细展示保险公司、保险产品和保险代理人的信息（见图3）。

客户进入泰汇智能名片后，会根据自己的需求和兴趣点击不同的模块，而客户的这些操作行为都会被泰汇智能名片的智能后台捕捉记录，并实时反馈给保险代理人，让保险代理人全面掌握每一个客户的最新动向，及时跟进并提供服务，不流失任何一个潜在客户。

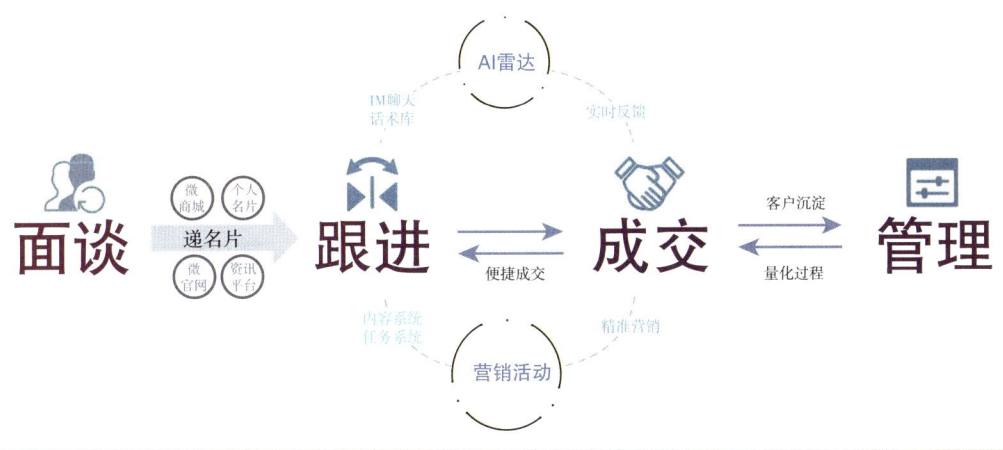

图3 泰汇智能名片追踪客户行为路径

例如，保险代理人王某在拜访新客户时，通过微信向客户 A 分享她的智能名片。之后王某发现该客户浏览"泰康住院险"15 次，浏览"泰无忧·百万防癌险"3 次，就可以有针对性地跟进。泰汇智能名片通过分析客户 A 浏览的页面和次数，可以准确地掌握客户的需求。客户 A 有购买住院险的意向，王某可以从这方面入手，进一步跟进并提供精准的保险计划书，完成销售转化。

又如，客户 B 是保险代理人王某一年前拜访的客户，但之后无任何联系。王某近期在朋友圈分享了"泰无忧·百万防癌险"的产品介绍，客户 B 多次点击查看。王某通过泰汇智能名片，得知客户 B 的需求意向并顺利地完成销售转化。如果在传统的销售场景中，除非客户 B 主动联系代理人，否则王某很难得知客户 B 的购买意向。

（三）完善客户画像，实现精细化营销

泰汇智能名片不仅能够给客户提供基础标签，如地理位置、年龄、性别、健康情况、收入情况等，还可以通过智能后台 API 为客户打上合适的业务标签，在后续的营销活动中，保险代理人根据这些业务标签为自己的客户提供最合适的服务。

泰汇智能名片还会对目标客户的数据进行持续分析，为客户提供精准的客户画像，清晰地呈现出客户的属性和需求偏好，让保险代理人真正了解自己的客户，为每位客户提供准确的保险计划书，实现高效转化与业绩快速增长。

五、项目效果

泰汇智能名片已经与泰康多家业务主体合作，联合开展线上线下营销、运营、服务活动，横跨保险、养老、健康管理等大健康行业，提升了业务主体的运营效率。以下是泰汇智能名片的部分客户案例。

（一）泰康人寿：全方位、全流程赋能销售

泰康人寿为数千名保险业务员配置了泰汇智能名片，不仅以互联网化的智能技术手段快速建立业务员的品牌形象，而且从业务层面将促进保费实际增长。保险业务员通过泰汇智能名片配置了保险产品、企业介绍视频、资讯等丰富的内

容,并通过微信生态群进行多次分发,不仅方便客户浏览咨询,更方便保险业务员的精细化营销。保险业务员可通过AI雷达反馈的浏览访问、地域、时间、时长等数据,分析客户的潜在需求,从而转化签单。

(二)泰康在线:售前售后在线咨询

泰康在线为数百位网销客服人员配置了泰汇智能名片,便于其利用微信与客户实时互动,效果如下。

1. 网销客服人员及时获取客户画像和需求,为客户提供保险解决方案。

2. 通过小程序连接微信10亿用户,在线实时沟通,打破交集界限,使整体沟通效率提升50%。

3. 通过名片内置的商品和活动达到社交裂变营销,源源不断地获取新客户;通过泰汇智能名片仪表盘工具,追踪客户的行为轨迹,通过海量的数据智能分析用户特征,洞察用户需求,提升销售转化率。

4. 通过名片沉淀的客户资源自动存储于企业小程序,由企业统一管理;保险业务员对客户的拜访、跟进及名片转发、商城销售情况等数据可查,方便管理者进行业绩考核,提升管理效率。

据统计,泰康在线的网销客服人员使用泰汇智能名片后,每月人均保费收入新增5%~8%。

(三)泰康拜博口腔:品效合一,提升企业形象

泰康拜博口腔利用泰汇智能名片实现品效合一的营销管理,在一定程度上提升了品牌美誉度和客户忠诚度。

六、总结

泰康大健康云是泰康保险集团旗下的"创新+科技"驱动的大健康生态云平台,依托"科技+创新+保险"推出智慧保险方法论,用智能科技赋能企业运营、保险代理人和消费者。

泰汇智能名片作为泰康大健康云的通用智能云产品,赋能保险代理人连接海量客户,推送智能个性化产品,为消费者提供便捷的贴身服务,提升保险全流程效率和体验,收集海量客户数据,通过大数据智能分析,实现对保费的长效增长驱动,助力保险业数字化转型和创新突破。

专家点评

传统的保险营销员对寿险公司的生存和发展发挥着核心作用,但营销员的营销过程管理一直是公司管理中的一个难点。如何通过营销员增强客户对公司的认同感?如何通过营销员的首次接触实现对消费者的持续跟进服务?如何实现营销员离职而客户不走?泰汇智能名片系统为破解这些难题提供了很好的解决方案。泰汇智能名片系统在辅助营销过程中发挥了以下重要作用:一是提供了权威、可信的身份证明,便于快速建立营销员的品牌形象;二是便捷了营销员对保险产品的配置和企业形象宣传;三是便捷了营销员对客户的持续跟进服务。这些为长期助力公司销售产生了深远的影响。

泰康大健康云基于小程序的保险智能营销新模式

◎ 泰康大健康云

一、项目概述

泰康大健康云作为泰康保险集团旗下"创新+科技"驱动的大健康生态云平台（见图1），聚焦大健康机构、服务消费者、连接政务和生态伙伴，全链条、全周期赋能大健康企业销售、运营和服务，实现促增收、降成本和增效率的目标，助力大健康产业互联网化、数字化、智能化。

泰康大健康云通过小程序搭建了大健康行业的赋能体系和开放平台，通过提供SaaS服务和大数据智能分析支持，全方位赋能销售业务员（Agent）、企业运营（Business）和消费者（Consumer），形成全方位ABC赋能战略布局。

图1 "创新+科技"驱动的大健康生态云平台

二、项目背景及意义

（一）项目背景

随着大健康产业日新月异的业务发展和行业需求的迭代，基于大健康行业的实践经验积累，泰康大健康云对保险智能营销系统进行产品创新设计与体验优化。泰康大健康云从以下三个因素出发，以科技赋能大健康。

1. 业务因素。数据化营销的业务新需求——统一、精准、高效。以业务员为驱动的传统营销模式存在营销效率不高，甚至渠道间因抢客户导致效率损耗的问题，给大健康行业业务发展带来阻碍。因此，泰康大健康云搭建一站式、高转化、低成本的智能营销平台，进行数据化营销升级实践。

2. 技术因素。小程序迎来大爆发，2019年小程序GMV服务超过万亿人次。微信小程序现已覆盖超过200个细分行业，服务超过1000多亿人次，年交易增长超过600%，创造了上千亿元的商业价值。

3. 用户因素。体验为王，用户追求极致体验。如今，企业级用户越来越注重用户营销体验。泰康大健康云第三方代开发模式PaaS开放平台为小程序的生态搭建和发展注入更多力量，有效降低企业应用门槛，提升运营效率。同时，为企业客户提供更多的小程序模板和行业模块，企业通过可视化的模块拖拽即可完成小程序搭建，满足业务主体营销获客、用户管理、品牌宣传、活动促活等多种需求。

（二）项目意义

泰康大健康云通过智能营销、智能运营、智能服务和智能生态四大方向的融合，形成集营销、运营、用户管理于一体的SaaS平台。聚焦大健康机构、服务消费者、连接政务和生态伙伴，全链条、全周期赋能大健康企业销售、运营和服务。下一步，泰康大健康云会结合泰康保险集团的医养服务和保险支付，共同构建泰康大健康产业生态。

三、项目重点解决的问题及主要创新点

（一）重点解决的问题

泰康大健康云在全方位ABC赋能战略布局中，重点解决以下几个问题。

1. 赋能销售业务员（Agent）端。针对A端保险代理人，大健康云平台推出泰汇智能名片，涵盖通用智能营销、智能运营、智能服务和智能生态四大创新方向，助力保险代理人连接海量的消费者，实现智能触达、互动、转化。

2. 赋能企业运营（Business）端。

（1）智能营销。泰营销Social CRM是针对大健康企业打造的一站式社交营销、会员和客服闭环平台，通过基于SaaS的云服务和大数据实现企业针对消费者的精准营销、价值会员和智能客服（见图2）。

图2 泰营销Social CRM

（2）智能运营。"泰健康+新媒体"平台是移动化、智能化、基于SaaS云模式的大健康领域新媒体服务平台，通过云服务和大数据实现大健康机构和消费者的多维触达、高效连接和闭环服务，为新媒体平台的高效管理和运营提供服务（见图3）。

3. 赋能消费者（Consumer）端。针对C端用户，大健康云推出"泰运动——步步为王"的小程序。该程序基于智能设备相结合的健康管理小程序和开放平台，通过数据和健康资讯信息对用户的运动习惯进行干预，为用户提供健康管

理和慢病管理服务。

全方位 ABC 赋能战略布局，能够有效沉淀 A 端保险代理人、B 端大健康企业和 C 端用户在使用过程中产生的海量数据，通过泰康大健康云智能后台分析，在用户获取、精准用户筛选和用户转化方面更加高效。

图3 "泰健康+新媒体"平台

（二）主要创新点

泰康大健康云通过小程序搭建大健康行业的赋能体系和开放平台，通过提供 SaaS 服务和大数据智能分析支持，全方位赋能销售业务员（Agent）、企业运营（Business）和消费者（Consumer），形成全方位 ABC 赋能战略布局（见图4）。

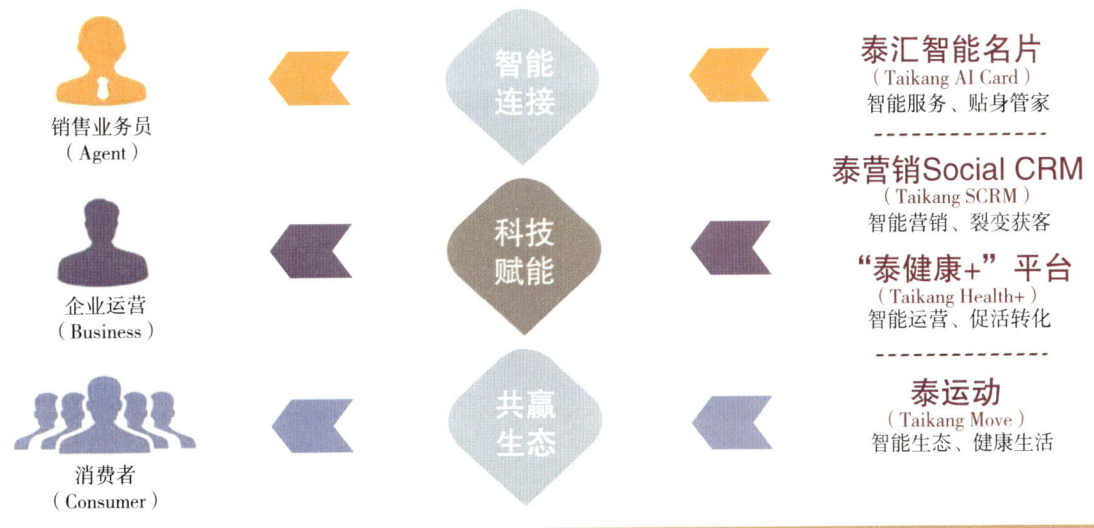

图4 大健康行业的赋能体系和开放平台

四、项目主要建设内容

泰康大健康云基于海量数据源和资深实战经验，聚焦大健康领域的 B 端机构，连接用户、机构、新型智能设备及各类健康服务提供商，通过人工智能、云平台、大数据等技术打造一站式、全流程的互联网大健康服务平台，实现数据的快速交换和灵活共享。大健康云可根据企业对不同深度的技术支持需求，从数据接口调用，到深入的联合建模，覆盖了智能数据应用和交付的各种方式。

泰康大健康云由三大产品系列构成，即智能通用产品、智慧行业方案、智能决策引擎（见图5）。

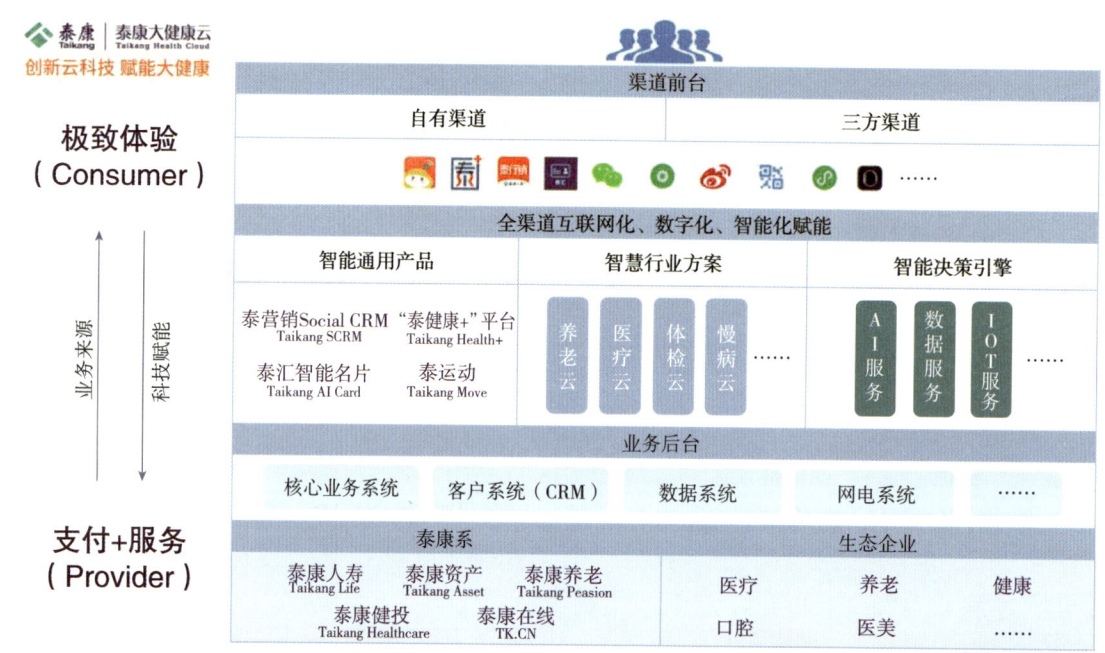

图5 泰康大健康云整体解决方案

（一）智能通用产品

智能通用产品包括泰汇智能名片、泰营销 Social CRM、"泰健康＋平台"、泰运动开放平台，在全方位 ABC 赋能战略布局下，全方位推动大健康产业创新转型。

（二）智慧行业方案

智慧行业方案包括养老云、医疗云、体检云和慢病云。针对行业属性，提供端到端的行业解决方案，助力"互联网＋"大健康服务体系的建立，赋能养老、医疗、体检机构，助力大健康产业发展。

1. 养老云。源自泰康养老社区的高品质服务，持续迭代以满足泰康大健康产业生态开放需求，由面向民政机关的"互联网＋区域养老云平台"和面向医养结合特色养老服务机构的"SaaS平台（泰养云）"组成。

2. 医疗云。医疗云是基于全云方案的 SaaS 模式连锁诊所解决方案，提供一体化诊疗业务、运营管理、集团管控功能，并为高端客户核保等业务的开展和健康数据的获取提供支持。

3. 体检云。体检云是体检预约服务、体检数据收集和生态伙伴管理"三位一体"的应用平台，解决了中小体检机构及部分二级医院没有预约系统或无法对接的问题，同时承载着体检数据收集和生态伙伴管理的功能（见图6）。

图6　体检云流程

4. 慢病云。慢病云生态体系基于慢病管理云系统，集合泰康保险、专科医生、健康管理专家、医药集团等多方为慢病管理助力，全病程管理依托慢病云系统，跳出距离限制，建立正向循环的生态体系。

（三）智能决策引擎

智能决策引擎以互联网化的方式赋能大健康机构营销、运营和服务，通过 AI 服务、Blockchain 服务、Data 服务、IoT 服务等最新技术，洞察保险商城、医养服务及资管服务业务后台的海量数据，通过云平台的大数据智能分析，构建企业核心数据平台，助力企业智能决策。

五、项目效果

泰康大健康云作为泰康保险集团的顶级品牌，担当着"创新孵化器、科技倍增器、生态连接器"的重要角色。目前，泰康大健康云已经与泰康多家业务主体合作，联合开展线上线下营销、运营、服务活动，横跨保险、养老、健康管理等大健康行业，提升业务主体的运营效率，同步赋能 ABC 端。各行业客户应用效果如下。

（一）保险业

客户可使用泰营销 Social CRM、泰运动开放平台和泰汇智能名片，后台一键配置营销活动，助力用户裂变，促进用户活跃度，提升产品购买转化，通过用户行为数据，完善用户画像，优化产品和服务体系，打造智能保险解决方案。

1. 精准营销获客。泰营销 Social CRM 可提供整套跨社交平台、跨账号体系、跨服务功能的支持系统，帮助业务部门从营销获客、会员管理、会员成长，到数据监测、效果评估、用户画像，整体完成用户全周期运营管理，有效地支持业务部门的数据化营销落地工作。

例如，泰康在线拥有近 700 万线上用户，通过泰营销 Social CRM 签到、抽奖营销工具的组合，满足公司多样化的日常运营需求，提升平台日活和用户黏性，促进关联保险产品销售转化。2019 年 1 月，泰康在线利用泰营销 Social CRM 做新春"开门红"的营销活动。短时间内，该活动吸引参与用户"30W＋"户，浏览量上百万人次，新增用户近"10W+"户，为业务部门实现了几百万元的保费收入增长。

2. 全面会员管理。泰康在线的数百位网销客服人员配置了泰汇智能名片，让销售人员获得企业配置的网络专属名片，实时利用微信端与客户互动。销售人员可及时获取客户画像和需求，提供保险解决方案，实现服务和商品的社交化营销裂变，提升销售业绩和品牌影响力。

3. 精益会员成长。泰康在线拥有近700万线上用户，拥有20万社群用户，通过泰运动帮助其提升用户活跃度和黏性，提升品牌信任度。

（二）健康管理行业

2019年，泰康大健康云帮助泰康健投解决了线上获客难、留存率低、用户活跃度低的业务难点，助力泰康健投（泰康高端养老项目）实现OMO（Online—Merge—Offline）运营模式，帮助其现有的近10家高端养老院进行营销获客和会员管理，有效解决了客户拓展、客户留存、客户促销活动等一系列营销问题，同时通过数据达到精准营销，极大地帮助企业达到降本增效的目的（见图7、图8）。

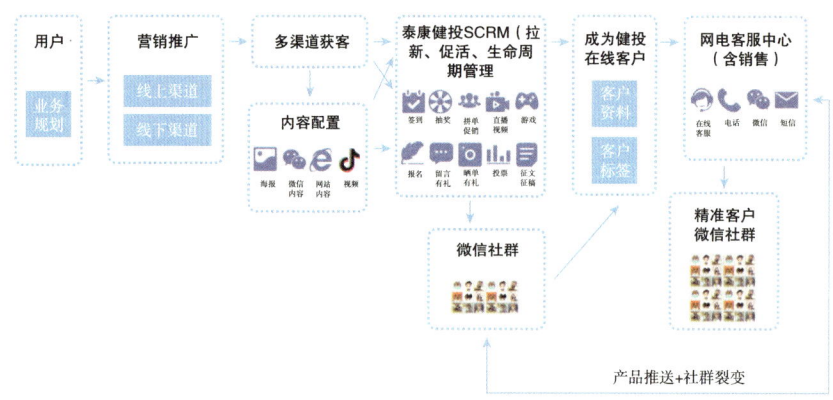

图7　泰康健投OMO运营模式流程

	使用泰康健投SCRM前	使用泰康健投SCRM后
完善的会员体系	使用自身平台，无法形成完整的商业闭环	集一体化的完成会员连接、个性化服务和商品销售的完善闭环
精确的库存管理	商品信息混乱，库存管理费时费力	确保专款专用，精确管理库存
丰富的数据维度	通过第三方收集数据、且数据单一，只能分析到用户数据，无法形成用户数据追踪	数据维度丰富全面、可获取用户参与活动数据以及运营数据、可助力精准营销及运营人员复盘
用户的裂变增长	活动形式单一、用户增长缓慢、用户活跃度低	充分利用社交营销达到社交裂变降低用户参与门槛，降低获客成本，快速达到用户增长的目标

图8　使用泰康健投Social CRM效果分析

（三）养老行业

泰康大健康云为泰康养老云开放了"泰健康+新媒体"平台，可以对新媒体多平台、多账号、多粉丝、多消息进行统一管理，同时完成了跨平台的大数据收集和统计，描绘了精准的用户画像，赋能企业营销。

"泰健康+新媒体"平台，可实现一键登录永久使用，同时管理多个公众号、微博等账号，不用反复扫码，节省了90%的登录切换时间，有效提高了新媒体运营效率。

六、总结

泰康大健康云将持续地为泰康保险集团业务部署和保险业的发展提供"创新+科技"的智慧大健康方法论，用智能科技全链条、全周期赋能大健康企业销售、运营和服务，深入结合互联网、大数据、物联网、人工智能等领域，打造大健康产业的新引擎，助力全生态大健康产业新图景，创新云科技，赋能大健康。

专家点评

搭建保险生态是解决保险频次低、客户黏性小的主要出路。泰康大健康云基于海量数据源和资深实战经验，聚焦大健康领域的B端机构，连接用户、机构、新型智能设备及各类健康服务提供商，通过人工智能、云平台、大数据等技术打造一站式、全流程的互联网健康服务开发平台，实现数据的快速交换和灵活共享。通过智能营销、智能运营、智能服务和智能生态四大方向的融合，形成集营销、运营、用户管理于一体的SaaS平台，构建了集大健康机构、消费者、政府为一体的全链条、全周期的保险营销和服务生态，在助力大健康产业互联网化、数字化、智能化的同时，实现了公司促增收、降成本和增效率的目标。

天安 e 点通 APP

◎ 天安人寿保险股份有限公司

一、项目概述

天安 e 点通 APP 是天安人寿保险股份有限公司（以下简称天安人寿）打造的一站式客户经营与营销服务平台，为天安人寿多个渠道的数十万名营销员的业务团队和超百万客户提供贴心服务。平台具有客户服务、在线投保、在线学习、智能陪练、营销员自助上号、健康在线、佣金查询、智能产品库、调查问卷等多个模块，实现客户经营和营销管理双闭环，营销员与客户、准客户之间的高频互动，深度开发客户资源，营销员上岗一站式审批，以及缩短了营销员培训上岗周期，助力公司业务快速增长。

（一）运用大数据分析形成智能风险测评模型

天安 e 点通 APP 运用大数据分析形成智能风险测评模型，形成客户画像，实现客户保险数字化、智能化，科学计算客户的保障需求及缺口，解决面访无客户、无话题、无跟进的困惑，并根据形成的客户画像与风险报告，按需向客户智能推介适宜的保险产品，拓展客户资源并形成客户信息沉淀。

（二）使用云视频技术提供稳定、流畅的在线视听体验

e 学堂模块使用云视频技术，通过 API 管理视频信息，满足媒体资产管理的需求，同时实现代理人可随时随地进行业务学习和考试的目的。

（三）应用部署使用容器技术

天安 e 点通 APP 采用基于云计算的容器化应用技术，将应用和依赖进行极轻量级打包，实现"一次构建、随处部署"的易移植性，满足秒级部署要求，提升交付速度。

二、项目背景及意义

天安 e 点通 APP 意在为代理人、内勤管理人员提供从岗前培训、上号审批到首期展业出单，新老客户管理到承保后的客户互动、保费续收等一体化、一站式的解决方案。实现客户经营和营销管理双闭环，提升客户服务品质，深度开发客户资源，助力公司业务快速增长。

（一）新人培训上岗效率低

在营销员上岗前的培训过程中，往往由于人数众多、能力水平不一、没有统一的工号等问题，造成对培训的考勤管理、考试成绩统计、上岗审批等环节无法形成合理高效的闭环管理，产生大量的时间和经济成本。天安 e 点通 APP 在线学习模块，以在线视频学习方式为依托，将考勤打卡、学习时长的统计、考试成绩统计、上号审批等各个环节全部纳入系统内操作，形成培训业务流程的全闭环管理。

（二）客户数据经营管理难

以往营销员自身所掌握的客户信息无论数量多少，都无法对其进行高质量的数据分析与进一步利用，也很难使之转变为真正属于保险公司的大数据资产。针对传统保险业客户经营难点，天安 e 点通 APP 通过在线投保与客户画像相结合的功能，科学计算客户保障需求及缺口，实现客户保险数字化、智能化，并根据形成的风险报告，向客户按需智能推介适宜的保险产品，拓展客户资源并形成客户信息沉淀。

（三）承保后客户互动与续收难

保险产品对于客户与营销员来说属于低黏度的产品。保单承保后，客户即不再需要与营销员之间产生业务上的往来，营销员也很难再有机会与客户产生互动。天安 e 点通 APP 利用信息资讯分享与健康在线功能，有效地提升了客户黏度，使客户在保单承保后也能够持续与营销员产生互动，极大地提升了增加潜在客户与保费续收成功的概率。

三、项目重点解决的问题及主要创新点

1. 系统运用大数据分析处理技术，利用天安人寿既往销售数据，形成了智能风险测评模型；同时采用大数据处理技术，高效完成了保单数据转化处理，形成即时业绩指标，满足了实时业绩追踪督促的需要。

系统同时也集成了以下一些轻量级的简单易用的便捷功能，对营销员出单以及与客户互动提供了周到细致的帮助。

（1）保单扫一扫模块可通过识别公司保单上的二维码，快速进行保单验真。

（2）智能应答模块使用语音智能机器人，并结合智能语音知识库，可识别语音进行全天候在线问答。

（3）健康在线模块通过手机获取步数、心跳等指标，实时进行健康监测，并结合用户保障信息，提供综合风险保障咨询，同时也提升了与客户的互动频次。

2. 项目组在项目实施过程中，解决和突破了诸多技术难点。

系统开发中，手机端技术分别采用了 Objective-C 和 Java 语言实现 IOS 系统和安卓系统的开发，作为 APP 的展示页面。二级和三级页面使用 H5 技术的 Vue 语言，后端使用 Java 语言和 MySQL 数据库，整个系统开发使用了多种语言和多层架构的混合模式，跨平台三端统一研发，满足高并发、高可用要求。

该系统在开发过程中，解决了安卓手机获取用户步数、视频播放加速、客户画像数据建模等技术问题；采用了一键式发布、热部署等流水线发布技术，实现用户无感知升级，业务零中断；在业务高峰时可调度资源横向扩展，保证高并发业务支撑，实现业务部署、资源调度及故障处理全自动化。

系统开发基于先进的移动研发平台，对标顶级互联网企业，采用跨平台统一研发技术，支持安卓和 IOS 平台，极致性能优化，实现 90% 的页面秒开。

四、项目主要建设内容

（一）引入用户画像精准营销模块

天安 e 点通 APP 在用户经营方面引入了成熟的精准营销功能模块，对现有客户数据进行了大

数据分析，形成客户画像。但该功能模块对数据模型的成熟度要求较高，需要有高质量的数据来源与之匹配。该系统的客户数据来源众多，既有不同出单系统同步过来的数据，在这些数据中有老客户、准客户、团险客户等不同类型的客户。不同来源与不同类型的客户，都会存在信息维度不统一、字段含义不一致的问题。项目组引入了云计算技术中的"数+技术"，解决了数据模型的问题。通过数据建模专家编写高效的建模逻辑，将不同来源、维度不一的数据导入"数+系统"进行加工，再导出符合精准营销功能所需要的数据模型，使之最终产生营销员所需要的客户画像。

（二）视频存储及加速

随着摄录技术的发展，视频分辨率和清晰度大幅提升，随之也造成单个视频文件容量较大的问题。一方面是单个视频播放速度的问题，以及视频数量增长后带来的存储方面的压力，项目组选取了云计算方式来解决大容量存储的问题；另一方面，播放速度的问题情况则比较复杂，在使用了云视频的加速功能后，视频播放的速度仍旧不稳定。经过安卓和 IOS 不同型号手机测试后，发现与使用的播放器有关。项目组经过比对和筛选，选取了一款加载速度快、兼容性强的播放器，并使用主流的 H5 页面渲染技术与之适配，最终实现完美兼容安卓与 IOS 不同系统各型号手机的流畅播放。

（三）应用部署使用容器技术

天安 e 点通 APP 采用基于云计算的容器化应用技术，从应用系统工程的创建到部署上线，都使用了云计算技术的云效流水线管理平台进行作业。管理平台针对所要实现的业务逻辑，生成开发人员所需要的标准化的工程机构和代码，且全部基于 Git 进行版本和发布管理。天安 e 点通 APP 系统使用时下主流的微服务 SpringBoot 架构，从资源配置上即区分为 dev、uat、prod 不同的配置文件，开发人员需按照不同环境的需要进行配置，发布时仅需选择所要发布的环境即可，不必再对本环境所不使用的代码进行注释，实现一键发布。流水线控制台还为每次发布自动生成的镜像备份，回退操作也可以实现一键还原。

容器技术的另一个显著特点是可伸缩性较强，镜像复制成本低，通过硬件资源池化方式，达到高复用度、高弹性、高可用，在业务高峰时可调度资源横向扩展，保证高并发业务支撑，实现业务部署、资源调度及故障处理全自动化。

五、项目效果

（一）行业应用价值

天安 e 点通 APP 系统化解决了保险业客户关系管理问题与客户拜访的面访困惑，针对有明确需求的客户群提供专业化的拜访内容，实现客户经营可持续跟进和滚动式发展；利用大数据分析计算客户的风险保障需求，实现客户保险数字化、智能化，接续进行智能推介与线上投保的一站式服务，实现真正"按需推介"的保险销售。该系统在形成客户需求清晰化、产品推介精准化、保单促成专业化的销售人员客户经营闭环的同时，形成了客户盘点便捷化、客户推送系统化、追踪管控实时化的机构客户经营闭环，提升队伍深入经营客户的能力。

（二）创新示范效应

自 2018 年 4 月首次上线后，天安人寿自主研发的天安 e 点通一站式客户经营与营销服务APP 经过数次升级，日趋完善，并于2019年2月完成国家版权局登记，取得计算机软件著作权登记证书。同时，不仅在公司内部得到了认可，在业内也产生了较好的业务创新和技术创新示范效应，获得业界认可，荣获"大数据优秀实践""2019年度中国金融信息化与创新优秀案例奖"等奖项。

六、总结

自天安 e 点通 APP 投入使用以来，得到广大营销团队和客户的好评，上线以来注册用户数连续 15 个月持续增长，也因此得到公司各渠道管理部门的高度赞许，成为天安人寿客户经营和营销服务的有力支撑。

在"价值、科技、活力"的战略方针指引下，天安人寿将通过移动、精准、智能的技术实现以科技的力量服务保险，让广大客户体验越来越多的优秀保险产品与服务。

专家点评

在移动互联网时代，借助于移动终端 APP，使一站式客户经营与营销服务管理成为提升客户服务质量、增强客户黏性、实现精准营销的重要保证。天安 e 点通 APP 依托天安人寿大数据打造的集客户服务、在线投保、在线学习、智能陪练、营销员自助上号、健康在线、佣金查询、智能产品库、调查问卷等多个模块为一体的一站式客户经营与营销服务系统，实现了客户经营和营销管理双闭环，对推动营销员与客户、准客户之间的高频互动，深度开发客户资源，营销员上岗管理均发挥了重要作用。

泰康在线智能交互机器人

◎ 泰康在线财产保险股份有限公司

一、项目概述

随着互联网保险市场竞争日趋激烈,件均保费不断被压缩,保险公司在续保过程中与客户交互成本过高的问题成为业务部门进一步扩展业务的障碍。除了续保,其他业务环节也由于件均保费下降的问题承受与客户交互成本过高的压力。为此,互联网金融实验室基于在智能客服领域方面的NLP技术积累开发的智能交互机器人,有效地降低了保险公司各个运营环节中与客户的交互成本。

智能交互机器人主要由智能对话引擎与外呼系统两大模块构成。智能对话引擎负责在不同的产品、业务场景和客户意图下,生成符合当前语境的话术。外呼系统主要包含外呼管理系统、外呼控制系统及外呼软交换系统,负责统筹各种资源完成不同业务的外呼任务。

智能交互机器人通过智能对话引擎提供高度场景化、智能化的外呼服务,解决了互联网保险业务中由于件均保费低而凸显的与客户交互成本过高的问题。在系统层面,智能交互机器人集成了人工智能、语音交互、虚拟化部署等先进技术,构建了完整的语音智能交互解决方案;在技术层面,智能交互机器人通过集成最新的语言模型实现对用户意图和情感的分析,并结合对话上下文,根据对话流程引擎实现人性化、智能化的人机交互。

二、项目背景及意义

人工智能和互联网技术的发展对保险业带来了新的机遇和挑战。一方面,保险服务的碎片化对保险公司的核心服务能力形成巨大的冲击,传统运营模式依赖人力堆积出来的服务能力已经无法跟上新的业务模式对服务能力的需求;另一方面,人工智能技术的进步为保险公司提供了更多的技术可能,从而提升自身的核心服务能力。互联网金融实验室开发智能交互机器人的主要动机是公司已有的展业方式无法满足新的业务模式对运营成本控制的需求。在开发智能交互机器人之前,公司的业务部门已经积累了大量的潜在客户,迫切希望通过外呼实现客户的转化,然而人工外呼的成本又远远超出业务收益,只要开展业务就会亏损,而为了营业收入平衡提升保费又会影响公司产品在互联网保险市场的竞争力,公司的展业出现了相当尴尬的局面。智能交互机器人上线后,成功应用在各个业务部门的展业过程中,完全取代了人工外呼的展业方式。实际运行效果显示,智能交互机器人的客户转化率甚至高于人工外呼。智能交互机器人已经得到了公司、集团以及合作伙伴的高度认可,集团相关部门正在逐步采用智能交互机器人取代人工外呼,腾讯、轻松筹等合作伙伴也开始采用智能交互机器人替代原有的人工作业方式。

三、项目重点解决的问题及主要创新点

智能交互机器人主要解决了公司两个方面的问题，一方面是互联网保险交易频率高、保单量大、件均保费低，采用人工外呼相对于业务收益成本过高，无法长久运营；另一方面是保险公司与客户的互动少，客户黏性低，公司一直缺乏有效地与客户互动的方式。智能交互机器人运营成本低，可提供高度场景化、智能化的外呼服务，可以高效、定期地与客户沟通，有助于提升客户黏性。

智能交互机器人与市场上常见的语音交互机器人的主要区别在于其独有的智能对话引擎，该智能对话引擎依托于互联网金融实验室在智能客服系统中积累的 NLP 技术经验，集成了最新的语言模型，能够动态分析客户的意图，实时生成应对话术，提供定制化的语音交互服务。

四、项目主要建设内容

智能交互机器人主要由智能对话引擎与外呼系统两大模块构成，系统框架如图 1 所示。智能对话引擎根据不同的应用场景生成应对话术，外呼系统根据业务部门的需要生成外呼任务计划，调度各种软硬件资源完成外呼任务。

智能对话引擎主要用于生成符合当前语境的话术。在智能交互机器人生成话术的过程中，对上下文的识别至关重要，主要包括当前交互所针对的产品、业务场景和客户意图。在产品、业务场景和客户意图的不同组合下，智能对话引擎可以生成符合当前上下文的话术。而产品、业务场景和客户意图对话术的影响，是通过话术流程引擎实现的。话术流程引擎描述了对话过程中产品、业务场景和客户意图的跳转及其对话术生成的影响。考虑到在实际业务中，客户意图的变化要比场景的变化更加频繁，而客户关心的产品在同一轮对话中很少发生变化，所以话术流程引擎主要描述不同的产品和场景维度下客户意图如何跳转。不同的产品和业务场景的组合需要配置不同的话术流程引擎，手工配置话术流程引擎对作业人员的业务素质要求很高，很难满足智能交互机器人在不同的应用场景下快速部署的需要。为

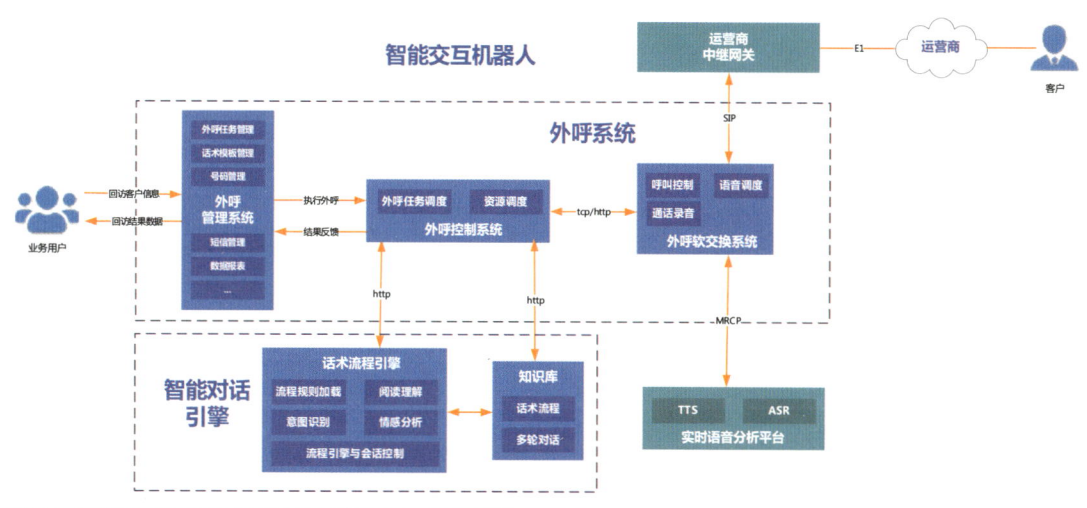

图 1　智能交互机器人系统框架

此，智能对话引擎在顶层定义了话术流程引擎的模式，包含对各种可能的客户意图的描述以及对这些客户意图之间跳转的约束，不同应用场景下的话术流程引擎都是该模式针对不同产品在不同业务场景下的具体实现。

为了使话术流程引擎模式更加符合实际业务应用的要求，项目团队首先基于数据驱动构建初步的原型模式，然后结合业务专家的建议对原型模式进行修正制定最终的话术流程引擎模式。用于构建话术流程引擎模式的数据主要是公司积累的大量客服记录数据，项目团队采用半监督学习对这些客服记录进行业务场景和意图两个层面的标注，然后利用标注好的数据基于概率图模型构建了话术流程引擎模式。概率图模型除了用于对客户意图的跳转进行建模，还用于对业务场景的转换进行建模。

在实际生成话术的过程中，除了对语境，也就是对对话的上下文进行考量，智能对话引擎还对客户的情感进行实时分析，针对不同的情感趋向，生成不同的话术予以回应。在以文字为主要信息载体的在线客服系统中，由于缺乏语音信息很难及时把握客户的情感趋向。相对于文字，语音中包含的情感信息更加丰富，使情感分析更加及时可靠。在智能交互机器人中，智能对话引擎除了利用 ASR 实时提供的语义信息生成相应话术，还充分利用客户的语音信息实时分析客户的情感趋向，特别是当客户的情绪处于极端状态时可以及时调整话术，避免进一步给客户留下负面影响。

互联网保险公司的产品更新换代快，对业务支持系统的部署时效提出了很高的要求。为了实现针对不同产品的快速部署，智能对话引擎采用阅读理解技术从不同产品的相关文档中自动抽取典型问题的回复话术，为不同保险产品提供高质量的交互知识库。与话术流程引擎相关的数据都存储在知识库中，因为智能对话引擎采用了概率图模型，包含了大量的图形数据，所以知识库同时应用关系数据库和 NoSQL 数据库。NoSQL 数据库主要用于存储以概率图形式描述的话术流程引擎。

外呼系统主要包含外呼管理系统、外呼控制系统及外呼软交换系统。外呼管理系统主要面对系统管理员和业务部门，根据业务数据自动生成外呼任务以及管理智能互动机器人的话术流程引擎、话术模板等内容，同时对整个系统运行进行监控评估。外呼控制系统负责协调不同部门的外呼需求，统筹各类软硬件资源，高效完成各个部门的外呼任务。外呼软交换系统负责与运营商对接，同时利用集团提供的 ASR 和 TTS 服务处理语音的相关数据，具体执行外呼任务。

考虑到实际的应用场景，智能交互机器人在架构上主要侧重于可扩展性方面的设计。近年来，深度学习推动下的 AI 技术呈现出跳跃式发展的态势，智能交互机器人集成的大量 AI 技术，例如意图识别、情感识别、阅读理解等，也在不断取得新的进展，性能逐步提升。这些前沿 AI 技术可以有力地提升智能交互机器人的智能化水平，为客户提供极致的服务体验。为了及时将最前沿的技术应用到生产中，智能交互机器人的架构必须具有良好的可扩展性，支持新的 AI 模型的快速部署，才能在第一时间将新的 AI 技术落地，提升自身的智能化程度。

智能交互机器人虽然在提出时是针对续保业务场景设计的，但是在设计之初就考虑到未来将应用范围扩展到其他业务场景和其他保险产品。由于在实践中的良好表现，智能交互机器人在不断地扩展应用场景，其不仅应用到公司内部各种产品和业务场景，还应用到合作公司的业务场景中。无论从AI能力增强还是从应用场景覆盖考虑，智能交互机器人的架构都应该具有良好的可扩展性。智能交互机器人的高可扩展性主要体现在以下几个方面。

（1）智能交互机器人在部署AI算法时采用容器技术实现对AI算法运行环境的隔离。这样设计主要是由于近年来AI技术蓬勃发展，各种平台与框架纷纷涌现，各种模型、算法的实现与平台深度耦合，不同的模型、算法运行的环境难免存在冲突。为了避免不同的运行环境彼此干扰，系统使用容器技术对各种AI运行环境进行了逻辑上的隔离。

（2）外呼控制系统在部署时也采用了容器技术，目的是根据业务的需要高效配置系统资源。很多保险业务的外呼任务有很强的周期性或突发性，在外呼任务较少的时候，没有必要为智能交互机器人保留大量的服务器资源，在外呼任务较多的时候，需要及时增加服务器资源。为了实现服务器的高效配置，智能交互机器人将外呼控制系统容器化部署，动态分配服务器资源。

（3）外呼管理系统的设计采用了多租户技术。多租户技术允许不同公司、不同部门的外呼管理人员只关注与本部门相关的外呼任务的管理工作，不仅提升了系统易用性，还可以有效地隔离不同公司和部门的数据，从而提升数据的安全性。

五、项目效果

智能交互机器人已经在续保业务场景中稳定运行。实际运行效果显示，智能外呼机器人可以完全取代人工座席为客户提供续保提醒、咨询等服务。在外呼效率和成本方面，智能交互机器人优于人工座席；在客户转化率方面，智能交互机器人也达到人工外呼的水平，部分时间段可以达到人工外呼平均转化率的两倍。业务部门经过综合评估，已经取消了人工外呼的作业方式，所有的续保提醒、咨询外呼任务均交由智能交互机器人完成。

智能交互机器人已经成功应用在保险业的续保场景下，该系统设计之初就考虑到可扩展性，因此系统可以广泛应用于其他如核保、营销、理赔等服务场景下。除了保险业务自身，智能交互机器人还可以用于养老、理财等与保险相关的业务场景。互联网保险公司与传统保险公司的业务模式最大的不同在于互联网保险公司更重视把各种场景化的、低保费的保险产品作为业务的突破口，运营这类产品不仅需要很强的风险评估能力，还需要严格控制交易与服务过程中的运营成本。智能交互机器人有效地降低了保险公司在营销、核保、核赔等业务环节的运营成本，在保险业有很强的推广价值。

智能交互机器人的实际应用效果不仅在公司内获得了高度肯定，而且还得到了传统保险公司的青睐，传统保险公司正在尝试将智能交互机器人的技术应用在传统保险业务的展业中。此外，公司合作伙伴中的互联网企业，如腾讯，也对智能交互机器人表示高度认可，双方正在基于现有的智能交互机器人进行技术合作，为腾讯的相关业务提供外呼服务支持。智能交互机器人解决方案在传统保险业和互联网保险业中都有很高的应用价值，是利用AI前沿技术促进保险业务降本增效的典范，在业内具有良好的示范效应。

六、总结

智能交互机器人是人工智能在互联网保险业

务中的典型应用，解决了互联网保险业务在保费碎片化、服务碎片化趋势下客户关系管理的成本控制问题。在技术集成方面，智能交互机器人将NLP技术前沿的研究成果应用到语音交互系统中，实现了语音交互的智能化。在系统架构方面，智能交互机器人充分利用容器等可扩展性技术，实现了智能对话引擎的高可扩展性以及应用系统的高可配置性。

智能交互机器人性能的最大"瓶颈"依然是其智能化水平，主要受限于现有的基于深度学习的语义理解技术的水平及其计算密集型的特性。项目团队将不断尝试新的语言模型和模型压缩技术在计算成本可控的前提下提升智能交互机器人的智能化水平。此外，知识图谱技术也是提升智能交互机器人能力的重要方式，项目团队正在针对重要业务板块构建相应的知识图谱，结合知识图谱补全、深度推理等技术，力求进一步提升智能交互机器人的服务能力。

专家点评

在人力成本快速上升的背景下，以智能交互机器人代理人工，实现智能替代，是人工智能在保险业率先革命的场景。可以预见，人工智能对保险业的颠覆性作用将首先发生在电销和客服环节。泰康在线通过集成人工智能、语音交互、虚拟化部署等先进技术，构建了完整的语音智能交互解决方案，同时结合智能客服领域方面的NLP技术积累开发了智能交互机器人，有效地降低了保险公司各个运营环节中与客户的交互成本，解决了互联网保险业务中由于件均保费低而凸显的与客户交互成本过高的问题。泰康在线开发的智能交互机器人通过集成最新的语言模型实现对用户意图和情感的分析，结合对话上下文并根据对话流程引擎实现人性化、智能化的人机交互。

华泰财险产品工厂服务平台

◎ 华泰财产保险股份有限公司

一、项目概述

产品工厂服务平台项目是华泰财产保险有限公司（以下简称华泰财险）自主设计、研发的保险产品开发服务平台，是将保险产品生产组件化、参数化，根据用户的需求由系统自动组装，并实时推送到终端的产品设计、生产、发布的模式。设计、研发产品工厂服务平台的目的是构建以客户为中心的保险服务形态，实现以客户为中心的新产品开发和差异化的可定制的保险方案。

产品工厂服务平台项目突破了传统的产品管理模式和理念，整合了财险、意外险、健康险、货运险、责任险等非车险类，全方位配置和管理保险产品，从产品需求、产品研发、产品配置、产品发布与部署、产品追踪、产品变革及后期的产品自动退市，再回到产品需求更新的循环迭代新生过程，形成闭环管理，打通一体化全流程，实现渠道销售产品的快速配置，极大地缩短了保险产品的上线周期。同一款产品在产品工厂实现集中配置一次并发布，实现所有许可销售该产品的渠道（APP、微信、接口平台、PC等）同步上线；保费的计算、手续费的计算、自动核保等业务逻辑通过产品工厂配置完成，现有接口服务无须升级发版即可与第三方渠道实现无缝对接。

二、项目背景及意义

随着时代的发展，互联网的应用渗透到生活的方方面面，而当前保险公司的主力群体，新生客户的生活习惯及行为偏好正在发生巨大的改变。新生代的消费主力群体更依赖和信任数字化世界提供的服务，他们更愿意通过微博、微信、网站、APP应用等多媒体渠道购买保险并享受保险提供的各种服务，这一偏好致使保险产品正朝着碎片化、高频、小额、分散的方式发展。产品的灵活组合，以及不同销售场景形成差异化的保险产品，对保险公司提出了各式各样的新要求。保险科技趋势是依托互联网开展业务，想要快速占领细分市场，保险公司与各个渠道对接的产品必须实现快速上线的要求，以往传统开发新产品的方式已无法满足当今时代的要求。

保险业绝大多数保险主体仍采用传统的保险产品管理模式，这种产品管理方式存在较多弊端，比如保险方案比较固定和单一、产品的不可继承带来大量的重复开发、推向保险市场的产品缺乏有效的跟踪和监测手段、产品优化实现困难等问题，极大地制约了保险业的数字化转型。对于这一根深蒂固的顽疾，不少保险主体都在想方设法进行"医治"，华泰财险依托保险科技新技术，主动出击，自主研发出适应保险业未来发展趋势的产品工厂模式（见图1）。

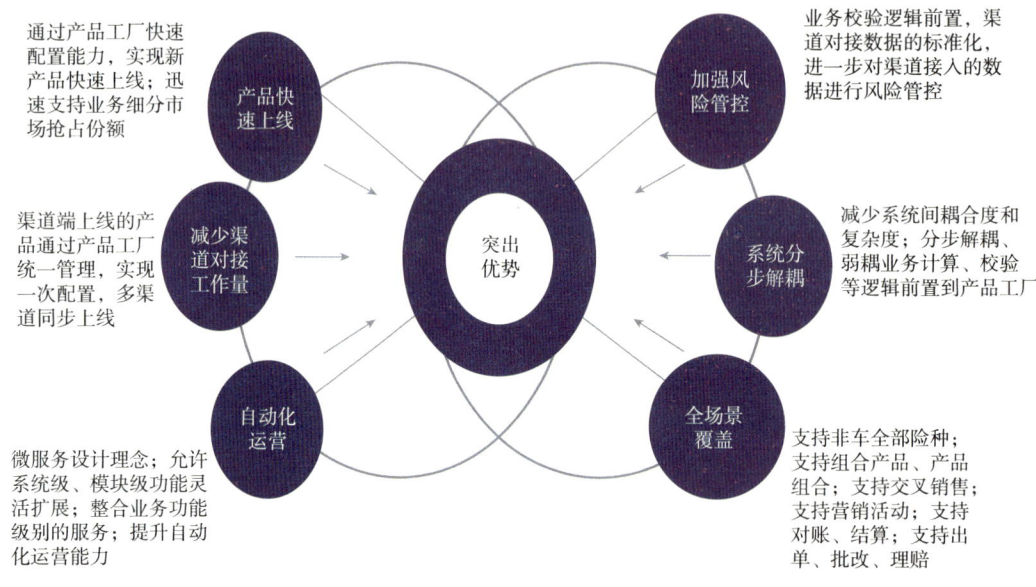

图1 华泰财险的产品工厂模式

三、项目重点解决的问题及主要创新点

（一）项目重点解决的问题

1. 对接速度无法达到预期，产品上线亟待提速。保险业作为金融业重要的子板块，其保险业务的网络化，也成了业内重点关注的领域，传统保险公司也已认识到互联网战略的重要性。然而保险产品的多样化、个性化和差异化的诉求直接导致产品的复杂程度大幅提升；复杂的市场细分导致渠道的多样性，渠道对接工作难度加大。在这个互联网高速发展的时代，以周为单位推出一款保险产品是保险业当前所无法忍受的，业内追求的目标是渠道产品对接可以快速上线，希望达到以天计算，甚至以小时计算。影响保险产品快速上线的不利因素见图2。

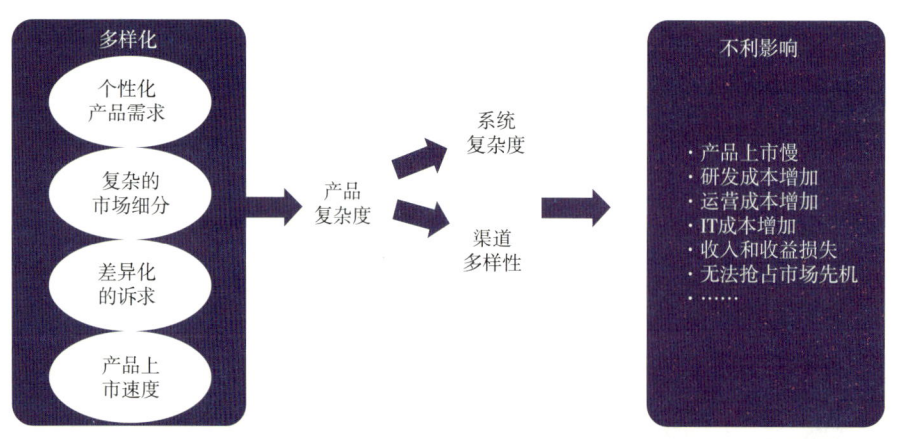

图2 影响保险产品快速上线的不利因素

2. 系统建设网状依赖，产品开发成本居高不下。由于历史原因，为适配业务发展，采用传统的开发方式，短期内建造了较多渠道，而有些渠道系统垂直建设，没有统一的规划，形成系统之间网状依赖关系，部分烟囱式的架构导致"牵一发而动全身"（见图3）。

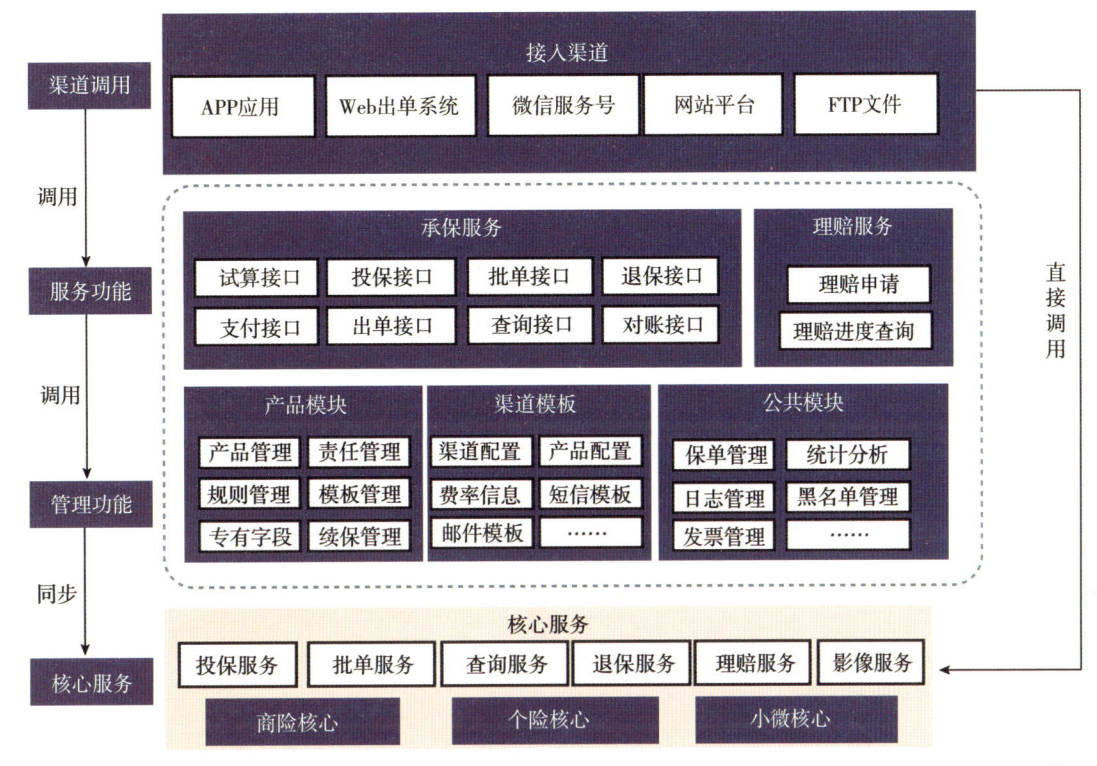

图3 传统开发模式的系统建设架构

同一款保险产品分别需要在核心系统、不同渠道方分别开发（如微信端、各网站门户、特定渠道方等），致使开发成本高、开发周期长；此外产品业务规则和校验逻辑散落在各个系统中，导致管理、维护、统计分析的难度加大；传统的IT解决方案面对井喷般需求的增长显得捉襟见肘。因此，如何推动一款新的保险产品快速上线并在全部渠道铺设开卖变得尤为重要。毫不夸张地说，它是影响保险公司销售收入的重要一环。

（二）困难与挑战

1. 研发设计需要全新的思路。在保障前端应用系统快速迭代的同时，也要保障后端核心系统的稳健运行，因此需要突破常规，寻求系统的解决方案。

2. 产品管理模式转变艰难。保险科技创新将带来产品管理模式的变革，需要转变产品研发部门固有的保险产品运营思路和管理模式，打破舒适区，对整个体系进行重构，但变革推动艰难。

3. 海量数据梳理困难。为完成对海量的历史产品、条款、方案的有效分析，并确保新模型对未来业务发展方向预测的正确性，需要投入大量的专家团队和资源，对相关内容进行逐一分类和梳理。

（三）项目主要创新点

如图 4 所示，产品工厂对保险产品的管理突破了传统的管理方式，其是站在客户的角度管理和研发产品的，并支持产品全生命周期的管理。

在产品设计的过程中，突破传统代码开发方式，在页面轻松配置即可完成操作，大幅降低了操作门槛，可由业务人员自行完成操作，避免多方沟通带来的信息损耗，同时可支持产品组合以及组合产品，实现保险产品的高效组装、快速上线。

保险产品的创新是保险业发展的根基所在，产品工厂的创新已然成为行业核心竞争力，并为其他领域的创新、变革提供强有力的后盾支持。

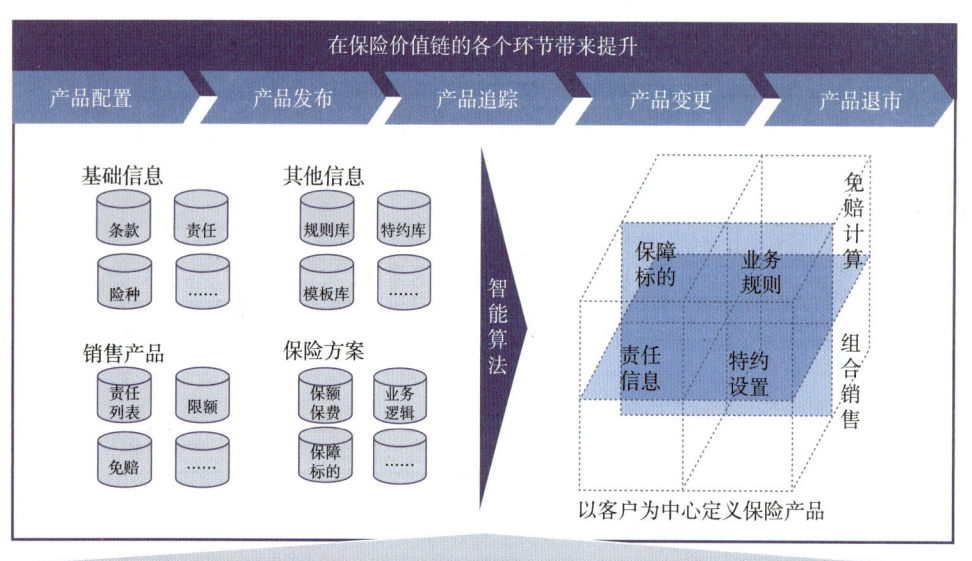

图 4　保险产品的创新管理模式

四、项目主要建设内容

（一）设计理念

1. 小前端、瘦核心、大中台的建设思路。如图5所示，把与最终用户直接交互的系统（如官网、微信公众号、手机APP等）称为前台系统，把管理公司一类核心资源的系统（核心业务系统、财务系统、再保系统、影像系统、单证系统等）称为后台系统。前台系统和后台系统就像两个不同转速的齿轮，前台由于要快速响应前端用户的需求，讲究的是转速越快越好；而后台由于面对的是相对稳定的后端资源，往往系统陈旧复杂庞大，且受监管、法规、审计等相关约束，往往要求稳定至上，转速越慢越好。所以，随着业务的不断发展，这种"前台+后台"的齿轮速率"匹配失衡"的问题就逐步凸显出来。

中台就像是架设在前后台之间的一组"变速齿轮"，对前后台的速率进行匹配，将早已臃肿不堪的前台系统中的稳定通用业务能力"沉降"到中台层，为前台"减肥"，恢复前台的响应力；同时将后台系统中需要频繁变化或是需要被前台直接使用的业务能力"提取"到中台层，赋予这些业务能力更强的灵活度和更低的变更成本，从而为前台提供更强大的"能力炮火"支援。

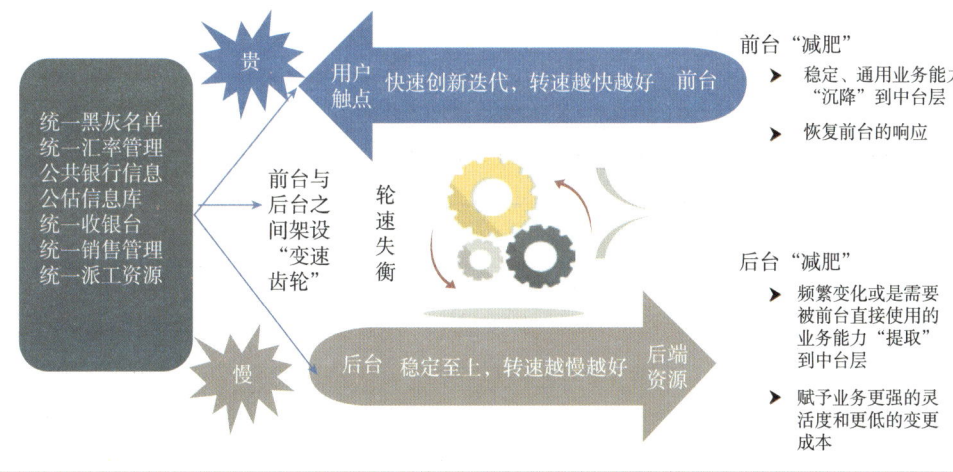

图5 小前端、瘦核心、大中台的建设思路

总体来说，华泰财险秉承的是小前端、瘦核心、大中台的建设思路，产品工厂即架设在前台与后台之间的中台层。华泰财险倾力打造从前端渠道接入至核心系统的广义的产品工厂，建设的宗旨是渠道向前、核心向后、中台做大做强（见图6）。

渠道端建设主要从四个方面着手，分别是内部服务接口标准化、外部服务接口可扩展化、建立统一的渠道对接平台、业务逻辑前置。

中台端建设重点在应用共享、运营完善、营销拓展等方面，如完善的对账结算功能、统计功能、查询功能、精准营销、精准投放及精准定价等。

核心端重点在"瘦身"和解耦，消除核心对渠道端的逻辑控制（相关逻辑规划前置到中台），使核心端对于渠道来说属于纯粹意义上的结算中心、数据中心和保单中心（见图7）。

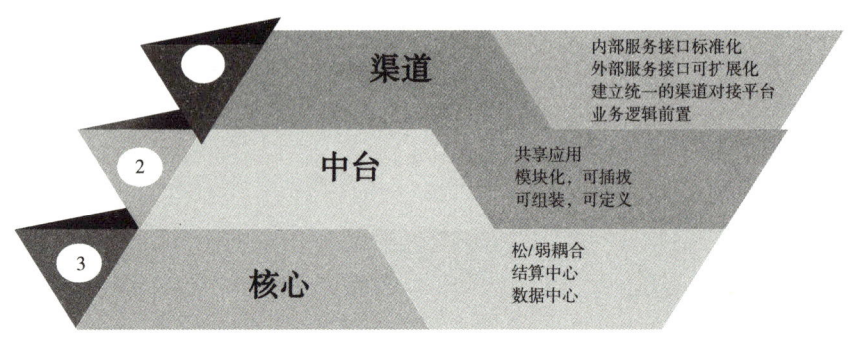

图6 华泰财险系统建设宗旨

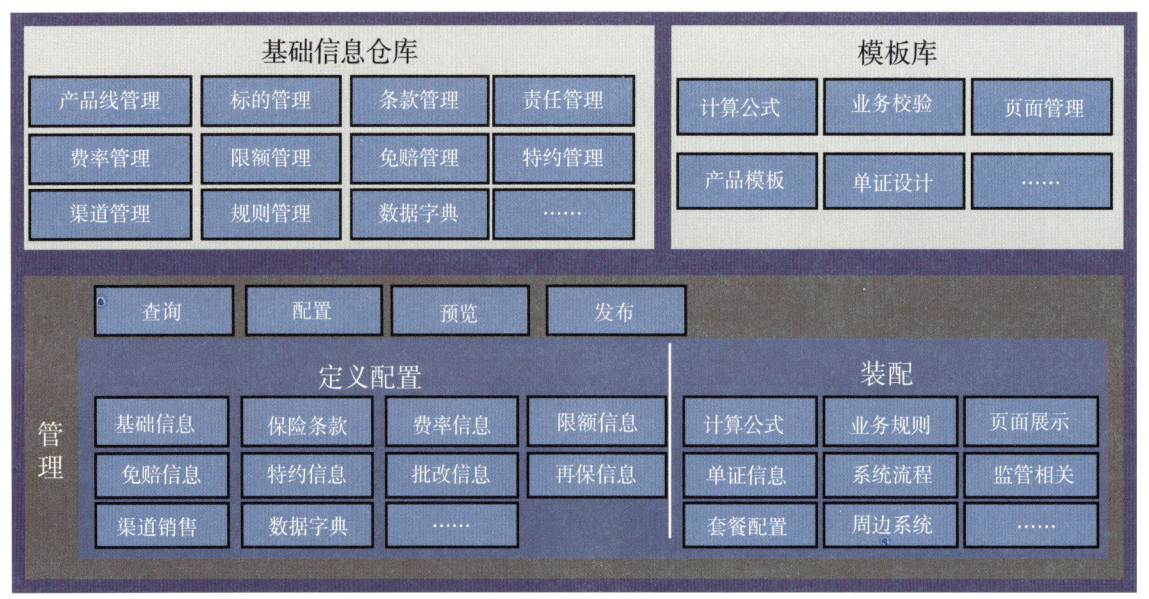

图7 产品工厂配置中心功能框架

2. 以客户为中心的建设思路。产品工厂提供的客户服务贯穿整个销售流程（见图8）。

（1）售前服务。客户风险识别、管控与防范方面（如黑灰名单统一管理、虚假证件的拦截等）；针对客户的风险测评工具，推荐相关的保险产品；按险类设计产品定价模型，供前端展业（如货运险、责任险定价模型等）。

（2）售中服务。支持多险类的组合产品；支持产寿交叉；支持产品组合，提供一揽子式的保险解决方案；支持灵活多变的营销活动，针对碎片式的营销场景精准投放保险产品。

（3）售后服务。在理赔时，有效识别客户风险，及时止损，如黑灰名单客户信息比对、虚假证件校验等，系统作出预警提示；注重客户体验，要便捷，够新颖，如提升客户报案自助率、自助批改、自助开票、续保提醒等功能。

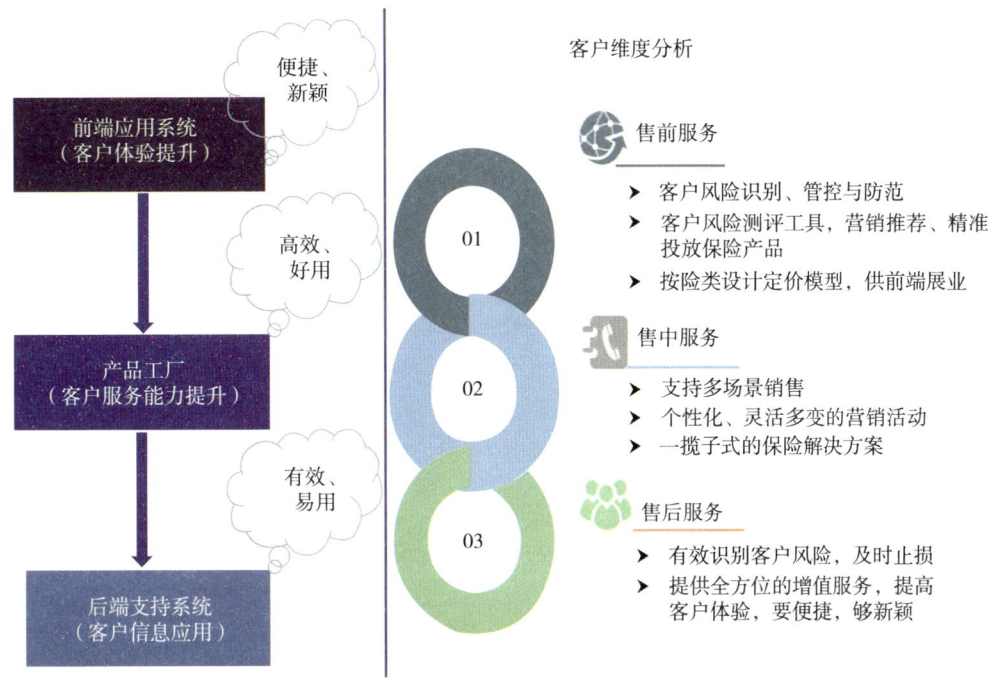

图 8　以客户为中心建设思路

（二）技术应用

1. 技术优势。

（1）微服务化架构。产品工厂按功能模块将系统划分成更小颗粒、更轻量级的服务，将应用和服务分解成更小的、松散耦合的组件，使它们可以更加容易升级和扩展；独立的开发部署和故障隔离；同时借助服务发现机制，以及统一的管理中心和网关中心，使服务消费方与提供方在内部可以无忧通信；链式跟踪和监控机制保障多服务的高可用性，最终实现在业务层面解耦，在管理层面聚合。

（2）前后端分离。系统整体框架采用前后端分离架构设计，前端基于纯 HTML5 技术并采用 Vue.js 框架构建，前端系统与后端系统交互基于 REST 方式；后端采用 Spring4.* 框架建设，整体分为接入层、业务层与资源访问层。

（3）网关服务 zuul。网关配置，提高系统安全性设置以及保障渠道对接快速。

（4）"Rabbitmq + redis + spring cache"。消息的异步处理及缓存的解决方案，确保满足系统在互联网流量下高并发的高可用性、时效性的要求。

（5）"docker + jenkins + svn + maven"。容器化部署，很容易模拟出一个线上环境，进行升级测试和回滚。启动一个微服务的速度快则达秒级，在应对临时的业务高峰，使用容器化平台能快速扩容新的服务节点，在业务下降后又能快速缩容从而达到高效利用资源。同时，整个应用运行环境实现了统一的版本控制，一旦出现线上故障可以选择历史镜像进行快速回滚。

（6）持续集成。DevOps 的目标是缩短开发周期，提高部署频率，更可靠地发布以及与业务目标达成一致，实现项目的集中化、视图化管理;同时,项目经理能直观地通过管理平台跟踪项目的开发进度、查看测试结果、发版计划,以及上线以后新增功能对应的调用情况和性能分析等。

2. 功能框架。产品工厂是架在非车核心系统和各个渠道端中间的一层,是华泰财险非车核心系统产品相关功能的轻量化延展,其主要负责渠道端出单的产品管理和运营管理等相关工作,其突出特点是产品的灵活配置和任意组合能力(见图9)。

产品配置中心
- 渠道产品快速配置及发布
- 部分功能开放给业务人员自行操作,优化产品管理流程

渠道接入网关
- 集中管理渠道的中介协议
- 第三方渠道接入标准接口,EDI数据转换

运营管理中心
- 对渠道业务全方面的运营支持提供计算、批改等基础服务

图9 功能框架

产品配置中心提供到款别的产品配置、营销活动配置及渠道维护管理功能、条款管理、黑名单管理、风险测评管理及基础信息管理等信息配置。

运营管理中心提供日常运营管理,不仅提供自动对账、自动结算、收银台、保批单查询及补录、赔案查询、必要业务服务接口及后端与各核心系统的业务数据对接同步功能等,还提供产品管理分析工具,如产品智能推荐、产品追踪等功能。

渠道接入网关提供与渠道对接信息的加解密、验签、权限校验、报文映射等功能。

3. 技术框架。从需求、开发、测试到运维,实现了应用系统全生命周期内的技术支持(见图10)。

4. 部署框架。整个项目分3个独立应用部署,分别为产品配置中心和运营管理中心、渠道接入网关,主要业务处理服务为了抵御高压力冲击,采用容器部署方式,通过容器实现服务器动态扩展;系统间通过Springcache及Redis等加速处理。所需存储资源包括MQ消息服务器、Redis内存数据库、MySQL、Oracle关系数据库(见图11)。

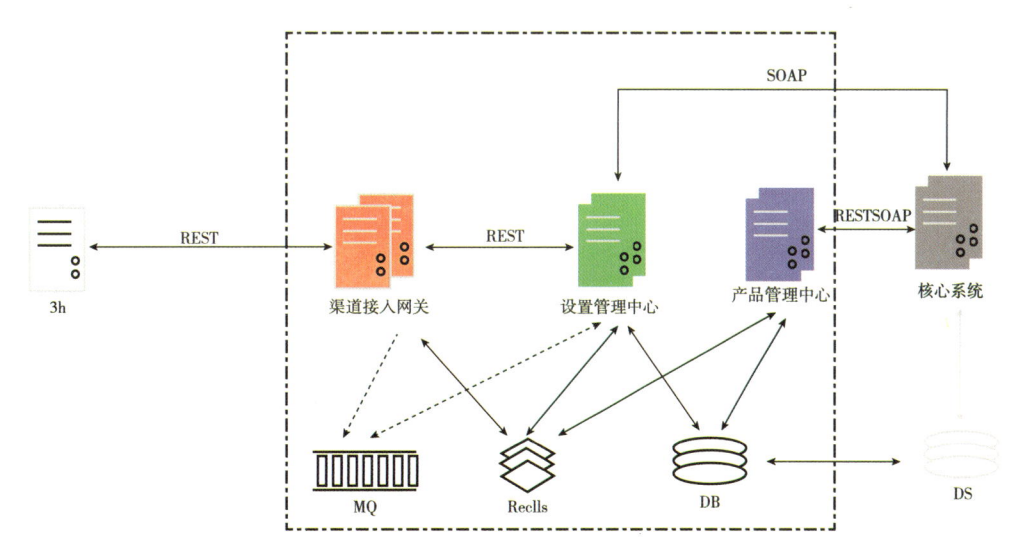

图10 技术框架

图11 部署框架

（三）主要功能介绍

产品工厂服务平台包括基础信息、产品管理、营销管理、渠道管理、发布管理、运营管理、系统管理及工作台等模块。

1. 基础信息模块。基础信息模块的主要功能涉及免赔设置、限额设置、条款管理、单证管理、规则管理、短信邮件管理、出单组建管理、出单页面配置、页面快捷预留、动态字段和阅读模板配置等基础信息的维护和管理。

2. 产品管理模块。产品管理模块主要包括险种信息、基础产品、销售产品及款别的配置管理和查询、销售产品及款别的审核管理和查询、款别页面配置等。

3. 营销管理模块。营销活动一般可以理解为促销活动，特定渠道、保险产品及保障人群在一定的活动期间内购买保险时，给予投保客户不同方式的优惠。当业务部门确定营销活动的方案，完成营销活动的系统设置并通过审核后，符合营销活动条件的保单，在营销活动期间，按照营销活动设定的规则进行校验，不匹配营销活动的保单依旧按照原有规则投保承保。营销活动期满，投保单/保单的业务管控规则又恢复到原有款别下设置的业务管控规则。

建立营销活动可对费用信息、特约、活动类型进行修改，包括对扩大承包范围、保费减免/折扣、赠险、提升保额、是否绑定款别等信息进行修改，主要功能包括新建、修改、删除营销活动和营销活动审核等。

4. 渠道管理模块。在产品管理功能完成款别配置后，哪些渠道可以售卖这个款别，需要通过渠道管理功能进行授权，在授权款别销售的同时，还需要定义手续费和代理费及展业费信息，主要功能包括渠道的管理、渠道可销售款别配置及每个款别下的费用配置。

5. 发布管理模块。为了保障配置的保险产品的质量，在产品配置完成的时候需要对产品进行测试，此时需要使用发布管理模块，将配置的相关信息发布到对应的测试环境进行全面测试，待测试完成后可授权允许发布到生产环境。发布管理模块包括款别发布、渠道发布和营销活动发布等功能。

6. 运营管理。运营管理主要是对日常运营相关工作的管理，包括保批单查询、保批单补录、批改处理、支付补登、批量导入、对账管理和发票管理等功能。

7. 系统管理模块。系统管理模块主要是对系统本身的设置维护，主要包括基础配置（参数设置、救援服务、邮件服务设置、业务来源等相关基础信息设置）、用户管理（用户信息查看及权限设置）、定时导入设置（导入开关控制）等功能。

8. 工作台。登录系统以后，进入的首页就是工作台页面，它就是产品工厂的一个快捷页面，可以在这个页面里看到产品工厂的大致情况。该模块包括快速入口、销售统计、保费排行（渠道保费排行、款别保费排行和异常保单处理入口）、产品信息（款别信息、渠道信息和营销活动）、审核信息（销售产品审核、款别审核和营销活动审核）等。管理员登录这几个部分可以看到全部内容，其余的权限用户登录会依据权限展示相关内容。

五、项目效果

（一）优化产品开发模式

通过产品建模，业务人员以基础产品为模板，依据个性化需求，自行对保险方案（可复制保险方案并做适当调整）相关的条款、责任、保障对象等要素内容进行调整、搭配、组合等操作，并通过全流程自动化测试工具进行验证，验证通过后一键发布所有许可售卖的渠道，全过程无须IT人员参与，即可完成一款全新的可售保险产品在所有渠道的发布上线，获得多渠道一致性的客户体验。

产品工厂将渠道产品独立出来，依靠核心提供的产品数据，为其建立绿色通道，总结提炼出渠道产品独有的特点和共性，从强大复杂的核心业务系统产品功能模块中剥离出来，打造出更加轻量化、更加便捷的产品管理模式。这为传统模式下产品和渠道的开发模式带来一种新颖的体验。

如与华泰财险对接的某个第三方渠道，该渠道需要定制开发一款专属的百万医疗产品（有别于其他售卖渠道），华泰财险接到需求后，从产品配置开发、测试联调到最终上线，仅用了4个小时；又如个险产品部想在"五一"劳动节对某一款国内旅行险做促销活动，接到需求后，从配置营销方案、测试联调到最终上线只用了1个小时。"可视化产品配置＋"上线速度快，得到了业务部门的一致好评。

产品工厂的应用一方面为保险公司大幅降低人力成本提供了契机，另一方面也对保险公司调整现有组织结构和岗位设计提出了全新的要求。

（二）实现全自动化产品配置联动

所谓全自动化产品配置联动是指在产品工厂进行一次保险产品的配置开发，产品工厂会自动生成出单所需的字段和业务逻辑，封装好后提供给前端渠道，前端渠道无须产品开发，直接生成出单页面，只要进行简单的权限设置即可上架售卖。

产品工厂提供了以下两种模式的产品配置联动方案。

模式一：第三方渠道自行对页面进行渲染。产品工厂提供出单所需的相关信息和业务逻辑校验等内容。该种方式可以维持前端渠道原有的页面设计风格，用户体验较好。目前，华泰财险三个自营渠道（保险商城、蜂巢、集成出单系统）均采用此种模式。

模式二：第三方渠道直接嵌入产品工厂预生成的出单页面。对于对接的中小渠道或无自建能力的渠道，建议直接使用该模式进行对接，并进行出单操作，减少试错成本。该种方式因为使用的是产品工厂自动生成的页面，页面风格与前端渠道会有差异，但是开发成本小，上线时间短。目前，华泰财险的E店保自营渠道采用的是此模式。

对于模式二，产品工厂内置了几套不同风格的模板供前端渠道使用。在使用模式二时，产品工厂有产品页面配置模块，可依据不同渠道的要求，差异化提供不同风格的出单页面、业务逻辑控制等。

产品工厂产品模式的创新，实现的是产品工厂产品配置的快速迭代，而全自动产品配置联动功能的实现，实现的不仅仅是产品工厂这一个环节的产品快速迭代，还有产品开发全流程（从前端渠道到后端核心系统）的快速迭代，极大地缩短了产品开发周期，使开发成本呈几何级下降，后续产品工厂的建设重点将由聚焦优化产品上线速度转至打造非车险产品全生态链，以及实现整个生命周期的闭环模式。

（三）实现千店千面诉求

产品工厂预设标签功能，可以实现千店千面的需求，华泰财险的蜂巢系统与产品工厂对接启用了此功能。蜂巢系统定位为EA门店提供营销服务的微店，产品工厂基于已实现的门店画像数据，为不同标签的EA门店选取不同档次、不同类型的保障险种和款别。在产品工厂中，将完善的渠道授权控制，实现保险产品不同款别的分类投放，进而实现更精细化的销售授权，以达到 EA 门店店铺个性化营销，以及重点推广的目标。

（四）强化风险防范体系

互联网保险采集并识别用户的身份信息是必不可少的环节，也是关键的一个环节。产品工厂在风险防范方面采取进一步的强化措施：(1) 实名认证（身份识别等）；(2) 反洗钱控制（实时监控客户信息，为黑名单回溯提供有力的数据支持）；(3) 客户风险识别（客户风险等级、客户信用评级管理等）；(4) 反欺诈监控（黑、灰名单设置与调整，可精细到产品级别）。

（五）完善运营体系

产品工厂采用微服务的设计理念，打造成支持保险业务全流程的中台系统，实现"业务＋运营""线上＋线下"的"一站式"功能整合（见图 12）。随着保险科技的迅猛发展，各类基于互联网的中介平台以及与保险科技有关系的通信、医疗、养老、旅游、物流、零售等行业都会纷纷加入保险业中，保险产业链条会不断扩展，保险生态圈也会不断扩大，提供以保险市场为中心的价值链条和相关企业的上下游不同的产品和服务会不断延长。

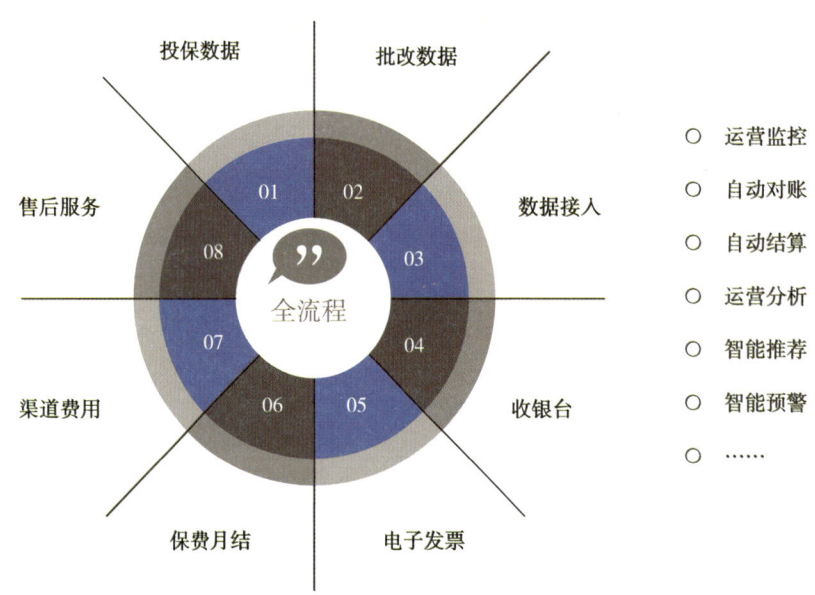

图 12　运营体系全流程

（六）优化发版机制

产品工厂的发版可以实现不同维度的灰度发布（如按机构维度、产品维度），可以有效地降低发版风险，同时产品发布和版本发布的复杂度极大降低，只需要点一个按钮，等待几秒钟或几分钟即可完成（见图 13）。

图13　发版机制框架

（七）实现全自动化对接测试（见图14）

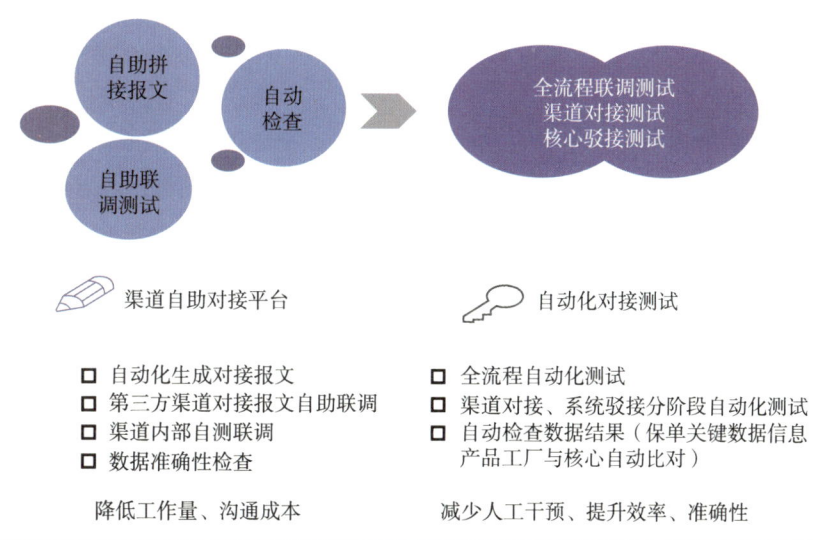

图14　全自动化对接测试架构

六、总结

科技的发展速度超乎想象，与保险业的融合不断加深。科技不再是简单的后台支撑，它正逐渐走向前台，引领业务发展。产品工厂的创新是推动保险其他领域创新的必经之路，是促进金融业发展的必然选择。作为华泰财险开展渠道业务的重要载体，产品工厂为公司渠道经营发展战略转型提供了强有力的支持和保障。

DIY报价为前端展业提供个性化的报价工

具,可自由组合报价,报价器覆盖全部非车险类。

责任条款库的灵活组装。当不同渠道客户可以根据各自需求选择保险方案,并进行套餐式购买的时候,产品工厂实际上就相当于一个应有尽有的"超市",客户只要最后一次性清空"购物车"即可。

智能分发。通过对前端客户身份信息、行为数据综合分析,形成客户画像,运用大数据和人工智能,产品工厂为客户智能匹配前端场景和保险产品,为客户提供个性化的保险推荐。

"不积跬步,无以至千里;不积小流,无以成江海"。产品工厂服务平台借鉴新兴技术将持续优化建设,横向和纵向全方位布局,以保险产品创新为核心,扩大保险圈,围绕客户的"衣食住行"进行产业布局,满足客户泛金融和生活需求;以客户为导向,围绕客户生命周期进行产业布局,关注客户体验,深挖客户需求,为客户提供差异化的优质服务。

专家点评

随着互联网的快速发展,新生客户的生活习惯及行为偏好正在向基于互联网的生活方式改变,这一转变致使保险产品朝着碎片化、高频化、小额化、分散化的方向发展。在此背景下,保险公司基于不同销售场景提供简单、快速的产品灵活组合,进而形成差异化的保险产品成为必须。华泰财险采用"小前端、瘦核心、大中台"思路建设的产品工厂项目为解决互联网保险产品快速供给问题提供了很有价值的参考方案。

华海保险移动营销 2.0 项目

◎ 华海财产保险股份有限公司

一、项目概述

华海保险移动营销 2.0 项目是一套现代金融保险企业移动化、智能化、无纸化的全流程营销系统，是华海财产保险股份有限公司（以下简称华海保险）秉承互联网特色的立司之本打造的一套可复制、可推广的新业态和新模式下的智能业务系统和管理系统。

（一）项目基本信息

华海保险移动营销 2.0 项目由华海保险建设实施，由信息技术部总经理助理卢瑞瑞带领 25 名项目开发实施人员协作完成，项目涉及参与的相关业务部门有车险部、非车险和再保部、营销管理部、互联网金融事业部、产品精算部、法律合规部、信息技术部，项目总体投入资金为 264 万元。

（二）企业简介

华海保险于 2014 年 3 月 21 日获中国保监会批准筹建，2014 年 12 月 9 日正式开业。公司注册资本为 12 亿元，是全国首家以海洋保险和互联网保险为特色的全国性、综合型财产保险公司。华海保险成立以来，坚持扎根烟台开发区，立足山东、面向全国，秉承传统、开拓创新，内抓管理、外拓业务，逐步成为在市场上具有一定影响力的新锐财产保险公司。

公司 2016 年实现保费收入达到 11.93 亿元，2017 年实现保费收入达到 15.54 亿元，2018 年实现保费收入达到 20.51 亿元，同比增长 30.80%，业务规模站上了历史新高度，行业排名在 88 家财险主体中居第 37 位；提供就业岗位近 2000 人；先后获评 2017 年山东省重点服务业企业、第七届中国财经峰会"2018 杰出品牌形象奖"、第七届中国公益节"年度公益创新奖""2018 中国保险风云榜新锐保险公司""2018 保险行业扶贫创新奖""社会爱心责任企业"等多个奖项。

二、项目背景及意义

（一）项目背景

近年来，随着中国经济的高速发展，人们的衣食住行都发生了巨大变化，随着生活水平的提高，以及人们需求层次的逐渐提高，对保险的需求也朝着多样化、个性化的方向发展，相对应的保险业传统的产品模式、业务模式和服务模式必将朝着定制化、智能化的方向发展。在移动互联、客户细分、消费升级的共同作用下，大数据和人工智能已经成为保险公司捕捉未来成功的关键。同时，人工智能、大数据、区块链等技术也在不断地渗透并赋能保险业，成为驱动和引领保险业务创新的核心引擎。

华海保险在公司致力于成为互联网保险特色的一流现代化保险企业的立司之本的指导下,坚持科技赋能发展,打造科技华海。公司紧紧把握5G、人工智能、大数据、区块链、数字化革命等带来的重要机遇,加快迭代。根据公司科技华海的信息化建设总体规划,定制场景精细化、差异化、精准保险产品设计,优化业务流程,运用科技力量助力,降本提质增效,提升公司在保险生态圈中的核心竞争力。

(二) 项目意义

为适应公司业务快速发展,提升公司的服务及管理水平,增强公司的竞争力,从公司实际出发,自主研发、用心打造了集服务、展业、管理等综合业务及管理功能于一体的华海保险移动营销2.0系统。系统充分利用移动互联、人工智能、大数据技术为客户提供全方位的、方便快捷的保险承保、理赔服务,为公司业务人员、管理人员提供贴近实际的、便捷高效的工作及管理工具。

三、项目实施的创新性与先进性

(一) 模式创新

华海保险移动营销2.0项目在人工智能和大数据技术的基础上,结合实际业务,进行业务模式和服务模式创新,在承保、客服等环节,实现自动化、智能化,多项创新属于业内首创或省内首创,主要创新如下。

1. 共享出单、机器人智能出单新模式。业内首创颠覆传统的共享出单模式,前端拍照收单,后端人工抢单报价出单或机器人自动报价出单。业务员只需要拍摄行驶证、选中套餐提交,完成收单工作,后端人工抢单模式或机器人出单,系统处理轨迹和结果实时推送至前端用户。

2. 智能二维码。引入智能二维码技术,对保单、服务场景等生产专属二维码,做到一保单一码、一赔案一码、一场景一码。客户扫描即可识别场景及身份,方便对客户服务场景进行智能识别,提供智能服务,提高效率及智能分析。

3. 费用秒结。业务员出单后,费用根据结算权限达到智能秒结,一单一结,即时到账,打破行业传统结算方式,提高业务员体验和出单积极性,提升公司的竞争力。

4. 智能风险控制。在承保、理赔业务中,智能精准告知,自动智能风险提示和风险预警,同时提供智能防灾防损功能。

5. 女性两癌智能精准扶贫。省内首创利用人工智能和大数据技术,对农村妇女两癌险进行精准扶贫扶持。

(二) 技术创新

华海保险移动营销2.0项目总体设计上采用模块化、服务化架构设计,独立的人工智能模块集成并提供人工智能服务,不仅服务于本项目,也为公司内部其他系统提供服务。

目前已引进并集成了机器人技术、人脸识别技术、语音识别技术和二维码技术等先进成熟的人工智能技术;同时,运用大数据预填减少系统录入,对前端录入信息进行录错纠偏,提高系统的可用性和便捷性,真正做到以解决业务实际问题为本,以降本提质增效为目标。华海保险移动营销2.0技术创新如下。

1. 人脸识别技术服务。系统集成人脸识别技术服务,项目移动端集成人脸识别功能,在各需要身份认证的业务场景中,进行人脸快速识别认证身份,提高系统的便捷性和安全性。

2. OCR证件识别技术服务。系统集成OCR

证件识别服务，提供身份证、银行卡、驾驶证等保险业常用证件识别功能，在移动端、PC端系统相应业务场景中提供OCR功能，快速识别，减少用户录入，提高正确率。

3. 大数据技术。系统集成接入大数据平台，根据车牌号预填车辆信息，根据车架号预填车辆型号，对OCR识别行驶证进行错误数据纠偏。

4. 智能机器人。系统集成录单机器人和客服机器人，录单机器人可进行系统录单报价和出单，提高录单时效，降低出单员人力成本；客服机器人的解答可以提高客服时效，降低客服人力成本。

5. 语音识别技术。系统集成语音识别技术能够提供语音转文本服务。

6. 票据智能识别技术。系统集成发票等票据识别技术能够自动识别发票，自动录入发票，自动对发票进行验重、验真。

四、项目重点解决的问题

（一）解决传统业务系统操作复杂、效率低下的问题

保险业传统业务系统操作录入程序复杂，需要有一定的专业程度才能操作系统，导致系统在推广应用过程中比较困难，业务员、客户等专业化程度不高的用户拒绝或排斥应用，使系统录入操作成为业务发展的"瓶颈"。华海保险移动营销2.0项目利用精细化分工等业务手段，以及人工智能、大数据等技术手段使操作大大简便，专业化程度不高的用户只需要操作自己能操作的简单部分，其余部分由机器人或者专业人员完成，实现各操作模块无缝对接，高效配合，既降低了系统操作复杂程度，又提高了系统操作效率，使保险核心业务仅通过移动端就可以便捷完成。华海保险移动营销2.0系统自上线以来，业务效率比传统系统效率提升了5倍。

（二）解决行业出单员人力成本居高不下的问题

传统业务中，出单都是由出单员来完成，业务员通过线下把业务信息转给出单员，或者由内勤中转给出单员，保险公司需要招聘大量的出单人员和内勤人员操作业务，服务于业务员报价出单。华海保险移动营销2.0项目，通过由业务员极简零打字收单操作，机器人自动报价出单，大大降低了保险公司对出单员人力的需求，保险公司的出单员只需要负责人工抽检即可，降低了公司的运营成本，同时提高了出单效率。华海保险移动营销2.0项目自上线以来，出单员人力成本节省了60%。

（三）解决保险公司客户信息真实性差、无法直接触达客户的问题

在传统的保险业务中，客户信息掌握在中介和代理人手里，保险公司不掌握客户的有效联系方式，导致保险公司不能在后续的保险服务、增值服务、续保服务中联系到客户。客户不能享受到优质的服务，导致客户忠诚度较低，转保率很高。华海保险移动营销2.0项目方案，通过二维码技术，做到一单一码、一赔案一码、一场景一码，在各个触客场景展示专用二维码，客户扫描后引流至官方微信，通过官方微信与客户搭建起沟通桥梁，通过人工智能、微信模板消息，把低频交易升级为高频沟通，提升了客户服务满意度，减少了保险投诉，提升了保险业形象。

（四）解决保险业务及办公场地局限性问题

传统的业务系统和办公系统都是在PC电脑

中操作，且必须在内网操作。业务流程自动化程度较低，诸多环节需要人工干预审核，效率低下。华海保险移动营销2.0项目，通过移动互联网随时随地做业务和办公，系统通过智能机器人、大数据、规则引擎等技术手段，实现了自动录单、自动定价、自动核保等功能，解决了保险业务及办公场地局限性的问题，形成了保险业的新业态和新模式。

（五）解决行业无纸化业务技术方案

传统行业业务流程通过纸质签单流转，而华海保险移动营销2.0项目通过无纸化签单、电子保单、电子发票，实现了无纸化投保，节约了印刷纸张，节能减排，初步估算一年节省纸张费用、印刷费用、快递费用约500万元。

（六）为解决保险业运营模式单一、运营成本高等找到了突破口

传统保险业务运营模式单一，主要依赖中介等各种渠道，保险公司很难找寻到其他突破口，随着互联网业务和人工智能的发展，保险公司直接触及客户，并通过精准营销使直接对客户提供保险服务成为可能。华海保险移动营销2.0项目为这种新的业务模式铺好了道路。

（七）解决行业费用结算难的问题

保险业传统费用结算方式为业务员被动按月或者按周结算，而华海保险移动营销2.0项目，结算方式由业务员主动控制，自主决定，按单结算，即时到账，打破了行业费用结算模式，引领行业新模式。

五、项目效果

华海保险移动营销2.0项目的总体设计理念是，依托华海"云计算"引擎基石，搭建"一核双翼"智能化移动营销系统。

（一）项目总体设计

1. "云计算"引擎基石。华海保险移动营销2.0系统采用微服务、容器、分布式架构，集成API网关、分布式缓存、分布式消息、分布式监控、实时日志分析、模板引擎等前沿技术，构建丰富的移动互联应用。依托华海私有云的"云计算"引擎，以人工智能、大数据、移动互联等技术为基础，整合业务资源，打破技术壁垒，通过流程再造，实现业务与技术的综合创新。

2. "一核双翼"业务架构。华海保险移动营销2.0项目基于一核"渠道平台"，打造双翼——"移动营销—客户翼""移动营销—发展翼"，提供集服务、展业、管理等综合业务及管理功能为一身的智能系统。

（1）一核"渠道平台"。渠道平台作为华海保险移动营销2.0项目的基石系统，集技术中台、基础中台、数据中台、业务中台"四位一体"，为公司内外部提供运营数据能力、技术能力、支撑能力和产品能力。

（2）"移动营销—客户翼"。面向客户服务，应用人工智能，打造极致客服，包括i华海微信客户中心、i华海微信自助理赔。

（3）"移动营销—发展翼"。面向业务发展，引入保险科技，引领业务发展，包括i华海微信营销系统、移动营销APP、互联网出单系统、移动核保APP。

（二）项目实施方案

华海保险移动营销2.0项目的实施，在充分调研信息系统现状的基础上，科学规划项目指导方针，制定五步分级递进建设纲领，并详细规划

了具体实施的路径。

1. 充分调研。在项目实施前，对公司的信息系统情况进行了梳理分析。经分析，当时信息系统存在较多的问题，系统庞大、结构复杂，数据逻辑耦合难拆分，系统间数据标准不统一，系统网状交叉、边界模糊，子系统间服务无法复用，功能重复性能低下，业务流程嵌入系统底层，流程再造乏力，没有统一的客户关系管理系统，已有客服功能分散且无整合能力，没有数据整合平台，不能有效利用信息资产。现有信息系统完全无法满足华海移动互联应用的建设。

2. 科学规划。根据当时信息系统的情况，项目制定了移动优先、数据优先、以用户为中心的方针，规划为夯实基础设施、打通信息孤岛、建设华海移动营销、引入人工智能、引领业务创新五个步骤，分阶段实施，推进完成移动互联提效率、精准定价产品创新、动态风控降成本、人工智能提升理赔效率。

（三）实施路径

再好的蓝图也需要脚踏实地地执行，依托五步走的建设纲领，公司为该项目设计了具体可操作的实施路径。从项目进展情况来看，基本符合原定进展预期。

系统在实施时，按照主线和辅线并行建设、迭代升级。主线是建设核心基石"渠道平台"；辅线为移动互联系统"双翼"建设，包括 i 华海微信客户中心、i 华海微信自助理赔、i 华海微信营销系统、移动营销 APP、互联网出单系统、移动核保 APP 6 个系统板块。辅线系统随着主线系统的建设，同步开发。

1. 一核"渠道平台"建设分为 5 个阶段，分步构建。"渠道平台"建设分为搭建基础平台、建立模型和规划流程、打造企业服务集市、引入 AI 人工智能和沉淀知识资产 5 个阶段。

（1）搭建基础平台。华海渠道平台作为华海保险移动营销 2.0 项目的基石系统，集技术中台、基础中台、数据中台、业务中台"四位一体"，为公司内外部提供运营数据能力、技术能力、支撑能力、产品能力，解决移动互联网的经营模式下的业务创新、快速发展、产品快速验证、安全合规等需求，以及在用户体验、性能、信息安全等方面的极致要求。满足基于移动互联网的经营模式与客户有更多的触点，要求从以保单为中心转变到以客户为中心，全面管理客户的保险风险，挖掘客户价值的诉求。同时，提供引入人工智能、大数据、云计算等新兴科技赋能保险发展的途径。

搭建基础平台过程中，推动业务核心系统、客服系统、财务系统完成改造，将子系统拆分出来，单独开发、部署、维护，并将各个系统的功能进行微服务改造，发布作为华海保险的公共服务资源。同时，完成华海私有云建设并将所有信息系统迁移到企业内部私有云上，并对所有信息系统的组织和人员进行统一化，对基础数据进行标准化。对外发布了涵盖保险出单、保险理赔、单证打印、费用结算、承保信息查询、理赔信息查询、综合信息查询的保险基础服务。

（2）建立模型和规划流程。在渠道平台建立了移动互联网标准化保险模型和流程，其中面向移动互联的保险数据模型，包括区域、渠道、客户、商品、方案、标的、特约、风控政策八个组成部分。车险标准接入流程，包括车辆定型、车险询价、采集投保资料提交核保、在线审核、在线支付、保单生成六个步骤，且可根据业务的形态进行调整和组合。非车险标准接入流程，分为以下两种：一种是非见费出单流程，一步直接出单；另一种是见费出单流程，包括投保资料采集提交出单、在线审核、在线支付、保单生成四个步骤，可根据业务的形态进行调整和组合。

（3）打造企业服务集市。随着华海新信息系统的建设，渠道平台积极跟进，将新系统的服务发布出来，作为企业级共享服务。

建设电子保单系统后，在渠道平台发布电子保单、电子标志、电子凭证等服务；建设规则引擎系统后，在渠道平台发布了投保质量智能校验、特约自动匹配、自动核保、费用跟单等服务；建设影像系统后，在渠道平台发布了影像授权、影像上传、影像下载、影像复制等服务；建设车险自动定价系统后，在渠道平台发布了自动定价服务；建设增值税系统后，在渠道平台发布了价税分离、电子发票等服务；建设消息中心后，在渠道平台发布了短信消息、邮件消息、微信消息、短信验证等服务；建设微信二维码中心后，在渠道平台发布了保单二维码、赔案二维码、服务场景二维码等服务；建设在线支付平台后，在渠道平台发布了微信支付、支付宝支付、银联在线支付等服务；建设整车库系统后，在渠道平台发布了车型查询服务；建设车架号预填系统后，在渠道平台发布了车辆预填服务；建设大数据纠错系统后，在渠道平台发布了行驶证大数据纠错服务；建设图文识别系统后，在渠道平台发布了身份证识别、行驶证识别、驾驶证识别、银行卡识别、增值税发票识别等服务。

（4）引入 AI 人工智能。引入保险科技，落地华海渠道平台，赋能保险并支撑和驱动产品创新，提升企业的核心竞争力。引入人工智能相关的保险科技，包括上海合合信息科技发展有限公司的 OCR 图文识别服务、北京思图场景数据科技服务有限公司的人脸核身服务、科大讯飞股份有限公司的语言识别服务、阿里云的码栈流程自动化机器人 RPA、北京灵伴即时智能科技有限公司的智能外呼服务、百度的智能问答机器人。

（5）沉淀知识资产。随着渠道场景越来越丰富，同时借助微服务技术的应用和渠道平台的建设，可以对所有场景下的数据进行采集和分析。在车险业务中，通过整合海量的风险规则，借助于规则引擎、大数据技术和人工智能，现在已经初步建立了自动定价模型、自动核保模型和三率联动模型，并通过线下方式持续迭代更新模型。

2. 五步建设纲领。华海移动营销的五步分级递进建设纲领为：第一步，夯实基础设施；第二步，打通信息孤岛；第三步，建设华海移动营销；第四步，引入人工智能；第五步，引领业务创新。

第一步，夯实基础设施。通过基础打造，为华海移动营销建设奠定了基础设施、数据规范、保险服务三大基石。首先，规划标准化工作。标准化工作包括以下三个部分：第一部分是进行组织、人员统一编号，以 HR 系统作为数据源头，提供给其他所有信息系统共用，为数据归属和数据整合提供了组织基础；第二部分是制定华海标准数据字典和对照表，规范所有基础数据，实现各个信息系统保险业务数据无缝匹配；第三部分是定义华海指标体系，规范口径，确保各系统同口径信息数据一致且无歧义。其次，搭建渠道平台，整合服务。华海渠道平台建设，先建立移动互联网标准化保险模型，梳理标准接入流程，开发保险服务，支持灵活多变的业务流程；再通过微服务技术及开放 API，抽离出影像、短信消息、邮件消息、微信消息、电子保单、电子发票、图文识别、语音识别、车牌预填、行驶证大数据纠错、规则引擎、模板引擎、在线签名、短信验证等公共服务，实现企业级技术的共享和重用，赋能组织。

第二步，打通信息孤岛。通过打通信息孤岛改造，使信息系统更加丰富、更加独立，然后信息系统交互更加频繁、更加紧密，使信息资源得到充分使用、平滑聚合，使效率得到明显提升、系统性能线性扩展。首先，对现有的信息系统解耦，将各个子系统拆分出来单独开发和部署，每个系统负责单一且封闭的功能。其次，对所有信息系统进行微服务改造，将系统功能通过服务方式开发并发布出来。各个系统从内部看是一个封闭的生态链，但是对外则是一系列保险服务的集合体。最后，将渠道平台打造成连接信息孤岛的桥梁，将所有服务集中到渠道平台中对外统一发布，且所有系统通过渠道平台获取服务。

第三步，建设华海移动营销。进行华海移动营销系统建设，包括智能营销、智能业管、智能客服。智能营销包括i华海微信营销系统、移动营销APP。实现营销员、代理人掌上便捷展业、快速出单以及客户管理，支持随需结算、费用秒结、即时到账。智能业管包括互联网出单系统、移动核保APP，打造业管人员工作台。互联网出单系统，以出单员为中心，提供互联网出单、缴费、单证打印功能，简化出单页面和流程。移动核保APP，以核保员为中心，提供随时随地风险审核。智能客服包括i华海微信客户中心、i华海微信自助理赔。客户关注i华海微信公众号后，既可以查询保单、下载电子保单、下载电子发票，跟踪理赔进度，也可以直接通过微信公众号掌上自主报案、引导式拍照理赔、图像识别智能定损、视频连线即时定损理赔、资料补传和赔款闪付等极致理赔体验。

第四步，引入人工智能。以人工智能为核心，积极引入大数据，与保险业务流程进行集成，进行流程再造。首先，引入大数据资源，包括整车库、身份核验服务、车辆信息预填服务、行驶证大数据纠错服务等。其次，引入人工智能技术，包括身份证识别、驾驶证识别、行驶证识别、银行卡识别、发票识别、语音识别、人脸核身、AI机器人、二维码技术等。最后，引入自动化技术，整合大数据资源、人工智能和保险业务，提供客户预填、保单预填、智能定型、自动定价、自动核保、智能消息、费用秒结、客户画像等能力。

第五步，引领业务创新。随着华海移动营销应用建设和人工智能平台的搭建，具备了科技引领业务创新的条件，规划并开展了承保、销售等方面的创新。首先，在产品设计方面，推出三率联动车险产品，实行一车一价一费，优质优价。实行赔付率、折扣率及费用率的三率联动，根据车险产品的预估赔付率和折扣率，智能调整费用率。其次，在承保方面，推出共享出单、机器人智能出单。业务员前端拍照收单，后端人工抢单报价出单或机器人自动报价出单，并智能引导前端用户完成投保。最后，在销售方面，推出智能费用秒结。业务员出单后，费用根据结算权限智能秒结，一单一结，即时到账。代理公司随需申请结算，开具发票并上传验真，验真完成自动结算，当天出单当天可结算。

3. "移动营销—客户翼"强服务、树形象。向客户提供移动信息平台，升级自助保险管家，最终形成AI智能保顾。建设面向客户的服务系统，主要是建立网络通道，建立和客户的连接，满足客户的实际需要，提升公司的服务，提高公司的品牌形象。

（1）移动信息平台。实施建设i华海微信客户中心，向客户提供咨询服务和客户服务。咨询服务类包括公司介绍和新闻、条款披露和公开信息披露；客户服务类包括保单查询、电子保单下载、电子发票下载、理赔进度查询、理赔网点查询、理赔单证下载和投诉咨询等。

（2）自助保险管家。实施建设 i 华海微信自助理赔，向客户提供承保查询、一键报案、拍照查勘、资料补传和理赔进度查询等服务。

4."移动营销—发展翼"建设提效率、出创新。开发移动展业工具，提供 AI 智能助手，进化为竞争利器。引进人工智能技术，进行业务创新。

（1）移动展业工具。建设 i 华海微信营销系统和移动营销 APP，给营销员、代理人提供掌上便捷展业平台，包括销售人员绑定、个人中心、产品中心、车险出单、非车险出单、我的订单、我的客户、我的保单、我的二维码、电子保单下载、电子发票下载、续保提醒、续保管理、一键续保、荣誉榜、我的团队、我的业绩、我的结算、我的资产、我的推荐和我的消息等功能。建设移动核保 APP，给核保人员提供掌上核保平台，包括核保任务分配和获取、核保处理、白名单设置和特批处理等功能。

（2）AI 智能助手。建设互联网出单系统，打通和华海移动营销的通道，实现与移动营销共享出单。以出单员为中心，提供互联网出单、缴费、单证打印功能，简化出单页面和流程，打造出单人员工作台。引入 AI 机器人流程自动化，集成 OCR、客户预填、车辆预填和保单预填，将录单工作交由机器人完成，实现智能出单。通过在互联网出单系统的建设，打通了移动营销 APP、互联网出单系统、移动核保 APP 和 i 华海微信服务号，围绕场景构建移动互联网保险生态圈，依靠内外部销售人员和出单人员，与客户深度融合互动，提供线上线下一体化的尊享服务，提高工作效率，提升服务质量，推动公司线下业务向线上转型，推动公司互联网业务保费规模增长。另外，针对客户真实性差和无法为客户做好主动服务的问题，还为每张保单生成专属的二维码，业务员通过移动营销 APP 分享给客户并打印在保单上，通过二维码智能引流及获得客户真实的微信信息，继而引导客户注册绑定。客户关注后获取保单信息，下载电子保单和电子发票。

建设移动共享出单系统，颠覆了传统的出单模式。通过前端拍照收单，后端人工抢单报价出单或机器人自动报价出单，业务员只需要拍摄行驶证、选中套餐提交，完成收单工作，后端人工抢单模式或者机器人出单，系统处理轨迹和结果，实时推送至前端用户，通过 AI 引导完成承保。

（3）竞争利器。建设移动营销 APP（代理版），针对保险销售的行业"痛点"解决方案进行业务创新。针对保险公司的业务员研发了绩效跟单秒结到账，保单生成后由 AI 机器人实时计算并支付绩效费用，解决了垫付保费、垫付费用的"痛点"。针对中介公司研发了佣金随需结算，打通佣金对账、申请结算、开具增值税专票及资金划拨审核等全流程，中介公司可在线自主申请结算，AI 机器人自动完成发票核验，并自动实时进行佣金划拨，实现了真正意义上的中介公司佣金"T+0"到账。

（四）项目成效

华海保险移动营销 2.0 项目的实施，在降本提质增效和推动产业高质量发展等方面具有经济效益和社会效益。

1. 降低行业人力成本和经营成本，降本增效，改善行业生存环境。华海保险移动营销 2.0

项目推广实施，显著降低了保险公司出单人员、客服座席人员等人力成本，提高了业务效率和业务质量，从而降低了公司的经营成本，在不增加人力成本的情况下，业务增长，人均效能增加，这在保险业激烈的竞争中，有利于改善行业的经营生存环境。

2. 推动业务高速、高质量发展。华海保险移动营销2.0项目推广实施，可以支持公司轻资产拓展业务，使公司在机构铺设速度受限的情况下，业务和客户服务不受限制，业务仍能快速、高质量发展。

3. 降低短信成本，避免骚扰客户，优化电信环境。华海保险移动营销2.0项目通过主流的即时通信工具微信，把短信服务通知转为微信服务通知，节约短信费用，微信消息开关由客户自主控制，避免骚扰客户，优化行业电信环境。

4. 无纸化投保和电子保单，节能减排。华海保险移动营销2.0项目通过"移动互联网+电子信息技术"，实现无纸化投保和保单电子化，节约大量纸张，降低印刷成本、邮递成本和管理成本，有利于节能减排和改善自然环境，如果在行业内推广，将产生巨大的社会经济效益。

5. 提高行业效率、节省行业资源。华海保险移动营销2.0项目通过人工智能和移动互联网技术，实现业务流程自动化、智能化，提升了整个行业效率，释放了行业资源，使更多资源可以专注保险业务和客户服务，提升保险的专业性，使保险业务向客户服务倾斜，进一步提高行业服务水平和行业消费者满意度。

6. 提高客户满意度。华海保险移动营销2.0项目通过改善服务效率和服务质量，实现随时随地高效服务，满足客户多元化、个性化的客户服务需求，提升客户满意度。

7. 提升客户忠诚度，降低经营成本。华海保险移动营销2.0项目通过人工智能，实现对客户进行智能画像，分析客户需求，精准服务，提升客户黏性和客户忠诚度，降低经营成本。

8. 拓宽业务渠道，改善行业竞争。华海保险移动营销2.0项目通过推广方案，利用移动互联网技术，拓宽了行业业务渠道，使渠道多元化，保险公司直接触达客户，行业竞争将由渠道的竞争过渡到客户服务的竞争，引领行业更注重服务，改善行业竞争，使行业竞争更理性、更公平。

9. 精准营销提高客户转化率。华海保险移动营销2.0项目通过人工智能对客户智能分析、智能画像、分析客户需求，精准营销、个性化营销，提高客户转化率，增加业务。

10. 改善保险业形象。华海保险移动营销2.0项目使行业科技化、科技感更强，从承保、理赔、客户全流程业务进行科技武装，改善行业科技落后的印象。通过科技提升服务效率和质量，提升行业口碑，进而改善整个行业形象。

11. 对科技应用的推进。华海保险移动营销2.0项目采用了一系列国内先进的人工智能和大数据技术，该项目结合保险业实际应用场景，进行了技术创新和业务模式创新，使新技术对保险业的赋能更高效、更智能，对推进科技在保险业的进一步发展起到了重要的推动作用。

六、总结

华海保险移动营销2.0项目利用人工智能、大数据技术解决了行业诸多"痛点"和"瓶颈"问题，不仅可以更加高效地提供保险供给，更加高效地扶持中小企业金融需求和实施精准扶贫，更加高效地实施风险管控和社会管理，还具有生物识别、共享出单、实名缴费、一单一码、费用秒结等多项业内首创的业务模式。

华海保险移动营销2.0项目自实施上线以来,就成为助力华海快速发展的利器,经过初步估算,公司出单员人力成本节省60%,出单效率提升5倍,实现无纸化出单,节能减排,一年节约纸张印刷费用、快递费用合计500万元。华海保险更是利用华海保险移动营销2.0项目实现了对农村地区妇女女性两癌险的精准扶贫。为公司、客户、行业、社会创造了较高的效益,在金融保险业内,具有较强的示范作用。

(一)示范意义及推广价值

华海保险移动营销2.0项目的功能涵盖了保险业主要的承保、客服等核心业务功能,是移动互联网的核心业务系统,该项目在完成了核心业务移动化的同时,利用人工智能、大数据等技术解决了保险传统业务中的诸多"痛点"和"瓶颈"的问题,同时降本提质增效效果十分明显,具有较强的示范意义和推广价值。

(二)推广可行性

1. 技术成熟稳定。华海保险移动营销2.0项目采用了主流的技术框架和稳定成熟的技术方案,技术方案成熟高效,具有较强的可复制性和可移植性。

2. 项目成熟。华海保险移动营销2.0项目已在华海保险成功落地,通过迭代上线,经过实际生产业务的考验,项目使用率很高。目前,华海保险95%的业务通过该平台实现,是华海保险业务领先于行业发展的秘密武器,推动了华海保险业务的高质量发展,对行业具有较好的参考价值。

3. 降本提质增效效果显著。华海保险移动营销2.0项目在降低人力成本、降低运营费用以及提高客服服务质量、提高服务时效、提升客户满意度等方面效果显著。

(三)推广范围

该项目对保险公司具有非常强的借鉴意义,方案先进、技术先进、模式先进,同时成本可控,完全具备在中小保险公司推广的条件,引领行业高质量发展,同时对其他金融服务企业具有一定的参考价值,值得互相学习借鉴。

专家点评

当前,随着移动展业的快速发展,传统的仅具有简单功能的移动APP正在朝着智能化、便捷化的方向发展,在复杂的后台支持下,移动前端更加简洁、智能。华海保险移动营销2.0系统集服务、展业、管理等综合业务及管理功能为一体,充分利用移动互联、人工智能、大数据等技术,为客户提供全方位的、方便快捷的保险承保、理赔服务,为公司业务人员、管理人员提供贴近实际的、便捷高效工作的管理工具。

建信 e 保移动项目

◎ 建信人寿保险股份有限公司

一、项目概述

建信 e 保作为建信人寿保险股份有限公司（以下简称建信人寿）自主研发的第一款移动端 APP，起初是为了减轻运营条线业务压力，解决纸质化作业品质差、时效长、成本高、客户体验不佳的难点和"痛点"问题，在系统和作业流程方面整体提升公司运营效率和风险管控能力。自 2015 年建信 e 保上线以来，公司一直在探索数字化改革转型的前进方向，本次展业运营数字化转型暨建信 e 保移动项目，就是在这样一个关键时刻研发出来的。

当前建信 e 保 APP 已经覆盖了投保、保全、理赔等作业流程，并且添加地址定位、人脸识别等高新技术，提高客户信息真实性查验能力和总体风险管控能力。同时也对营销展业方面提供支持，添加了电子建议书制作、在线报聘、客户管理、在线培训等以往需要营销人员及公司费时费力完成的业务功能。

二、项目背景及意义

自建信人寿成立以来，公司已由区域性公司快速成长为全国性公司，呈现出多渠道蓬勃发展的态势，业务发展势头迅猛，原保险保费收入从改制前 2011 年的 12.8 亿元增长到 2018 年的 249.06 亿元（保监会统计数据）。

随着公司业务的快速发展、业务规模的稳步增长和业务渠道的持续拓宽，以纸质方式处理保单销售流程和提供客户服务，不仅耗时、耗力、客户满意度低下，而且整个过程可追踪性差、录入的错误率高。为了解决以上问题，并加强风险控制，提高客户满意度，数字化转型势在必行。

随着信息技术的不断发展，信息化、网络化时代已经到来，各大保险公司都在积极尝试改变展业和运营管理模式，从传统的线下管理模式向线上管理模式过渡。传统的线下管理模式，管理效率低、流程冗长，对营销员的支持力度不足，导致出单效率低，业务管理成本高，同时也给公司与营销员之间的相互沟通带来不便。在此背景下，结合公司现状以及同业电子化的借鉴，启动了展业运营数字化转型暨建信 e 保移动项目。通过移动互联网技术的应用，实现手机 APP 线上移动管理，相较于以往业内的 PC 机客户端应用软件、笔记本电脑客制化应用软件，手机 APP 软件可最大限度地提高工作效率，在改善用户体验的同时，提高了系统的自核率，降低了人工作业强度，减少或避免了多环节手工流程中出现的各种差错，大大缩短了业务办理周期。同时采用科学的流程改进方案，借助各种互联网先进技术，提高业务管理的科学化水平。

为了顺应移动互联网技术的发展趋势，进一步推动公司业务发展，公司在 2017 年初启动建信 e 保移动项目，目的是推出保险移动业务管理和展业支持解决方案，通过移动 APP 的开发，拓展移动互联网服务模式。

与传统互联网相比，移动互联网突破了时间和空间的限制。用户不再局限于固定地点和电脑，可通过随身携带的手机或平板电脑实现轻松上网，完成信息搜索、比较、分享及目标产品购买等行为。这种强大的便利性和低成本，使移动互联网轻松地颠覆了整个世界。当保险业搭上移动互联网的"快车"，一种全新的保险营销模式诞生了。

移动 APP 给保险公司带来的优势是不言而喻的。它创新了保险营销模式，通过人机互动提升用户体验满意度，增强保险销售的专业性和规范性；降低人力成本在保险经营的成本比重；提升保险公司服务水平及质量，树立保险公司健康积极的企业形象，凸显保险公司的专业价值。

三、项目重点解决的问题及主要创新点

（一）全面移动化业务操作流程

随着公司业务的快速发展，各分支机构工作人员（内勤和营销员）的压力也越来越大。通过该项目的实施，在移动 APP 上实现电子投保、电子保全、电子理赔、实时收费、电子签收、建议书制作、保单查询、客户管理、在线报聘、入职培训、我的考勤、收入查询、本人/直辖组业绩查询等多个功能后，目前已经有效地缓解了这一矛盾。这些功能基本上覆盖了保险服务作业的各个重要环节及营销员所需的基本功能模块，让营销员可以随时为客户提供保险服务，可以自助报聘、考勤，在线查询自己关心的收入、业绩，以及自己制作建议书，而之前这些都需要在多名岗位人员的共同协助下才能完成。

（二）有效节省业务成本开支

建议书制作功能的上线，将产品介绍、条款、费率、核保规程和建议书从纸质品转化为电子书，使营销员不用再背负大量的纸质展业资料。除方便在客户面前展示外，还能随时随地根据客户的需求通过微信分享、邮件发送等方式进行产品推介，不再受时间和空间的限制。在线报聘功能使用后，增员报聘工作不再受时间、空间的限制，同时大大缩短了原报聘业务流程的时间，减轻了内勤人员的工作量，减少了报聘资料物流传递的时间，大大提高了行政效率，基本实现了从报聘到营销员档案电子化归档的无纸化全流程作业，有效节省了报聘资料传递的快递费用、外勤人事资料档案室租赁费用、纸张费用、印刷打印费用等成本开支。

（三）迅速提高业务出单率

建信 e 保在线入职培训功能，公司不仅可以上传课件供营销员在线学习，还可以在线考试、即时阅卷评分，使新聘营销员能尽快完成岗前培训，尽早投入展业工作，减轻了一线辅训人员的培训工作量。这些线上功能的使用，能有效地提升业务员对公司服务的体验满意度，使业务人员提交报聘申请后的第二、第三天就能成功交单。

（四）有效提升业务风险控制能力

在人脸识别、地址定位等功能上线之前，从证件的核对、手工填写纸质的客户信息，到人工录入、系统简单校验，再到后续人工审核完成，整个流程耗时长，还会因手工填写质量参差不齐而增加额外的工作量，同时人工审核可能会存在错看、漏看等风险。在建信 e 保所包含的人脸识

别、地址定位功能上线之后，业务人员和客户在使用建信 e 保时就完成了人脸识别，确保客户与销售人员处在同一现场，客户人证合一，还可以通过后续的公民身份识别确保证件的真实性和有效性，不仅使客户的地址信息输入更方便，还能保证客户提供的地址信息真实有效。

目前系统仍在不断优化，后续还会不断推出空中签名、鸿雁传书、保险小店、产品介绍投保、建议书投保、预约投保等协助营销伙伴提升展业效率的新功能。

四、项目主要建设内容

本项目实施涉及七大系统，包括渠道管理系统、影像系统、建信 e 保系统、呼叫中心、统一对外交易平台、中台（新契约交易系统）、规则平台及核心系统。

项目主要打造了两个主要系统，包括建信 e 保系统、移动展业系统，为代理人提供全面的数字化展业及投保、保全、理赔等业务功能，其总体应用架构见图1。

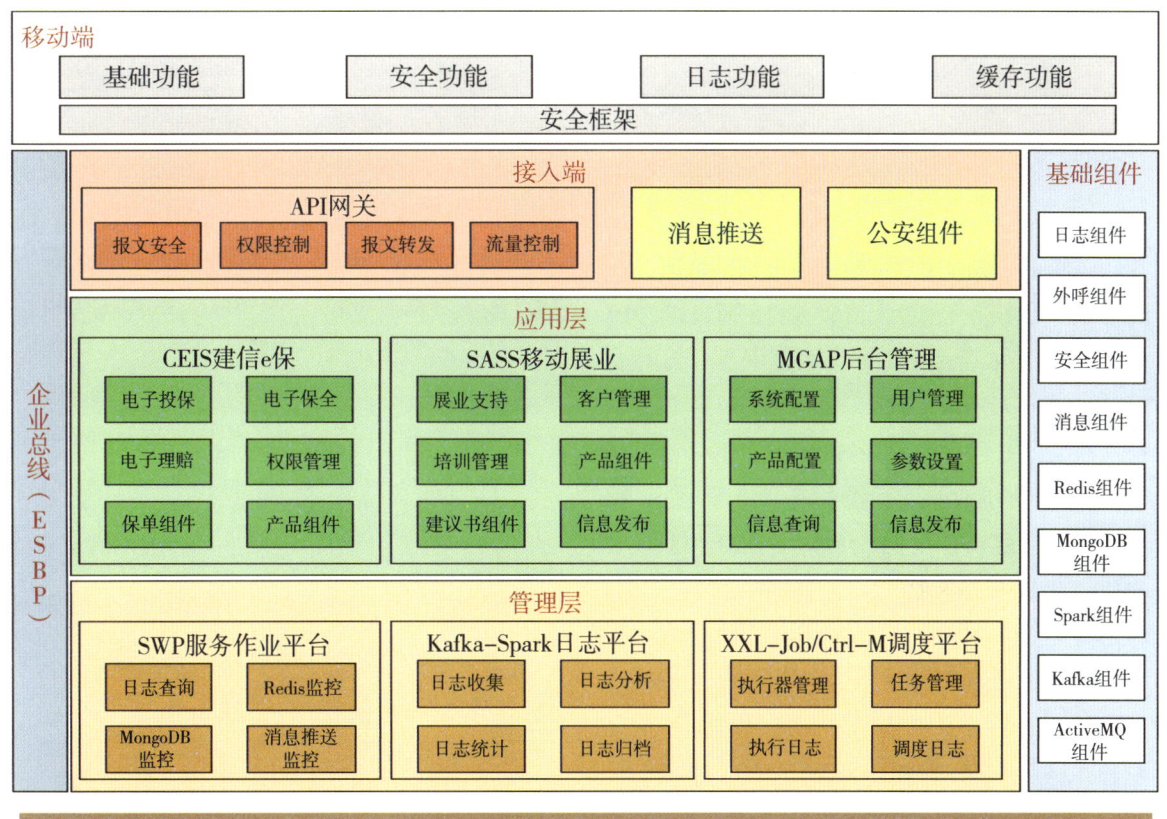

图1　建信 e 保移动项目应用架构

五、项目效果

建信 e 保项目持续上线后，在固定资产、低值易耗品、人工成本等方面，都大大节省了现有流程的时间和费用成本。

（一）纸张费用的节省

在原工作流程中，营销员的报聘、培训、考

勤、计划书的制作和营销员的工资单等都需要打印成纸质文件。公司目前约有 150 个营销服务部，2018 年至 2019 年 6 月通过 APP 增员约 2.6 万名营销员，2018 年至 2019 年 6 月保单约 7.1 万件，保单成交件数与计划书制作比例为 1 : 1.5。根据以上数据，2018 年至 2019 年 6 月营销员的报聘、培训、考勤、计划书的制作及营销员的工资单等资料，按 A4 纸张计算耗费近 213 万张，以 0.145 元/张计算，A4 纸张的费用就需要消耗 30.89 万元。印刷代理合同纸张为 5.2 万张，以 3 元/张计算，印刷合同纸张的费用需要消耗 15.6 万元。这样，一年半的纸张费用总计为 46.49 万元。

项目上线后，上述所有的工作将通过电子平台完成，纸张费用节省 100%。

（二）人工费用的节省

在原工作流程中，营销员的报聘、培训、考勤等工作需要耗费内勤人员很多的工时。以 2018 年至 2019 年 6 月增员 2.6 万名营销员、人力成本税前 40 元/小时为基数，报聘从资料递交至申请执业证、工号成功，整个流程累计时间约在 1 小时；入职培训时间平均为 5 天（40 小时）；考勤工作的完成每日在 20 分钟左右。以上 3 项工作的总工时为 108862 小时，总的人工耗费为 435.44 万元。

（三）作业效率的提高

项目上线后，报聘的流程从资料递交至申请执业证、工号成功，整个流程只需花费 15 分钟；入职培训从开始到结训考试可以在电子平台上自助完成，完全省去了讲师的人工成本；考勤工作也可以从每日 20 分钟缩减为每月 20 分钟。总工时降低为 8080 小时，总的人工耗费降为 32.24 万元，费用节省 92.60%。投保环节通过实现人脸识别、地址定位等功能，以及周边和后端关联系统的同步升级改造，从客户投保、保单自核通过、承保后实时扣费至最后客户签收电子保单，整体时间由大约 1 小时缩短至最快 12 分钟即可完成。随着项目功能的分批次上线，2019 年上半年，分公司总体的建信 e 保投保使用率已达到 80%，同比 2018 年上涨了约 20%。保全环节通过业务功能覆盖、业务逻辑重构等方式，且充分考虑客户体验的多样化要求的前景下，逐步提升客户服务的效能。其中建信 e 保端多项功能的实现促使自主项目搭配一次性提交完成，自核快处业务功能促使保全时效得以快速提升，整体业务指标达成情况良好，截至 2019 年 6 月，保全自核率约为 90%，保全时效从 2018 年的 1.20 天提升到 1.14 天。理赔环节完善从理赔报案、理赔申请至最后理赔决定下发的电子化流程，优化后台作业界面和操作方式，提升整体作业时效，截至 2019 年 6 月 30 日，理赔—申请支付时效从 2.69 天提升至 2.42 天；理赔自核率由约为 40% 提升至约为 50%；电子理赔使用率由 34.12% 提升至 49.96%。

（四）其他费用的节省

其他节省的费用包括文档的运送、储存及设备的购置费用。

快递费。报聘资料等文件需及时递送至相关机构，以 150 个营销服务部计算，每日快递文件 1 次，每次 12 元，一年快递费为 71.28 万元。

档案管理室费用。报聘资料等纸质文档需进行归档，以 74 个中支公司计算，每年租金为 32.85 万元；装修家具费用为 72 万元，每年按 10% 计提折旧，每年折旧费用为 7.2 万元；2018 年至 2019 年 6 月费用为 60.08 万元。

指纹考勤机。每家分公司为了严格考勤，都采用指纹考勤机。以 150 个营销服务部计算，每台 400 元，共计 6 万元。每年按 20% 计提折旧，

2018年至2019年6月折旧费用为1.8万元。

项目上线后，上述费用可以节省100%。

六、总结

综上所述，APP功能涉及的相关工作，按照原来的工作流程和方式，需耗费的人力、物力成本，2018年至2019年6月大约在624万元以上；推行建信e保APP使用后，一年半时间可以为公司节省费用近592万元，费用节省率为94.9%。也就是说，通过本项目的实施，仅按目前公司的个险渠道业务规模测算，每年即可为公司节省成本约400万元，项目投入产出比极高。

专家点评

随着保险科技的快速发展，科技逐渐被深入应用到保险各环节。建信人寿搭建的建信e保系统作为公司自主研发的第一款移动端APP，应用了大数据、智能地址定位、人脸识别等一系列保险科技，覆盖了投保、保全、理赔等业务的各流程，在减轻运营条线业务压力，解决纸质化作业品质差、时效长、成本高、客户体验不佳的难点和"痛点"问题，以及提升公司运营效率和风险管控能力方面均发挥了重要作用。同时，通过提供电子建议书制作、在线报聘、客户管理、在线培训等功能，对营销展业形成了重要支持。

华夏人寿凤凰营销企业号 3.0

◎ 华夏人寿保险股份有限公司

一、项目概述

在华夏人寿保险股份有限公司（以下简称华夏保险或公司）的"科技创新+管理创新"双驱动战略中，科技创新是非常重要的一环。近几年，公司持续借助保险科技应用在寿险营销上发挥效益，解决寿险营销面临的"痛点"。凤凰营销企业号项目便是其中的典型代表。

凤凰营销企业号是基于微信企业号为华夏保险40万名保险代理人搭建的全流程微信线上销售支持平台。截至2019年上半年，平台经过了三期建设。

第一个阶段（2016年），凤凰营销企业号1.0是为华夏代理人打造的强大的销售支持平台，核心功能包括微信投保、客户管理和团队管理。

第二个阶段（2017年），凤凰营销企业号2.0在1.0的基础上持续扩展平台功能，形成了集投保、管理、支持、经营、查询为一体的移动智能平台，核心功能包括智慧营销、销售百宝箱、微投升级、在线招募和培训管理。

第三个阶段（2018年至2019年上半年），凤凰营销企业号3.0在2.0的基础上全面升级，深挖销售"痛点"，开发系列工具，实现销售工具体系化、获客工具平台化、管理服务自动化，核心功能主要包括家庭保障样板间、核保算算、微投升级、短险超市、朋友圈助手、基本法管家、凤凰社管家和贺报管家等。

由此，凤凰营销企业号现已搭建从招募上岗、产品学习、教育训练到行销展业、客户管理、自主经营的全流程微信销售服务闭环，极大地提高了销售效率和客户服务质量（见图1）。

图1 凤凰营销企业号

二、项目背景及意义

（一）项目背景

在大数据、云计算、人工智能、物联网、区块链等尖端科技加持下，保险科技营销创新进入新时代。国内主流互联网保险公司和传统保险公司纷纷基于以上技术展开保险科技营销创新。

随着公司业务规模的迅速扩张，公司发展逐渐走上精细化道路，公司因此确立了"科技创新"战略。2015年，凤凰营销企业号项目应运而生。自此，公司基于微信企业号打造营销系统，历经无数次升级迭代，深入挖掘销售服务过程中的"痛点"，将营销管理、营销支持相结合，为华夏保险40万名保险代理人搭建全流程微信线上销售支持平台。

（二）项目意义

1. 改变了传统保险营销理念。通过凤凰营销企业号的广泛应用，公司营销思路从传统的线下人海战术和高压管理，过渡到线上的专业营销、微信营销和批量获客，利用互联网新工具，从个人销售演变为家庭销售，并通过完善的产品体系来促进营销技术的提升。

2. 革新了传统运营作业模式。凤凰营销企业号的核心功能是运营流程全微化，深入挖掘销售服务过程中的"痛点"，在平台上开发多种系列营销工具和产品。代理人与客户在微信平台上，从投保到出单、从理赔到各项服务全程无纸化，摆脱了时空局限。彻底改变以往传统的纸质线下作业模式，是公司运营模式的重大变革，是公司集约化、专业化经营的关键一步，直接推动了运营效率的提升，节省的成本不可估量。

3. 推动了营销团队自主经营。代理人在组织发展壮大后，对团队的管理、日常运作、销售培训有了更高的要求。传统的方式是依靠保险公司内勤督导追踪，包括从获客到产品销售、从业绩分析到收入测算。通过凤凰营销企业号，代理人具备独立自主经营的工具和条件，无论是招聘上岗、销售培训、业绩分析、收入测算还是客户服务，企业号提供了一整套的销售管理工具，造就了一批华夏保险代理人精英队伍，其自主意识空前高涨，真正成为保险事业的合伙人。

三、项目重点解决的问题及主要创新点

（一）项目重点解决的问题

凤凰营销企业号重点解决了以往传统个险行销支持和管理工具的落后性。传统个险行销，互联网普及程度低，移动互联更是乏善可陈。从展业投保、客户服务到招募培训、团队管理，充斥着大量零散的纸质材料，流程复杂漫长，客户体验差，也无统一的管理平台，属于粗放式管理和运作。

凤凰营销企业号首先建立了统一的手机移动端管理平台，同时建立代理人身份认证体系。将展业投保、客户服务到招募培训、团队管理等全流程集成在这个平台上，通过技术手段对传统的行销支持和管理工具进行全方位革新，极大地提升了销售效率和用户体验。

（二）项目主要创新点

将凤凰营销企业号打造为从招募上岗、产品学习、教育训练到行销展业、客户管理、自主经营的全流程微信销售服务闭环，极大地提升了销售效率和用户体验。

四、项目主要建设内容

（一）招募上岗

此应用的功能主要是招募理念分享和微信上岗流程，实现了新人招募上岗的全流程线上化，提升增员效率。

1. 在线招募。招募文库和图库收录增员理念、行业资讯、公司动态和典范人物等各类文章和图片，增员人转发文章或图片给准增员人，或将相关文章转发到朋友圈，阅读文章后有加盟意愿的准增员人可通过增员人的名片信息与其进行沟通，并通过点击"注册报名"按钮，根据指引完成线上岗前课程学习，通过考试方可上岗从业，增员人可实时查看准增员人的学习进度并通过电话督导追踪。

2. 微信上岗。招募对象完成线下培训后，代理人将"创业加盟邀请函"直接发给招募对象，填写微信上岗信息并上传证件资料，等待公司审核通过后即可上岗展业。

新人在微信端即可完成从招募到上岗的全流程，极大地缩短了上岗时间，提高了上岗效率，节省了公司大量的新人培训和人力手工操作成本。

（二）产品学习

此应用的功能主要是方便代理人随时随地进行产品知识学习，提升专业技能。

1. 产品魔法学院。产品魔法学院是一个游戏化和体验化的产品学习训练平台，代理人在游戏化学习系统中夯实产品基础进而获取销售资格证，在游戏化竞技PK中检验产品学习成果，在每日小测打卡分享中逐步信仰产品。此外，结合"高中—大学—研究生—博士—海外游学"进阶式荣誉激励和实时红包奖励，激发代理人自主学习动力，让人人爱上学习，最终成为产品专家。

2. 应知应会。应知应会汇总了所有在售产品的最新投核保规则、最新销售政策、最新体检政策、常见问题等资料，可以使保险代理人快速、准确地掌握总公司的产品、政策节奏与动态，减少同样的问题反复提问，大大节约了管理成本。

3. 智能客服。智能客服是新一代人工智能客服系统及营销伙伴日常问题咨询平台。智能客服涵盖20大类40个细项共计3000余条知识，覆盖相似问法上万种，能处理产品、投保、核保、保全、理赔、回访和收付费等多个业务领域中常见的问题，且每天进行训练和学习，7×24小时为营销伙伴和客户服务，面对客户的随机提问，机器人以80%以上的直接回答率实现了相关业务场景的智能问答服务。

（三）营销云盘

此应用的功能主要是方便代理人和营销内勤伙伴随时随地查找、下载各类资料，提高专业技能。

公司自主开发的营销云盘可以提供存储容量大、安全、稳定的文件存储服务，为营销员提供了一个高效便携的资料下载平台。工作人员在后台将文件上传，系统会将消息根据权限推送到代理人的营销云盘专区中，代理人得以在第一时间进行学习，实现点到面的覆盖。

营销云盘资料库详尽，涵盖产品类、行销类、操作指南类、公司简介类等，共收录1000多个课件材料供代理人下载学习。

（四）教育训练

此应用旨在打造极具华夏保险特色的线上培

训、分享云平台，新人、主管可利用碎片化时间，通过该平台学习相关课程，掌握从事寿险行业必备的营销、团队管理方法，并通过测试检视学习成果。

1. 在线培训。

（1）培训样板间。培训样板间包括新人生产线和晋升生产线。

一是新人生产线涵盖岗前课程与新人课堂90天。

岗前培训。公司筛选线下岗前13门课程中适宜网络教学的6门课程，根据网络教学的课程节奏、受众特点等重新编排了动画脚本，每门课程均经合规部门严格把关，新人可通过学习课程了解从事寿险营销必备的知识技能。

新人课堂90天。公司诚邀50余位顶尖团队长、销售高手与资深讲师授课，50余门精品课程，贯穿新人成长最为关键的12周，每周一个主题，逐层深化，团队长可实时了解所辖团队成员学习情况。

二是晋升生产线由资深大咖、优秀标杆倾情授课，40堂精品课程，助力主管提升团队发展和管理技能，配套测试通关，夯实学习效果，获取结业证书。

（2）直播课堂。根据营销节奏及业务节点邀请顶尖团队长、销售高手与资深讲师直播授课，公司力求培训有的放矢，业务伙伴可通过学习迅速掌握相关技能。

2. 在线会议。千人千面的个性化会议系统，全系统人员皆可发起"一对N""点对点"的在线培训/会议，会议类型包括语音会议、文字会议等。

（五）行销平台

此应用包含保险需求分析、个人/家庭计划书、微信投保、数据查询等核心展业工具和功能，是代理人日常展业的必备工具，能快速提升销售效率。

1. 需求发现。朋友圈助手是一款微信自媒体阅读追踪分析系统，系统应用互联网技术实时记录用户发布、阅读、转发分享微信文章等行为，通过用户行为轨迹的回溯、重建和分析，帮助用户洞察阅读者意向。

代理人将产品爆文和精美海报转发至朋友圈，文章和海报自动嵌入代理人个人名片和产品微投链接。客户点开链接后，系统将自动收集客户浏览信息，详细记录客户阅读内容、时长和人脉关系链，挖掘销售、增员、转介绍中心线索，实现精准转化。

2. 需求分析。

（1）家庭保障样板间。家庭保障样板间提供了不同条件、不同成员、不同阶段的家庭保障一揽子计划，帮助代理人从单一客户主体转变为以家庭式保单为主的批量获客模式转变，即对一个家庭的风险保障和财务规划方案进行配置。样板间里主要包括个人计划书、家庭计划书和精选家庭套餐，可以满足不同家庭的私人定制，方便快捷。

一是个人/家庭计划书。精品计划书不仅可以一键制作，保费明细、保障责任清晰详细展示，还可以生成精美的礼品化计划书，支持微信下载、PDF打印。

二是精选家庭套餐。以家庭成长周期为主线，年龄覆盖0~65岁，分为单身期、形成期、成长期、成熟期四个阶段，不仅为客户精选8款一揽子家庭保障计划方案，代理人一键转发，生成计划书，还支持客户自主修改计划。

将家庭保险理念转化为随时随地使用的行销

辅助工具，家庭保障样板间对营销员批量获客、提升件均保费起到重要的推动作用。

（2）养老金计算器。养老金计算器是专业的年金险需求测算工具，代理人将计算器转发给客户，客户回答几个问题后，便能准确地算出未来的养老金缺口，同时，结合万能险"部分领取"功能，精准地给客户推荐年金险投保方案，通过年金规划来填补养老金缺口。

养老金计算器填补了公司年金险类需求分析工具的空白，将日常展业过程中的养老理念和补充方案可视化、数据化和科技化，让养老金缺口以具体的数字呈现给客户，并给出精准的补充方案，让客户对未来养老生活品质有更加清晰、具体的感触。

（3）"小华保贝"微信小程序。"小华保贝"是基于 AI 人工智能算法，依托微信小程序，根据家庭成员年龄、性别、婚姻状况、支出、负债、已有保障等因素，出具专属的家庭保障风险报告，对家庭现有保障进行客观评测、打分，从重疾、意外、医疗和寿险四个角度分析保障缺口，个性化定制家庭保障一揽子计划，真正做到买对、买全、买够。

（4）核保算算。核保算算工具集成营销渠道 30 余款产品投核保规则，可根据客户年龄、已有保障、营销员星级以及所在地区精确地计算出客户剩余免体检额度。新老客户在投保前，代理人只要输入客户基本信息和投保险种，即可精准地计算出客户的风险保额，提前获知客户是否需要体检/契调。

以前投保后才知道的核保结论，使用核保算算，就可在投保前获知，方便及时调整投保方案，极大地提升了营销伙伴的展业效率。自上线以来，人核率同期降幅超过四成，大大减轻了人核压力。

3. 微信投保。

（1）微信投保。微信投保实现了投保方式的重大创新。以往"投保难"是客户的一大"痛点"，投保手续烦琐、时效慢、体验差。基于微信平台，微信投保实现了实时投保、核保、转账、承保、回执回访所有流程线上化，全程只需 10 分钟即可完成。

微信投保于 2016 年上线，历经大量的升级迭代，从而使微信投保不断与时俱进。2017 年投保界面风格大改版，重点新增 OCR 证件智能识别、投保信息自动读取、地理位置自动识别、被保人通信录、核保规则前置化、投保时智能提示；2018 年重点新增半自助和 Mini 半自助微投方式、双录系统对接、人核单撤单、体检超额提醒、智能收银台实时转批量功能等。2018 年微投出单 318 万件，出单率超过 98%。从 2019 年 4 月开始，公司实行"全微化"，彻底告别纸质单。

（2）更多功能。微信投保主要包括数据查询等核心展业工具和功能，是代理人日常展业的必备工具，能快速提升销售效率。

人工核保。微信处理人工核保下发的各类函件，将过往复杂的核保函件处理流程电子化、便捷化，极大地提高了核保函件处理时效，降低了运营成本。

回执回访。利用微信，一键转发给客户，客户点击进入进行回执回访操作。

我的保单。利用微信，查询代理人名下的所有保单，包括新单投保进度查询、问题件追踪、回执回销提醒、电话回访预约、历史保单各项信息查询等服务，实时投保，实时追踪，并且支持人工核保撤单、收费失败撤单操作。

我的客户。利用微信，分类查询代理人名下

的所有客户信息，包括名下投保客户、活动获客、快过生日客户以及VIP客户，精准识别重点客户服务对象。

（六）客户管理

此应用的功能主要是通过短险销售、线上活动来帮助代理人批量获客。此外，还有老客户的增值服务，提升客户服务质量。

1. 短险超市。短险超市是代理人专属的拓客产品库，提供了覆盖不同年龄人群、节假日等场景的短期意外险产品组合，价格便宜，保障全面，投保流程便捷，微信支付，非常适合代理人进行客户开拓。

短险超市通过作业模式和技术创新升级，实现了短期意外险保障计划快速自定义，提升产品组合上线速度，降低开发成本，使短期意外险开发由15天降至1小时。

2. 获客活动。获客活动根据季度营销主题不断更新，紧跟营销渠道"批量获客化"战略要求，以"创意活动+技术支持+福利吸引"为抓手，实现"线上获客互动+线下送礼促成"的全流程活动量管理体系，切实提升营销活动保费转化率和客户购买率。

2019年第二季度，聚焦少儿主题产品，主推"萌宝见定"活动，帮助代理人开拓有孩子的黄金"家庭"客户。代理人转发活动，客户上传亲子照片参与活动赢取礼品，代理人从获客名单中寻找潜在客户，线上互动线下邀约。

3. 客户服务。代理人可以根据客户需要，帮助客户申请办理部分保全、理赔或增值服务，提升客户服务质量。

（1）在线理赔。代理人帮助客户申请理赔报案、查询理赔进度。

（2）服务预约。代理人可以看到自己名下客户的服务预约申请，及时跟进。

（3）少儿健康。代理人可以向家有萌宝的客户推送健康育儿知识，做好少儿客户经营。

（4）就医绿通。代理人可以帮客户代办申请重疾就医绿通服务。

（七）自主经营

此应用的功能主要是方便代理人实时查询业绩、佣金、考核、继续率、团队管理等情况，实现智能化自主经营，提升个人和团队管理效率。

1. 自主经营。代理人在展业的同时，还需进行自我管理和团队管理。比如，以下常见的日常管理问题："我的业绩多少？团队业绩多少？我这月能拿多少佣金？我达到晋升考核标准了吗？团队成员考核结果？我的团队架构如何？"

自主经营是为代理人打造的一站式数据查询平台，是代理人最常用的个人和团队管理工具。"业绩管理"模块的智能化业务分析为代理人提供发展决策的系统支持，标保、实动人力、保费排名等各类产能指标即时查看，立体追踪。"团队管理"模块实时监控团队发展动态，促进打造优质组织架构。"佣金管理"模块进行出单后实时计算，极大提升了数据的准确性、及时性以及个人和团队的收入构成、排名分析，为营销员准确找到提高收入的方向，激发个人和团队伙伴更快、更好地发展。

2. 收入测算。实时测算代理人未来预期能获得的税前收入，实时激励、助力营造火热营销的氛围。按照基本法佣金项目，清晰展示本月收入结构，如初年度佣金/个人创业发展奖/组创业发展奖/组育成奖/个人继续率奖等。

3. 智能管家。

（1）基本法管家。基本法管家为佣金自动追踪提醒系统。系统自动为每位代理人实时计算基本法佣金达成和目标差距，提供目标达成攻略，查询佣金发放条件，团队长还能准确地掌握团队成员的目标达成情况。此外，系统自动给代理人推送佣金预警提醒、晋升贺报，确保基本法利益最大化。

（2）凤凰社管家。针对绩优代理人（凤凰社是绩优代理人组织），系统不仅可以自动计算每月凤凰社的业绩达成和目标差距，自动给代理人推送预警提醒、晋升贺报，还可以查询高峰会入围排行榜。此外，新人入围凤凰社也会有相应的提醒和贺报。

（八）消息中心

此应用的功能是接收系统给代理人自动推送的各类提醒消息，方便代理人阅知、处理。

五、项目效果

（一）战略意义和刚需价值

经过3年的深耕细作，凤凰营销企业号已经成为公司40万名代理人队伍的刚需平台，彻底革新了传统销售思维和行销工具体系。公司充分利用该平台，从上岗到产品学习，从新人培训到主管培训，从投保出单到客户服务，从佣金结算到业绩分析，将销售全流程环节通过新技术手段全部集成至企业号，成为代理人队伍销售展业必不可少的工具，直白点说，已成为代理人销售体系中的"水电气"基础设施。从公司的"移动互联"战略出发，站在代理人的时代发展立场上看，凤凰营销企业号极具战略意义和刚需推广价值。

（二）效益简述和管理价值

通过平台化的技术开发，凤凰营销企业号已成为高效集约的线上行销支持体系，节省的公司运营成本不可估量，同时提升了管理效率。比如，微信上岗、微信投保、核保函件处理、微信回执等关键保险服务流程，已经非常接近实现100%的全微化；保全、理赔等客户服务，全部在微信上处理。凤凰营销企业号彻底改变了传统保险作业模式，推动公司经营由粗放式管理增长至集约化效率提升。通过新技术的力量搭建专业化的微信平台，为销售管理插上了翅膀，与近几年营销业务增长的"华夏速度"相辅相成。

六、总结

华夏保险代理人通过公司唯一身份认证进入微信企业号，从上岗到产品学习，从新人培训到主管培训，从投保出单到客户服务，从佣金结算到业绩分析，全部在企业号里完成，颠覆了传统保险营销的经营管理方式，极大地提高了保险营销和运营效率。凤凰营销企业号已经成为华夏保险的科技创新名片，成为继好产品、好制度之外的另一个核心优势，正吸引着越来越多的代理人无压力加盟，一起来创业。

凤凰营销企业号作为公司"移动互联"战略极具代表性的微信营销平台，经过长期耕耘，创造一系列行业级的领先应用，在管理方式、流程、工具上不断颠覆，持续精进，为公司转型升级提供源源不断的内生动力，极大地支持了华夏保险近几年的飞速发展，推动公司全员创新风潮。

未来，凤凰营销企业号将继续围绕销售、获客、管理和服务，解决营销伙伴销售"痛点"，围绕查询、督导、学习、推广开发系列工具，解放内勤伙伴，为营销模式升级转型、"移动互联"战略落地提供强有力的保障。

专家点评

随着保险科技的快速发展，科技创新逐渐成为保险公司持续发展的重要推动力。华夏人寿从2016年开始持续建设"凤凰营销企业号"，深挖销售"痛点"，开发系列工具，实现销售工具体系化、获客工具平台化、管理服务自动化，搭建从招募上岗、产品学习、教育训练到行销展业、客户管理、自主经营的全流程微信销售服务闭环，极大地提高了销售效率和客户服务质量。该系统的建设应用在推动公司效益提升的同时，为行业信息技术创新应用提供了典型借鉴。

大童保单托管项目

◎ 大童保险销售服务有限公司

一、项目概述

电子保单托管项目是由大童保险销售服务有限公司（以下简称大童或公司）原创开发的行业级保单管理系统，电子保单托管项目突破了保险公司的界限，突破了单张保单的限制以及跨公司、跨产品类别、跨保险合同，从顾客视角对一个家庭的所有保单进行电子化托管，形成标准化的责任聚合、风险检视与专业分析，并在所有保单的信息呈现、方案优化、续期提醒、理赔协助等方面提供全流程服务。大童的保单托管服务体现一家企业的原创价值，也属中国保险业的首创，它标志着中国保险业行业级服务水准的大幅提升和基础服务设施的重大突破，大童的电子保单托管已经成为保险科技在服务顾客实际场景中的经典案例。截至2019年8月1日，大童电子保单托管项目已经托管了40万个家庭，托管保单数量超了200万个。

二、项目的背景和意义

（一）项目背景

1. 保险消费者需求升级。消费者对保险产品的多元化需求及全面保障需求，是任何一家保险公司都难以满足的，这愈加凸显保险中介综合配置的价值。保险中介行业将积极应对这一形势，在已具备一定发展的基础上，加快适应保险业转型发展和改革开放的需要，提高专业素质，更好地帮助客户选择最适合的保险公司、最适宜的保险产品以及提供全面的售后服务和各项增值服务，提升服务品质和服务质量，更要在基本业务基础、产品、渠道、服务等方面进行创新，实现科学发展。

2. 产销分离，专业中介崛起。保险中介是连接保险公司和广大投保人的桥梁和纽带，是保险业服务社会的窗口。作为保险产品的主要销售渠道、服务平台和保险产业链的重要环节，保险中介已经成为保险市场不可缺少的重要组成部分。发达的保险中介市场是保险业走向成熟的重要标志。保险越发达，保险中介越重要。保险中介发展阶段见图1。

图1　保险中介发展阶段

同时，中介代理人的优势也正在我国保险市场上逐步凸显。数据显示，自2015年以来，我国中介代理人在人力增长率、保费增长率、收入增长率、人均产能及人均业务收入5项指标上，均超越了传统保险公司。

从保险代理市场看，保险公司越来越重视中介渠道的作用，越来越多的保险公司将优势产品和各种资源投入中介渠道，这将使保险代理行业与保险公司的合作更紧密，也将助推保险代理市场加快发展。

3. 中介从业者呼唤科技赋能。保险中介行业需要加快走出目前的保险销售及市场竞争较为封闭的状态，专业代理人需要不断调整升级，个人代理人需要加快向更专业化转型，传统的销售模式和服务模式需要加速变革——以服务驱动销售，才能够积极应对保险市场的变化和实际需求。

在产销分离的大背景下，保险中介代理人不仅为客户提供保险需求规划，而且能提供数十家保险公司的产品，还能有效地管理客户及其家庭成员的多家保险公司的保单，协助客户办理投保、续期、理赔等全生命周期的服务。

中介代理人工作平台所需的信息技术复杂性已经远超单一保险公司，中介机构与中介代理人呼唤科技赋能。

4. 保险客户的保单拥有量大幅提升。近年来，随着国民保险意识的普及和保险购买能力的提升，很多客户拥有多份保单，且多份保险是从不同渠道配置的，有相当一部分保险是在自己需求并不明确的情况下，由于人情等因素购买的。一方面说明我国保险业发展取得了长足的进步，同时，也暴露出客户购买保险还没有真正从自身需求出发，很多客户的保费交了很多，但是保障并不充足；另一方面，也让我们看到站在客观中立的第三方立场，对客户的所有保单提供专业的服务与管理是非常有必要的。

5. 保单托管项目应运、应势而生。多重因素的时代大背景下，保单托管项目应运而生。保单托管需要依靠庞大的全行业个人人身险产品库，在识别保单的简要要素后，即可实现该保单全量信息的获取和分析，包括保单中的所有保险责任、各种责任在不同保险单的年度保额、各保单的缴费状况、受益人状况等保单重要信息。

保单托管功能作为保险中介乃至全行业的底层基础设施，在以下四个方面正发挥越来越重要的作用。

一是保单托管成为保险中介行业新服务模式的底层技术标准。

二是保单托管可以为客户提供全行业保单的全生命周期管理。

三是保单托管是中介行业需求导向营销模式的真正落地。

四是因保单托管的便捷性，成为保单数据资产的入口引擎。

（二）项目意义

1. 对保险消费者。对保险消费者而言，在保险领域，长期存在以下六大"痛点"：纸质保单不易存放；家庭保单保障不清；重大事故无人报案；发生事故难以识别；保单失效无人提醒；多家理赔烦恼无限。

保单托管项目，以客户家庭为单位，依托快捷的录入方式，实现全行业保单的电子化管理。保单信息经全数字化以后，将对关联性、匹配性、应变性和自动性四个方面带来益处（见图2）。

图 2　保单托管的益处

2. 对保险中介代理人。保险中介代理人因其可提供数十家保险公司的产品，必然贯彻彻底的需求导向的咨询服务模式，在保单管理、需求规划、保障缺口计算等场景下，需要面对客户既有的可能涉及多家保险公司的保险产品。在此场景下，没有保单托管技术加持的代理人不仅工作低效，而且难度极大（见图3）。

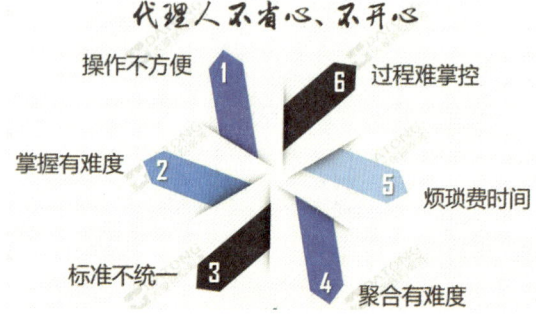

图3　保险中介代理人展业难处

有了保单托管技术，以上烦恼迎刃而解。电子化的保单数据，可以随时查询客户保障信息，随时间应变的数据，丰富的提醒功能，通过保单投保人、被保险人、受益人三视角的聚合技术，轻松汇整全行业保单。

中介代理人不再需要传统的纸质本或Excel电子表格来记录和管理客户的详细信息、家庭成员的信息及客户家庭保单的所有信息，使保单的全生命周期管理在信息时代变得便捷且切实可行。

在实际服务客户的场景中，保单托管还解决了一个很大的现实问题，就是以保单服务容易切入客户，取得客户的信任，便于逐渐展开后期的服务，因为基于保单托管技术，能够提供详细的保单检视报告，使得代理人愿意录入客户信息，客户愿意提供保单的意愿大大加强，解决了传统场景中难以解决的问题。

由此可见，只要能够为客户创造价值，那么客户是愿意提供信息的。

3. 对保险中介机构。保险中介公司通过保单托管技术，搭建起中介行业的基础设施。保单托管不仅作为销售与服务的底层支持，而且还可作为大数据时代的最重要资源——数据。通过保单托管技术，可以收集完整的客户家庭成员信息、保单信息。未来，保单托管将会在保险产品设计、公估、保单贴现、征信等场景存在潜在的高价值应用可能。

三、项目重点解决的问题及主要创新点

（一）详细的项目方案

1. 项目前端功能架构。保单托管从前端展示的功能来看，公司内的存量保单数据通过MQ消息队列进入保单托管的保单列表，全行业的保单通过代理人录入（或OCR识别）进入保单托管的保单列表，这是保单数据的入口（见图4）。

基于保单托管的保单数据，可以完成多个面向代理人端的功能呈现。

（1）保单信息查询，包括保单、保额及保险责任。

（2）家庭关系中形成的投保、被保关系呈现，保险责任在被保险人维度上的聚合。对于1年期产品，可以对接公司的一键续购。

（3）提供以保单为中心的全生命周期管理，续期交费提醒、权益领取提醒、保单年检提示等。

（4）系统底层建立了每个保险产品保险责任类型与出险事故类型的对应关系，输入出险事故类型以后，可以准确搜索出涉及本次理赔的保单，便于代理人协助客户联系对应的保险公司。

第一章 赋能营销与客户服务

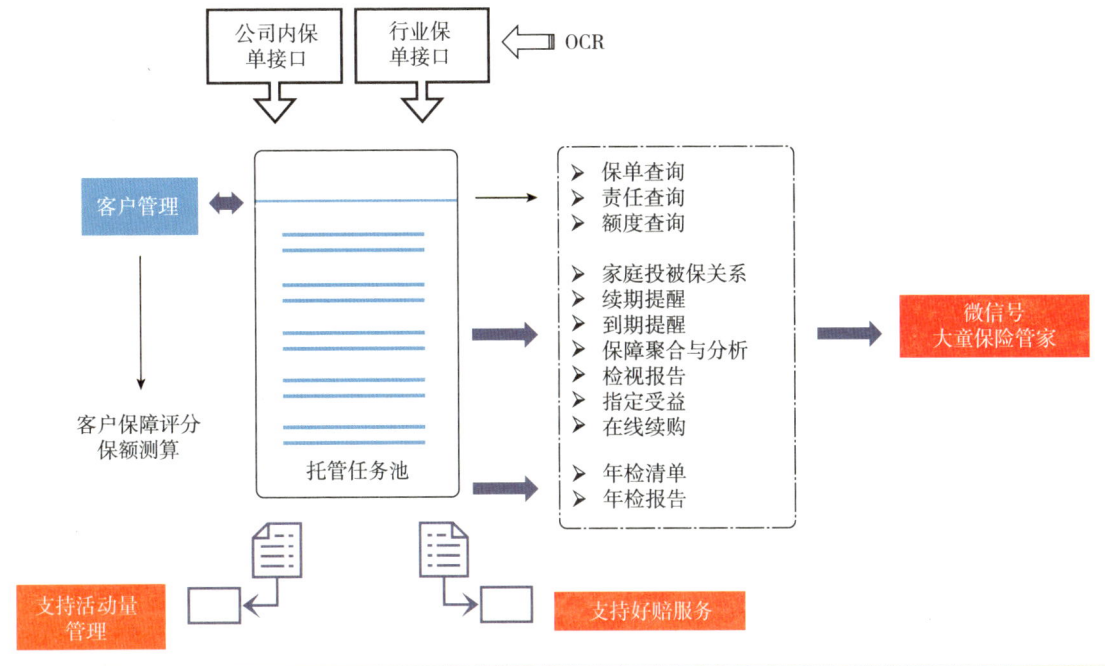

图4 保单托管前端功能架构

（5）对保险顾客来说，专门提供了微信公众号作为服务载体。活动量的管理对于保险业来说是至关重要的环节，变结果管理为过程管理，对可能出现的结果进行提前干预。

（6）对保险客户来说，大童专门提供了微信公众号提供服务。保险顾客可以在"大童保险管家"微信号上方便地查询到托管保单列表、交费清单、责任分析、保单的各类统计信息，还能分别以投保人、被保险人、受益人三种视角呈现出完整的家庭保障情况。

2. 保险业人身险产品库。上述功能的实现，都离不开全行业人身险产品库的支持，底层的产品库包含保险产品的全量信息，其简要结构有以下几个方面（见图5）。

（1）寿险产品库库容。自1992年我国个人保险营销开展以来，截至2019年8月1日所有有实际销售量的寿险产品完成标准化的条款有"16000＋"。按实际销售统计，已覆盖产品总实际销售量的99.1%。

根据中国保险行业协会官网公布，截至2019年8月1日，所有产品为22000个，不包含2002年以前的有销量的保险产品近千个。

（2）技术特点。输入保单的简要信息后，即可实时呈现出该险种下的所有责任明细及其对应的风险保额；有保单变量的约束条件，可优化用户体验，实现基于移动端的信息全点击输入；产品库兼容全行业所有类型的产品，包括意外险、健康险（费用与定额给付）、重疾险、定寿与终身寿险、养老年金、长期看护、两全险、生存金与教育金、投连与万能险、高端医疗险等；兼容单一被保险人与多被保险人（含责任层类家庭保单和险种层类家庭保单）险种；兼容各种复杂的分红与利息、不同的理算时间精度（出险时间精确到年、月、日）；兼容各种类型查表类的风险保额产品；兼容险种的风险保额需要附加险（或其他主险）一同参与计算的情形；包含覆盖全行业的四层责任分类表，四层责任可根据业务需要进行聚合；每类责任可自动匹配受益人类型；记录原条款所载的责任名称与被保险人称谓（主要、附带、连带、第一等）；各种后台代码优先采用金融业标准及中国银行保险监督管理委员会、中国保险行业协会、中国保险信息技术管理有限责任公司等官方标准。

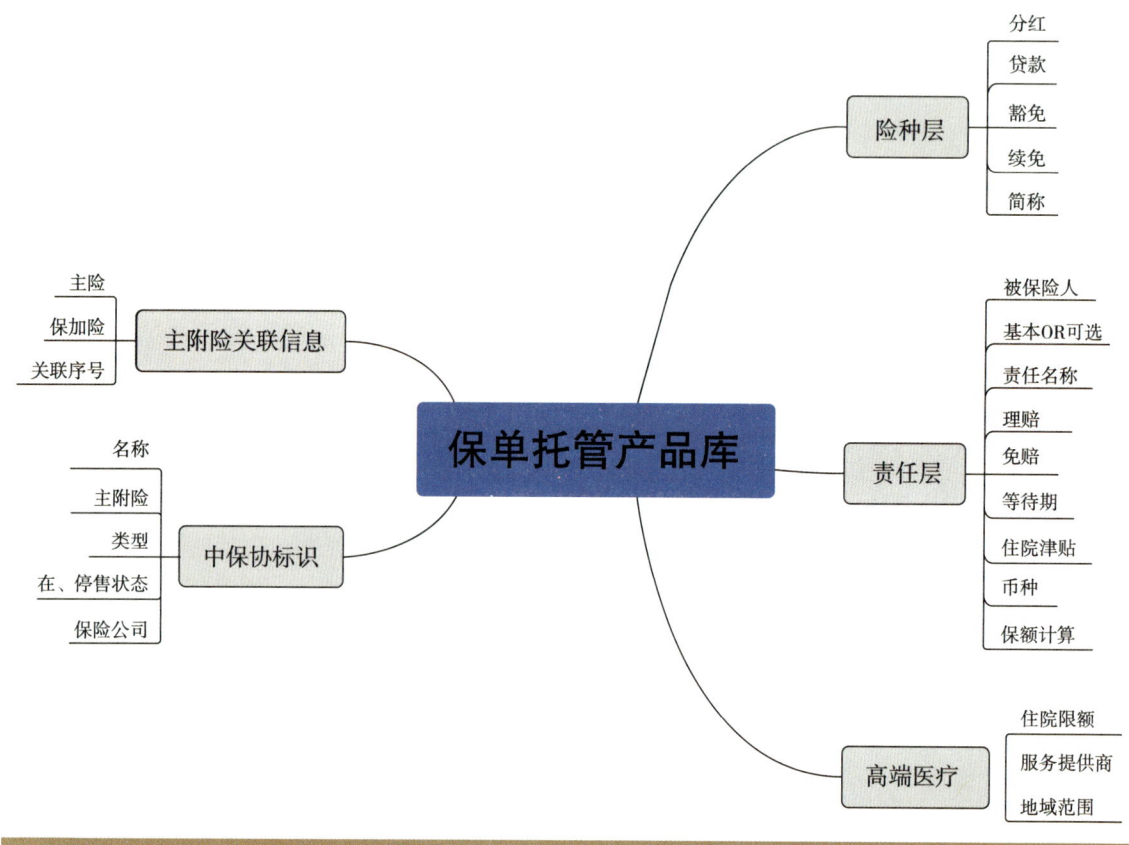

图5 保单托管产品库

3.包含的信息。信息由单个字段与特征（由一个或多个字段构成的一组信息，对该特征进行描述。例如，续保特征由续保周期、续保类型、续保终止年期三个字段共同构成）构成。险种层信息与责任层信息明细如下。

（1）险种层信息。中国保险行业协会信息包括官方UUID、编号、产品类别、设计类型、缴费特征、是否在售（停售）、停售时间；主险、附加险；被保险人人数；贷款特征、红利特征、年金领取特征；险种保额计算需要附加险（或其他主险参与）的情形；豁免特征；续保特征；医疗特征（含高端医疗）；备注信息。

（2）责任层信息。责任层信息包括被保险人特征（顺序号、称谓）；责任特征（四层分类信息、保单所载责任名称等）；赔付方式（单一被保险人或多被保险人，满足什么条件下可以索赔）与赔付模式（独立赔付，择一赔付……）；免赔期特征与等待期特征；利息特征；豁免特征；住院津贴性（定额给付）特征；等待期内的赔付特征；医疗特征（含高端医疗）。

4. 寿险产品标准化作业平台与保额计算引擎。独创的寿险产品标准化作业平台包含寿险产品的定义、编辑、产品演示、拆解进度统计等主要功能。历经200多次的更新，已经成为界面友好、高效便捷的寿险产品标准化的作业平台。

寿险产品标准化作业平台内含为完成保额计算自行研发的专用规则引擎。这是系统框架能够保持弹性，兼容所有类型寿险产品的关键所在；该规则引擎实时运行校验，只有正确拆解保险条款才能通过校验。

综上所述，对于保险业寿险产品标准化工作，已经在条款采集与更新、标准编制、作业系统、操作流程与规范等方面形成一套完整的解决方案，解决了多家大型机构之前不曾解决的行业难题。

（二）对公司产生的实际效果

自保单托管项目于2018年3月上线后，一方面是系统功能的逐渐完善，另一方面是业务端自2017年8月就启动了关于保单托管的预热，通过教育训练、理念导入、托管名额竞赛获取等方式，公司整个激励、督导、教育训练等工作都调整到以保单托管为工作导向，并且充分做好客服与运维支撑。

保单托管逐渐成为大童代理人的标准工作模式，在售前、售中、售后各个阶段的场景下，通过保单托管切入服务与销售都发挥出巨大的作用。进入2018年第三季度以来，保单托管逐渐发挥出巨大的效益，保单的标准保费产出与托管保单量呈现出高度相关性（见图6）。

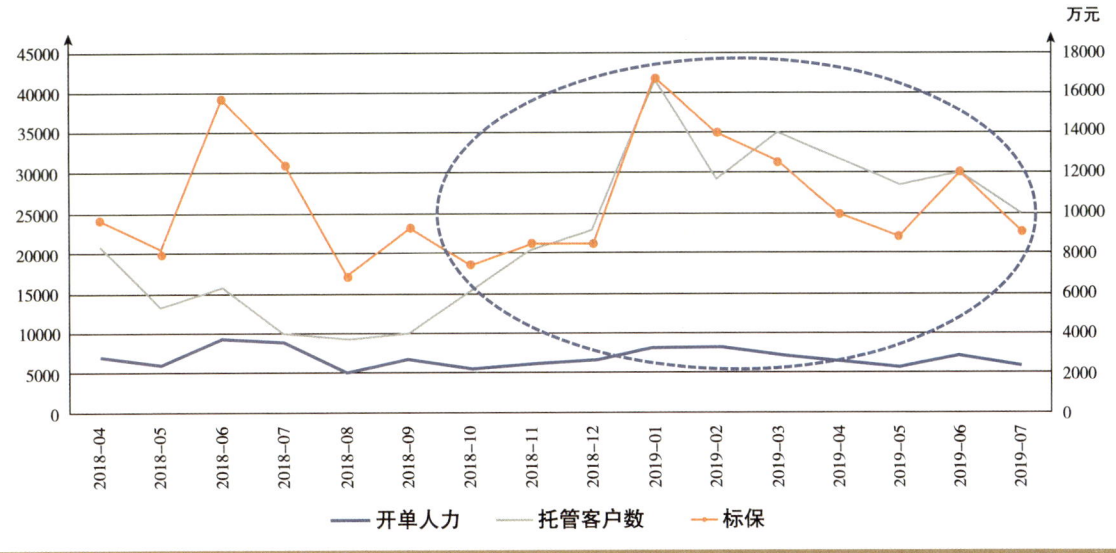

图6 托管客户数与标保产出呈正相关性

1. 对公司保费产出的高度相关性。
2. 对代理人工作的帮助。对代理人日常工作的获客、售前、售中、售后及年检服务五种场景的支持都发挥了有效作用（见表1）。

表 1　保单托管的有效作用

序号	场景阶段	分类	场景	顾客特点	注意事项
1	获客	主顾开拓场景	在新渠道和新交流场合对准客户以保单体检切入，获得服务顾客的机会	（1）有一定的保单量；（2）有一定的信任度	（1）代理人突出"服务切入"属性，让顾客在无压力中接受；（2）介绍清楚自己的服务顾问身份，获得顾客的信任感
2	售前	需求导向咨询场景	在对客户提供保险咨询服务的过程中，在保单检视环节使用保单体检	（1）客户刚认识时信任感不够，先咨询服务会更好地获得顾客的信任；（2）客户已经有明确的保险咨询意向；（3）咨询后了解到顾客有存量保单	（1）重点是服务与需求导向介绍；（2）代理人告知客户，为他提供保险服务（中介行业）服务项目：保险咨询、销售、保单体检、年检服务等
3	售中	销售完成后	对于没有保单或者保单极少的顾客，走完保险咨询服务流程以后，完成了所有合同的签约。对签约的保单进行体检，把报告最终送给顾客，也是一次咨询服务结束的标准化动作	无保单或者保单很少的顾客	让保单体检成为每一个顾客服务（或者销售）结束的标志
4	售后	老客户服务	保单体检是保险公司对所有老客户应当享有的一项标准化服务项目，该项目上线后，需要为所有老客户需要补充保单体检服务。无论该客户交易的是哪个渠道	保单体检上线前的保险公司老客户	这是对老客户的附加值服务项目，不要简单地切入"加保"
5	售后年度服务	保单年度体检	客户在一年中会有收入的变化、人口的变化，可能会有理赔、退保、加保、减保、失效、新保等情况发生，这就需要每年给顾客进行一次年检服务，保障体检的有效性	对已体检的老客户	保单体检需要每年提供年检，每年跟踪客户家庭、保单效力、经济状况的变化，否则就失去了体检的意义

保单托管经过在大童内部近一年半的实践，已成为大童旗下代理人的标准工作模式，以托管切入客户、服务客户。

（三）对行业的应用价值及示范效应

1. 对行业的应用价值。对行业的应用价值而言，解决了保险中介行业发展过程中的一个重要技术难点，即如何有效地管理客户接近 27 年以来跨保险公司的各种保单，如何准确计算客户已有的保险保障，已逐渐成了保险中介行业乃至保险公司在销售与服务过程中的基础设施。

2. 对保险消费者提供的服务。保险消费者通过代理人的服务，也得到了很多益处，取得了良好的社会效益。代理人在工作中，主要发现以下问题。

（1）大多数人买保险的途径是向熟人购买。

（2）大多数人的服务人员都换了几拨。

（3）大多数人都不清楚自己的保险利益。

（4）大多数人通过保单托管，拿到保单检视报告书后都发觉自己的保险买错了。

（5）大多数人都没有及时去保险公司变更自己的职业、地址、通信方式、缴费银行卡。

（6）部分保户的保单已经失效，自己却全然不知。

（7）部分保户的保单已经满期多年却忘记去保险公司领取现金。

（8）大多数人都不清楚如何快速办理理赔，更不清楚如果发生理赔纠纷该如何维权。

（9）部分保户在保单托管服务人员指导下拿回了几年前就应该拿到的理赔金。

（10）大多数人对保险业的服务不满意。

保险消费者在保险业的诸多服务与信息获取的困惑，通过保单托管服务，得到了极大的改善。

3. 示范效应。自大童保单托管于 2018 年 3 月上线以来，市面上陆续出现了多个保单托管类产品（bd 保单管家、小智保险、保险师等都陆续推出了自己的保单托管产品），对于营造共同的、适合保险中介行业的、以保单托管为核心的基础设施，为行业树立了新的技术与服务标准。

未来大童将继续深耕保险服务领域，依托保单托管的底层技术，形成保险服务的闭环。2019 年 8 月 1 日，大童已经在保险中介领域率先推出保险服务产品"童管家"，该服务产品包括了保险咨询、保单托管、方案定制、好赔代办等服务项目，其中保单托管是整个"童管家"的技术底层。

专家点评

面对多公司、多保单的现状，保单管理一直是保险消费者的一大"痛点"。大童保险借助于保险代理人和 OCR 识别技术，逐渐搭建起保单信息收集、管理和服务一系列功能，为保险消费者以家庭为单位进行保单管理和服务提供了有益的尝试。

保通微客站

——带你重新认识保险 CRM

◎ 保通保险代理有限公司

一、项目概述

微客站是一款专为代理人经营管理客户而生的 CRM 工具，定位于通过云计算、大数据、人工智能等技术，赋能代理人更高效、更有针对性地服务客户（见图 1）。

二、项目背景及意义

（一）保险 3.0 时期

互联网保险发展至今，大致经历了以下三个时期。

1.0 时期，人们把保险搬到网上去卖，仅将互联网作为一个销售渠道。

2.0 时期，场景化保险大爆发，各个平台都出现了围绕各自业务的场景化产品。

3.0 时期，科技和保险开始深度融合，围绕云计算、大数据、人工智能、区块链等技术，保险科技已逐步渗透到业务的各个环节，微客站正是基于这样的时代背景而诞生的。

（二）宏观环境分析

从政策上看，一方面中央对保险业一直保持着高度重视，另一方面对于互联网保险的监管也日趋完善。

2018 年下半年，银保监会发布的《互联网保险业务监管办法（征求意见稿）》中就体现出很大的变化。有观点认为，未来保险业会发生两

助力代理人，促成交易

全身心地服务1个客户绰绰有余，10个客户尚有余力，但如果是20个、50个、甚至100个客户，就应该运用CRM来节省工作时间，自动推进保险销售进程，发挥数据的最大价值

专业化程度

以客户需求为导向，了解种类保险产品的特点、责任和免责情况等，能为客户挑选适合的产品

可持续的购买行为

以帮助客户做好家族风险管理为终极目标，根据客户家庭的具体情况，做好系统规划

复杂的后续服务

始终以客户体验为中心，从投保前到投保后，为客户提供全生命周期的服务

图 1　微客站

大变化：一是主体公司代理人会向中介公司迁移；二是线下代理人会向线上迁移。

从经济上看，虽然中国保险业未来的发展空间巨大，但2018年的保费增长不及预期，这说明过去粗放式的发展模式已经不适合未来的发展需要。2017年全球保险保费收入排名和2017年主要发达国家保险深度对比分别见图2、图3。

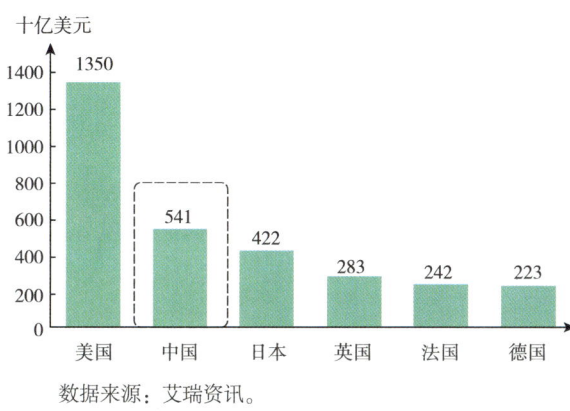

数据来源：艾瑞资讯。

图2　2017年全球保险保费收入排名

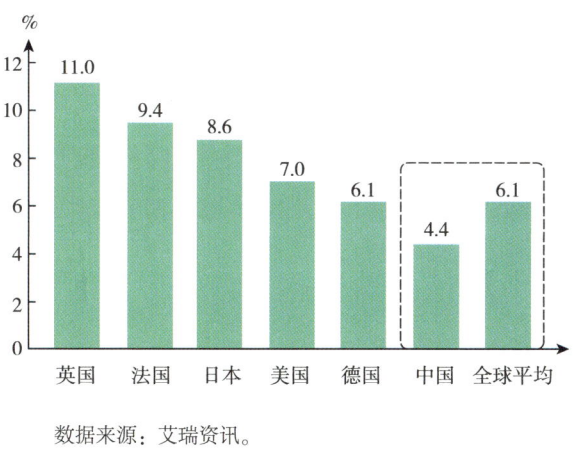

数据来源：艾瑞资讯。

图3　2017年主要发达国家保险深度对比

2018年我国规模保费为3.8万亿元，保费增长不足4%，7年来首次跑输GDP，保险深度为4.22%，较上年下降0.2个百分点；保险密度为2724元，较上年增加92元。2012—2018年保险深度和保险密度分别见图4、图5。

数据来源：公开资料整理。

图4　2012—2018年保险深度

数据来源：公开资料整理。

图5　2012—2018年保险密度

这样不及预期的结果，主要是因为过去粗放式的发展模式已经不适合未来的发展需要，行业及用户长期存在难以解决的"痛点"，这便限制了其发展。

从文化上看，虽然年青一代的保险意识已经觉醒，但保险天然具有低频、非刚需的特点，单纯的流量模式并不能完全发挥互联网的优势。

由此可见，未来只有以用户为中心，持续打造符合监管的极致产品，同时在渠道和服务上深耕运作，才能获得持续且健康的长远发展。

三、项目重点解决的问题及主要创新点

（一）蓄客——挖掘多渠道潜在客户

微客站通过高频的名片、问卷、计算器等功能，积极建立代理人与客户的联系，并将客户所有的行为数据都结构化的存储下来，协助代理人

最大化地挖掘信息价值。

（二）出单——识别客户诉求，促成最终交易

通过预核保、分析报告、计划书等功能，微客站可以帮助代理人了解客户的真实需求，建立客户信任，从而促成交易。

（三）保单管理——打造全流程的服务，最终打动客户

除了会帮助客户整理全网保单，微客站还会提供保单到期提醒、深度解析等服务，从而打造客户的优质体验。

（四）舆情监控——促成交易的新体验

除了上述功能，微客站还做了一些其他的尝试。比如在微客站，代理人不仅可以了解热门产品在全网的舆论热度和口碑情况，还能发现存量客户中的出单机会，从而更及时地追踪到市场热点，把握销售机会。

四、项目主要建设内容

为实现上述在蓄客、出单、保单管理、舆情监控上的一整套营销闭环，微客站以微信为载体搭建了小程序矩阵（见图6）。

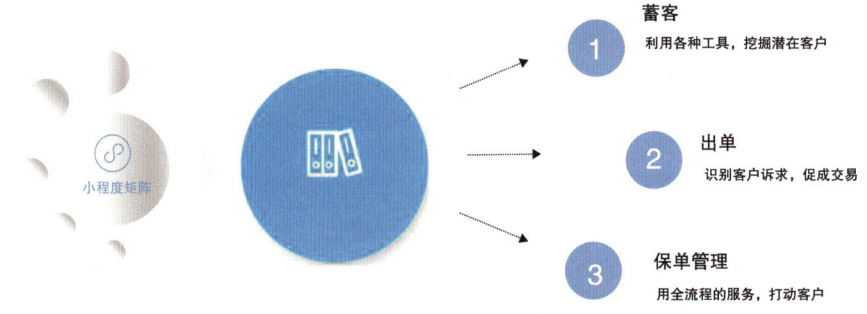

图6　微客站的小程序矩阵

（一）云保大咖

在传统的展业过程中，给客户递送名片是再正常不过的事情。但传统的线下展业效率很低，不仅每天能接触到的目标客户很有限，在完成一天的拜访后还要投入很多精力对白天的"成果"进行归集整理，使整个销售转化的过程都特别冗长，而转化结果往往也差强人意。

为了解决展业效率低的问题，"云保大咖"应运而生。"云保大咖"是一款专为代理人设计的展业小程序，代理人不仅可以在线下拜访中让客户直接扫码添加微信，从而建立长久的联系，还可以通过微信一键分享给好友、微信群、朋友圈，用更友好的方式，最大限度地挖掘人脉关系中的潜在客户。

此外，作为微客站小程序矩阵中的一员，客户访问名片后的一举一动都会同步显示在微客站的互动记录中，代理人可以依此为客户建立档案，有针对性地和客户建立更多联系，从而更高效地甄别有效客户。

（二）健康关怀所

在个人的社交关系中，缘故客户是最容易成交的，但我们的社交圈终究是有限的，亲戚、朋

友、同学……总会有耗尽的一天。而随着微信作为一种"基础设施"不断渗入我们的生活，我们的微信好友中逐渐充斥了各行各业的陌生人，这无疑是一笔新的人脉财富。

但与陌生人建立信任关系并不是一件容易的事情，很多时候代理人刚亮出身份，就立刻被对方拒于千里之外，根本没有继续说话的机会，更别提销售转化了。正因如此，我们尝试用一种更轻松有趣的方式，来打开陌生客户的心扉，培养保险意识的种子，这就是"健康关怀所"。

这里有用来挖掘年金需求的"社会养老保险计算器"，有用来评估健康风险的"中医体质评估""亚健康评估"，还有用来转化寿险需求的"寿险预测"等。

代理人同样可以在微客站的客户动态内查看客户在健康关怀所留下的动态信息，比起像无头苍蝇一样和陌生人尬聊，这样的破冰方式是不是更友好呢？

（三）客户动态

从前面的介绍中，我们已经知道通过微客站，可以查看客户在云保大咖和健康关怀所中留下的动态信息，但其实微客站的客户动态能查看的信息远不止于此。

微客站的客户动态打通了客户在 APP 和微信生态中的行为和业务数据，无论客户是查看了被转发的文章、名片、海报、产品链接和分析报告，还是完成了被转发的测评、问卷等，代理人都可以在客户动态中查看，每一位客户的数据都尽在掌握中。

（四）拜访日志

无论是维护老客户还是经营转化潜在客户，都是一件需要长期坚持的事情，打动客户并不是一朝一夕就能完成的，需要我们积累大量的客户信息，了解客户的真实需求，从而帮助客户找到最适合自己的保障方案。

过去，优秀的代理人都有一本厚厚的工作日志来记录每一天的工作内容。从与客户的初次接触到取得客户的信任，从客户的生日提醒到客户的续保提醒，都会事无巨细地记录下来，日积月累，这一本本工作日志便成了信息的宝藏。

但随着互联网的发展，代理人的展业方式和渠道越来越多样化，过去记录拜访日志的方式显然已不太适用。正是为了用更高效的方法记录完整的拜访信息，使信息宝藏能被挖掘出最大价值，我们在微客站尝试推出了"拜访日志"这个功能。

一改以往的手录方式，微客站的"拜访日志"可以直接通过语音记录拜访信息，对代理人说出的信息进行 NLP 处理，不仅可以保存全部日志，还可以从中提取关键信息并保存至客户档案中。为了提高代理人的工作效率，微客站的更多创新功能在不断摸索中。

（五）核保不倒问

为帮助代理人更高效地了解客户的真实需求、取得客户的信任，从而促成交易，公司在出单环节同样探索了若干功能。

很多客户在投保时会担心如果被保险公司拒保会留下拒保记录，从而影响之后的投保。而"核保不倒"问的作用正是让代理人协助客户提前知道自己的健康状况能否通过保险公司的核保，即使被告知无法投保，也不会留下被拒保的不良记录。

代理人可以为每一位客户的家庭成员进行预核保，并且可以将预核保结论信息归集、保存至客户档案，为后续的决策提供依据。

代理人不仅可以替客户预核保，还可以主动将预核保链接发送给客户，让客户自主完成预核保流程。客户完成预核保后，代理人同样可以在微客站通过"客户反馈"的功能，将预核保结果保存至客户档案。

（六）个人分析报告

俗话说得好，良好的开端是成功的一半。制作一份客户分析报告，是成功签单的第一步。在收集了一定量的客户信息后，我们就可以开始尝试为客户制作保障分析报告了。微客站中的保障分析报告分为个人分析报告和家庭分析报告。

个人分析报告，包含了个人综合情况的概述、已有保障的概览、保障缺口的分析和建议的保障方案。我们提供了默认的话术模板，并且根据客户的性别、年龄和已有保障，参考行业平均水平配置了默认的保障缺口，代理人也可以根据客户的实际需求重新设置。

（七）家庭分析报告

完成客户成员的分析报告后，我们可以进一步为客户以家庭为单位，完成家庭保障分析报告。

家庭保障分析报告包含了对家庭整体保障的概览、建议方案以及各个成员的保障概述。通过查看家庭分析报告，客户能更直观地了解到自己的家庭保障情况，代理人也能为客户作出更全面专业的保障方案。

（八）计划书

有了个人和家庭的保障分析报告做铺垫，下一步也将会上线计划书功能来配合分析报告，帮助代理人制作更适合客户需求的保障方案。

（九）家庭保单

服务客户是一个从投保前到投保后的持续循环的过程。在促成销售转化后，我们的对客户服务还要继续。在微客站中，除了会归集客户通过 i 云保平台投保的保单，还可以由代理人自行为客户添加从其他平台投保的保单。

随着客户年龄的增长和家庭结构的改变，客户的保障需求在不断变化，适合的保障方案也处在一个动态的变化之中。为客户整理保单不仅是为了帮助客户了解自身已有的保障，更是为了帮助客户获得保障利益的最大化。

（十）续保提醒

除了为客户进行家庭保单的管理，微客站还提供了续保提醒的功能。如果客户有保单到期，微客站会在保单到期前 30 日，通过小程序和 i 云保公众号提醒代理人。

收到提醒后，代理人只需打开微客站小程序，进入"续保提醒"页面，选择需要提醒的客户及保单，即可一键生成续保报告。

（十一）舆情监控

除了上述基础服务，我们在促成交易的环节上还做了一些其他尝试，舆情监控就是其中之一。

通过微客站中的舆情监控，代理人可以了解当前产品在全网的舆论热度和口碑情况，也可以查看大咖们发布的各种文章测评和大家都在关心的热点问题。较以往只能自行摸索或被上级宣导相比，通过舆情监控，代理人能更全面、更直观地了解产品，更能及时地追踪市场热点，从而把握销售机会。

（十二）出单机会

针对特定的产品，我们还通过一些后台算法，为代理人挖掘出了一些已有客户的出单机会。

（十三）销售榜

这个产品到底好不好卖？为了对此问题更有说服力，微客站还设置了一个销售榜单，分为佣金王、件数王和大单王，用数据来看代理人的业绩如何。

（十四）智能客服

在了解产品形态的过程中，代理人不可避免地会有各种各样的问题，为了能及时响应代理人提出的问题，微客站还添加了一个 7×24 小时在线的智能客服——站小二。目前，它能够解答一些基础问题，通过大量的线上实战演练，不断地对它进行训练，扩充知识库，识别客户意图，实现多轮对话，从而解决更多问题。

五、项目效果

2019 年第三季度，微客站除了在客户数据档案上继续优化，同时还进行了线上营销工具的开发，例如对热门产品的舆情监控、微信社群内 sop 流程定制、线上线下活动的报名及签到等，3 个月内累计迭代了"30＋"个版本，访问数据提升了 100%。

六、总结

随着云计算、大数据、人工智能等技术对传统保险领域的逐步渗透，互联网保险也已从渠道、流量之争走向了服务、科技之争。

未来，微客站仍将在产品和渠道上深耕运作，不断提升服务水平，同时也会不断地通过"互联网+保险""AI+保险"的方式，加强对代理人的科技赋能，不断探索保险业新的增长空间。

专家点评

随着保险科技的深入应用，保险代理人的展业模式和展业工具正在发生着巨大变化，传统以定点和家访的营销方式正在转向移动化、互联网化。保通保险代理借助于大数据和人工智能技术，通过建设"微客站"代理人客服管理系统，为保险代理人提供了一个综合、专业、便捷的展业服务工具。

第二章

智能风控

泰康集团新一代"AI 慧影"智能影像处理综合服务平台

◎ 泰康保险集团股份有限公司

一、项目概述

泰康新一代"AI 慧影"智能影像处理综合服务平台（以下简称"AI 慧影"平台）集人工智能领域最新图像文字识别、图像分类、自然语言处理等先进算法，提供卡证、财务影像、医疗票据等影像分类、识别及质检的服务能力；采用平台化的概念设计提供统一接口服务，覆盖保险全流程环节影像识别、公司运营合规风控、业务线数字化采集等应用需求，是保险业首个智能影像处理综合服务平台。

平台主要提供影像结构化、影像分类及影像质检三大影像处理功能：（1）支持证卡类影像、财务类影像、医疗类影像及通用类影像识别功能；（2）支持对财务影像的分类、对投保影像分类以及对理赔影像分类；（3）支持影像类型质检、影像 PS 质检以及相似影像比对功能。

二、项目背景及意义

（一）项目背景

结合计算机视觉技术在保险业的落地应用有以下几大难点。

1. 业务全流程存在海量影像数据，如何综合高效利用，提升业务效率？如何对客户提交的海量影像数据高效利用并数字化其内容，同时能够实现综合处理，系统不重复建设是目前业内亟待解决的问题，需要统筹建设人工智能影像处理平台。

2. 传统技术无法实现对非固定版式影像的识别及内容结构化体验，如何突破技术限制，引领行业业务变更？对于业务环节中出现海量客户提交的非结构化影像数据，不仅影像数据类型各异，而且大量是非固定版式的，比如理赔流程中的医疗影像数据，全国各家医院的版式均不一样。传统技术无法实现对非固定版式的数据识别及内容结构化提取，因此过去此类影像无法发挥其潜在的数据价值。

3. 在严监管的背景下如何利用新技术提升效率，满足监管要求？在严监管的背景下，对数据合规要求越来越高。以保监会《关于印发〈人身保险客户信息真实性管理暂行办法〉的通知》（保监发〔2013〕82 号）对人身保险客户信息真实性的要求为例，明确规定了客户信息不得虚假、不得缺失；《反洗钱法》也明确规定了客户身份信息的真实性及有效性。如何利用先进的人工智能技术提升运营效率，满足监管要求也是业内所面临的重要应用难点。

（二）项目意义

1. 行业首创，保险业首个影像处理综合服务平台。金融企业应用系统往往都是垂直系统应用，各应用系统与业务紧耦合。"AI慧影"平台采用平台化概念设计，将业务紧耦合、刚性支撑的垂直应用转变为业务分治、柔性支撑的平台化架构。

2. 业务全流程覆盖，服务于全流程环节。平台在全流程环节中支持对身份证、银行卡等卡证识别，辅助客户输入信息，提升了客户服务体验，同时平台完成对证件影像的质检核验，有效防止客户提交不合规证件影像。

3. 数字化转型支撑，实现数字保险运营与智能化技术无缝嵌入。平台支撑核保、核赔两大业务线影像数据的结构化采集、存储及应用，实现了两核业务数据结构化标准定义，为泰康其他业务线的数字化转型升级提供了可借鉴的实践经验。

4. 客户体验极致化，实现业务办理线上迁移，提升客户业务办理体验。影像文字识别技术通过对身份证、银行卡等证件识别，从前端减少客户手动录入的烦琐，增加了客户的时效，减少了错录的风险，优化了客户体验。

5. 助力合规风控，智能化技术助力内部运营合规风控。平台支持对财务报销票据影像的识别，自动提取发票号码、代码等全量信息用于发票信息核验，支撑财务风控应用。

平台提供影像质检服务，能够识别翻拍屏幕证件、扫描打印证件及PS的证件等，实现对证件影像的核验，满足监管要求。

三、项目重点解决的问题及主要创新点

（一）项目应用创新

1. 支撑两核业务数字化转型。平台实现核保体检报告影像识别及文字内容结构化提取，实现了业内首次真正意义上的智能化核保，实现了核保业务数字化升级。

平台实现对全国非固定版式信息的医疗影像数据识别及全量内容结构化提取，为数字化理赔控费应用提供数据支撑，通过对核保、核赔业务影像数据的结构化采集、存储及应用，实现了两核业务数据结构化标准定义。

2. 支撑公司合规风控，满足监管要求。平台支持对财务报销影像数据的识别，支撑财务风控应用。平台影像质检功能服务能够识别证件的合规有效性，实现对证件影像的核验，满足监管风控要求。

平台提供影像相似场景比对功能，实现对相同场景、相同内容的自动识别，辅助稽核部门对产说会留存记录的影像的核验，助力公司合规风控管理。

3. 支持公司对影像处理需求的各种定制化服务。平台提供通用文字识别功能，各业务系统可以基于此功能进行各种定制化服务。平台提供影像分类训练功能，支持对分类训练数据进行模型训练，实现各类业务场景对不同影像分类的定制化需求。

（二）项目技术创新

1. 先进性算法，实现非固定版式的影像文字识别与结构化内容提取。传统文字识别基于固定模板样式可以实现较高的识别精度，如身份证识别等。但对于版式不固定的影像识别场景，如医疗影像识别等，全国不同地区不同医院的版式都不一样，因此无法用固定模板的方法进行识别。

平台集成了最新智能化识别算法，突破版式样式对识别的影响。采用深度学习的方法，实现端到端的结构化解析，并通过语义理解实现版式

的理解与结构化解析。

2. 良好的客户体验，高精度识别率及高实效性处理。平台采用先进的智能化算法，实现高精度的识别率，通过数据不断积累及优化升级，提升识别准确率，让客户有良好的业务办理体验。

平台采用 GPU 服务器集群的部署架构，满足高并发、高时效性处理需求，实现对各类影像的秒级处理，实现客户的无感等待。

3. 高安全性服务，接口服务高安全。平台对接入的应用场景进行授权，分配场景码和场景密钥，应用系统在调用平台接口服务时需对场景码、密钥、随机码进行哈希加密，平台根据加密串判断是否是真实应用系统的调用，保证接口服务的高安全性。

4. 便捷性运维管理，便捷性后台管理和统计分析。平台提供便捷的后台管理功能。对新接入的应用场景授权，只需后台管理人员输入场景信息，平台系统会自动生成该应用场景的密钥，供业务系统调用使用。可自动统计分析各个应用系统调用情况，分析各类服务错误的原因，有效提升客户体验。

四、项目主要建设内容

（一）项目任务

泰康"AI 慧影"平台主要提供智能化影像处理功能，包括以下三大部分任务：影像结构化识别、影像分类及影像质检（见图1）。

图1 "AI 慧影"智能影像处理综合服务平台

1. 影像文字结构化识别任务，支持4大类型影像文字识别及结构化内容提取。

（1）证卡类影像。支持身份证、银行卡、行驶证、驾驶证、户口本、营业执照、学历学位证等固定版式的卡证影像文字识别。

（2）财务类影像。支持固定版式增值税发票、火车票、机票行程单识别及非固定版式的定额发票、出租车票识别。

（3）医疗类影像。支持全国各省市医院不定版式的体检报告、病案首页、费用清单、门诊及住院发票、出院小结等影像识别及结构化提取。

（4）通用类。支持通用文字识别，识别影像中的文字信息。

2. 影像分类任务，支持3大类型影像分类功能。

（1）财务影像分类。检测识别财务类影像类别，并完成影像的裁剪。

（2）投保影像分类。对投保资料中证卡影像、报告书、确认书等影像分类处理，用于判别客户投保上传资料的完备性。

（3）理赔影像分类。对理赔资料中证卡、医疗发票、结算单等医疗影像分类处理，用于判别客户理赔上传资料的完备性。

3. 影像质检任务，支持3种影像质检功能。

（1）影像类型质检。对客户上传的影像进行识别，判别影像类型，如翻拍PC屏幕、手机屏幕的证件影像、复印件影像等。

（2）影像PS质检。对客户上传影像进行PS处理检测，判断影像是否PS处理过。

（3）相似影像比对。实现对相同场景、相同内容的图像比对，用于稽核部门内部稽核监管应用。

（二）平台功能

"AI慧影"平台提供智能化影像处理功能，具有以下四大功能：影像文字结构化识别功能、影像分类功能、影像质检功能及平台后台管理功能。平台功能逻辑架构如图2所示。

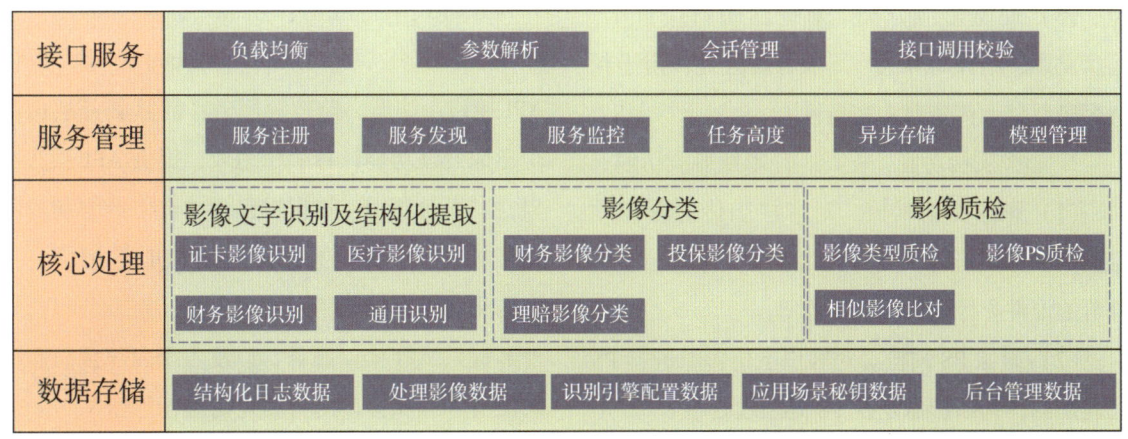

图2 "AI慧影"智能影像处理综合服务平台功能架构

1. 影像文字结构化识别功能，支持4大类型影像文字识别及结构化内容提取。

（1）证卡类影像。支持8类卡证识别，包括身份证正反面识别、银行卡识别、行驶证识别、驾驶证识别、户口本识别（个人页、户主页）、营业执照识别、学历证识别和学位证识别。

（2）财务类影像。支持 8 类财务影像识别，增值税发票识别（普通发票、卷式发票、电子发票、专用发票）、定额发票识别、火车票识别、机票行程单识别和出租车票识别。

（3）医疗类影像。支持 5 类医疗影像，包括全国各省市医院不定版式的体检报告、病案首页、费用清单、门诊及住院发票、出院小结等影像识别及结构化提取。

（4）通用类。支持高精度通用文字识别、切片文字识别。

2. 影像分类功能，支持 3 大类型影像分类功能。

（1）财务影像分类。检测识别财务类影像类别，并完成影像的裁剪。

（2）投保影像分类。对投保资料中证卡影像、报告书、确认书等影像分类处理，用于判别客户投保上传资料的完备性。

（3）理赔影像分类。对理赔资料中证卡、医疗发票、结算单等医疗影像分类处理，用于判别客户理赔上传资料的完备性。

3. 影像质检功能，支持 3 种影像质检功能。

（1）影像类型质检。对客户上传的影像进行识别，判别影像类型，如翻拍 PC 屏幕、手机屏幕的证件影像、复印件影像等。

（2）影像 PS 质检。对客户上传影像进行 PS 处理检测，判断影像是否 PS 处理过。

（3）相似影像比对。实现对相同场景、相同内容的图像比对，用于稽核部门内部稽核监管应用。

4. 后台管理功能，"AI 慧影"平台后台管理系统提供管理和分析的功能。

（1）调用日志浏览与统计。可以实时查看各应用场景的调用情况，统计调用次数、识别通过率等，可以查看上传的影像信息、识别结果信息等。

（2）应用场景授权。管理员输入待加入应用场景信息后，后台系统自动生成该应用场景的密钥信息，该应用场景系统可凭密钥信息进行接口的调用。

（3）识别引擎的管理。管理员可配置识别引擎的供应商编码、模型编码、URL 地址、允许的并发数及其他相关调用参数。

（4）应用场景统计与分析。平台后台管理系统可按子公司统计，或按应用场景统计，或按调用端类型统计（APP 端、微信端等），或组合统计查看各应用场景在一定时间范围内的调用情况，统计应用场景调用次数，分析应用场景识别错误的原因。

（三）平台架构

"AI 慧影"平台展示采用分布式部署方式，分为分布式平台应用、分布式计算引擎及云存储。平台应用层采用 Spring Cloud 框架，提供 API 接口、注册、监控等服务；计算服务层由各个影像处理功能计算引擎组成，提供 API 服务接口，供平台调用；数据层包含结构化数据和非结构化数据，结构化数据采用云 SQL 数据库，非结构化数据存储采用云对象存储；接口层包括对外部提供 API 接口服务，以及各个内部接口服务的注册管理和接口的负载均衡等，见图 3。

1. 服务注册中心。服务注册中心为各个独立的系统提供服务注册和发现的功能。系统启动时会自动把提供的服务注册到服务注册中心，并被其他系统所发现，在做系统水平扩展增加服务器时无须修改配置，及时响应系统压力。

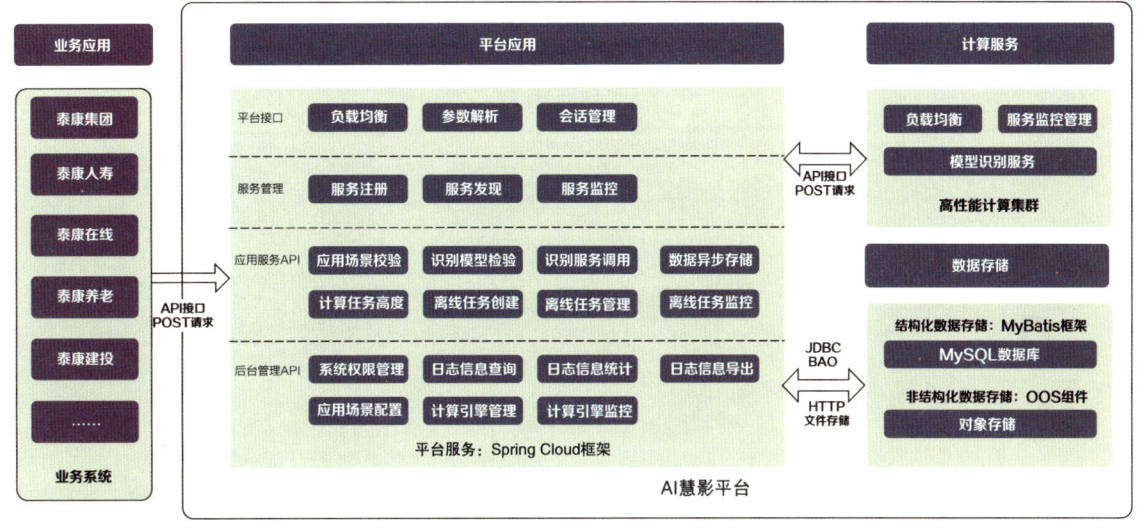

图3 "AI慧影"智能影像处理综合服务平台架构

2. 负载均衡。"AI慧影"平台提供两种方式的负载均衡：一种是对公网提供服务，使用LVS作为负载均衡器，通过轮询的方式分发到API网关系统；另一种是系统间服务的调用，使用客户端负载均衡（软负载），配合服务注册中心，系统间服务的调用使用客户端软负载，服务调用方和服务提供方之间直接访问，性能较好，可靠性较高。

3. 日志管理。日志管理包括日志查询、日志统计、日志概览以及错误日志统计分析。

日志查询可以查看应用场景调用记录，包括调用时间、调用结果，以及识别记录等；日志统计支持按公司名称、部门名称、应用场景名称、调用端类型及检索时间的统计查询；日志概览支持查看24小时、1周、1年的调用情况识别通过率等信息；错误日志统计分析能够检索识别不通过的原因，按错误原因进行检索，导出错误日志等。

4. 模型管理。模型管理是对识别引擎模型的管理，包括模型配置、模型实现、模型加载和模型控制，是平台对识别引擎的控制单元。

5. 调度管理。调度管理包括作业日志、作业管理、任务日志、任务管理四个部分。

6. 影像处理服务。影像处理服务部署在计算集群上，是平台影像处理的核心功能，包括影像文字识别服务（证卡类影像识别、财务类影像识别、医疗类影像识别和通用类影像识别）、影像分类服务（财务类影像分类、投保类影像分类及理赔类影像分类）、影像质检服务（影像类型质检服务、影像PS质检服务及相似影像比对服务）。

7. 系统管理。系统管理是后台管理员操作的管理，包括对系统用户的权限设置、管理员对应用场景权限的注册授权、管理员对识别引擎模型的管理设置等。

（四）平台部署

"AI慧影"平台采用分布式云端部署方案，

如图4所示，系统部署分为四部分：负载均衡、Web Server 集群、计算集群及存储集群。

负载均衡提供公网访问端口，其他应用均只能通过内网访问。

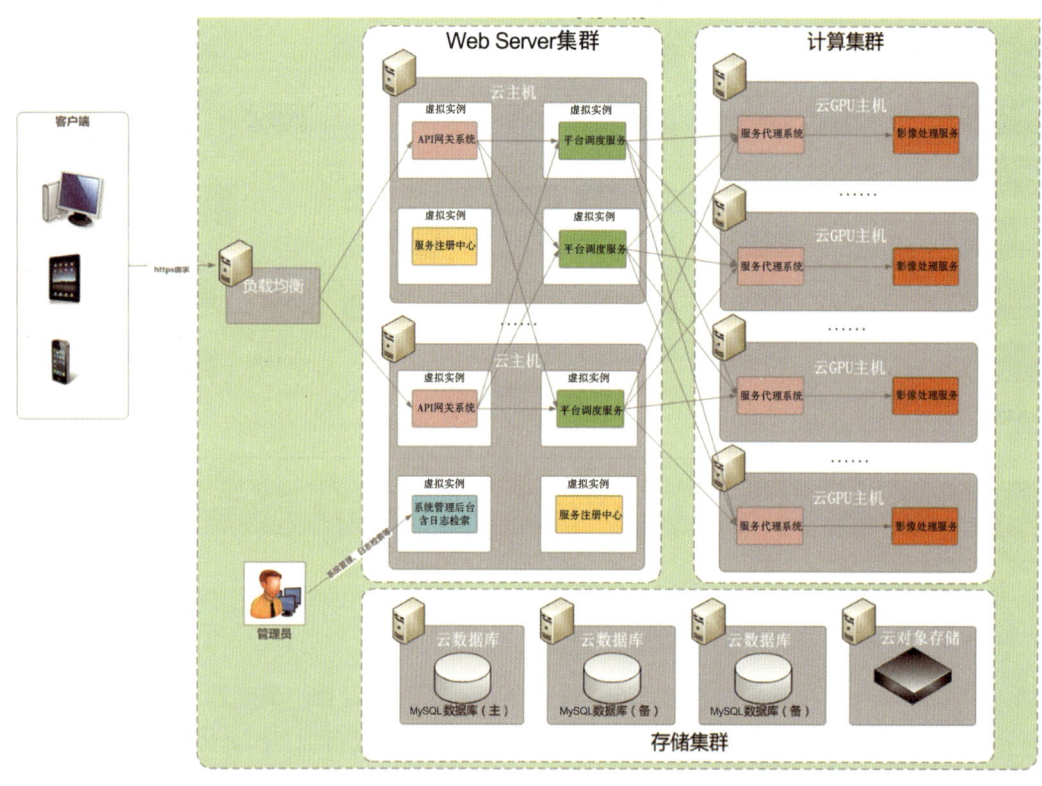

图4 "AI 慧影"智能影像处理综合服务平台分布式云端部署方案

Web Server 集群部署平台各个接口服务，API 网关提供安全验证，如签名验证等，并进行 API 请求的分发。部署服务注册中心，为各个应用系统提供服务注册和发现的功能。

计算集群采用高性能云主机部署影像处理服务，提供 API 接口，包括影像文字识别服务（证卡类影像识别、财务类影像识别、医疗类影像识别、通用类影像识别）、影像分类服务（财务类影像分类、投保类影像分类及理赔类影像分类）、影像质检服务（影像类型质检服务、影像 PS 质检服务及相似影像比对服务）。

存储集群采用云端存储，数据库选 MySQL 记录日志、认证信息等结构化数据，采用云对象存储记录上传处理的影像等。

五、项目效果

（一）项目应用情况

泰康"AI 慧影"平台面向集团、各子公司各业务系统提供影像文字识别、影像分类、影像质检等功能服务。据不完全统计，已累计提供超过 5.36 亿次影像处理服务，累计服务客户 6115 万人，上线应用场景 100 余项，日均接口调用 50 余万次（见表1）。

表1 "AI慧影"平台总体应用情况

应用说明	应用次数
服务对象	集团、各子公司应用系统
影像处理次数	5.36亿次
服务客户人数	6115万人
上线应用场景	100余项
日均调用量	50余万次

"AI慧影"平台应用场景涵盖了集团、泰康人寿、泰康在线、泰康养老、泰康健投等APP端、Web端、微信端及各核心系统的影像处理需求场景。

1. 保险全流程应用情况。

（1）投保流程应用。泰康所有投保环节均已使用"AI慧影"平台提供的文字识别功能。上线典型的应用场景包括泰康人寿的微信服务"微投"、泰行销APP"易投"、人寿官网投保等身份证、银行卡、户口本卡证识别；泰康在线APP、Web官网投保的健康险、意外险投保等卡证识别和车险投保行驶证识别等；泰康养老小程序投保等卡证识别。

（2）核保流程应用。"AI慧影"平台实现体检报告影像识别及文字内容结构化提取，与医学知识库结合形成对客户健康风险的判断，建立认知预测模型，为核保人员提供可解释的辅助性核保结论。目前，在泰康中高端医疗险核保中已应用。据不完全统计，已完成40余万份体检报告的文字识别及体检内容结构化提取以及30余万个核保结论的预测。

（3）保全流程应用。"AI慧影"平台支持泰康人寿、泰康在线、泰康养老各保全业务系统的影像处理服务。典型的应用场景包括泰康人寿官微服务以及"泰行销APP"里的客户证件有效期变更、基本信息变更、红利领取、生存金领取、保单复效、保单贷款、保单退保等卡证识别应用场景；泰康在线的微信退保、实名认证等卡证识别应用场景；泰康养老的官微信息保全维护等应用场景。

（4）理赔流程应用。在理赔流程中，"AI慧影"平台支持卡证识别、医疗影像识别及医疗影像分类。典型的应用场景包括泰康人寿的微信理赔申请卡证识别，新理赔系统影像识别（支持病案首页、费用清单、门诊及住院发票、出院小结全量字段识别及结构化提取）等；泰康在线的理赔理算核心系统卡证识别等应用场景。

2. 运营及合规风控应用情况。"AI慧影"平台支持反洗钱对证件合规性的要求，实现对证件的有效质检，满足监管要求，提升后台作业复核人员的效率。

在集团财务共享报销作业中，"AI慧影"平台提供了覆盖95%的财务报销影像的分类及识别，实现对增值税发票识别（普通发票、卷式发票、电子发票、专用发票）、定额发票识别、火车票识别、机票行程单识别和出租车票影像的分类切割提取及全量字段内容识别，提取发票号码、发票代码等全量信息用于发票信息核验，支撑财务风控应用。据不完全统计，已完成对1200余万张财务报销的发票、单据、车票等影像的文字识别。

3. 线下应用场景应用情况。"AI慧影"平台支持泰康人寿业务大厅中自主柜员机的卡证识别；支持业务大厅中证件扫描识别等线下应用场景，累计提供30余万次识别服务。

"AI慧影"平台提供高精度通用文字识别功能，支持运营录入系统的划屏切片识别功能，实现对屏幕上内容的切片识别，辅助录入人员对大段文字的录入工作，累计提供 35 余万次通用文字识别服务。

（二）应用效能提升

1. "AI 慧影"平台的建设使用不仅大幅提升了业务服务效能，还大幅降低了业务运营成本。通过对身份证、银行卡、行驶证、户口本等证件识别，从前端减少客户手动录入的烦琐，增加了客户的时效，减少了错录的风险，优化了客户体验。客户证卡录入效率由原来的 30 秒变为 1 秒。

2. 在运营流程中引入人工智能技术极大地提高了运营效率，节省了人工成本。"AI 慧影"平台的建成特别在保全服务、人工作业录入的工作中应用效果明显。在泰康人寿微保全客户联系方式变更应用场景中，自动化率增长至 89.53%，集中作业处理量约减少 82.66%。在财务共享报销作业中，实现占比为 95% 财务票据的自动识别，票据录入人工成本节省 50%。

3. "AI 慧影"平台提供的影像质检服务，能够实时完成对证件影像的质检核验，满足监管要求，有效防止客户提交不合规证件影像而造成业务办理往复或失败。

4. "AI 慧影"平台的建设全面助力集团、子公司及业态伙伴多项业务的智能化改造与线上迁移，线下服务与线上服务双轮驱动，向泰康及合作伙伴内外业务赋能。

六、总结

以深度学习为代表的机器学习算法在机器视觉和语音识别等领域取得了极大成功，识别准确性大幅提升，使人工智能再次受到学术界和产业界的广泛关注。计算机视觉技术领域是人工智能中的重要应用分支。随着"互联网+行业"的不断发展，计算机视觉技术可以作为线上内容识别技术，节约大量的人工成本、财务成本，提升客户体验、缓解后端作业压力，降低成本、提升效率、优化体验。

泰康"AI 慧影"平台集成先进的人工智能领域图像文字识别、图像分类、自然语言处理等算法，提供卡证、财务影像、医疗票据等多类固定版式及不固定版式的影像分类、识别及质检能力，采用平台化概念设计与业务应用松耦合，提供统一 API 接口，服务集团、各子公司对各应用系统影像处理的需求，是保险业首个智能影像处理综合服务平台。

专家点评

新保险时代，人工智能技术渗透至保险业务的各个环节是大势所趋，在提升保险业务运营效率的同时，也极大地改善了用户体验。在人工智能的众多细分领域中，计算机视觉技术发展最为迅猛，智能影像处理综合服务平台是计算机视觉技术赋能保险业务全流程的体现。受人工智能技术成熟度的影响，全运营流程的数字化依然是传统保险面临的很大挑战，保险科技企业依然需要在创新算法方面不断努力，突破人工智能技术的"瓶颈"。

泰康集团新一代全流程数字化认知核保系统

◎ 泰康保险集团股份有限公司

一、项目概述

泰康认知核保系统是一个基于 AI 新技术的全新核保系统，是保险业内首创的、利用人工智能技术直接处理体检报告影像、高度自动化和智能化、全新作业模式的核保系统。

泰康认知核保系统对健康险核保业务进行了全流程的数字化、智能化升级改造，让核保变得更自动、更高效、更可靠。它是泰康对核心的健康险核保业务系统进行的一次重大数字化转型升级。与常见的问卷式智能核保系统不同，它将 AI 技术与医学知识、保险业务进行了深度融合，直接从体检报告影像资料中提取客户健康信息，打造了 AI 体检结构化采集引擎和 AI 核保决策引擎。

AI 体检结构化采集引擎以客户体检报告影像为输入，直接从影像图片自动定位、识别健康数据。AI 核保决策引擎则创新性地构建了可解释的算法模型，预测客户健康风险，并且结合投保产品特征评估承保风险，输出核保结论与解释，供核保人员参考使用。

泰康认知核保流程见图1。

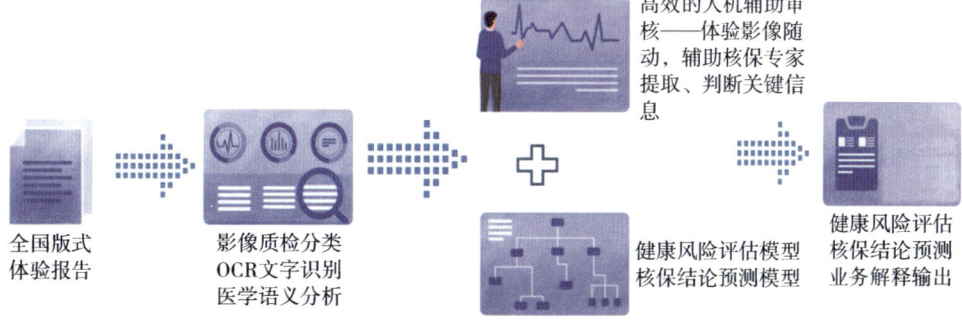

图 1　认知核保流程

二、项目背景及意义

随着我国社会经济稳步发展，国民收入水平快速提高，公众对高质量健康和医疗服务的需求越来越强烈，全社会的风险管理意识和保险观念发生了显著的提升和转变。在此背景下，随着

《"健康中国 2030"规划纲要》的全面实施，以及监管部门对保障型保险产品的明确鼓励，商业健康险正在我国获得空前的飞速发展。

一方面，健康险产品的持续热销也使保险公司运营部门面临巨大的核保和理赔业务处理压力。具体来说，在客户投保和理赔健康险时，除需提供身份证、银行卡等常规资料外，还需提供体检报告、病历等资料以告知自己的健康状况和医疗详情。由于健康数据的所有权和使用权在实践中并不明确，我国医疗卫生机构与个人和商业保险公司之间普遍存在数据流通壁垒，投保客户或者保险公司从医疗卫生机构直接或间接获得数字化的体检报告或者病历资料异常困难，所以这些资料主要是通过对投保客户手中的纸质资料进行拍照或者扫描的方式采集并上传到保险公司 IT 系统，并以图片或 PDF 文档的形式存档。这种资料虽然以电子化形式存档，但由于没有进行过数字化，没有对其中包含的信息进行结构化处理，所以无法直接应用计算机进行处理，在核保和理赔时只能由具备专业医学知识的核保和理赔人员审核这些资料，判断客户的健康状况和诊疗过程，给出核保和理赔结论。这种纯人工审核的作业模式效率非常低下，需要的知识型员工数量多、成本高，而且新员工招聘、培训困难又导致难以快速扩充人力以应付业务快速发展，在健康险大发展的背景下，长此以往必然会损害客户体验和业务竞争力，所以急需一种新的作业模式提升业务自动化水平。

另一方面，随着多年来业务量的持续增长，保险公司已经积累了大量珍贵的以图片和电子文档形式存档的客户健康资料。但由于上述原因，这些资料并不能直接使用计算机进行数据分析，造成了数据资产的闲置和浪费，急需新的数据采集处理方案对这些资料进行数据开采、提纯、整理，激活其内在价值。

在宏观大好形势与微观运营困难并存的背景下，泰康保险集团规划并实施了认知核保系统，主动应用人工智能等前沿信息技术，开发出一套行之有效的技术方案和应用系统。系统以客户提交的原始体检报告图片和文档为基础数据，对客户体检报告进行数字化处理，识别并整理其中的健康信息，并构建可解释的健康核保模型来预测其健康风险和核保结论，用以辅助核保审核。系统不但提升了核保流程的效率和自动化程度，直接支持了公司健康险业务的发展，而且采集留存了数字化的客户体检报告数据，为未来深入挖掘数据价值，以及开拓大健康应用夯实了数据基础。

三、项目重点解决的问题及主要创新点

（一）项目目标

认知核保系统主要实现以下两大目标。

1. 推动健康险核保业务流程数字化、智能化升级。对带有体检报告影像的健康险投保单，通过向传统的纯人工处理流程中注入机器智能处理，自动识别、理解客户体检报告影像图片中的信息，预测健康风险和核保结论，以提升流程执行的自动化和精准化程度。通过与人工复核相结合的落地应用方式，可以在保证核保结论可靠、合规的前提下，提高核保效率并保障核保口径的一致性。

2. 客户体检报告健康数据精细化、结构化自动采集。客户健康信息蕴藏在体检报告影像图片中，一旦被开采出来并积累到一定数量成为健康大数据后，就可以用于构建客户个体健康画

像，分析客户个体健康状况及变化趋势，帮助客户做好健康管理。还可以通过分析客户群体健康状况及变化趋势，理解客户群体的健康特征，开发更贴合市场需求的健康险和健康管理产品与服务。将电子化存档的客户体检报告资料进行数字化和信息结构化处理，正是积累和挖掘健康大数据的前提。

（二）项目创新

1. 首次实现体检报告影像全量结构化采集。支持全国体检报告影像资料的全量信息识别与结构化（覆盖普检、化验、B 超、胸片等 5 大类 34 小类近 300 项指标），准确率高达 90%以上。

2. 首次实现可解释性健康险核保结论预测。泰康认知核保预测以客户健康体检数据为主，同时融合既往投保/理赔、健康告知书等数据，实现了核保结论的可解释性预测，降低了核保风险，而且使核保审核过程更加规范，降低了人为因素对核保结论的影响。

3. 首次实现核保业务全流程数字化转型升级。认知核保项目实现了体检影像全量结构化、医学自然语言理解、健康风险预测、核保风险预测、解释性语言描述、人工复核等全业务流程的数字化。该项目的成功应用为集团和同业数字化转型升级提供了可借鉴的实践经验。

四、项目主要建设内容

（一）系统逻辑架构设计

如图 2 所示，认知核保系统的功能模块可以分层为接口层、能力层、数据层、计算存储层及系统管理。

图 2 认知核保系统逻辑架构

1. 接口层负责与外部应用的接口，对外以微服务 Restful API 方式输出处理能力，具体功能模块包括鉴权服务接口、体检报告 OCR 接口、NLP 结构化接口、认知核保接口以及平台管理功能等。

2. 能力层是提供 AI 能力的各种处理引擎，具体包括图片预处理、认知数据提取引擎（文本识别能力输出单元，可实现从影像资料中提取文本数据，实现数据录入的自动化）、自然语言处理引擎（对提取出的文本数据进行自然语言处理，将它们结构化/半结构化，分析语义，提取特征）、认知核保辅助引擎（基于提取的特征建立认知核保机器学习模型，辅助核保人员更快捷高效地处理核保案件）。

3. 数据层中包括系统使用的各种输入数据、中间数据、结果数据，具体包括从影像系统获取体检报告，从数据仓库获取保单、客户数据等，以及存储认知平台的模型、规则、知识库、词典、认知核保计算结果、用户、授权、日志等数据。

4. 计算存储层是系统运转所依赖的基础设施，系统主要依赖高性能计算集群和 GPU 集群来执行图像识别及文本分析和预测，并且利用 COS 对象存储保障大数据量文件读写性能。

5. 系统管理是系统管理员的控制中心，具体功能模块包括用户管理、权限管理、日志管理、报表管理、场景管理、鉴权管理、知识库管理和任务监控等。

（二）系统数据架构设计

如图 3 所示，认知核保系统的功能模块包括源数据层、数据处理层、数据整合层和数据展示层。

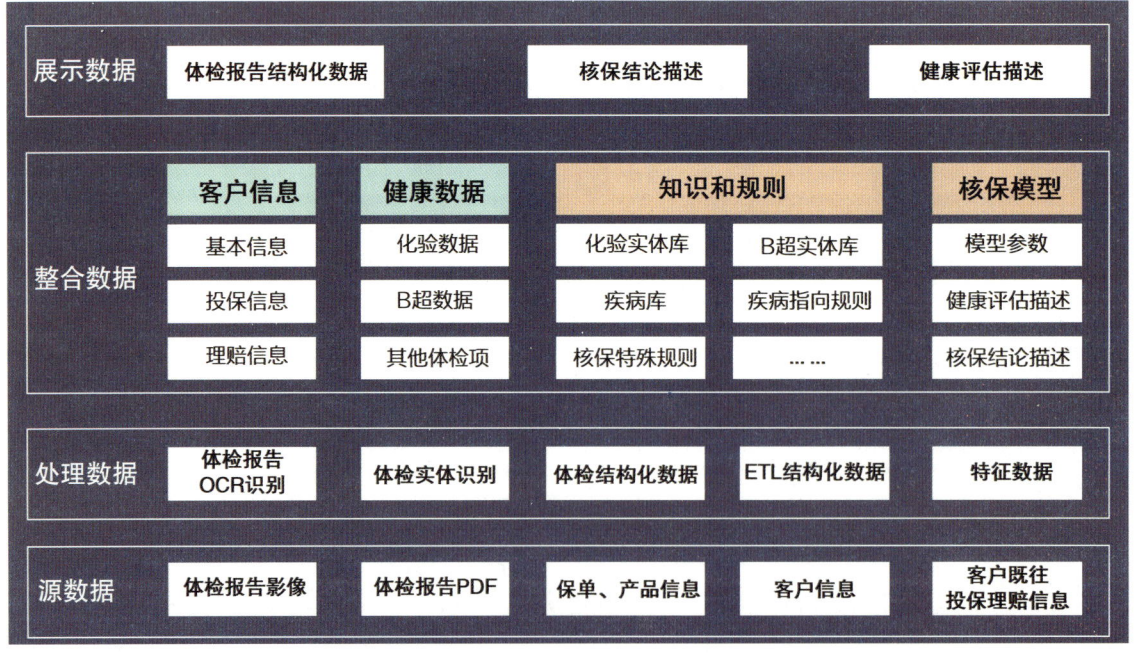

图 3 认知核保系统数据架构

1. 源数据层承担数据的准备与存储工作，系统的输入数据主要分为结构化数据和非结构化数据，结构化数据来源于相关各核心业务系统，如人寿业务系统、健康管理系统和仓库等；非结构化数据主要来源于影像内容系统。

2. 数据处理层对输入数据进行初步清洗和基础性处理与转换。在转换过程中，允许临时数据落地。

3. 数据整合层将核保分析的数据，按照客户号、保单号、产品号等主键以反范式的方式进行整合，以宽表形式存储，提升数据分析的效率。

4. 数据展示层以业务需求为标准，存储分析处理后的结果数据，供展示和其他系统调用。

（三）文本结构化分析引擎

如图4所示，结构化分析引擎通过对体检报告每页图片的OCR文本信息进行识别。首先，对OCR数据以及任务信息等数据进行解析，并做整体的预处理。其次，循环地对每页图片进行分类和信息提取，将抽取到的信息匹配上泰康标准名称，对于不同的类别采用不同的提取方式。合并所有页的信息，并根据一定的规则将同名的体检项合并或选择。最后，经过后处理校正，结构化结果输出到泰康标准体检模板中，并根据前端和后台系统的要求进行调整。

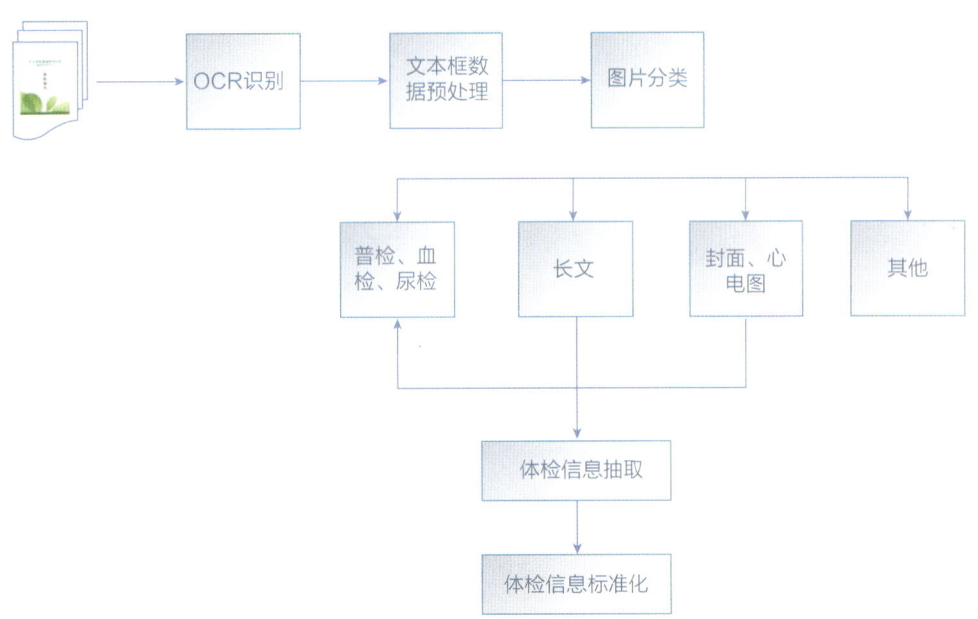

图4 文本结构化分析引擎

1. 文本预处理。如图5所示，文本预处理主要是进行文字纠错及噪声行过滤。字形错误根据候选字和前后文信息纠错，主要通过训练体检报告语言模型利用Bigram纠错以及常见字形错误混淆集词典。字符以首选识别结果作为最终识别结果，当识别结果中的关键字高于阈值门限时，以首选识别结果为最终结果；当识别结果中的关键字低于阈值门限时，对于未收录的字和词进行平滑处理，之后，根据上述统计结果和识别置信度，寻找候选字组合中可能性最高的组合作为最终结果。噪声行过滤是通过制定特殊的规则来过滤，例如某种包含特殊图形图像的表格头、结果图形（见图6）。

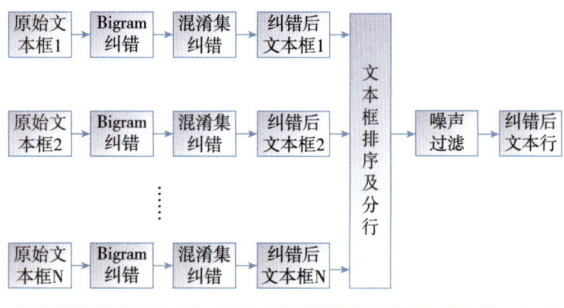

图5　文本预处理流程

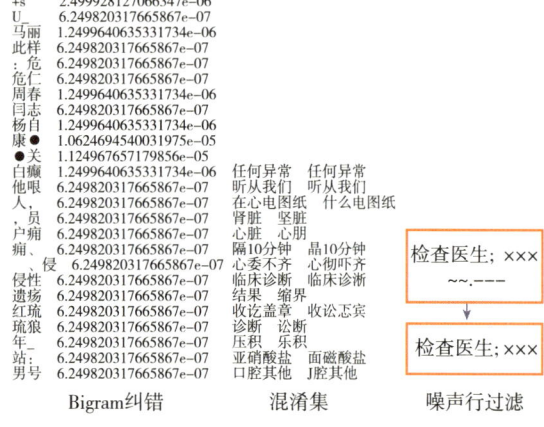

图6　Bigram 纠错、混淆集和噪声过滤示范

2. 图片分类。主要利用词袋模型，根据各类图片具有一些固定的标志性的关键词这一特性，通过对体检报告语料进行训练提取特性关键词特征，并设定阈值即可获得较高准确率的分类结果。对于拥有图片但文字信息较少的类别，可以考虑使用图像识别的方法进行辅助。对每张体检报告图片进行分类，给出所属类别标签。支持的类别包括普检、超声检查、尿检、血检、胸

片、封面、心电图等。

3. 表格信息抽取。表格信息抽取主要是对较为规范的表格进行信息抽取，根据行的文本信息判断表格头部和表格尾部，单页处理流程可看作一个有限状态机，通过行类别的鉴定，发现状态转移，选定表格范围（见图7）。

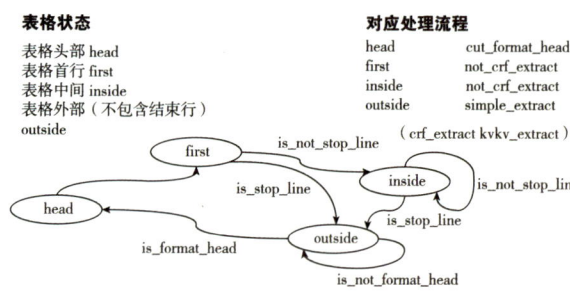

图7　表格信息抽取状态机

4. 非表格信息抽取。非表格文本表达方式多样、涉及很多信息、抽取难度大，主要是普通kv模式的文本行和未能识别出所属表格的文本行。通过BIO模式来标注体检检查项数据，训练CRF序列标注模型来进行关键信息抽取（见表1、图8）。

表1　BIO 对应标签表

名称	标签缩写
缩写	ABBR
序号	ORDER
项目	ITEM
值	VALUE
参考范围	RANGE
单位	UNIT
提示	PROMT
阴阳性	YON
其他	OTHER

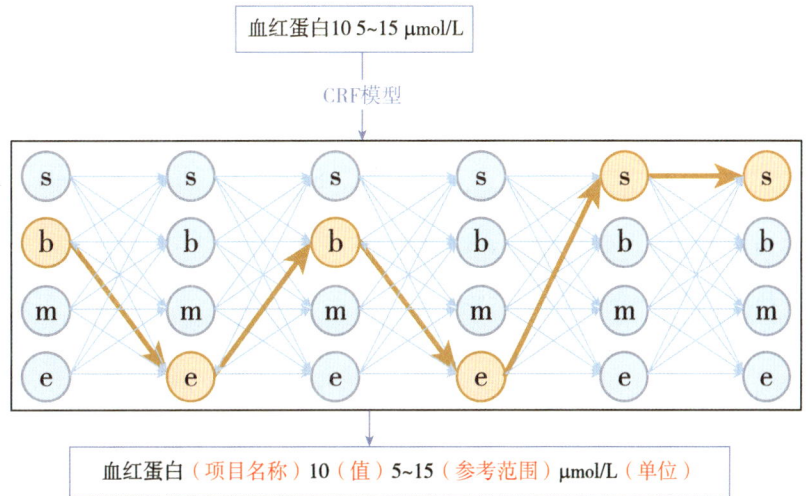

图 8　CRF 序列模型

文本数据：WBC 白细胞 7.01 10^9 4 – 10

标注序列：ABBR_B ABBR_I ABBR_I O I-TEM_B ITEM_I ITEM_I O VALUE_B VALUE_I VALUE_I VALUE_I O UNIT_B UNIT_I UNIT_I UNIT_I O RANGE_B RANGE_I RANGE_I RANGE_I

5. 长文信息抽取。抽取长文页中的长文内容，主要是抽取超声和胸片中的描述部分和结论部分。对于超声检查描述，分器官匹配，抽取结束后构造长文结构化树。

对于获取的长文页面，利用训练好的 4 分类器进行分类：首先，进行页面分类；其次，进行行分类；再次，抽取长文内容后，进行结构化分类；最后，对于超声检查，根据每句话中是否出现所属器官的关键词进行进一步的脏器分类。长文信息抽取流程见图 9。

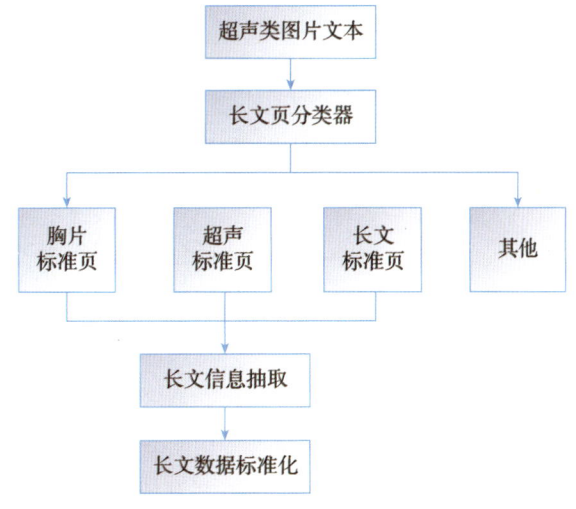

图 9　长文信息抽取流程

(四) 认知核保模型

如图10所示，认知核保辅助引擎的构建基于被保人的体检报告数据，以及相关的存档数据（学历、职业、既往投被保情况、既往理赔情况等），合计200多项。通过分析体检项与核保结论的相关性，发现有很多体检项与核保结论的相关度很低，再借助特征选择算法，以及结合核保和医学的经验共提炼出70多项特征，作为核保预测模型训练的特征。

确定好特征、准备好数据样本，根据样本分布情况选择非线性模型来训练核保预测模型。通过反复实验对比决策树、支持向量机、随机森林、XGBoost、深度神经网络等多种机器学习模型。结合业务的需求和数据的特点，构建深度学习核保预测模型，包括输入、Embedding、flatten、batch normalization、Relu、dropout、全连接、输出等多个网络层和模型构建策略，模型的构建还融入Boosting思想，加入对误差的学习，提升模型的整体准确率。

而核保作为承保流程中的关键一环，对保险承保有决定性的影响。核保预测模型对其所做的每个预判都需要具有可解释性，借助简单线性模型和局部建模思想获得每个预测的支撑特征，达到解释预测结果的效果。

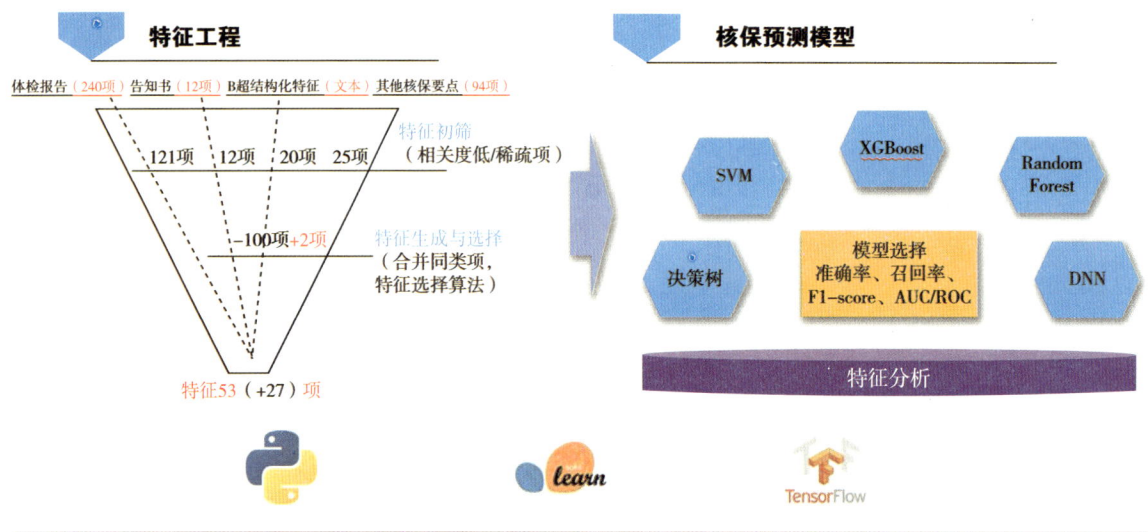

图10　认知核保模型

(五) 系统部署架构

如图11所示，认知核保系统主要分为后台管理系统、任务调度系统、认知核保复核系统、知识库管理系统及高性能计算集群（体检报告OCR引擎服务器、体检报告结构化引擎、健康预测服务器及核保预测服务器）。

后台管理系统为了方便用户更准确地监控认知核保任务的处理进度以及认知核保任务处理后数据查询开发出的一套管理系统，主要包括系统概览、系统设置、任务管理、场景管理及报表管理等功能。系统概览包括保单处理成功率统计、保单客观成功率统计、OCR访问成功率统计、OCR客观成功率统计、保单复核成功率统计、

NLP访问成功率统计、复核系统调用成功率统计、健康评估调用成功率统计、核保预测成功率统计和年、月、周新增的数据统计以及按时间查询各个服务模块的调用次数和成功或失败的折现统计图。任务管理模块用来记录保单的处理进度以及处理状态，该模块可以明确地监控一个保单的进展及在各个服务的状态，例如可以检测OCR是否完成、是否成功，如果不成功，用户点击可以确定失败的原因，还可以将失败的模块重启，具体确定失败的原因。同时，用户还可以对整个任务进行重启操作来应对一些特殊情况。场景管理主要用来展示各访问认知核保服务的场景，生成场景编码及鉴权密钥。

任务调度系统是认知核保系统作业调度中心，负责管理调度信息，按照调度配置发出调度请求，自身不承担业务代码。调度系统与任务解耦，提高了系统的可用性和稳定性，同时调度系统性不再受限于任务模块。

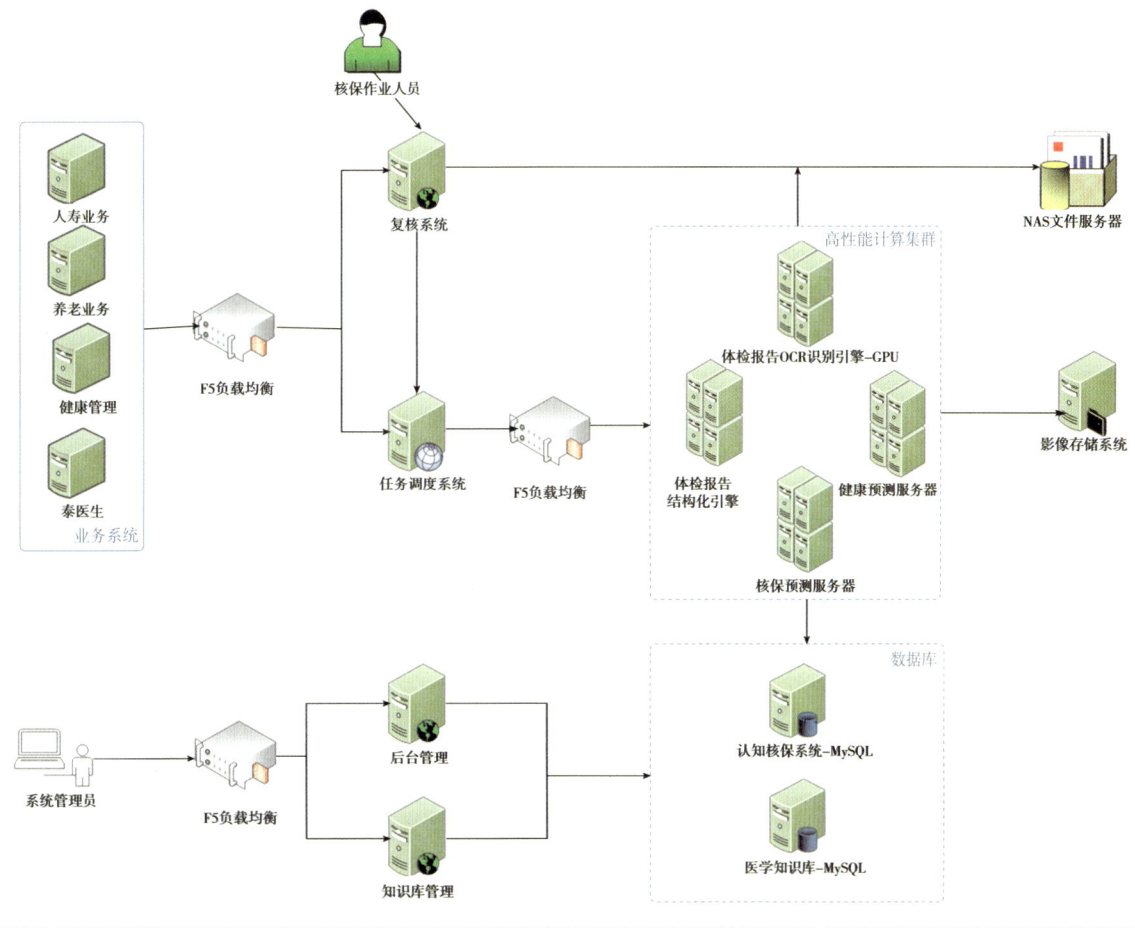

图11　认知核保系统部署架构

认知核保复核系统主要针对核保业务员对特定保单的复核检查，体检报告复核页面可以展示体检报告影像和认知核保系统自动提取的结构化体检报告数据，并提供编辑功能，供复核人员修正结构化体检报告数据并提交本次复核结果。复核系统提供便利的查看、定位、编辑、自动完成等功能辅助复核人员完成保单审核工作。认知核保系统从体检报告影像中识别文字，并做文本结构分析转化为一个个体检项，再映射到标准体检项上。成功映射的项目作为体检报告自动采集结果展示在体检报告复核页面中，并携带在影像中的位置信息用于快速定位。

知识库管理系统主要提供体检报告别名表（体格检查/器械检查/血常规/尿常规/生化及其他）、单位换算表、B超/X光片信息结构化特征树、B超特异性描述和临床检验指标指向疾病表的管理界面和第三方应用集成API。

高性能计算集群包括体检报告OCR引擎、体检报告结构化引擎、健康预测服务器和核保预测服务器，可提供大规模GPU集群调度、集群监控、任务监控、分布式存储等功能，且用户界面友好，易于操作。

五、项目效果

（一）人工核保到数字化核保模式的变革

认知核保系统完成了从纯人工核保到机器数字化核保的升级。认知核保系统通过提供相关核保案件信息及重要决策因素，辅助人工核保审核，提升人工审核效率。对于核保人员来说，在认知核保系统自动提供的客户13项（冠心病、糖尿病、高血压、脑卒中以及肺癌、肝癌、胰腺癌、食道癌、胃癌、大肠癌、乳腺癌、宫颈癌、鼻咽癌）常见大病5年患病预测的健康评估和核保结论预测基础上，进行核保审核更具有针对性，核保可解释模型准确率达86%以上；同时标准体查准确率达96%以上，达到机器自核上线标准，实践表明，每单审核标准人力效率提升60%以上。

从长远来看，这一模式还可以持续提升核保工作的准确率和一致性。随着数据量的扩展、认知范围的扩充、规则的优化，认知核保的模型准确性会越来越高，甚至是发掘出人工核保难以发现的风险点，同时还可以避免因不同核保人员的专业知识、核保尺度等个人因素造成的结论不一致的问题。

（二）健康数据精细化自动采集

通过将投保资料中的体检报告影像进行信息结构化，能够积累包括34大项300多小项的更精细化的客户健康数据资产。自2019年上线以来，已经积累了40多万名客户的体检健康数据。未来可以利用这些数据资产为客户画像、精准营销、风险控制、智能理赔和智能诊断等多个应用场景提供数据支持。

（三）运营成本的降低

认知核保系统可以将离散的核保案件审核经验与知识系统化、集中化和智能化。通过不断学习使核保效率提升，解放更多的人力，降低运营成本，达到降本增效的效果。

通过自动解析和结构化体检报告数据，借助少量的数据审核人员，认知核保系统可以帮助保险公司采集并留存适合计算机系统处理的结构化的客户健康数据。与纯人工录入方式相比，这种信息采集方式可以节约大约50%的人力。

六、总结

保险是一个经营风险的行业，核保则是其贯彻风险控制的重要环节。健康险核保需要核保人员审核客户的体检报告，核保效率低下，人员成本高企。在健康险爆发式大发展的背景下，这一传统核保工作模式逐渐变得难以满足市场需求。本项目通过使用人工智能和机器学习等技术手段，让机器自动阅读客户体检报告影像、识别其中蕴含的健康风险，自动预测核保结论并解释原因，帮助核保人员更快、更好、更客观地完成核保工作，有效提升了核保效率和精准度。随着机器处理的保单增多，它的"智能"程度还可以持续提高，对核保人员起到更多的建言、指导与替代作用。

本项目中的技术可以应用于所有投保时需要客户提供体检报告的保险产品核保流程，包括医疗险、重疾险等。对技术做适当改造后也可用于处理带有病历、入出院记录、医疗费用等资料的保险产品理赔、保全等业务流程。除了保险领域，体检报告影像处理技术，还可以应用于基于体检报告的健康管理等领域。

总而言之，项目的应用和普及，不仅可以直接降低保险公司的运营成本，提高业务流程效率和客户满意度，还可以降低产品价格，积累健康大数据，增强基于数据的产品设计和定价能力，为市场提供更多、更有效、更精准的产品，将更多的风险以更合理的价格纳入保障范围，助力社会大民生工程，促进社会健康和谐。

专家点评

此项目能够解决行业现存的"痛点"问题，不仅有效提高了核保人员的工作效率，减轻了保险公司对核保人员素质的过度依赖，也将为后续保险公司向客户提供全生命周期的健康管理起到坚实的支撑作用，对保险业创新发展具有重要的现实意义。这个系统的建立是将保险、人工智能和医疗相结合，不仅需要克服许多专业项目管理方面的难题，还要解决海量训练数据获取与清洗、模型特征的建立等技术难题，运用到实践中无疑具有开创性。随着数据资产的增加，相信模型的精准度也会增加。

人保财险大数据智能风控系统

◎ 中国人民财产保险股份有限公司

一、项目概述

中国人民财产保险股份有限公司（以下简称人保财险）大数据智能风控系统（以下简称人保小智）是人保财险利用大数据技术进行类金融业务风险防控的数字化手段。人保小智打通内部条线间的客户数据，融合外部数据信息，运用机器学习、人工智能技术研发数字化模型，评估客户信用水平，预测逾期风险，自动识别高风险客户，在额度授信环节生成风险可控的额度值，同时深入分析贷后数据，建立数据驱动的风险视角客户管理模式，打造"客户+风险+价值"的后业务生态圈，及时识别客户风险变化情况、挖掘高价值潜客数据特征、反馈并迭代贷前风控模型等，实现"业务产生数据，数据提升业务"的机器自学习闭环结构。人保小智优化了客户体验，提升了业务风控效率与水平，保障了公司类金融业务健康、高效的发展。

二、项目背景及意义

随着居民消费水平的不断升级和新生代消费群体消费方式的改变，我国互联网消费信贷的规模和渗透率正在逐年上升。数据显示，2019 年，互联网消费信贷渗透率（互联网金融消费信贷余额/狭义消费信贷余额，此处狭义消费信贷不包括车贷、房贷的个人消费信贷）已经接近 20%。据预测，到 2021 年，互联网消费信贷渗透率或将达到 25%，而在此过程中，信用保证保险将发挥日益重要的风险"稳定器"作用。

人保财险以丰富的承保、理赔历史业务数据和庞大的客户信息为基础，结合外部公共数据资源、互联网数据资源等，研发了保险类金融业务大数据智能风控系统——人保小智。该系统利用人工智能、大数据技术，研发多板块、多层次的大数据应用产品，通过对公司内外部数据进行融合、分析、挖掘，实现了客户信用风险水平的自动甄别，并结合业务流程为客户提供差异化数据服务，优化客户体验，提升风控效率与水平，提高了类金融业务的规模与质量，助力公司向高质量发展转型。

三、项目重点解决的问题及主要创新点

我国当前互联网消费信贷正处于迅速发展时期，消费金融在服务长尾借贷需求上的诸多"痛点"和挑战开始显现。首先，面对很多无抵押、小额和分散市场的"征信白户"，金融机构受限于征信数据完整性、实时性的不足，难以对这类人群的信用进行评估，出于控制风险的考虑，难以满足其信贷需求。其次，部分金融机构的风险评估以线下人工面审为主，这对于追求高效率、便捷性和差异化服务的新生代消费人群而言，难以获得很好的服务体验。最后，由于缺乏足够的

线上场景依托和科技能力，部分金融机构在策略迭代的及时性方面也受到限制。

为应对这些问题，人保财险结合人工智能、大数据技术进行了大数据智能风控模式的探索与尝试，在风控环节实现了数据驱动，优化和完善了以下业务流程。

1. 融合内外部数据，构建风控模型，提升业务自动化、智能化水平。以大数据分析技术为支撑，打通内部条线间的客户数据，利用人民银行征信、统一客户视图、客户画像、保险人关系等数据，建立大数据风险指标库，引进数字化建模手段，在贷前对客户的信用风险进行评估与预测，识别高风险客户，生成风险可控的额度值。

2. 打造"客户+风险+价值"的后业务生态圈，进一步挖掘营销机会。深入分析贷后数据，建立数据驱动的风险视角客户管理模式，及时识别客户风险变化情况、挖掘高价值潜客数据特征、反馈并迭代贷前风控模型、自动辅助催收逾期贷款、辅助业务人员定位追偿等，打造"业务产生数据，数据提升业务"的机器自学习闭环结构，实现真正意义上的"科技+保险"。

3. 封装数据模型微服务，提升客户体验。将训练好的模型导出并封装成一个个独立的微服务，向业务系统提供API接口服务，实现与业务系统无缝对接，利用分布式计算环境支撑高并发的模型响应能力，提供高效实时运算服务，缩减了客户等待时间，提升了客户体验。

四、项目主要建设内容

为满足业务场景实时变化的风控需求，实现风控系统与业务系统的快速适配，保证风控策略与风控模型的及时更新迭代，人保财险结合内外部数据与技术，深入分析数据服务与业务场景，设计并研发了与目前公司业务发展相契合的大数据智能风控系统，该系统的整体架构如图1所示。

大数据智能风控系统由数据湖、风控模型支持系统、贷后管理模型系统、新技术四个板块

图1　人保财险大数据智能风控系统架构

构成。

（一）数据湖

数据湖打通了公司承保系统、理赔系统等核心业务系统，以及客户资源管理系统中的客户相关业务数据，接入了话务系统的录音、文本等非结构化数据，定期抽取客户借款、还款、逾期等借贷交易记录信息，在得到客户授权后，从外部获取客户人民银行征信记录及互联网征信数据。根据不同数据来源，按照各自更新频率对数据进行加工、整合，并存储到由 Hadoop、Oracle、Teradata 及其他 MPP 数据库混搭的底层数据库系统中，这种数据库架构可以有效适配结构化、半结构化、非结构化数据存储形式，既拥有高效数据计算能力，又可根据 OLAP 和 OLTP 的不同需求有针对性地提供迅速响应的数据服务。

数据湖是大数据智能风控系统的坚实基础，其数据是上层所有模型运算及各种数据应用的重要保障，解决数据在异构数据库之间传输、同步的问题是数据湖遇到的首个技术难题，公司采用了时间戳和日志读取技术来从业务系统端识别并抽取增量数据和删除轨迹，定期进行全量主键比对，保证库间数据的一致性，整合后的数据根据库表结构和数据特色分别采用行式存储、列式存储、行列混合存储设计规划，优化索引及主键配置，提升查询及运算效率，对于非结构化数据则存储在文件系统中。

（二）风控模型支持系统

风控模型支持系统用于贷前风险管控，在客户申请业务时识别其风险水平，拒绝高风险客户。风控模型支持系统由数据层、算法层、模型层、接口层构成。

1. 数据层。数据层实现并管理其与数据湖以及数据湖与外部数据的连接配置，可动态添加、移除某数据源，配置工作流从数据湖中自动提取风险数据，并进行数据清洗、数据标准化，形成的规范化风险信息数据作为上层运算的数据基础。总体来说，风控模型支持系统的数据层是对数据湖的数据源管理及数据简单处理，并不改变数据存在及存储的形式。

2. 算法层。算法层是对规范化的数据进行加工处理的关键环节，包括基于 SQL 语句的数据库计算、基于 Python 的机器学习算法、基于决策引擎的规则集，以及对数据进行的特征工程处理和变量库指标运算逻辑设计等。

（1）基于 SQL 语句的数据库计算可以解决大量的基础指标计算工作，也是实现变量库指标运算逻辑的主要方式。

（2）基于 Python 的机器学习算法包含了主流的机器学习算法，利用 Python 开放的框架及灵活的调用方式和系统进行软连接，提升模型开发工作的效率和便捷程度。

（3）基于决策引擎的规则集是专家规则、业务规则、模型规则等的集合，由大量条件语句及逻辑分支构成，计算简单，响应快速，特别是与大量琐碎的外部数据结合使用时能形成一个多方位的风险防控屏障。

（4）特征工程往往是打开数据密码的钥匙，是数据科学中最有创造力的一部分，对数据进行的特征工程处理包括归一化、降维、衍生等操作方式，用于发现数据的类别特征、数值特征、时间特征和空间特征等。这些从数据中提取的特征直接影响后端模型训练效果的好坏。

（5）变量库是公司根据掌握的客户风险信息相关数据，设计并实现风险变量指标库，包括征信变量库、身份特征变量库、行为特征变量库、社交关系变量库四个子库。征信变量库主要由征信数据加工运算而成，将征信信息与客户的还款能力、还款意愿进行关联，发掘高风险与低风险客户群体在征信方面反映出来的不同特征，可以利用这些特征来预测客户的违约风险。身份特征变量库可以反映客户的一些基本特征和履约情况的关系，挖掘出好坏客户群体的特征差异，以标签式客户画像来描述好坏客户各自的特征。行为特征变量库通过将客户信用行为、投保行为、工作行为等方面的信息与违约情况进行关联挖掘，生成相关指标变量，识别出一些异常的行为特征，这些特征对应的客户有较高的违约概率。社交关系变量库利用客户同其联系人的关系，寻找新客户和已有客户之间直接或间接的联系，根据已有客户的信用情况推测新客户的违约风险。

3. 模型层。模型层由四大类模型组成，分别是准入模型、额度模型、定价模型和反欺诈模型。

（1）准入模型利用机器学习方法，使用分箱、插值拟合、皮尔逊相关性检验、随机森林重要性检验、层次聚类等方法对风险变量进行预处理后再应用逻辑回归、关联规则等数据挖掘方法训练建模，最终生成评估客户风险高低的准入模型，根据客户信用水平情况，排除高风险客户，保障业务质量。

（2）额度模型主要采用专家规则的模式，对不同信贷产品制定不同的授信规则，结合准入模型中对客户信用水平的判断结果，预估客户借贷额度，确定授信结果。

（3）定价模型与准入模型类似，遵循风险溢价的原则，即高风险客户费率较高，低风险客户费率较低，在进一步收集客户数据信息后，利用机器学习方法生成第二次评估客户风险高低的模型，根据客户风险高低情况进行贷款保证保险产品的费率浮动，提升产品市场竞争力。

（4）反欺诈模型是基于人工智能算法，利用客户行为画像、身份异常识别、地理位置欺诈识别、团伙检测等多项技术，结合引进的设备指纹数据，辅助业务端有效识别欺诈行为，保护业务安全，减少业务损失。

4. 接口层。接口层包括两类接口，一是数据服务接口，二是模型服务接口。

（1）数据服务接口一方面与数据层对接，通过数据通路获取公司内外部相关数据；另一方面与算法层及模型层连通，将获取的数据结果按特定算法或既定规则进行运算，并将运算结果反馈给业务请求方。数据服务接口目前主要应用于反欺诈请求，将内外部相关数据获取并运算后反馈是否通过。

（2）模型服务接口则是把模型层的模型都封装成独立的接口服务，按照标准格式把入参列表暴露给业务端，业务端通过 API 请求递交模型参数，模型服务接口获取入参变量后，经过复杂的计算把结果再反馈到请求方，目前模型服务接口主要应用在业务准入、额度授信、产品定价等环节。

（三）贷后管理模型系统

贷后管理模型系统是针对放款以后的客户的管理，利用人工智能、大数据等技术，挖掘分析客户还款行为，识别客户还款意愿的变化情况，及时发现风险升高的客户，辅助业务人员提前介入处理，降低客户逾期率。贷后管理模型系统在架构上分为技术层、智能层、生态层和应用层，各层之间是平行关系。

1. 技术层。技术层是贷后管理模型系统在数据处理上用到的特殊技术，主要包括语音技术和自然语言处理技术，实现了语音转文本、文本生成语音、对话角色识别、关键词提取、语义理解等功能，可以对座席录音、线上客服应答等记录文件进行分析和处理，为深度学习建立智能应答模型提供数据基础。

2. 智能层。智能层是贷后模型管理系统智慧性的集中体现，智能层的目的是赋予客户服务方面、模型升级管理方面、风险变化识别方面的智能性、自动性、自主性，由客户管理、知识迭代、风险预警三个模块构成。

（1）客户管理模块根据客户还款行为及其他数据表现，自动区分客户风险等级，对不同等级的客户实现不同粒度的管理措施，确保客户黏性和还款积极性。

（2）知识迭代模块根据客户实际还款情况，与风控模型支持系统模型结果进行比对并生成反馈记录，该反馈记录用于修正预测模型的偏离值，辅助实现模型迭代。

（3）风险预警模块用于发现客户风险的变化情况，即通过客户还款行为预测客户还款意愿或还款能力的变化，在触发业务规则后，可自主调取外部数据进行核实，并将结果推送至业务端。

3. 生态层。生态层旨在充分利用贷后数据，打造营销端和风控端的两个不同生态，即智能营销模型和智能追偿模型。

（1）智能营销模型是对贷后表现良好的客户进行特征提取，从其他产品线中挖掘特征类似的潜在客户，从中识别有信贷需求的客户，并推送至营销端实现精准营销，在盘活既有客户资源的基础上，扩充了优质业务规模，提升了盈利水平。

（2）智能追偿模型是根据历史追偿记录，建立分级追偿模型预测追偿难易程度，配合业务人员制定有效追偿策略，并根据不同产品场景对接不同数据源实现追偿，如针对车贷险产品，智能追偿模型会对接车辆定位信息，辅助发现标的物，提高追偿成功率。

4. 应用层。应用层是贷后管理模型系统对业务系统提供的应用服务产品，包括保费催缴、客户回访和追偿定位等。

（1）保费催缴是根据保费计划和客户还款记录，预测客户还款逾期风险，对低逾期风险的客户采用短信提醒、智能语音电话提醒的方式提示缴费期限，减少人工工作量，降低业务成本。

（2）客户回访利用了语音技术与知识图谱技术，提供自动回访功能，业务端发起回访任务，贷后管理模型系统根据任务要求进行话术准备，启动外呼线路，完成与客户的人机交流，并对交流结果进行记录、存储、分析和反馈。

（3）追偿定位是针对已逾期客户的应用，业务端可以指定已逾期客户并发起追偿定位服务请求，贷后管理模型系统根据业务场景，调取外部数据，预测逾期客户或相关标的物的定位范围，提高追偿成功率。

（四）新技术

从外部引入的人工智能、大数据技术是大数据智能风控系统的重要支撑，与传统引进的软件产品不同，大数据智能风控系统所引进的技术都是独立的组件，这些组件可以单独完成某一项功能，并可以互相拼合从而形成更复杂的人工智能产品，实现更高层次的功能。按照引入技术所处的人工智能应用阶段，分为感知技术、认知技术、智慧分析三类。

1. 感知技术。感知技术对应较基础的人工智能技术，包括人脸识别、OCR、地理位置获取、声纹技术等，这些技术相对比较成熟，部署方式比较丰富，处理过程比较直接，不需要机器进行"二次思考"，在风控环节中主要用于客户身份验证，具有较高的准确性，可快速识别和发现非本人操作的风险。

2. 认知技术。认知技术的智能程度相对感知技术更高，利用数据和数据之间的关系发现潜在的营销机会或信用风险，是机器运用"思考"后作出的判断，包括关系图谱、线索营销、收入预测等技术产品，主要应用在对客户风险评估、产品定价等方面。

3. 智慧分析。智慧分析是将多种人工智能技术进行组合，用高层次的智能产品对较低层次的智能产品进行自主化、自动化的决策制定，比如迁移学习技术，即将某场景下的已有模型作为初始点，重新使用在新场景模型的开发过程中，通过从已学习的相关任务中转移知识来改进学习的新任务。又如自主迭代技术，根据模型预测的输出与实际结果的偏离程度调整模型参数，自动完成迭代升级和模型发布，保持模型的有效性。

五、项目效果

业务流程优化方面，大数据智能风控系统支持线上业务的开展，弥补了公司类金融线上业务的空白，为客户带来快速响应的客户体验，同时也给公司树立了坚固的风险管控壁垒，目前线上业务的日均风控服务请求近万次，并呈快速增长的趋势。

降本增效方面，原本需要大量人工审核工作进行客户风险识别，现在利用数据和模型可以实现秒级响应，业务人员审核效率提高了50%，在降低人工成本的同时，显著缩减了业务环节内的时间成本，提高了产品的市场竞争力。

经济效益方面，人保小智有较高的投入产出比，自上线以来通过系统风险识别已拒绝高风险客户数十万人，减少公司业务损失超过亿元，较早期业务质量有明显改善，提升了业务盈利性水平。

客户体验方面，人保小智响应快速，为业务端提供高效运算能力，显著减少了客户等待时间，以前线下类金融业务完整流程需要两到三天，现在缩减到一天以内，线上类金融业务更是达到业务申请的秒级受理和分钟级放款，提升了客户感受，优化了客户体验。

六、总结

银行业的信贷业务已开展多年，但保险公司作为相关角色参与其中的历史还比较短，各公司数据积累还相对比较薄弱，如何结合公司内外部有限数据对客户信用进行评估？如何快速融合人工智能及大数据技术，搭建一套从贷前到贷后数据驱动的闭环式风险管理模式？对于解答这两个问题，公司在大数据智能风控系统设计和研发过程中积累了一些经验，希望可以带给同业人员一些启发和参考，共同打造良好的领域生态，在保证促进社会消费的同时，牢牢守住不发生系统性风险的底线。

专家点评

大数据时代,传统金融公司所积累的客户资产具有非常大的价值,"人保小智"在发挥保险企业数据资产潜在价值、提升行业竞争力方面具有非常重要的意义。"人保小智"的内部数据覆盖的是公司系统内的保险客户,相对于电商等非结构化数据,数据维度较窄。若能够打通不同行业数据孤岛,相信这个风控系统能够发挥更大的价值。不仅仅是贷前,这个系统在贷中、贷后的全流程风险管理功能方面也有很大的发展空间。

人保健康心血管疾病慢病管理中的应用研究

◎ 中国人民健康保险股份有限公司

一、项目概述

2017年8月，中国人民健康保险股份有限公司（以下简称人保健康）与中国科学院计算技术研究所（以下简称中科院计算所）、北京航空航天大学（以下简称北航）联合成功申请了国家自然科学基金委重点项目——深度学习处理器体系结构（F0203）。依托国家自然科学基金重点项目，人保健康搭建了面向心血管疾病慢病管理的深度学习应用示范系统，并利用该平台构建了个性化心血管疾病慢病管理系统和基于云端的健康管理大数据分析模型。个性化心血管疾病慢病管理系统是能够脱离云端独立工作的，具有在客户家庭场景中即可完成个性化体征监测（心率等）和个性化健康管理功能的应用示范系统。该系统在手机上即可完成体征异常识别和健康管理，其核心功能不受网络带宽和云端资源的影响，能够有效保护客户的健康隐私，具备在本地为客户提供智能健康管理服务的能力。

二、项目背景及意义

（一）项目背景

2017年4月，人保健康与中科院计算所、北航联合组建了产学研用相结合的科研团队，共同申请了国家自然科学基金委重点项目——深度学习处理器体系结构（F0203），该项目在2017年8月成功获得国家自然科学基金委资助。该项目致力于研究新型深度学习处理器的体系结构、算法和软件技术，具有重要的理论意义与应用价值。按照项目研究任务分工，公司作为项目试点应用单位，主要负责该项目的应用示范研究。

依托国家自然科学基金重点项目，人保健康初步拟定了搭建面向心血管疾病慢病管理的深度学习应用示范系统的思路。本项目是由智能手环、基于寒武纪NPU的智能手机和云端管理系统三个部分组建的个性化心血管疾病慢病管理系统，该系统能够脱离云端独立工作，在客户家庭场景中即可完成个性化体征监测（心率等）和个性化健康管理。

（二）项目目的与意义

1. 通过对应用示范项目的开展和探索，利用智能手机、智能手环及云端系统实现深度学习在心血管疾病慢病管理中的应用，利用深度学习等技术实现健康管理在健康险中的应用。

2. 通过应用示范项目，形成人工智能等方面有价值的知识产权，并以该项目为契机申请深度学习应用慢病管理、可穿戴设备进行慢病管理等方面若干高价值国家发明专利。该专利作为公司的无形资产，提升了公司的竞争力。

3. 通过应用示范项目，探索深度学习、边缘计算等创新技术在健康险慢病管理服务方面的应用，并为公司后续开展新技术应用提供知识储备以及技术支撑。

4. 通过应用示范项目的开展，可以加强公司与国内大数据、人工智能方向顶尖科研机构间的学习、交流。在深度学习、高性能计算等领域，与公司合作的中科院计算所和北航在国内乃至国际上都有较高的知名度，通过合作学习能够加强公司对新技术领域人才的培养。

三、项目重点解决的问题及主要创新点

（一）项目重点解决的问题

深度学习在心血管慢病管理中的应用研究项目将重点解决以下三个问题。

1. 传统的深度学习方法需要大量的资源来运行，难以应用于资源受限的物联网端设备。

2. 传统的健康管理应用主要在云端进行模型训练和运行，在网络资源受限的情况下会存在延迟高的情况，影响用户体验。

3. 传统的健康管理云平台应用场景单一，扩展性较差。

（二）项目主要创新点

1. 依托国家自然科学基金重点项目，与国内相关领域顶尖科研机构与高校进行合作，探索深度学习算法在健康险中的应用。国家自然科学基金重点项目是我国科学基金研究项目系列中的一个重要类型，支持科研机构和产业领军公司针对已有较好基础的研究方向或学科生长点开展深入、系统的创新性研究，促进学科发展，推动若干重要领域或科学前沿取得突破，是极具影响力和权威性的国家级科研项目。在深度学习、高性能计算等领域，与公司合作的中科院计算所和北航在国内乃至国际上都有较高的知名度。此次合作组建了产学研用团队，共同探索深度学习技术在健康险健康管理领域的应用场景。

2. 从基础芯片、基础系统软件和健康管理应用方面，打造了健康险示范应用，同时基于专有的低功耗深度学习芯片来运行慢病管理模型。根据国家自然科学基金重点项目任务计划，利用低功耗深度学习处理器以及基于深度学习处理器的深度学习算法，结合健康险示范应用，打造低功耗慢病管理应用、大数据分析平台等的应用示范。不同于传统采用高性能 GPU 服务器上运行的深度学习算法，该项目将基于手机端低功耗寒武纪 NPU 运行自行研发的慢病管理模型，实现心血管疾病慢病管理的应用，同时在云端建设健康分析大数据平台，形成从物端到云端一套完整的深度学习的应用体系。

3. 硬件、基础算法及应用模型全部是公司与合作单位自主研发的，整体关键技术自主可控。项目中采用的智能手环将根据示范应用需求进行个性化研发，在该项目中采用的低功耗深度学习处理由中科院计算所研制，本期在寒武纪 NPU 进行算法实现和运行，后期待国家自然科学基金重点项目任务中的深度学习芯片研制成功，则将算法移植到非精确低功耗深度学习处理器进行总运行。部署在人保健康私有云服务器上的云端管理平台是自主研发的，支持多种大数据分析模型，整体先进技术基本实现国产化和自主化。

四、项目主要建设内容

整个项目分为 IT 技术架构建设和业务系统

建设两部分，前者为后者提供了基础架构，后者基于前者实现了具体应用，两者共同构成了公司互联网保险云核心业务系统。

（一）项目技术架构

该项目主要由基础芯片、基础系统软件和健康管理应用三个部分组成，实现了深度学习技术在健康险健康管理前端的健康监测设备和后端的数据中心中的示范应用。

该项目是由智能手环、基于寒武纪 NPU 的智能手机和云端管理系统三个部分组建的个性化心血管疾病慢病管理系统，该系统建设主要分为以下三个部分。

1. 研发搭载初级数据处理算法的智能手环，用于收集用户心率、睡眠质量、运动情况等健康指标，同时对原始数据进行初步处理，获得如心率过速等初级结论。

2. 基于搭载寒武纪 NPU 的智能手机平台研发，面向心血管慢病相关体征指标的个性化健康预警模型，基于深度学习算法在手机平台上完成异常体征识别和预警，并实时执行数据脱敏算法，为客户提供基于手机的个性化的心血管健康险云端管理平台应用服务，并保护其数据隐私。

3. 建立面向健康险行业的健康管理的云端管理平台，在严格保证用户健康数据隐私的条件下，综合管控公司客户的脱敏健康数据和业务数据，基于用户健康数据特征探索面向保险业务的优化技术。

（二）业务系统建设

综上所述，该系统由智能手环设计、基于深度学习的健康预警模型设计、面向健康险行业的健康管理云端管理平台设计三个部分组成，各部分具体设计如下。

1. 智能手环的设计。根据本项目心血管疾病慢病管理需求涉及低功耗可穿戴设备，支持定位、惯性测量、计步、心率检测等功能，详细参数如表1所示。

表1 智能手环设计参数

序号	规格	说明
1	屏幕尺寸	0.96 inch
2	屏幕分辨率	240×240
3	屏幕形态	圆形
4	电池大小	100mAh
5	表盘厚度	13.3mm
6	表带长度	249mm
7	IMU 传感器	3 轴
8	广播频率	100 毫秒~1 秒
9	发射功率	−30dbm~4dbm
10	待机时长	30 天
11	使用时长	10~15 天
12	支持协议	iBeacon 协议
13	室内定位	支持
14	计步功能	支持
15	卡路里消耗	支持
16	运动距离	支持
17	心率检测	支持
18	抬腕亮表	支持
19	智能闹钟	支持
20	磁吸充电	支持
21	环保材质	支持
22	防水防尘	支持
23	电子点名	支持
24	SOS 一键求救	支持

2. 基于深度学习的健康预警模型设计。通过智能手机连接智能手环并获取用户的心率、运

动、睡眠数据，并做个性化管理、周期测量和记录，基于这些数据实现基于深度学习算法的时间序列预测和异常识别功能，构建基于心率、运动和睡眠数据的智能健康评估模型，同时基于用户个性化健康数据的生活习惯分析模块，提供改善建议。

（1）基于深度学习算法的时间序列预测和异常识别。通过对心率信号进行分析和特征提取，获取心理压力过大等异常情况识别，具体流程如图1所示。其中，心理压力标识来源有两类：NASA – TLX（Task Load Index）主观量表和Lifewatch手机APP压力评估结果。公司采集一定数量人群的心电信号片段以及按照不同时间区间长度对原始信息提取不同时域和频域的特征，并评估各个特征权重，使用SVM、kNN方法进行连续压力值预测，并且使用SVM、kNN和逻辑回归方法进行离散压力区间分类。

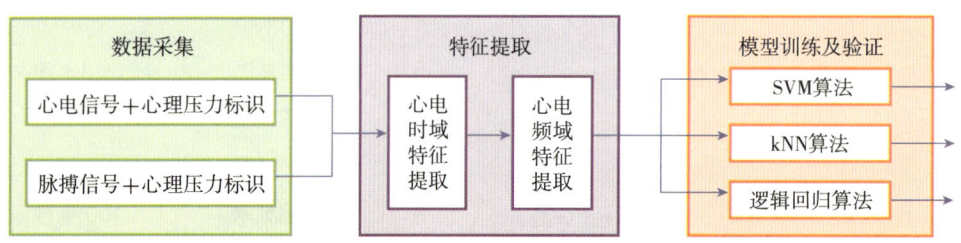

图1　基于深度学习算法的时间序列预测和异常识别流程

（2）基于心率、运动和睡眠数据的智能健康评估模型。现代社会的生活节奏加快，亚健康人群增多，人们的自我健康意识也普遍提高。世界卫生组织在《饮食、身体活动与健康全球战略》中指出，成人有规律和适当水平的身体活动，可减少高血压、冠心病、中风、糖尿病、乳腺癌和结肠癌以及抑郁症的风险。基于智能可穿戴运动设备采集的心率、运动和睡眠数据，实现基于用户个性化健康数据的生活习惯分析模块，包括阶段活动识别算法，能够识别用户的驾车、跑步、散步、骑车等各种生活习惯，统计时间长度，具体分析模型框架如图2所示。

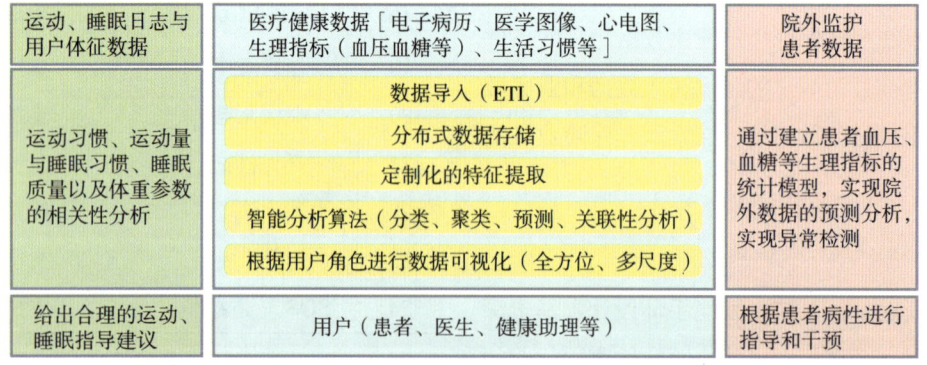

图2　分析模型框架

3. 健康险行业的云端管理平台设计，云平台是智能手机设备和智能手环设备的云端管理软件，同时能够保护用户数据隐私且支持健康险业务数据分析。通过个性化心血管慢病管理应用获得的用户的睡眠、心率功能和运动数据，经过统一的大数据分析系统，获得用户的健康风险评估模型、慢病趋势预测分析和健康险保额辅助分析结果，健康险云端大数据分析平台系统架构图如图3所示。

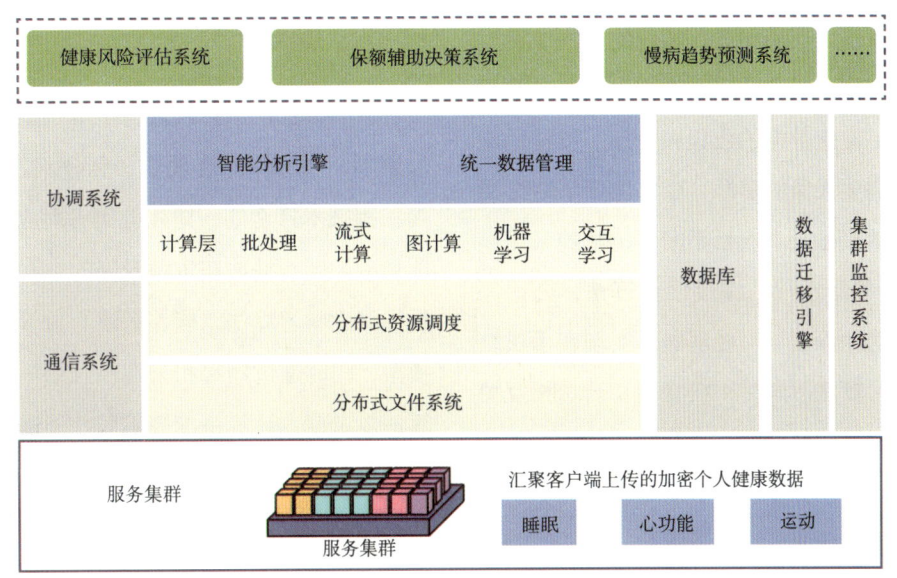

图3 健康险云端大数据分析平台系统架构

五、成果与价值

（一）主要成果

1. 初步实现了从物端到云端一体化的慢病管理示范应用。项目实现了从采集端（物端）、处理端、云平台管理端（网端）打造一体化健康管理应用示范，依托国家自然科学基金重点项目，利用本研究提出的深度学习处理器架构，构建计算模型，满足了智能计算的需求。基于非精度深度学习处理器架构，构建了一套以居民健康管理为驱动的非精度深度学习应用平台。利用该平台构建了个性化心血管疾病慢病管理系统和基于云端的健康管理大数据分析模型。

2. 形成了若干深度学习算法应用在健康管理领域高价值的知识产权。基于该项目打造的一体化健康管理应用示范，建设了云管理平台等应用软件以及探索搭建了若干针对健康管理深度学习算法模型和大数据分析模型。针对开发的软件产品，申请了相关的软件著作权登记。针对该项目研究探索的健康管理方面有重要价值的模型和系统，申请了国家发明专利，形成了公司的无形资产，提高了公司竞争力。

3. 与国内顶尖科研机构合作，利用此项目在公司内培养了一批深度学习方面的技术应用型人才。公司利用该项目与国内高校、科研机构等进行分工协作，结合业务场景深度参与基于低功耗深度学习处理器的深度学习算法设计，同时能够自主基于现有算法进行优化，为后续进行慢病管理应用、健康医疗大数据分析提供智力支撑。

（二）项目价值

1. 本项目基于低功耗深度学习处理器研发的模型具有广泛的应用场景。随着物联网快速发展，未来将有越来越多的可穿戴设备、手机端设备等进行居民健康数据的收集和管理。传统的深度学习方法需要大量的资源，难以应用于资源受限的物联网端设备。本项目不同于传统的采用高性能GPU服务器运行的深度学习算法，公司采用专门的低功耗深度学习处理器，实现在手机端进行深度学习算法。同时，在物端和云端相互协同，根据学习算法复杂度、计算精度等不同性能实时进行资源调度管理，能够满足低功耗、低延迟、高性能的健康管理应用场景。

2. 本项目建设的健康管理云平台具备可扩展性。本项目提供了一套健康管理大数据抽取、处理、整合、存储、分析等数据能力开放云平台，在研发多个分析引擎的同时，形成了一套可扩展的常用算法框架，为后续新应用的迭代开发奠定了坚实基础。

3. 本项目基于心血管疾病的健康模型未来可以扩展优化到血糖类管理等应用场景。本项目以心率等相关参数通过模型对心血管健康情况进行评估，后续根据国家自然科学基金重点项目的进展程度，并结合保险产品可进一步扩展到血糖类管理、慢病监护等具体应用场景，为保险产品定价以及保险用户提供健康管理服务提供技术支撑。

六、总结

该项目依托国家自然科学基金重点项目利用采集端（物端）、处理端、云平台管理端（网端）等技术打造的一体化健康管理应用示范。在项目中，创新性地在资源受限的物联网端设备中运行深度学习算法，能够搭建心血管病异常识别模型，同时通过物端和云端相互协同，根据学习算法复杂度、计算精度等不同性能进行实时的资源调度管理，能够满足低功耗、低延迟、高性能的健康管理应用场景。本项目的构建为以后在物端设备运行深度学习算法以及物端与云端协同调度提供了可行的方法，对其他保险公司具有较好的借鉴意义。依托该项目，形成了公司的若干高价值国家发明专利、软件著作权等无形资产，培养了一些深度学习方面的专业应用型人才。未来，人保健康将以此应用示范系统为契机，依托国家自然科学基金重点项目，一方面探索心血管疾病慢病管理与保险产品相结合，另一方面继续探索糖尿病等其他慢性病的健康管理。

专家点评

  本项目构建了由智能手环、基于寒武纪 NPU 的智能手机和云端管理系统三个部分组成的个性化心血管疾病的慢病管理系统，是能够脱离云端独立工作的，具有在客户家庭场景中即可完成个性化体征监测（心率等）和个性化健康管理功能的应用示范系统。该系统能够有效保护客户健康隐私，对于体征异常识别和健康管理在手机上即可完成，其核心功能不受网络带宽和云端资源影响，具备在本地为客户提供智能健康管理服务的能力。

  该系统利用深度学习等技术实现了健康管理在健康险中的应用，与此同时也探索了深度学习、边缘计算等创新技术对健康管理的应用。该项目致力于研究新型深度学习处理器的体系结构、算法和软件技术，具有重要的理论意义与应用价值。

中国人寿智能核保模型建设

◎ 中国人寿保险股份有限公司

一、项目概述

重疾类产品作为人身保险的重要组成部分，以其保额高、保障全面等特点，近年来不断受到客户青睐，若承保时风险控制不当将会对保险公司稳健经营带来巨大风险，而核保作为风险控制最直接和最有利的手段，面临越来越严峻的考验与挑战；亟须通过智能化手段在有效降低承保风险的基础上，提升核保效能。

为提升核保风险控制能力，降低人工核保作业量，优化资源配置，结合公司实际，通过人工智能技术，对既往海量核保数据模型进行差异化评分的基础上，开发出重疾险两年内出险率预测模型、重疾险标准体预测模型。该项目基于深度学习平台进行模型构建，选取百万级历史业务数据，通过使用主流的 Xgboost 算法、先进的贝叶斯调参技术，经过上百次持续不断地调试和优化，目前已在分公司进行应用，效果明显，达到预期目标。

二、项目背景及意义

近年来，随着人们对重疾类产品的关注度不断提升，重疾险在客户规模和保费收入中所占比重越来越明显，因其保额较高，承保时对风险识别和防范显得尤为重要。核保作为保险公司风险控制的重要手段，在实际核保过程中经常存在以下两类情况：一是即使部分客户符合自动核保规则，可以自动核保通过，但是其未来出险率仍然较高，赔付的可能性较大，进而提高公司潜在承保风险，影响公司正常经营。二是即使部分业务因触发轻微核保因子进入人工核保，经过人工核保处理后，绝大多数都是标准体通过，而系统无法进行自动化识别处理，反而需要占用不必要的核保人力，影响整体出单时效，无形中增加了公司的经营成本。

随着大数据、人工智能技术的不断发展，机器学习模型开始在金融业得到逐步应用，在公司经营、流程优化、风险防范、效能提升等方面所带来的收益逐步呈现。受此影响，目前不少保险公司在核保智能化方面进行探索尝试。为此，为更好地解决上述两类问题，中国人寿在对既往承保情况分析的基础上，借助大数据、人工智能、机器学习开发出重疾险两年内出险率预测模型、重疾险标准体预测模型。

通过重疾险两年内出险率预测模型可对客户两年内出险率进行预测，针对高出险率的客户再次投保重疾险时直接进入人工核保，由核保人员进行核保，进一步增强核保风险控制能力。通过重疾险标准体预测模型，对客户投保重疾险时的标准体通过概率进行预测，在满足相关条件的基础上，即使触发其他非重要核保因子，也会自核通过，达到有效降低人工核保工作量，提升人工核保工作效率，优化人工核保资源配置的效果；通过两个模型的有机结合，切实实现"风险控制+效能提升"的应用效果，在有效控制承保风险的基础上，不断推进核保智能化水平。

三、项目重点解决的问题及主要创新点

（一）合理预判客户未来出险率，降低业务承保风险

现有核保规则是基于客户现有风险因素进行判断的，无法对客户未来是否出险以及出险率进行预测，进而承保了部分未来可能大概率出险的客户，增加了业务承保风险，对公司经营带来一定风险。通过重疾险两年内出险率预测模型，可对客户未来出险率进行预测，进而对可能出险的高风险客户进行拦截，有效控制业务风险。

（二）降低承保后风险排查成本，提升客户满意度

重疾类产品承保后，公司往往通过人工核查的方式进行二次风险排查，投入大量的人力成本，通过调查、走访等形式对客户风险进行核实，针对排查出来的问题件，通常会作出拒保、加费、条件承保等结论，由客户临柜办理保单变更手续。这样不仅成本高、流程复杂，而且客户满意度低。通过重疾险两年内出险率预测模型，可在承保时对客户风险进行预判，在承保前实现对承保风险的识别和拦截，在有效提高承保质量的基础上，大大降低了二次风险排查的作业量。

（三）低风险核保件可自核通过，降低核保作业量

目前针对仅触发非重要核保因子的核保件，需要由核保员人工介入进行处理，而此类核保件多数还是以标准体形式进行承保，不仅处理时间变长、人员投入较大、客户体验较差，而且无形中增加了核保人员的作业量。通过重疾险标准体预测模型，在有效控制承保风险的基础上，将低风险投保件直接自核通过，在提升自动核保通过率的同时，降低了核保作业量和业务运营成本。

（四）优化常规核保作业方式，提升客户体验

传统的核保流程较为固定，针对核保规则校验出来的异常情况，在核保处理过程中主要通过调查、体检或补充资料等形式进行风险排查。采用重疾险标准体预测模型，可以优化核保业务结构，有效改善诚信客户的核保体验，缩短核保时长，整体提升客户体验，塑造公司科技形象。

四、项目主要建设内容

该项目经历了模型构建、模型算法选择、样本不均衡分布处理、贝叶斯优化调参四个过程。

（一）模型构建

机器学习模型构建过程一般包括场景确认，特征选取，数据加工，数据提取、探查及清洗，特征工程，模型构建及优化，模型效果评估七个过程，见图1。

1. 场景确认。一是重疾险两年内出险率预测模型。当客户投保重疾险种提交核保时，通过该模型实时计算出客户两年内出险率，若分值大于预订阈值，无论是否触发其他核保规则，都将直接进入人工核保，同时，在人工核保环节予以提示，以便核保员有针对性地进行风险排查，进而有效控制承保风险。二是重疾险标准体预测模型。当客户投保重疾险种提交核保时，通过该模型实时计算出标准体通过率，若分值大于预订阈值，即使触发其他非重要核保规则，也会自动核

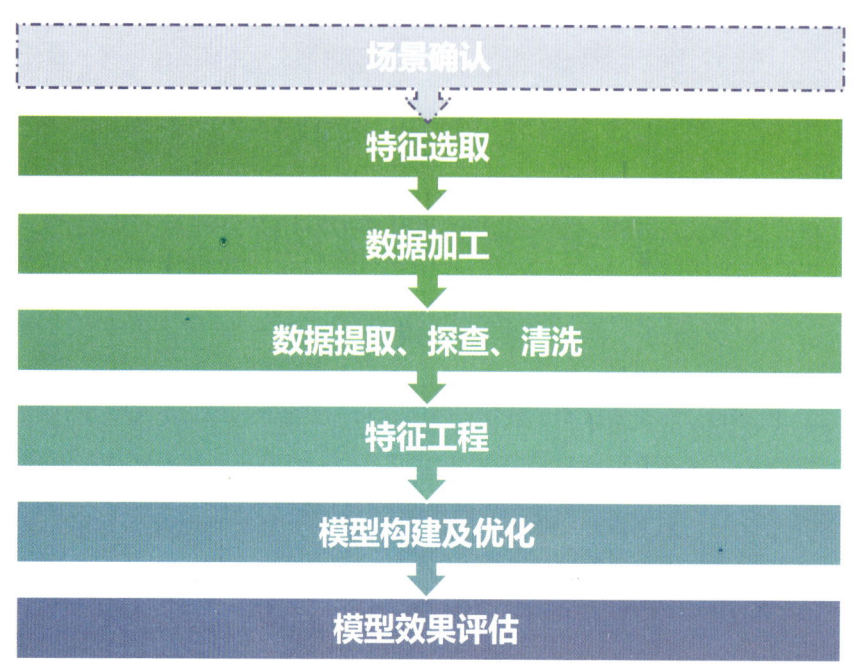

图 1 模型构建的七个过程

保通过，进而在有效控制承保风险的基础上，提高自核通过率，降低运营成本。

2. 特征选取。该特征选择过程中通过头脑风暴、专家意见、同行借鉴等方式，选取与目标场景相关的大量特征作为构建模型的基础数据，在此次构建模型的过程中，从客户、保单、销售员、其他四个方面选取了 194 个特征进行分析。

3. 数据加工。该过程主要是以确认特征范围为基础，通过综合运用数据仓库、数据集市、大数据平台对大量数据进行批量加工。

4. 数据提取、探查及清洗。该过程在整个模型构建过程中消耗较多的人力成本和时间成本，尤其在数据清洗过程中，通常要对异常数据进行分析、对空值进行特殊处理、对非标准化数据进行规范等，此过程的效果将会对后续模型应用效果产生直接影响。

5. 特征工程。该过程包括特征的构建、提取与选择，特征构建需要具备一定的业务知识和技术基础，特征提取与选择是从原始特征中找出最有效的特征。特征提取是通过特征转换的方式得到具有明显物理或统计意义的特征；特征选择是从特征集合中挑选具有明显物理或统计意义的特征子集。

6. 模型构建及优化。该过程主要分为模型训练和测试两个阶段，其中训练阶段是根据不同的算法以及选取的参数进行模型初步拟合，测试阶段则是从数据角度对模型进行验证，根据验证结果选择调整模型参数对模型进行重复验证（见图 2）。

7. 模型效果评估。该过程是对模型应用效果进行分析评估，基于技术指标，对于分类算法重点考虑 PRC 和 ROC 曲线下面积，若值均接近 1 时，效果最好，同时，也根据不同应用场景，参考 F–score、查准率、查全率等指标。

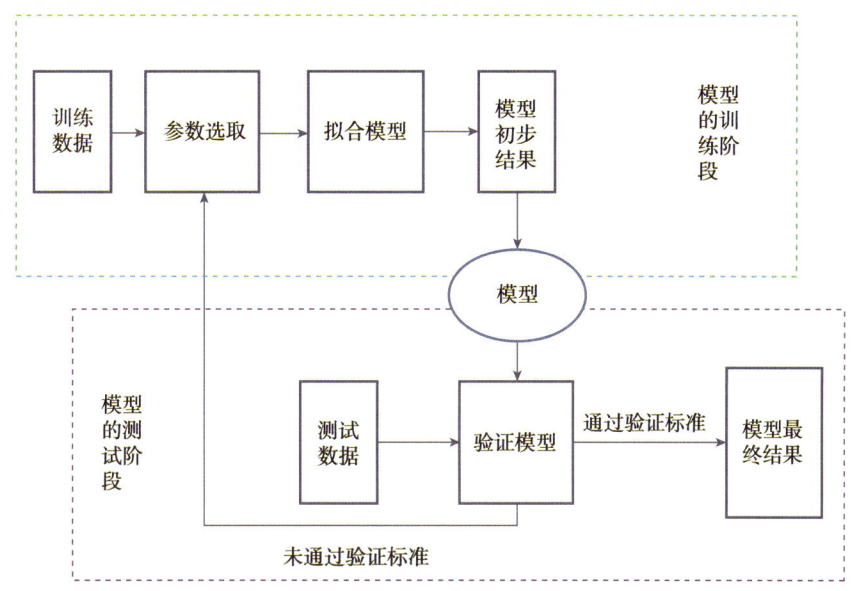

图 2 模型构建基本流程

(二) 模型算法选择

通过对模型训练数据的多次试验,随机森林在重疾险两年内出险率预测模型中应用效果最好,且具有较好的模型泛化能力。在重疾险标准体预测模型中,Xgboost 算法无论是在分类准确性还是模型运行速度方面,都具有较好的效果。此外,通过对实验结果进行分析发现,尽管 Wide 和 Deep 算法是深度学习的一个主流算法,但是在上述场景的应用实验过程中并不比传统机器学习算法效果优越。

(三) 样本不均衡分布处理

机器学习建模过程中经常遇到正负样本不均衡的情况,在模型处理此类问题的过程中,尝试利用 imbalanced-learn 开发包中的多种采样方法对占比低的样本进行采样,通过使用 Xgboost 算法中的特定参数 scale_pos_weight,实现对不均衡样本按照设定的比例调整模型误差函数,从而达到调节样本比例的效果。

(四) 贝叶斯优化调参

机器学习得到的模型本质上是数字,如对树模型每个节点上的判断属于左右子树的 1 个数,或者逻辑回归模型里的一维数组,都称为模型参数。在数据确定的情况下,模型拟合过程可以粗略地理解为调参过程,在此过程中综合应用贝叶斯优化对参数进行持续调整。

五、项目效果

通过两个模型的紧密结合,实现了"风险控制"和"效率提升"双项并举,其中重疾险两年内出险率预测模型实现了在核保阶段对保单两年内出险率的评估,作为现有核保规则体系的补充,进一步降低承保风险;重疾险标准体预测模型通过对重疾险投保单标准体概率的评估,提升自核通过率,降低现有人工核保的工作量,提升人工核保的工作效率,降低运营成本。同时,通过核保业务结构的优化,可以有效改善诚信客户的承保体验,缩短出单时长,提升客户满意度。

目前,重疾险两年内出险率预测模型已完成全国推广,重疾险标准体预测模型正在江苏等5家分公司进行试点。效果有以下几个方面。

(1)重疾险两年内出险率预测模型。该模型累计人工核保2300多单,非标准体概率高达88.75%,在客观识别客户潜在风险的基础上,有效控制了业务承保风险。

(2)重疾险标准体预测模型。该模型累计命中5万多单,其中自核通过率提升1.8%,单险种自核通过率提升3.78%,在有效控制业务风险的基础上,提高自核通过率,降低业务运营成本。

六、总结

传统的专家法核保以其规范、标准、统一的特点,在各保险公司得到有效应用,核保人员在其指引下能规范、有效地开展工作,从而使核保同质化、规范化、标准化,进一步降低核保作业风险,提高业务产能,但其也暴露出不少缺点以及与业务发展存在脱节现象,主要表现为规范有余而魄力不足、人工机械劳作欠灵活、运行成本未有效降低、智能技术未得到有效应用四个方面。

此次通过这两个智能核保模型建设是以大数据、人工智能、机器学习为基础,在智能核保领域的破冰与尝试,根据对试点情况的分析与验证,既有效控制业务风险,又有效降低业务运行成本,达到预期效果。通过应用智能核保模型,一方面可对客户进行深度分析,对客户未来风险进行量化,对高危客户进行有效拦截,进而有效降低业务承保风险;另一方面,对客户自动核保通过率进行定量分析,自动摒弃非核心核保因子对自核结论的影响,在有效控制承保风险的基础上,提升自动核保通过率,有效降低核保员作业量,不断降低业务运营成本。

专家点评

核保是风控的生命线,如何提升核保质量是做好风控的重要课题。在人工智能、大数据等底层技术飞速发展的今天,以智能核保取代人工核保是保险发展的必然趋势。人寿保险公司通过构建智能核保模型提升保险风控能力,是人工智能技术在提升核保效能方面的一次有益尝试,同时也是推动数据智能化、模型标准化的一次探索实践。人寿保险公司在进一步优化智能核保模型的基础上,可适当引入云计算技术,增强模型性能;与物联网行业进行合作,以物联网技术作为模型的优化补充,增强模型的开放性和智慧性。

"国寿i农险"项目

◎ 中国人寿财产保险股份有限公司

一、项目概述

"国寿i农险"是中国人寿财产保险股份有限公司（以下简称中国人寿财险）推出的农险承保、理赔的移动端解决方案。

"国寿i农险"完成了农险承保、理赔业务的全流程处理，借助地图、OCR识别、水印相机采集等模块，使农险业务向移动化、数字化、智能化演进，使其更为合规、更加便利、更高效能，为农户带来更优质的服务体验。

二、项目背景及意义

（一）项目背景

一方面，近10年来我国农险业持续快速发展，已成为世界第二大农险市场，农险成为我国现代农业风险治理体系的重要组成部分；另一方面，传统的农险经营服务模式在不少地区存在成本高、效率低、体验较差等问题，虚假承保、虚假理赔等套取中央财政补贴、侵害农户权益等违法违规事件屡有发生，承保理赔数据的完整性和真实性问题突出，合规风险高已经成为农险经营服务中突出的"痛点"，既不利于国家强农惠农政策的落实，也不利于公司农险的持续健康稳定经营。

（二）项目意义

为落实行业及公司对于农险业务精确承保、精确理赔的工作要求，提升业务风险管控能力，提高农险承保理赔业务的处理效率，进一步通过科技手段帮助各级人员提升对风险的识别和防范能力，更好地服务"三农"，充分发挥保险风险保障功能。中国人寿财险聚焦农险经营发展中的"痛点"，顺应农险服务需求发展趋势，结合"互联网+"技术，将移动应用平台搭建、终端功能开发、前沿技术应用和业务流程再造等方面的工作有机结合，改变传统经营管理与服务模式，于2018年研发了基于农险新技术的信息科技移动应用平台——"国寿i农险"。"国寿i农险"采用移动端混合开发模式，自1.0版本发布后不断持续更新升级，目前已包含了移动业务处理、移动业务管理、移动人员管理、移动工作部署、移动信息发布、移动业务拓展、移动学习园地、移动通信交八大模块，不仅与新一代核心系统成为中国人寿财险开展农险业务的支持平台，更成为农险业开发最早、功能最完善的农险新技术移动应用之一，取得了引领农险新技术应用领域的领先地位。

三、项目重点解决的问题及主要创新点

（一）"国寿i农险"快速精确承保创先例

2018年，中国人寿财险承担东北某农垦农场玉米、水稻和大豆3个品种40多万亩农作物

的保险服务工作。按照政府要求，承保公司必须在苗齐两周内完成全部地块的验标承保工作。传统模式下，保险公司自有人力无法在规定时间内做到对所有地块的逐一精确验标，且承保地块数据无法做到对理赔的有效支撑，地块和材料的真实性、完整性无法保证，给虚增标的、虚假承保留下了空间。

中国人寿财险使用"国寿i农险"精准验标，在农场场部足不出户，直接在当期卫星遥感图上远程圈划地块912个，勾划面积45.5万亩，现场抽样拍摄查验照片284张。整套精确验标承保资料包括地块四至信息、验标照片GPS位置、单个地块长宽、验标时间地点等承保信息和防伪信息等，与公司核心业务系统后台实时直联，保证了验标的真实性、材料的全面性，并且整个工作完成只用了三人三天。这在传统模式下是根本无法完成的任务，得到了政府和农场农户的高度肯定和赞赏。

（二）遥感应用重新定义农险大面积出险理赔

2018年10—11月，在广西玉林玉州区一区四县发生水稻稻颈瘟等病害，粮食大面积减产；玉林市总计种植174264.5亩，中国人寿财险承保面积为17973亩，应用卫星遥感技术，在一周内就完成对灾区全部水稻和公司承保地区水稻发病面积、发病比例的精准到户到地块的量化评估。从接到报案到全部赔款支付在一个月内完成，创造了大面积病虫害灾害理赔处理服务的新模式和新速度，得到地方政府和广大投保农户的高度肯定。

（三）养殖险"闪赔"颠覆传统开创养殖业保险理赔新速度

2018年中国人寿财险在河南等地推出农险养殖业保险闪赔服务模式，使用新技术成功再造理赔业务流程。查勘理赔人员在生猪养殖保险查勘现场，使用"国寿i农险"移动终端，通过"一拍、一输、三确认"，即完成全部作业流程，简单赔案抵达现场15分钟内赔款支付到账，一般赔案确保6个小时内到账，创造了养殖业保险理赔行业新速度，得到广大生猪保险投保户的广泛赞誉和政府的高度肯定，人民网、《河南日报》等官方媒体纷纷对此进行了报道。

（四）牛脸识别助精准承保、理赔

面对养殖险操作效率低、人力成本高、道德风险大、承保理赔管控力度弱等服务"三农"难题，中国人寿财险创新运用生物特征人工智能识别技术，不失为有效的解决方案。

在承保环节，通过面部采集快速为承保标的创建3D特征数据库，建立身份识别管理系统，确保承保标的的真实性、唯一性，同时快速清点标的数量，防止虚增、虚减标的数量等问题发生。

在理赔环节，通过将死亡标的影像与特征数据库影像进行比对，精准识别标的，防范重复理赔、非标的理赔等道德风险。该技术还可以实现智能称重、测量体长，以此作为理赔依据，有助于降低人工成本，提高理赔效率。

以肉牛养殖险为例，在"牛脸识别"之前，必须给牛佩戴耳标，除工序烦琐之外，会导致牛身体不适，农户因此而弃保。

而现在，直接采集图像视频信息，大大简化了承保验标和理赔审核流程，标的查验仅需一位查勘人员用手机采集图像，一分钟即可完成。

"打开手机'牛脸识别'系统，对准牛的面

部，只需几十秒钟，就可以精准记录这头牛的身份信息。"阜阳市颍东区农业农村局与中国人寿财产保险股份有限公司阜阳市中心支公司牵手合作，将"牛脸识别"承保验标技术引进肉牛养殖扶贫项目中，给1500多头肉牛办理了保险理赔"身份证"，让养殖户吃下了"定心丸"。

颍东区在养殖户与保险公司之间搭建承保平台，将"牛脸识别"技术引入养殖扶贫项目，通过运用生物特征人工智能识别技术，智能抓取肉牛正脸图像，同步识别耳标号，精准增加了养殖保险保障，肉牛意外死亡后一周内养殖户就可得到快速赔付（见图1）。

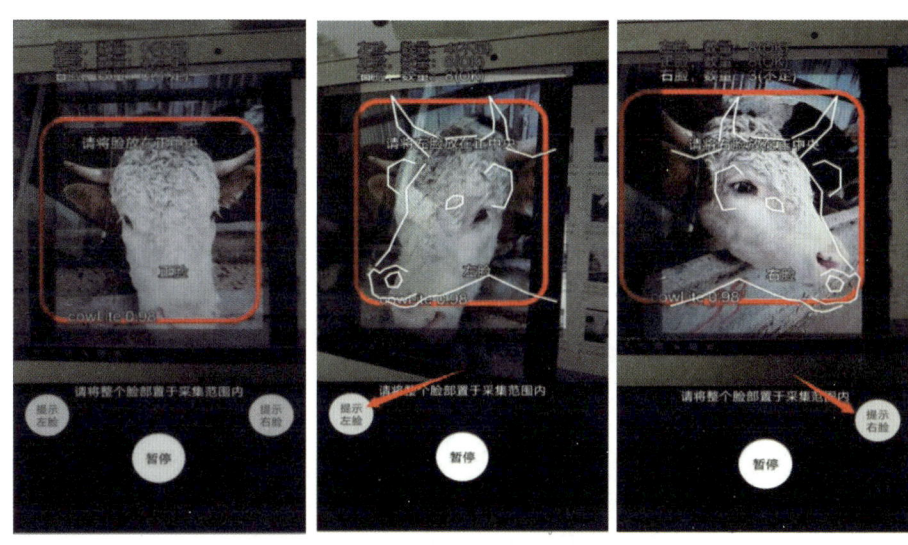

图1　中国人寿财险创新运用生物特征人工智能"牛脸识别"技术

在颍东区盛强养牛专业合作社，保险人员为合作社300头肉牛一一进行脸部识别，成功办理了保险。合作社负责人周敏修说："去年没有引进'牛脸识别'技术，合作社肉牛意外死亡导致的经济损失达10多万元。如今，养殖户只要掏60元保费，就可以为自家肉牛办理保险，其余的240元保费都由政府代缴，最高可获理赔6000元，为养殖户解除了后顾之忧。"

（五）移动核保

以前，核保员只能通过VPN在PC端进行核保工作，一旦核保员下班，再想进行核保工作就非常困难。现在，核保员通过手机也可以进行核保，面对突发情况更加灵活，可以随时随地响应部门的需求，无论是在会议室还是在家中，都不会耽误车险保单进行投保。

对于基层一线员工而言，并不是每个人都有VPN账号，没有账号的人想要回家办公就会非常不方便，而这又导致相互之间借用账号的情况经常发生，给系统安全带来隐患。移动核保保证遇到突发情况时能及时处理业务，同时又不会导致VPN账号的扩散，可以间接提升系统安全性。

移动核保通过与影像平台直接对接，可以在手机端查看图片，即使核保员没有携带电脑也能办公，大幅提升了核保业务工作效率。

四、项目主要建设内容

（一）技术功能介绍

"国寿 i 农险"数字化农险运营体系从解放劳动力、改变劳动工具和调整劳动对象入手搭建技术体系，体现在以下三个方面：一是使用移动终端、信息互联互通技术打破时间空间限制，将人从传统业务流程中解放出来，提高效率；二是使用 3S（RS + GIS + GPS）、卫星与无人机遥感等技术，实现标的的快速识别、自动定位、归属信息获取以及关联档案数字化存储；三是使用图像识别、光谱分析和机器学习等技术强化数字信息分析应用，实现从人算到机器算、从人判断到人监控机器判断、从人分析到人建立模型分析的创新变革。

"国寿 i 农险"功能体系由业务操作、风险管理、咨询管理、辅助工具四大功能板块组成，触及农险经营服务的全流程。业务操作功能板块通过"核保/核赔、远程专家、后台辅助"等功能应用，实现了一线操作移动化、传统操作线上化、外部流程内部化、内部流程标准化，极大地提高了工作效率，确保业务档案数字化、真实可信可跟踪；风险管理功能板块通过"气象证明、灾情预警、风险地图、气象服务、智农瑞田"等功能应用，可以为内外部客户提供风险数据与信息，有效协助公司加强风险管控、帮助农户开展防灾减损；咨询管理功能板块涵盖农业常识、农情、产品、制度等各类信息，为内外部客户提供全面"三农"及保险咨询服务；辅助工具功能板块为用户提供了包括"水印相机、测亩仪、航拍助手"等多个便捷小程序应用，工具在手，便捷高效。

（二）业务功能介绍

1. 实现了从粗放承保向精确验标承保和承保信息数字化的转变，保真保准。使用"国寿 i 农险"能远程、便捷、快速地采取承保标的精确信息，包括四至位置、面积大小、作物长势、生物特征人工智能识别技术等，有关信息与后台核心系统无缝链接、直接上传，能快速发现重复投保问题、核实投保面积真实性问题等，所有信息、照片资料和操作全程防伪，从根源上杜绝了虚假承保问题，也为后期理赔服务提供了有力支持。

2. 实现了从粗放理赔向快速精准理赔的转变，有图有真相。使用卫星遥感勘损技术，实现大面积（省级/县级）灾害损失快速勘查和快速识别，加强第一时间对损失的全局性把握；使用无人机遥感勘损技术，实现中尺度（乡镇/村）精确查勘与调查；通过手机、iPad 等移动互联勘损技术，实现小尺度（以户为单位）精确查勘。同时，借助无线网络实现勘损信息快速传输，保险机构可组织定损专家足不出户远程指挥定损，从而简化查勘程序、降低查勘成本、提高查勘定损效率、增强定损专业性。

3. 实现了从提供单纯保险服务向全面风险管理服务的转变，及时便捷。通过客户端随时为投保农户提供灾情预警和气象服务，协助农户及时开展灾害预防和科学采取减灾减损措施；通过气象证明等工具的应用，极大地减少了农户提供灾害证明等工作量，改善了客户体验。通过历史大数据与即时数据的结合，"国寿 i 农险"能够提供实时气象服务和近乎实时的灾情预警，并按照"T + 1"的要求提供气象证明服务等。

4. 实现了产品创新与技术创新相融合，全面优化创新客户体验。将新技术应用融合于天气指数保险、价格保险等产品创新中，通过风险识别、评估、分析与区划技术，实现基于多源数据（农作物单产数据、农作物灾情数据和农作物单产与灾情混合数据）的风险评估与"地（省、市、县）、物（水稻、玉米等作物）、灾（干旱、洪涝、台风等）"组合化费率厘定，并通过移动端和物联网等技术应用，对承保理赔业务流程进行再造，进而实现了自助投保、自动承保和自动触发理赔等全流程自动化处理。

全流程承保、全流程理赔，"双跑道"作业。"国寿i农险"完成了农险承保、理赔业务的全流程处理，借助地图、OCR识别、水印相机采集等模块，使农险业务向移动化、数字化、智能化演进，使其更为合规、更加便利、更高效能，为农户带来更优质的服务体验。

五、项目效果

通过"国寿i农险"的建设，实现了农险业务的精确承保、精确理赔、精准管理。

1. 解决了农险业务开展中的"承保标的不明确、理赔面积不准确"的老大难问题，提升了业务风险管控能力。"国寿i农险"APP可将农险承保、理赔现场影像资料的采集，利用移动网络传输至影像系统，实现影像资料的自动归档，采集承保标的、出险标的所属空间位置，并生成标有位置信息的图件；部分地区将采用电子芯片（电子标签）或二维码对养殖标的进行唯一身份标识。标的出险时查勘人员借助"国寿i农险"移动终端和扫描设备获取标的编码，并与核心出险数据库比对，检验是否重复出险。

2. 改善了农险业务开展过程中的标的分布广、村与村之间距离远，基层人员需要到现场收集大量纸质资料后，还要回到机构进行系统录入的烦琐且低效的工作模式。通过移动承保、移动理赔显著提升了基层人员的工作效率。

3. 通过技术手段，加强了农险承保理赔实务操作的规范性，降低了因操作不规范或其他人为因素带来的风险。

打开"国寿i农险"APP，用关键词找出投保单，在受灾地块，拿着设备走上一圈，受灾的农作物面积就自动计算出来。点击影像采集，选择影像类别，拍摄后选择上传系统，后台人员即刻定损理赔。

无人机成为查勘定损体系的重要组成部分，主要用于大面积种植业保险承保和理赔方面。承保时，无人机可以方便地明确标的位置四至和验证，了解标的生长状况；理赔时，可以了解受灾地块的面积和边界，掌握受灾程度。

采用无人机、地面控制站、后期数据处理站"三位一体"飞行控制体系。飞控人员首先由地面控制站操控无人机对指定地块实行精准巡航拍摄，无人机在飞行过程中采集空间影像数据和地理位置信息，后期数据处理站通过图像处理系统，将无人机采集到的数据合成3D测绘数据和NDVI植被覆盖指数。

六、总结

"国寿i农险"的落地与应用，极大地解决了标的不清、理赔面积不准确的问题，实现了精确承保、理赔的合规要求，提升了业务风险管控能力，提高了农险承保理赔业务的处理效率，进一步通过科技手段帮助各级人员提升对风险的识别和防范能力。

科技的时代，保险发展正在迎接下一个风口。在重振国寿战略中，加大科技投入，加快推进科技赋能，中国人寿财险正在紧跟时代步伐，走出具有自身特色的服务升级之路。

专家点评

新时代我国全面实行乡村振兴战略，为"三农"事业定标。如何以技术赋能农险，探索出一条服务"三农"的新型科技化道路，是新时代交给农业类险种的新课题。"国寿 i 农险"项目是顺应时代发展趋势，助推乡村振兴战略的重要案例。在充分利用移动技术、人工智能技术的前提下，中国人寿财险可结合物联网技术和最新的 5G 技术，扩展可承保的领域和范围，提升农险智能化水平，进一步降低承保、核保成本，实现多赢。

"太平财险定损宝"图片智能定损

◎ 太平财产保险有限公司

一、项目概述

目前财险行业中各保险主体仍然采用人工经验定损模式，普遍存在"痛点"，例如，定损标准在执行时存在人为差异；定损流程冗长，服务效率低；定损人员的培养周期较长，培养成本较高；定损标准不够透明，影响客户权益，有损公平性等。

为应对经营环境的持续变换，实现科技赋能，解决上述"痛点"，2017年太平财产保险有限公司（以下简称太平财险）通过人工智能、大数据及图像识别技术，实现系统依据车辆损伤照片自动完成定损作业，将传统人工经验定损转变为机器智能自动定损。

项目技术在智能拍摄、损伤识别、部件识别、损伤判定、研发体系方面较同业项目更为先进。项目在业务上借助图片智能定损技术，结合实际理赔流程中不同环节中的作业场景，实现了更多生产应用。项目在推广方面提出多种解决方案。

本项目已于2017年10月开始陆续完成自动定损、核损场景试点上线，2018年9月完成全国上线，当前已实现全国质检应用及客户自助场景应用，取得了预期的成效。

"太平财险定损宝"图片智能定损项目可结合各公司差异化定核损标准，实现全行业推广，实现理赔人力配置转型，推动行业共建标准，扭转多方零和博弈的局面，提升理赔效率，提高客户满意度，缓解城市交通拥堵。

二、项目背景及意义

（一）传统的人工经验定损模式流程

目前，行业中各保险主体采用的主流定损方式仍然是传统的人工经验定损模式，以下为具体流程。

1. 确定定核损标准以及损伤的范围。定损人员根据修理厂的资质类型以及事故车辆的厂牌、款型等，选择采用合适的定核损标准进行价格评估；确定定核损标准后，定损人员核对事故车辆本次事故造成的损失部件（如定损方案中是否有遗漏的损失部件、是否存在非本次事故造成的车辆损伤等）。

2. 确定换修方案及费用。根据各部件的材质、损伤程度、维修工艺、修复后的安全性能、修复后的美观性等综合确定具体的换修方案；对于需更换的部件，根据定核损标准，与修理厂沟通确认更换配件的品质、更换配件所需的辅料及用量等，从而确定更换配件的价格以及拆装配件所需的工时费用；对于需要维修的部件，根据定核损标准以及损伤的程度，与修理厂沟通确认修复工时，从而确定维修工时费用；最后形成定方案。

3. 审核定损方案。定损人员上报定损方案至保险公司的核价核损人员；核价核损人员对定损方案进行审核，评估该方案是否存在不合理的换修项目以及价格方案是否符合公司的定核损标准；若审核未通过，则核价核损人员把定损任务退回定损人员，由定损人员就争议项重新与修理厂进行沟通，直到审核通过为止；审核通过后，修理厂按照最终损失核定方案进行车辆维修。

（二）传统的人工经验定损模式存在的"痛点"

从上述定损流程来看，传统的人工经验定损模式存在以下"痛点"。

1. 定损标准在贯彻执行时存在人为差异。由于车辆损失的形态千差万别，导致定核损标准中对损伤程度的认定难以量化，人员在实际定损的过程中只能依靠专业技能和经验来判断损失部件的轻、中、重等程度，标准的执行存在偏差；由于修理厂维修工人的技术水平不同、修理设备不同，造成不同修理厂、不同维修工人对损伤程度的认定存在偏差，使保险公司制定的定核损标准难以执行。

2. 定损流程冗长，服务效率低。定损过程中，定损员与修理厂、定损员与核价核损人员之间对定核损标准的理解和执行存在偏差，具体定损任务处理过程中存在多方反复沟通、任务反复流转等问题，从而定损方案无法快速达成一致，导致客户的车辆修复工作迟迟难以开展，影响客户的用车需求，严重影响服务效率。

3. 定损人员的培养周期较长，培养成本较高。定损作业除了需要了解车辆的构造、事故车的修复工艺，还需要对保险公司的定核损规则及标准熟练掌握，而定核损规则和标准所涉及的内容繁杂、项目众多，需要长期的定损实务经验和大量的车辆定损实操来积累。新手定损员在短期内不能熟练掌握定核损规则及标准，首先，作业产能难以提升，会增加保险公司的运营成本；其次，服务效率难以保证，会影响客户的服务体验；最后，由于对定核损规则及标准的不熟悉，在定损过程中难免出现执行偏差，使公司面临渗漏风险。

4. 定损标准不够透明，影响客户权益，有损公平性。传统定损流程中主要是保险公司与修理厂之间、保险公司内部人员之间对定损方案、标准进行沟通确认，保险公司从风控的角度挤压理赔水分，而修理厂从自身经营的角度最大化赚取维修利润，影响客户权益，有损公平性。

三、项目重点解决的问题及主要创新点

（一）项目重点解决的问题

为应对经营环境的持续变换，实现科技赋能，解决上述"痛点"，2017年太平财险将图片识别、大数据、人工智能等新技术与车险理赔流程、车辆定损标准相结合，实现了简单高效的智能自动定损，并积极探索应用模式，以便提高保险公司的风控能力和服务水平。

1. 有效解决凭经验定损导致标准执行偏差的痛疾。通过人工智能、图像识别技术实现自动定损，能够量化损失情况，固化标准执行的依据，避免人员在执行力上的偏差错误，提高了定损的合理性与准确性；同时，也避免了因定损/核损人员对执行标准的主观偏差，而将定损任务进行反复提交、退回的问题，提高了作业效率、缩短了理赔周期。

2. 进一步提升服务效率，提高客户满意度。通过梳理理赔全流程中客户触点的服务内容，结合保险业已实现的自动化技术，建立风险自动预警、人工辅助介入等应急承接机制，实现车险理赔全流程的自动化，使客户在现场得以快速撤离、现场秒级赔付，简化了理赔流程及手续，提升了客户的感受和理赔体验。

3. 实现新手定损员快速上岗。通过应用自动定损技术，可以实现简易案件的预处理，为新手定损员提供符合公司定核损标准的参考方案。新手定损员可借助技术做到心中有数，并可检验自身对定核损规则及标准的掌握情况，在实践中不断学习专业知识、积累经验。在确保新手定损员快速上岗的同时，还能有效避免公司面临的渗漏风险。

4. 实现定核损规则更加透明、公正。自动定损的应用，必将倒逼保险公司进一步量化定核损标准，与汽车维修行业达成一致。当这一标准被行业内各主体所接受时，必将更加公开透明、公平公正，充分保障消费者的权益。

（二）项目主要创新点

1. 技术方面。

（1）拍摄引导。通过移动端人工智能技术，在用户影像收集端嵌入轻量快速的算法模型，实现拍摄引导功能在拍摄过程中即时调用算法判断照片质量，并进行实时提示，纠正错误动作，减少干扰因素，提高图像识别的准确率。

（2）损伤识别。利用图像矫正/反光去除对图像进行标准化，并利用深度学习技术对损伤程度和种类进行区别和归类。支持在多种角度和光照条件下识别数十种损伤类型。

（3）部件识别。通过深度学习技术，像素级分割车辆配件，实现全车 70 个配件的识别。独创性地引入图像匹配功能，实现图像序列分析技术，解决了近景图无法区分部件的难题，领先于行业同类技术。

（4）损伤判定。结合全部车损照片综合分析损伤部件、部位和程度，并根据拍照数量、照片质量、天气、车型、部件出现的次数、部件相邻性、损伤率与实际差异等相关因子判断置信度，给出可靠的损伤结果。

（5）研发体系。数据标注采用可视化的打标平台 AlphaQ，供专业打标人员进行标注支持。模型训练使用 ALPS 异构化模型训练平台，根据训练数据的累积进行自动训练提升。模型服务方面采用高性能在线模型服务平台，可支持多种深度学习的框架，有很高的普适性和可用性。

2. 业务方面。通过人工智能识别车辆损伤照片，精准辨识损失部位及损伤程度，自动匹配配件及工时标准，在 30 秒内完成损失认定并出具定损价格，实现快速且准确的智能化定损。借助该技术，太平财险结合实际理赔流程中不同环节的作业场景，实现了以下几种生产应用：

（1）自动核损授权人员实现免录单功能。对于授权自动核损的人员，当其在太平财险移动定损工具上处理外观损失的案件时，系统自动生成定损方案，定损人员可根据预定损结果修正定损方案，提交定损任务后，在其自动核损权限内实现自动审核通过，瞬间完成定损任务。

（2）非授权人员实现自动审核功能。对于未授权自动核损的人员在太平财险移动定损工具上处理外观损失案件时，需按原有操作方式进行人工定损。当其提交定损任务后，系统按照"双人定损"原理自动进行人机对比，如果人工定损的结果不高于自动定损结果，则定损任务将自动完成。

（3）定损反渗漏质检功能。对全量外观损失案件进行自动定损，通过比对自动定损结果与人工定损结果，当人工定损金额或定损标准高于自动定损的结果且超过预设偏差值时，系统自动将案件转入质检平台，进行渗漏风险排查。

（4）面向C端客户的开放性应用。通过梳理理赔流程中客户触点的交互细节，前置风险识别模型和智能化拍照引导功能，结合续保保费自动测算、自动理算缮制、自动核赔、自动支付等自动化功能，以及简化理赔手续和单证，打造全流程的自动化，真正实现简易小额案件的无人值守秒级赔付。

3. 推广方面。本项目具有较大的行业推广前景。针对不同阶段的保险公司或公估公司提供相应的解决方案。

（1）差异化对接方案。对于拥有自建工时、配件数据库的公司，本项目输出结果为事故车辆具体损失部件的标准化、项目级定损方案，可普适各保险公司差异化、定制化的定损规则和标准，不受限于模型训练样本的历史数据，对于规模较大、有自建工时、配件数据库的保险公司，可实现快速对接，不会造成数据的较大波动，确保经营的平稳有序。

（2）"一揽子"解决方案。对于没有自建工时及配件数据库的中小型保险或公估公司，本项目自带底层数据，可直接采用系统工时和配件价格标准，实现快速上线应用。

四、项目主要建设内容

通过人工智能、大数据及图像识别技术，实现系统依据车辆损伤照片自动完成定损作业，将传统人工经验定损转变为机器智能自动定损。

1. 实现现场拍照的智能指引。系统内置拍摄自动检测工具，智能指引拍摄细节，规范拍照取证行为，降低客户自助定损时拍摄照片的难度，提高自动定损所需照片的质量。

2. 实现简单、高效的客户自助定损。通过建立客户自助定损流程，对接客户自助理赔端，实现系统智能指引客户进行现场拍照，拍摄照片后系统根据照片信息给付损失价格做自助定损，缩短定损时效，提高客户服务体验。

3. 实现车辆定损作业的自动化与准确性提升。通过细化换修标准，对接双方配件、工时标准数据库，可实现定损拍照后自动评估损失程度、形成定损方案、出具定损价格，降低人工定损差错，提升定损准确性。

4. 实现对案件质量的及时监控。建立配套质检机制，定期检查自动定损结果，持续提升自动定损的覆盖范围及准确率，在实际业务流程中，进行平行验证，以机器定损标准判断定损员定损尺度，降低定损渗漏风险。

5. 实现车险理赔人力配置转型。自动定损将使车险理赔人员从大量烦琐的基础作业中逐步解放出来，将精力投入风险更高、复杂程度更高、所需专业技能更高的案件中，从而实现人力配置的转型，降低人力成本与赔付成本，提高保险公司的风险管控能力。

五、项目效果

1. 去繁从简降低门槛，解放人力专注疑难。由于车险案件的特殊性，超过80%的理赔案件都是简易案件，具备计算机替代人工作业的条件。应用自动定损技术可以降低定损人员专业性要求的门槛，能够支持保险公司加快理赔队伍的建设。

由于大量简易案件转为自动定损完成，定损人员将从烦琐、重复性的工作中解放出来，从而推动保险从业人员的配置转型。理赔人员可以转向更偏重于客户关怀的工作，提供有温暖的理赔服务，或是从事规则制定以及复杂、疑难案件的处理，有利于助推保险业的服务升级，实现经营转型。

2. 结合差异化定核损标准，实现全行业推广。本项目后续可结合理赔链路上的各种场景，实现客户在线自助定损、保险公司预定损、自动核损、质检初筛等应用，也可结合各家保险公司差异化的定核损标准，具有可复制性，实现行业推广。

3. 推动行业共建标准，扭转多方零和博弈的局面。传统车险定损作业中各家保险公司均有自己的工时费标准和配件价格标准，而且对于损失程度的判断依靠理赔人员的专业能力与经验，导致相同的损失由不同的人判断会得出不同的结论，缺少可量化的通用衡量标准。定损价格高会造成保险公司的漏损，定损价格低则造成修理单位以次充好，损害被保险人的权益。采用本项目自动定损技术，可以推动行业共同建立一个公允的执行标准，在事前实现多方的一致认可，从而扭转多方零和博弈的局面，实现业态的良性循环。

4. 机器智能自动定损，缓解城市交通拥堵。随着城市化发展和车辆保有量的不断攀升，城市道路越来越拥堵，小汽车出行规模与使用频率快速增长。在引起拥堵的诸多原因中，交通事故尤其是高峰时段的交通事故是主要因素之一。通过人工智能识别车辆损伤照片，精准辨识损失部位及损伤程度，自动匹配配件及工时标准，30秒完成损失认定并出具定损价格，实现快速准确的智能化定损，能有效疏导上百个拥堵点的交通，有明显减轻路面压力，大幅提升市区各条干道的通行能力。同时，通过大幅缩短消费者的理赔时间，有效节省社会时间成本，提升客户对保险服务的满意度，推动保险业的服务供给升级。

六、总结

"太平财险定损宝"图片智能定损项目是太平财险积极迈出金融科技转型步伐的体现，是在科技驱动的大背景下，抢抓金融科技发展机遇，推动科技在业务流程再造、提升客户体验、降本增效等方面的应用。该项目的推出一方面充分符合国家以科技创新推动现代金融发展的整体战略导向，是践行央企担当、落实国家战略的重要体现；另一方面，也是高度契合保险业新"国十条"中鼓励保险企业运用现代信息技术提高保险产品科技含量的行业发展趋势，是应对市场竞争，实现高质量发展的有力保障。

该项目已于2018年9月完成太平财险全国各机构的推广上线，取得了实质性的创新成效和良好的预期收益，并荣获"2018年度深圳市金融科技专项奖二等奖"的荣誉。

专家点评

图片智能定损项目通过人工智能、大数据及图像识别技术实现车辆定损，无须专业定损员介入，使车险理赔效率大幅提升，是金融科技在保险领域的创新应用。另外，此项目可以加快解决偏远地区或高峰期人力不足的问题，是保险科技在普惠金融领域的创新实践。未来，可以不断积累标准化的图片数据库，通过算法模型的调优，加强 C 端用户的拓展，增加相关附属功能，优化产品的交互流程与客户体验，增强客户与公司的黏性。

太平人寿智慧营业厅

◎ 太平人寿保险有限公司

一、项目概述

太平人寿智慧营业厅是实体营业厅与虚拟服务相结合的体验、营销和服务平台，主要以移动互联、人工智能、多媒体和数据挖掘技术为基础，以智慧化服务手段和思维模式来审视客户需求，通过信息集中、整合、共享和挖掘等手段，为客户提供随时、随地、随心的保险服务。

除此以外，智慧营业厅更多的作用还在于线下吸引客户，统一管理营业厅智能体验设备，帮助保险公司集中资源为高价值客户提供服务，整体提升营业厅经营效率和客户体验，帮助营业厅提高业务以及管理精细化水平。

二、项目背景及意义

新技术被广泛应用的今天，智能化、移动化、自动化为保险业的发展带来无限可能。运用大数据、云计算、智能穿戴设备等改变寿险的定价模式、销售方式、风险管理和运营流程；运用人工智能、OCR 光学字符识别等技术来改造服务模式、提升服务水平。"智慧营业厅"就是通过综合运用现代科技手段，把复杂的问题拿到后台处理，将多次交互改为一次完成，让客户用最少的时间成本享受优质的保险服务。

近年来，太平人寿以"极简、极速"的客户体验为目标，着力在移动化和自动化上下功夫，重点推动"移动平台"和"自助设备"两大项目，随着大数据、信息化的保险运用，从传统的"业务办理场所"向"保险生活体验场所"转型是保险服务营业厅的必然选择。未来的保险服务，不仅是值得信赖的，更是可亲可爱的。安全（safe）、高效（swift）、灵便（smart）、友善（sociable），是新一代保险智慧营业厅所要具备的必要品质，此次项目的 4S "太平人寿智慧营业厅"，正是继"秒赔"服务后，太平人寿在建设信息化服务体系方面的又一智慧呈现。

三、项目重点解决的问题及主要创新点

（一）项目重点解决的问题

随着业务规模不断扩大，公司服务客户人数也不断增加，总客户数已超 3000 万人。随着客户的增加，各地保险营业厅服务压力越来越大，面临以下几个问题：

1. 业务流程复杂，客户需要多次咨询。
2. 用户量大，单次业务办理耗时长。
3. 自助化设备缺失，大多数营业厅仅有取号设备。
4. 柜员压力大，承担大量重复性工作。
5. 聚焦基本作业业务，营业厅缺乏相关产品体验式营销设计。

（二）项目主要创新点

经过大量外部调研走访，吸取先进金融同业的经验，结合公司内部相关部门的意见和建议，公司启动"智慧营业厅"项目，项目主要有以下几个创新点。

1. 创新营业厅服务体验。通过移动互联、人工智能、多媒体和数据挖掘等新技术的应用，IATM智慧柜员机、人脸识别设备、智能茶几、健康体验器材等新设备在营业厅内的投入，提供更加方便快捷的服务体验，在满足客户基本金融需要的基础上，以客户更加感兴趣的方式，提供多样化、互动式的服务，优化客户服务感知；针对VIP客户，利用技术手段提升专属服务水平，培养VIP客户专属服务意识和客户忠诚度，营造卓越的用户服务体验。

2. 专属服务满足客户的个性化需求。打造完善的营业厅功能区，满足不同客户的业务功能需求；规划合理的客户动线，激发客户全新的保险需求点。通过软件的方式实现针对固定区域的功能切换，实现一区多功能，根据客户的短期期望和行为即时作出服务调整，满足客户在营业厅的即时服务需求，同时根据客户的不同属性来定制专属的一站式保险服务方案和产品组合，满足客户的个性化需求。

3. 智慧转型提升营业厅运营效率。通过智慧转型，提高营销活动转化率，降低厅堂经营成本；通过自助渠道引流客户业务，提升营业厅业务的电子渠道替代率，降低柜面业务人员的低效重复劳动；从而促使保险公司的前台业务模式实现由劳动密集型向资本密集型和智力密集型的转变，大幅提高运营效率，并降低运营成本。

四、项目主要建设内容

（一）智能厅堂

通过在入口处及通道处部署人脸识别摄像机，在业务类机具上部署介质识别设备，在体验类设备上部署人脸识别摄像头，不仅能够在单点捕获、抓取、比对人脸，更能够通过机器学习和算法分析，构建出客户在营业厅内的行为轨迹，通过大数据从不同维度对客户行为进行分析，洞察客户行为习惯，寻找营销商机。

上述路线轨迹构建和行为数据分析，不仅仅适用于客户，同样也适用于大堂经理/客户经理/柜员，为发掘更好的营销方案提供基础数据支撑。系统目标主要包括：一是在客户经过营业厅各个区域时，通过全区域监控设备人脸识别，能够第一时间获取客户当前时刻的位置信息。二是根据客户在营业厅各个区域出现的时间和停留的时间，进行统计和分析，加上营业厅的平面图，可在系统平台上形成人员动线轨迹图。三是在系统中可按照客户经过的营业厅各区域的时间信息，完成客户动线的刻画，以及停留时长的分析，能够绘制人员热区图，直观反映客户对营业厅各区域的感兴趣程度等。四是能够根据时、日、周、月、季、年等进行各时段的客流流量和峰谷统计，为营业厅柜台和人员配置、区域营业厅分布等决策提供基础数据支撑。五是能够结合业务分区、窗口、柜台、机具等部署位置以及机具监控数据综合进行客户行为分析。例如，系统能分析到客户进入营业厅后是否直接取号排队或在智柜办理业务或自助区办理业务，或者什么业务都没有办理，什么机具都没有碰，只是单纯到营业厅纳凉或等人。应用价值主要是以人脸识别技术为基础,进行客户位置、动线、热区、峰谷、人群、行为等分析,采用可视化界面进行展示,即可直观了解具体某个客户在哪个区域停留的时间最长,哪个区域停留时长最短,进入营业厅最先前往的区域等。把每一个客户的信息汇总后,可分析营业厅区域布置的短板、创新的成效、联动营销的策略,可为后续的大数据分析提供基础的数据支撑。

(二)智能宣传

通过部署的智能交互屏、拼接大屏等提升客户体验,通过加装人脸识别的交互式体验方式为客户提供界面优化、内容丰富、操作舒适、交互新颖的体验,通过人脸识别积累客户基础数据,通过互动操作日志记录分析客户感兴趣的产品和操作方式,通过体验式营销尝试新的形态和形式,为智能化管理和营销体系构建数据基础。

(三)智能管理

通过具备设备管理、人员管理、素材内容管理、营销活动管理、资源发布管理等功能的智控管理平台(见图1),通过大堂经理手持设备对排队人数、人流量等业务数据的管理监控、调度控制,以及对设备、灯光、温湿度等各种智能化设备的节能控制,实现营业厅作为多渠道集成的汇聚中心的便捷化集中管控和智能化运营支撑。

系统包括设备管理、内容管理、排队管理。功能模块分为后台管理模块、前端展示模块和网络通信模块。后台管理模块用于监控各个设备状态,编排节目,以及发布节目。前端展示模块主要负责业务素材的动态展示。网络通信模块主要负责设备至设备、后台至设备的交互,采用网络长连接技术,确保在线设备的实时监控及设备信息的实时提取,包括如下功能模块:基础管理、设备管理、应用管理、素材管理、模板管理、节目管理、播放控制、互动节目设计、日志管理和统计报表。

(四)智能营销

客户在通过智能厅堂的人脸识别功能识别出VIP客户身份后,系统将客户身份信息推送到大

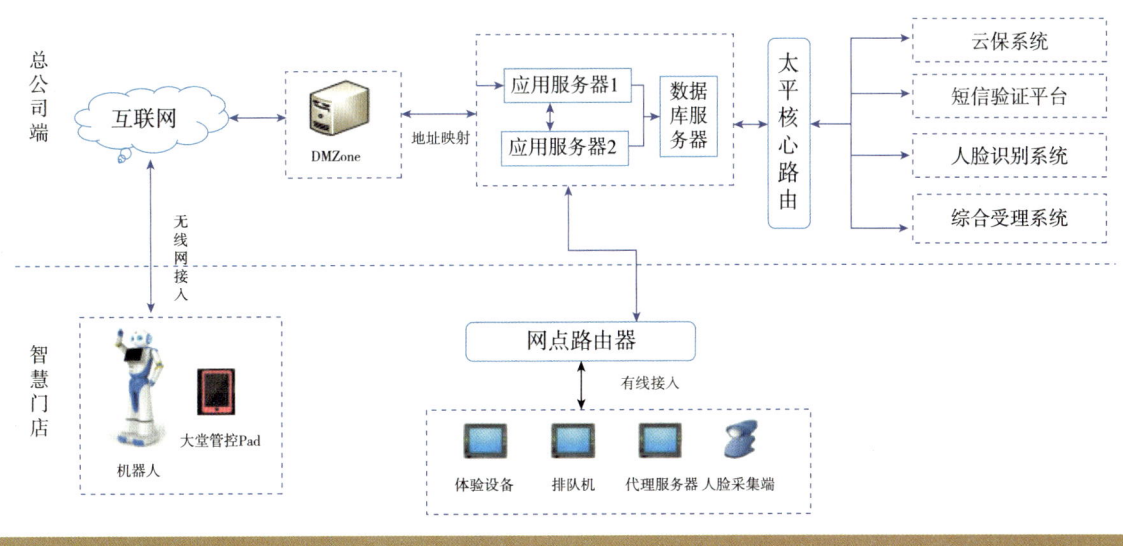

图1　智控管理平台拓扑图

厅客户经理端 Pad，提示 VIP 客户到客信息，同步可提示客户出现的位置以及该 VIP 客户浏览的产品和服务信息，由客户经理对 VIP 客户进行专属的精准营销。

在厅堂遍布的体验及业务办理设备具备了人脸识别能力之后，系统可以识别各个终端前的客户身份，根据后台的客户身份信息及系统分析得出的客户兴趣偏好，在客户短暂的停留期间，通过营业厅管理系统向不同的营销终端推送针对该客户的精准营销内容，从而真正实现厅堂终端的千人千面营销。

结合客户在不同终端前的营销体验，比如短暂停留或驻足观看，系统可以进一步分析客户对所推荐产品的感兴趣程度，从而进一步优化推荐算法，提升营业厅智能营销精准化程度。

五、项目效果

（一）人工智能，助力服务更贴心

机器人"小智"是营业厅"智慧"的时尚代言人，集成了多项人工智能技术，思路清晰、动作敏捷，荣获"2017 年上海金融创新奖"。这个有着纯正"高智商血统"的机器人，可以陪同客户逛遍太平人寿智慧营业厅。

"人脸识别"也是营业厅所呈现出的"智慧"之一。设置于营业厅内的人脸识别摄像头，会对新老客户进行识别，第一时间提取其相关信息和现有保险状况，免去录入、查询等烦琐与拖沓的环节，在需要的时候，立即奉上精准的服务。同时，太平人寿完全自主研发的人脸识别技术，无论客户在拍完身份证照片后是胖了、瘦了、还是成熟了、"逆生长"了，都能一眼认出，无须证明"你是你"。

（二）智慧 IATM 柜员机，助力业务快速安全办理

太平人寿智慧营业厅不仅有高大上和科技感的外观，在网点内应用的技术也是业内最前沿的。如果说机器人"小智"是个贴心随行小管家，那智慧营业厅真正的重点，就是智慧 IATM 柜员机。这个外形酷似"太空舱"的科技设备，能在 2~3 分钟内为客户办理投保、信息查询、信息变更服务、保单贷款、单据打印等多种自助保险服务。

服务"自助"了，客户不会实际操作怎么办？太平人寿在设计初期就考虑了客户的接受程度，IATM 智慧柜员机还是行业内首个加载了视频客服功能的智能终端。只需轻轻一点，就能召唤出太平人寿的客服，通过视频对话，轻松办理相对复杂的业务。此外，正视清晰、侧视模糊的防窥屏，以及客户进入视频客服区域就变色的隔断，都让办理变得更私密和安全。

（三）看养老社区测健康指标，营业厅变身休闲好去处

随着消费升级、体验式消费的兴起，"场景化体验、线上线下贯通"的智慧营业厅将成为未来保险服务的主力。太平人寿的智慧营业厅，在门店体验和服务增值方面，引入了互动屏和健康体验站，不仅关注保险日常，还有非业务的极致体验。

通过互动屏，客户可以玩玩小游戏，来个短暂的放松，也可以身临其境地"走访"梧桐人家、快乐家园、古滇名城等养老社区，在办理业务的同时，查看公司额外提供的养老、健康服务。

而专为健康管理设置的智慧营业厅"健康小站"，通过拥有 22 项专利技术的智能诊断仪可得

出人体10大系统、70多项指标的检测结果，并在10秒内生成健康数据分析报告。与此同时，经过客户同意，这个数据还会通过后台传到"中国太平95589"公众号，为客户的健康管理提供参考依据，这种线上与线下的交互，才是真正的保险科技。

六、总结

传统营业服务厅已经不能满足保险公司业务发展、客户体验的需求。目前，营业厅柜面服务的机制已经严重制约了业务办理效率，一些诸如查询、保全、保单补发等低附加值、简单重复的业务占用了超过70%的处理时间，而客户自助体验、品牌营销宣传在营业厅的服务时间严重不足。因此，通过建立智能化的保险营业厅，配备智能服务终端、自助保单打印机、远程视频服务等自助机具，以智能自助服务取代网点柜员简单重复性的工作，提高服务效率、提升客户服务体验、降低运营成本。

作为业内首家完成智慧营业厅改造的保险公司，除了给行业传递了安全、高效、灵便、友善的新一代保险智慧营业厅所要具备的必要品质，还通过对业务系统的梳理改造，将最新的大数据、人脸识别、人工智能等技术应用于保险门店，是新技术应用于线下保险门店从而提升业务办理效率、客户体验的一个典范。

专家点评

随着大数据、移动互联、人工智能在保险业中的运用，智慧营业厅项目实现了保险门店的智慧化升级转型，太平人寿作为国内首个推出智慧营业厅项目的公司，解决了保险业长期以来人员冗杂、机制不通畅、客户体验感较低的"痛点"，在保险业具有开创性的意义。未来，保险业的营业厅应以为客户服务为中心，加强资源整合，避免重资产运营，以科技提升服务效率与客户体验，建设统一的大数据平台，让数据资源在智慧营业厅甚至是全公司、行业内流转。

太平洋产险"e农险"

◎ 中国太平洋财产保险股份有限公司

一、项目概述

中国太平洋财产保险股份有限公司（以下简称太平洋产险）充分意识到农险经营面临的诸多难题，提出用"科技"改变公司现有农险经营管理体系，成立"农险新技术应用项目"，即"e农险"。"e农险"体系使农险经营更加便捷、容易，使太平洋农险经营管理体系更加互联网化、科技化，实现"e农险，农险易"的理念。

"e农险"对于太平洋农险而言，并不是单纯的技术手段和技术工具组合，其意义在于打造先进的"经营管理体系"。这一体系包含四个核心内容：一是搭建移动平台，与IT系统实现对接；二是开发各类APP应用，符合移动应用属性；三是外围设备辅助，开发应用载体；四是业务流程再造，固化标准操作流程。

"e农险"打造了一种全新的业务流程模式，在业内首创了农险一键承保、一键理赔新模式，涵盖了种植险、养殖险、林业险三大险种的承保和查勘业务流程。大量融入了先进科学技术，如无人机、OCR、二维码、电子标签、3S、照片水印、移动网络、电子签名、拉卡拉支付、微信支付及人工智能等技术，可以极大地方便广大基层用户，也可以有效减少道德风险的发生。此外，"e农险"还十分注重挖掘科学技术的深入应用，使移动设备不仅能满足正常的承保、理赔业务，还提供有面积测量、水印相机、面积换算等通用性工具，一机多用。

通过"e农险"，现场业务员只需携带安装有"e农险"APP的安卓或苹果设备，即可进行现场信息的采集，无须携带相机、纸笔等物件，轻松、方便。对比传统方式的业务员返回公司或电话叙述的方式获得外出业务信息，现在通过"e农险"APP客户端可以直接浏览待办业务，速度更快，接受业务、处理业务全程信息化，业务流转速度大大提高。农险产品信息采集也更加全面、精准、高效，通过地理信息采集、水印相机等功能，大大提高了业务员现场信息采集的准确性，做到精准定位、信息全面、照片真实。

针对养殖业，使用二维码或电子芯片耳标，可判断出险标的是否在太保理赔范围内，通过业务员现场手持"e农险"设备，快速扫描即可确认，大大降低了造假概率，降低了赔付率。

无人机遥感影像技术的使用，在大灾或灾害发生后人员无法进入的区域，实现了可视化、智能化、地图化作业，无人机成像接入移动终端，使业务员在灾害现场能够畅通无阻。

二、项目背景及意义

（一）当前新技术发展及农险应用现状

目前，我国农业信息化已经取得了很大成

绩，但是与发达国家的农业信息化及我国城市信息化相比，还存在很大的差距，甚至可以说存在"数字鸿沟"。我国地域广阔、农户居住分散、政府投入少，信息化基础设施落后，农村有知识的青壮年大批外出打工谋生，从事农业生产的主要是受教育水平较低的人群，农村信息化人才缺乏，制约了农业信息化的发展。

农险作为分散和转移农业风险的有效工具，对于稳定农民收入、促进农业和农村经济发展具有十分重要的作用，其中承保和理赔环节管理粗放是当前农险经营管理中比较突出的几个问题，随着4G和移动互联网的快速发展，农险承保和理赔过程中信息快速传递、汇集的问题得到有效解决，但是因投保标的位置、承保面积、数量不明确带来的重复投保和骗保现象，以及查勘定损手段低效、成本高、理赔周期长及虚假理赔等问题和现象依旧没有得到很好的解决。

（二）太平洋农险新技术应用突破

自2015年在漯河市发布"e农险"1.0以来，连续5年持续发布了"e农险"2.0到"e农险"5.0。"e农险"1.0推出地理信息采集处理功能、电子芯片识别应用、无人机、测亩仪、水印相机和面积换算器等工具，实现农险按图精确承保和快速查勘定损；"e农险"2.0推出一键承保、一键理赔、建立风险区划模型实现信息数据实时共享等创新型手段，并进一步打通无人机航拍系统与"e农险"移动终端的数据互联，实现业务流程移动化、风险管控智能化和数据服务差异化；"e农险"3.0推出农险一张图、养殖险闪赔闪付、指数保险自动理赔、气象服务、风险地图、远程专家辅助定损、农户客户端、农险应用实验室、智慧农业平台等围绕以"技术服务客户"为发展方向，以"大数据与智能化"为引擎；"e农险"4.0推出生物识别、暴风系统、OCR客户信息采集、多人协助、航拍测亩仪等聚焦AI应用的功能探索和尝试；"e农险"5.0推出"e睿农""e智飞""e农视""农产保""价易赔""融e养""融e种"7个效率提升、应用生化、技术升级的产品，不断寻求太保农险新技术应用的再次升华。针对未来规划，太平洋产险按照"在用一批、开发一批、预研一批"的工作要求开展后续的工作。

三、项目重点解决的问题及主要创新点

技术创新是"e农险"建设和应用的基础，围绕"承保"和"理赔"核心环节，整合了多项核心技术，其中具有代表性的几项技术包括按图承保技术、水印相机技术、闪赔闪付技术、空间分布图制作技术、多源及多尺度查勘定损技术等。

（一）按图承保技术

在实际开发应用过程中，"e农险"充分考虑了农险的特殊性，即区域分布于广大的农村地区，针对山区路途曲折、遮挡、无信号等问题，"e农险"从多个不同的应用场景进行技术突破，其中包括：（1）混合定位技术。研发GPS、Wi-Fi和基站混合定位技术，在其中一种模式失效的情况，其他模式能够发挥作用。（2）地图缓存技术。研发按需缓存技术，满足偏远山区离线作业模式下，实现标的位置的采集和业务正常办理。（3）多场景采集技术。支持通过GPS采集；无法到达的区域支持手工插点；支持基于遥感解译、确权等渠道来源地块的农户指认。

（二）水印相机技术

农险行业中资料张冠李戴，以及验标和理赔

过程中照片混用时有发生，同时也存在被监管部门处罚的风险，"e农险"研发的水印相机技术，将多重信息集成在现场采集的照片上，包括时间、地点、来源、拍摄者、关键单件信息等，将这些富文本信息制作成水印，覆盖在照片上，利用这些富文本信息可以帮助审核人员判断照片的真实性，降低审核风险，从时间、空间上保证了照片的真实性和唯一性，很好地解决了承保、理赔影像资料真实性难以辨别的难题。

（三）闪赔闪付技术

传统养殖业保险理赔服务存在理赔流程手续烦琐、赔款到位周期长、客户服务体验差等诸多问题；保险公司存在风险管理难度大、业务操作效率低、保险服务成本高等问题；政府部门存在服务规范落实难、惠农政策到位难、监管风险难度大等问题。"e农险"闪赔闪付技术的推出从根源上解决了参与各方的"痛点"、难点，围绕养殖户理赔服务核心关切，依托新技术再造业务流程，减免传统模式8～10项纸质资料，实现了场景化即时理赔服务模式，实现理赔流程操作移动化和线上线下操作的同步，利用"e农险"终端即可完成查勘定损及影像资料的上传等全部理赔操作，取代了以前需要现场采集相关影像资料回公司后分拣选择再上传业务系统及定损理算等需在办公室才能完成的工作。正是通过操作的移动化、业务流程的再造，理赔时效从以往的20天缩短至现在的1小时；同时公司查勘人员的工作强度显著降低，服务能力得到进一步提升。

（四）空间分布图制作技术

农险验标、查勘过程中，验标、查勘地块四至图是部分地方银保监局要求必须提供的资料。而传统的方式是手绘地块位置四至分布图，在A4纸上绘制一个地块的位置分布情况，至少需要10分钟，"e农险"研发的地块空间分布四至图技术，能够在5秒内完成地块四至分布图的制作，极大地提高了工作效率。该技术实现了基于地图影像的地块空间分布四至图制作，该图件包括以下信息：绝对位置信息、相对位置信息、地块边界信息、地块面积信息、保单业务信息等。绝对位置信息是指地块四至点经纬度信息；相对位置信息是指图件影像背景上的地物、道路、地名等信息；地块边界信息是指地块边界线；地块面积信息是指地块面积数值；保单业务信息是指保单号、险种等信息。

（五）多源及多尺度查勘定损技术

为解决农险查勘定损难的问题，"e农险"采用卫星遥感、无人机遥感及手持移动终端共同组成的"天地空"三个尺度的、多方位立体的农险灾后查勘定损技术。其中大尺度采用卫星遥感技术、中尺度采用无人机遥感技术、小尺度采用移动采集技术。

大尺度解决大面积、大范围定损，卫星遥感影像具有覆盖广、多分辨率、多时相的特点，能够在灾害发生后第一时间采用卫星遥感技术对灾害区进行高空调查，让各分公司对灾害损失具有全局性把握，识别出的重灾区的和初步损失，对进一步查勘调度作出指导。

中尺度解决小范围定损，无人机遥感具有灵活机动、空间分辨率高的特征，能够在灾害发生后对重灾区的受灾情况做精细化调查，可以按村进行精确查勘，影像分辨率高，定损进度高。

小尺度解决按户定损，移动查勘定损具有携带方便和定位精确的优点，能够在灾害发生后快速到达现场，开展以户为单位的查勘定位，实现按户为单位的定损查勘，时效性强。

四、项目主要建设内容

"e农险"依托于强大的3S应用技术，并有效整合OCR、AI、支付等当前主流应用技术，为太平洋农险提供高效、便捷、优越的技术保障。

3S应用技术即将全球定位系统（GPS）、遥感（RS）技术和地理信息系统（GIS），根据不同的应用需要，有机地组合成一体化的、功能更强大的新型系统技术。在3S技术集成中，GPS主要是精准、快速地提供目标的空间位置，RS用于实时、便捷地提供大面积地表物体及其环境的几何与地理信息及各种变化，GIS则是多源时空数据的综合处理和应用分析的平台。农险业务主要包括应用遥感（RS）技术进行承保标的物识别；应用全球定位系统（GPS）进行承保标的物的精准定位与图像拍照；应用地理信息系统（GIS）进行空间计算和空间敏感数据脱密等。

OCR技术应用主要包括证件识别与验证。应用于农险业务中对客户资料进行收集和整理，减少人力工作量、降低操作失误率、提高成果质量。

AI技术应用主要包括奶牛头纹识别、无人机、拍照称重、电子耳标等。应用于农险业务中奶牛识别、无人机查勘理赔、病死猪拍摄测重等。

支付技术应用于农险业务承保交费和理赔赔付，以及其他涉及费用支付各环节。

五、项目效果

2017年以来，太平洋产险在北京、内蒙古、河南、浙江、宁波5个地区推进启动"e农险"应用示范点及实验室建设工作。

（一）河南养殖业闪赔

"e农险"闪赔模式实施以来，太平洋产险养殖业保险理赔时效大幅提升。以太平洋产险济源中支公司为例，2016年闪赔模式实施之前，济源中支公司解决案件6368件，报案支付时效为20.54天；自2017年闪赔模式实施后，截至2018年12月31日共解决案件31626件，案均报案支付周期为10天。同比缩短案件理赔时效10.54天，其中采用闪赔模式的案件16731件，案件占比为52.90%，案均报案支付周期为3.78天，缩短案件理赔时效16.76天；特别是针对养殖大户的闪赔实时到账案件15102件，案均报案支付周期仅为59分钟。

"e农险"移动终端与太平洋农险核心业务系统深度融合，实现理赔流程操作移动化和线上线下同步操作，利用"e农险"终端即可完成查勘定损及影像资料的上传等全部理赔操作，取代了以前需要现场采集相关影像资料再回公司分拣选择后上传业务系统及定损理算等需在办公室才能完成的工作。正是通过操作的移动化、业务流程的再造，理赔时效从以往的20天缩短至现在的1小时；同时公司查勘人员的工作强度显著降低，服务能力得到进一步提升。闪赔模式的成功也开启了"互联网+"场景化即时服务新模式，为投保农户带来极致体验，开创了农险行业先河。

在此基础上，太平洋产险还与合作方基于奶牛、生猪的大型数据模型，研究探索"奶牛头纹识别""奶牛耳号识别""生猪影像称重""猪的耳号识别"技术，实现标的的唯一性识别和信息的快速采集，这些技术融合到"e农险"的"e

键理赔"流程,将进一步提高生猪闪赔闪付体验。

(二) 宁波杨梅气象指数产品自动理赔

太平洋产险宁波分公司创新开发了杨梅气象指数保险产品。2018年共承保了慈溪地区1.7万亩的杨梅果园,为当地杨梅种植户提供了3425.6万元的风险保障。

2017年,太平洋产险宁波分公司即以杨梅降雨指数保险业务为对象,进行了气象指数保险智能理赔的创新实验。在慈溪匡堰镇杨梅种植基地安装了一套"e农险"物联网设备,主要是由雨量传感器和视频监控传输系统组成,结合"e农险"气象服务功能提供的气象数据,可以实时掌握当地降雨情况。

通过对降雨量的实时监控,"e农险"系统会按照条款设定,即当连续2天日降雨量达到10毫米以上,或者单日降雨量达到50毫米以上时,系统后台就会自动启动理赔触发值、自动计算赔付金额、自动检索客户账户信息,智能化地完成自动理赔。

本实验项目在2017年6月中旬的集中降雨期,成功实现智能化自动理赔,经人工校验,结果准确无误。2018年此模式已拓展至浙江、江西、苏州3个地区的3家分公司,都得到分公司及农户的积极反响。

(三) 基于OCR技术高效准确收集客户信息

2017年3月中旬,太平洋产险某业务员先在四川某村委会紧张地进行承保资料收集工作,他逐一核对农户的身份证、银行卡信息,并手工录入对应身份证号和银行卡号形成被保险人清单,然后驱车几十公里赶回公司,打开电脑并登录农险核心业务系统,将收集的承保资料信息导入系统,整个过程持续的时间周期长,投入的人力成本大。为了彻底解决这一突出问题,太平洋产险信息技术部整合图像智能识别技术,于2017年5月下旬在"e农险"APP上成功推出银行卡、身份证快速识别功能,即OCR识别,此项技术不仅能快速识别银行卡、身份证信息,还能实时认证银行卡、身份证、手机号、姓名四要素是否是唯一绑定的,彻底解脱了一线业务员烦琐的收集工作,现如今业务员只需拿着"e农险"APP,对着银行卡和身份证扫描,确认无误后,点击上报,承保信息(包含文本、影像)自动传输至核心业务系统,极大地提高了承保工作效率,保障了资料的真实性。自2018年初全国推广以来,通过OCR智能识别收集的客户数达412393人次,依托这些客户数据搭建起太平洋农险客户库,为太平洋农险承保工作保驾护航。

(四) 无人机不再是"空中的相机"

借助无人机的灵活性和可操控性,太平洋业务员可跨过山川石林精准验标或查勘,为承保理赔工作注入了极大的活力,然后通过"e农险"APP终端实时回传航拍影像入核心系统归档。这种模式完美地契合了监管要求和太平洋业务管理工作要求,但我们期望它能进一步解决更深层次的问题,于是在2017年初产险信息技术部联合农险事业部经过一段时间的研讨和设计,再经过大量数据的实验和验证,推出航拍测亩功能,顾名思义,即通过无人机采集的航拍影像可测算出对应航拍影像的实地面积,此功能结合图像采集和数学理论知识,为验标核实实际承保面积及查勘核定实际损失面积提供了完美的解决方案。目前,此功能已经全面应用于太平洋产险,实现科技服务保险，科技服务"三农"，得到一线业务员和农户的赞许。

六、总结

我国农险在积累几十年的试验实践基础上，形成了中国特色的政策性农险制度，特别是在这10年里，我国农险取得了非同寻常的发展。但是无论是在政策方面还是在经营方面，都存在许多问题亟待解决。随着"互联网＋"、大数据、人工智能技术的发展，必将引起保险业新的变革和发展，科技改变生活，科技同样也可改变农险。随着科技创新的不断推进，农险必将迎来新的发展，也为经营农险的保险公司带来新的挑战和机遇。

专家点评

"三农"发展作为国家重要战略，在促进普惠金融发展方面具有重大意义，而农业领域的生产经营风险以波及范围广、损害程度大的特征，在农险领域具有较大的挑战，也是农险领域未来重要的发展方向。财政部、农业农村部、银保监会和国家林草局联合印发的《关于加快农业保险高质量发展的指导意见》，从顶层设计上明确了加快农险高质量发展的主要目标。"e农险"项目是保险科技在农险领域的创新应用，以技术为突破点，打造了一整套经营管理体系，提升了农险领域从承保到理赔环节的效率。未来，可加强"e农险"项目在农业领域的深度拓展，针对不同农业领域进行相应技术的研发与相应产品的开发，打通农险领域的各个价值链环节。

太平洋产险"听风者"构建保险理赔防欺诈新模式

◎ 中国太平洋财产保险股份有限公司信息技术中心

一、项目概述

保险欺诈作为各国保险业面临的共同难题，损害诚实守信保险消费者的利益，侵蚀保险公司经营成本，甚至影响保险业健康可持续发展及社会诚信体系的构建。打击保险欺诈，既是贯彻党的十九大防控金融风险的需求，又是维护保险市场秩序和保障消费者合法权益的必要手段。

车险理赔欺诈越来越复杂、越来越隐蔽，为更加有效地识别欺诈案件，各家保险公司都在不断强化数据模型和业务规则等数据解决方案，太平洋产险"听风者"项目组敏锐关注到语音情绪心理特征识别技术将是更高效的非数据化反欺诈解决方案，率先投入生产应用。

二、项目背景及意义

公司目前的防渗漏策略主要是从事故时间、标的老旧、驾驶员是否为车主等属性设计规则，但这些都可能存在人为造假等情况。

欺诈新常态在不断推陈出新，怎么识别欺诈风险？声纹因其唯一性、不易篡改性、获取便利性等特点，可以提供一个新的防渗漏视野。将语音识别技术运用到理赔反欺诈领域，借力"情绪识别"等技术，通过搭建"95500接报案环节的事前系统自动侦测+疑案调查中的事后技术专家共商及社交网络分析（SNA）"双引擎风险管控模式，在接报案环节升级反欺诈话术、增加防渗漏策略，精准锁定疑点案件，并为个案定制调查策略提供有效线索和指导。

随着人工智能技术的日益发展，利用技术使从声音中提炼说话者的"情绪"指标成为可能，车险接报案中大量的真实录音文件为技术实现提供了基础的数据来源。

三、项目重点解决的问题及主要创新点

（一）项目重点解决的问题

该项目的上线是对公司现有反欺诈策略的有利补充，通过在接报案环节升级反欺诈话术，增加欺诈分子无感知的、不易防备的防渗漏策略，精准锁定疑点案件，事前发现疑点及时阻截，以不变应万变，为保险反欺诈带来了全新的视角。"听风者"产品不同于业内普遍采用生物识别解决身份确认的问题，也就是确认报案人是否是真实客户，而是运用语音情绪识别反欺诈，不拘泥于"冒名顶替"这一个欺诈场景，具有更为宽广的应用场景。这有助于筑牢公司风控防线，进一步降低综合成本，同时先进技术的运用对社会

不法分子也具有一定的震慑效果和挤出效应。

（二）项目主要创新点

目前，业内较多采用生物识别解决身份确认的问题，也就是确认报案人是否是我们的真实客户，但"听风者"产品运用语音情绪识别反欺诈，不拘泥于"冒名顶替"这一个欺诈场景，通过"智能风控"提升反欺诈能力，助力经营成本持续优化，具有更为宽广的应用场景；通过"AI+人脑"双引擎驱动，综合判断真实报案动机，同时与接报案系统、车险理赔系统、话务平台、短信平台、天眼平台实时对接，对疑似案件自动锁定发起调查，实时传递风险信息给第一现场的查勘员，以静制动、防患于未然。

四、项目主要建设内容

人类的语音都包含一个物理特性，如声音的频率、音速、振幅、音高及音准等特征。在不同语言环境下，所有人类声音发出的背后，与其心理因素是紧密相连的，会流露出相对应的情绪心理特征，通过发现心理特性与声音物理特性的联系，找到了"声音的情绪"。在声音的情绪中，会有7个基本特性：喜、怒、哀、沉、惊、恐、厌，而这7个特征就代表了从声音中所反映的心理特征。

基于上述原理，"听风者"项目对车险案件中不同欺诈点的情绪测试分析得出结论，并对不同欺诈点的录音进行反复训练，建立反欺诈模型库，并在生产环境中对实际车险报案录音进行不断训练和提升，研发了车险语音情绪识别反欺诈系统，该系统可以对报案数据进行预判。运营部门再安排语音专家对语音情绪识别系统识别后的信息进行审核，并撰写具有指导性的意见，保险公司短信平台将意见实时推送给查勘和调查人员，实现第一时间现场调查减损。

五、项目效果

"听风者"2018年1月开始陆续在太平洋产险分公司上线运行，截至2019年9月，已在16家机构推广，累计减损6000余万元，为太平洋产险挽回巨额保险损失，减少了保险消费者的分摊成本，降低了公司的赔付率，有效打击了保险欺诈行为，有力震慑了欺诈团伙。

六、总结

防控风险已成为金融系统工作的重中之重，反欺诈更是全金融行业的需求。通过情绪识别结合反欺诈，公司一是可以进一步精细化管理，精确识别和分散风险，集中应对风险案件、风险客户，实现正常案件、正常客户的高效提速服务；二是通过反欺诈应用减损追偿，助力公司经营成本管控，减少因虚赔、滥赔导致的成本推动型费率上升，保护合法合规的消费者利益；三是通过反欺诈落地，积累欺诈黑名单，建立行业通用风险名单库，对社会诚信体系构建的作用不可低估；四是向社会传递保险业追求诚信经营的决心和信心，维护行业形象和声誉，维护现代保险服务业的健康稳定发展，具有较强的推广意义。

专家点评

"听风者"产品将声纹识别等人工智能技术融入车险反欺诈领域,可以有效应对多场景欺诈的发生。车险反欺诈中,识别用户真实身份是最重要的环节,也是最难的环节。声纹识别技术的"动态"特征,使其不同于人脸识别、指纹识别、虹膜识别等生物识别技术,在反欺诈领域可以充分发挥"非接触式""远程识别"的优势。未来,可充分发挥声纹识别的安全性,通过加速拓展应用场景,积累声纹特征数据,以更好地应对保险领域的反欺诈风险。

太平洋产险构建"太睿保"智能车联网运营平台

◎ 中国太平洋财产保险股份有限公司

一、项目概述

保险公司作为经营风险的特殊金融企业，肩负着分摊损失、经济补偿、防灾防损等职能。一直以来，保险公司在事后的分摊损失和经济补偿上付出的较多，而事前的防灾减损职能却被忽略了。

在新时代的今天，保险公司需要承担更多的社会管理职能。因此，如何借助新科技、新技术、新模式做好各类业务的风险控制和管理，从根源上解决风险问题，回归保险本质，发挥"保险姓保"的保障职责，成为太平洋产险的探索创新目标。

太平洋产险一直在思索如何改变保险公司赌博式、选择式的传统延揽业务形式，而应从保险本质出发，应用先进的科技手段、风险管理方法，发挥防范风险、管控风险的作用，从根源上承担更多的社会责任，帮助企业提升安全管理，降低事故率和大案率，减少数以万计的家庭因交通事故而破碎；真正发挥"保险姓保"的保障职责、社会治理作用，成为社会发展的"稳定器"；不只在事故发生后发挥保险作用，更是在风险还在萌芽状态时消灭隐患。

"太睿保"平台的上线，标志着太平洋产险在车联网平台、模式、设备和运营等多个方面实现突破，为公司创建了基于车联网大数据的精准客户运营和降赔减损的平台，提升了公司的风控能力、竞争力及市场影响力。

二、项目背景及意义

太平洋产险是保险业内首家推出营运车风控管理业务的保险公司，从深圳分公司开始试点以来，无论从深度还是广度，太平洋产险一直引领营运车风控项目的开拓和发展。

太平洋产险以风控设备推广为契机，对外开展风控理念输出工作，有效地改善业务质量，最终促进了业务规模的发展。某大型物流国企与快递企业就是公司以保后风险控制促进业务量发展的典型案例。自公司首创风控项目以来，保险业内各主体纷纷效仿，开展类似风控工作，整个保险市场的活力进一步被激发，行业竞争层次也在不断升级，保险业的服务能力、创新能力得到持续提升。从引领行业发展的角度看，该项目在未来发展具有广阔的应用空间。

此外，太平洋产险还借助"太睿保"项目，探索出一条保险公司积极参与国家治理体系的成功路径，起到了良好的示范效果。以提供系列风控服务为切入点，深圳分公司团车部积极参与深圳危运行业监管工作，形成了一整套监管材料汇总报送流程，这一举措获得了深圳市领导的认可，成为"政企合作"的成功案例。随后，公司参与社会综合治理的广度不断加深，相继参与了泥头车行业、客运行业的监管活动，并在其中扮演三方风控咨询顾问的重要角色。"太睿保"项目是公司以风控服务积极参与社会治理工作的一次尝试，此次尝试帮助公司扩大了社会影响力，为后续更大规模的"政企合作"创造了有利条件。

三、项目重点解决的问题及主要创新点

"太睿保"作为太平洋产险唯一的车联网大数据平台，支持对接各类车联网设备的同时，打通车险核心系统和行业平台的数据连通，为车联网大数据分析、精算、理赔，以及新一代UBI车险产品的研发提供全面的数据支持。

"太睿保"作为公司自建的车联网数据采集、车辆监控、车队管理的智能运营平台，通过接入各类车载人工智能设备，可实现驾驶行为监测、危险驾驶预警、事故过程回放等多项风险干预及防控功能，为业内首个自主搭建并投入使用的保险车联网平台。平台以"科技减损"为核心，运用生物科技、图像识别、人工智能、大数据分析等技术，创新打造风控设备。"太睿保"可以自动抓取司机的不安全驾驶行为并实时上传至平台，风控专员进行及时干预，通过规范司机驾驶行为、保障司机的生命财产安全。"太睿保"改变了保险公司原有的经营模式，使业务回归保险本源，用专业降风险、加强管理，实现良性竞争，发挥防范风险、管控风险的作用；帮助企业改善、管理司机的行为，降低事故发生率，减少事故直接、间接经济损失，保护企业客户的社会声誉；减少道路拥堵，维护道路安全秩序；减少医疗、警力资源浪费。

此外，通过对接各类车联网设备，并与车险核心系统的数据对接，"太睿保"支持UBI车险产品的研发和落地，同时打造风险评估模型，为大数据精准从人的下一代车险产品的研发提供全面支持。

四、项目主要建设内容

（一）建设方案

公司的"太睿保"建设方案有以下几个方面。

1. 自建系统，实时完整地掌握所有车联网数据。

2. 建立自主的硬件接入标准，可支持多家厂商的终端接入。

3. 支持主动安全设备，结合AI人工智能技术降低车辆出险概率，降低理赔的概率。

4. 通过AI及大数据等技术手段，支持人脸识别、电子围栏等功能，可为业务多样化和差异化提供支持。

5. 提供支持各种终端的灵活配置，可满足不同业务类型的客户需求。

6. 提供车载视频录像设备的支持，实时监控车辆状态及驾驶员状况；可在发生事故或理赔时调取事故发生前后的视频，为理赔提供参考依据。

7. 搭建风险预警规则引擎，搭建由公司自主研发的行驶风险干预模型。

8. 提供数据分析仪表盘，让客户或企业实时掌握车辆的风险动态，达到督促车主提高安全

意识的目的。

9. 搭建风控运营体系，通过平台结合风控管理的方式，真正实现风险的预判和干预，管理风险，防患于未然。

10. 对接所有类型的车联网设备和平台数据，为 UBI 提供平台和数据支持。

（二）推动措施

公司的"太睿保"推动措施主要有以下几个方面。

1. 自上而下推动。从总公司、法人至车管、司机不断灌输安全生产第一的理念。

2. 回滚两年经营数据分析。回滚分析企业近两年的团车经营数据（赔付率、死亡率等），让客户了解业务情况。

3. 分析交通事故后造的损失。分析交通事故后造的直接和间接损失，提高安全意识。

4. 从企业利益的角度出发，通过对车辆数据分析为企业提供差异化的业务，降低驾驶行为规范的企业和驾驶员的费用，督促驾驶行为不规范的企业和驾驶员提高安全意识，规范驾驶员的驾驶行为，降低事故发生率，为企业降低运营成本。

5. 科技赋能。前端实时提醒司机，中端智能抓取危险驾驶行为，后端为企业提供管理平台和报表的功能。

6. 推动管理体系搭建。推动客户搭建培训、考核等管理体系，并设置专人专岗负责本项目。

7. 收集市场需求。收集用户对平台及设备的建议，不断优化，提供更优质的服务。

8. 紧贴国家政策。随着国家交管等部门对司机安全监控日益严谨，要求日益提高，公司同步优化更新安全功能。

五、项目效果

（一）规模及成效

1. 截至 2019 年 4 月 20 日，"太睿保"累积接入车辆"15000＋"台，行驶总里程"3 亿＋"公里，预警量"2000 万＋"次，对比同期未使用"太睿保"服务的其他营运车辆，出险率下降了 32.15%，死亡率下降了 15.38%，满期赔付率下降了 14.79%。

2. 规范驾驶员的驾驶行为，保障生命、财产安全，减少企业事故直接、间接经济损失，保护了企业社会声誉。

3. 通过创新的风控模式，以及新的展业工具，使业务人员的业务能力更专业，展业更有尊严，增加了个人业绩和收入。

（二）项目优势

1. 首个由保险公司自建的车联网平台。

2. 终端可扩展，制定平台接入标准，支持各类前端硬件。

3. 算法可学习，精准预警，减少骚扰误报，深度学习，迭代优化。

4. 方案可配置，根据不同业务场景配置不同方案，如盲区监测、疲劳检测、事故回溯等业务场景。

5. 搭建大数据平台和风险模型，为 UBI 提供平台和数据支持。

（三）项目荣誉

"太睿保"项目参与由深圳市政府金融办组织开展的"深圳市金融创新奖和金融科技专项奖"的年度评审工作。经过近半年时间的激烈评比，公司报送的"太睿保"团车业务风险管控项目从银行、证券、保险等全市金融机构所报送的100多个项目中脱颖而出，荣获"深圳市金融创新奖一等奖"，是本届一等奖获奖单位中唯一的保险企业。

（四）社会影响

1. 太平洋产险通过改变经营模式，回归保险本源，用专业降风险、强管理，实现良性竞争；为监管提供企业的抓手，成为社会发展的"稳定器"。

2. 据不完全统计，平均每年为客户挽回直接经济损失3000万元，从而促进全社会遵纪守法，提升地区税收、GDP，促进社会和谐发展。

六、总结

（一）遇到的难点

1. 企业担心成本增加。对承担流量服务费用有抵触，认为会增加成本。

2. 怀疑设备系统效果。安装设备后，不确定对企业所带来的风控效果及作用。

3. 货车司机抵触。司机认为设备监控侵犯隐私，从心理上抵触。

（二）经验总结

1. 重点时段监控。借助该平台重点监控凌晨2时至6时疲劳驾驶高峰时段风险。

2. 专人专岗负责。设专人专岗，"太睿保"系统监控室实行三班倒的24小时轮岗制度。

3. KPI考核制度出台。总部制定驾驶员KPI考核制度，并将"太睿保"设备使用规定纳入KPI考核。

4. 定期召开安全会议。全国各省区车管将"太睿保"系统纳入日常管理工作中，设立安全月并定期召开全国车队安全会议，加强宣导落实安全规范管理。

5. 培训体系搭建。定期组织安全培训，总结回顾出险的案例，内部分享安全运输经验。

专家点评

"太睿保"平台作为车联网大数据平台，运用生物科技、图像识别、人工智能、大数据分析等技术，可进行车联网数据采集、车辆监控、车队管理，是保险科技应用于保险业事前风险防范的重要手段。未来，可以以机构场景为基础，加大车辆的接入数量，加强与技术公司的合作研发，利用云存储技术，将车联网数据上云，进一步打通人、车、路各个环节。同时加大在智慧城市、智慧生活场景的拓展，注意用户数据和隐私保护的安全问题，确保不损害消费者权益，不触碰法律红线。

平安养老"智慧理赔"

◎ 平安养老保险股份有限公司

一、项目概述

随着"互联网+"时代的到来,保险科技突飞猛进,保险市场、客户及案件量持续增长,平安养老保险股份有限公司(以下简称平安养老险)积极探索创新技术在保险场景下的应用。在此背景下,平安养老险开展的"智慧理赔"项目于2019年正式落地。

为了解决保险业理赔共有的通病——理赔慢、理赔烦、理赔难,项目通过智慧录入、智慧审核和智慧调查的建设达成"智慧理赔"整体目标。

智慧录入。智慧录入包括如下内容:(1) OCR图像识别。利用平安科技图像识别技术,只需几秒即可将图片识别为结构化数据,结合平安养老险自动审核系统,实现案件理赔全流程自动化,给客户极速理赔体验。(2) 医院数据直连平台。通过自动化测试和定制化赔付模式,实现医院快速上线、案件自动录入,减少辅助录入环节的人工投入,简化客户理赔操作流程,提升理赔时效和客户体验。

智慧审核。通过搭建系统化、智能化风控模型,进行完整的客户风险画像,将风险管控由事后前置到事中,并通过责任定义场景化,实现自动审核,真正做到省成本、提时效、稳品质。

智慧调查。打造全新的平安养老险调查系统,通过引入结构化数据库、平安云平台、定位追踪、第三方合作机构及平台、大数据可视化等技术,实现无纸化、信息化移动作业,以及网络化、数据化云端监控,保障调查服务时效。

二、项目背景及意义

为了解决传统理赔运营模式下"慢、烦、难"的痛点,利用理赔海量数据的先天条件,平安养老险力图通过科技赋能,提升理赔效率,简化客户理赔流程,改善理赔服务品质。平安养老险开展"智慧理赔"项目包括智慧录入、智慧审核和智慧调查三个模块。

智慧录入。OCR图像识别录入与医院数据直连互为补充,提高案件录入效率,针对"理赔慢、理赔烦"的"痛点"下功夫。

智慧审核。针对"理赔慢、理赔难"的"痛点",系统通过责任定义场景化、录入规则精细化、风控规则系统化,实现案件自动审核代替人工审核,对于系统判断仍需人工审核的案件,系统也通过风险画像、智能数据库、智能对标、搭建系统化、智能化风控模型,以系统辅助提示方式帮助审核人识别审核风险点,提高人工审核质量。

智慧调查。制式化调查模板、调查路径管理、智能调查预警,升级平安养老险调查服务,针对"理赔慢、理赔难"的"痛点"作出突破。

三、项目重点解决的问题及主要创新点

"智慧理赔"项目针对并力争解决的问题是保险业理赔环节所共有的以下三大通病。

（一）"理赔慢"

理赔核心环节及决策流程过于依赖"人"的专业经验，案件增长与人力不足，导致"理赔慢"的产生。

1. 案件增长。平安养老险"好福利"APP自助理赔方式被广为接受，当前平安养老险自助理赔占比达到85%，理赔案件量基本保持每年持续20%的增长速度；相应地，保险理赔调查案件量也以每年20%的幅度持续上涨。

2. 人力不足。理赔录入、审核、调查人员数的增长跟不上案件增长，并且随着理赔申请类型的细分，各种理赔材料繁多，导致理赔录入、理赔审核和理赔调查环节需要投入的人力增加，但是人员技能和经验参差不齐，案件疑点及提调思路依靠个人经验，信息查询不易且人工作业查询量大，不易实现标准化操作。

因此，亟须通过智慧录入、智慧审核和智慧调查提升理赔作业产能，减少案件人工处理环节、加快理赔作业时效。

（二）"理赔烦"

理赔材料烦琐，收集资料的时间较长。保险理赔申请类别多样，主要包括意外伤害医疗、疾病住院医疗及重大疾病、身故、残疾等理赔申请，不同类别的理赔申请需要准备不同的资料，很可能存在理赔申请人漏交、少交某些材料的情况，以至于客户需要多次重复提交才能提交完整的申请资料，导致客户体验差。"智慧录入"模块医院数据直连平台的建设，简化了直连医院客户的理赔材料，实现"让客户少跑腿、让信息多跑路"，一定程度上缓解了"理赔烦"状况。

（三）"理赔难"

由于缺乏跨行业的合作机制，理赔过程中涉及的其他机构或部门，如医院、公安部门没有为保险理赔提供证明的责任和义务；缺乏相应的信息共享平台，如同业公司、社保等信息难以共享，增加了理赔调查的难度；欺诈手段层出不穷、调查手段过于传统、作业经验迭代缓慢；传统作业模式精度低，资源投放缺乏数据支撑，调查品质管控不足；调查外出作业耗时长，调查主管难以远程管控，案件处理缺乏有效的系统监测和调度。理赔调查处理流程复杂、缓慢所导致的"理赔难"问题成为当今行业性的挑战，影响理赔服务质量。因此，项目通过"智慧调查"升级平安养老险理赔调查服务。

四、项目主要建设内容

为了解决保险理赔服务"理赔慢、理赔烦、理赔难"的问题，项目通过以下三个模块的建设实现"智慧理赔"的整体目标。

（一）智慧录入

智慧录入模块，包括所引入的OCR识别技术及医院数据直连平台的建设。

1. OCR图像识别。通过引入OCR创新智能图像识别技术，只需几秒即可将图片识别。为结构化数据，所识别的结构化数据通过系统自动化规则设置可信度标识，并自动录入理赔系统，按照可信度标识实现OCR图像识别。OCR图像识别结合平安养老险已有的产品规则简化、自动审核系统，实现案件从"理赔受理—影像扫描—理赔录入—理赔审核—理赔结案"全流程自动化，给客户带来极速理赔感受（见图1）。

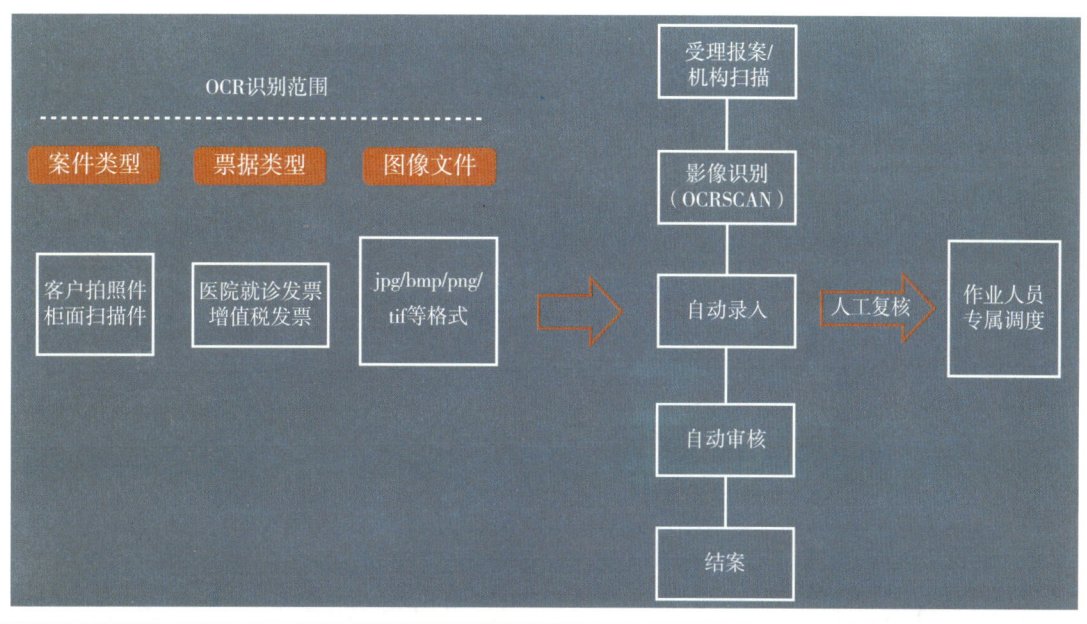

图 1　OCR 图像识别流程

OCR 图片识别的录入方案实现，主要包括以下三个部分内容：

（1）OCR 引擎。所引入的 OCR 引擎，是通过计算机视觉和深度学习技术，定制化训练开发的图片识别模型。通过图像规正、图像增强、关键点特征定位等技术定位字段；通过分流模型识别字段，实现图片转化为结构化数据。

（2）可信度设置。满足以下四种条件的一种或几种，设置为可信度高，具体按照实际发票类型调整：OCR 引擎的两种模型识别结果一致；识别字段的置信度高；符合发票票面规则；与医疗字典比对信息一致的。

（3）复核提示。针对数据的可信度高低，设置录入人员的复核规则：可信度为高的数据，在理赔系统录入环节无须录入人员再复核；可信度为低的数据，在理赔系统录入环节的页面上标色提示人工复核。

通过以上流程设置，确保 OCR 技术应用在提高理赔录入环节效率的同时，减少录入的人为失误，保证数据的准确性。

2. 医院数据直连平台。通过直连时三种定制化赔付模式和直连前自动化测试两个部分，完成医院数据直连平台建设。

（1）直连时三种定制化赔付模式。

一是快速赔（通用模式）。此种模式可适用于任何案件、任何医院、任何人、任何类型的保单，通过"就诊医院 + 就诊日期"的维度主动调取医院平台的就诊信息，实现案件的自动录入，减少辅助录入环节的人工投入。

二是极速赔（标准模式）。如医院传输时效快，且在授权后医院愿意主动推送数据，可升级为录入环节实时调用，或者医院将就诊信息主动推送至好福利平台供客户勾选申请理赔，该模式基于医院推送的数据，无须提供病历及发票材料，为客户提供了便利。

三是主动赔（终极模式）。客户无须申请操作，其就诊结算主动推送数据至公司，主动生成案件并自动录入及自动审核，全程自动化结案，该模式无须提供任何申请材料,时效高,体验好,减少了人力成本,增强了公司的竞争力。

(2)直连前自动化测试。平安养老险作为数据使用方,为了确保所获取的直连数据的准确性,对每家对接医院都要进行数据质量测试。为提升医院数据质量测试的效率,构建了一个自动化验收工具解决医院接入的测试效率问题。通过医院传输的数据经过自动录入后,获得录入信息与真实案件对应的信息进行比对,对比对结果进行判断并形成验收报告,根据信息字段的关注度高低进行重点提示,便于人工重新核定。

(二)智慧审核

通过搭建系统化、智能化风控模型,将既往事后审计中发现的"串联风险点、对标参数"作为审核参照依据嵌入系统,事中提前干预,更及时、全面地进行风控管理(见图2)。通过责任定义场景化,实现无人工自动审核(见图3)。

图2 智慧审核模型架构

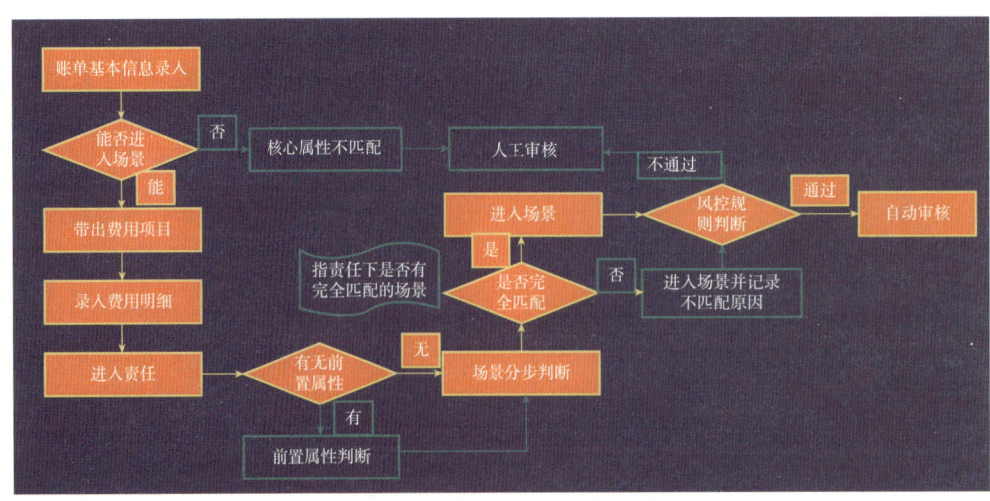

图3 自动审核案件流程

1. 风险画像。3类8项信息完整描绘"客户形象"，提高信息查询效率及准确性，给予以下精准的风险提示：

（1）个性信息，包括保单/个案特殊信息点提示、公民身份信息查询结果提示、妊娠期/哺乳期状态提示。

（2）历史信息，包括既往提调记录、既往协谈记录、历史理赔数据分析（病种、频次、金额）。

（3）风险信息，包括诚信欺诈风险提示、过度医疗风险提示。

2. 智能信息库。优化底层信息库结构、填补数据缺漏，一方面，通过植入校验逻辑，输出风控预警；另一方面，通过内置查询链接，提高作业效率。

（1）药品库，增加禁忌用药校验及用法用量提示，管控非适应症用药及超量用药风险。

（2）诊疗库，体外信息转移体内，实现自动扣费，提高作业效率。

（3）疾病库，精准梳理红色疾病库、增补4类适应症校验（男/女/老/幼）、植入专科疾病校验（牙科、中医），有针对性地管控冒名顶替及过度医疗风险，同时推动自动化审核。

（4）票据库，各地特殊票据规整及模板化展示，植入体内查询链接，个案自动匹配特殊票据，提高查询效率及票据辨识准确性。

（5）条款库，规整各类条款，植入体内查询链接，替代各种路径体外查询，提高作业效率。

（6）伤残鉴定机构库，增加鉴定机构资质信息，减少协谈咨询量，提高作业效率。

3. 智能对标。搭建医疗对标模型，加强历史理赔数据运用，应用Hadoop技术，对海量历史数据进行数据清洗和处理，形成分地区、分类别/级别医院，分性别、分年龄段，分门诊及住院各类疾病的发生率、一次就诊费用、住院天数的均值等模型；在个案、个人、个客群、个地等维度，建立多维客户画像，实现智能风险管控。

4. 自动审核。通过建立责任定义模型，在核保端实现责任定义场景化。理赔端针对责任定义模型制定辅助录入规则及风控规则，对满足条件的低风险案件实现免人工审核，即自动审核通过，高风险案件通过风控规则拦截，进入人工审核流程。提高作业效能，在人力不增的情况下应对案件大幅增长，结合智慧录入，实现理赔全流程线上化，无人工参与，做到真正意义上的省成本、提时效、稳品质。

5. 年度理赔报告。以保单为单位，输出年度理赔报告，提供保单赔付率走势及时效状况，提供均值对比。统计分类赔付清单、申请频次分布、集中就诊医院及疾病、分析诚信欺诈风险及影响自动化的因素。促进业务共管，提供续保收费依据及产品改善建议。

（三）智慧调查

利用先进的IT技术平台，打造全新的平安养老险调查系统，通过引入结构化数据库、平安云平台、定位追踪、第三方合作机构及平台、大数据可视化等技术，实现无纸化、信息化的移动作业，以及网络化、数据化的云端监控，保障保险调查服务的时效，同时利用大数据分析驱动风控预警，可视化图像观测和决策，助力实现"智慧理赔"的风控模型。

1. 建设结构化数据库。针对调查作业标准不规范、精准作业不到位、品质管控不足等状况，利用结构化数据库，对调查作业模式进行系统升级，由传统手录作业模式调整为结构化数据标示。通过标准化调查作业规则，对保险产品、保险责任、欺诈风险、作业场景等操作节点整合，实现标准化提调、制式化录入和撰写报告；同时实现重疾、意外伤残、疾病身故、意外身故等案件自动生成标准化调查规划，全面掌控重案、疑难的风险排查。为大数据分析提供数据标示和风险因子，同时对"智慧理赔"提供全方位的保障。

2. 搭建移动调查平台。强化远程作业管控、提升调查作业效率，利用移动终端操作技术，搭建调查平台，减少调查相关人员的沟通成本和重复劳动，利用网络定位、GPS 定位技术，对外出作业的人员和案件处理情况即时获取和追踪，勾画作业路径轨迹，执行远程作业调度和管控，方便调查任务在多个关联方中快速流转，实现调查作业标准化分析模式，提升作业效率，树立公司专业品牌形象，提升客户满意度。

3. 引入平安云 IOBS "音视频"存储技术。加强调查证据管控，提升公司理赔风险控制能力，通过引入平安云 IOBS "音视频"存储技术保存调查证据"音视频"文件，减少传统保存的硬件冗余、故障、传输中断、容量限制、超负载等问题发生而导致的证据材料丢失，另通过虚拟化技术和平安云加密服务，实现云上数据隐私加密，有效优化调查证据管控，降低骗保案件的发生率，保证客户应有的权益，同时防范虚假理赔的风险，提升公司应对理赔风险的能力。

（1）实现云享 E 通技术对接。通过云享 E 通技术对接，实现调查系统的远程病历调阅、区域医院核查。经客户授权后精准定位客户就诊医院，获取诊疗相关材料，同时将客户居住地、工作地、出险地附近的医院进行自动清洗、分析，提升整体调查时效，减少外出时间损耗，集中调查人力处理疑难、重大案件，提升理赔风控的精准度。

（2）大数据可视化管理。传统风控管理依托"数据报表"制订人员管理、调查作业、财务管理等风险管理计划，但报表涵盖的风险点和涉及的场景有限。为确保平安养老险业务稳定持续发展，充分发挥公司领先的管理能力，提高业务市场竞争力。引入 ECharts 技术实现 oracle 数据库可视化管理、作业人员多维化、自主化操作和分析，极大地降低了分析预判的难度；对传统报表通过数据算法重组集群，转为图表、仪表盘、导航仪和统计图展现进行监测，既降低了数据分析的难度和耗时，也直观地挖掘和洞悉潜在风险，提供更好的风控管理决策。

五、项目效果

本项目通过智慧录入、智慧审核、智慧调查模块升级理赔全流程，提供全方位优化客服理赔服务体验。客户打开平安养老险"好福利"APP，随时随地申请理赔服务，医院数据直连主动赔模式下，客户无须提供任何申请材料；作业人员登录理赔系统，在系统录入和系统自动化审核功能辅助下，在加快赔付效率的同时减少错赔漏赔；调查人员打开移动调查平台，实现无纸化、信息化的移动作业，方便快捷地完成调查取证，提升调查时效。

（一）智慧录入

截至 2019 年 8 月，智慧录入案件覆盖率为 25%，累计已完成 93 万件案件智慧录入，录入费用为 4 元/件，减少理赔申请材料的数据录入费用 4 元/件 × 93 万件 = 372 万元。其中，OCR

图像识别与医院数据直连平台贡献分别如下。

1. OCR 图像识别案件覆盖率为 20%，自 2018 年与平安科技合作以来，2019 年 4 月起已陆续上线上海门诊发票和增值税发票 OCR 识别，累计已覆盖 40 万件案件 OCR 图像识别录入，日均案件量为 3700 件。

2. 医院数据直连案件覆盖率为 5%，自 2017 年 11 月上线以来，已支持 209 家医院数据直连，覆盖北京、上海、深圳、广东、江苏、浙江、天津等 22 个省和直辖市，累计已覆盖 53 万件案件医院直连录入。

医院数据直连的经典案例如下：2019 年 8 月 1 日，协和医院与平安养老险北京分公司、首信医联建立合作，快速上线直连平台，并于 8 月 8 日完成就诊患者挂号、就诊、结算、商保报销支付全流程验收。平安养老险北京分公司两位企业客户员工分别挂号，就诊眼科、口腔科，体验整个就医流程，运用商保结算支付，最终分别以 20 秒（自动审核）和 10 分钟（人工审核）完成患者在医保结算后的商保理赔报销。此次与北京协和医院的直连成功，是平安养老险的创新科技应用的体现，得到了客户和院方的高度肯定和称赞。

智慧录入模块的落地，结合已有的产品规则简化、自动审核系统，实现案件理赔全流程自动化，给客户带来极速理赔感受。为客户提供更便捷、更个性化的服务的同时，提高了公司影响力和知名度。打破保险公司和医疗机构之间的信息壁垒，加快保险作业中心案件处理速度，提升理赔时效，为更多客户提供优质的服务体验。

（二）智慧审核

目前，智慧审核案件覆盖率为 100%，后台配置 191 条自动审核规则、9 个风控场景、38 个理赔风险点管控，完成 4 大类信息库 8 万余条信息更新和维护，月均系统触发高风险提示案件占比为 3.6%，助力案件品质提升；自动审核有效节省审核人力，缓解时效压力，部分案件实现理赔"秒赔"。

自 2018 年至今，自动审核代替人工审核案件数达到 534 万件，按单件可节省成本 2.6 元计算，累计节省了 1388.4 万元。

智慧审核实际案例有以下几个：

通过海量历史数据建模，充分利用数据资源。利用每年 1000 万件以上的海量历史理赔数据，提取共性因子，搭建医疗对标模型并对比基准，最终输出有效的医疗对标提示。实际案例见案例 1。

实现标准化的系统审核流程，推动以智能替换"人工"审核。通过填补数据漏洞、更新数据信息，植入系统自动检验逻辑，增设系统预警的方式，实现常见医疗合理性的自动判断及禁忌症/禁忌用药的自动校验。实际案例见案例 2。

实现作业人员操作简化，化散为整。通过原来分散的提示信息和查询工具已整合，提示信息整合，满足避免易错易漏的情况发生，减少人力损耗的同时，提升客户满意度。

实现提调流程标准化，简单必调案件自动提调，复杂提调案件由系统引导提调。实现系统替换"人工提调经验"，提高案例处理效率。

智慧审核模块的落地，是平安养老险在繁杂理赔数据中不断探索的成功尝试。通过系统化、智能化的方法梳理、提纯数据，平安养老险力图在审核环节实现系统对每个理赔事件精准的引导，将人工从机械化重复劳动中彻底解放。秉持不惜赔、不滥赔的专业态度，通过风控智能化、标准化，大幅度减少人工误操作导致的"冤假错案"，既提高了客户对理赔质量的满意度，也提升了平安养老险的品牌形象。

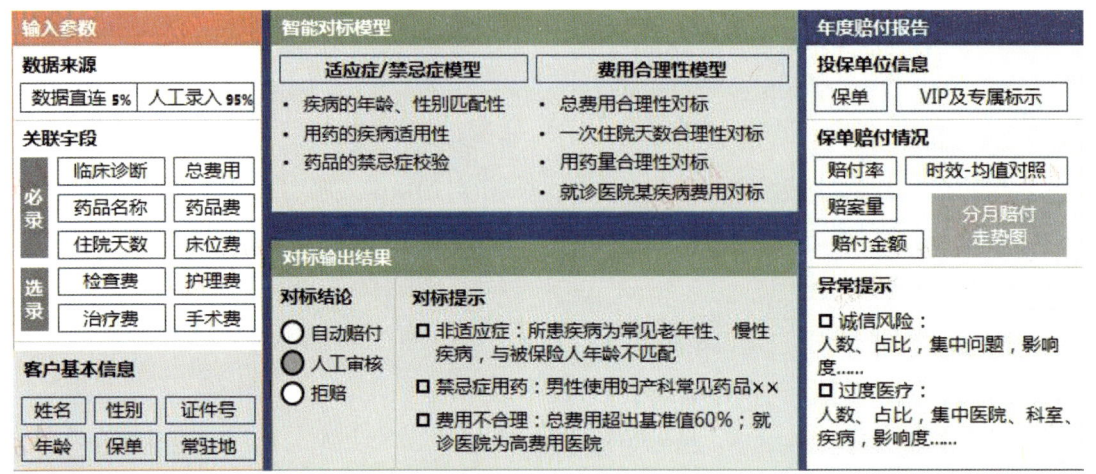

案例1　数据运用→事中拒付止损（多度医疗/保险欺诈）→促进业务共管→续保收费依据及产品改善建议

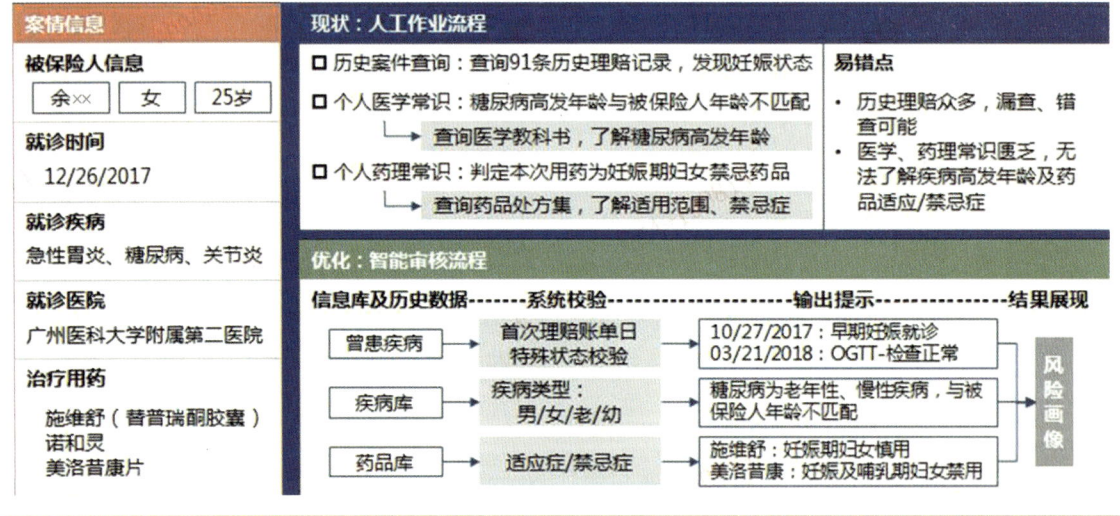

案例2　以智能替代人工→减少对人工医学常识的依赖→事中拒付止损（冒名顶替、虚假就诊）

（三）智慧调查

智慧调查通过系统技术改革，助力调查团队减少外出作业和远程排查耗时，实现远程监控、即时调度、风控预警、提前介入，对于进一步控制调查人力增长、提升高质量的反欺诈作业具有重要意义。

1. 节省调查人力费用660万元。理赔调查案件的件均人力费用275元，自2018年上线以来，调查案件增幅达到4.4万件，节省调查人力费用275元/件×44000件=660万元。

2. 调查案件应用覆盖率为100%。智慧调查模块搭建的理赔调查系统和移动调查平台服务于平安养老险全体调查人员，应用于全部理赔调查案件，2018年影响至少10万~20万客户的理赔案件。

3. 时效提升明显。调查人员通过移动调查平台作业和远程病历调查，及时响应客户理赔调查服务，降低排查时间损耗，在有效防范虚假资料理赔风险的同时，加快处理疑难、重大案件，整体时效提升明显。从2018年至2019年6月，理赔调查人均产能由原来的40件上升至50件，产能提升近20%；五个工作日调查时效达到73.36%，时效提升5%。

智慧调查模块的落地，标志着平安养老险自身调查专业化能力的提升。通过标准化流程管控、证据留存及第三方信息接入，平安养老险理赔调查实力向调查全流程标准迈出了一大步，标准化的调查服务，有效提升了客户体验。

六、总结

智慧理赔项目，是平安养老险响应"互联网＋"时代的一次全方位升级理赔流程、全面优化客服理赔服务体验的创新技术应用。项目所应对的问题，是整个保险业面临"理赔慢、理赔烦、理赔难"的行业通病；项目所引进的技术，OCR图像识别、医院数据直连、大数据、GPS定位、云端存储、可视化管理等，是"互联网＋"时代的领先创新技术。本项目是平安养老险以技术创新与保险业问题碰撞的成功尝试，提升了理赔效率，简化了客户理赔流程，改善了理赔服务品质，提高了客户服务水平；降低了运营成本，有效地管控和提升了品质，提升了业务水平和行业竞争力；简化了操作及工作流程，大幅提升了用户体验，大大增加了日常业务的开拓与发展。因此，平安养老险的智慧理赔项目的成功，树立了养老险公司的理赔服务标杆，推动整体保险业在"互联网＋"时代理赔服务不断提升的良性循环，通过优质的理赔服务提升整体行业形象。

作为一家有着强烈社会责任感的保险公司，平安养老险肩负着发展经济和促进社会进步的双重使命。通过不断调整和创新企业发展之路，平安养老险会继续打造高质量的理赔服务品牌，提升服务水平，造福于客户，更造福于社会。

专家点评

"智慧理赔"项目通过引入OCR图像识别、医院数据直连、大数据、GPS定位、云端存储、可视化管理等技术，从投保、理赔和保全等保险业务和服务全流程上进行创新，提升了理赔效率。理赔作为保险业距离客户较近的环节，是客户体验感受最直接的业务领域。未来，应通过构建开放生态，加强与医院、公安、交通等多场景的连接，以提升客户体验为目标，使保前风险识别、保中风险管理、保后理赔支持三个关键环节形成闭环，促进理赔环节的智慧化。

平安健康智能理赔"E秒赔"

◎ 平安健康保险股份有限公司

一、项目概述

2018年,平安健康险正式推出"E秒赔"(智能理赔)项目。通过人工智能、大数据等技术手段,在业界首次实现理赔全程无人工,最快60秒内结案。保险客户申请理赔时,随时随地在手机端拍照上传即可,有效地提升了理赔体验。

"E秒赔"实现了保险业内的四个第一:第一家使用OCR技术完全替代人工录入;第一家实现全字段AI智能对码;第一家实现基于AI算法的医保精准扣费;第一家实现基于大数据的智能风控替代人工审核。

该项目应用了大量智能技术手段,包括影像脱敏、影像分拣、影像解析、语义分析、智能对码、智能风控、医保精准扣费、智能审核等技术手段。其中,智能对码、智能风控、影像分拣、医保精准扣费为平安健康险独有的核心科技,拥有自主知识产权。"E秒赔"实现了数据颗粒度最细化、数据可读性最高,风险控制最好,审核最精准。同时,将目前科技前沿最尖端的大数据挖掘、人工神经网络技术、光学识别技术,与平安健康险以往积累的数据优势和专业领域知识相结合,创造了可以媲美专家的无人工理赔审核系统。让客户体验智能科技带来的极致服务,大幅提升了公司运营效率。

二、项目背景及意义

(一)政策推动健康险发展,国家对保险金融创新提出更高期望

随着近年来国民经济的进一步发展,国务院于2014年提出了"构筑保险民生保障网,完善多层次社会保障体系"。国家"十三五"规划要求,切实增强保险业自主创新能力,积极培育新的业务增长点。支持保险公司积极运用网络、云计算、大数据、移动互联网等新技术促进保险业销售渠道和服务模式创新。大力推进条款通俗化和服务标准化,鼓励保险公司提供个性化、定制化产品服务,减少同质低效竞争。推动保险公司转变发展方式,提高服务质量,努力降低经营成本,提供质优价廉、诚信规范的保险产品和服务。

在国家政策的大力扶持下,健康险业务犹如雨后春笋竞势发展。随着"税优"计划的推出,越来越多的老百姓认可健康险的重要性,医疗险保费持续性增长,同时带来的是理赔案件量激增。推出具有各自特色的保险产品是保险公司必须走的道路,个性化产品标准化服务看似矛盾,其内在的实质就是掌握更多、更精细化的数据。

(二)理赔时效的更高要求、客户体验追求完美

监管部门印发了《保险小额理赔服务指引

(试行)》，在该政策引导下，各保险公司都对提升理赔时效下了大力气。但随着日益增长的案件量，传统的作业模式已达"瓶颈"。同时保险业普遍面临客户年末医保结算前的高峰期，老百姓对理赔的时效要求会更为迫切，采用老办法增员、加班已无法解决这一难题。

保险同业为了提高理赔时效纷纷推出线上理赔，以期缩短交单到录入的时效，但录入的耗时仍在理赔过程中占有较大比重，各公司在录入环节难以科学配置人力。由于理赔自身的特点，在一年中存在高峰期与低谷期，高峰期的两三个月需要处理全年50%以上的案件量，全员加班有时仍无法保证理赔的时效。低谷期配置了过多的录入人员，又容易出现人力资源的浪费。随着理赔量的激增，保证现有的时效都难以为继，如何求新突破？只有采用科技才能解决这个困难，人工智能替代是一条必须要走的道路。

（三）中国广袤的地域、复杂的票据形成了健康险医疗理赔的困局

我国地域广阔，各省、直辖市、自治区之间至今未形成统一的医疗管理模式，不仅各省市之间的发票样式、尺寸、规格、收费明细都存在巨大差异，就是同一个城市的不同医院之间，其开具的就诊票据也是五花八门、千奇百怪。仅就上海一地举例，公立医院就存在两种制式的正规发票，此外武警医院、部队医院、厂矿医院、私立医院的样式更是举不胜举，这仅是以发票举例，扩展到就诊病史各医疗机构的单据更是千人千面、少有雷同。面临如此纷繁复杂的票据和病史，如何实现高效、准确地采集理赔有效信息，并进行准确扣费，一直是很多保险公司都难以逾越的一道鸿沟。

（四）百万医疗走红，保险公司的风控压力激增

自2016年以来，各家保险公司纷纷推出百万医疗险产品，这类高保额高免赔额的医疗险，一经上市即引起了市场的高度关注。随着百万医疗险的持续升温，保单赔付率成了各大公司的一块"心病"。保险公司如何降低各种逆选择和滥用的风险，更好地维护那些诚信高品质客户的权益，为更多的老百姓提供一份保障好、性价比高的保险是各家保险公司的终极目标。

三、项目重点解决的问题及主要创新点

该项目取得了保险理赔行业内的三大突破，即智能、高效及精准，克服并解决了行业共性的"痛点"问题。

（一）无人工录入，数据颗粒度细、准确率高

平安健康险从实际业务"痛点"出发，结合先进技术的优势，秉承"技术为业务服务，业务以客户体验为优先"原则。"E秒赔"项目采用了无人工的理赔模式，针对录入的各种问题，采用OCR解析替代人工录入，将就诊发票与病史上的关键信息全部解析转化为数字化的信息，一改过去人工录入受制于录入人员数量、学历、经验、认知等因素的影响，可以统一标准地输出高颗粒度、高精度的理赔数据。同时AI的算法让过去以"天"为单位的时效缩短为"秒级"，OCR解析并发量可实现每秒处理上万张图像，扩展运能只需要增加服务器就可实现。

（二）智能对码完美解决了数据标准化的难题

OCR解析后的精密数据是一笔财富，但如

何使用一直是业内比较头疼的难题。平安健康险结合自身多年的大数据经验，采用 AI 算法、语义分析等工具，自主研发了智能对码的系统。传统理赔对于客户就诊的诊断只能做到简单的数据录入，所见即所录。因为字段不是标准化的，导致数据统计时根本无法整理出有效高质的结果。如采用人工对码，仅诊断一个字段，录入人员就要熟悉几十万个 ICD 代码，深奥的医学知识不是每一个录入人员都能在短时间内掌握的。智能对码在海量历史数据的基础上，通过 AI 智能学习建模完成了多字段智能对码，从根本上实现了数据的标准化问题。

（三）首创医保自动扣费算法让复杂的发票不复杂

全国各地的医疗就诊发票样式不一，如何能将就诊费用中不属于保险责任范围内的金额扣除，一直是各大保险公司头痛的问题。操作人员很难熟练地掌握全国各地的医保政策，在较大的工作强度下更容易出现差错，造成多赔、漏赔，既影响了保险公司的声誉又降低了服务体验。平安健康险立足于 OCR 提供的明细数据，采用 AI 算法与知识库规则结合的方式，基于算法输出置信度最高的结果，采用了自动扣费算法替代人工扣费，可以将过去几十年总结、归纳、收集的医保结算政策和票据内容很好地结合在一起，输出标准化作业结果，整体提升了理赔质量，同时大幅提升了作业的时效与准确率。

（四）智能风控模型胜过人工审核

人工审核改为无人审核，最大的难点就是管控住各种风险。一方面，智能"E 秒赔"借助 OCR 解析后得到的高颗粒度的数据基础，摆脱了过去理赔完全由审核员根据自身医学知识审核经验判断的限制；引入了大数据建模得到的科研成果，对理赔案件进行全方位风险判断控制；对于不同疾病进行编组，建立了不同的风险控制模型，为保险的最终核责提供依据。另一方面，根据各种保单责任，同步开发了自核理算系统。该系统针对各种理算规则、责任适配、免赔额、阶梯赔付比例、公共保额、责任免除灵活设置了数千条配置规则，并结合风控结论实现了零风险的无人工审核，既整体把控了风险，又减少了不必要的调查，有效地控制了风险，缩短了时效。

四、项目主要建设内容

秒级赔付的顺利实现离不开大量的尖端技术赋能及平安健康险多年的数据积累，"E 秒赔"项目背后蕴含以下几项智能黑科技。

（一）OCR 脱敏及解析技术

该技术可完整代替人工录入环节。客户在 APP 理赔端无须录入任何就诊信息，如医院、医疗费等信息，只需上传影像资料，即可通过 OCR 图像识别技术在极短时间内完成影像资料向结构化数据的转换。传统的人工录入只能对理赔资料的少量信息做采集，OCR 则是对整单票据的信息做解析。在脱敏后，将票据上的内容全部转为结构化的数据，可提供更细致颗粒度的信息，极大地扩充理赔录入字段的精细度。细颗粒的信息不但可服务于保险公司开发个性化的自核理算系统，加快理赔时效，还可为风控分析、产品开发、精算定价等提供更有利的数据依据。此外，OCR 解析具有线性计算的优势，可在内存和服务器硬件支持的条件下同时对大量客户的就诊资料进行解析，利用云计算技术，读秒计时，解决了原有的人工录入排队处理的问题。

（二）智能对码技术

通过平安健康险自主研发的语义分析、神经网络算法，可自动将单纯的结构化数据转化为符合理赔应用的标准化数据，从而为实现理赔风控及智能审核奠定了扎实的基础。

（三）智能风控技术

通过大量的标准化、结构化的精细数据，应用 AI 算法建立了多个智能化风控模型，为理赔审核、费用控制等提供有力的支持，让极致的理赔服务不仅体现在速度上，还体现在赔付精准、信息安全上。相对人工会发生错误，不同操作人员的能力会出现非标准的结果，全程无人工的结果可保持一致性，可输出高精度的标准作业。此外，通过反复的学习，AI 具备了可以媲美专家的分析判断能力，加上计算机原有的巨大信息储备能力，智能审核系统面世，有力推动保险理赔风控走向新高度。

五、项目效果

平安健康险智能"E秒赔"上线以来，已完成超过2万件全程无人工的理赔案件，累计解析历史案件15万余条，完善各类基础信息近千万条，节省理赔作业人力20余人。在节省人力的同时理赔服务质量上了一个新的台阶，理赔时效从平均2天缩短至5分钟，最快案例34秒结案，风控模型同期减损超过1000万元，真正实现了又快又好的目的。

自项目上线以来，迅速获得同业及大众的认可，客户在申请理赔时只需简单拍照上传资料、无须任何手工填写，简单便捷。申请成功后理赔到账速度可达秒级，完全颠覆了以往大众对理赔的认知。良好的效果引起多家主流媒体的关注，对于智能"E秒赔"的创新进行了大量报道。"E秒赔"项目已申请了多项国家发明专利，并喜获2018年度"中国保险行业信息化创新项目奖"。

六、总结

保险秉承的是最大诚信原则，最好的服务方式就是把握好与客户的每一次接触。未来 AI 将更加深入地融入社会大众生活的每一个细节。理赔的发展趋势一定是向数字化、自动化、智能化转变的，随着中国保险业的快速发展，客户对保险服务的要求也越来越高。智能"E秒赔"可最大限度地解决不断增长的人力成本和客户对服务时效需求之间的矛盾，这种领先的理赔技术如推广至全行业，每年直接成本节约可达数十亿元，潜在的风控及客户体验价值则更为巨大。

未来，平安健康险希望通过智能"E秒赔"技术的持续迭代和升级，重新定义理赔，让智能"E秒赔"技术成为行业的标准作业模式，给大众带来更好的健康保险服务体验的同时，也将推动保险业更快发展。

专家点评

底层技术融合是未来发展的必然趋势，以智能化方式推动健康险改革，使产品更加理解市场需求、更加贴近用户，是未来健康险创新发展的应有之义。平安健康公司的"E秒赔"项目顺应了我国金融科技发展的大趋势，在保险科技领域作出了落地方案。下一步或可考虑推动精密数据上云，开放端口，加快解决更多数据字段标准化的问题；扩大本项目技术应用，尤其是智能对码系统的研究方法和思路，对健康险之外的险种进行差异化尝试，提升整个保险业务效率。与此同时，也要注意智能化本身可能带来的风险问题。

平安医疗健康案件欺诈预测模型在人身险案件理赔中的应用

◎ 平安医疗健康管理股份有限公司

一、项目概述

目前国内保险科技正处于快速发展阶段，其中大数据、云计算技术相对比较成熟，人工智能发展速度较快，相关技术被广泛应用于销售管理、运营管理、客户管理、风险管理等多个业务环节，在助力行业解决经营"痛点"、创新业务模式、提高效率、降低成本和提升客户体验等方面，发挥了积极作用。本文对平安医保科技借助于人工智能技术开发的"人身险理赔案件欺诈预测模型"及其在某寿险公司实际理赔业务中的应用做一个总结和汇报。

二、项目背景及意义

平安医保科技是平安集团旗下大医疗健康领域的核心成员。公司的定位是"中国领先的全方位赋能医疗生态圈的智慧科技公司"。2018年初成功进行A轮融资，估值88亿美元，在国内大医疗健康及大数据独角兽公司中排名第一。公司具有行业领先的大数据分析、智慧商保、医保控费等解决方案。自2018年6月起，某寿险公司和平安医保科技开始合作探讨人工智能技术在理赔风控场景的应用，某寿险公司负责提出业务需求及提供过往理赔数据，平安医保科技商保事业中心、数据驱动中心负责理赔案件欺诈预测模型（FIRM–F）建设、模型训练及优化，该项目先后投入25人，在2018年12月完成1.0版本，模型整体AUC达到80%，模型筛选出0.5%的高风险案件，提调阳性案件准确率达到81%。2019年1—3月开始在某寿险公司试用，共有510247个案件使用该模型进行风险判断，提示高风险案件2446件，调查后发现有1962个案件为欺诈案件，与模型训练结果相符，达到预期，可以正式使用。4月正式接入核心业务系统，为理赔人员提供案件风险提示参考，效果显著。

（一）反欺诈的重要性和紧迫性

2014—2018年，健康险原保费规模复合增长率为35.3%，2019年上半年健康险实现原保费收入3976亿元，同比增速为32%，已经超过车险的3966亿元，成为第二大险种。我国目前经营健康险保险的公司有149家，其中69家财险公司，经营健康险情况不佳，综合成本率接近104%，6家专业健康险公司只有平安健康、人保健康处于盈利状态，高速增长的背后，难掩行业整体高赔付、难盈利的尴尬困境。

根据国际保险监管者协会（International Association of Insurance Supervisors，IAIS，又称国际保险监督官协会）测算，全球每年有20%～

30%的保险赔款涉嫌欺诈。2019年上半年健康险赔付支出为1020亿元,预计全年超过2000亿元,其中涉嫌欺诈的金额为400亿~600亿元。随着信息传播技术的发展,保险欺诈风险日益凸显,并呈现出专业化、团伙化等特征。如何构建科学有效的反欺诈体系,已成为亟须解决的问题。2018年2月11日,中国保监会发布了《反保险欺诈指引》,文件强调保险机构要利用大数据分析、云平台等技术以及风险信息库和历史档案等数据,构建规则、模型、欺诈网络分析等针对个案或团伙欺诈的智能识别系统。

（二）人工智能的发展及其在保险业的应用

人工智能相关技术主要包括自然语言处理、机器学习、神经网络、机器视觉、语音技术等,目前这些技术基本都在保险业得到应用,如某寿险公司使用智能客服代替传统人工客服,泰康保险将人工智能技术与医学知识、保险业务紧密结合,开发认知核保系统,协助等TPA公司把OCR技术用在票据录入环节,不少保险公司把人脸识别用在核保、理赔环节进行验真。

三、项目重点解决的问题及主要创新点

（一）保险业风险管控的三大"痛点"

保险公司业务风险包括投保风险、承包期风险、核保风险、理赔风险、保全风险等类型,其中核保风险和理赔风险尤为突出,具体如图1所示。

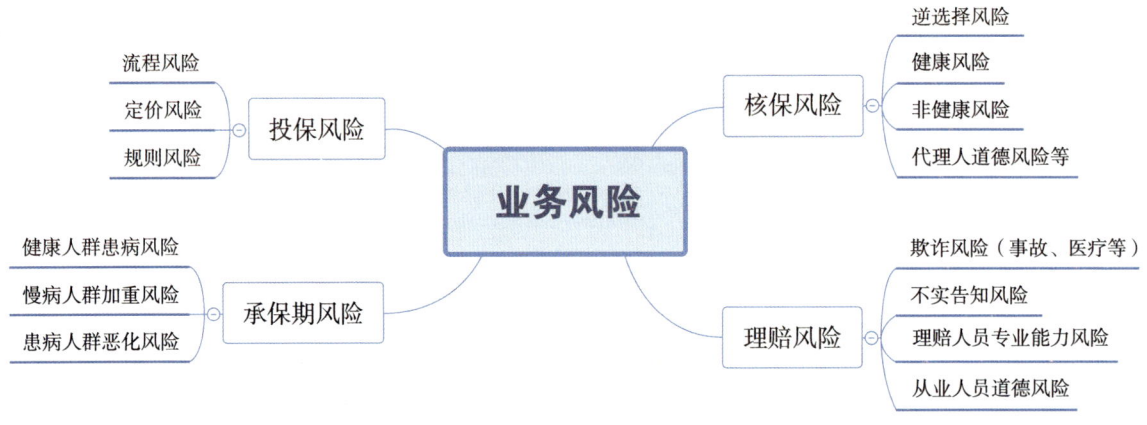

图1 保险公司业务风险分类

当前,保险业风险管控面临以下三大"痛点":欺诈手段呈现出专业化、多样化及团体化特征,更难甄别和发现;依赖人工,成本高、效率低、易失误、道德风险大;医疗和保险业数据信息割裂导致风控效果不佳。

（二）保险业风险管控的三个发展阶段

以信息技术应用为主要特征,保险业风险管控经历了传统风控阶段、数字风控阶段、智能风控阶段,这三个阶段的特征分别为"人工审核+经验判断""简单规则+事后稽核""智能预

警+多维核验"（见图2）。

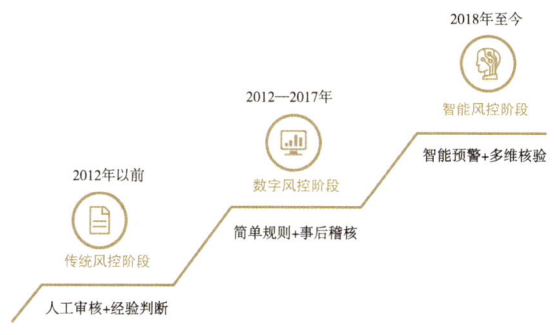

图2 保险业风险管控经历的三个阶段

智能风控阶段的核心是基于人工智能相关算法，从历史案件中学习欺诈案件风险特征，以"电脑"协助"人脑"自动进行一系列风险管控操作，从而准确快速、全面有效地实施各业务环节的风险识别、风险评估、风险预警和风险处理，降低风险管理成本、提升客户体验、优化风控效能。

本项目旨在借助大数据建模及人工智能机器学习技术为理赔环节的风险管控提供能力增强服务，在风险得到管控的同时提高理赔案件自动化水平。将大数据及机器学习用在理赔风控环节，有个别公司也在进行探索，平安医保科技借助于平安集团30多年保险业的积累及公司行业领先的技术水平，此次建设的案件欺诈预测模型是行业典型案例，也代表业界先进水平。

四、项目主要建设内容

案件欺诈预测模型包含一个主模型"欺诈模型"及一个辅助模型"费用预测模型"。

（一）"欺诈模型"

"欺诈模型"通过案件的数据特征结合业务规则、方法能够从案件、人员、医疗序列等信息中抽取多阶特征，通过特征清洗、衍生、重要性评估、筛选组合等方式来构造业务规则树，并结合品控策略等进行辅助判断。随着标签样本不断增多，通过监督型机器学习LightGBM方法进行样本强化训练。

LightGBM是一个梯度Boosting框架，使用基于决策树的学习算法。它可以说是分布式的、高效的，具有以下优势：更快的训练效率；低内存使用；更高的准确率；支持并行化学习；可以处理大规模数据，与常见的机器学习算法对比，速度是非常快的。

"欺诈模型"利用360多万件真实理赔案件，根据业务规则以及现有数据特征整理出100项特征进行训练，利用LightGBM模型特性筛选出对欺诈案件识别有帮助的50项特征。

（二）"费用预测模型"

"费用预测模型"采用ANN人工神经网络回归模型对数据进行训练，将医疗保险、商业保险报销案件中就诊人员的年龄、性别、诊断、治疗方式、医院、住院时长等对于医疗费用有影响的20多个维度放入模型中进行训练。模型在测试数据中获得不错的效果。测试数据的R-square为0.5226，绝对偏差率MAPE为0.4888。

ANN人工神经网络回归模型有如下优势：

（1）高度的并行性。ANN人工神经网络是由许多相同的简单处理单元并联组合而成的，虽然每个单元的功能简单，但大量简单单元的并行活动，使其对信息的处理能力与效果惊人。

（2）高度的非线性全局作用。ANN人工神经网络回归模型是由大量简单神经元构成的，每个神经元接受大量其他神经元的输入，通过非线性输入、输出关系，产生输出影响其他神经元。网络就是这样互相制约、相互影响，实现从输入状态空间到输出状态空间非线性映射的。网络的演化遵从全局性作用原则,从输入状态演化到终态而输出。从全局来看,网络整体性能不是网络局部性能的简单叠加,而是表现为某种集体性的行为;电脑遵从串行式局域性操作原则,每一步计算与上一步计算紧密相关,并对下一步产生影响,问题是通过算法逐步进行处理的。

(3)良好的容错性与联想记忆功能。人工神经网络通过自身的网络结构能够实现对信息的记忆,而所记忆的信息存储在神经元之间的权值中。从单个权值中看不出所储存的信息内容,因而是分布式的存储方式,这使网络具有良好的容错性,并能进行聚类分析、特征提取、缺损模式复原等模式信息处理工作。人工神经网络具有十分强的自适应、自学习功能,可以通过训练和学习来获得网络的权值与结构。

在应用方面,模型采用云部署,对外提供标准 API 接口,保险公司把个人信息、案件信息、就诊信息、保单信息等内容作为模型的输入参数,模型的输出为风险等级、风险评分,风险等级为 5 个等级:高风险、中高风险、中风险、低风险、正常,风险评分为 1000 分制。模型的准确率通过调查的阳性结果进行校验,5 个等级的调查后阳性比率见表 1。

表 1 ANN 人工神经网络回归模型 5 个等级的调查后阳性比率

风险等级	提调准确率(%)	风险分区间
高风险	91.9	[580,1000]
中高风险	56.8	[550,580]
中风险	13.6	[520,550]
低风险	4.4	[455,520]
正常	0	[0,455]

五、项目效果

自 2019 年 4 月在某寿险公司正式上线以来,运行 5 个月,取得了明显效果,主要表现在以下几个方面。

(一)减少赔付支出

共调用模型 1018029 次,提示高风险 3539 件,中风险 6438 件,中低风险 12392 件,低风险 28381 件,其余为正常案件。对于提示为高风险的案件,调查后确认 2831 件,涉案金额为 8500 万元。

(二)增强提调水平

之前提调比例约为 10%,调查后确认为阳性的约为 15%,存在以下两个问题:一是调查比例过高;二是调查后确认为阳性的案件比例过低,浪费了大量调查费用。而使用模型后,提调比例降为 5%,大幅降低调查人力及调查费用,实现精准提调。

(三)提高理赔效率

对于中低风险且额度较低的正常案件可以自动通过,不需要人工干预,相比之前的使用规则和人工进行理赔风险控制,自动化率可提升10%,大幅提高了理赔效率,享受快速赔付的赔案由10%提升到25%,优化了客户体验。

下一步公司将会开发关联分析模型(业务员、医院、客户、地区等维度关联),找出异常关联关系,发掘出窝案、串案等团伙欺诈,与案件欺诈预测模型配合,让风险无处躲藏,欺诈渗漏率进一步下降,达到2.5%。

六、总结

人工智能的出现,使机器替代人类进行高精度的自动化作业成为可能。而基于图片识别、生物识别、情绪识别等人工智能技术,以及区块链技术的创新应用,保险的风险管控将更加智能化。风险预警和风险管理的方法手段,逐步由"纯人工"向"智能模型"演变,机器学习和深度学习的深入应用,使风险识别的精准度更高、更有效。

平安医保科技和某寿险公司合作建设的案件欺诈预测模型将会引领和推动保险业智能风控的发展与落地,与全行业一起借助于大数据、人工智能技术构筑起风险管控的防火墙,让欺诈无处可逃。此外,平安医保科技以推动智能科技在保险业应用为使命,计划开发更多适应行业需求的智能科技产品,在保险产品设计、风险管控、TPA服务、理赔自动化等方面全方位赋能行业,推动"保险 + AI"在更多业务场景落地。

专家点评

近年来,健康险保费收入增长较快,但随之而来的是结构性问题越来越突出。如何使用金融科技底层技术消解健康险快速发展的结构性问题,是各大保险公司发展的重要课题。平安健康公司重点采用人工智能技术构建反欺诈预测模型,且采用分布式技术全面提升模型效率,是一种比较有前瞻性的做法。未来,人工智能的神经网络模型创新发展速度会逐渐平稳,平安健康公司或可考虑引入区块链的分布式技术,全面提升模型运作效率。另外,在加快部署反欺诈的同时,平安健康公司应加速推动人工智能等相关技术与保险业务之间的融合,提供更多"保险 + AI"实践探索。

壹账通基于智能定损和风控技术的车险理赔及服务平台

◎ 深圳壹账通智能科技有限公司

一、项目概述

基于智能定损和风控技术的车险理赔及服务平台项目，由深圳壹账通智能科技有限公司（以下简称金融壹账通），依托平安集团30年专业经验及技术积累实现落地。构建车险理赔及车后服务两大平台。

1. 车险理赔平台。车险理赔平台包括车物定损、人伤定损、反欺诈等，覆盖从报案调度、查勘定损、核损核价、理算核赔到结案支付的理赔全流程，帮助保险公司缩短理赔周期、提升理赔减损。通过AI图片识别、车险理赔风控模型、自动理算引擎等核心技术的研发与应用，实现理赔自动化、智能化，将定损效率提升至秒级，赔付时效缩短至10分钟，帮助保险公司降低理赔成本，提升服务效率和客户体验。

2. 车后服务平台。车后服务平台包括智能公估调查、智能救援等，帮助其提升运营效率，提高服务水平，降低综合成本。通过整合与共享线下合作伙伴服务资源，搭建一站式O2O服务平台，利用AI派单调度、AI作业质检、智能查勘定损等技术创新，为中小保险公司提供全程在线可视、智能化管理的公估调查服务和救援服务管理平台。

截至目前，已有超过30家保险公司、10余家救援机构，10余家公估机构、保险公会与金融壹账通合作，项目的建设方案得到客户和行业的普遍认可。

二、项目背景与意义

（一）车险业发展趋势及关键"痛点"

2018年，我国的汽车保有量已经达到2.4亿辆，且以每年超10%的速度不断增加。巨大的汽车保有量催生了一个广阔的市场——汽车保险业务。车险业务随着中国汽车市场的发展高速扩张，已稳居财险第一大险种，2018年保费收入超过7800亿元。但是，财险公司平均综合成本率却高达100.1%，车险业务处于行业性亏损的状态。

一方面，市场上经营车险业务的财险公司中，近82%面临承保亏损，中小保险公司形势更为严峻，综合成本率高达109.0%，超过60%的中小财险公司面临亏损局面。高综合成本率是由高赔付率和高综合费用率造成的，2018年，财险公司综合赔付率达59.4%，部分中小保险公司赔付率甚至超过60%，而其中隐藏的欺诈损失和渗漏损失预计高达10%。如何解决车险赔付中的欺诈和渗漏风险，有效降低赔付率，成为车险企业扭亏为盈、改善绩效的重中之重。

另一方面，当前中国市场上经营车险业务的财险公司超过 60 家，产品高度同质、市场竞争激烈，各大保险公司需要通过产品与服务创新的方式获取更多的客户。例如，提升理赔环节的客户服务、缩短理赔时效与查勘等待时间、扩大服务网点和范围覆盖；提升对于车主的全方位服务，包括提供道路救援、移动充电等增值服务，都成为保险公司建立差异化市场竞争能力的关键。如何通过技术手段改善服务，建立端到端、"线上+线下"的服务能力，是各大车险公司近年来不断探讨的重要方向。

而且车险业除有众多保险公司参与外，其全流程环节中也涉及众多的第三方服务商，如公估公司、调查公司、救援公司、修理厂、4S 店等机构。由于中国国情及历史发展原因，第三方服务商质量参差不齐，虚假刷单、拖欠账款、欺骗客户等事件频发，对保险公司及广大车主带来巨大困扰。如何通过统一的平台、利用技术手段对第三方服务商进行有效的管理与监督也成为车险公司客户服务的重要课题。

（二）国内外保险科技发展与应用

科技在保险业的发展和应用经历了三个阶段，2014 年互联网保险出现之后，尤其是 2017 年 8 月保险科技被保监会正式提出，互联网保险受到前所未有的关注，行业迎来爆发式发展（见图 1）。保险业成为继银行业在 FinTech 赋能下进行自主变革之后，另一个正在推进技术变革的体量较大的行业。

科技是推动创新企业的原动力，保险业吸引了人工智能、大数据、云计算、区块链等新兴科技的进入。人工智能逐渐应用于客户身份识别（人脸识别技术、声纹识别技术、微表情研究等）、投保、承保、核保、核赔、理赔、客服等业务流程环节，简化录入功能，降低恶意投保等风险；大数据已运用于保险产品开发及核保、营销、管理等方面；云计算可以承载大量的保险产品和用户数据，以低成本快速实现系统及应用平台优化升

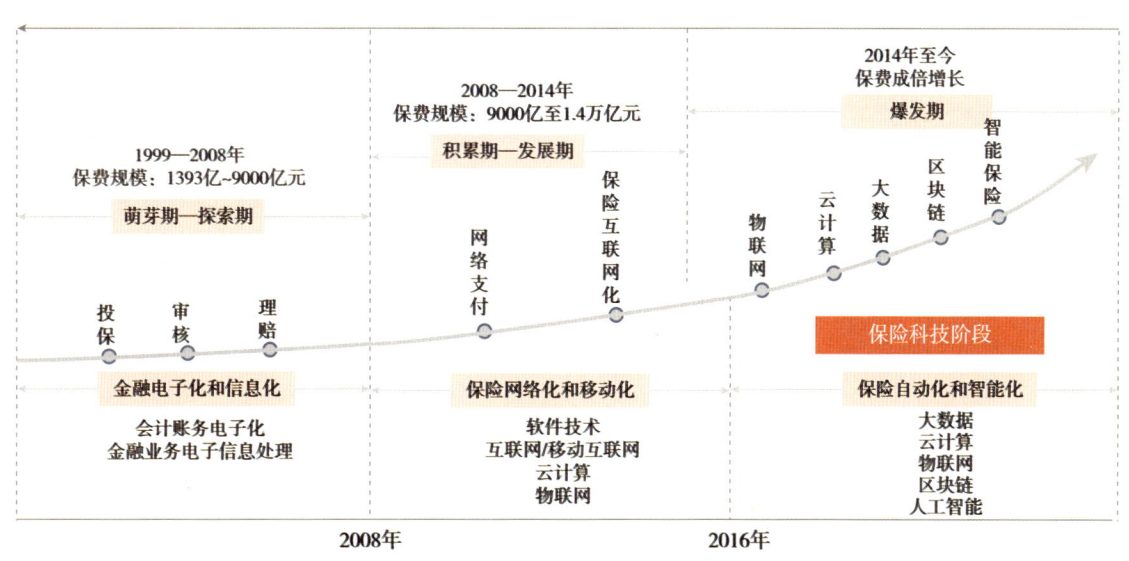

图 1　科技赋能保险发展历程

级；区块链正探索运用于客户信息管理等方面。

如同金融科技对银行业的业务模式重塑，保险科技也正在改变原保险业的五大环节，包括产品、营销、承保、理赔及运营环节（见图2）。

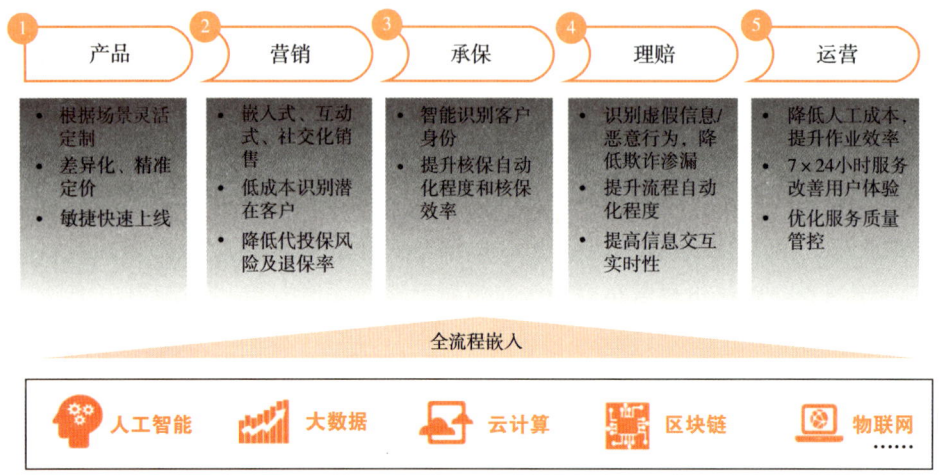

图2 保险科技赋能保险业全流程

（三）项目对行业发展的意义

金融壹账通车险理赔及服务平台致力于解决车险行业理赔与服务方面的诸多"痛点"，为行业带来"三升一降"四大价值，即提升客户体验、提升运营效能、提升风险管控和降低理赔成本。

1. 提升客户体验。帮助保险公司进行客户分层，并针对不同风险级别的客户，结合人工智能和大数据的技术解决方案，提供线上直赔、远程定损、极速查勘等个性、秒级的理赔服务；同时，通过理赔全流程平台系统的输出，助力保险公司提供流程环节简化的标准化理赔服务。

2. 提升运营效能。通过系统解决方案输出，帮助保险公司搭建完善的总部和机构管理机制。通过"标准化数据库＋人工智能审核"的技术解决方案，对机构作业进行统一管理，减少人为干预，节约总部和机构人力与运营成本。同时，通过人工智能手段对救援、公估等第三方作业进行全自动、全覆盖的过程管控，大大降低保险公司运营投入，提升管控。

3. 提升风险管控。通过识别和建立参数化的风险因子，对车险理赔实现全流程自动化风险警示，杜绝内外部理赔渗漏；健全风控体系建设，形成事前预防、事中监控、事后补救的完整风控体系。

4. 降低理赔成本。通过组建车物定损、人伤定损的标准平台（"数据＋系统"），使简单案件通过系统、平台的标准化手段进行控制，降低理赔过程中的欺诈与渗漏损失。同时，图片智能定损等解决方案通过全自动化、自助化的理赔，最大限度地降低查勘等成本。复杂案件则通过专家团队及合议机制控制成本。

三、项目重点解决的问题及主要创新点

保险业传统查勘定损、核损核价方式耗费大

量人力、物力，且欺诈和渗漏风险高发，理赔成本较高，导致保险公司盈利困难；第三方服务商缺乏统一管理，存在虚假刷单、欺诈客户等现象，亟须重点整治。

金融壹账通理赔及服务平台通过建立标准数据规则库和规则模型加强风控，可实现理赔智能化、降低理赔成本；整合和管控第三方资源、提升服务质量。通过为保险公司和第三方服务商赋能，并最终改善广大车主用户体验。

一方面，车险理赔平台通过 AI 图片识别、风控模型、自动理算引擎等核心技术的研发与应用，帮助实现理赔的自动化和智能化，使定损效率提升至秒级，赔付时效缩短至 10 分钟，并帮助保险公司降低理赔成本。

另一方面，智能车服平台通过整合线下合作伙伴服务资源，搭建一站式 O2O 服务平台，利用 AI 派单调度、AI 作业质检和智能查勘定损工具等创新技术，为中小保险公司提供全程在线可视、智能化管理的公估调查服务和救援服务管理平台。该平台能够提升第三方服务机构的服务品质，改善车主用户体验，并帮助保险公司实现理赔风控减损的最终落地。

车险行业"痛点"及金融壹账通解决方案见图 3。

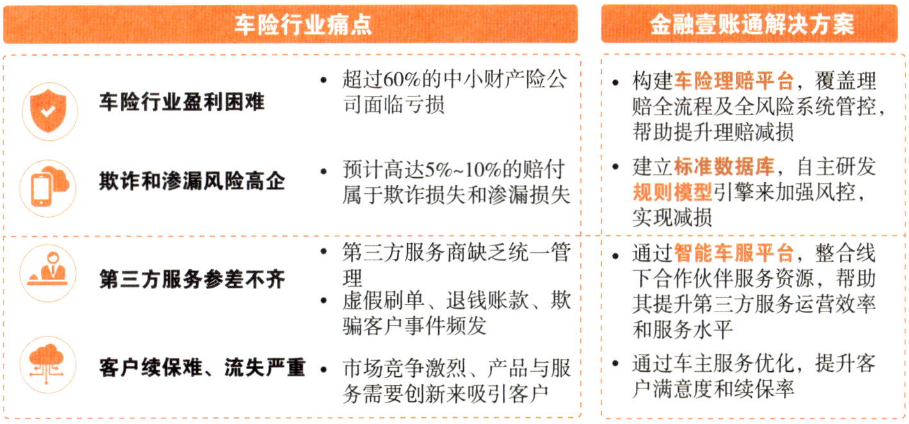

车险行业痛点		金融壹账通解决方案
车险行业盈利困难	超过60%的中小财产险公司面临亏损	构建**车险理赔平台**，覆盖理赔全流程及全风险系统管控，帮助提升理赔减损
欺诈和渗漏风险高企	预计高达5%~10%的赔付属于欺诈损失和渗漏损失	建立**标准数据库**，自主研发**规则模型**引擎来加强风控，实现减损
第三方服务参差不齐	第三方服务商缺乏统一管理；虚假刷单、退钱账款、欺骗客户事件频发	通过**智能车服平台**，整合线下合作伙伴服务资源，帮助其提升第三方服务运营效率和服务水平
客户续保难、流失严重	市场竞争激烈、产品与服务需要创新来吸引客户	通过车主服务优化，提升客户满意度和续保率

图 3　车险行业"痛点"及金融壹账通解决方案

四、项目主要建设内容

依托平安集团 30 年在财险方面的专业经验及技术积累，基于智能定损和风控技术，构建了车险理赔及服务两大平台，提升了保险公司的风险管控能力，降低了成本，提升了服务效率和质量，改善了广大车主的用户体验（见图 4）。

（一）车险理赔平台

车险理赔平台产品覆盖理赔全流程及全风险系统管控，能帮助保险公司缩短理赔周期、提升理赔减损。由智能车物定损、智能人伤定损和智能反欺诈等模块构成。

1. 智能车物定损模块。智能车物定损包含定损底层信息库、反渗漏规则、车定损可视化操作页面，可为中小保险公司搭建并提升车定损作业效率，降低作业成本。核心技术图片定损不断优化，可提高后台识别率，增加前端智能拍照指引、360 度视频定损等功能。

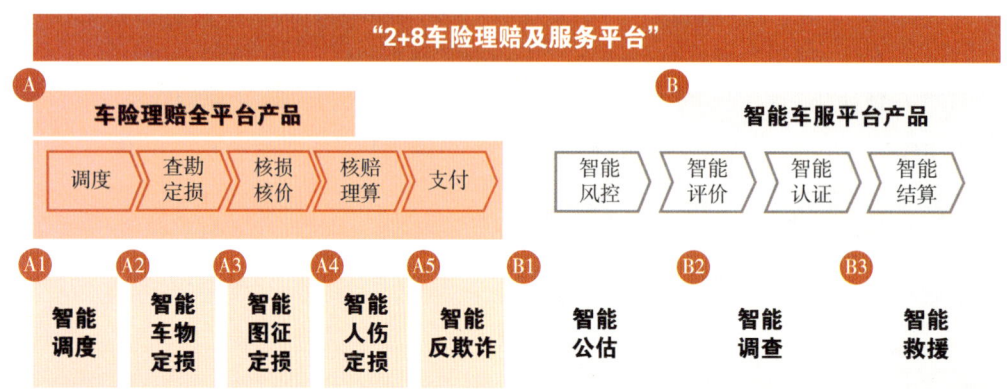

图4 车险理赔及服务平台

2. 智能人伤定损模块。智能人伤定损系统包含人伤定损底层信息库、人伤反渗漏规则等基础能力建设，并在此基础上为中小保险公司搭建人伤定损作业服务系统，能有效提升人伤定损作业能力。

3. 智能反欺诈模块。智能反欺诈基于平安车险反欺诈专家多年的累积经验，多种统计学算法及机器自主学习技术应用其中，包括黑名单信息库和反欺诈规则、反欺诈模型，能为保险公司有效降低理赔欺诈风险。

（二）智能车服平台

智能车服平台基于人工智能及大数据优势，依托车险理赔平台产品，通过整合线下合作伙伴服务资源，利用"O2O + B2B"模式，为中小保险公司提供端到端的车险理赔全流程一站式管理方案，帮助其提升运营效率，提高服务水平，降低综合成本，包括智能公估调查模块和智能救援模块。

1. 智能公估调查模块。智能公估调查系统连接中小车险企业和第三方服务商，运用AI认证、AI调度、大数据评价等技术，解决第三方管理问题，赋能第三方服务商，主要功能模块包括智能定损、智能调度和智能管理等。

2. 智能救援模块。智能救援模块连接多个入口，为保险、车企、银行提供智能派单调度、作业管理、风控、结算等一整套智能救援服务技术与管理解决方案。打通系统平台壁垒，实现救援服务全链智能、标准、透明，通过金融系统输出，赋能下游救援商。

五、项目效果

基于智能定损和风控等技术，金融壹账通研发的车险理赔及服务平台能帮助中小保险公司降低理赔损失，提升救援、公估调查服务水平，改善车主服务体验。目前，金融壹账通在项目相关领域，已递交专利申请24项，其中官方受理10项，官方公开10项。

本项目建设成果不只应用于平安集团内部，也对全行业进行输出共享，致力于改善车险公司的经营状况，提升广大车主对理赔与服务的满意度。通过SaaS、属地化管理、知识共享、数据库搭建等多种个性化定制形式对外输出。截至2019年9月底，已有超过30家保险公司、10余家救援机构以及10余家公估机构、保险公会与金融壹账通合作，项目的建设方案得到客户和行业的广泛认可。

（一）行业应用价值

从保险公司来看，车险理赔及服务平台的应用，大幅改善车险理赔行业历来的"痛点"——"时效慢、纠纷多"和"渗漏风险高"等问题，能对保险公司成本管控、客户服务及管理效能带来巨大变革，从而提升全行业车险理赔效率、降低车险理赔渗漏欺诈率。协助中小保险公司提升减损率10%以上，助力车险公司扭亏为盈。

从第三方服务商来看，智能车服平台可以助力公估、调查机构和救援机构提升运营效率，提高服务水平，降低综合成本，使后台人力成本削减达10%~20%。同时，智能车服平台覆盖全国所有地级市及近2000个县区，为中小保险公司提供全覆盖的服务网络，帮助其提升对客户的服务能力，实现公估、调查、救援等服务资源在保险业的共享，为第三方服务商提升收入。

从广大C端车主来看，车险理赔平台通过直接识别车辆损失图片，确保用户第一时间了解损失情况，约25%责任清晰的案件用户可以进行自助定损，极大地变革了车险理赔的用户流程和体验。智能公估调查及救援等服务，也缩短用户等待时间，提升服务质量与用户满意度。

（二）示范效应

车险理赔及服务平台可帮助外部保险公司完善和搭建智能理赔系统，提升保险公司风控管理水平，提升减损率，节约建设和运营成本，实现健康发展。以下是两家保险公司的应用效果。

1. 某财险公司车险理赔全流程。

注册地在新疆的某财险公司，存在定损效率低（缺少基础数据、定损数据不全、案件标准化程度低）；客户体验差（作业自动化水平低、大量重复审核、流程烦琐时效长）；风控缺乏系统化支持（以人工为主，主观、风险高、效率低）等"痛点"，金融壹账通建议客户使用端到端理赔全流程系统。

截至目前的结果显示，该公司使用金融壹账通车险理赔全平台后，结案率超过90%，减损率达10%。该产品上线协助客户控制理赔成本的渗漏，优化原有理赔流程，强化过程管理，得到客户的高度认可。

2. 某财险公司"智能车物定损+智能反欺诈"。

某总部在深圳的财险公司，面临定损效率低、赔付成本高、风控手段缺失等问题。为解决这些问题，金融壹账通建议客户使用智能车物定损、智能反欺诈产品。2019年第一季度应用结果显示，该公司使用金融壹账通车物定损和反欺诈模块后，对处理的7万余件案件，可实现全案减损超过1000万元，预计实现每年减损可高达5000万元。

六、总结

金融壹账通车险理赔及服务平台，基于平安集团30年专业经验及技术积累实现落地，并在应用中不断升级和完善，帮助改善车险公司的经营状况，提升第三方服务质量，并最终提高广大车主的满意度。

未来，金融壹账通车险理赔及服务平台还将从三个方面不断迭代优化：首先，根据市场需求和不同保险公司的特点，推出定制化版本，丰富产品组合，既有灵活、易接入、快速上线的轻量化产品，又有系统完备、覆盖全流程的全平台产品；其次，持续优化功能，如图片定损精准度再提升，反欺诈由从"车"向从"人"等多维覆盖；最后，除了服务国内保险公司，金融壹账通还会向海外市场输出，如欧洲、东南亚等，帮助海外保险公司提升处理效率，降低理赔成本。

专家点评

回归技术服务、以技术优化金融服务是近几年金融科技发展的趋势；以科技优势塑造金融优势，以技术差异化构建金融差异化，对金融科技企业提出了更高要求。金融壹账通基于智能定损和风控技术，打造了全流程智能化理赔服务和车后服务平台，是以技术赋能金融的重要实践。在金融壹账通进一步增强技术能力，优化业务布局的同时，可考虑加强物联网技术的应用，扩展"人物"数据覆盖范围，为未来更充分利用5G技术奠定基础，争取打造物联网金融新模式。

泰康在线反欺诈大数据智能风控系统

◎ 泰康在线财产保险股份有限公司

一、项目概述

泰康在线财产保险股份有限公司（以下简称泰康在线）大数据部通过对用户健康信息数据、电信数据、信用数据、司法数据进行分析，通过科学的数据建模方法论，建立业务专家风控模型和机器学习风控模型，组建反欺诈大数据智能风控系统，采用提前甄别欺诈者模式，主动防范互联网保险欺诈（见图1）。

项目采用微服务架构，通过建立统一的风控 Open API 来实现和满足各系统对于各产品线的风控需求，在满足业务时效性和功能性的要求上，通过专家模型和算法模型的前端配置实现面向不同产品的核保规则。通过技术手段实现了 Java 架构和 Python 算法的耦合，将模型算法的研发和系统应用架构的开发剥离，有助于解决算法建模团队模型优化的技术难度。目前反欺诈大数据智能风控系统核心功能由三部分组成。

（一）累计风险保额

基于行业内核保数据分析，得出可以应用在意外险、健康险产品的风险保额核保规则，通过与核心系统耦合校验进行风险控制。

（二）专家风控模型

面向健康险，通过基于 ICD10 编码的重大疾病大数据分析，制定精细化的健康险核保规则，通过 Java 工程开发方案，实现相关专家模型的功能实现。

面向信保业务，通过实时分析客户信用、履约能力等征信风险，判断客户信用履约能力，实

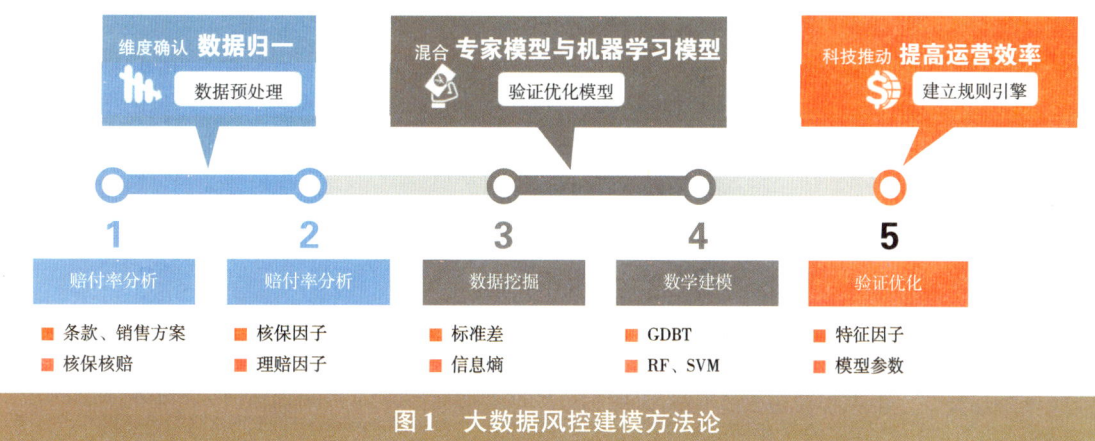

图1　大数据风控建模方法论

现对客户还款能力的有效评估，控制客户违约率。

（三）机器学习模型

通过对 GDBT、RF、SVM、LR、ADA-BOOST、Xgboost 等算法进行选择和测试，对模型运行结果进行排序和选择，利用 Python 工程开发的方案，实现机器学习模型的功能。

二、项目背景及意义

泰康在线成立于 2015 年 11 月 18 日，是国内首家由大型保险企业发起成立的专业互联网财险公司。作为泰康保险集团的全资子公司，泰康在线以"保险+科技""保险+服务"为主要商业模式，充分融合泰康保险集团现代金融服务元素，专注于互联网保险业务的创新开拓。秉持"让保险更安心、更便捷、更实惠"的理念，泰康在线致力于开发完全贴合互联网生态的保险产品。

反欺诈大数据智能风控系统是泰康在线建设整体"客户在线、服务在线、管理在线"的重要手段，其帮助泰康在线在风控技术上保持行业领先的位置。

在联网保险场景建设方面，反欺诈大数据智能风控系统帮助泰康在线在更多远程场景中提供风险判断能力，从而提供高质量的保险服务。在传统保险场景中，保险公司可以通过代理人将绝大部分保险购买者锁定在某个区域，或者某种组织关系中。传统保险公司，可以通过对代理人进行监管和培训等手段来降低欺诈风险。然而，在互联网保险场景中，许多保险形态，如个人信用保险、百万医疗等，挣脱了地域、组织关系的限制，也没有代理人作为投保人欺诈甄别的媒介。

在这种场景下，互联网保险公司需要外部数据，如个人征信等数据；业务渠道收集的经过客户授权的客户信息，如个人体检信息等作为反欺诈的辅助信息。

随着互联网保险商业模式越发深入人心，通过大数据甄别欺诈骗保行为，判断案件的真实程度，并基于欺诈风险判断结果核查资源的配置，能够帮助泰康在线实现降本增效，全方位提高泰康在线保险产品的价格优势与运营优势，使公司通过差异化定价、差异化服务，为更多的传统保险产品无法触及的客户能享受保险服务。

在公司内部建设方面，反欺诈大数据智能风控系统从两方面完善组织架构。

（1）实现业务风控的统一归口。泰康在线业务形态非常丰富，各业务渠道的业务开展方式也呈现出多样化的态势，但不同业务渠道之间却体现出了类似的反欺诈诉求。反欺诈大数据智能风控系统通过整合各业务渠道获得的外部数据资源，将数据在合法合规的情况下有效应用到所有业务渠道的风控中。统一的风控归口，不仅帮助每个业务渠道丰富风控组合手段，更有效狙击跨渠道团伙欺诈作案。

（2）对内部风险控制进行辅助。泰康在线一直重视内部两核团队的建设。在反欺诈大数据智能风控系统的建设过程中，两核专家团队的意见对专家风控模型的建设起到关键的作用。同时，反欺诈大数据智能风控系统也通过对人工核保、人工核赔决定的辅助，识别人工与智能差异较大的核保决定，从而防范内部欺诈风险。

三、项目重点解决的问题及主要创新点

反欺诈大数据智能风控系统旨在建立支持多业务渠道、多规则分层的风控体系，其面临的主

要问题有如下几个,针对这些问题项目组也进行了相应的技术创新。

(一)客户数据整合

泰康在线各业务渠道对客户数据的存储方式、处理方式不尽相同。只有将这些数据放在同一纬度、同一接入标准下进行整合才有业务使用的价值。

在反欺诈大数据智能风控系统建设的过程中,项目组建立了客户甄别的机制,将各业务渠道提供的客户数据与泰康在线千万级存量用户数据进行匹配。

同时,项目组对各业务渠道已经接入的多种外部数据和客户数据进行分析,并以客户为维度建立数据宽表。项目组对每类数据建立筛选规则,对数据可用时间区间、数据有效时间区间、数据可使用范围等关键因素进行评估,在数据接入、数据清理、数据维护过程中实施监控。

客户数据整合是风控数据应用的基础,多数据源的整合为专家模型中黑名单的应用以及机器学习模型中关键特征的筛选做好充分准备。

(二)模型特征选择

泰康在线的两核专家团队与大数据专家团队在项目组中对智能反欺诈的多种方案进行了深入探讨(见图2)。通过对泰康在线关键产品的运营指标分析,利用智能风控体系,提高利润率,降低赔付率。通过对目标产品进行前期业务数据探查,确认该产品赔付率高的"痛点"原因;利用数据建模方法论,建立专家模型与数学模型。

1. 赔付率分析。分析目标产品保险条款、销售方案和核保核赔规则。

2. 数据抽取。根据业务规则提取核保因子和理赔因子,将特征信息加工成宽表供建模使用。

3. 数据挖掘。利用常规数学算法求得特征因子的标准差和信息差。

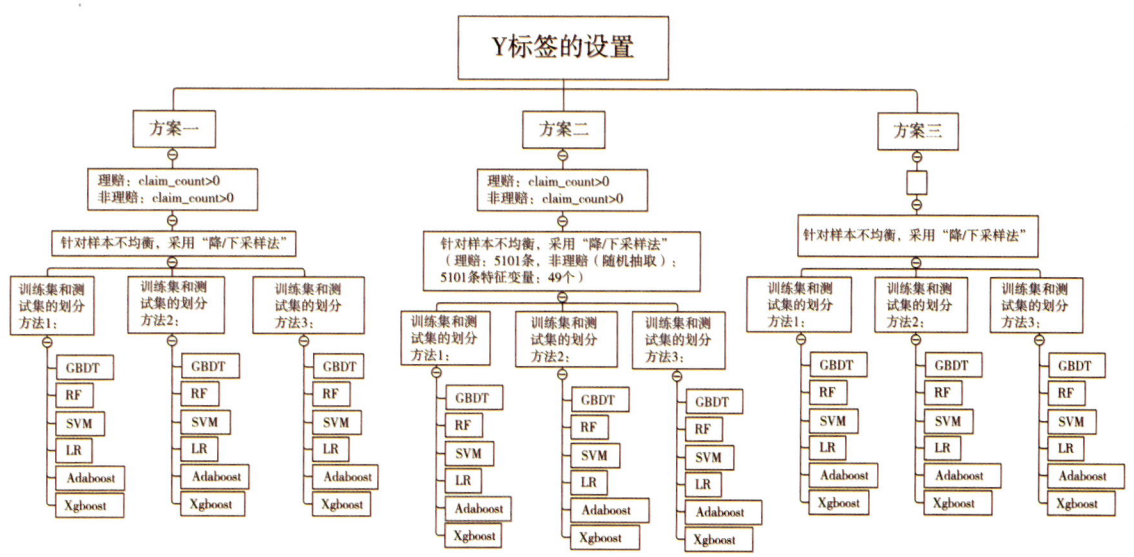

图2　机器学习算法选型与验证

4. 数学建模。通过对 GDBT、RF、SVM、LR、ADABOOST、Xgboost 等算法进行选择和测试，对模型运行结果进行排序和选择。

由于项目组对赔付率的降低是有具体期望的，在验证优化的过程中，如何切实提高模型对赔付率的影响，成为项目组研究的重点问题。最终，项目组通过刀切法对特征因子不断优化，提高模型的 AUC 值，根据查准率和查全率，选择最优效果实施算法。该方法获得了业务方向上的《一种基于业绩目标的利润贡献模型及装置》和技术方向上的《多轮循环刀切局部最优点选法》两项专利。

四、项目主要建设内容

反欺诈大数据智能风控系统在围绕业绩目标进行建设过程中，充分考虑了监管要求和系统完备性。项目组以四个部分内容为主要建设方向。

（一）客户数据整合

客户数据整合是针对单个客户或多个客户反欺诈风险分析的基础，其主要分为数据收集、客户数据整合、客户数据应用三个模块（见图3）。

在进行数据收集及清洗时，由于不同业务渠道对客户进行标识的主键不同，需要通过算法和外部数据对客户进行相似性分析。

项目组确定手机号、身份证号、官微绑定微信 OPENID 等关键可识别特征，并根据这些关键可识别特征的缺失程度确认匹配时使用的优先级。对同一客户的同一微信号，绑定泰康在线旗下多个微信公众号 ID、绑定多个手机号、绑定多个身份证号等，客户数据源呈现出多对一的特殊情况，优先采用 FASISS 特征匹配工具，再通过外部数据，例如手机号或身份证号对应的征信信息或医疗信息等，对相似客户的信息进行补足，最终通过相似性算法，例如杰卡德算法对重

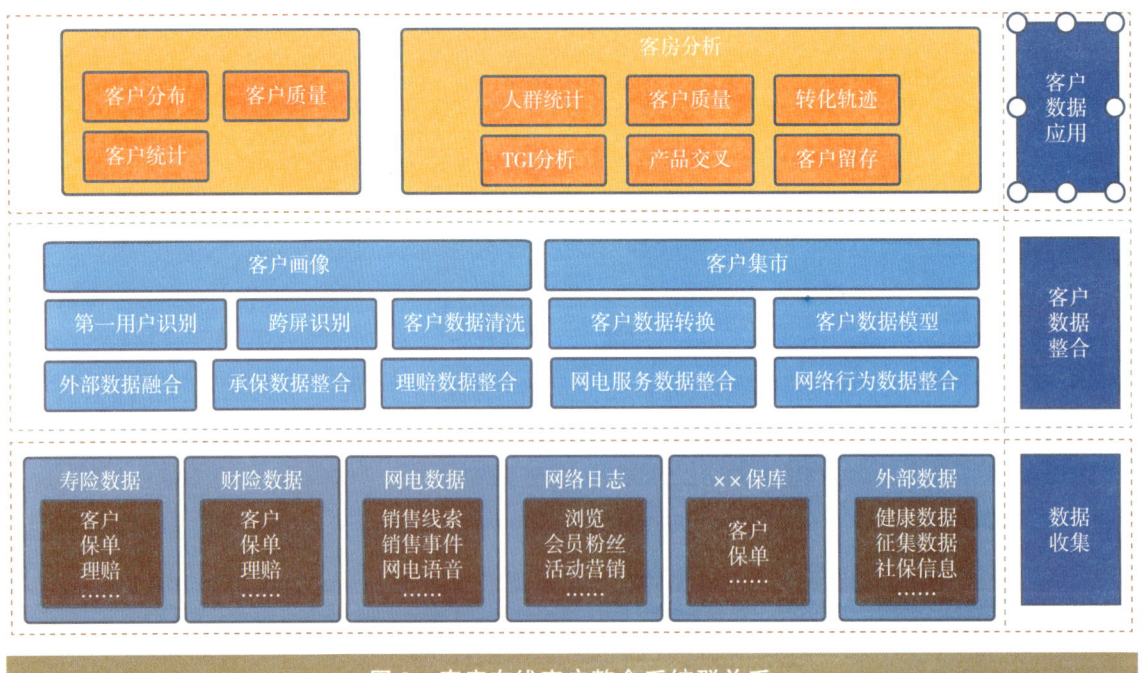

图3　泰康在线客户整合系统群关系

复数据进行合并并删除。

与一般 ECIF 相同的是，本系统的基础客户数据也是以 ODS 作为汇总数据源。与一般 ECIF 不同的是，本系统在客户整合环节就将外部数据作为客户识别的标准。一方面，关键可识别特征多由交叉销售渠道的代理人、第三方代理渠道提供，其真实性需要通过一定外部数据进行验证；另一方面，"冒用身份""盗用账户""重复注册"是互联网金融场景中的常见风险。在客户整合环节对社会补充信息高重复用户的识别本身是反欺诈的一种手段。

在进行客户数据整合时，为适应不同业务场景下客户数据的特有结构，构建了家庭账户数据集市、网络行为数据集市、理赔客户信息表、承保客户信息表、健康险核心客户数据集市。各数据集市在对敏感数据进行屏蔽后与 CRM、DMP 等客户相关系统进行对接，为风控以外的其他场景提供帮助。

同时，项目组还通过外部数据补充客户之间的关系信息，从而建立客户关系网络。本系统根据人群特征，如年龄、活动地域、借贷关系、操作习惯等，通过图计算方法，如 K – means，进行人群分组。人群分组不仅应用于后续团体欺诈作案的识别，还为正常用户群体差异定价的核保建模做好了准备。

在客户数据应用时，项目组通过累计风险保额、专家风控模型、机器学习模型分别解决不同业务场景的具体风控要求。在通过接口输出风控结果的同时，项目组还创建了客户风控大屏，对集体欺诈、地区性紧急事件等进行可视化预警。以下，通过有监督学习建模、评分式输出对项目中部分功能进行进一步阐述。

（二）有监督学习建模

反欺诈大数据智能风控系统目前支持通用反欺诈场景、健康险场景、信保场景三个主要场景。这里以健康险风控建模为例进行介绍。

数据准备阶段包括以下步骤：第一步，从医疗理赔大数据中获取与理赔客户风险相关的数据，包括理赔客户的个人信息和就诊信息，就诊信息包括但不限于就诊费用信息；第二步，从数据中提取训练 GBM 模型所需的特征，形成数据集。以健康险风险识别为例，体检结果与体检时间的关联度会影响健康风险的判断效果，经过与业务专家分析研讨，识别不同的风险特征因子之间的关联关系，会提高评分的准确度。

模型训练阶段包括以下步骤：第一步，将数据集中的部分数据作为训练集，输入 GBM 模型的训练器，进行训练；第二步，生成训练完毕的 GBM 模型。

模型实施阶段包括以下步骤：第一步，采集理赔客户的当前理赔数据，并提取 GBM 模型所需的特征及外部数据。在这里需要注意的是，模型中所用到的部分就诊信息来自各个地区的外部数据提供商。考虑到并行调用所有外部数据接口的成本较高，而同一人在多地就医的可能性较低。所以，在采集数据时，需要先通过该客户的个人信息及外部数据确认该客户在出险日前后经常活动的地区，再根据地区调用对应地区的外部数据接口，最后再将获得的就诊信息按照特征的格式进行修改。第二步，将特征输入 GBM 模型，生成识别结果，识别结果包括理赔客户的欺诈可能评分。

由于互联网保险公司的模式是以少量运营人员响应千万级线上客户，直接给运营人员返回就诊数据会给运营人员的审核带来巨大负担，同时也完全依赖运营人员个人的经验判断。评分结果基于海量客户数据，为健康险核赔提供更中立的辅助建议。

（三）统一配置、统一调用统计

各业务场景本身存在业务流程风险控制模型，但散落在各个业务系统中。反欺诈大数据智能风控系统将这些风控模型规整到一起，并提供统一的规则配置界面。

在本系统运行初期，原有的规则系统，例如ILOG，仍与本系统并行。从业务上看，由于反欺诈规则，在初期主要起对现有规则的辅助作用，故规则系统中的规则优先于本系统中的反欺诈规则。规则系统中的专家规则与本系统中的专家规则的区别在于，规则系统中的专家规则为行业内通用的标准规则，或银保监会、行业协会制定的相应规则，其范围包含但不仅限于风控规则。而本系统中的专家规则是针对风控的，由本公司的两核专家根据本公司及本公司的母公司在运行情况得到的业务经验形成的规则。

在对专家风控模型及机器学习模型进行配置时，本系统允许对模型所应用的业务类型、渠道、地区、产品、应用时间、授权要求等关键维度进行配置。即使部分通用欺诈模型是基于所有业务类型、所有产品、所有渠道、所有地区下的所有客户进行建模的，在实际上线时，为限制业务影响范围，可以将模型应用范围限制于指定地区。在模型继续训练时，也会根据该限制，统一配置，让运营部门对风控手段有更强的控制能力。

由于多个应用于不同业务渠道的机器学习模型可能会用到同一外部数据源，在数据应用计费上，本系统也建立了便于各业务渠道统计的三层模式。在业务渠道调用机器学习模型时，接口中将包含来源字段；在机器学习模型调用外部接口时，日志将包括来源字段；在调用完接口后将调用是否计费计入对应日志。例如，在调用部分查得付费的接口时，若接口返回结果为未查得，则计入日志的是否计费标记为 0；若接口返回结果为查得，则计入日志的是计费标记为 1。在本系统调用外部数据源接口时，会对回传结果进行缓存，并为缓存设定可用期限。在可用期限内，如果同一业务渠道或其他业务渠道通过相同参数调用同一外部数据源接口，本系统将返回缓存结果，同时记录计费标记为 0。

在定期结算时，本系统根据来源、是否计费、调用时间等记录进行接口计费判断，并在完成付费后，更新是否已付费字段。统一外部数据调用有助于进行费用分摊、控制网络安全、节省公司整体数据开销。

（四）微服务架构设计

各业务场景的业务周期有所不同，需要分布式的系统架构。所以，本系统采用的是微服务架构。在信保、健康险、通用等大类的业务区隔下，又对业务具体流程进行区隔。例如，信保业务分为贷前、贷中、贷后风险控制。又如，车险业务可以分为核保、理赔风险控制，而理赔风险控制又可以分为公估流程风险控制、虚假报案风险控制等。每个独立的业务模块都根据独立的业务需求进行模型组合和功能上线。

为保证接口上线后可以满足各业务渠道的高频调用需求，项目组对部分服务接口进行了压力测试。所使用的测试设备包括 2 台 Nginx 服务器、2 台 tomcat 服务器、2 台 MySQL 服务器、1 台 Redis 服务器等。以重疾反欺诈风险数据接口为例，分别执行1并发时、100并发时、500并发时，500并发时平均响应时间均在秒，总请求数约40万笔，各服务器 CPU 使用率均小于15%。

考虑到未来风控能力作为技术输出的可能，同时也希望保险公司本身的风控能力能够赋能第三方业务渠道，降低整体运营风险。前期微服务能力的保证，为反欺诈大数据智能风控系统的未来扩展打下基础。

五、项目效果

反欺诈大数据智能风控系统是一整套保险公司运营风险解决方案，能够有效帮助泰康在线实现产品赔付率控制、高风险客户识别、客户服务成本下降，实现降本增效的公司经营目标，并被评选为泰康在线"科技创新优秀项目"，应用于前台四大业务板块，以及中台运营中心和后台产品精算部、计划财务部的日常工作中。

该系统上线后，得到了公司总经理室成员的高度认可，公司各业务部门与大数据部成立专门的风控小组，以推进该系统的专家模型研发和机器挖掘算法在更多业务场景的应用落地。

反欺诈大数据智能风控系统从 2018 年 6 月开始立项，系统功能在 2018 年 9 月上线，覆盖意外险、健康险、信保履约险等"300＋"险别。

截至2019年10月1日，累计风险保额、ICD 专家模型、信保风控模型识别高风险人群逾万人。

截至 2019 年 10 月 1 日，健康险高赔付率产品降幅超过 10%；月均发现"带病投保客户"超过千人，可降低 1/3 的人工理赔工作量；单一产品年化费用减损超过千万元。

六、总结

近年来，反欺诈手段是互联网保险公司建设的重点。随着互联网欺诈手段的多样化，如何通过先进的技术手段，有效降低反欺诈风险；同时，随着互联网个人信息保护规范的完善，如何合法合规地应用客户数据都是互联网公司需要思考的问题。泰康在线致力于用互联网方式解决互联网保险的特有问题。

反欺诈大数据智能风控系统是泰康在线在"互联网风控"方面走出的重要一步。其帮助泰康在线在互联网产品趋向同质化、赔付率难控制的背景下，找到切实有效的解决方案。

未来，泰康在线通过更丰富的技术手段强化反欺诈大数据智能风控系统，并根据互联网保险市场的实际变化，建立更全面的风控体系。

专家点评

　　精准化、场景化服务是未来金融科技发展的重要趋势。其中，场景化服务能力的高低直接决定了未来企业服务客户的能力，甚至决定了企业发展的路能走多远。泰康在线的反欺诈大数据智能风控系统就是在底层技术的基础上优化场景服务的一次重要尝试。未来，泰康在线可以此为互联网风控业务据点，融合大数据、人工智能、区块链等底层技术，做好风控全流程系统建设，为整个行业的业务系统赋能。

华泰财险国内公路货物运输保险智能定价引擎

◎ 华泰财产保险有限公司

一、项目概述

（一）项目方案

开发货运险智能定价引擎以华泰财产保险有限公司（以下简称华泰财险）过去5年国内公路货运险的历史承保理赔数据为基础，根据核保人的专业意见与经验，从货物种类、保额、航程等多个维度进行数据分析以确定影响货运险承保条件的多项定价因子，通过测算和校验，确定国内公路货运险的广义线性模型（Generalized Linear Model，GLM）框架，再进行技术开发，完成货运险智能定价引擎。围绕该定价模型，在实际应用方面，同时开发出支持询价、投保、网页端、移动端等多个业务操作系统的应用。实际业务处理时，通过智能报价引擎识别每一具体货物运输航次的多项定价因子；通过GLM模型计算实现精准报价、出单等功能。

智能定价引擎根据每一货物运输精准定价，打破过去适用统一费率承保的局限性，并且在自动定价的同时，提升数据质量，从而为进一步提升数据分析和风险识别的能力提供基础。

本项目的具体产出包括：

（1）国内公路货运保险智能定价模型。

（2）用以展业的PC端/移动端智能报价平台。

（3）基于GLM模型定价基础的核心系统配置和出单。

（4）基于GLM模型定价基础的代理人出单系统的配置和出单。

（5）用以渠道对接的互联网平台标准化数据接口。

（6）基于GLM模型定价基础的移动端出单平台。

（二）项目组织

2018年中期，通过对近5年货运险产品数据的整理、清洗、分析，进行定价模型数据准备，公司成立智能定价引擎项目组，由公司战略与创新发展部牵头，联合商业保险承保部、集团及公司精算部、风险控制部、信息技术部组成联合工作小组。小组采用每周例会的方式，历时数月完成该项目。

项目启动于2018年9月，历经半年时间的打磨，包括工具定位研讨、使用场景探讨、所需功能锁定、开发排期落实、历史数据整理、风险因子评估，于2019年6月底测试及上线，并在第三、第四季度推广定价工具，跟踪运营效果，持续优化模型（见图1）。

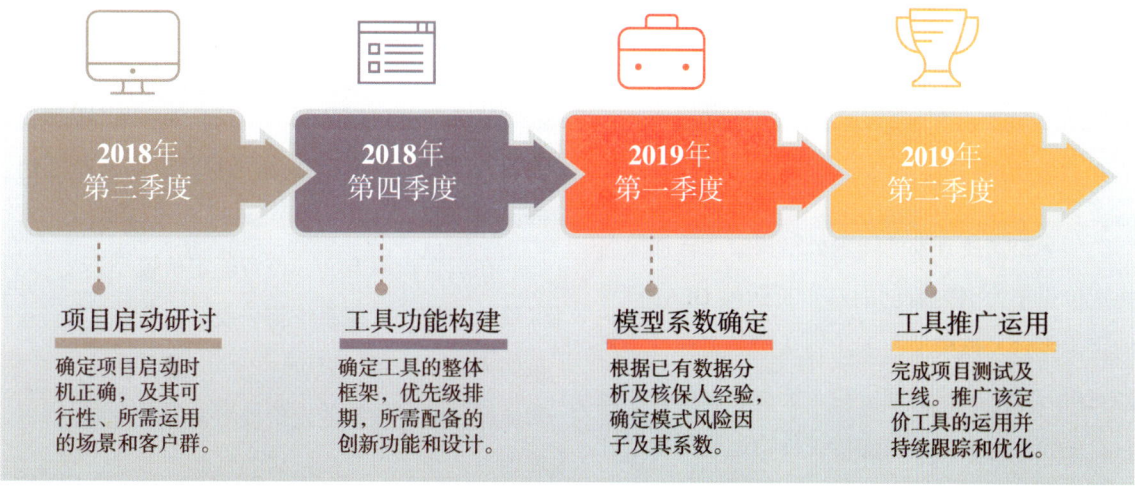

图 1　项目进度计划

二、项目背景及意义

（一）项目背景

国内公路货物运输保险是指以国内公路运输过程中的各类货物为保险标的，保险人对于被保险货物在运输过程中发生的保险责任范围内的损失给予赔偿的保险产品。

国内公路货物运输业务的特点，决定了对其保险安排和办理有以下不同于其他保险产品的特殊要求：运输时效和出单时效要求高；货物品类和价值变化大；每次运输的线路不固定；货物的运输风险受地理和气候因素影响大；在运输操作流程中参与主体多；流转环节复杂。而传统的投保流程，需要客户填制投保单提供各项投保信息，保险公司的核保人员根据各项投保信息，综合考虑后提供可以承保的费率价格和保险条件，客户确认后，保险公司出具保险单。这样的流程难以满足运输的时效要求。因此传统货物运输保险，主要以大型的生产企业或者贸易商与保险人之间签订预约保险协议的方式为主流的保险安排方式。

随着近几年国内信息技术的发展和互联网物流平台的兴起，保险人通过在平台上投放预核保的货运险产品，事前限定承保的货物种类、费率、免赔等条件，供投保人通过平台自主投保、自动出单。此种做法极大地便利了投保人的投保安排，提高了货运保险的办理时效。但在互联网平台设置的预核保的固定费率的保险产品与上述预约保险协议有异曲同工之处，均是以较为粗放的定价方式预先约定承保保险期间内可能出现的多样的货物运输风险。

华泰财险深入分析和了解了国内公路货运保险行业的特点和存在的问题，根据自身多年的专业技术经验以及精算、信息技术处理能力，认为将货运险产品形态和处理模式从固定方案费率向浮动费率转型、单因子定价向多因子精细化定价转型、对不同品类的货物根据其特定的运输风险进行实时自动定价是可以实现的。在增速换挡，面临巨大压力的市场环境下，通过搭建公路货运保险的智能定价平台,创造性地提供新的技术方案,解决公路货运市场的传统"痛点"和问题,有力地实践华泰财险在细分市场差异化竞争的发展道路。

(二)项目意义

华泰公司所开发的国内公路货物运输保险智能定价引擎为国内首创的基于货运险 GLM 模型的定价平台。该模型的上线将从产品多样性、产品定价方式、客户的询价购买流程、保险公司运营管理模式等多方面改变传统货物运输保险的作业模式。

在产品多样性上,该模型的应用将极大地丰富行业客户相关保险产品供给的多样性,除传统的定制化、预核保的大保单产品形态外,借此平台还可以实时根据客户不同的货品、线路、运输方式等进行差异化产品方案的提供,解决客户由于货品差异化而无法得到差异化产品方案的投保风险选择问题,真正做到承保风险与承保方案的一一对应。

在产品定价方式上,一改传统货运险的一口价、经验定价的粗放定价机制,该智能定价模型以对历史数据的精算和调适为基础,实现针对不同品类多风险因子的智能浮动定价。一单一价,不同风险不同价格,不同需求不同价格,真正为客户提供差异化的、精确的定价方式。

在客户询价方式上,该智能定价模型所支持的询价平台可以满足客户 24 小时实时精确询价报价需求,极大地适应了客户在年度保险合同过程中,因为自身业务结构、运输货运、路线等因素发生变化后,原承保方案无法随时适配的问题。

在客户购买流程方面,该智能定价模型所支持的出单平台可以满足客户 24 小时在线实时询价、出单、电子保单发票及时获取的功能,改变传统货运险开口保险流程中,需进行事后定期申报可能存在的申报遗漏的争议,保单无法及时获取、人工环节干预过多等问题而出现出单延迟、错误等问题。

在运营流程方面,该智能定价模型所支持的保险业务核心管理系统将一改往日货运险业务需核保人人工一单一报价、一单一核保的传统做法和流程。通过该智能定价模型使保险业务的核保规则规范化,以及规范后的规则工具化,最大限度地减少人工干预流程,可以大幅提高定价的精准程度,提高业务人员的展业效率,提高客户询价出单效率,释放生产力,降低保险公司运营成本。

对于市场而言,通过这个项目的应用和实践,必将推动行业货运险产品从粗放经营朝着更加精细化经营方向发展,重视保险人的专业承保、理赔能力的数据采集、沉淀及经验规则梳理,结合技术手段,从供给侧为客户提供更加优质的保险产品解决方案。

智能定价引擎作为华泰数字化战略的组成部分之一,借助当下信息科技、互联网发展所提供的技术基础,结合国家近年来大力扶持与发展物流行业的背景,通过数字化、精细化和智能化的手段,为满足不断变化与发展的市场对风险转移与防范的新需求所做的与时俱进的、打破传统业务模式的一次新的探索与尝试。

三、项目主要创新点

(一)产品流程创新

将传统的线下询报价流程搬到线上自助实

现。传统的报价首先由保险公司业务人员或外部的销售渠道收集客户保险需求及所投保货物的各项风险信息，反馈给保险公司的核保人员，然后核保人员结合公司核保政策对于被保险货物和运输流程的各项风险要素进行评估，给出承保条件和报价，并反馈给业务人员或外部销售渠道，后者再联系投保客户告知承保条件。传统询报价过程历时较长，效率比较低。目前基于大数据等技术开发的智能定价引擎，可实现 7×24 小时全天候自助报价，大大缩短了报价实现，提高了报价效率，有利于增加业务人员或销售渠道拓展货运险业务的积极性，同时便捷及时地反馈也加大改善了客户投保体验，提升了客户的投保意愿。

1. 保险方案从单一标准化方案转变为因人因货的定制化方案。传统的保险方案确定中，保险人主导性较强，而智能定价引擎所支持的投保流程中，客户参与度高，可自主选择适合的险别、附加险和不同免赔的适配方案。

2. 风险定价因素类别化、透明化。智能定价引擎提取并归类决定国内公路货运保险风险的主要因子，并通过精确测算量化其对费率的影响。在投保流程中，需要客户提供的这些风险要素信息，便于客户了解保险人关注的风险点，便于理解和提高对于影响货运风险因素的防范，从而可以获得优惠的费率条件，节省保险费用。客户需要提供的信息以星号标示，省去询报价过程中的往复交换需求信息的周折。每个必填因子既考虑该因子的业务风险，客户有能力且愿意提供，又考虑到客户投保方便，关联性不强或保险人可以通过数字技术分析获取的，则省去客户提供。智能定价引擎系统主要着重在定价因子与模型架构方面，并且能够基于历史数据库及核保经验确定的定价因子水平，自动反馈出最终的报价。

3. 核心引擎，多方赋能。智能定价引擎既可作为核保人报价或验证报价，也可以实现业务员、渠道获取报价，同时还可以实现系统对接自动核保的多重工具。引擎不仅解放了核保人的生产力，也可对不同风险的业务提供重要的甚至决定性的参考；对于销售人员和销售渠道，智能定价引擎作为可即时提供快速报价的展业工具，大大减少了展业沟通成本，提高了销售效率；对于客户而言，更加精准细化以及及时的定价，不但可以大幅提高投保操作的便捷性，而且有利于改善保费的合理支出，最大限度地节约保费支出成本。

4. 里程定价因子自动计算。在智能定价引擎支持的报价和投保页面，当录入起运地和目的地后，系统会根据录入的地址自动估算货运里程，并将计算后的里程自动记录进里程录入框。

（二）品类梳理及创新

1. 货物分类贴近运输风险的划分。目前市场常见的货物分类通常参考海关等部门发布的货物分类表，从货物的品类、属性和材质构成等方面考虑对货物进行类别的划分，而且划分的标准并不是基于运输中对于风险等级的区分。在此次对于智能定价引擎的开发过程中，华泰财险结合不同类别货物在运输中的风险程度的不同，进行科学合理的分类分级。货运保险承保货物在移动过程中发生的损失，除其本身属性外，运输工具、操作人员、自然、社会等各种因素都会影响到风险承担。

2. 货物分类名称贴近生活，符合运输实务惯例。现行分类取自数百万级别量的公路货运保单中的货物名称，从投保人角度进行汇总分类，通俗易懂，且有助于系统提供识别匹配分类的准确性。高频的日常货物名称选取，具体或小类别的货物配置，均可根据投保人语言及物流行业交流习惯，予以适当匹配。比如货物枣，系统设置的有枣、冬枣、青枣、大枣、红枣、枣干等。

3. 货物名称的智能录入。在智能定价模型支持的报价和出单系统中，华泰财险开发了可根据所录入的汉字进行智能推荐、模糊录入及查询功能的系统，系统可以自动匹配货物分类，并且自动识别特殊风险。此外，随着项目上线运行的数据积累，识别货物名称自动匹配类别的功能将会不断优化。同一投保人操作习惯的留存以及经常录入的货物也会纳入优先推荐，提供录入的便捷。

（三）承保及风控创新

1. 从经验费率逐步走向以数据为基础的精算费率。智能定价模型的开发和应用，减少了核保经验判断及人为偏差。它是基于量化分析确定费率条件，精确的报价可以让利于低风险客户，避免"劣币驱逐良币"现象发生。由于货运险影响因子较多，且对各因子梳理归类有较大难度，虽然国外有历史较久的保险公司建立了指导费率模型以及输出费率区间，但在实际使用过程中仍然需要核保人依靠经验补充定价因子的信息，修正实际对外报出的承保条件，一直未能建立基于GLM模型的智能定价系统，且做到精确报价。目前的智能定价可适用于多种场景，可以根据不同的渠道或物流公司的风险水平调整其费率条件，尽可能实现保费与风险的匹配。

2. 定价因子逐步趋于精细化。定价因子的丰富及其权重通过数据积累将愈加精确。智能定价引擎参考的定价因子有数十个，如再考虑各定价因子交互作用、客户历史赔付情况、承运车辆历史赔付情况、航线等因子，因子数量会更加丰富。同时，随着渠道合作外部接口的增加，以及公司或行业客户信息的打通，其他人工智能的进一步应用，参考的因子将更加丰富、科学和细化。

3. 从个体思维逐步走向大数据运用。智能定价引擎的开发和应用，使核保人对业务及行业风险的判断更趋于利用大数据来管理及运用。智能定价引擎的开发为人工数据、大数据、区块链及物联网等技术的进一步应用打下了坚实的基础，根本性地改变了过往依靠经验判断、核保人个体主导的定价模式，强调应用科技优化风险管理和风险定价、降低成本、提升客户体验。

4. 从事后管理逐步走向事前引导、事中及时发现。风险控制时点逐步前移且能及时、便捷的监控，减少社会财富损失。我国保险业风险控制经历了三个阶段（见图2）。

图 2 我国保险业风险控制经历的三个阶段

5. 提高承保、理赔数据质量。承保、理赔数据质量通过提高承保和理赔字段的标准化程度，数据颗粒度更加精细，使数据对前端承保更有针对性和指导意义，大幅提升保险公司对风险识别与防范和精准定价的能力。承保风险和理赔风险包括的内容见图3。

图3 承保风险和理赔风险内容

四、项目主要建设内容

（一）智能定价引擎

建立智能定价引擎，创新定价机制是本次项目的关键点。智能定价引擎主要解决费率方案的总体合理、匹配风险差异化定价、费率调整机制优化三个内容。GLM模型是保险业通常使用的精确定价方法，如对于车险险种，多家保险公司都引入了GLM模型，能够更加准确地对纯风险费率各定价因子的风险水平进行测算。GLM方法有别于传统核保常用的单因子和双因子分析方法，可以同时解决多个因子的交互作用、相互作用和各自对保单风险的量化。此次智能定价模型的开发，将GLM模型应用于国内公路货运险的定价上，属于行业首创。

1. 智能定价引擎框架。华泰财险在车险领域较早使用了GLM定价模型，经过多年的运行已经比较成熟，在引擎框架和调整机制等方面积累了丰富的经验。国内公路货运险的智能定价模型参考了车险定价模型的框架，在此基础上，针对国内公路货运险的风险要素特征进行了细化。第一，是类似于车险的车型等级表，国内公路货运险的智能定价模型搭建了货物品类风险等级表，并且对不同的险别产品分别确定不同的风险等级。第二，针对公路货运险不同的险别产品，按照基本险、综合险、盗抢险及其他附加险设立不同的基础费率和定价因子。第三，对险别和风险等级搭建满足二者交互作用风险特征的费率框架，确保能够对风险实现相对精准的匹配。第四，要确保未来的可调适性。这要求费率框架具备一定的前瞻性，对未来可能遇到的调整做好尽可能相对充分的准备，以免以后调整对费率框架和IT部署产生较大的冲击。国内公路货运险的智能定价模型框架见图4。

2. 费率方案目标及定位。智能定价引擎用于业务获取和业务筛选，因此确定的费率方案目标既要符合历史经验数据所计算出来的风险费率，也要参考市场实际费率水平，在满足公司对于综合成本率要求的基础上，考虑与同业报价的相差程度，尤其要在目标市场上有一定的竞争力。华泰财险多年来一直坚持"质量效益型"的发展理念，国内公路货运险的智能定价模型的开发需要贯穿和坚持这一理念。

3. 费率厘定过程。费率厘定主要是确定费率的基准水平和费率因子的相对水平。费率的基准水平主要是基准费率的确定，费率因子水平主要用于不同定价因子间的风险选择和差异化定价。费率厘定过程主要包括数据清洗、数据校验和单因子分析、模型建立、核保修正四个阶段（见图5）。

数据清洗。本次智能定价引擎利用公司2014—2018年事故年度的承保和理赔数据。费率厘定过程中数据的选取要同时满足数量和相关性两个标准。年份越近的，相对来讲，相关度要更高一些，更能与当前的业务结构相一致。由IT后台抽取出保单、赔案清单后，需要首先进行数

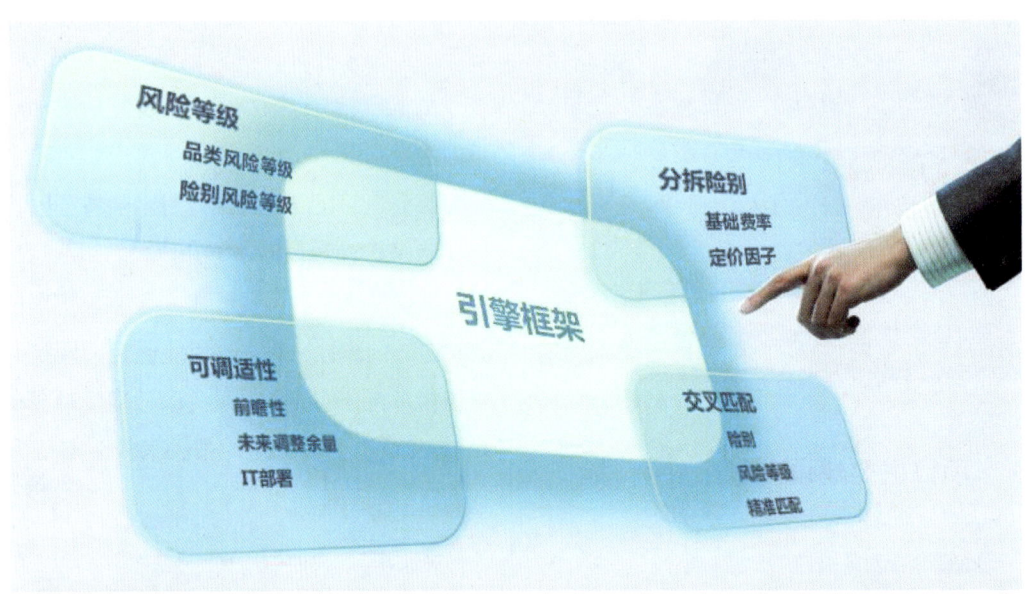

图4 国内公路货运险的智能定价模型框架

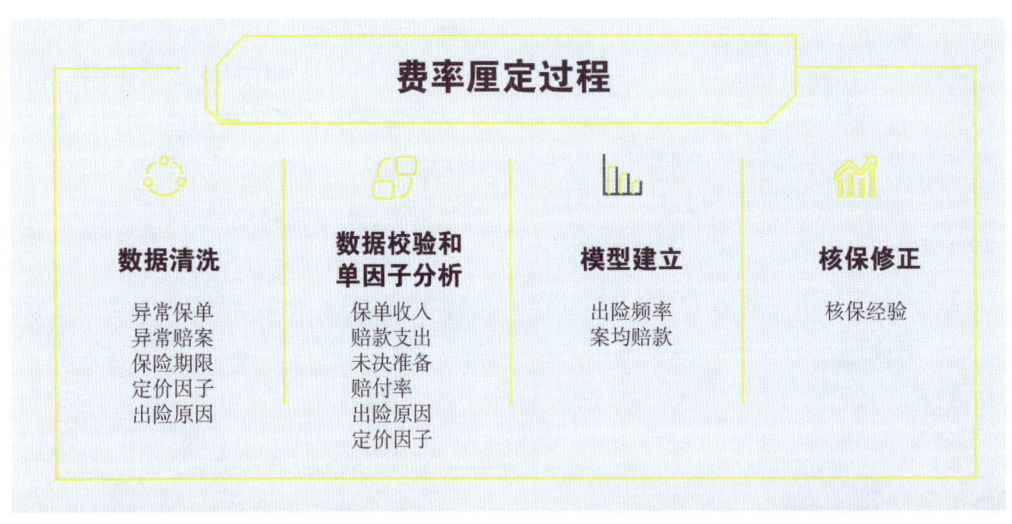

图5 费率厘定过程

据清洗,主要是对异常保单数据、异常赔案数据、保险期限、保单定价因子、赔案出险原因等进行清洗,确保满足建模数据质量的要求。

数据校验和单因子分析。首先是进行总体检验,对建模数据与财务数据进行检核,从保费收入、赔款支出、未决赔款准备金、赔付率等方面进行检验。其次是进行因子检验,主要是对出险原因分布、分不同定价因子的分布、赔付率等进行分析,看结果是否大致合理,并与核保人的经验判断进行比对。

模型建立。采用广义线性模型搭建定价模型，理论上来讲，需要对出险频率和案均赔款进行建模，能够更准确地把握不同定价因子对风险的影响状况。考虑到公路货运险出险率低，案均赔款波动相对较大等原因，模型建立采用对出险频率和案均赔款的乘积，即纯风险保费进行建模。建模过程中需要特别关注主要货物品类和险别的交互作用。

核保修正。这是非车险智能定价中不可或缺的一环，在非车险中，核保人的经验非常关键。国内公路货运险最主要的定价因子是货物品类，对出险后物品的损失大小有很大关系。而数据中由于有一定的缺失，一部分保单并没有录入相对准确的品类，这就需要在模型建立的基础上，结合核保人的经验判断进行调整。核保人经验调整除数据不准确以外，需要考虑的另外一个因素是与当前价格和市场价格进行比较。对于当前赔付率较好的品类，不一定要降低价格；反之，对于赔付率较差的品类，由于市场暂时不一定接受较高的价格，也没有必要对价格进行较高的调整。

4. 纯风险费率向基础费率转换。经过建模和纯风险费率的测算，以及核保经验的调整，需要考虑公司的承保费用、销售费用、管理费用、理赔费用、利润要求等因素，将纯风险保费转化为基础费率。尤其是在公路货运险市场上，需要考虑不同渠道的风险特征，以及部分物流公司批发类业务的风险特征进行适当的调整，后续在实际经营中进行检验和调整。

（二）信息技术实施

1. 智能定价引擎。

（1）ILOG 平台。智能定价引擎基于 IBM ILOG JRules 建设，使用 ILOG 编辑器 ILOG Rule Studio 进行规则编写。ILOG JRules 的执行原理是对数据对象进行检索，根据这些对象的当前属性值和它们之间的关系，从加载到引擎的规则集中发现符合条件的规则，创建这些规则的执行实例。这些实例将在引擎接到执行指令时，依照某种优先序依次执行。智能定价引擎系统所使用的技术主要包括 BOM（业务对象模型）、规则库、主规则流、分规则流、决策表及业务规则。

业务对象模型（BOM）。BOM 的本质是根据业务需要封装的 Java 类，在业务规则的表示上充当基础词汇的作用，是规则描述语言和 Java 程序代码联系的桥梁。本系统中规划了报价单、投保人、被保险人、标的四个 BOM，后续规则的编写均基于这四个 BOM。

规则库。规则库是用来存放整个系统所使用的 BOM、规则流、规则包、业务规则的专属容器，多个规则库组成的系统具有松耦合的特点，与核心业务系统分离，降低核心业务系统负担，同时又能快速便捷地与核心业务系统无缝集成。

主规则流。主规则流是用来描述系统整体业务流向的流程图，智能定价引擎项目有且只有一个主规则流，主规则流可以连接多个分规则流，便于梳理系统流程，实现较复杂流程的正常转向（见图6）。

分规则流。分规则流为系统功能模块业务流向的流程图，分规则流仅关注当前模块的业务流程，与主规则流不同的是分规则流可以有多个，多个分规则流由主规则流统一协调（见图7）。

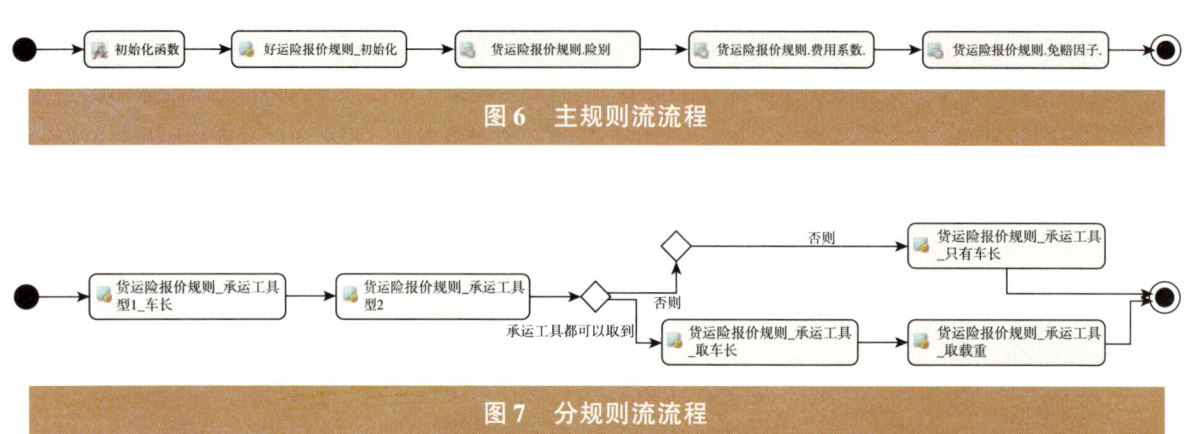

图6 主规则流流程

图7 分规则流流程

决策表。决策表是表示一组规则的集合，提供了一种可方便地查看和管理大型相似业务规则组的方法，该规则组中的规则具有相似的条件和操作。决策表以表格形式布局业务决策可能遇到的所有情况，并用于指定在每种情况下要采取的操作。决策表由行和列组成，每行对应一个规则，列定义规则的条件和操作。

业务规则。业务规则用于表示业务策略，规则具有在执行一系列操作之前要满足的条件列表，系统通过规则定义的逻辑来执行相应的操作，保险自核系统对保单核保逻辑的控制都定义在规则中。

（2）ILOG 部署架构。ILOG 部署依托于 BRE Server，规则编写完毕后，使用编译器将规则自动打包为业务规则库，将打包的业务规则库发布到 BRES Server 即可对外提供服务（见图8）。

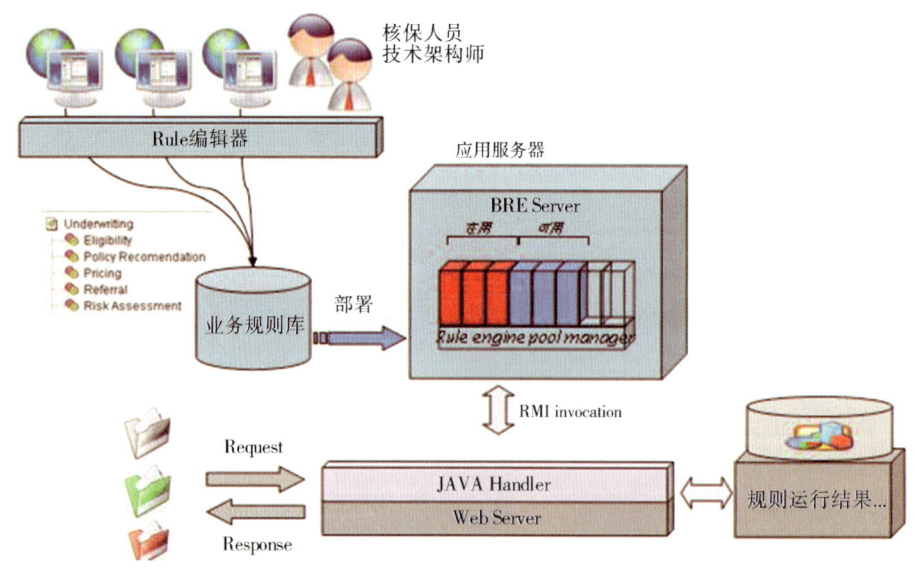

图8 ILOG 部署架构

使用页面管理工具，可以快速对已经发布的规则应用、规则集历史版本进行查看、更新和删除。

（3）ILOG优势。在敏捷报价解决方案基础上，进行定制化开发和实施，建立符合华泰保险产品特点的报价规则库，实现业务规则和核心业务处理系统的分离，形成松耦合的系统结构，提高核保效率，降低核心业务系统负担。实现业务人员或IT人员共同进行报价规则的管理，包括规则的编写、维护和优化，实现规则管理方式的飞跃。使用规则引擎维护规则，包括业务分级的计算，可视化更强，修改更加方便。

对于新的业务需求，针对已经存在的因子系数微调仅需要修改对应规则即可。对于需要新增加的规则，开发组内分工开发完毕后，使用一条规则流根据业务场景将完成的规则连接即可。使用BRES在线版本发布工具，可实时部署到运行环境，无须服务器重启。在系统出现问题时，根据规则流的指向，可快速准确地定位到出现问题的规则，针对此规则进行分析，修正仅针对单条规则，不会影响到其他的规则正常工作。

2. 智能报价平台/智能出单系统。

（1）容器Docker。应用系统采用容器技术，利用镜像快速部署运行服务，能够实现业务的快速交付，缩短业务的上线周期，极大地方便运维人员的上线部署工作。容器可以高效地部署和扩容，再加上Rancher平台可以定义各种性能阈值，使容器平台上的服务运行起来更智能、更有弹性。容器对资源的占用率更低，所以容器对硬件资源的利用率很高，对降低硬件成本提供了良好的解决方案，并且运维的自动化程度也得到了相应的提高。基于镜像治理和多环境的持续交付流水线见图9。

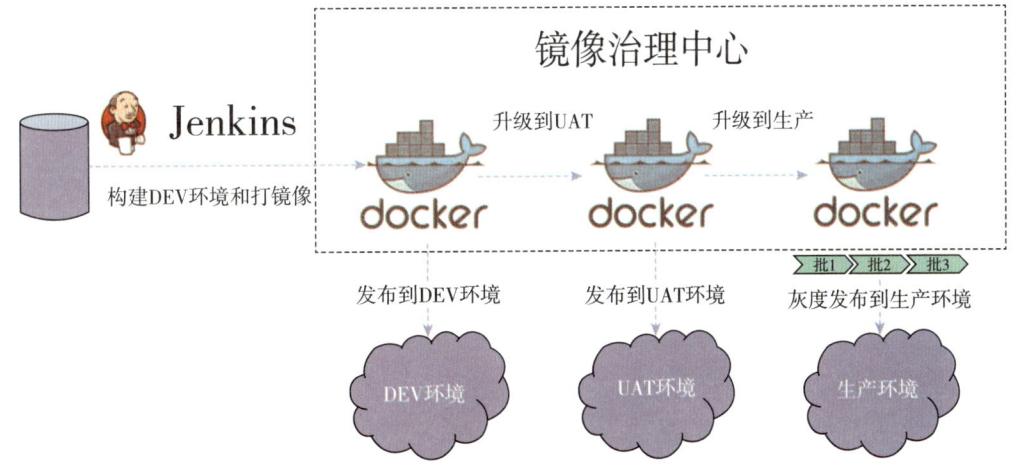

图9　基于镜像治理和多环境的持续交付流水线

（2）持续集成/持续部署（CI/CD）。采用GITLAB作为版本控制管理，Jenkins持续集成GIT项目，一键触发，将最新代码打包为最新镜像，随后将镜像上传至Harbor并发起Rancher自动部署镜像的请求，Harbor自动将最新镜像升级后，为服务器提供服务。在运维上，CI/CD解决了因手动流程降低应用交付速度，提高了版本迭代速度及运维效率（见图10）。

（3）运维监控。应用系统的运维监控由"Prometheus + Grafana"结合，Prometheus负责抽取监控点、设置告警规则、进行异常通知，它能够以秒级的方式收集监控数据，而且被监控的目标几乎没有性能上的损耗。Grafana负责将系统指标结果可视化呈现，实时高效监控系统的运行状况，针对存在的潜在风险及时分析，定期对接口集中优化，从而提高了系统运行的效率。

（4）日志管理。采用了"FileBeat + Kafka + Flume + Elasticsearch"等对系统日志进行监控，通过API埋点采集、跟踪日志、系统日志、度量监控日志，通过动态植入采集，将散乱的日志汇集。应用到系统监控、性能分析、行为分析等特定场景中发挥功效，帮助系统提高性能及运维效率。日志分析架构见图11。

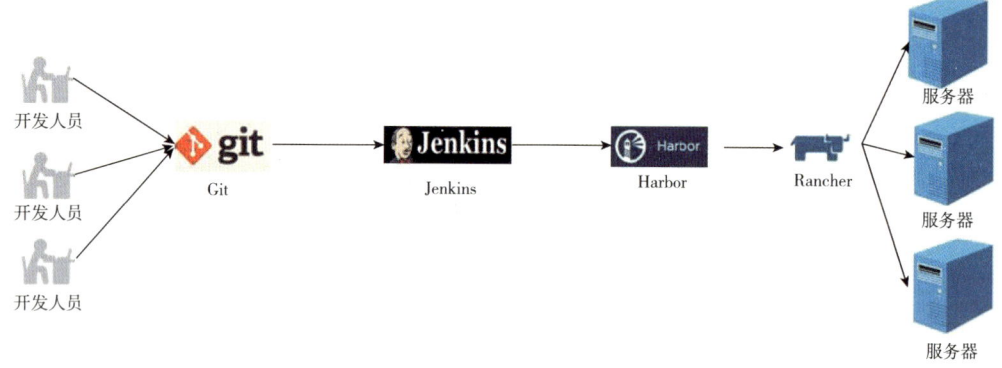

图10 持续集成/持续部署（CI/CD）流程

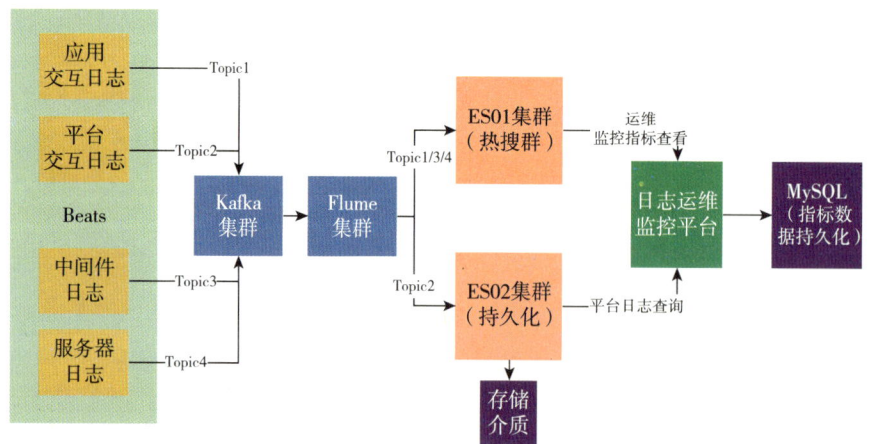

图11 日志分析架构

五、项目效果

（一）项目成果

1. 量化定价因子。定价中既考虑到主要的定价因子，也考虑到不同渠道或客户的特点及其需求。因子的提取及取值接近业务实际，贴近目前市场，同时要考虑运输工具的改善，以及行业协会或法律法规规范加强后引起的风险变化。

2. 智能报价平台。开发国内公路货运险业务智能报价平台，可为核保人报价参考提供依据，也可用于销售人员自助查询费率价格。通过系统间接授权，简化了目前保险公司常见的层级人工授权体系。

3. 智能出单系统。针对客户出险特殊的风险管理情况、实施客户新的质控标准、业务政策发生重大调整等情形下，可能导致智能定价模型适用的环境发生变化，但此次开发的智能出单系统可根据特殊的使用环境，针对不同客户和业务类型进行灵活设置，既有效控制了风险，又大幅降低了出单成本，提升了效率，同时也为人工智能、大数据等全程无缝应用奠定了坚实的基础。

（二）项目后续展望

1. 训练模型，持续校准。随着数据量的不断积累，考虑逐步引入人工智能，开发自动校准功能。例如，某一高速路段近期发生多起交通事故，通过理赔数据的统计分析，自动上调未来货车途经该路段的费率水平。

2. 完善模型，迭代因子。通过不断积累，完善定价因子及其后的模型建构。例如，单个因子向组合交互因子逐步进化，各因子之间的赋值比重在动态调整中趋于稳定。

3. 扩充模型，丰富产品。解决客户已有需求，挖掘潜在需求，开发更多的保险产品。例如，以国内公路货运保险次单为基础，开发责任险次单；以次单为基础，开发客户或渠道的年单；以公路货运为基础，开发航空、铁路等多式联运；以国内运输为基础，开发进出口运输等。从客户需求上，在物质损失补偿前提下，开发运输衍生的"痛点"需求产品。

4. 深挖模型，完善流程。随着国内公路货运险智能定价模型的成功开发和应用，会出现越来越多的应用渠道和场景，对于传统业务流程的改善提升也会逐步深入和加强，客户购买产品的体验必将得到极大的提升。随着模型的完善，定价会更加细化和精准，在为客户提供更满意的保险服务的同时，也最大限度地为客户节省了保费支出成本。

六、总结

目前所开发实施的国内公路货运保险智能定价引擎与科技应用有天然的契合性，引擎源于具体的场景，通过场景信息的数据统计及渗入智能分析，包括未来物联网下数据的自动传输匹配，以小见大，实现客户与保险公司双赢。2019年"两会"期间，保险再次成为高频词汇，同时《政府工作报告》中提出"智能+"概念，鼓励新型智能产业发展。以此智能定价引擎为基础，实现了货运险的全程线上可视化服务，丰富了定价数据模型，提高了保险公司的运营效率，节省了公司的人力成本。此引擎的推广应用，更加有利于减少市场的恶性竞争，让经营结果更可预期，促使保险同行从渠道费用推动转向信息化技术驱动，激发行业创新的活力。数字化及科技赋能必将促使货运险转型升级，更好地服务于实体经济。

专家点评

华泰财险的国内公路货运保险智能定价引擎与科技应用是保险业垂直领域的一个创新实践。目前来看，模型建构正在逐步完善，需要更多维度、更大量的数据进行训练。在不断优化模型的基础上，华泰财险可考虑与物联网结合，将公路货运的物联网技术与智能定价引擎相融合，优化系统，提升精准定价能力。在发展到一定程度后，可适当考虑加强数据云计算、开放 API 等措施，优化整个运营系统部署，创新业务发展模式。

安心保险基于高并发场景、多维联动的去中心化承保平台

◎ 安心财产保险有限责任公司

一、项目概述

安心财产保险有限责任公司（以下简称安心保险）于2018年7月启动新一代互联网承保核心系统（以下简称新承保平台）建设，同年10月完成系统基础框架功能建设，上线配置试运行健康险产品。2019年5月完成整体业务产品的迁移工作。整个项目建设过程中，项目组主要采用了以下几项技术和业务上的创新。

1. 以条款为中心可配置的产品工厂。明确条款、承保责任、理赔责任、健康服务、营销方案、险种、险类、产品标的模型之间的归属关系，建立标准产品模型。

2. 以业务流、控制流、数据流拆分为设计思路，梳理统一的业务流程和数据模型，建立规则引擎系统将控制规则从业务系统中分离，合并已存在的三套核心系统，根据产品的不同通过控制流实现各产品流程和规则上的不一致。

3. 采用互联网最新的去中心化设计思路，将所有的线下功能服务通过微服务的方式进行封装，降低系统维护成本。

4. 明确各项运营费用指标，制定各情况下相关费用之间联动自动控制规则，通过赔付率、费用率、成本率、费率等指标的自动调整控制运营成本，实现系统化多维联动管理。

5. 采用新的腾讯云分布式数据库DCDB、缓存和消息队列技术进行数据存储和保存，提高系统性能和数据容量，采用最新的搜索引擎技术实现累计风险控制和实时数据查询服务。

6. 采用最新的互联网蓝绿版本技术，实现系统24小时不间断服务和前后版本稳定试运行，实现对重点渠道的重点保障。

二、项目背景及意义

（一）项目背景

保险业作为金融领域的核心行业之一，正处于一个日益发展、复杂、多变的市场环境。"互联网＋保险"在给保险业带来重大机遇的同时也给保险公司带来大的挑战。安心保险作为首批互联网保险公司，在之前3年多的运营过程中，从发现新兴的互联网营销在提升产品快速迭代升级速度、服务的多样性和便捷性、流量的高并发和时效性、客户的投诉和咨询情况、购买和服务的时间不确定性等各个方面都对当前公司的核心系统提出了更高的要求。公司开业初期采购的老承保系统已远远无法满足相关业务的发展需求。

1. 产品上线速度慢，维护成本高。在老承保系统开发一款产品平均的系统开发上线时间在

3周左右，再加上与渠道平台的接口联调对接时间，整体的产品上线速度要一个月的时间。同时因为所有控制规则和流程都是通过代码来实现，后续产品的升级和规则的调整也需要开发，都需要投入1~2周的开发成本。

2. 产品定义模糊，无法对产品进行有效的全生命周期管理。老承保系统无法记录营销产品、险类、险种、条款、责任之间的关系，所有的产品方案费率、控制规则和条款都是通过代码实现，无法对产品进行有效的管理。

3. 系统相应速度慢，客户体验差。老承保系统主要是满足线下出单中心出单，无法支持互联网场景下的客户高并发请求。老承保系统核保和承保最大支持50TPS，每个请求的响应时间都在1.5~3秒，无法满足营销转化对效率的要求。

4. 无法有效地管理各项运营成本。老承保系统承保的费率、佣金支出、赔付的情况、营销的成本、人力的成本，分别散落在承保、销管、理赔、财务和HR系统中，针对渠道、产品和部门无法进行有效的边际成本控制，无法满足公司精细化管理的要求。

5. 服务耦合，缺乏快捷的线上服务。老承保系统所有核心功能和服务都耦合在一个大的应用系统中，无法快速便捷地给客户提供相关保险服务，退保、保全、算费、健康服务都只能通过电话客服的方式申请，便捷性很差。

6. 版本发布需要停机，无法保证7×24小时不间断服务。

老承保系统一周进行一次版本发布，每次发布因为无法对流量进行分流限制，同时无法在生产时进行小范围的流量验证，导致在发布的过程中经常出现异常单，同时如果在版本异常的情况下会影响公司所有相关产品业务。

7. 维护成本高，统一性差。老承保系统的健康险、意外险、车险存在三套核心系统，数据模型存在差异，业务流程和规则约束代码固化在各个险类的核心系统中，给数据分析和系统运维带来巨大的压力。

8. 可承载的数据容量少，查询效率低。老承保系统上云使用MySQL数据库后，发现当保单数量提升到一定量后系统的部分数据表存在查询效率降低的问题。

为了解决出现的上述问题，更好地支持互联网业务的发展，经过调研分析决定启动新承保平台建设。从产品配置、服务框架、业务流程、控制流程、数据模型及的性能指标等多个方面解决当前运行过程中存在的系统问题和性能"瓶颈"。

（二）项目意义

针对公司运营过程中发现的问题，通过对同行业保险公司、互联网科技公司的相关技术调研分析，在新承保平台建设中以采用最新科技解决业务问题为指导思路，以业务流、控制流、数据流三个流拆分为设计原则，明确了以下五大项目建设目标：全流程产品管理、精细化多级联动成本控制、全面毫秒级不间断的服务支撑、灵活可配置的控制规则、无限制统一的分布式数据存储和结构。

1. 全流程产品管理。建立对产品全流程管理的产品工厂，需要支持各财险类元素的灵活配置，需要支持对产品承保信息、理赔信息、续保信息、费用信息、保全信息等产品全流程规则和信息的管理。新险种上线时间要求在3天时间内完成，新增和调整方案要求时间平均在1天内完成。

2. 精细化多级联动成本控制。建立精细化费用成本控制逻辑，需要将运营成本分摊到每张保单，同时将散落在理赔、财务、人力等各系统、各环节的费用数据打通，实现自动化的、可联动的成本上限约束，实现对渠道、中介、机构和业务员等多维度的精细化成本管理。

3. 全面毫秒级不中断的服务支撑。拆分之前所有核心系统功能，对功能进行服务单独封装。优化所有对外提供线上接口性能，需要将所有的接口响应时间降低到毫秒级。需要支持每小时 320 万单保单，每天 3000 万单保单的业务承载量。单独对重点业务进行服务和独立保障，需要支持服务 24 小时不间断运行。

4. 灵活可配置的控制规则。梳理统一的支撑所有险种的业务流程，拆分业务流程和控制规则，单独建设规则引擎系统，通过规则引擎实现各险种的流程和规则的不一致，建设可配置的规则引擎系统。实现上线险种代码和工作流不需要开发，实现规则在 3 小时内调整完毕。

5. 无限制统一的分布式数据存储和结构。梳理整合当前存在的三套核心系统数据结构，采用最新的数据存储技术，实现系统数据的无限制存储，采用最新数据搜索技术实现大数据量毫秒级的查询效率。

三、项目重点解决的问题及主要创新点

安心保险作为一家致力于互联网销售的保险公司，在过去 3 年多的互联网销售过程中，发现公司开业初期采购的第一代传统核心承保系统（以下简称老承保系统）已无法很好地适应新兴的互联网销售模式，存在的问题及创新主要体现以下几个方面。

（一）产品管理

保险产品上线慢、缺少有效的产品全流程管理。产品方案、险种、条款、标的、算费规则、核保规则、理赔规则、续保规则等各产品属性散落在各个系统，并且无法根据产品的不同进行灵活配置。

创新 1：新承保平台建立了一套以条款为中心，囊括了责任、险别、险类、险种、产品方案、营销方案的产品属性关系模型。

创新 2：建立了一套可配置的产品工厂，针对不同险类的标准化产品元素模型和流程，快速包装保险产品方案，可视化配置封装产品方案信息。

（二）系统性能

核保、承保、保全等流程系统响应时间过长，频繁操作数据库。互联网客户体验和转化率差；无法应对互联网营销高并发、大流量的特性。

创新 1：采用了互联网最新的去中心化设计思路，将所有的线下功能服务通过微服务的方式进行封装，将所有的接口响应时间降低到毫秒级。

创新 2：采用多级缓存和队列技术，新承保平台在整体系统架构和数据层中增加了 redis 缓存技术，并对配置的查询和读写加入了缓存机制。

（三）成本管理

各项运营费用散落在各个系统中，无法对成本进行有效的管控。佣金费用、人力费用、营销费用、激励费用、赔付成本、运营成本散落在各个控制系统，无法统一整体地进行费用控制调

整，销售端和运营端无法形成一个有效的管理闭环。

创新1：采用多端联动自动化模型，实现精细化、多角度、全方位地控制运营成本，系统自动或人工介入对费用成本、保费进行实时调控，实现对产品、渠道、机构多方位的成本联动控制和约束。

创新2：可对边际成本率超出的产品，系统实时预警，且提供自动化调控机制，实现在理赔端和运营端费用增加的同时，系统跟单调整营销、人力和佣金成本，严格控制公司成本上限，实现运营端和销售端闭环运行。

（四）运维成本

线上服务支撑种类较少，客户体验较差，核心系统庞大、臃肿、耦合，维护困难，线上线下业务处理逻辑不统一，版本发布时间长，需要停机才能进行发版，影响业务运行。

创新1：在经过多方调用比对后，新承保平台整体系统采用了当前比较稳定的Dubbo框架，实现服务的定向扩容，降低服务开发和维护成本。

创新2：采用最新的互联网蓝绿版本技术，实现系统24小时不间断服务和前后版本稳定试运行，保证大流量营销活动期间系统版本稳定。

创新3：所有的业务处理逻辑全部维护在原子服务中，流程服务仅负责服务的调用逻辑和业务处理流程，这样有效地保证了线上线下功能不会因为操作流程的不同造成处理逻辑不同。

创新4：对整个算费、核保、承保、保全的服务进行节点微服务划分，支持营销活动下对服务的灵活组合。

（五）系统容量

无限制统一的分布式数据存储和结构，多套核心承保系统共存，整体数据流、业务流和规则流存在差异，无法统一管理，信保、健康险、意外险、非车险存在三套核心承保系统，需要投入大量的维护人员保证系统的稳定运行。

创新1：采用最新的数据存储技术分布式DCDB数据库，实现系统数据的无限制存储，同时，项目组对整体的核心数据结构进行了分类。

创新2：采用最新数据搜索技术实现大数据量毫秒级的查询效率，同时项目组还对系统中存在的复杂的业务查询场景进行了拆分改造，减少系统对子查询和关联查询的使用。

创新3：以业务流、控制流、数据流拆分为设计思路，梳理统一的业务流程和数据模型，建立规则引擎系统，将控制规则从业务系统中分离，合并存在的三套核心系统，根据产品的不同通过控制流实现各产品流程和规则上的不一致。

四、项目主要建设内容

（一）全流程可配置的产品工厂

为了满足互联网保险产品迭代快、上线周期短、产品多样化的市场与客户需求，新承保平台建立了一套以条款为中心，囊括了责任、险别、险类、险种、产品方案、营销方案的产品属性关系模型。同时，针对不同险类建立一套标准化的产品元素模型和流程，将产品元素的输入规则、产品的核保规则和算费规则单独建立配置化的规则引擎，将业务流、数据模型和控制规则拆分开，从而实现产品上线全流程可视化配置，支撑产品模板化和热发布。配置完成后，即对外开放产品售卖服务，同时对外提供封装后的出单界面。产品工厂上线后，所有产品的上线时间控制在3天以内，模型不变流程不变的标准产品配置即可销售，全流程界面化操作 3 小时内完成方案的配置出单。

（二）多端联动自动化控制成本

为实现精细化、多角度、全方位地控制公司运营成本，新承保平台在费用规则中精细化明确各项运营成本，通过平均值设定、运营数据回填两种方式，将佣金成本、人力成本、营销成本、赔付比例等各项费用统一整合到算费引擎中，根据预设的边际成本上限公式和调整算法，实现对产品、渠道、机构多方位的成本联动控制和约束。可对边际成本率超出的产品，系统实时预警，且提供自动化调控机制，实现在理赔和运营端费用增加的同时，系统跟单调整营销、人力和佣金成本，严格控制公司成本上限，实现运营端和销售端闭环运行。

（三）系统微服务化

新承保平台在设计之初，为了解决线上线下功能统一，降低服务开发和维护成本，实现服务的定向扩容，将互联网微服务的设计思路引入新系统的建设中。新承保平台在经过多方调用比对后，整体系统采用了当前比较稳定的 Dubbo 框架。新承保平台将老承保系统中的所有功能根据功能拆分成 43 个独立的 Dubbo 服务（以下简称原子服务），同时根据不同的使用场景和调用逻辑，创建了 13 个流程服务组（以下简称流程服务）来组装合并原子的 43 个服务间的调用关系。

所有的业务处理逻辑全部维护在原子服务中，流程服务仅负责服务的调用逻辑和业务处理流程，这样有效地保证了线上线下功能不会因为操作流程的不同造成处理逻辑不同。同时大大降低了系统维护对开发人员的要求，中级和初级开发就可完成对系统的维护工作。系统上线后项目组的维护人员数量降低了 50%。最重要的是降低了对新人的培训周期和成本，一个新人熟悉的时间从原先的 1 个月降至 1 周。在系统部署方面，硬件配置要求也从原先的 8C16G 降至 2C4G，同时可支持对特殊高操作服务的资源定向增加。

（四）采用多级缓存和队列技术

为了满足互联网销售场景下客户对系统响应时间和请求数量的要求，新承保平台在系统建设中引入了互联网常用的多级缓存技术和队列技术。老承保系统在数据存储和访问上统一通过对数据库的操作来实现，但随着业务模型和流程的复杂化，系统对数据库的访问次数急剧扩大，以及互联网云上系统采用的 MySQL 数据库，在系统响应时间和并发的支持上都存在很大问题，老承保系统核保和承保的响应时间都要在 2 秒左右，同时仅能支持 40 单/秒。新承保平台在整体系统架构上，在数据层中增加了 redis 缓存技术，对配置的查询和读写都通过缓存进行。同一服务中对订单和保单等业务数据的频繁查询处理，从频繁请求数据库变成一次请求数据库后对缓存进行处理。对数据量较大的子表数据（如缴费计划表和责任表等）都通过队列的方式进行异步保存。

新承保平台优化完毕后，系统核保和承保的响应时间从 2 秒优化到 300 毫秒，同样配置服务器下并发处理数量从 40TPS 提升至 900TPS。

（五）分布式数据库支撑亿级业务数据

老承保系统采用标准的单实例的 MySQL 数据库做数据存储服务，但随着数据量和业务量的增加，标准的单实例的 MySQL 已无法承载业务数据，因此新承保平台采用互联网分布式 DCDB

数据库，DCDB 是一种分布式的可扩展的数据库。在采用分布式数据库的同时，项目组对整体的核心数据结构进行了以下分类：

（1）系统配置类数据，可存放在单独实例中，无须做数据的水平拆分。

（2）业务配置数据，需要每个分片都存储同样的数据，保持查询操作的一致性。

（3）业务分片数据，根据一定的分片规则数据分别存放在多个实例中，同时项目组还对系统中存在的复杂的业务查询场景进行了拆分改造，减少系统对子查询和关联查询的使用。

（六）建立蓝绿发布机制

老承保系统在运行过程中，因应用耦合，无法对服务进行分流等多方面因素的影响，每次版本发布都无法做到业务的平稳升级，尤其是为了适应业务发展提升版本迭代速度后，经常会出现发布失败、影响业务的正常运行，特别是不能很好地配合外部进行营销活动。因此，在新承保平台设计部署方案时，采用了当前比较流行的蓝绿发布机制，所有应用服务分成两个版本。每次进行版本升级迭代时，都先在线下业务员和代理人操作的版本上进行服务发版，等版本验证一周后同步更新线上大流量版本，保证重点渠道和业务不受版本升级迭代的影响。同时，在每个版本上发布时都通过负载限流的方式对服务进行滚动发布，保证系统 7×24 小时不间断服务。

五、项目效果

（一）直观的数据展示

通过首页报表可以直观地看到业务人员最近的保费业绩与排名。

（二）产品工厂

可视化灵活配置保险产品信息，支持实时变更与发布。

（三）续保配置

续保规则与触达客户规则，可视化灵活配置支持实时变更与发布。

（四）费用管控

报表形式实时查看各渠道，产品方案的费用信息，同时支持一键调整与各个维度的产品上下价调整。

（五）多场景多维度查询

提供多业务场景与维度的查询，方便用户查看保单信息，同时支持电子保单补发打印等功能。

（六）微服务拆分灵活组合

新承保平台核心所有服务进行原子服务和流程服务的拆分，实现各业务场景的灵活组合，同时提供统一的业务接入服务接口（见图1）。

（七）分布式数据库提高存储问题

新承保平台采用了分布式数据库，当前 2 片的情况下可支撑每年 1.5 亿数据量的增长速度，同时支持横向无限制扩容（见图2）。

（八）服务的实时监控和报警

新承保平台实现对系统所有功能和服务的实时告警和监控，可实时观察系统的运行情况。

六、总结

（一）项目技术方案

新承保平台整体采用微服务的设计思路，将

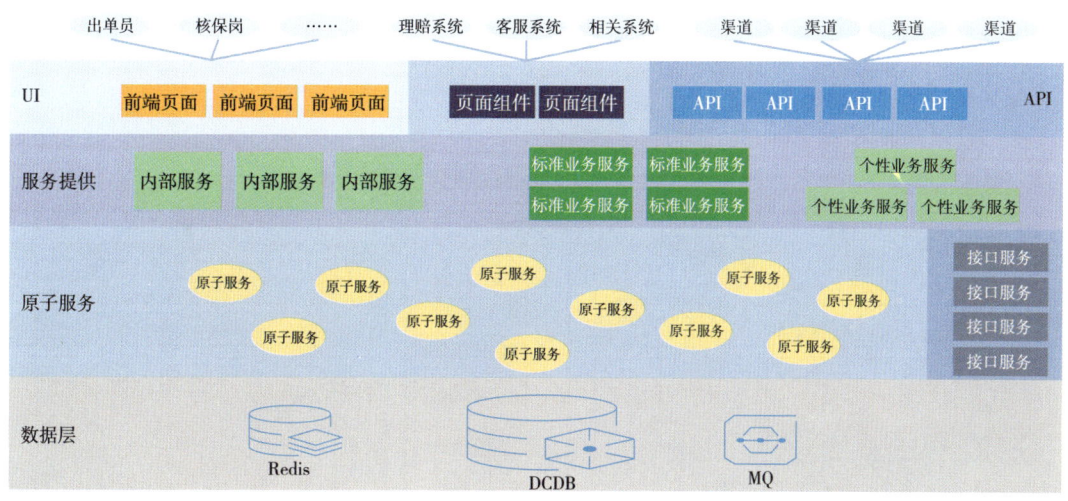

图1 微服务拆分灵活组合结构

图2 分布式数据库结构

整个系统分成前端层、服务层、数据层三层架构。前端层以 angular 为界面技术，标准 HTTPS 为对接协议，实现界面操作和服务接入两类需求；服务层以 Dubbo + zookeeper 为主要的微服务架构；数据层以 DCDB 分布式数据库为最终存储介质，以 redis 为缓存技术。

1. 微服务架构。微服务架构拆分的模式有利于提高系统性能，降低开发成本，利于开发和维护，能够实现简单灵活的独立部署，便于技术更新及架构升级。它可以使不同的团队专注于更小范围的工作职责、使用独立的技术、更安全更频繁地部署，很适合保险公司这种业务流程复杂的系统。所以非车承保系统采用"SpringCloud + Dubbo"的组合微服务方式，服务之间是松耦合的，内部是高内聚的，很容易按需扩展。

2. 蓝绿发布。现有的负载均衡技术能够对集群化的多台服务器进行管理，但只能对流量按百分比进行切换，不能根据业务数据的特点进行分流。为了保证生产环境服务的高可用性，非车承保系统按蓝绿发布方式发布新版本。蓝绿发布可以保证整体系统的稳定，在初始的时候就可以发现、调整问题，以保证其影响度最低（见图3）。

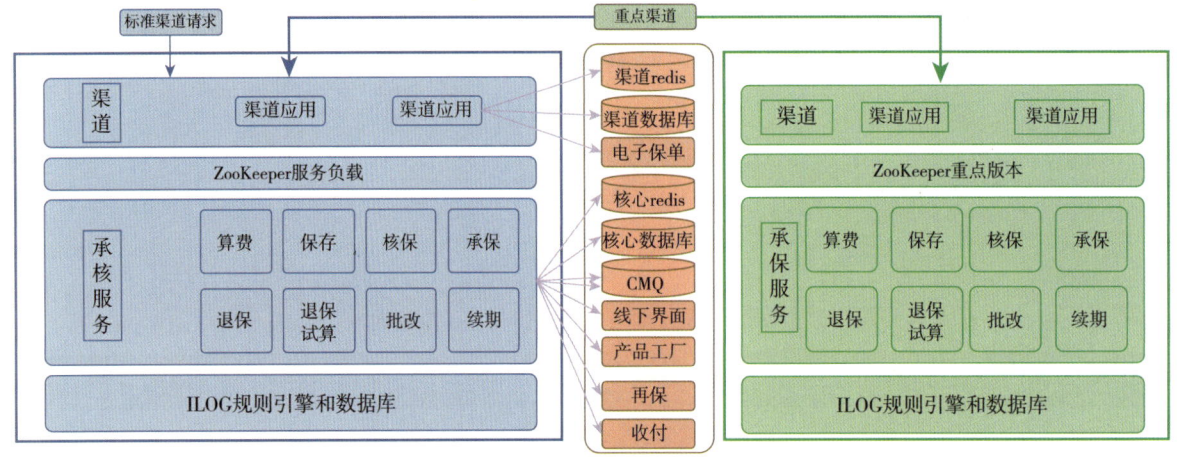

图3 非车承保系统流程

3. DCDB 数据存储。为解决传统关系数据库的性能"瓶颈"和单表单库容量限制问题，非车承保的数据存储使用了腾讯云分布式数据库 DCDB。DCDB 是一种兼容 MySQL 协议和语法，支持自动水平拆分的高性能分布式数据库，即业务显示为完整的逻辑表，数据却均匀的拆分到多个分片中；每个分片默认采用主备架构，提供灾备、恢复、监控、不停机扩容等全套解决方案，适用于 TB 或 PB 级的海量数据场景。这样可以适应分布式的管理和控制，解决了传统数据库的容量"瓶颈"，提升了系统处理能力和可靠性。

（二）项目主要功能介绍

1. 产品工厂功能。产品定义功能主要包括险类配置、责任配置、险别配置、条款配置、特约配置、健康服务配置、续保配置、核保级别配置、核保人批量任职配置等基础配置功能，以及产品工厂功能。产品工厂支持保险险类、保险责任、保险条款及保险产品可视化快速配置，可以灵活、快速地定义新产品，使保险基础信息快速发布、快速迭代、敏捷维护，快速包装保险产品方案与健康服务信息，可视化配置出单页面与信息采集项，可视化配置封装产品方案信息，一键发布与调整，快速出单。同时支持产品的核保规则、续保规则，费率多维度灵活配置；支持随时调整规则与保费，解决互联网的实效性问题。

2. 两率联动出单控制功能。两率联动从以下三个维度考量费用的控制：机构、渠道、产品。采用大数据采集保单边际成本，实际满期赔付率，预计满期赔付率等指标数据，实时计算多维度的各项成本指标数据，以报表形式实时反馈各费用指标情况和运营情况，针对不符合预期指标的数据，实时提醒，还可支持一键调整各指标数据。通过系统自动或人工介入，对费用成本、保费进行实时调控或产品停售下架处理。

3. 出单。出单功能支持方案出单、散单出单。方案出单是指在核心系统已配置对应产品方案的情况下，用户通过渠道方/合作方的录单界面进行客户信息的录入，渠道方/合作方将客户信息和产品方案编码通过接口的形式传送给非车承保系统，非车承保进行保费计算，核保后出单的流程。散单录单主要是指在系统中无标准的、无审批过的产品方案的情况下，在非车承保系统中录单人员可能针对一些保单做特殊的个性化的方案录入。散单不仅需要录入客户的信息，还需要为此保单录入险别信息、保额保费等产品方案的信息。

4. 批改。批改流程主要包括一般批改、注销、退保、特殊全单退保、综合批改等功能。提交批改后，系统根据配置批改通过规则判断批改是否通过。如符合特殊系统自核通过规则，则直接生成批单；如符合人工核保/审核规则，则进入人工核保/审核。

5. 续保。非车承保系统为健康险等产品提供了统一的一键续保管理功能，系统预先设置整套预核保规则，过滤出符合续保条件的保单进行发送续保短信，客户通过收到的续保短信进行一键续保，极大地方便了客户的续保需求，提升了客户体验。

6. 交费。目前非车承保支持多种交费类型（支票交费、在线支付、无单预收、转账交费、保费捐赠等交费类型），并且可以对现有的交费类型进行转换。

7. 保单查询。系统用户根据系统预置的一些查询条件，输入相应的查询条件，对系统中保批单/申请单进行查询，以便系统用户对系统中的保批单进行查看、打印和通知投保人保批单信息；系统用户可以对申请单进行继续编辑和删除操作，支持系统用户查看一定时间内到期的保单信息。

专家点评

技术为保险赋能首先是为细分业务领域赋能，以小业务激活大行业。安心保险构建的去中心化承保平台是以点带面，以小系统推动大平台发展的重要实践。除利用技术提升运营效率外，也可以考虑拓展技术的服务范围，依托承保平台，重点提升客户体验，做好业务人员与承保客户之间的"桥梁"和"纽带"。加强流程关键节点的数据捕捉和模型分析，智能化服务流程。做好各类接口的开放工作，提升技术赋能效率。借鉴区块链分布式发展的思维模式，做好去中心化工作。

安心保险基于知识图谱的核赔辅助决策引擎

◎ 安心财产保险有限责任公司

一、项目概述

随着科技的不断发展，移动互联网、大数据分析、云计算落地能力的不断增强，金融保险开始逐渐转变为以数据服务客户的时代，发展的方向相较于过去也有了很大的变化。流量平台、新型渠道、下沉市场的角色比重越来越大，产品的内容和覆盖也越发全面和完善，给整个行业带来了发展和活力，但高速的发展也带来了更灵活、隐蔽和复杂的风险，简单概括可以分为以下两个方面：

一方面，高速的海量数据带来的高度碎片化使风控审核如核赔很难从其中高效直接地获取有效信息，而反复的人工风险检查必然造成成本增加，但效果却未必会和投入的成本成正比。

另一方面，场景、数据、关系多维化不透明，使（人工）核赔审核在规避风险时难以充分解析其中错综复杂的逻辑关系，从而忽略数据之下潜在的风险。

基于上述情况，安心财产保险有限责任公司（以下简称安心保险）于2019年2月启动建设基于知识图谱的核赔辅助决策引擎的调研和建设工作。目标以技术优化模式，以数据完善控制，以工具解决问题。

本文就将如何建设基于知识图谱的核赔辅助决策引擎和其应用的形式和效果进行说明。

二、项目背景及意义

（一）行业背景

保险业竞争日趋激烈，竞争方向也逐渐从价格、产品过渡到服务，理赔是保险展业中直接体现服务的一环，核赔又是理赔的核心环节和最后一道"防火墙"。核赔的好坏直接决定服务的质量，但往往被各种场景、复杂的产品、错综复杂的关系等客观因素制约，服务成本高但效果却不一定理想。

随着科技的发展，人工智能技术逐渐落地各个专业性较强的垂直领域，发挥越来越重要的作用，金融保险也在其辐射范围之一，知识图谱（Knowledge Graph）技术作为人工智能技术重要的分支之一，能以可视化的方式展示实体之间的关联，能更简单直接地表现海量碎片化数据中的逻辑和潜在联系，并通过融合、处理、推理发现新的信息和潜在的风险，帮助核赔人员分类整理分析数据，起到帮助业务进行多维分析、补充漏洞和辅助决策的作用，帮助业务完成洞察潜在关系、规避和降低理赔风险、合理赔付的目的。

（二）项目背景

为了降低人工核赔审核的复杂性，科学合理地提升风险规避、控制和反欺诈的能力，合理高效地利用数据，运用高新技术提高效率、降低成本的目标，建设基于知识图谱的核赔辅助决策引擎工具，一方面以知识图谱引擎为核心建设包括风险数据可视化、算法分析和评估风险、风险校验等技术能力，并与新一代理赔核心系统进行结合，在实际场景中建设辅助审核、补充意见用以完善核赔规避和控制风险的能力；另一方面对低风险案件快速处理和主动审核，以达到提高效率、降低成本并积累数据和技术经验的目标。

（三）项目目标

1. 可视化的多维风险控制。将多源异构的业务数据、互联网数据解析融合形成直观可视化的知识图谱，在核赔时调出赔案的图谱和分析信息呈现给业务人员，引导业务人员检查发现海量数据中潜在的联系和风险。

2. 智能化核赔作业。以业务场景和业务规则为依据，以知识图谱和图算法作为引擎，抽取赔案知识图谱中实体和关联关系进行分析得出分析结论，对风险等级高的赔案给出风险建议并跟踪监测，对等级低的赔案进行自动核赔处理。

三、项目主要创新点

（一）以知识图谱为引擎控制核赔风险

不同于传统风控的黑名单过滤、规则集命中等方式，知识图谱是在此基础上对结构化的业务数据和非结构化互联网数据进行融合解析、建模形成某一赔案或多种类产品的（数据）知识关系网络，利用图谱的特性和图算法，结合业务场景来发现和挖掘关键数据形成新的知识（数据），帮助核赔规避和管理风险。

（二）多种维度的风险控制和风险规避方案

由于知识图谱的特性，便于进行如"一致性校验""异常分析"等逻辑校验方法，可以在核赔审核环节起到较好的逻辑校验、关系校验效果，而各种图算法如 pagerank、特征向量集中度、最短路径等便于进行测算、评估、分级，使工具从传统"点"的方式上升为"面"（关系网）来支持规避和控制风险。

（三）人工智能的应用

知识图谱是由业务数据和互联网数据提取融合建模的数据形成的知识网络，本身具有逻辑关系的可推理性，通过业务场景和规则、算法库、NPL 插件及代码程序的处理，可以提供逻辑推理、关系分析、风险提示及处理建议等能力来支撑核赔。

四、项目主要建设内容

（一）项目系统介绍

1. 核赔个案风险分析平台。知识图谱和理赔核心系统相结合，在赔案进行核赔时，理赔核心传输如身份证号、赔案号等特征信息给核赔个案风险分析平台，平台的知识图谱引擎会检索调出该特征信息和关联信息的图谱关系网络，并将处理计算得出的赔案核赔的风险等级、分析结论、处理意见及评分等信息一并返回给理赔核心，以辅助和补充核赔的审核工作，主要包括以下几个功能：

（1）一致性校验。当关系人的关联信息同时属于两个互斥的类别，或者一个信息实体的某个属性对应多个值，以及出现逻辑的不一致性时触发校验。例如，被校验人提供的信息中与张三是朋友关系，跟李四是父子关系，当把被校验人添加到知识图谱中首先会触发一致性验证，校验张三和李四的关系是否正确，从而去验证这个"三角关系"是否正确，如朋友的朋友不应是父子关系，发现异常时则提示核赔关注此点验证信息的真实性。

（2）异常分析。对图形结构进行分析，从而发现异常的图形结构，再找出导致图形异常的节点做进一步分析，从而发现风险。例如，短时间内关系图结构不会发生大变化，一旦发生很大变化，则可能存在异常，从而触发预警，提醒核赔人员进一步关注。

（3）规则集网络校验和概率分析。抽取通用的风险因子形成逻辑规则集网络，核赔时将赔案信息形成的图谱带入规则集网络进行关联分析，并将分析结论返回给核赔，同时比较该赔案图谱和近似图谱，得出其赔付风险概率情况为核赔提供数据支持。

（4）关系分析和知识推理。根据图谱内的信息和关联情况推断关系人和关系人之间的关系，并将分析结论返回给核赔。例如，"朋友"的"朋友"，可以推理出"朋友"关系，"父亲"的"父亲"可以推理出"祖父"的关系。再例如，张三的朋友可能也是李四的朋友，那我们可以推测张三和李四也很有可能是朋友关系（涉及概率问题），并将这些信息返回给核赔，为其提供数据支持。

2. 风险趋势可视化分析平台。从产品险类、险种，险别的维度（而不是某个赔案）进行大范围分析的知识图谱可视化分析工具平台，除支持图校验、图算法等工具外，还可以自行添加配置索引标签等以呈现大范围的图谱和细致的关联关系，并可以进行图谱数据迭代，从而进行（业务）数据变化过程的推演，帮助核赔从宏观大数据上获取风险趋势和变化信息。

3. 智能核赔。案件核赔时，知识图谱引擎会定时对待核赔的业务数据抽取、校验和分析，参照赔案在图谱网络中的得分项，如风险等级、数据价值和历史记录等信息进行自主判断，对风险度较低且符合条件的赔案进行自动核赔处理，对存在关联风险和隐藏风险的赔案进行标注和提醒。

（二）项目技术方案

1. 设计原则。

灵活性。设计灵活，可以根据不同的因子、条件、概率进行组合调整。

标准化。所有接入知识图谱的项目采用统一的接口。

扩展性。快速地接入新的数据源。

2. 总体设计。知识图谱服务平台分为以下三个工程项目。

（1）信息抽取和同步项目。该项目采用 Spring－boot 结构，嵌入爬虫 Webmagic，主要作用包含以下两部分：一是对结构化的业务数据源（MySQL）进行数据抽取和数据同步；二是通过 Webmagic 抓取非结构化的互联网数据。

架构：spring－boot

图数据存储：neo4j－community－3.5.2

文件服务：cos

（2）后台逻辑处理和管理项目。该项目主要负责数据解析融合、风控评估分析后台、逻辑推理、质量更新、算法调用、性能监控等方面，提供算法库、自然语言处理、逻辑分析和输出等功能。

数据存储：neo4j – community – 3.5.2

算法函数库：apoc – 3.5.0.2

NPL 插件和语言包：graphaware – nlp – 3.5.2、stanford – english – corenlp – 2018 – 10 – 05 – model

文件服务：cos

架构：spring – boot

（3）图可视化平台。该平台分为两部分系统，一部分为负责提供核赔知识图谱和分析结论的核赔个案风险分析平台，另一部分为险类产品提供宏观分析角度上的风险趋势分析可视化平台。

前台页面：antV – G6、react

图数据存储：neo4j – community – 3.5.2

架构：spring – boot

3. 系统设计。

4. 功能模块划分。

配置模块。该模块配置智能核赔检查的元素、逻辑条件、概率、阈值等参数。

后台管理模块。该模块为安全策略、监控及逻辑处理后台，提供数据转换、算法插件和调用等功能。

antV – G6 可视化平台模块。该模块展示核赔赔案的知识图谱和分析建议。

bloom 可视化平台模块。该模块配置检索的节点、关系、属性、权重、类别和查询词组等功能。根据配置查询词组迭代展示图谱。

数据同步配置模块。该模块配置数据同步规则，包括业务数据收取、爬虫获取数据的目标、方式等规则。

5. 数据库设计。

6. 性能设计。

系统容量。目前系统设计主要的大数据存储在原生图数据库 Neo4j 中，节点和关系可以存储 350 亿个。

响应速度。系统采用多线程设计，响应速度在 1 秒以内。

五、项目效果

通过在健康险理赔、车险理赔线条上的实践，知识图谱引擎及可视化平台在智能核赔的应用上取得了良好的效果。

产品维度的大数据风险趋势分析平台投入使用后，通过迭代图谱，推演了从安心理赔开业至今试验线条上的业务、赔付、风险等多种维度的变化趋势，检测实体、关系 125298 个，发现各类风险实体、中心区域等 38 个。

核赔个案风险分析平台发现、辅助、补充处理核赔案件占比为 13.2%，低风险自核案件处理占比为 10.9% 并稳步提升中，为业务开展和决策提供了强有力的技术支撑。下面抽取部分案例进行举例说明。

（一）风险趋势可视化分析平台案例

风险趋势可视化分析平台，通过迭代运算展示了车险理赔从 2016 年开业至 2018 年第四季度的趋势、比重，以及关系等情况的演变过程和趋势，并从中依据集中度，得分定位关键实体××有限公司。

（二）通过 PageRank 算法对业务实体进行关联度评测

可视化分析平台中根据 PageRank 算法在图谱中对节点进行关联度排名打分，在理赔中可以起到直接审查作用（查询图谱时了解实体关联程度和信息）或间接审查作用（作为风险系数和趋势分析的数据基础之一）。

（三）核赔个案风险分析平台案例1

核赔个案风险分析平台在核赔环节对赔案400000207P219000000×××进行分析、建议和展示知识图谱的关联信息，在案例中图谱引擎通过知识图谱网络的关联情况来获取分析对象和数据依据，通过被保险人和赔案等信息推理出当前赔案的被保险人与另一赔案的被保险人存在亲属关系（一定概率），并根据案件的因子数据分析得出核赔风险系数等信息，用以作为核赔审核的参考依据。

（四）核赔个案风险分析平台案例2

核赔个案风险分析平台在核赔环节对赔案400001207P00219000000×××进行分析、建议和展示知识图谱的关联情况，在案例中图谱引擎通过知识图谱网络的关联情况来获取分析对象和数据依据，通过关联分析和特征分析得出当前赔案是代理人报案（一定概率），并根据该赔案图谱的特征以及案件的因子数据分析得出核赔风险系数等信息，用以作为等核赔审核的参考依据。

六、总结

总体来说，基于知识图谱的核赔辅助决策引擎初步建立了安心保险基于智能化辅助决策的风控体系，初步达成项目建设的目标，能够比较好地满足业务对智能核赔、智能辅助决策及风险控制和风险规避方面的需求，为客户提供更好的服务的同时，能更合理地预防、控制和规避风险。

专家点评

面对大数据时代的海量信息，保险公司核赔部门——审核数据有一定难度，但通过知识图谱实现信息多维化、可视化展示，将复杂的关联直观地呈现，既缩短了人工核赔时间，又降低了人工核赔流程的复杂性。未来可将人工智能与保险业进行深度融合，将知识图谱等人工智能技术列入保险业发展战略。保险公司可与大数据信息平台合作，或接入区块链联盟，以合法方式获取有效数据，构建基于个体更多维度的信息链接，从而提高信息识别能力和复杂关系的推演。当然，在利用知识图谱技术提高保险核赔流程工作效率的同时，也要注意数据的真实性和防范数据的泄露，更好地保护消费者合法权益。

安心保险基于自学习的 360 度全方位风控平台

◎ 安心财产保险有限责任公司

一、项目概述

安心财产保险有限责任公司（以下简称安心保险）风控平台在坚持"智能双核"的业务理念下，不断创新，以提升风控能力为发展目标，持续进行系统演进升级。

2019 年，安心保险完成了风控平台的 V3.0 版本迭代升级，围绕"智能双模型""多方案风险甄别""多维风险信息库"三个目标，形成了事前预防、事中控制、事后学习的 360 度全方位风险控制机制，安心保险的风控能力得以更大幅度地提升。

当前风控平台已经产生实际调用 1900 多万次，为公司全险种全渠道产品提供了优质的风控支持，公司全险种全渠道的峰值调用次数为 45 万次/日，拦截场景覆盖核保核赔，实现保单全流程风险监控，拦截比率为 1%~3%。在安心保险风控平台上线后，赔付率下降比较明显（健康险上线后同比上年平均下降 60 个百分点，车险同比上年下降 20 个百分点，意外险同比上年下降 80 个百分点）。

本文将对安心保险风控平台在建设 360 度全方位的事前、事中、事后控制机制方面已取得的成果进行说明。

二、项目背景及意义

（一）安心保险风控平台升级背景

1. 行业风控服务背景。无锡的一对夫妻医患勾结、甲状腺癌骗保以及某保险公司内外勾结等骗保案例，给保险业敲响了警钟，保险欺诈必须减轻对人工风险识别的道德依赖。各保险公司理赔投诉率居高不下以及客户体验差等问题，对风险控制有更高的要求。各保险公司纷纷调整风控策略，在原有的核保风险管控基础上，加强了核保后起保前的风险筛查力度，并增加了理赔反欺诈的人力投入。提升风险控制能力对数据、技术有新的要求，但各保险公司普遍面临信息孤岛化、外部数据不足、自身数据质量差、技术手段落后等技术问题，如图 1 所示。

2. 安心保险风控服务背景。随着公司业务的不断发展，风控平台面临更为严峻的挑战，风险模型如何防破解、事中控制系统效率提升、事后学习风险模型的精准度验证等问题，逐渐成为制约风控平台发展的关键问题。因此，如何利用科技手段和互联网力量，提升风险控制模型的精准度和安全性，基于自学习技术形成事前预防、事中控制、事后学习的 360 度全方位风险控制能力成为安心保险风控平台的升级目标。

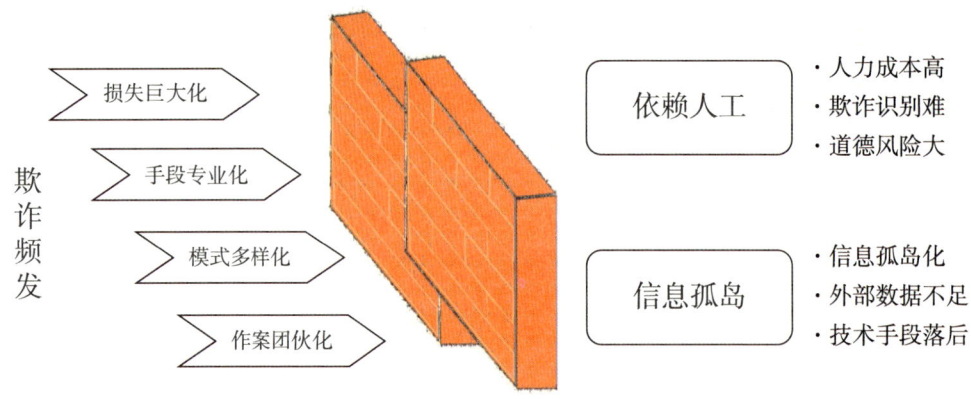

图1 保险公司普遍面临的技术问题

（二）安心保险风控平台升级目标

1. 打造事前、事中、事后的360度全方位风控体系。对保单核保时，风控平台在事前预防环节主要进行传统树规则模型选择、机器学习模型训练、模型交叉对比等工作，最终选定可并行的两个风控模型及模型的并行使用机制，形成可实时运转的智能双模型风控模式。

事中控制环节对接各承保系统的核保核赔环节，根据保险大类、产品、产品方案、责任、渠道信息进行实时的风险模型选择，并在300ms内对所有保单及出险数据进行关联分析，将所有数据源的风险数据汇入双模型中运算，最终将风险甄别结果返回给各系统。风险甄别结果主要分为以下三类：高风险客户、中风险客户、低风险客户。其中，高风险客户主要为核保模型判别出的高出险概率客户，中风险客户主要为"通过公司健康服务平台或客户服务平台进行了多次疾病咨询"的客户。按照不同产品方案的特点和业务要求，高风险客户和低风险客户会被转入不同的系统操作流程，其中部分用户会被直接拒保，部分用户会被转入人工核保流程。

在事后学习环节需要对所有客户的风险标识信息进行数据回溯分析，因此，风控平台建立了以客户为维度、基于区块链技术的风险信息库，该信息库可快速查询客户的所有风险信息、筛选出客户的共性特征点，支持快速验证模型的准确性。同时，事后环节如发现放行客户中存在高风险情况，会将标识信息反推给各承保系统和理赔系统。

2. 提升具有自学习能力的风控技术。在事后学习环节，根据历史出险客户信息、用户行为记录信息、财务风险信息、健康轨迹、业务反馈信息等数据进行反复测算，然后根据险类方案特征逆判断核保风控模型、模型风险分级策略，完成风险建模工作。在这个环节中，会分别确认树形模型的规则配置信息以及机器学习模型的参数信息，再确认双模型并行运转机制以及风险分级策略，已实现模型的自学习和自完善。

三、项目重点解决的问题及主要创新点

（一）项目重点解决的问题

1. 打破信息孤岛。引入多家数据源，并支

持多数据源快速切换，从一定程度上降低了样本信息单一对模型的影响。

2. 业务智能闭环。在业务逻辑上包含事前预防、事中控制、事后学习三个阶段，将风险控制模型确认、风险确认及业务分流、风险再确认及风险特征学习三大模块的工作组合，并形成了高耦合的业务闭环。

3. 双模型并行。对机器学习模型调研后发现，虽然机器学习模型能够显著地提升整体模型的预测准确性、效果更加精准，但机器学习模型存在对数据维度要求高、模型训练周期长等问题。为此，最终决定采用传统解释性强的树形模型和机器学习模型生产并行运转的方式，根据双模型的特点进行糅合，既能实时地训练机器学习模型、保证风险甄别的高解释性、增强风控模型的安全性，又能保证生产环境的稳定性。

（二）项目主要创新点

1. 风险甄别多种时效方案。增加数据源快速切换、模型快速开关、定制化风险场景等功能，并在此基础上实现不同多种时效的风险识别方案，对单量大、保额低的产品采用高时效策略，对单量低、保额高的方案采用低时效策略。

2. 智能双模型并行运转。

（1）引入基于机器学习的智能模型。线下通过机器学习模型对安心全量数据进行全面挖掘，尽量全面精准地提取相应风险特征，并不断迭代优化线上的机器学习模型。

（2）双模型并行运转。在风控平台 API 服务中，使用业务预置规则，分线程调用智能模型以及传统模型，并按策略预置的模型优先级进行风险结果汇总，以实现双模型并行运转。

3. 客户多维风险信息库。

（1）数据清洗。安心风控平台联合安心 AI 应用平台清洗了所有的风险历史数据，建立了以人为维度的自有风险信息维护方案，且该方案支持后续实时数据同步。

（2）多维数据报表功能。安心风控平台为保证承保、理赔、调用数据源、使用缓存数据等不同环节及不同节点的数据分析正常，对每一步流程都进行了状态标识，可快速完成多维度的报表数据分析工作。

（3）客户历史风险汇总。清洗后的客户风险信息库，分类别对客户的基本信息、资产、信用记录、消费偏好、行为、黑名单、组织关系等进行分类，并以区块链为技术支撑，可快速查询该客户的所有风险信息。理赔作业环节的业务老师，可以在理赔系统中快速判断客户高风险的信息来源，可缩短调查时长、明确调查方向。

四、项目主要建设内容

（一）常规反欺诈项目

其他保险公司的反欺诈系统，大多数只支持第三方单险种成熟风控模型，没有充分使用理赔及第三方数据，建设适合、符合自己公司的反欺诈系统。

（二）基于自学习的 360 度全方位风控平台

1. 承保理赔全覆盖。

（1）核保策略中心。该中心支持根据核保场景的特点，进行风险核保场景的配置、查询。

（2）理赔策略中心。该中心支持根据查勘定损、理算等不同环节，以及不同的产品责任进行风险核赔场景的配置，并实时上传更新机器学习模型。

(3)人员风险信息库。通过维护以人为维度的风险信息库,支持实时查询任意人员的历史风险信息情况。

2. 支持双模型并行运转。

(1)双模型并行运转。机器学习风险控制模型引入后,为保持风险控制的稳定性,风控平台采用传统模型与机器学习模型并行运转的方案(见图2)。

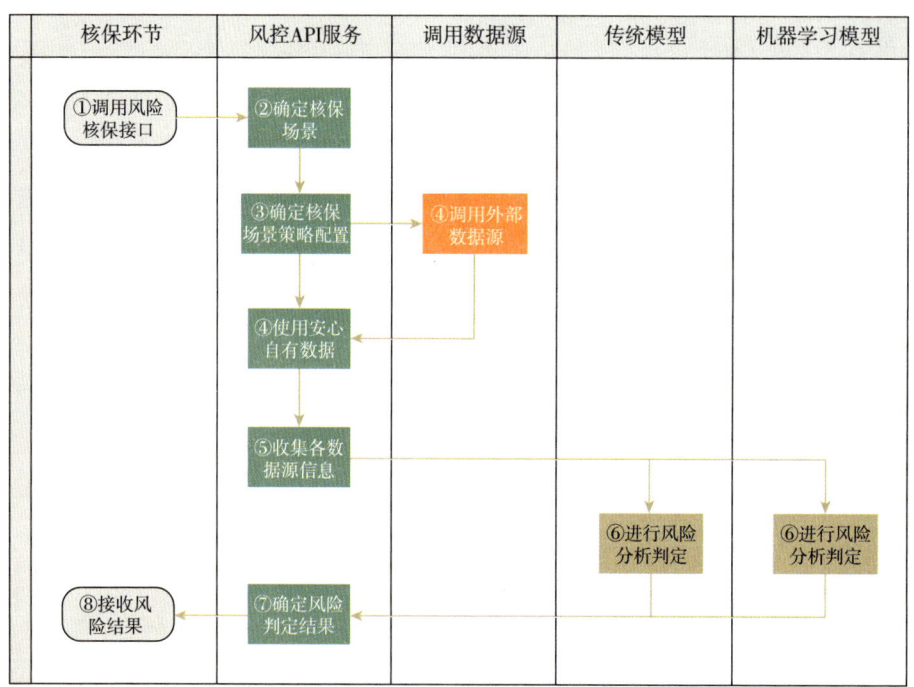

图2 风控系统双模型运行流程

以核保风险控制举例,全流程解释如下:各承保系统核保环节调用风险核保接口→风控 API 服务接收到风险核保请求后,针对渠道以及产品方案信息确定其核保场景→风控 API 服务根据核保场景确定配置的策略及策略的基础配置→风控 API 服务根据策略配置,调用相应的数据源→收集所有数据源返回的信息→将上一步收集的所有信息传入传统模型以及机器学习模型中→根据传统模型以及机器学习模型的结果,确定风险判定结果→各承保系统接收风控 API 服务返回的风险结果。

(2)双模型超时自动切换机制。为避免传统模型和机器学习模型并行运转期间任意模型出现问题造成返回风险结果返回超时,风控平台为双模型设置了分线程等待机制。系统实现时,会分线程分别调用传统模型和机器学习模型,如果双模型中任意模型的结果已经完成运算且等待另一模型超过 N 毫秒,即直接按照单一模型结果返回各承保系统。

(3)双模型多数据源数据全支持方案。为方便双模型的结果对比,要求双模型必须支持风控平台已对接的所有数据源,并支持对所有出险记录的汇总分析。项目组对比了旧模型使用的所有外部以及内部数据源、重新归纳总结了所有的规则信息，并明确了所有数据源信息全部流入双模型分别进行风险甄别的方案，该方案可对每一条规则的变化引起的机器学习模型的结果变化值进行偏差观测，快速分析数据源对结果的影响。

（4）双模型数据对比机制。引入机器学习模型进行双模型运转后，安心风控平台在核保风险控制环节会产生两个风险结果，为保证业务部门数据回溯的准确性以及模型验证的便捷性，每一次核保风险调用记录中，安心风控平台将两个风险结果都进行了存储。业务统计风险结果准确性时，用理赔数据与两个风险结果分别对比，分别得出两个模型的准确性，以便后续调整双模型的使用方式。

3. 支持风险甄别多种时效方案。

（1）增加本地简智能核保方案。风险甄别本身是一个高耗时过程，但越来越多的互联网用户对核保等待时长的忍耐值降低，为风险甄别提出了高时效要求。为了在满足渠道核保时效要求的情形下尽量全面地进行风险判断，安心风控平台联合安心非车承保核心系统进行了本地智能核保方案的开发。

当客户不能全部满足某产品"投保须知"的要求时，对客户启动智能题库，并根据客户在智能题库的应答、对客户的风险情况进行初步风险标记，方便核心系统在核保环节快速过滤掉高风险客户，减少系统传输中的等待耗时。

（2）多数据源快速启用关闭机制。风控平台为每个数据源及数据源规则都制定了开关功能，并在日志中对每个数据源的调用时间都进行了标识，可以快速统计每个数据源的调用次数、调用耗时、调用数据。

如某渠道或某产品对时效要求较高时，会为该渠道关闭部分耗时过久的数据源，以期尽量在满足特殊渠道或产品时效要求的前提下，进行更多的风险控制。

（3）本地缓存机制。鉴于核保高风险用户存在多次核保情况，为节省系统性能并保持高时效，所有数据源的命中结果会在 redis 中存储 24 小时。如果同一用户在 24 小时内多次调用，风控平台不会每次都重新走一遍风险甄别判断逻辑，而是直接使用 redis 中的缓存信息进行风险甄别。

（4）异步存储方案。安心风控平台由 MySQL 数据库升级为 ElasticSearch 后，在实际接口运行中发现，数据存储依旧较耗内存及时间，故所有的存储都改为异步存储流程。风控平台的 API 服务先将结果返回调用方，再将数据存储到日志中，然后通过 Filebeat 工具收集日志信息，再将数据转存入 ElasticSearch 中。

此异步方案既保证了数据存储的完整性，又提升了接口整体时效，实现了接口服务与 ElasticSearch 解耦。

4. 多系统共筑风险防护墙。

（1）联合非车承保构建本地智能核保方案。安心风控平台联合公司非车承保核心系统进行了本地智能核保方案的开发，该方案主要满足部分风险客户的风险标识前置，提前筛选出高风险用户。

（2）联合海量数据查询系统获取全量保单及理赔数据。通过接口实时调用安心海量数据查询系统，获取客户 7 天、30 天、90 天、一年内的保单理赔数据，并实时进行风险监控。

（3）联合 AI 应用平台建立以人为维度的风险信息库。通过数据实时清洗方式，建立安心自有客户的风险信息库，便于快速查询所有客户的历史风险信息以及提示老客户新风险甄别的时效。

（4）联合理赔系统进行风险信息细化展示。通过 API 方式对接，风控平台为理赔系统的风险信息进行了分类，并将客户出险信息存入区块链中，可快速判别客户的理赔诉求处理方案，缩短理赔时效。

（5）建立技术指标监控平台。为实现对风险控制服务全过程各环节的精准化、智能化的动态跟踪评价，风控平台与安心指标监控系统进行了日志全方位对接，实现了对技术的全方位监控。

（6）联合客户服务平台建立行为风险库。客户服务以及健康服务通常能体现客户的行为记录，为加强对此类数据的监管，安心风控平台与健康服务以及客户服务中心进行了数据对接，可针对客户多次进行某类健康问题咨询进行风险标识，并应用于核保核赔环节。

（三）项目技术方案

安心保险基于自学习的 360 度全方位风控平台有"智能双模型并行运转""风险甄别多种时效方案""客户多维风险信息库"三个建设目标。以下是相关技术方案的说明。

1. 设计原则。

（1）灵活性。引入数据源开关、双模型动态切换配置，产品设计灵活，可以根据生产实际情况快速切换数据源以及模型切换功能。

（2）标准化。所有数据源存储都使用统一规则，日志打印格式均按照安心统一规范重新优化。

（3）实时性。安心风控平台使用 ElasticSearch 数据库，所有数据报表及大数据查询均支持秒级完成。

（4）异步存储。引入异步存储机制，接口 API 服务将相应数据存储至日志中；然后通过 Filebeat 数据传输机采集日志，再通过 Logstash 数据收集处理机进行数据的加工处理，最后通过 ElasticSearch 数据仓库进行存储以及 Kibana 数据可视化机进行搜索查看。

2. 总体设计方案说明。安心保险基于自学习的 360 度全方位风控平台分为风控 API 服务和后台管理两个工程项目。

（1）风控 API 服务。该工程项目采用 Dubbo 技术，可供所有承保核心系统及理赔核心系统调用。Dubbo 是一个高性能优秀的服务框架，应用高性能的 RPC 实现服务的输出和输入功能，并与 Spring 框架无缝集成。

（2）后台管理。该工程项目采用 B/S 结构，使用包括 Spring Mvc、Mybatis、Redis、Es 等技术。数据存储方式为 MySQL 和 Elastic Search、Redis 缓存；前台使用 Bootstrap、Vue 等技术。

3. 架构说明。风控平台由风控 API 服务和风控管理平台构成，新升级系统主要支持双模型并行、数据源快速整合等功能，系统建设思路如图 3 所示。

（1）双模型并行。一是机器学习模型兼容，增加机器学习模型兼容性，支持上传模型并自动生效。二是多线程调用。为保持接口效率以及模型的容错率，传统模型和机器学习智能模型以线程方式分线程处理。

（2）数据源快速整合。一是灵活的策略配置。风控平台需要覆盖公司所有险种、渠道、产品，会导致策略非常多且不易管理。现采用递归是策略配置方案解决此问题，不但可以控制大到险类级别的策略，也可以控制到特殊渠道特殊产品的策略。二是数据源开关。以总开关控制业务

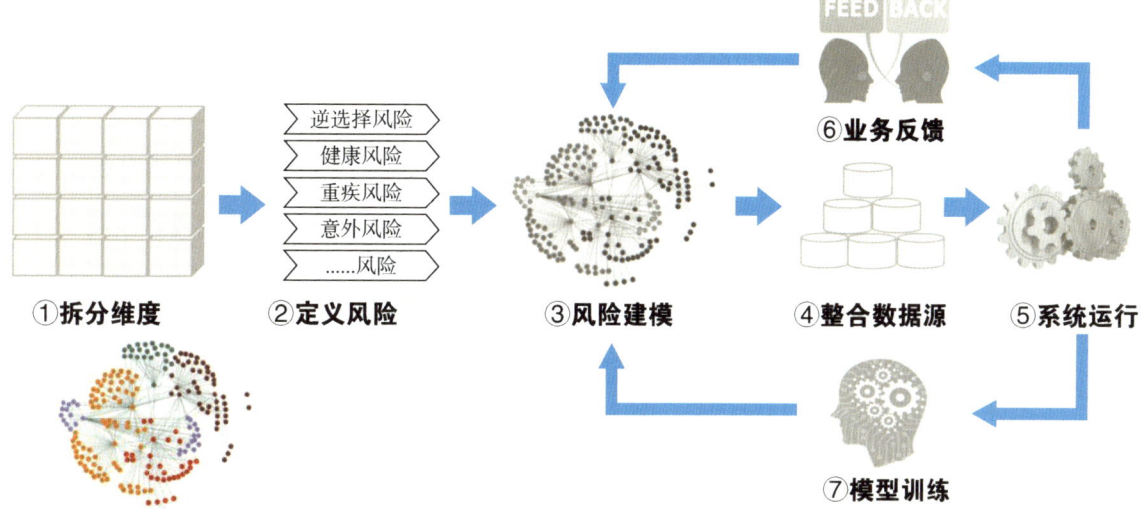

图 3　风控平台架构

使用、子开关控制程序线程的逻辑，支持数据源快速配置功能。

（3）机器学习模型 LightGBM 的采用。采用传统的 boosting 算法（如 GBDT 和 XGBoost）已经有相当好的效率，但是在如今的大样本和高维度的环境下，传统的 boosting 似乎在效率和可扩展性上不能满足现在的需求，因此选用了基于梯度的单边采样（Gradient – based One – Side Sampling，GOSS）和互斥特征捆绑（Exclusive Feature Bundling，EFB），从而可以实现更快的训练效率、低内存使用、更高的准确率、支持并行化学习、可处理大规模数据。

（4）CART 决策树模型。决策树是通过一系列规则对数据进行分类的过程，它提供一种在什么条件下会得到什么值的类似规则的方法。决策树算法属于有指导的学习，即原数据必须包含预测变量和目标变量，利用 Training Data 完成决策树的生成过程；利用 Testing Data 完成对决策树的精简过程。

4. 数据库设计。风控平台的检测结果数据存储在 Elastic Search 组件中。将保单信息和人员信息分别存储。保单信息可以快速地统计数据并进行报表展示。人员信息被用于快速显示人员拦截情况，同时还作为安心保险风控平台提供数据源。

安心风控数据源采用区块链技术，区块链的特征包括不可篡改、分布式存储共识机制等，通过区块链可以优化数据质量、促进数据合规流通，为大数据和人工智能提供更合规、更高质量的数据，区块链被放在云上，与多家第三方公司共同维护数据，扩展了数据来源，同时也保证了数据的准确与安全，从而提高风控能力。

5. 性能设计。系统容量方面，目前系统设计主要的大数据存储在 ES 中，存储容量为 1T，后续可以根据需求进行扩容，理论上可以到 100T 以上。为了提升响应速度，系统采用多线程设计，响应速度在 300 毫秒以内。并发处理能力，系统设计吞吐量每秒处理 450 单（投保单）。

五、项目效果

安心基于自学习的360度全方位风控平台上线以来，经过持续不断的尝试及纠错，现已经基本平稳运行。以下为风险控制结果展示。

（一）多维数据风险展示

首页展示核保环节、各险种、各渠道、各地区的拦截情况，以及不同数据源的使用情况，可快速分析调用信息，并及时作出核保场景调整。

（二）智能双模型灵活配置

目前，风控平台为方便双模型快速配置，引入了智能双模型快速配置机制，可以快速进行老模型和智能模型的切换，以及切换机制的配置。

（三）日志指标监控

风控平台联合指标监控系统进行了风险控制API接口的日志信息改造，并通过改造后的日志信息进行相应技术指标的提取。

（四）多维度拦截视图呈现

风控平台针对业务需要，对报表进行了一系列的优化，目前风控平台支持承保和理赔的多维数据报表展示。

六、总结

风控平台从2019年V3.0正式上线使用以来，已经产生实际调用1900多万次，为公司全险种全渠道产品提供了优质的风控支持，全险种全渠道的峰值调用次数为45万次，拦截比率为1%~3%。安心风控平台上线后，赔付率下降比较明显（健康险上线后平均同比下降60个百分点，车险同比下降20个百分点，意外险同比下降80个百分点）。

然而成就是过去的，只有不断创新、不断进步才能使系统更健壮。如何让风控模型更智能化以及更人性化，如何引入更全面的医药数据、更健全的医疗数据来支持理赔的业务精度，如何加强保险公司的数据质量、如何根据风险信息建立更精细化保额保费条款的等问题，依旧是当前保险公司风险控制未来需思考的重要问题。

专家点评

保险欺诈一直是风险防控的"痛点"，保险公司能够利用大数据、人工智能、云计算等技术为保险业欺诈风险的分析和预警监测提供支持，积极建立并完善保险业务全流程的智能风控体系，利用新技术解决旧问题，提升保险业务流程中的风险防范效度，既保证了保险赔付案件的合规性，也降低了"骗保"行为的发生率，对整个保险业乃至整个社会信用意识的建立起到保障的作用。如何将风控模型更细化、更精确地运用到保险工作的各个环节，是今后需要继续探索的问题。

太保安联智控罗盘
——基于人工智能技术的理赔风控引擎

◎ 太保安联健康保险股份有限公司

一、项目概述

为解决健康保险产品出险频次高、医疗相关性强以及风控压力大的问题，切实防范化解保险欺诈风险，太保安联健康保险公司借助工程学和模拟学的技术方法，尝试建立起一套结合人工智能技术的专业健康保险理赔风险控制模型与评分机制，对赔案进行实时风控筛查，按风险等级及评分排序，辅助理赔人员达成提高理赔风险识别能力、节约赔款支出的目标。

二、项目背景及意义

随着我国健康保险业的快速发展，各类保险欺诈活动也日益频繁。据全球卫生保健欺诈网络（GHCAN）数据显示，全球每年由于医疗保险欺诈造成2600亿美元损失，这相当于耗费了全球每年6%的医疗服务支出。仅美国一年的医疗保险欺诈损失便高达800亿美元，相当于全国当年医疗服务支出的3%。中国作为新兴市场，也面临较为严峻的医疗保险欺诈问题，据《中国保险报》报道，中国保险诈骗金额占赔付总额的20%~30%，当然其中也有部分保险欺诈行为被遗漏未能被发现，故实际的被欺诈金额可能会更高。

保险欺诈不仅损害了保险消费者权益，造成保险服务资源浪费，还增加了保险公司运营管控成本，破坏了正常的市场秩序。所以保险欺诈被喻为保险业无声的巨灾，吞噬着保险业的盈利空间，也扰乱保险市场秩序，成为隐藏在保险市场的一颗毒瘤。保险业的反欺诈工作意义重大。但是由于保险欺诈的形式多样，人工核实困难，发现识别滞后等"痛点"，为大规模反欺诈系统建立提出了挑战。

在健康保险领域，由于产品特性以及市场原因面临更大的风控压力。

1. 欺诈成本低。健康保险产品主要以短期业务为主，保费水平偏低，保险欺诈成本低。

2. 案件压力大。覆盖门急诊住院责任，出险频次高，在时效以及赔付率的监管要求下，理赔人员关注快速结案，欺诈风险关注少。

3. 医疗相关强。健康保险产品与医疗健康行业黏合度高，医疗以及就医场景的复杂性提高了案件风险识别难度。

4. 人工依赖大。风险识别主要依赖人工，专业审核人员需具备对医学知识背景、医疗体系了解、调查协谈经验、欺诈敏感度等综合能力，缺乏先进的技术分析高效甄别可疑理赔行为。

与此同时，数据科学和人工智能的迅猛发展为保险业有效反欺诈提供了契机。太保安联健康险基于上述背景，积极利用高新科技解决现状"痛点"，面临日益严峻的反欺诈形势，开展实践以大数据、智能化的机器学习的系统技术方案——智控罗盘项目。

三、项目重点解决的问题及主要创新点

智控罗盘利用人工智能中无监督学习异常侦测原理，提取适合于健康保险赔案的特征变量，通过PCA算法同时结合专家规则系统和数十套基于国内健康保险产品和医疗行为的数据知识库，构建成一整套风控评估引擎，实现了人工智能在国内健康保险理赔风控领域的实际落地应用。

传统的风险识别主要依赖于人工经验，通过智控罗盘的技术手段辅助聚焦，可以极大提高审核人员发现可疑案件的概率。同时，智控罗盘通过对赔案和历史数据的全量分析和聚类对比，可定位出案件中的非规律性的潜在风险场景，提高整体风控能力。

智控罗盘建立了智能自学机制，在对大量赔案进行综合评定的同时，可进行自我学习和向量训练，形成不断升级完善的动态风控规则和模型，改变了传统风控模式下，依靠人工经验积累总结的传承方式，实现了宝贵经验的全量沉淀和利用。

四、项目主要建设内容

智控罗盘项目专注健康医疗险的反欺诈风险方向，面对欺诈方式内容复杂多变的现状，以风控要求严格的理赔为出发点，以大数据平台基础数据和计算集群为基础，利用人工智能中无监督学习异常侦测原理，结合专家系统、产品规则和医疗行为的数据知识库，构建出一整套的风控评估引擎，实现理赔风控流程的智能升级与规则再造。

整个建设方案分为以下步骤：数据准备；特征变量选取；模型建设；模型测试迭代；模型上线与维护。

（一）数据准备

1. 历史数据提取。构建一个稳定有效的统计模型，离不开大量有效的样本数据。本方案基于太保安联健康险390795件历史全明细赔案数据，结合保单信息、客户信息、医疗信息等对理赔单进行多维度的数据画像，其目的是通过机器学习，找出正常理赔的典型统计特征，从机器学习误差分析中导出异常的理赔行为。

2. 数据清洗。历史数据提取后，对数据进行清洗，包括去重，纠错，缺失数据处理，去除一些特殊符号、空格等影响数据质量的问题。

3. 数据规范化。数据的规范化包括字符转化、度量的统一、字段内容的规范等。因涉及字段繁多情况多样，作为模型建设的基础步骤在此处不再过多展开。

4. 数据统计分析。统计分析的目的包括了解数据的覆盖广度、深度；对离散字段进行频率分布统计（histogram）；对连续字段进行单变量（univariate）和多变量（multivariate）分析，以便对后续的特征变量的选取范围及衍生做前期数据准备。

（二）特征变量

1. 特征变量生成。模型是否有效很大程度上取决于特征因子的选择，特征变量或特征因子的产生通常依赖于历史数据的字段内容，保险理赔的业务理解以及理赔案例的统计数据，保证全

方位、多维度的精确描述健康保险理赔的典型特征。本项目方案中结合国内外保险欺诈的研究成果、一线专家经验、数据字段有效性、与欺诈结果的相关指向贡献等衍生了一系列不同维度的特征变量40组，并将所有特征变量分为索赔行为、医疗行为、疾病诊断、药品项目和诊疗项目五个维度，如住院天数在同组疾病住院天数的分位数（医疗行为）、药品数量在同组疾病中的分位数（药品项目）、近半年理赔次数（索赔行为）等。

2. 特征变量衍生。时间轴方向衍生，比如历史理赔次数，选取一个客户3个月、6个月内的理赔次数。业务维度方向衍生，比如本次住院天数，选取"疾病＋住院天数""疾病＋索赔事故性质＋住院天数"等多重维度组合的方式生成变量。

3. 特征降维。对于多个细分维度组合生成的特征变量，由于数据样本量的限制，会出现有些情况下一类数据非常少的情况。比如住院天数，其中的一个变量"地域＋医院级别＋疾病＋住院天数"，相当于一个四维变量，对特定少发疾病而言，样本量可能非常少，形成的数据分析结果缺乏普遍代表性。因此针对这一情况，会对数据量小于一定阈值的多维变量进行降维处理。

4. 变量方向统一。将各个变量均设置为：变量值越大，客户越趋向于可疑欺诈客户，比如同种疾病，住院天数对平均天数的倍数越大，此客户越可能存在欺诈情形；意外出险日期距首次承保保单生效日的值越小，存在逆选择的可能性越大，这时就需要进行数值的反向处理以实现变量方向的统一化。

（三）模型建设

1. 模型选择。数据模型是通过对大量历史数据进行机器学习，从而找出内在规律并对未来事件作出预测。常见的建模方法可以分为以下两大类：监督学习（supervised learning）和非监督学习（unsupervised learning）。监督学习需要有标签的数据，通过已有的训练样本（即已知数据以及其对应的输出）来训练，从而得到一个最优模型，再利用这个模型将所有新的数据样本映射为相应的输出结果，对输出结果进行简单的判断从而实现分类的目的，那么这个最优模型也就具有了对未知数据进行分类的能力。监督学习常用的方法包括线性回归（linear regression）、决策树（decision tree）、支持向量机（support vector machine）和人工神经网络（包括深度学习的深度神经网络）。非监督学习适应于没有标签的数据，常用方法包括聚类（clustering）、异常探测（anomaly detection）、无监督神经网络、主成分分析（PCA）、关联规则和推荐系统等。

鉴于实际业务中欺诈标签的不完整性、医疗欺诈中的多变性、未识别的医疗风险的潜在性，本项目方案中大胆创新采取非监督学习的方法，进行保险理赔的异常探测。由于欺诈的保险理赔案例毕竟为少数，本方案通过海量历史数据的机器学习，掌握大多数案例的统计特征，使异常案例（通常为不同于大多数理赔的案例，也是机器学习离散度较大的案例）显现出来。

2. PCA主成分分析。本方案采取PCA来进行正常案例的学习及异常案例的探测。PCA（Principal Component Analysis）通过线性变换将可能相互关联的原始数据变换为一组各维度线性无关的表示，这些表示叫作主成分。通常第一主成分含有最多的数据方差信息，其次是第二主成分，依次类减，各个主成分组成一组线性无关的向量。转换后主成分数少于原数据维度，常用于高维数据的降维。

根据业务理解及变量表现，衍生出94个变量，40组变量用于变量筛选；针对40组变量，进行相关性检验，对于相关系数大于等于0.9的变量进行挑选，最终选取24组变量进入最终模型进行训练。

3. 反向计算特征值并求差。用上述选取的主成分，反向计算原来的特征值。因为这些主成分代表的总体数据大部分的变化信息以及少量的信息或者噪声信息没有被包含，也可以理解为我们选取的主成分反映的是大部分正常案件的信息，那么还原为特征值时，原来不正常的案件的特征值与被还原的特征值之间会存在一定的差值，此差值越大，说明这一特征值越偏离正常水平，而且过程中为了减少这一差值的波动范围，对每一个差值做了除以对应特征均值的处理。

4. 通过Sigmod函数变换求分值。这些差值的范围并不是固定的一个区间，不能较好地反映在一个分数范围内，因此在此案例中采用常用的Sigmod函数，将差值变换到[0，1]区间内，Sigmod函数如下：

$$Y = \frac{1}{1 + e^{-a(X1\_diff + X2\_diff + \cdots + Xn\_diff) + b}}$$

其中，a为调整因子，决定了Y值的分布情况，a越大，Y的取值越大，Y的分布更加趋向于右偏，b为常数项控制参数。

因为Y的结果是在0~1，最终再次将得分转换控制在0~1000范围内，分数越高，此案件风险越高。

（四）模型测试验证

对于非监督模型，由于建设样本中缺乏有效的数据标签，模型验证需要通过专家辅助进行大量的模型验证，不断优化调整模型参数、入模特征因子以及模型架构。智控罗盘初代模型建成之后，一方面通过人工标注案件样本与模型评判结果做对照，另一方面按照模型不同风险层级案件进行比例抽检人工核实风险评价的准确性，两种方式双相验证，不断优化模型迭代。验证过程中，样本分组精细度不够、多维因子导致部分样本不足、因子间的关联加强等原因，初始模型验证效果不佳，后续通过调整分组逻辑、设置特殊情况的降维规则、合并相关性因子等方式反复调整优化，前后经历了三次大的模型迭代，最终形成上线版模型。

（五）模型上线及维护

1. 业务流程设计。

智控罗盘通过内嵌的风控模型集，作用于理赔中，对处理中的健康险理赔案件进行多维度的自动评测。

风险等级根据评分区间划分，平台设置风险等级配置功能，由管理人员根据风险承受度、人力与案件量配比情况等进行动态调整。

理赔系统在完成索赔信息录入后，调用智控罗盘系统接口，获取案件评分，如存在疑似高风险，将在理赔审核环节转人工进行高风险提示，审核人员可通过查看风险评估报告聚焦风险点并获取对应审核指引。风险评估报告由智控罗盘系统生成，内容包括赔案基本信息、综合风险等级和评分、分项风险、风险提示及审核指引。

评估报告中还特地设置了评测反馈功能，理赔审核人员在查看评估报告后，对评测结果作出评价反馈，如认为评分结果与实际案件风险有出入，也可标注反馈意见，形成模型后续不断学习迭代、优化改进的闭环。

2. 模型效果监控及维护。

模型类项目不同于传统的系统开发项目，存在自然衰退周期，需要定期观测、维护更新以保证上线运行效果的稳定性及有效性。

智控罗盘项目设置了模型监控功能模块，用以观测模型的运行及效果情况，包括案件风险分值分布、模型沥选高风险案件比例、定性疑案案件占比等，如模型效果在没有数据错误的情况下持续出现较大偏离，业务产品或流程发生重大变化，理赔欺诈手段发生重大变化等情况时，模型就需要迭代更新。

五、项目效果

（一）典型案例

案例一：被保人：刘某某，男性，70岁。因冠心病、脑供血不足多次于门诊就医，当次赔案下共计42个就诊事件。智控罗盘风险评分为987分，风险提示：某事件号下同仁乌鸡白凤丸药品与被保人性别可能存在配伍异常（该药物女性应用占比超过99%）。经人工核查该案存在冒用医保卡代配药可能，最终对相关就诊费用做部分拒赔处理。该案例中因被保人因为慢性心脑血管疾病患者，就诊较为频繁，本次申请提交医疗影像多达144张，风控引擎迅速定位案件风险点，弥补了人工作业中可能存在的审核盲区。

案例二：被保人：张某某，女性，57岁。因Ⅱ型糖尿病、糖尿病肾病入院治疗24天，发生住院费用3.5万元。智控罗盘评定为高风险等级，风险提示为药品数量、药品金额超同类疾病的住院案例。经人工核查发现，患者本次住院中药品费用合计3.2万元，药品数量90余项，住院期间总药量3000余粒，日均口服药物120余粒，存在显著的超量用药风险。

（二）上线效果

通过模型沥选出来的7%的高风险案件，覆盖了70%左右的拒赔减损，对高风险案件的侦测能力较之前传统模式提升3.5倍。自2019年以来，智控罗盘平台筛查案件超过30万件，其中模型评定高风险案件1.2万余件，定性疑案5000余件，涉及赔案金额超过千万元。

六、总结

本案例通过构建自动化、智能化的欺诈识别系统，改变了传统风控模式下，依靠人工经验积累总结的传承方式，实现了宝贵经验的沉淀和利用，极大地提高了审核人员的专业水平和发现可疑案件的概率。总结此项目实践有以下几点创新。

1. 健康保险风控领域的创新尝试。保险反欺诈模型在财险、寿险重疾方面应用相对成熟，健康险领域由于与医疗相关度密切、医疗场景及医疗知识的复杂性尚无成熟案例。

2. 突破模型的不可解释性问题。模型评测结果输出多以风险评分或风险等级的方式，智控罗盘通过系统自动生成风险评估报告协助审核人员快速锁定高风险案件，准确定位问题点，并针对风险点给予对应的审核指引。

3. 建立反馈机制形成模型训练闭环。在理赔业务流程中设置评测反馈机制，增设案件标签以及评测意见反馈功能，为今后模型优化迭代积累标注数据，形成训练闭环。

4. 非规律性的潜在风险识别。智控罗盘是一套基于聚类方式的动态风险引擎，通过与正常案件的特征比对，可寻找离散度较大的可疑非规律性的案件风险，提升风险防控能级。

希望通过此实践案例、过程中经历的弯路及解决方案给同业作为经验借鉴。切实推进保险科技及大数据的应用落地,防范化解保险欺诈风险,管控保险经营成本,真正保护保险消费者的合法权益,为整个行业的反欺诈自动化能力建设提供借鉴。

专家点评

保险欺诈一直是保险业发展的大问题,其对健康险的影响尤为突出。采用人工智能、大数据等新型先进技术应对保险欺诈问题,既是行业发展的必然趋势,又是技术赋能产业的应有之义。智控罗盘立足于理赔各环节,以人工智能技术识别欺诈行为,降低行业运营成本,是一次应对保险欺诈、提升风控能力的重要尝试。未来,太保安联公司可进一步利用区块链、物联网、云计算等技术,进一步提高审核效率,简化相关手续,缩短理赔时间,不断提高客户体验。

安盛保险理赔反欺诈项目实践

◎ 安盛天平财产保险股份有限公司

一、项目背景

2016年底,中国保信推出车险反欺诈信息系统,该系统集中了整个保险业的车险理赔数据,在此基础上新增静态风险信息库,完善动态风险数据抓取规则;构建从人、从车维度的高风险信息库;可以在报案、查勘、定核损、赔案重开四个理赔环节向保险公司推送风险信息。通过车险反欺诈信息系统,可以进一步落实以下几个方面:

(1)引入"反合谋欺诈模型"应用,通过人、车的关联关系分析,快速准确地发现团伙欺诈和职业欺诈线索,精准打击车险领域有组织的犯罪活动。

(2)推动影像功能上线,实现保险公司间的第一手资料,如事故照片及单证的共享。

(3)增加全损及已盗抢车辆查询功能,有效杜绝恶意投保动机。

(4)完善黑灰名单库,协助各地共享和披露违法犯罪案件的人员信息。

在农险领域,大量的数据应用,使得气候变化预测越来越精准,为农险定价提供了有力支持;卫星数据的广泛普及,让农险理赔高效精准。科技应用使农险的保障水平和服务能力迈上新台阶。

与之同理,车险领域的行业数据的共享,跨行业大数据的使用、人工智能的推广,使车险反欺诈技术出现跨时代发展。

安盛集团、中国平安等传统保险公司利用自身行业优势,积极利用大数据赋能,构建反欺诈平台。与此同时,多家保险科技公司、互联网金融公司以及科技公司也不甘落后,积极推出保险反欺诈相关系统平台,如平安的智能反欺诈平台,阿里的智能风控大脑,百度的"百慧保"等,取得了不少突破。这些平台引入大数据技术、机器学习甚至深度学习神经网络的技术,可广泛用于模型预测、规则完善、声纹测谎和图像识别等领域(见图1),甚至可以通过社交网络分析对具有团伙化、专业化特征的团伙诈骗案件提供较好的支持(见图2)。

安盛保险理赔反欺诈团队近年来也积极跟随行业发展,积极利用中保信系统共享行业信息,在打击重复索赔、团伙欺诈、追偿盗抢车辆方面取得良好效果。追随数字化变革,安盛保险与安盛集团数据创新实验室、蚂蚁金服、微保等巨头开展共建探索,在数据建模取得了不少里程碑成绩,未来这些成果落地必将为提升公司的风控发挥极大的作用。

欺诈个案解析
数据分析分析模型
业务规则引擎
声纹欺诈识别
图像欺诈识别

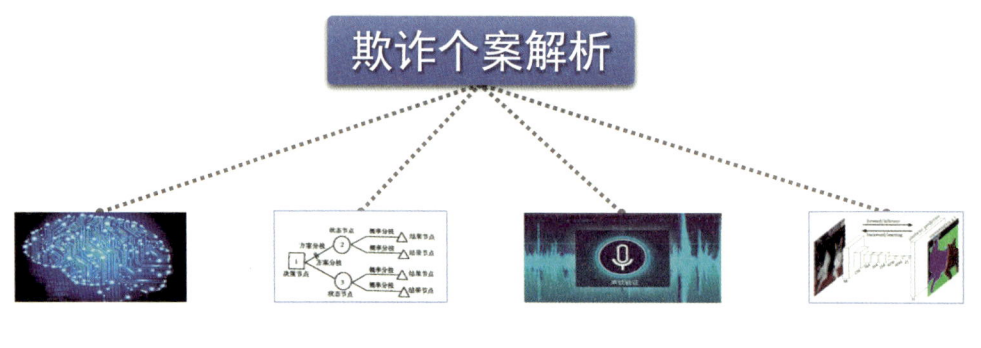

图1　大数据技术、机器学习技术、深度学习神经网络技术应用领域

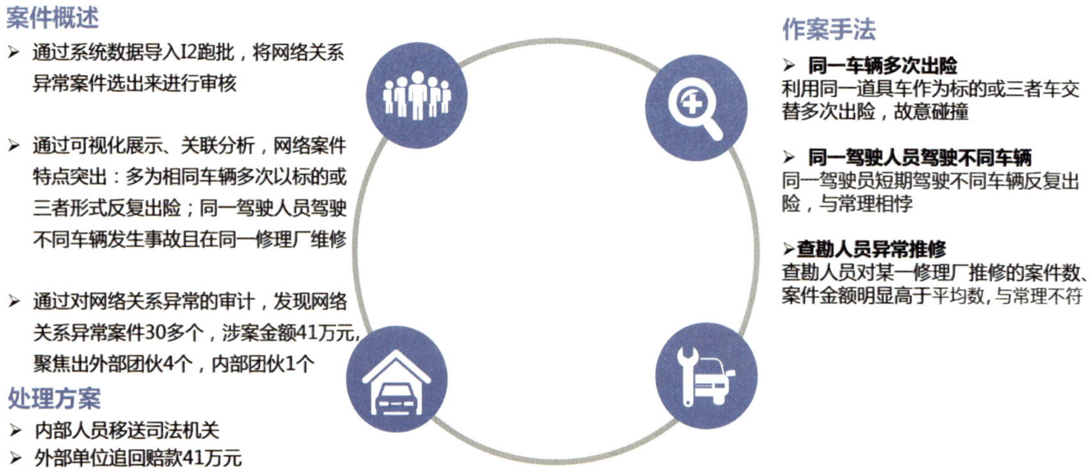

案件概述
➢ 通过系统数据导入I2跑批，将网络关系异常案件选出来进行审核
➢ 通过可视化展示、关联分析，网络案件特点突出：多为相同车辆多次以标的或三者形式反复出险；同一驾驶人员驾驶不同车辆发生事故且在同一修理厂维修
➢ 通过对网络关系异常的审计，发现网络关系异常案件30多个，涉案金额41万元，聚焦出外部团伙4个，内部团伙1个
处理方案
➢ 内部人员移送司法机关
➢ 外部单位追回赔款41万元
作案手法
➢ 同一车辆多次出险
利用同一道具车作为标的或三者车交替多次出险，故意碰撞
➢ 同一驾驶人员驾驶不同车辆
同一驾驶员短期驾驶不同车辆反复出险，与常理相悖
➢查勘人员异常推修
查勘人员对某一修理厂推修的案件数、案件金额明显高于平均数，与常理不符

图2　反欺诈平台对团伙诈骗案件提供技术支持

二、反欺诈工作中的困难

保险欺诈一直是保险业的顽疾，随着保险公司业务的发展，各种潜在的欺诈风险也随之增加，欺诈手段呈现出多样化、专业化、团体化等特征。保险欺诈作案手段隐秘，涉案人员众多，涉案金额巨大，跨界犯罪增加，加大了保险公司的经营风险和管理难度。

保险业的反欺诈面临如下三大“痛点”。

“痛点”一：多样化、专业化、团体化。

（1）欺诈形式多样化。车险领域欺诈风险集中，据统计，车险常见欺诈类型有摆放现场、二次碰撞、故意出险、虚报盗抢、驾驶员酒驾或毒驾调包、重复索赔等30多种，让保险公司防不胜防，给保险业造成巨大损失。

（2）欺诈手段专业化。以车险欺诈为例，据保险公司统计，以汽修厂、4S店或二手车行人员为主的职业型欺诈和“顶包”案件占大多

数。车商等专业人员利用保险公司政策和管理的空当，通过故意制造交通事故、编造未曾发生的交通事故、提供虚假理赔材料等手段进行诈骗。

（3）欺诈主体团体化。近年来，保险欺诈从以往"个案偶发类"逐渐演变为"团伙蓄意类"。车险欺诈以传统修理厂为主体的"配件倒换""套用旧件制造事故"等常规方式，转化为多主体（包括修理厂、二手车商、黄牛等）利用维修车辆资源进行拼凑事故（将同为单方事故的两辆车，拼凑为两起双方事故，在不同保险公司进行赔付）、利用高价值二手车故意制造全损事故等方式，手段隐蔽专业、作案金额更大，也加大了保险公司取证和打击的难度。

"痛点"二：依赖人工，成本高效率低。面对多样化的欺诈手段，保险公司应对策略却比较单一。目前大部分保险公司主要依赖查勘、定损、核保、核赔人员的主动发现来识别风险。多样化的欺诈手段对于人员经验和技能要求极高，不仅人力耗费大、成本高，还可能引发人为的欺诈渗漏风险，传统的风险管控方式已经无法满足当前高速发展的保险市场的要求。

（1）人力耗费大，人工成本高。传统核保和理赔环节需要耗费大量的人力、物力，以某排名前十的财险公司为例，仅理赔运营人力就有15000人。投保人利用信息不对称骗保、与第三方机构（中介或医疗机构）合谋虚假理赔、赔偿金被冒领等问题时有发生，保险公司不得不加大人力投入以减少保险欺诈损失。据统计，中小财险公司的人力成本超过15%，是保险公司管理费用居高不下的重要原因。

（2）依赖经验，欺诈判断难。2019年，FRISS针对全球150多名保险业专业人士的"保险欺诈调查报告"显示，有67%的保险公司仍需通过"工作人员的经验"、45%的公司仍需依靠"理算员的直觉"来检测欺诈案件和识别高风险客户。但是，保险业务发展过快、行业人员流动加快等问题，也导致目前很多工作人员专业技能缺失、经验不足，对欺诈类案件识别和处理能力不足。随着保险业务的不断扩展以及科技的进步，保险欺诈渗漏手段不断翻新，仅依靠工作人员的工作经验已难以解决欺诈问题。

（3）人为干预多，道德风险大。依赖人工的风险控制，受工作人员态度、职业操守、岗位职能、岗位权限等因素限制，容易引发人为的操作风险。首先，经验不足的工作人员对保险条款的理解存在偏误或主观判断失误容易导致风险发生。其次，职业道德不良的工作人员，可能夸大保险责任，引诱投保人投保；或暗示投保人不如实告知个人情况，超额承保；或利用职务之便，故意编造未发生的保险事故虚假理赔；或与被保险人、受益人串通涂改保险合同档案资料，使之符合保险事故条件，私分保险赔偿金。最后，核损岗与查勘岗的分离虽有利于降低勾结制假的概率，但也在一定程度上降低了核损员的风险判别能力。

"痛点"三：数据质量差、数据信息利用率低。在保险公司反欺诈过程中，存在诸多与数据相关的挑战。数据质量差、内部信息割裂和外部信息难共享等问题直接影响保险的反欺诈效果。

（1）保险公司基础数据质量差。保险公司采集客户信息的手段单一，大部分反欺诈相关数据通过面对面的人工沟通获得，这种手工收集的资料难以保证准确性和真实性，部分数据不符合行业或公司的规则标准，不足以支持风险指示或欺诈检测。据FRISS调查显示，45%的保险企业认为"内部数据质量"是应对欺诈的最大挑战。

当内部数据质量低于标准时，指示风险或检测欺诈将无法完成。

（2）保险公司内部信息割裂、无法形成统一视图。在保险经营管理活动中，承保、理赔等各个环节的数据之间缺少必要的逻辑图谱搭建与交叉校验，导致保险公司无法对客户进行全面、有效的风险管理。而且，广大中小保险公司内部的核心业务系统、销售支撑系统、CRM 系统等数据至今仍未能打通，各省分公司、机构之间也不能充分共享数据，导致对客户的风险控制困难。

（3）行业数据难共享、合作困难。各个保险公司之间，行业协会与保险企业之间的数据共享困难也被认为是困扰各大保险公司风险管控的一大议题。在 FRISS 调查报告中，34% 的保险公司认为"外部数据访问不足"，33% 的保险公司认为"与其他保险公司合作"是一项重要的挑战。

三、解决方案

（一）业务目标

安盛保险理赔反欺诈团队通过多年的一线业务运营经验积累和对保险业领先方案分析，从以下四个业务系统方案提升反欺诈业务管理标准化、专业化和数字化，并达到可持续的反欺诈管理效率提升：黑、灰名单库管理；规则预警；智能建模平台；SNA 团伙关联模型。

1. 黑、灰名单库管理。黑、灰名单库管理作为保险公司入门级的反欺诈手段，采用信息管理有效防范相同欺诈案件发生，安盛保险已运用多年。水淹车、报废车信息库，3 年内多次申请理赔的人员信息库，曾确认有欺诈行为的修理厂信息库等都合并为黑、灰名单库管理。

2. 规则预警。规则预警是一个专家系统，将资深反欺诈专家多年积累的经验进行归类、抽象，通过实际业务数据分析和数据挖掘模型验证最终形成支持业务运营的多种具体规则集，保存在数据库中，并在持续迭代。该专家规则从案件的时间维度、地点维度、相关人关系维度等进行挖掘分析和总结。此方法可以解决调查员经验不足而导致漏审的问题，提供主动发现欺诈的技术手段，通过预警降低潜在欺诈率，从系统层面整体提高了公司反欺诈风险管控。此外，系统根据案件反欺诈调查结果对规则预警权重每天自动进行调整，降低规则调整依赖人工的问题，提升系统自动化。该规则通过云服务 API 提供给理赔等核心系统调用。

3. 智能建模平台。通过专家规则预警库方案，已经大幅提升了公司反欺诈管理效率和成效，但仍有部分未知漏审案例。为进一步提高反欺诈覆盖率，决定采用 AI 机器学习技术。通过 AI 机器学习技术，搭建可以预警的风险评估模型，同规则预警形成互补，以此来全面降低欺诈风险和欺诈赔付。目前，安盛保险 AI 预警引擎已搭建完成并运行近一年，反欺诈运营效果良好。

4. SNA 团伙关联模型。鉴于以上三个方案都是防范个体欺诈，随着欺诈主体团体化趋势，需要建立针对团体欺诈对象的系统方案。安盛保险选择 Social Network Analysis（SNA），中文解释为社会网络分析。它是研究一组行动者关系的研究方法。一组行动者可以是人、社区、群体、组织等。SNA 关注的焦点是关系和关系的模式，采用的方式和方法从概念上有别于传统的统计分析和数据处理方法。SNA 团伙关联模型可以重点打击团伙作案的欺诈行为。安盛保险理赔反欺诈团队目前使用离线"车—人—修理厂"模型软件进行预警分析，并且正在探索在线系统对接方案。

基于以上的业务目标，本文将沿着应用架构→业务流程介绍→两大欺诈预警引擎介绍安盛保险理赔反欺诈项目的 IT 方案。

（二）应用架构

安盛保险理赔反欺诈的功能定位是发现欺诈行为，减少保险公司的损失，但不能因此而影响保险公司的理赔时效，所以要独立于理赔核心流程，同时还要考虑足够的扩展性，可同时对接（或管理）多个反欺诈引擎。基于上述考虑，安盛保险将理赔反欺诈系统群分为应用层、服务层、引擎层，部署在安盛保险基于 Kubernetes 和 Docker 自主研发的 PaaS 云平台，给各业务系统提供反欺诈应用统一 API 的平台服务（见图3）。

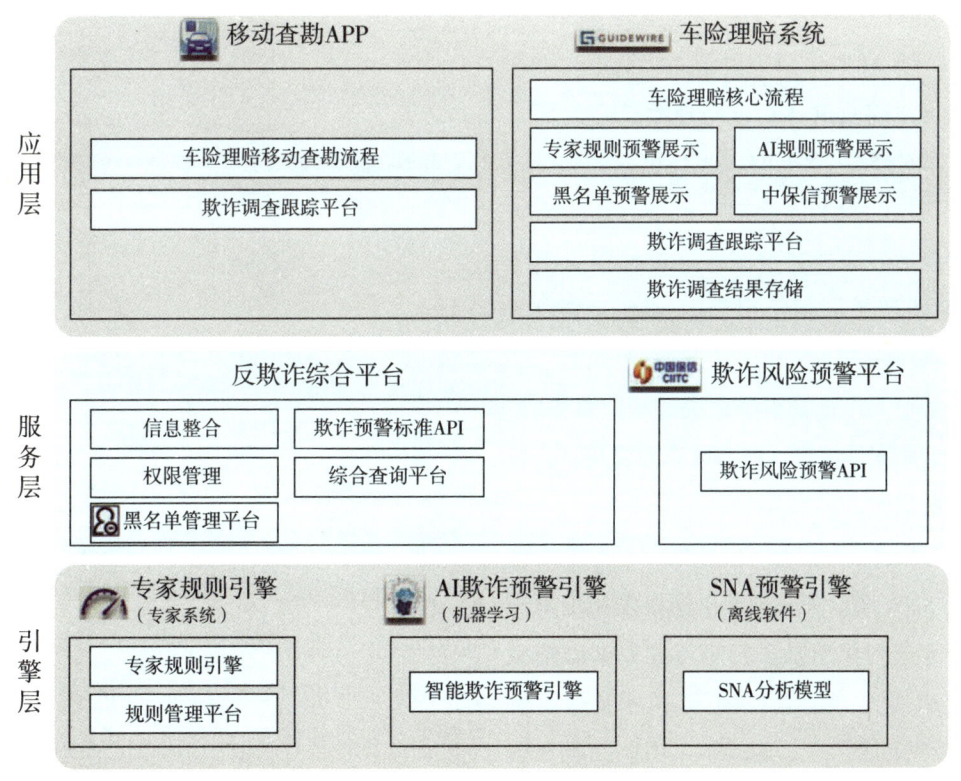

图 3　安盛保险 PaaS 云平台

1. 应用层。应用层作为理赔案件欺诈预警的使用方与数据输入方，主要是理赔核心系统，理赔移动查勘 APP。理赔核心系统包括从报案、立案、查勘、定核损、收单、理算、核赔结案的全流程。该系统分别在报案、查勘、收单环节实时调用反欺诈功能，并在两秒内获取所有引擎的欺诈风险预警分析结果。理赔移动查勘 APP 为安盛保险查勘员提供移动端的查勘定损功能。

此外，安盛保险已部署 Guidewire 理赔核心系统，通过数字化建设持续提高数据质量，包括引入 AI 识别从而降低人工录入错误，通过对人伤查勘定损数字化丰富人伤客户数据，以此提升反欺诈系统准确预警能力。

2. 服务层。服务层有两个服务平台。一个是中保信提供的欺诈风险预警服务 API（外部服务），另一个是安盛保险研发的反欺诈综合平台。反欺诈综合平台向上提供封装好的标准化接口服务，向下异步调用各个欺诈预警引擎以及黑、灰名单库并汇总返回的预警信息。在信息彼此交互的同时，反欺诈综合平台会保存请求及返回字段信息作为后续 AI 欺诈预警引擎训练数据。服务层的存在可以将反欺诈功能与理赔核心流程分离，并可以对接多个不同的反欺诈引擎。

3. 引擎层。引擎层是欺诈预警信息的原始提供方，包括专家规则引擎、AI 欺诈预警引擎以及 SNA 团伙关联预警引擎三种不同类型的引擎。

当从多个欺诈预警引擎或渠道获取服务时，对同一个理赔案件而言，这些欺诈预警是否会有重复情况发生？

如图4所示，专家规则引擎、AI 欺诈预警引擎以及 SNA 团伙关联预警引擎出发点是不一样的。专家规则引擎是多年来行业专家总结出的规则；AI 欺诈预警是伴随 AI 技术及保险科技的发展孕育而生的方案；SNA 团伙关联预警引擎是针对团伙作案作出的反欺诈方案。多个欺诈分析引擎虽然会有一定的重复预警产生，但各自仍有独特的作用。从目前的统计数据来看，不同的预警引擎彼此虽然有一定的预警重复，但仍然可以大幅提升整体覆盖率，如表1所示。

表 1　不同预警引擎的预警重复覆盖率

预警方式	预警占比（%）
专家规则引擎	33
AI 欺诈预警引擎	36
SNA 团伙关联预警引擎	25
其他	6

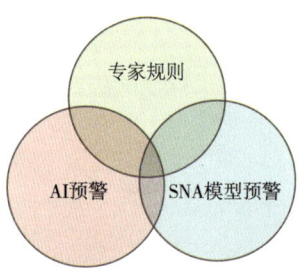

图 4　多个欺诈分析引擎有一定的重复预警

（三）欺诈预警流程

理赔系统在报案、查勘、收单 3 个节点触发欺诈风险预警校验。由于 3 个节点触发方式及流程接近，此处选择报案节点做详细说明。

当理赔报案时，触发欺诈风险预警，将保单信息、出险信息、相关方信息传递给反欺诈综合平台，反欺诈综合平台收到信息后会查询相关方信息是否在黑、灰名单库中，并异步触发专家规则引擎、AI 欺诈预警引擎、中保信欺诈预警 API 服务。在收到三方的结果信息后，返回给理赔系统。如果 3 个欺诈预警结果有任何一个超过预先设定好的告警阈值或者预警反馈，便生成欺诈调查任务。反欺诈团队根据预警分数及其解释做针对性的调查以确认最终结果。三个预警分数及告警规则相互独立。SNA 团伙关联预警引擎目前是离线使用。欺诈预警流程见图5。

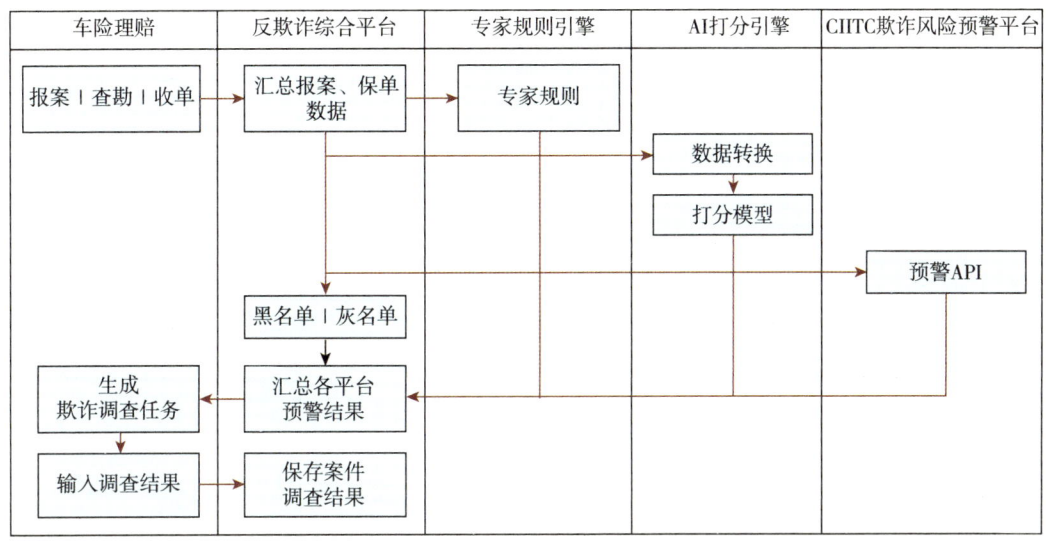

图 5　欺诈预警流程

（四）专家系统方案

专家规则引擎是专家系统，是由安盛保险理赔反欺诈专家将多年积累的经验信息化，形成的规则引擎集。每一条预警规则包含几十个判断因子，根据输入的参数值，输出静态分数、动态分数以及预警内容解释。当动态分数超过预警阈值，便会产生调查任务，提醒反欺诈团队跟进调查。反欺诈团队根据预警解释内容提示，有针对性地进行排查，可大幅提升反欺诈工作效率及效果。同时，反欺诈团队会将新的工作经验定期更新到规则库中，形成"规则集↔专家经验"彼此反哺的循环，从而使专家规则引擎不断的强大起来。专家预警引擎可以有效地解决反欺诈专家人员不足的问题，并可以大幅提高工作效率。

此外，不仅要对规则内容的持续补充及调整，还要重点对规则的权重持续优化，提升规则的预警成功率。为此，专家系统通过自动化算法动态给各规则权重（动态分数）进行合理调节。

下面对专家规则引擎的使用以及规则动态分数的自动计算内容进行详细说明。

1. 专家规则引擎使用说明。

（1）理赔系统在报案、查勘、收单环节分别发起欺诈预警检查，并将案件信息、保单信息作为参数传递给反欺诈综合平台。三个环节搜集到的信息不完全一致，欺诈预警的分析结果也不同。

（2）反欺诈综合平台首先查询当前案件相关信息是否在黑、灰名单列表中。

（3）反欺诈综合平台将收集的信息作为参数传递至专家规则引擎做规则匹配，获得欺诈风险结果（包括静态分数、动态分数及预警内容解释），最终将高分值匹配结果返回给理赔系统。

（4）根据预设的预警分数阈值生成欺诈调查任务。

2. 同步并保存理赔案件欺诈调查结果。

（1）理赔案件结案时同步案件信息至反欺诈综合平台的黑、灰名单库中。

（2）理赔案件结案时同步反欺诈团队对预警调查的结果至反欺诈综合平台，作为后续持续计算预警规则的动态分数依据。

$$动态分数 = \frac{\sum D-1Day\ 欺诈案件 + D-Day\ 新增欺诈案件数}{\sum D-1Day\ 预警案件 + D-Day\ 预警案件数} \times 100$$

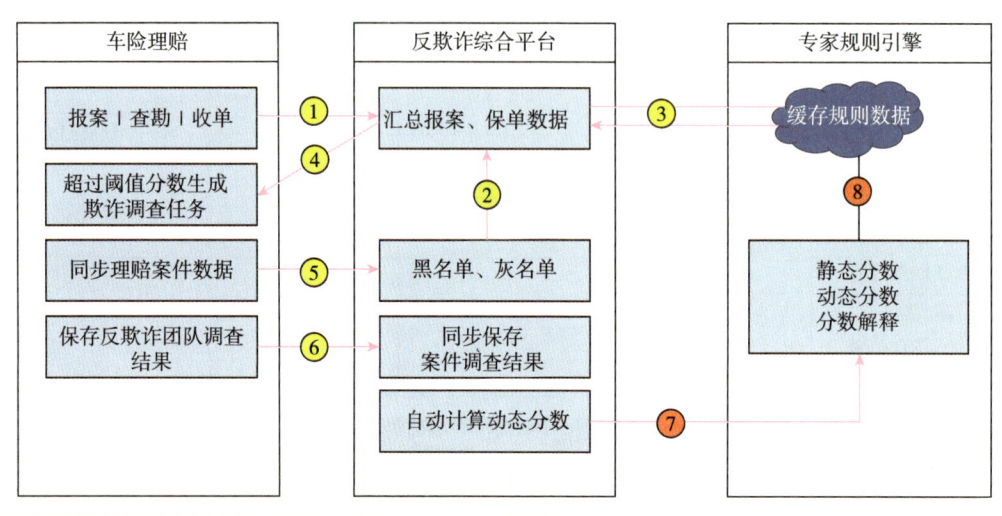

图6　专家规则引擎流程

3. 重新计算动态分数并保存至规则库中。

（1）每天00：05根据前一天与当前动态分值进行重新计算并将新的动态分数保存至规则引擎库中。

（2）更新规则动态分数缓存，开始新一轮的循环。

4. 计算公式。

（1）静态分数。静态分数是由反欺诈专家团队通过过往数据对每一个规则人工计算出来的，作为规则的初始值，静态分数在下一次专家团队导入新规则之前不会被更新。

（2）历史数据。历史欺诈预警案件数据总和、历史确认欺诈案件数总和。

（3）动态分数：每天00：05重新计算动态分数并保存至数据库；每天01：00将新动态分数更新至缓存。

（4）动态分数计算式：

（五）AI预警方案

近年来，人工智能发展迅猛，在很多行业中都已经开始应用，在保险业中也被认为是保险科技的热门研究方向。安盛保理赔反欺诈团队将人工智能的研究结合到实际工作场景中，研究出适合反欺诈的AI预警方案。从实际使用情况来看，增加了欺诈分析的覆盖率，降低了人工成本，提高了反欺诈团队的工作效率。

安盛保险的AI预警方案包括离线模型训练系统以及在线AI欺诈预警引擎两个系统。离线模型训练系统通过对历史大数据的训练，获得可靠的欺诈预警模型。将此模型作为判断欺诈风险的系统即在线AI欺诈预警引擎（见图7）。

1. 离线模型训练系统。离线模型训练系统是基于机器学习的决策树算法，使用Python语言开发，并通过大量数据进行训练进而生成模型的离线系统（见图8）。

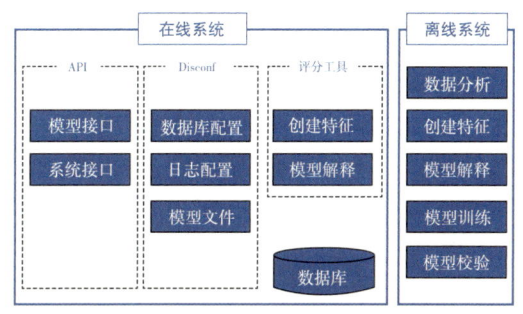

图7　在线系统、离线系统关系及结构

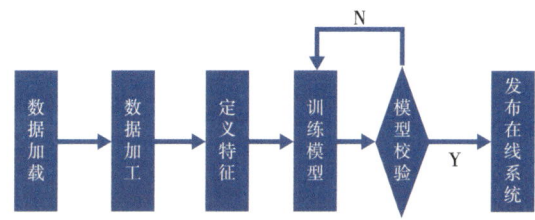

图8　离线模型训练流程

（1）数据加载、数据加工。清理数据中业务用户确认的错误、无效数据，如去掉值为空的数据，或利用分析工具对数据空值进行修补。

（2）定义特征。选取用户选定的字段作为特征字段，包含理赔信息、保单信息等，有一些特征不明显的数据也会根据需要分解或生成新的明显的特征，如身份证信息拆解出出生日期等。

（3）训练模型。将特征字段作为训练参数，使用XGBoost的XGBClassifier分类器以及SciKit learn中的GridSearchCV工具选取最佳的模型评估器以及最优参数配置。

（4）模型校验。通过模型进行预测，并做结果验证，确认是否符合预期。

（5）发布模型。将验证通过的模型及相关文件作为代码模块维护到AI欺诈预警引擎。

离线模型训练中主要使用以下几个机器学习成熟的Python工具包：

（1）Pandas。Pandas是为解决数据分析而创建的数据处理工具，它包括大量的工具库和一些标准的数据模型，可高效地操作大型数据集。它是使Python成为强大而高效的数据分析环境的重要因素之一。在训练模型中使用如describe、sum、mean、std等多种函数，使数据处理快速简单。

（2）XGBoost。XGBoost是"Gradient Boosting"算法的增强版，是现在主流的机器学习工具，可以有效地解决分类、回归、排序问题。在训练模型中使用XGBoost的分类器XGBClassifier作为模型训练的分类器。

（3）SciKit learn。SciKit learn是Python库中专门用于机器学习的工具，包含的机器学习方式有分类、回归、数据降维、无监督、数据预处理等。在训练模型中用到GridSearchCV、StratifiedShuffleSplit等方法。GridSearchCV的fit方法用来进行模型训练，并获取最佳评估器和最佳参数，StratifiedShuffleSplit将数据划分为Training Set、Validation Set、Test Set，比例为7∶1∶2（比例可自定义）。Training Set在网格搜索和交叉验证的时候作为训练数据，Validation Set、Test Data会作为模型训练后的测试数据对模型进行最终验证。

2. 在线AI欺诈预警引擎。在线AI欺诈预警引擎是基于Flask框架，使用Python语言开发的应用系统，主要使用SQLAlchemy、RESTful、Restplus等工具，并运行在Gunicorn上（Gunicorn是一个高效的PythonWSGI Server，通常用来运行wsgi application或者wsgi framework）。引擎内部主要包括请求数据校验、模型预测打分、封装分析结果。

（1）请求数据校验：检验输入数据是否符

合要求。

（2）模型预测打分：以输入数据作为特征值，通过离线训练获得的反欺诈模型进行欺诈风险分析。

（3）封装分析结果：将反欺诈模型分析的结果封装成对象，输出给反欺诈综合平台，反欺诈综合平台进而输出给理赔系统。

四、项目成果与未来展望

安盛保险理赔反欺诈团队成立于2013年，安盛保险理赔反欺诈系统是逐步建设的，整体建设过程分为三个阶段：

第一个阶段，理赔集成反欺诈功能，这是从无到有的变化。

第二个阶段，建立专家规则引擎，对接中保信风险预警平台、离线SNA团伙关联预警引擎，这是欺诈预警能力质的飞跃。

第三个阶段，拥抱保险科技，建立AI欺诈预警引擎，走向AI之路。

反欺诈系统的建设过程也是安盛保险理赔反欺诈团队将无形的专家经验转到线上的过程。通过系统的信息化、数字化降低了反欺诈工作的门槛，降低了人工干预的潜在道德风险，降低了人工成本，提高了工作效率。面对欺诈手段多样化、专业化、团伙化的趋势，安盛保险理赔反欺诈团队也对症下药，采取黑、灰名单库，专家欺诈预警引擎，AI欺诈预警引擎，SNA团伙关联模型的多引擎综合型方案加强防范。

在云计算、移动数字化和AI趋势下，安盛保险积极引入新项目管理实践，如设计思维（Design Thinking）、敏捷开发、DevOps、MVP迭代、微服务云管理等，保障反欺诈项目始终在以快速迭代、快速业务反馈、快速优化、数据分析等良性机制下，小步快走和不断完善对业务的支持和创新。

从工作效率来看，项目上线后，对欺诈嫌疑案件的预警指向明确，对欺诈嫌疑案件的风险点提示充分，从而提升了案件的处理时效；2016年欺诈案件调查时效为11天，同比加快40%；2017年欺诈案件调查时效降至9.5天；2018年降至8.5天。

从减损数据来看，项目上线后，反欺诈减损率2016年达到3.45%，同比增长32%；2017年达到4.98%，2018年达到5.12%，反欺诈减损成果显著。

虽然反欺诈工作成果显著，但是安盛保险理赔反欺诈团队也清醒地意识到当前的欺诈预警覆盖率仍没有覆盖完整，各类新式欺诈手段也会层出不穷。所以，安盛保险理赔反欺诈团队坚持以科技改变保险，科技赋能保险作为导向，并持续运用大数据、云计算、移动、AI、车联网等新技术手段进行系统迭代优化和创新，并积极探索前沿科技和行业经验分享，持续为客户提供优质理赔服务和对保险业健康发展作出贡献。

专家点评

目前，车险欺诈呈现出团伙化、专业化、职业化等特点，快速理赔也使车险欺诈案件出现数量多、金额小、零散化的新变化，特别是跨公司欺诈案件风险较高，单一保险公司难以甄别。大数据、云计算、移动、AI、车联网等新技术的应用大大增加了反欺诈的监测成功率。将大数据作为基础，信息系统是保险反欺诈的利器，保险企业应加大对大数据的利用与挖掘，推进跨行业、跨部门合作，实现风险信息主动推送，使欺诈信息预警和识别贯穿保险业务全流程，推动欺诈信息应用拓展到征信体系。

环亚保险经纪"道路运输第三方安全监测平台"案例成果展示

◎ 上海环亚保险经纪有限公司

一、项目概述

对保险业来说，传统方式已经无法进一步满足行业发展需要，急需技术迭代来适应不断涌现的新需求。借此契机，以大数据、人工智能、云计算、车联网等保险科技为代表的新一代信息技术开始重塑行业生态，成为推动保险公司转型升级、迈向高质量发展的核心动力。与此同时，从运输行业现状来看，仅靠主管部门的监管能力已越来越无法满足行业对安全管理的需要，行业安全管理模式有进一步创新和完善的迫切性。通过建立以AI智能技术为主的车联网平台，可以对道路运输行业进行科技化的转型升级，并对保险业提供科技赋能，加强信息化建设。

道路运输行业普遍存在事故发生率高、从业人员安全意识低、风险防范工作不重视等突出问题，行业内部对某些驾驶行为没有隐患意识，而第三方平台则利用常年的数据积累来制定富有针对性的监控指标，有效解决行业"痛点"问题。上线4年多来，平台陆续在全国11个省、市、自治区设立分支平台，平台监控的近400万辆运输车辆未发生过一起重特大交通事故。

环亚设立第三方平台利用科技手段提升道路运输行业的抗风险能力，为保险公司带来实际收益增长，合作模式鲜明，前景广阔。第三方平台以WebGIS系统、WebMIS系统、数据库系统和消息接口系统等作为系统架构主体，辅以Hadoop及卷积神经网络技术，充分利用智能识别、数据安全加密机制和专利技术优势，对道路运输驾驶行为上的诸多风险点进行智能化监测，实现365×24小时全年无休的实时监测及数据核实，保障道路运输安全。

二、项目建设背景及意义

（一）平台建设背景

随着信息科技的不断发展，新兴技术开始逐渐影响和改变我们的生活。而对保险业来说，传统方式已经无法进一步满足行业发展需要，急需技术迭代来适应不断涌现的新需求。借此契机，以大数据、人工智能、云计算、车联网等保险科技为代表的新一代信息技术开始重塑行业生态，成为推动保险公司转型升级、迈向高质量发展的核心动力。

与此同时，随着中国经济的迅速发展以及各省市间高速公路网的进一步完善，道路客运和货运的发车量一直在持续增长，省级客运及道路货运行业的安全管理问题也受到社会各界的广泛关注。虽然政府部门对客货运车安全管理十分重视,相关措施也卓有成效,但由于运输企业众多,公司规模和安全管理水平参差不齐,以及其本身的运营特殊性,道路安全事故依然时有发生。据国家统计局发布的《2013年国民经济和社会发展统计公报》,2013年全国道路交通死亡人数为2.3人/万车。以上海货运车事故为例,仅2014年1—6月,就有11人死于土方车交通事故;2012年,上海共发生涉及大型货运车道路交通事故515起,造成312人死亡,471人受伤,占全年事故死亡人数的34%,受伤人数的23%。而客运车辆重特大事故也时有发生,社会危害性极大。

借此契机,作为上海市交通委的保险顾问,上海环亚保险经纪有限公司(以下简称环亚)一直在思考和研究如何运用智能科技将"服务为先、防范为先、关口前移"的理念应用到道路运输行业管理中,实现承保和投保企业双赢,以促社会稳定和行业发展。

在各方不断探索道路运输安全管理模式的努力下,环亚在几年中不断积累数据,逐渐厘清行业内安全问题的根本原因,决心以"立足源头、关口前移、监管覆盖、动态管理"为工作原则,创建了"道路运输第三方安全监测平台"(以下简称第三方平台),对重点营运车辆实施365×24小时全年无休的实时监测,保障道路运输安全。由于效果显著,因此该模式通过交通部向全国范围内推广,第三方平台逐步扩展至全国9省2市近400万辆"两客一危"运输车辆及货运车辆。

(二)平台建设意义

通过建立以AI智能技术为主的车联网平台,降低事故发生率,提升行业效益,对道路运输业进行科技化的转型升级,并对保险业提供科技赋能,加强信息化建设。环亚平台建设理念具体意义如下。

1. 提升运输行业信息化安全管理水平,丰富行业管理的个性化需求,进一步降低事故率。通过卫星定位系统实时监控并收集行车动态,由第三方平台系统汇总、整合、分析数据,本身就是一种科技创新的表现,可以有效提升省际客运行业的整体信息化水平。依据行业管理的新需求可以在现有第三方平台的基础上进行二次开发以实现新功能,并减少错误冗余,丰富功能模块,有效配合政府部门及企业管理要求,降低事故发生概率。

2. 提升保险业智能信息化建设,以科技手段为目标行业带来安全管理理念、资金和技术。由环亚搭建的道路运输第三方安全监测平台具备保险业特有的风险管理手段和经济杠杆作用,且展现了高科技附加值。实际运营中,由大数据支持的费率浮动机制应用于省际客运承运人责任保险,通过对各类监测指标的智能化分析,从保险公司给予平台的安全奖励中拨款建立无赔款安全奖励机制,对上一年度驾驶行为良好的企业进行额外奖励,鼓励其更好地落实安全管理工作。

3. 提升保险业经济效益,改进保险中介行业业务模式。根据行业经验,商业车险业务的赔付率普遍在80%左右,而省际客运承运人责任保险在2014年之前赔付率就每年超过100%,成为保险公司的亏损险种。环亚第三方平台着重加强事前风险防范,结合保险业的传统风险管理手段,实现了事故降低、理赔减少和保险经济效益增长,满足了传统保险经纪(中介)行业从简单的业务转手模式向以安全管理为核心的服务模式转变的内在需要,也实现了从"保险理赔为先"向"事故防范为先"的转变。保险业的经济效益因此得以增长，平台也能从该增长中获得发展资金，保费也将更趋于优惠，在不增加企业成本和费用的基础上，构成良性循环，促进防灾防损。

4. 平台大数据对运输行业和保险业发展具有深远意义。目前，国内保险业仍然与国外保险同行存在较大差距，主要原因是国内保险业的定价体系缺乏大数据支持，产品单一，个性化不足，行业处于价格恶性竞争的粗放型发展状态。环亚建立的上海省际客运承运人责任保险辐射本市整个行业，重要动态数据的实时监控、收集和分析，将分散的数据资源进行统一整合，建立大数据平台，为保险公司研发客运车专项保险产品提供数据支撑，优化传统定价模式，最终实现客运车行业和保险业的双赢。

三、重点解决的问题及主要创新点

（一）重点解决的问题

道路运输行业普遍存在事故发生率高、从业人员安全意识低、风险防范工作不重视等突出问题，行业内部对某些驾驶行为没有隐患意识，不曾将其与事故联系在一起。而第三方平台则利用常年的数据积累，制定富有针对性的监控指标，有效提升道路运输行业整体安全管理水平。

第三方平台上线4年多来，通过大数据研判分析，共产生违规预报警总数超2000万次，电话提醒超100万次，短信提醒累计达1800万条，制作各类报表超1000份。第三方平台陆续在全国11个地区设立分支平台，所监控的车辆未发生过一起重特大交通事故，使运输行业安全监管水平大幅提升，事故数量明显下降，取得了显著的风控效果。

例如，在上海平台，自2014年启动的4年多时间里，平台各类违规报警总数下降90%，事故发生数减少50%。其中，2017年相较于2013年，省际客运承运人责任保险报案数同比下降40%，理赔金额下降近70%；2018年相较于2014年，各类预报警数量下降74.96%，事故死亡人数下降81.82%。根据中国保监会上海保监局的统计数据，上海省际客运承运人责任险的保险赔付率从2010年的162%下降到2016年的14.21%。而整体运输行业保险赔付率均值在25%以下，使原本被保险公司视为高赔付率负担的强制保险转变为主要创收险种之一。

通过第三方平台监控，数据汇总、分析和共享等手段，实现了交通事故降低，平台监控车辆的商业车险赔付率在部分省市降至65%，为保险公司实际创收15%，省际客运承运人责任险事故赔付率更是连年大幅下降，为保险公司实际创收超过70%。

此外，一些新设立的平台，如陕西、江西等平台在上线一年多就取得了报警总数下降80%的骄人成绩，江苏、广州等平台事故率呈直线下降趋势。平台数据体现了环亚运输行业风控管理的良好成效，使得各地保险公司非常愿意与平台合作，支持平台发展以降低自身赔付率。

（二）主要创新点

保险机制、全过程风控理念与计算机智能技术的结合是第三方平台的最大创新点。在传统保险中引入信息技术支撑、在道路安全风险管理中利用信息技术引入创新的"风口前移"理念，环亚运用"云计算+大数据+人工智能"的综合模式，满足了Hadoop、卷积神经网络、H5和响应式交互网页的集成需求，并结合 GPS 卫星定位、GIS、图像采集、计算机网络和数据库、神经网络等技术，为重点营运车辆量身定制了运营车辆第三方安全监测平台。

此外，作为一家专业的保险经纪公司，环亚设立第三方平台的初衷是希望利用科技手段提升道路运输行业的抗风险能力，利用保险机制实现风控手段的"互联网+"。因此，有以下合作模式的创新：

（1）利用平台数据服务现有各地区道路运输行业的不同共保体。各家保险人依据第三方平台实际效果按照己方承保的平台内车辆数支付风控费用，使保险公司充分参与事前防控，目前已为各签约保险公司带来平均收益增长至少15%。

（2）各保险人在看到平台实际效果后提出定制化平台需求，为特定车辆服务，降低赔付率。

（3）通过大数据积累探索 UBI 模式。目前已在部分地区试行与良好驾驶行为挂钩的奖励机制，鼓励一线人员的良好驾驶习惯以及内控管理机制。

四、项目主要建设内容

（一）建设目标

道路运输第三方安全监测平台的建设主要致力于实现以下目标：

1. 充分利用车载设备，实现智能动态监管，尤其是智能图像检测，在不增加设备的情况下有效发现违规行为，实现精准管理。

2. 将各省级道路运输车辆第三方监测平台数据进行汇总分析，在监测指标和管理模式上不断探索，推进道路运输安全领域的信息化、标准化、自动化。

3. 将驾驶员安全教育与违规行为挂钩，体现教育的差异性、针对性、灵活性，增强安全意识，减少事故发生率。

总体而言，第三方平台建立了监管部门、运输经营业户、驾驶员及第三方机构等多方优势互补的安全生产风险管控新模式，减少道路运输行业事故的发生，保障道路运输安全。

（二）系统建设方案

1. 系统概述。环亚采用现在比较成熟的 GPS 卫星定位、GIS、图像采集、计算机网络和数据库、神经网络等技术，为重点营运车辆量身定制了运营车辆第三方安全监测平台。

公司研发的运营车辆第三方安全监控平台在全国开花结果，已运营地区包括上海市、江苏省、西藏自治区、贵州省、四川省、陕西省、黑龙江省、湖北省、江西省、广州市、深圳市。目前，平台已接入约 23 万辆"两客一危"车辆，约 100 万辆重型载货车辆，约252万辆普货车辆。平台已经实现了上述9个地区重点运营车辆的稳定性，其数据的完整性、连续性和有效性全国领先。

2. 内容及功能。第三方平台以 WebGIS 系统、WebMIS 系统、数据库系统和消息接口系统等作为系统架构主体，充分运用智能识别技术，并发挥数据安全加密机制和环亚拥有的信息专利技术优势，提升道路运输领域的总体管理能级，降低行业总体风险等级，提高政府精细化管理水平。第三方平台内容及部分关键附属功能描述如图1所示。

（1）驾驶员危险驾驶行为智能报警。环亚具有全国领先的图像识别技术和人工智能技术，并利用这些先进技术，在结合公司多年积累驾驶行为数据的基础上，开发了一套兼容性强、适应性广、识别率高的智能监测系统。该系统可以适应所有符合部标要求的 2G/4G 设备及前端主动驾驶员行为分析设备，能够通过传输回来的视频或图像数据，快速有效地自动识别出危险或不良驾驶行为（见图 2、图 3）。

图 1　第三方平台内容及部分关键附属功能

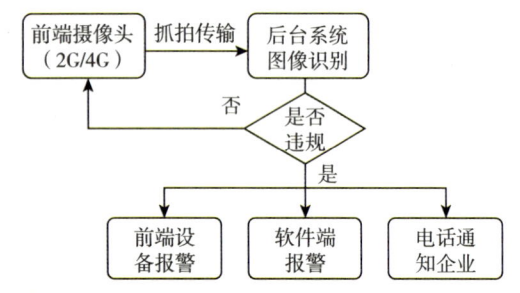

图 2　2G/4G 部标设备研判流程

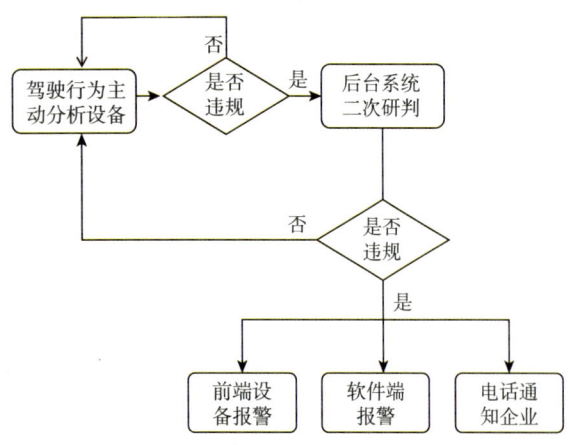

图 3　前端驾驶行为主动分析设备研判

环亚的智能识别技术有适用范围广的优势，无论是否有主动分析设备，都能实现精确识别，识别准确率远高于主动设备自身识别率。此外，由于核心技术均拥有自主知识产权，能识别的违规行为远多于市场平均水平，且由于技术自研的优势，可以方便后期不断迭代升级，开发出更多诸如双手离开方向盘、左顾右盼等行为的识别功能，进一步降低驾驶途中的违规行为，提高行业整体安全性。

（2）驾驶员疲劳驾驶报警。传统视频设备只拥有播放和调取功能，无法准确识别驾驶员的疲劳驾驶情况。如若安装了前端主动驾驶员行为分析设备，也只能依靠对驾驶员面部表情的识别，诸如打哈欠、闭眼睛等行为，来判断是否构成疲劳驾驶。此种判别方式不但不能满足 84220 的要求，更由于个体差异产生系统误差。因此即使拥有前端主动分析设备，也无法严格认定是否构成疲劳驾驶，只能将判定结果作为善意提醒的依据和参考。

环亚的疲劳驾驶判别技术源自 84220 制度，具有判定条件合理、识别率高的特点。该功能模块结合了车辆定位行驶轨迹、人脸识别等技术进行综合判定。疲劳驾驶判定流程见图 4。

（3）分路段分时段超速报警。针对行驶过程中的速度控制要求，环亚已采用地图调用方式获取全国限速数据，实现了分路段设置限速阈值和报警。为实现此项功能，环亚已与百度等知名厂商开展合作，通过地图调阅加主动设置道路的超速规则，形成分级预警与报警机制。例如，在已运营的深圳平台上，为每日近 4900 万次的地图调阅量逐一付费，保证全市平台 6 万余辆受监控车辆的行驶安全（日常在线 3 万多辆）。

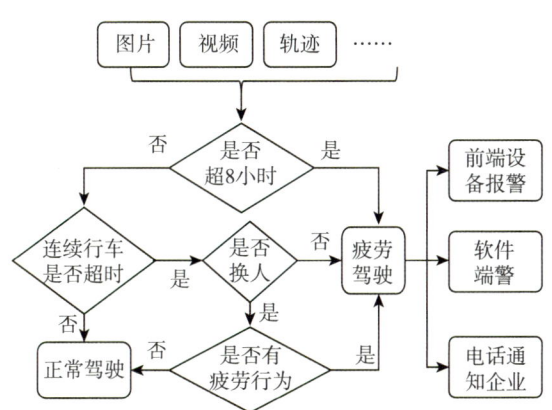

图 4　疲劳驾驶判定流程

在分时段超速报警功能上，环亚也充分考虑到白天跟夜间的客观环境不同，提供超速阈值的设置功能，更好地保证了驾驶员的安全驾驶。上述阈值设定功能除可以满足既有道路限速和部标限速的判定外，还可以自由灵活地设定限速路段和时段的阈值并启动分级预警和报警，真正做到事前提醒和控制风险，降低报警率，有效提高道路运输行业的安全性。

（4）超范围运行报警。对于班线客车和包车等运输车辆的超范围经营和运行行为，环亚的超范围运行报警模块可通过电子围栏技术实现路径信息的实时跟踪。技术方面，电子围栏分为两种划分模式：一是自定义区域，可以在地图上直接画出电子围栏的范围；二是行政区域划分，根据各地的行政区域划分，可以选择车辆的种类，以及电子围栏的设定状态和时间，然后根据传输的轨迹点进行判定。实际业务处理中，平台将针对班线客车超范围经营，包车超范围运行及长期异地经营进行管控。

（5）异常报警。异常报警的判定主要分为两个部分：一是 GPS 定位信号的异常；二是视频终端设备异常。对于定位信号的异常，也有两类判定规则：一是判定长期离线；二是离线位移与漂移。通过轨迹点的收集跟踪来判定其信号异常的情况。

对于视频终端设备异常，平台首先使用人脸检测技术以及图片像素直方图分布技术判别是否存在黑屏或者花屏异常。当验证结果超过设定阈值，系统判定黑屏或花屏，自动触发报警信息，以期短时间内修正异常，保证行车安全。

（6）违规隐患治理闭环管理功能。平台的违规隐患治理将由四大步骤形成有效的闭环管理。第一步是在系统报警后，工作台自动触发短信和语音等提醒功能，并做好数据记录，同时推送给政府管理部门账户；第二步是政府部门通过数据验证完成核警流程，若确认违规的，则在线推送至企业账户要求处理反馈；第三步是企业用户完成整改后在线反馈；第四步是政府验证反馈内容并结案。详尽的闭环管理流程可有效支撑监管部门精准管理，最终形成在运管部门指导下的第三方平台闭环管理机制。闭环管理流程见图 5。

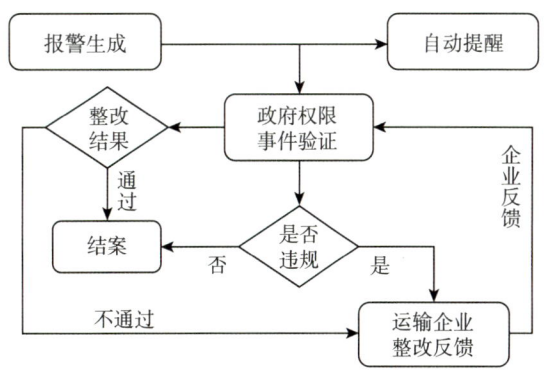

图 5　闭环管理流程

（7）APP 移动端服务。环亚建设的第三方平台配套有手机端 APP，分为企业版和驾驶员版，不但实现监控信息分权限推送，还实现了人车绑定、自动播报。同时，对驾驶人员位置信息进行监测，并为驾驶人员提供一键报警功能，使驾驶人员在遇到突发险情时，第一时间与外界取得联系，并上报实时定位。另外，还实现了对人监测、推行移动办公、提供多元服务。

3. 技术选型方案。

（1）技术选型设计。为体现第三方平台的智能化，环亚运用"云计算+大数据+人工智能"的综合模式，满足管理部门对于 Hadoop、卷积神经网络、H5 和响应式交互网页的需求。

平台总体架构分为以下三层（见图6）：

IaaS 层。IaaS 层主要提供企业及用户所有的计算基础设施，包括 CPU、内存、存储、网络和其他基本的计算资源，用户可以部署和运行任何软件，包括 Windows、Linux、VMware 操作系统和以上各种车联网应用。

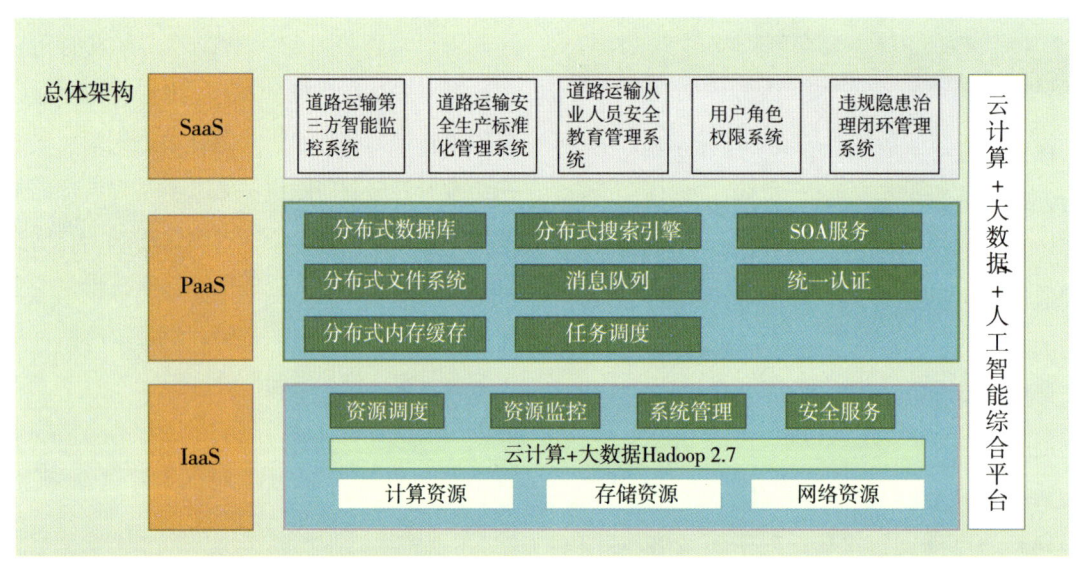

图6　平台总体架构

PaaS 层。PaaS 层是指云环境中的应用基础设施服务，也可以说是中间件即服务。PaaS 平台在云架构中位于中间层，其上层是 SaaS，下层是 IaaS。PaaS 层主要提供企业及用户的开发语言及中间件工具、应用等，包括分布式数据库，搜索引擎，统一认证，消息列队和任务调度等。

SaaS 层。SaaS 是一种软件布局模型，其应用专为网络交付而设计，便于用户通过互联网托管、部署及接入。

此外，如图7所示，Hadoop 集群是环亚大数据平台的核心，由 Spark、Hive、Hbase、Oozie 等核心组件构成。基础由两部分组成：Zookeeper 集群和 Hadoop 集群。Hadoop 集群为基础平台层提供如命名服务、分布式文件系统、MR 等基础设施服务；而 ZooKeeper 集群则用于命名映射。作为 Hadoop 集群命名服务器，基础平台层的任务调度控制台可以通过命名服务器访问 Hadoop 集群中的 NameNode，同时具备 failover 的功能。

人工智能应用方面，环亚车联网图像识别系统采用业界最先进的 cnn 卷积神经网络作为基础算法，对网络层和参数进行深度调优，同时依据交通部协议进行优化，对驾驶员危险驾驶行为图像视频进行实时智能识别和报警提醒。AI人工智能架构见图8。

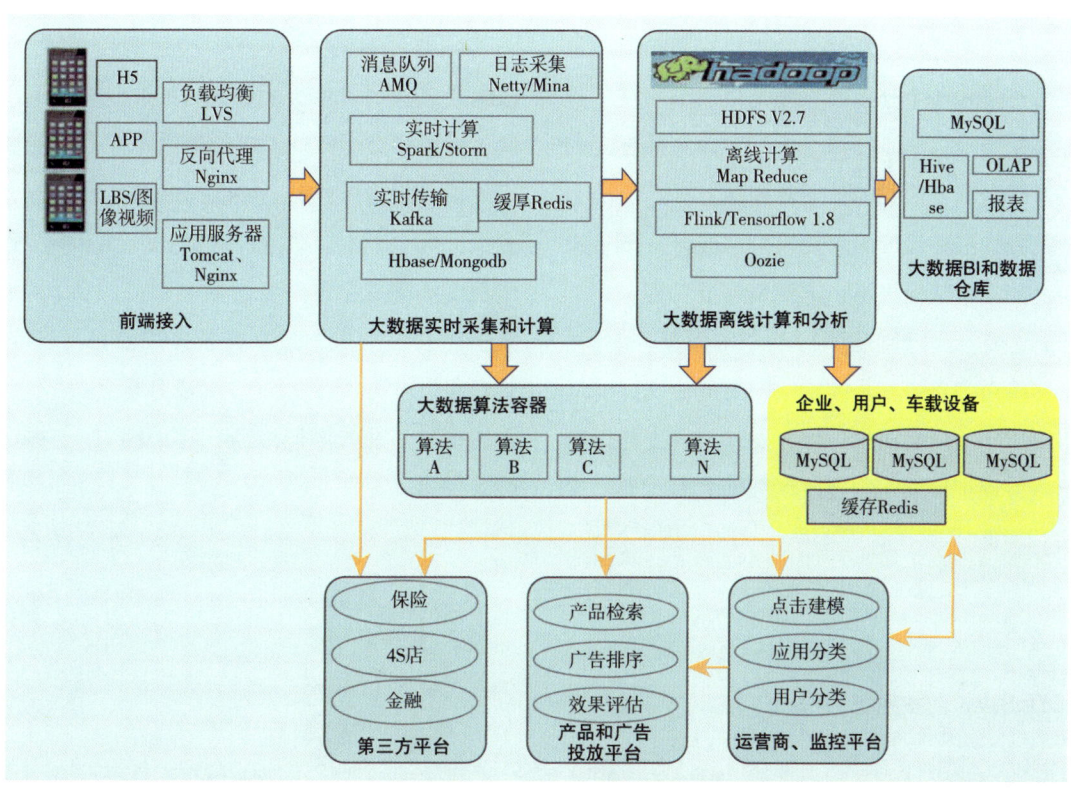

图7　大数据总体架构及业务流程

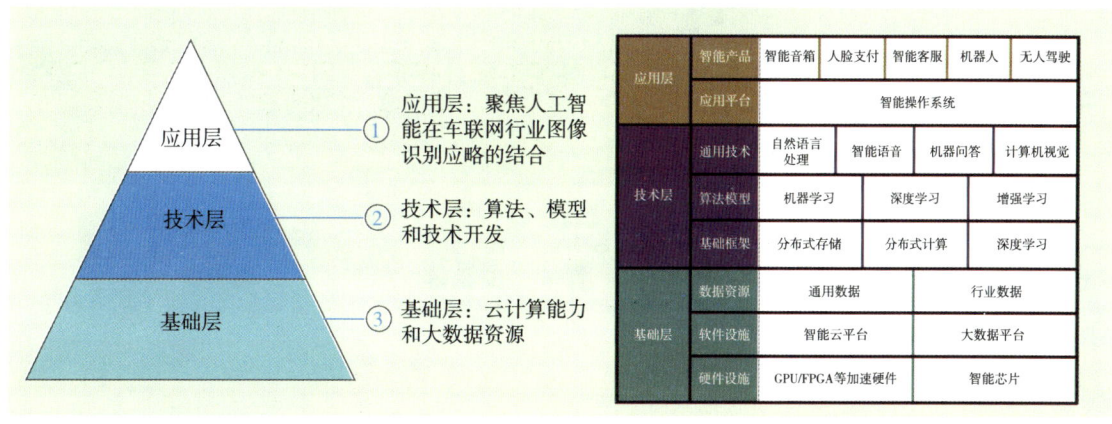

图8　AI人工智能架构

（2）数据对接。环亚搭建的第三方平台基于部标通信协议而构建，广泛适用于物联网（车联网）领域应用，对基于交通部808协议或者其扩展协议的智能终端监控平台实现完美匹配。总体而言，作为一个分布式、高可用、高并发、开放性（服务化，插件式）的平台，环亚建设的第三方平台具有很强的数据对接能力。

其中，部标系统的对接采用"netty + spring"架构，独立于其他应用，主要负责维护接入终端的tcp链接、上行以及下行消息的解码、编码、流量、黑白名单等安全控制。网关同时支持交通部协议，网关应用提供二次开发接口，支持以插件形式协议扩展而不需要改动任何原有代码。接入网关采用json消息通过MQ消息队列与业务平台进行交互，支持ActiveMQ和RabbitMQ，能够无缝接入各种异构系统。

4. 数据安全设计方案。互联网数据中心（IDC）是基于Internet网络，为集中式收集、存储、处理和发送数据的设备提供运行维护的设施以及相关的服务体系。IDC提供的主要业务包括主机托管（机位、机架、VIP机房出租）、资源出租（如虚拟主机业务、数据存储服务）、系统维护（系统配置、数据备份、故障排除服务）、管理服务（如带宽管理、流量分析、负载均衡、入侵检测、系统漏洞诊断），以及其他支撑、运行服务等（见图9）。

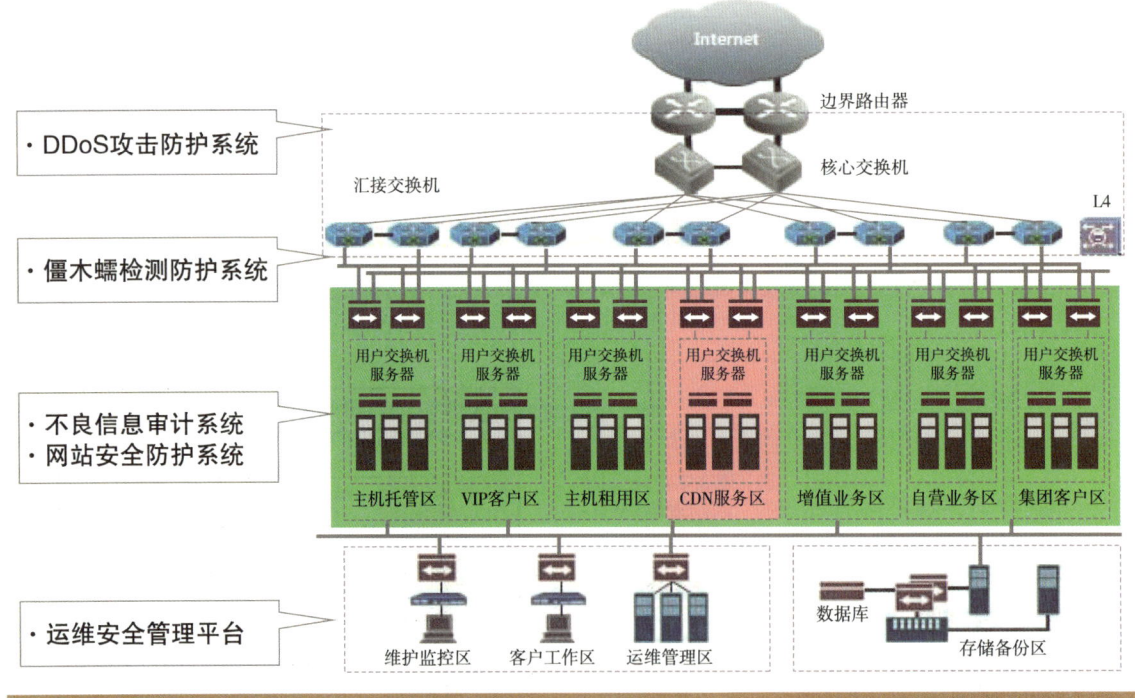

图9 数据安全架构

近年来，随着DDoS攻击、IDC主机感染僵尸程序、内部蠕虫传播以及IDC网站篡改等此起彼伏的IDC安全事件的出现，IDC业务客户对于安全能力的愈加重视，监管部门对于IDC的安全防护体系建设提出了明确的技术和管理要求。

（1）数据加密策略。数据传输加密是为了

防止数据在通信线路上被窃听、泄露、篡改和破坏。本项目数据加密采用端到端的加密方式，即数据在发送端被加密，在接收端解密，中间节点处不以明文的形式出现。此传输加密方式由需要交互的应用系统之间完成，对用户不可见。

由于绝大部分 Java 服务容器均支持框架内置 AES 加解密算法，因此在汇聚系统中实现 AES 传输加密较为简单，只需在传输端添加专门模块进行调用即可。

数据加解密系统采用系统指定的加解密策略（如加解密算法、密钥和文件类型等）自动地对数据进行加解密操作，从而对数据安全方便有效地进行保护。针对不同的文件类型，系统将自动采用不同的密钥以及算法对数据文件进行加密，实时动态地对数据进行保护。数据加密策略主要包括加解密算法、密钥生成算法、密钥保护算法、密钥类型以及文件类型等。

（2）数据加密保护机制。数据加密保护机制包括过滤驱动文件透明加/解密；内容加密；内容完整性；身份认证；可靠与完整性。

（3）数据备份与恢复。数据备份分为文件级的数据备份和数据库级备份。对备份的数据，在需要的时候，必须能够恢复到指定的状态。数据恢复分为数据文件恢复和数据库恢复。

本项目对数据文件恢复可以在备份管理服务器（Master）上对每个客户端进行文件的恢复，也可以在客户端进行恢复操作；可以提供重定位恢复方式，允许恢复到不同的目录下；提供异机的恢复，允许恢复其他机器备份的系统；提供对单个文件的恢复方式。

（4）数据访问策略。数据访问防护包括数据库的数据访问防护、应用软件的数据访问防护两个方面的内容。

数据库的数据访问防护本次项目使用 MySQL 数据库产品具备用户认证、基于角色或用户组、数据视图的访问空制功能，并支持关键信息的加密，主要包括以下技术手段：

一是对数据库访问，进行严格的用户认证。对数据库默认超级管理员，其密码必须在数据库安装过程中就设定，并且不能采用默认密码。应用系统访问数据库所使用的账号，必须对账号权限进行限制，限制原则为应用系统正式使用的最小权限。对跨库访问，必须采用访问视图的方式提供。

二是对关键信息利用加密技术加密存储。

三是应用软件数据访问防护。本项目涉及的应用软件基于同一框架开发，并通过实现统一的运维管理子系统解决各业务系统间的访问权限控制，涉及基于角色的用户名/口令验证机制、访问日志记录等功能。同时，借助事务回滚等技术保证数据的一致性及正确性，而各业务子系统则调用相关验证接口，实现业务系统级的用户名/口令验证机制。

系统支持自定义用户组织架构及角色，并可对用户及角色的部分属性进行变更。系统拥有日志管理子系统，对于用户的操作提供详细的操作日志。

（三）运营服务能力

1. 运营服务要点。为保证上述建设原则有效落实，发挥上述平台系统最大功效，实现政府对不间断监控、动态跟踪监管及综合统计评估方面的具体要求，环亚将着重执行下列运营服务要点，实现政府需求。

（1）实现 365×24 小时全年无休的不间断实时监测。全年无休的实时监测是第三方平台的重要特点。车辆运营是没有时间限制的，所以对其监测也必须保持不间断。平时白天固然需要监测，夜间和节假日也同样不能放松对安全隐患的高度警惕。

（2）核实报警数据，确认报警数据的真实性。对于政府管理部门而言，对运输企业进行监管必须基于准确无误的数据。但由于设备本身和通信条件等原因，系统难免会产生一些垃圾数据，并形成误报警，所以此次建立的第三方平台必须对报警进行排查核实，并向行业管理部门提供核实后的准确数据。

（3）及时提醒运输企业落实监测主体责任，消除事故隐患。政府管理部门对运输企业实施监管并不是为了处罚企业，而是为了帮助企业提高安全生产意识，消除事故隐患，减少事故发生。安全监测的主体责任在企业，第三方平台并不替代企业的监测主体责任，但可以按照政府监管部门的要求，发现报警之后及时提醒企业，敦促企业落实主体责任，采取措施通知车辆停止违规运营，从而消除事故隐患。

（4）发现重点疑似违规，提供数据支持管理部门精准执法。第三方平台除提供行业总体的报警排名情况外，还会通过实时监测和数据分析，发现重点疑似违规车辆，并向政府管理部门汇报，为管理部门对这些重点车辆实施精准执法提供依据。

（5）提供翔实的报表，有助于管理部门掌握行业安全动态。第三方平台根据道路运输管理部门的要求对入网率、上线率、违规处置率等指标进行分行业统计，同时提供翔实的实时监测报表，包括日报、周报、月报，便于地市管理部门实施具体管理措施。

（6）跟踪运输企业后续处理，提高处理率。

交通运输部、公安部、国家安监总局联合发布的《道路运输车辆动态监督管理办法》（2014年第5号令、2016年第55号令）明确要求运输企业必须对交通违法动态信息进行处理，并对相关驾驶员也进行相关处理。第三方平台可以跟踪企业后续处理的情况，从而提高对于动态信息的处理率。

（7）客观评价平台服务商数据质量，推动行业优胜劣汰。

2016年9月5日，交通运输部印发《全国重点营运车辆联网联控系统考核管理办法》，强化了对运输企业和平台服务商的考核要求。第三方平台每天都在对动态数据进行不间断的实时监测，所以对平台的数据质量具有发言权，可以根据不同省市具体的考核管理办法，客观评价平台服务商的数据质量，推动行业的优胜劣汰。

（8）协助管理部门应对重大临时任务，提高安全监测级别。当有重大活动等特殊情况发生的时候，第三方平台应紧密配合政府管理部门安排，提高实时监测的安全级别，对重点监测区域、路线、车辆投入更多人力，实施专人盯防，为重大活动的顺利运作提供交通安全保障。

（9）融合保险业风控手段，促进运输企业提高安全意识。对重点营运车辆的监管要采用行政手段和经济手段相结合的方式，一方面通过第三方平台的实时监测功能对其日常运营采取安全监测，另一方面充分发挥保险业自身的风控手段，将车辆保险的保费与其驾驶的安全级别挂钩，通过经济手段刺激其提高安全意识。

2. 监控服务方案

（1）日常监控。

一是平台日常监控运营模式，见图10。

二是平台日常监测业务处理流程，见图11。

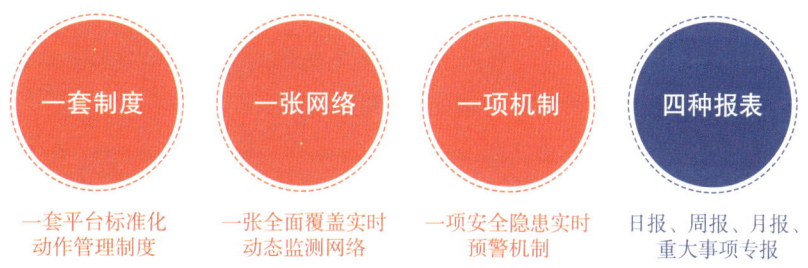

图10　平台日常监控"1+1+1+4"运营模式

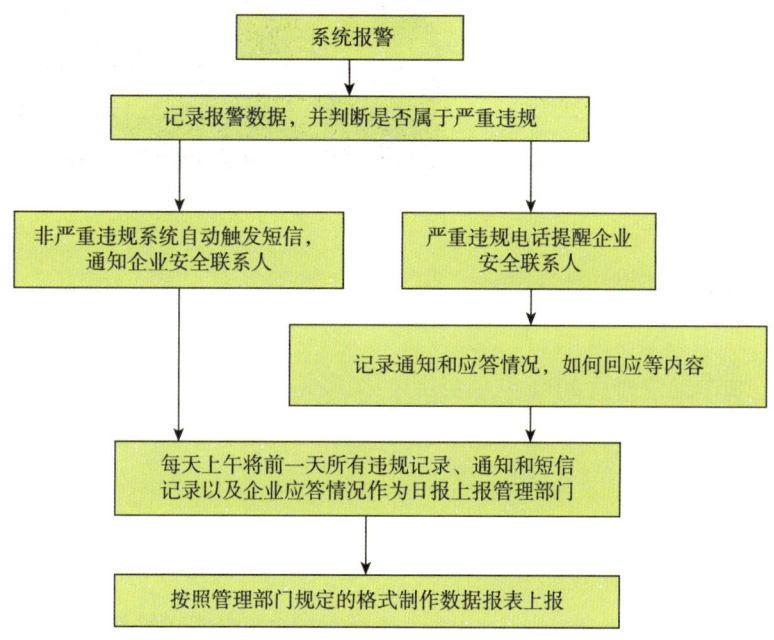

图11　日常监测业务处理流程

三是平台日常监测内容。第三方平台每日24小时通过"系统+人工"相结合进行实时监测，监测指标及标准由管理部门和平台根据接入数据情况等实际需要确定。平台日常监测主要包括实施监测、数据核实、违规提示、数据统计等内容，见图12。

（2）数据报表。第三方平台基于卫星定位数据实时自动研判，结合人工数据核查，通过对数据的汇总生成管理部门所需要的数据报表，具体报表内容及样式平台按照管理部门要求设置。环亚运用的报表分别为日监测报表、周检测报表、月监测报表、年监测报表和专报表（重大活动、节假日等）。

（3）应急响应。第三方平台按照管理部门要求，完成特定时间、特定区域、特定运输经营业户、特别运输车辆等重点监测服务。

例如，上海市第三方平台按照管理部门的要求对"重点企业""重点车辆"纳入日常的重点监测工作。

（4）对营运商平台提供考评管理。环亚建设的第三方平台对运营商平台考评管理有丰富的经验，目前已在上海市、贵州省、江苏省等其他外省市平台应用，在管理部门的指导下取得了不错的成效。

图 12　第三方安全监控平台运营中心及日常监测内容

例如，上海危货车运营商从 2014 年平台启动年的近 10 家运营商优胜劣汰到 2018 年的 3 家运营商。

又如，以贵州省第三方平台针对《全国重点运营车辆联网联控系统》的要求对贵州省运营商平台提供月度分析报表。

五、项目效果

（一）建立了道路货运行业"互联网+"格局

第三方平台的建立利用了互联网手段及大数据优势，通过车载卫星定位系统数据收集在道路货运行业率先建立了"互联网+"格局，这与近期国务院《促进大数据发展行动纲要》要求相一致。平台的建立为形成运输企业、车辆及驾驶人员详细的风险档案提供基础，是企业诚信考核、从业人员信誉考核及后续政策出台的主要信息及重要依据，为管理部门行政管理提供重要支撑，提升了行业管理效能。

（二）丰富了保险业创新经营模式的内涵

第三方监测平台建立的经济基础是车辆保险，因此平台是保险业创新经营模式的一种全新表现。通过平台实时监测降低了保险事故赔付率，提升了保险业务盈利水平，改变了传统的保险经营模式，迎合了保险业创新转变的内在需求。

一是使保险业从原来的"优化事故赔付"向"安全事故防范"转变；

二是使保险业从原来的"赔付率测算"向"事故率遏制"转变。

（三）契合了行业管理的最新要求

交通安全问题是城市安全管理的重点，第三方平台的建立契合了政府部门对行业的监管趋势，与有关法律法规相一致，其中包括《道路运输车辆动态监督管理办法》《上海市省际客运道路旅客运输车辆卫星定位系统第三方监测平台暂行管理办法》《交通运输部办公厅公安部办公厅国家安监总局办公厅关于开展重点营运车辆卫星定位系统监管使用情况专项检查的通知》《促进大数据发展行动纲要》等法律法规。

（四）提升了道路货运安全管理效果

从安全角度而言，通过独立第三方平台的监控，行业主管部门能对运输过程中的安全问题进行实时掌控，从源头进行风险控制，强化了运输企业的责任意识，提升了安全管理效果。事实证明，自开始运作之日起，道路货运行业已取得了较好的安全管理效果，各数据指标和同期保险报案率皆有明显下降。

六、总结

（一）第三方平台的运营提高了安全驾驶意识，改善了安全生产形势

经过多年运营，第三方平台大幅减少了事故隐患，提高了企业管理人员和驾驶员的安全行驶意识，进一步改善了货运行业的安全生产形势。

（二）第三方平台的运营加速了卫星定位系统在道路货运行业的普及

平台的建成运行有效地协助了交通委落实5号令，同时在车载设备普及的过程中，第三方平台协助和指导企业安装设备、填写表单，提高了企业的安装效率。同时，第三方平台每天及时向交通委运管处上报已安装和未安装的车辆清单，使运管处能及时掌握安装工作动态进展情况。

（三）第三方平台的运营正在促成车险费率浮动精细化

目前，在国内保险市场上，车险仍然处于粗放式定价阶段，不同状况的车辆费率相差无几，折扣系数也不够精细，主要参照前一年的赔付情况。第三方平台的建成运营正在改变这一状况。第三方平台能够翔实地记录每一辆车运行的里程、主要运行时段、主要运行区域、车辆违规驾驶的频度等信息，通过大数据分析，可以从中分析车辆的折损情况和驾驶员的行为习惯，从而为车险保费定价提供精细化的标准。

专家点评

保险公司在风险管理上经验丰富，通过建立专业的第三方监测监控模式，提升了动态监控水平，降低了安全事故发生的概率，更好地保障道路运输安全；以科技手段为目标，为行业带来安全管理理念、资金和技术，实现了"预防事故发生为先，保险理赔为次"的转变。从当前已有的情况来看，第三方安全监测平台的实时监控实际上是保险公司和道路运输行业的"双赢"，运输行业事故发生率降低，保险业理赔额减少。但对于在监测过程中可能出现的问题，如个人信息的泄露、可能因为数据误差导致司机被罚等问题，整个监测系统有待进一步优化和重视。

民太安商用车智能风控解决方案

◎ 深圳民太安智能科技有限公司

一、项目概述

随着科技的高速发展、物联网兴起和人工智能普及，保险业也将跟随时代步伐，从传统行业转型为利用科技手段针对性风控的保险行业。为了帮助保险公司做好转型准备，深圳民太安智能科技有限公司（以下简称民太安）自主研发了商用车风控系统并结合体系化专业风控服务，为精准防控商用车事故的发生提供一站式解决方案。商用车智能风控平台深度结合行业风险"痛点"与政策导向，对长途客运、危险品运输等行业行车提供风险动态分级、智能预警。探索保险科技，助力保险公司有效降低商用车标的出险概率，赋能行业发展变革，打造"5G+"物联网时代，以及智能交通安全与保险服务新生态。

商用车智能风控平台应用机器学习算法建立风控模型，对主动安全设备信号进行分析，整合天气、路况、时间、保险查勘数据等多维数据，构建风险评估模型对车辆综合风险进行提前预判和报警，为风控管理提供科技支持。层层深入数据分析体系，帮助企业实现安全管理的可感知、可量化、可有效决策，有效降低交通事故率。

接下来从以下5个部分阐述民太安是如何利用科技手段结合专业风控服务对商用车进行风险管控，达到精准防控商用车标的事故发生的目的。

二、项目背景及意义

近年来，商车事故发生频繁，保险公司对车险这块市场经营困难，却又无计可施。针对商用车辆风险不可预测、管理难的问题，民太安智能科技提供的商用车安全服务解决方案，通过安全设备、平台通报、现场走访多样化手段，有效降低行车风险，同时直线降低车辆出险概率。

（一）保险风控发展趋势

中国保险业风控的发展可以分为传统风控、数字风控和智能风控三个阶段。随着保险科技的深度应用和广泛应用，保险风控自2018年起进入"智能风控阶段"，风险也从以前的不可控、不可预测，转变为现在的可控可预测，如2019年6月17日，四川宜宾发生地震，由于地震预警系统提前10秒预警，至少减少了30%的人员伤亡，间接为保险公司减少了不可估量的损失，科技风控的事例已经数不胜数。反观而言，根据最新保险研究数据，车险在财险领域占据72%的份额，赔付成本也相当高，盈利困难。

（二）管控人是控制商车事故发生的本质

我们再从商车联网行业这个大背景角度进行分析，近年来经济的快速发展，商用车风险事故频发，比如重庆大巴车事件、兰临高速事件等。

经过调查研究发现，大部分车祸基本是由人为因素造成的，特别是驾驶员层面，案件数占比为97.61%，赔付占比更是高达97.89%。

综上所述，当前是抓住应用保险科技风潮最好的时机，借助科技风控工具，结合专业风控服务，降低赔付成本及风险管理成本，提升客户体验，优化风控效能，实现智能风险评估、风险预测、风险定价和风险监控等多重目的，推动传统保险企业转型为利用科技及保险手段达到精准保险风控的新型保险科技企业，从而构建保险业科技风控生态圈，重塑保险商业价值。

三、保险需求分析

根据2019年6月中国保险学会发布的《2019年中国保险行业智能风控白皮书》及综合目前保险业车险市场情况综合分析，得出目前车险业存在以下5个"痛点"：

1. 缺乏精准定价的依据，承保风险不可控，核保工具单一。

2. 业务竞争以价格竞争为主，缺乏差异化竞争亮点，而高风险高赔付市场不敢扩展。

3. 客户接触频次低，关系维护薄弱，续保率较低。

4. 赔付率居高不下，盈利困难。

5. 保险欺诈比例高，手段专业多样。

精准防控承保车辆发生事故的风险，既成为现今保险企业最难解决的问题，相应地也成为目前保险业发展十分可观的盈利控点及新的发展契机。

由上述"痛点"分析可知，解决目前大多数保险企业所面临的车险困境，要满足以下5大需求：

1. 承保前，借助风控科技工具数据及配套风险评估服务，定期提供承保企业运营安全报表，提供精准核保定价依据，以及为保险公司产品设计提供新思路。

2. 承保前，借助风控科技工具及专业风控服务，帮助运输企业做好安全管理工作，即可增加保险企业差异化市场竞争营销优势；对于之前高风险高赔付市场不敢承保的运输企业，现在也可拓展承保。

3. 承保中，利用风控科技工具及专业风控服务，实时风控，定期走访，增强与保险企业与运输企业之间的联系频率及黏性，增加续保率。

4. 承保中，利用风控科技工具结合7×24小时风控服务。一方面，从驾驶员行驶前、行驶中、行驶后全程精准风控，控制风险点的发生频率，减少出险频率；从运输企业高层至驾驶员，甚至从运输企业安全管理制度入手，从浅由深渗透加强安全防患意识，从而杜绝风险事故的发生。另一方面，帮助保险企业规范统一运营管理，减少保险企业的工作量，增加客户沟通频率，增强客户黏性，为续保做准备工作，客户服务专业细致。

5. 出险后，利用风控科技工具，提供事故电子证据，还原事故现场，降低保险欺诈事故比例，理赔公平公正。在出险后，可对驾驶员进行安全培训，找出真正发生事故的原因，学习吸取经验教训，避免类似事故再次发生。

四、保险解决方案

针对保险业和商用车运营企业目前面临的上述"痛点"和需求，民太安推出了集车载智能设备、智能风控系统、体系化风控服务体系的"端到端"的风险管理服务闭环解决方案。从车载设备感知风险→智能风控系统判定风险→体系化风控服务干预风险，全面覆盖把控车辆驾驶过程中的风险因素，精确干预风险行为，防止风险事故的发生（见图1）。

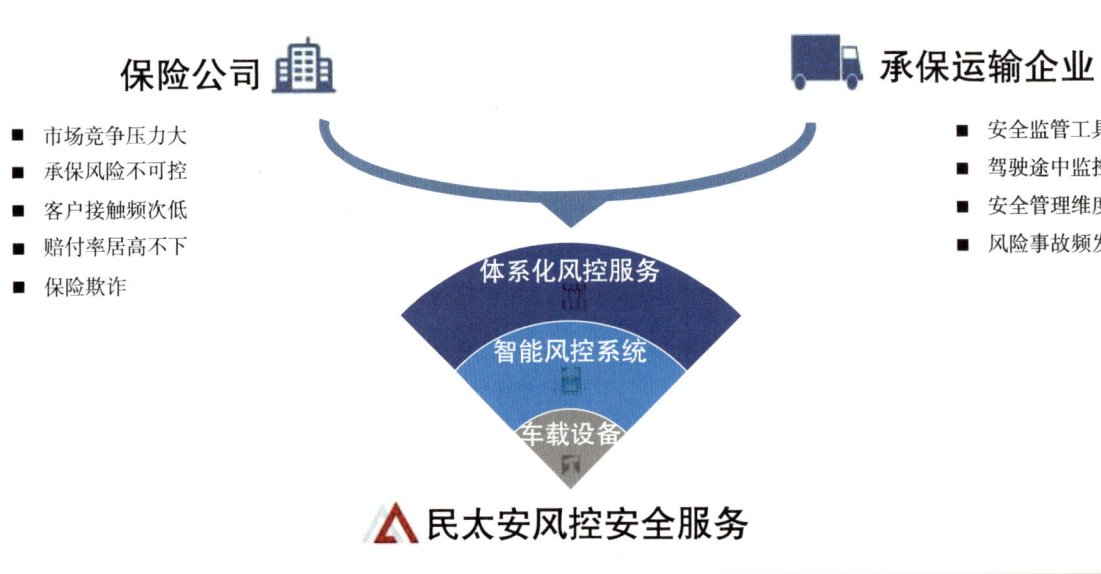

图1 解决方案架构

根据系统兼容性设计原则，系统可直接与主动安全设备按照客户的统一设备标准对接，开通账号后，再进行为服务对象提供售后运营及相应的风控服务（7×24小时风控服务、安全报表、安全培训等服务），总体应用架构从底层的数据感知层、数据处理层到应用层，搭建精准科技风控系统，打造一套专业的风控科技工具（见图2）。

（一）车载智能设备

车载智能设备（又称主动安全设备）应用计算机视觉算法技术，对车辆行驶过程中"疲劳驾驶""分心""打手机""碰撞预警"等多种危险驾驶行为进行实时监测报警。设备具备盲区监测、驾驶员身份识别、事故报警、电子证据留存等多项先进功能，可智能识别车辆的8大类23小类风险，为打造智能、精准、实时的危险驾驶监测体系打下坚实的物理监测数据感知基础（见图3）。

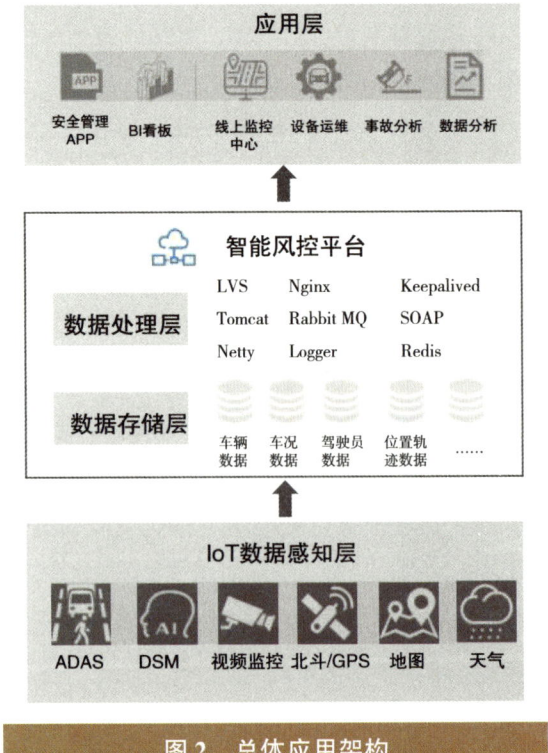

图2 总体应用架构

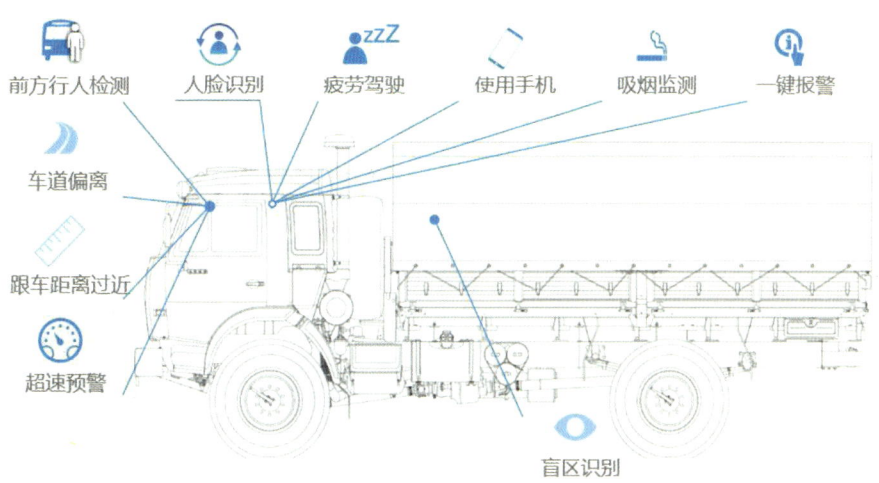

图3 风险识别类型

设备智能监测系统是风控平台组成的一部分，可集成接入各类智能设备并自动管理监控设备的运行状态。当设备出现故障时，平台将会自动感知报警，为运输企业提供统一的物联网设备管理工具。

目前，民太安已与锐明、径卫视觉、初速度、好好开车、海康等主流的主动安全设备厂商总部达成业务合作协议，并搭建了设备与智能风控平台对接通道，可为保险企业和运营企业提供设备选型建议和打包采购服务。

（二）智能风控系统

智能风控系统通过物联网终端、大数据技术和风控模型进行风险管控，为搭建实时风险监测预警、线下监控服务、保险保障服务相融合的"端到端"服务闭环提供科技赋能。平台对主动安全设备信号进行分析，并整合天气、路况、保险查勘数据等多维数据，进行深度数据挖掘和构建风险评估模型，通过算法分析技术对车辆综合风险进行提前预判和预警。

平台依据风控服务业务实践，对功能进行持续迭代升级。搭建了客服线上监控操作平台、设备异常和运维管理、设备误报管理、事故管理等核心功能，为风控运营管理提供科技化支持。同时，平台对车队安全运营情况进行深度数据挖掘和可视化展示，自动生成车辆行驶数据报表，实现车队安全管理状况的可感知、可量化、可决策。

商用车智能风控通过物联网车载智能终端感知数据以及AI风控模型、智能监测预警平台、大数据分析引擎三大模块进行数据过滤分析，精准干预风险（见图4）。

1. AI风控模型。民太安利用AI机器学习和统计算法，构建小安AI风控智能机器人，自动对主动安全设备数据进行分析，并整合人、天气、时间、车、道路数据等多维数据，进行深度数据挖掘和构建风险评估模型。针对车辆的关键风险因素，结合多维风险、组合风险的因素，构建风控模型，实现车辆风险精准分析和模型的自我学习提升。

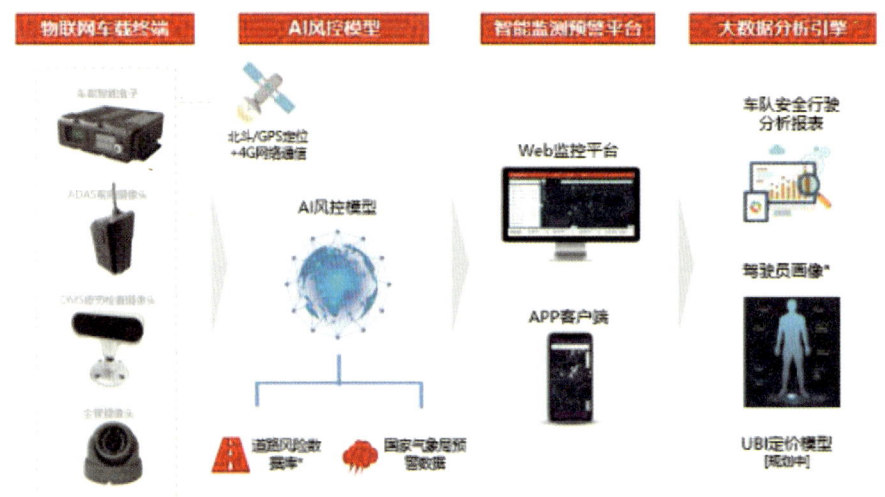

图 4 智能风控系统风控架构

（1）疲劳驾驶预警模型。利用 ADAS 系统对驾驶员的驾驶行为、面部表情、行驶轨迹、连续驾驶时长等监控数据建立预警模型并实时分析，重点监测驾驶风险。

（2）超速安全预警模型。结合天气情况（如能见度）、道路限速值、轨迹/速度监测数据，建立超速预警模型。

（3）道路天气安全预警模型。基于货运地图，建立全国危险道路数据库。利用实时天气预报数据（高温、雨雪、大雾、台风等）、能见度数据，建立道路天气安全预警模型。

（4）风险评测模型。根据疲劳驾驶数据、车速、轨迹异常数据、驾驶员画像数据、保险及第三方数据等建立算分模型，进行车队、车辆、驾驶员多维度的综合风险评测。

2. 智能监测预警平台。智能监测预警平台定位为第三方安全监控专员和车队安全管理人员的安全监控管理平台。平台动态分级预警机制由以下三个方面组成：一是设备自动报警。当设备检测到驾驶员或者车辆有风险行为发生时，设备本地会自动提醒并发出"滴滴"的声音等类的语音提示，平台会下发语音提醒、喊话等提示。二是平台分级预警。虽然设备已有风险预警功能，但误报率高，不能结合人、车、道路、天气、时间等多维度数据整合分析，这时候需要风控平台二次建模分析，精确干预，"AI 机器人 + 风险座席" 7×24 小时为驾驶员安全护航。三是车队共管共治。分级预警的有效性不能缺少对人的制度管理，需要企业落实对车队驾驶员的管理与安全意识的提升，共同管理。

智能监测预警平台包括移动监管 APP、风险分级预警 Wed 平台、智能客服工作台、安全分析报表、设备异常监控、基础信息管理、视频证据提取、驾驶员画像及风险监控中心指挥大屏等模块，可实现风险分级预警、车辆动态监控实时干预、轨迹回放、风险事件留存、驾驶员身份识别、事故证据留存等功能。

（1）移动监管 APP。除了可以在 Web 端进行实时监管,查看车辆风险状态,车队及相关人员还可以在手机上进行移动监管,通过实时视频、语音对讲等功能,开发了小安护航APP,其除了拥有车辆动态监控功能,还拥有动态分析预警、实时干预跟踪、风险动态轨迹详情等多功能,甚至还拥有安全知识课堂,以及可在APP上查看车队的日报、月报、周报等功能,随时了解车队运营状况。

该APP主要有四大功能模块,分别为监管中心、数据报表、资讯、我的。其中,监管中心模块最为重要,这也是APP最重要的功能,可以让管理人员直接在手机端操作,当发现危险情况,能直接采取相应措施(如语音对讲、实时跟踪);能直接在APP上定期查看车队安全运营数据报表,数据报表包括车辆行程统计、重点风险事件统计、车辆出勤率、安全数据分析(如行驶分析、监控管理)、风险概况等模块。

另外,该APP还提供一键报警功能,即远程协助、保险查勘联动、现场救援保护、防止损失扩大。

(2)风险分级预警Web平台。为了便于企业客户安全管理及考虑平台易用性原则,民太安开发了一套基于Web端的风控平台。

风控平台对企业车辆采取实时监管方式进行监管,可实时监控8大类23小类风险行为,包括超速驾驶、疲劳驾驶、禁行时段行驶等违法违规行为,并及时通知驾驶员与企业管理人员,做到即时防范、动态监管。

该平台可随时查看监管的所有车辆数和对应的车牌号、车队名、地图位置名、车辆的在线状态,以及查看车辆驾驶员驾驶状态与车辆前方行驶路段的实时视频、道路状况、天气状况等,并能对重点车辆的运行情况进行单车跟踪,可对车辆运行轨迹进行回放。

该平台可实时对主动安全设备上报的风险事件原始数据(主要包含车辆前向碰撞预警、车道偏离、疲劳驾驶预警、接打电话、抽烟、超速、驾驶员异常等),以及根据车辆当前速度、连续行驶时间和车辆所处天气、路况、行驶时间等客观风险因素综合判断车辆当前的风险预警等级,以达到高效、精准风险干预的目的。

(3)智能客服工作台。智能监测预警平台拥有在线处理预警的模块功能,如客服工作台。客服工作台支持事件干预措施,包括语音下发功能、语音喊话、微信群通报、APP推送通知、电话通知等。平台可根据企业需求配置定制化的干预办法,并对干预处理记录进行留存。针对风险发生→干预→持续关注→追溯形成闭环,做到监控干预全流程可查。

智能客服工作台的AI智能客服可自动处理一些常见的预警事件,比如对于疲劳驾驶、注意力不集中等状况,系统会自动下发语音提示驾驶员注意行驶安全、注意休息等,如果语音下发效果不达标,则会由人工客服介入,采取相关措施,如微信群通报、联系车队长等。

(4)安全分析报表。平台可根据企业车辆的运行情况、风险管理情况自动生成相关周报、月报供企业管理层查看,支持企业的安全风控管理。报表中主要包括风险趋势和类别的分析、车队车辆驾驶员安全排名、风险干预情况和风险事件案例等模块。

(5)设备异常监控。平台除对设备自身运行情况监控维护以外,还结合车辆历史运行数据和人工监控排查,自动或手动生成设备疑似异常记录并形成工单,由运维人员实时获取异常信息并核实原因,及时修复并回归验证,保证设备正常稳定运行。

（6）基础信息管理。平台为企业提供信息管理功能，包括对车辆、人员、企业基础信息的综合管理，主要包括企业基础数据的生成、维护和管理查询，车辆基础数据的生成、维护和管理查询，驾驶员基础数据的生成、维护和管理查询。

（7）视频证据提取。提供所有接入平台的车辆近6个月的驾驶视频数据，在事故发生后，作为证据使用，划分主要责任方或者案例分析培训使用，还提供"证据视频＋抓拍照片"下载功能，实现人车关联分析、场景还原功能，形成完整的一条电子证据链。

（8）驾驶员画像。对于每个驾驶过车辆的驾驶员进行建档，并对驾驶员的驾驶行为，习惯及风险状况等多方面进行综合评估分析。

（9）风险监控中心指挥大屏。该大屏包括（地区、企业）安全概况、道路运输运营概况、风险事件记录、安全趋势、高发风险数因子实时车辆定位等信息，可视化程度高，实用性更强。并定期向企业报送车辆运行情况汇总表、企业安全生产情况等汇总报告。支持企业数据统计分析情况大屏展示。根据大数据算法，结合企业的运营状况、时间、行驶里程、企业拥有车辆风险数情况、高发风险类型等多方面分析，用图表的形式展示运营看板，满足企业建设智能风控中心的需要。

3. 大数据分析引擎。大数据分析引擎支持自动生成车队的安全行驶分析报告，包含风险事件统计、风险趋势分析、干预案例等模型，支持车队安全运营管理。大数据分析系统通过自动行程识别、违章记录匹配、安全驾驶报告和实时运力数据，多维度融合关联，实现驾驶员透明评比和独有安全画像；结合保险模型精准计算定价参数，助理承运企业数据经营和保险业务可持续改善的多赢发展。

（三）体系化风控服务体系

民太安智能科技凭借自身的技术和风险管理专业能力，同时借助民太安集团现有线下全国保险服务网络和锐明公司现有全国设备维护服务网络和渠道为客户提供风控服务。与设备厂商相比，民太安能够提供给运营车队不是单一设备的服务，而是专业的体系化风控管理服务闭环，横向对设备监管、平台风控、安全服务全面接管，纵向对事前、事中、事后提供专业风控服务（见图5）。

公司可为车辆营运企业、保险公司提供6项重点风控管理服务，包括承保前的风险评估，以及承保中的7×24小时客服监控、提供安全运营分析报告和安全管理培训、事故定责分析、保险公估联动（事故查勘服务）在内的体系化风控管理服务。

（1）风险评估服务。通过现场走访调研、现场评估、线路查勘，从场地、车辆、人员、制度等方面综合评定运营企业的安全管理水平，排查风险隐患，提供定量的风险等级评估结果和有针对性的安全管控建议。

（2）7×24小时客服监控服务。民太安自建监控客服中心，车辆入网后，提供24小时全天候安全值班。同时，搭建整套"三级联防机制"，车辆一旦触发高危预警，就会触发前端设备语音提醒、中台风控通报、车队隐患核实联动的动态风险防控体系。

风控干预包括设备提示、语音下发、APP实时推送通知、微信群通告、联系车队长等措施。

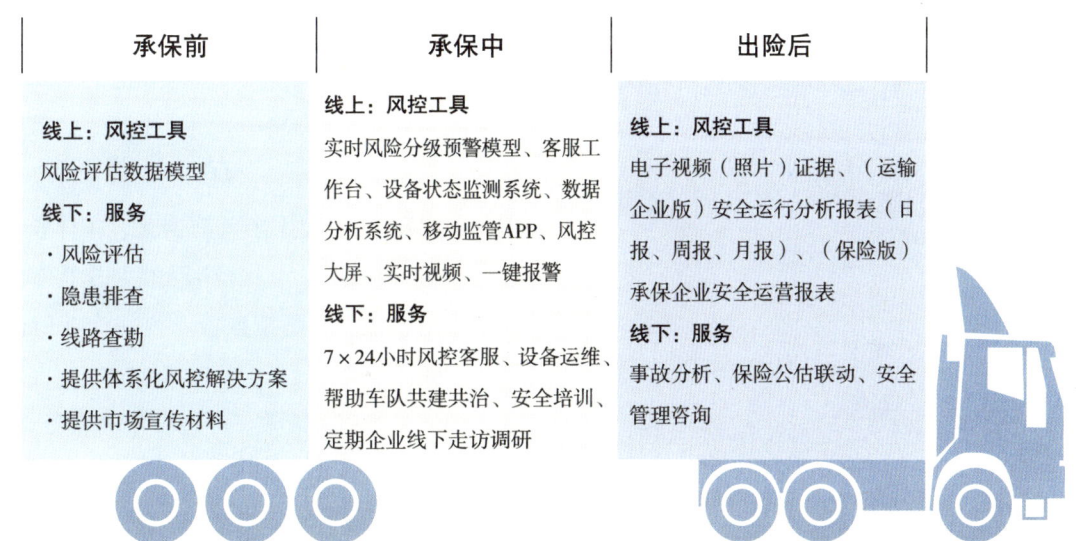

图5　体系化风控管理服务闭环

风控平台对车辆在行驶过程中的主客观风险进行实时采集。当风险因素触发AI风控模型的风险预警，或由车队定制的风控规划时，系统会生成风控任务，指定给客服（AI客服或人工客服），要求客服以规定的方式进行实时干预，并对干预痕迹进行留存。

客服监控任务系统主要由任务规则配置、客服线上处理、风控结果查询三大部分组成（见图6）。

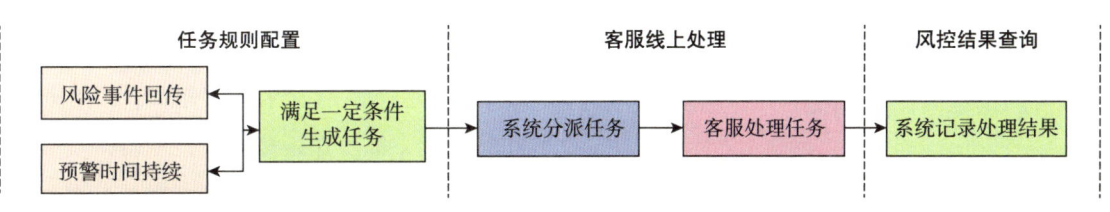

图6　客服监控任务系统组成部分

（3）提供安全运营分析报告。资深安全专家顾问将为企业和保险公司定期提供运营数据与事故分析报告，为企业的安全运营提供数据支撑和专业指导，助力企业发现和预防运营过程中的安全问题，为保险公司定期提供企业安全运营分析报告，提供决策依据。

（4）安全管理培训。安全专家可根据企业需求及结合安全运营状况，为企业管理人员及驾驶员提供防御性安全驾驶培训，包括追尾事故预防、特殊天气安全驾驶、车辆安全检查、心理健康与冲突解决等多项课程内容。

（5）事故定责分析。协助客户提取事故前后视频照片，辅助事故定责，并由安全专家对事故原因进行深入分析，并提供相应的改善建议。

（6）保险公估联动（事故查勘服务）。民太安商车风控项目与车险、货运险的理赔查勘服务可实现紧密联动。一旦出现事故可就近指派查勘员，第一时间查勘/救援，并依据主动安全设备记录的行车状况，进行事故原因的分析和保险责任划分。

五、项目效果

（一）项目价值

1. 保险层面。在保险层面，主要通过以下五个方面体现风控价值。

（1）降赔增效。通过减少事故的发生，降低赔付比例，促使赔付率下降和增加保费收入。

（2）差异竞争。利用风控平台可为企业提供增值服务，变相提升业务竞争力。

（3）变废为宝。增加客户黏性，之前不敢接的高风险标客户，现在通过商车风控平台可直接转为优质承保客户。

（4）定损减赔。电子证据还原，帮助定损减赔，减少保险欺诈发生概率。

（5）示范效应。利用新兴科技风控手段，精准防控风险事故发生，重塑保险商业价值，吸引运输企业重视保险风控带来的经济效益及社会效益，以及吸引保险公司引入保险风控商务模式，达到保险业共同构建保险风控生态圈的目的。

2. 运输企业层面。

（1）减少资产损失及人员伤亡。通过减少事故发生，减少财产损失及人员伤亡。

（2）提升安全管理水平。间接提升企业安全管理水平，降低企业经营风险。

（二）成功案例展示

1. 东莞搅拌站案例。

（1）项目简介。民太安为东莞搅拌站提供的风控服务，目前接入车辆"500＋"台搅拌罐车，并与某大型保险公司合作。设备安装和平台入网同步启动，24小时客服预警全套配置，结合风险排查、安全培训，显著降低车队事故赔付率。

（2）搅拌车风险特点。一是搅拌车车辆结构特殊、车重、惯性大，刹车时间长，极易导致追尾事故发生；因为搅拌车车身大、车体长、驾驶室高的车型特点，盲区范围大也是搅拌车的最显著风险特点。二是搅拌行业夜间作业时间较多，夜间行车能见度低，行车风险加倍。

（3）风控服务成效。经过一年的服务周期，东莞搅拌站项目赔付情况明显好转，截至2019年7月，满期赔付率降低至38.9%。经过一年的安全运营，东莞车队的事故率明显降低，真正实现零伤害。

2. 大型客运车集团案例。

（1）项目简介。运×集团是全国道路旅客运输一级资质企业、交通运输部重点联系企业、广东省诚信企业示范单位、广东省企业创新优秀单位、深圳市"文明单位""文明示范窗口"，拥有2000多台营运车辆（豪华大巴）、400余条线路，通达全国24个省和直辖市。2018年6月11日，运×集团开始接入风控平台，至今接入平台车辆"1000＋"台，均为客运车辆类型。民太安与某大型保险公司合作，为客户提供安全管理服务。

（2）客运车风险特点。一是长途客运有"乘客多""高速多""路程长"的特点，尤其是旅游包车，经常需要在较为恶劣、复杂的路段行驶，如稍有不慎，极易引发重大事故。二是跨省行驶时，随着高速行驶时间的增长，尤其是车辆很少时，驾驶员信息刺激量减少会造成人的意识下降，产生高速催眠现象，疲劳驾驶风险频发。三是超速驾驶、使用手机也是客运行业长久以来的驾驶风险特点。

（3）风控服务成效。一年以来，车辆风险指标持续降低，如疲劳驾驶、接打手机等危险行为大幅下降。尤其在 2019 年 5 月，车队工作进入旺季，而风险总数下降 35%，安全服务效果明显。先后经过国庆、元旦、春节的运营高峰期考验，运×集团的 3 家分公司表示风控成效显著，赔付率同比降低近 30%，人伤案件大幅减少，9 个车队也对风控服务给予高度认可。

3. 营运重货案例。

（1）项目简介。重庆嘉×物流（集团）有限公司成立于 1994 年，注册资金为 5000 万元，投资控股以下子公司：重庆嘉×××运输有限公司，重庆嘉×××制品有限公司，重庆华阳嘉×××有限公司等。2018 年 12 月 8 日为其提供风控服务，共接入轿运拖车类型车辆 362 辆。某大型保险公司公司为其提供保障保险服务。

（2）货运车风险特点。一是货运车因为车身大、车体长、驾驶室高，所以在行驶的时候有非常大的盲区，特别是在车辆的右侧和内轮侧。因其车辆结构特殊、车重、惯性大，所以发生的基本上是大事故。二是对货运车驾驶员来说，时间就是金钱，所以疲劳驾驶也是货运行业最为严重的风险特点之一。

（3）风控服务成效。设备安装和平台入网同步启动，24 小时客服预警全套配置，结合现场安全查勘、调研，显著降低车队车辆风险事故。在接入风控平台半年后，整体运营平稳，尤其是在营运高峰时期也保持平稳运营，赔付率同比下降 30%。

六、存在的问题及思考

随着 5G 时代的到来，以及智能设备持续性的更新换代和新兴科技的发展，由网络传输存在时延，网络信号差，人、车、天气等带来的不稳定性因素导致的难题及漏洞，将会逐一被攻克破解，未来的商用车风险控制必将是精确至秒，实时有效。

目前许多保险企业已逐步意识到科技风控的重要性，整体保险业务已慢慢朝着科技风控的方向发展。随着科技的发展，未来由采用科技手段精准进行保险风控的新型保险科技企业构建而成的保险业科技风控生态圈，将颠覆传统保险思维，重塑保险商业价值。

专家点评

风控一直都是保险业发展的重点课题，解决好风控问题相当于抓住了行业发展的关键。技术的先进性以及技术的应用程度直接决定了项目风控能力。本项目是科技赋能商用车运营的重要案例，是技术探索应用的重要成果。下一步，民太安智能公司除提升技术水平、加快技术适应能力、为 5G 时代到来打好基础以外，更要重点关注智能制造、"物联网＋人工智能"等领域的发展，以融合思维积极探索实践新型风控解决方案，以风控为切入点，升级商用车全流程服务体系，带动产业链上下游发展，以底层技术创造新价值。

第 三 章

运营效率

太保集团智维项目

◎ 中国太平洋保险（集团）股份有限公司

一、项目概述

面对日益庞大的用户群体以及 to C 业务的快速增长，IT 运维人员压力不断增大，对专业业务知识与技术领域的要求也不断提高。种种因素都迫使 IT 加快转型，迅速适应互联网环境。

智维项目是中国太平洋保险（集团）股份有限公司科技运营中心基于机器学习算法、大数据可视化、容器虚拟化等技术打造的智能运维平台，用于升级运维工作能级，解决金融企业信息技术运维存在的突出问题。

二、智维项目背景及意义

（一）项目研发背景

运维模式和技术的发展变化迅速而神奇，虚拟化、容器化、持续集成等已经在运维领域逐步发挥举足轻重的作用。在此基础上，如何真正地实现系统的运行高可用、高性能，始终是运维领域最重要的研究方向。而面对日益庞大的用户群体以及 to C 业务的快速增长，IT 运维人员压力不断增大，对专业业务知识与技术领域要求也不断提高。

无论是面对亿级客户群体，还是应对千万级服务器资源的快速增长，以及业务的复杂度增加，都使运维层面的负担变得愈加沉重，种种因素都迫使 IT 加快转型，迅速适应互联网环境。能够快速定位故障根因、预知容量风险、合理应对资源配置，更安全、更高效地提升用户及客户体验满意度，引入智能运维的呼声不断。

（二）项目研发意义

智维平台从运维"痛点"出发，以"用户体验最佳、软件质量最优、安全稳定最强"为目标，凝聚了保险科技先进经验和集体智慧，融合了机器学习、云计算容器、大数据可视化等多项技术，实现从风控能力、业务质量到客户体验的三重提升，有力地保证了系统的可用性、可靠性以及良好的用户体验。对升级运维能力、保障公司生产、保证用户权益和公司收益及维护公司品牌具有重大意义。

三、项目重点解决的问题及主要创新点

（一）项目重点解决的问题

1. 严守安全底线，加强风险管控。通过研发高风险识别检测工具，检测日常数据运行交易的异常情况，及时采取熔断措施，有效防范此类风险发生，打造"最强风控能力"。

2. 告警工单收敛，定位故障根因。基于机器学习研发告警收敛模型，嵌入目前的告警处理流程，完成告警的汇聚收敛、根因定位，与自动

化运维平台连接，实现运维自动处理的高效衔接，并结合大数据可视化技术通过看板形态生动展示输出，帮助业务快速恢复正常。

3. 识别业务运行情况，预知容量和性能风险。基于机器学习通过研发趋势预测模型，结合大数据可视化技术向业务方和技术方实时展示业务运行情况，提供未来预测运行数据，使运维团队提前做好容量管理和性能管理，作为容器云平台的中枢大脑，指挥相关容器管理平台完成弹性扩缩的决策动作，有效支撑业务变化趋势，为保险企业日常业务活动保驾护航。

4. 提升业务支撑能力，更自助更满意。用机器学习技术"武装"的智能机器人"点点"，为用户带来场景式报障服务、"想你所想"的智能问答交互，同时让运维人员在解决问题的同时达到自学习、自培训的双重效果，所有参与人员都是知识的贡献者和受益者，助力打造"用户体验最佳"的生产服务能力。

（二）项目主要创新点

1. 智维大"脑"：机器学习技术。智维平台是 AIOps（Algorithmic IT Operations）在运维领域的实践成果。主要是基于已有的运行数据（业务、日志、监控信息、应用信息等），通过机器学习技术进一步解决自动化运维所未能解决的问题，提高系统的预判能力、稳定性，降低 IT 成本，提升信息化能力，并提高企业的竞争力。

2. 大数据可视化。在应用大数据时代，数据挖掘、数据分析等都是需要重点关注的技术应用，但其最终目的都是将信息呈现给用户。借助最新的前端技术，数据可视化对模式、趋势和相关性的展示优势非常突出，可视化使人更容易理解数据的意义，从而快速准确地理解这些信息背后的故事，也为解决复杂问题提供决策参考意见。

智维平台的告警收敛、趋势预测以及模型训练过程，都通过大数据可视化技术应用，清晰有效地使项目结果快速地被决策人"吸收"。

3. 容器平台管理。容器平台管理（Docker）是一种轻量级虚拟化资源管理技术，基于容器技术管理云平台，可以实现基础设施资源弹性伸缩，满足业务"秒杀"互联网式的场景。实现业务趋势预测的"智维"，预测结果与容器平台有效进行关联，作为容器平台如何分配资源达到最优效果的"大脑"，真正发挥容器集中管理、自动弹性扩缩、部署效率高的优势。

四、项目主要建设内容

（一）实施方案

1. 高风险检测识别。

（1）高危语句命令识别检测。常规高危禁止命令识别检测，如 rm – rf 命令、mv 文件夹/dev/null 命令等潜在风险进行识别检测；容易引起系统锁死或对生产数据造成不良影响的脚本，如缺少 where 条件、where 3 = 3 等。

（2）高风险类别检测及熔断机制。一是根据保险各重点业务特点，定制高风险类别，如是否涉及关键系统关键字段，是否涉及金额等，针对此类高风险类别，将严格制定审批流程，控制风险。二是根据保险资金类业务特点，进行交易数据判别，通过抓取交易数据进行深度分析，建立熔断机制，当数据波动达到一定范围，暂停操作，快速熔断，控制风险最小化。

2. 告警工单收敛。

基于 AI 的告警工单收敛。一是通过各平台接口，自动同步各告警平台数据，整合并自动筛选清洗。二是通过机器学习、模型训练，可以对同一告警时段内多次出现、同一故障多维度告警、一个告警引发关联告警工单进行判别收敛、根因分析。三是收敛结果与溯源分析结果的看板展示。分析结果以看板的形式呈现出来。拓扑架构上的各层报警通过智维平台分析后，直接完成告警工单的收敛结果和溯源分析结果，同时将可能的解决方案根据优先级进行展示，供决策人参考处理。

3. 业务趋势预测。

（1）通过接口进行数据同步，收集各业务系统数据（如出单量、报案量、结案量、话务呼入量、呼出量等），并对这些数据进行整合和筛选。

（2）结合历史业务数据的走势，以及结合时间函数，通过机器学习、模型训练等技术预测将来的业务量。

（3）实施动态与预警的看板展示。业务趋势预测也通过看板的形式向业务和技术方实施动态展现，提前预警，应对业务变化对 IT 资源支撑带来的冲击，建立预测看板展示未来运维发展的趋势。

4. 场景运维同案分析（智能机器人"点点"）。

（1）场景式交互服务。一是相对于需集中交互问答的传统运维服务机器人，智维平台的智能机器人"点点"嵌入日常工作系统操作界面，实现"贴身服务，随身相伴"触手可达的无障碍式交互。二是人员工号、系统名称、功能模块页面等信息，根据应用系统界面特征自动识别，无须人工定位或输入。三是用户一键截图报障，"点点"通过图像识别和自然语言分析等技术武装的"云脑"分析，匹配运维知识库，提供智能应答推送解决方案。

（2）同案分析。一是运维处理人员可以在工单处理界面查看历史工单处理方案及知识库固定解决方案，提升处理效率。二是方案自动填写，减少人工操作，更快速、更便捷。

（二）技术方案

1. 应用架构。智维平台的应用架构主要包括离线模型训练集群和生产应用集群两部分，各场景的智能产品均通过此架构完成生命周期管理。在离线训练模型集群，主要完成数据采集与预处理、特征选择、模型训练、验证发布等过程，验证通过后的模型发布至生产应用集群，向上提供接口嵌入其他应用系统，向下与专业知识存放的知识平台关联，获取规划方案。离线模型训练集群及生产应用集群均纳入容器平台进行管理。

2. 训练架构。智维平台的训练架构构造出一个闭环路径。日常实时运行数据进入正式模型进行机器标注，并与各接口平台人工标注结果进行比对，差异结果进入二次专家判别，识别结果再进入训练模型再次训练，如此循环，使模型识别判断效果更准确。

3. 具体应用。

（1）高风险检测识别。高风险数据在特征提取后，通过深度学习算法（机器学习的一种，如 DNN 网络）和分析器相结合的方式，对实际经过正确与错误标注数据进行训练识别，建立检测识别模型，识别准确率均在 99% 以上。

（2）告警工单收敛。算法过程采用了 LSTM（Long Short Term 网络）对工单的故障类型进行分类，使用自然语言处理中分词，词性标注结合正则表达式抽取关键信息。采用由多棵决策树组成的随机森林模型，对告警信息在时间、告警类型、关联系统、关联集群、关联IP进行关联分析后合并。

以上LSTM、关联项挖掘、决策树、随机森林等机器学习和深度学习算法，在不同业务系统报警数据中取得了减少工单量60%~80%的效果。

（3）趋势预测。用于预测研究的关键业务量包括2018—2019年寿险出单量、车险报案量、车险结案量、承保出单量、产寿险话务呼入呼出量。主要建模算法选择了XGBoost，其是boosting类集成算法中的一种，在预测领域效果非常显著。

根据XGBoost算法生成基本模型后发现，该模型对春节、国庆、小长假、星期等模式的预测，趋势基本正确，再根据历史数据，建立了星期模型、春节模型、国庆模型、小长假模型，根据这些特征模型，对基础模型的输出做进一步调整，增强后的模型正确率接近80%，达到生产实用要求。

（4）场景运维同案分析。算法过程采用LSTM对工单的故障类型进行分类，使用自然语言处理中分词，词性标注结合正则表达式来进行关键信息的抽取。采用了由多棵决策树组成的随机森林模型，将故障工单信息与知识库进行智能匹配。

（三）技术应用

1. 可视化看板。通过可视化看板，让复杂的数据演变过程及分析结果变得一目了然，从而能够正确地表达数据的意义，让人们可以快速地读懂、定位问题。按照需求揭示细节，洞察问题背后的原因，提升决策能力。通过数据变化快速验证方案的可行性，促成行动开展。

2. 模型。通过分析应用场景，引入场景数据，训练确定算法方案，创建提供模型。对数据进行埋点、清洗、存储以及特征选择。对数据中包含的无效信息进行过滤，减少不确定性，提升算法能达到的上限，从数据中挖掘信息能力，不断衡量模型"聪明度"，持续验证持续训练，反复迭代，直到获得符合预设要求。

3. 引擎。让业务人员轻松高效根据使用场景进行实时、准实时的决策模型/规则配置，实现在实时流数据驱动下，基于海量数据进行成千上万个决策模型/规则的计算任务，满足高并发、低延迟的应用场景需求，具备可编程、可扩展、高兼容、高能效、高弹性的特点。

4. 接口。可根据实际系统需要，提供规范接口对接提供分析推理服务，更快速、更便捷地实现多平台连接。

五、项目效果

（一）项目成效

1. 高风险检测识别。高风险检测识别工具加入日常运行流程中，可识别范围内准确率达到99.41%，通过持续增加识别正负样本，用户方参与纠错，提取特征，提升模型对更多风险情况进行判断推理，建立有效的安全防控能力。

2. 告警收敛。告警收敛模型产品嵌入目前的告警平台后，以年告警工单量70万件计算，可降低人工工作量超过7人/年，提升解决故障时效预计达到22%。目前告警工单收敛率总体超过70%，明细收敛结果经测评确认正确率超过90%。

3. 趋势预测。趋势预测模型判定指标NRMSE（预测误差值），即差异量/平均每日交易量，值越小，差异越小，模型效果越好。云脑已经达到可参考范围，总体误差小于30%，加入影响特征参数后，误差进一步减小。

趋势分析成为运行看板的新成员，有利于业务部门和信息技术部门联动协作提前应对业务变化的容量预估，同时建立系统运行数据档案，而且其扩展应用的效果将更加广阔。

4. 场景式同案分析。目前已实现PC端、移动端的场景式人机交互体验、智能推送、一键截图报障等功能。智能识别用户问题推送解决方案准确率已达50%，运维历史同案推送准确率达到70%。通过模型闭环训练持续升级，可通过智能解答自助解决的问题占比预计可达25%，按公司目前人员投入规模，可减少IT运维人员投入成本近千万元。

（二）行业应用推广

1. 项目主要适用的行业内需求场景包括问题缺陷收敛、资源使用预测、预测用户行为定制保险产品、成本（理赔）预测和保险关联反欺诈。

2. 项目主要适用的行业外需求场景包括海量信息收敛、物流预测、网站流量预测、销售量预测及人流量预测。

Gartner相关报告预测AIOps的全球部署率将从2017年的10%增加到2020年的50%，其应用行业，除互联网以外，还包括高性能计算、电信、金融、电力网络、物联网、医疗网络和设备、航空航天、军用设备及网络等领域。

六、总结

智维平台基于机器学习技术，从应用场景到关注金融保险客户本质需求，再到解决企业用户运维"痛点"，实现公司顺利稳定的业务运行以及客户平滑顺畅的使用体验，达成运维快速定位故障，实现解决故障过程无感化的期望。智维综合运用更多前沿技术，实现智能运维。

1. 目前智维项目存在以下不足。告警收敛运维场景数据不够全面，支持运维场景不够丰富；趋势预测功能目前作用仅限于容量扩缩、业务活动保障，未完全发挥预测数据价值。

2. 改进措施。接入更多的运维场景数据，细化分析颗粒度，提高告警收敛准确性；趋势预测数据与用户行为分析平台、自动化运维平台等进行接口，挖掘更多的业务价值，为业务决策提供参考意见。

专家点评

面对亿级客户群体及千万级服务器资源的快速增长,该项目从运维"痛点"出发,基于机器学习、云计算容器技术、大数据可视化等技术打造了新一代智能运维平台,实现了高风险识别检测、告警工单收敛定位故障根因、识别业务运行情况预知容量和性能风险以及场景运维同案分析四大功能。

该项目探索了智能运维在保险公司的应用,通过机器学习等关键技术使公司运维自动化及可视化,从而有效地降低了保险公司IT成本,提升了信息化能力,同时辅助决策者更好地作出决策。

阳光云项目

◎ 阳光保险集团股份有限公司

一、项目概述

近年来,云平台运营模式和相关技术已十分成熟,众多的互联网公司通过云平台实现科技赋能业务。

目前,阳光保险集团股份有限公司(以下简称阳光)已完成架设虚拟化、私有云和公有云组成的混合云模式。阳光经过新一代系统建设,在互联网技术架构、系统扩展能力和持续运营等方面形成自主可控的技术能力,系统的稳定性有了较大提升。但是,阳光在系统运营水平、数据处理能力、数字化水平和安全防护能力等方面存在不同程度的不足。结合实际情况,阳光规划自主建设业务云平台,用3~5年打造出符合阳光特色的阳光云平台。

根据阳光云的整体建设规划和建设顺序要求,2019年重点完成容器云、大数据平台、全链路监控、企业内容管理平台、安全管理平台、公共平台、应用架构升级、同城双活和灰度发布等相关工作。

目前,大数据平台、容器云、全链路监控和企业内容管理平台等多个阳光云模块已上线使用,科技赋能业务数字化转型已取得了部分阶段性成果。

预计未来阳光云将以AI、云原生的科技理念为方向,重点打造共享技术平台、资源平台,为业务应用提供了有力支撑,并为新一代业务系统的数字化转型助力赋能,进而提高公司整体的科技水平。

二、项目建设背景

金融业进入金融科技3.0时代背景下,保险前端各业务系统的数字化转型风生水起。阳光云作为阳光搭建的统一的服务平台,为各子公司提供了安全、稳定、可靠的服务,也践行了科技赋能业务数字化转型的新一代使命。

阳光云以先进、实用、高效、安全、规范为建设原则,以平台化、数字化、智能化为指导思想,全面打造自主可控的阳光云生态。2019年已完成阳光云整体架构的搭建和大部分主体关键组件的上线并投产使用,随着财险新一代核心、寿险新一代保全、新一代集团人力和资金等前端业务系统陆续上云,阳光的智能运营、安全稳定、敏捷交付和低成本发展等能力得到大幅提升,科技赋能业务的成效也逐渐显露出来。

三、项目重点解决的问题与建设目标

阳光经过新一代系统的建设,在互联网技术架构、系统扩展能力和持续运营等方面形成自主可控的技术能力,系统的稳定性有了较大提升。但是随着数据化转型的持续深化和应用架构的互联网化发展,应用层对于基础架构云化的需求越来越强烈,同时集团、各子公司式竖井式的建设弊端也越来越显现。

(一) 现况"痛点"

公司整体IT方面面临公共能力重复性建设、复用度低和系统间集成难度大、关系错综、成本高等问题。具体需要解决以下几个问题。

1. 业务场景日趋复杂,产品、流程的粒度更加细化,要求系统更加灵活、上线更新迭代更快,在传统的架构体系下,资源的管理和业务系统运营的管理难度将大幅增加。

2. 在企业的运行过程中,无论是经营类决策还是业务数据分析,业务数据统计的实时性和海量数据处理能力的要求越来越高,传统的数据计算框架已无法满足业务诉求。

3. 业务系统运营问题发现的滞后性,导致问题处理的实时效差,直接影响经营分析、问题解决和客户体验。

4. 电子文档缺少统一管理平台。电子文档模板多系统维护,管理力度和维度不足,电子保单开发成本高,客户体验差,由外部打印商统一打印时,数据存在安全隐患。

5. 发现安全漏洞的手段单一、安全问题线下处理效率低以及用户操作行为轨迹记录的空白,影响了公司整体的安全防护能力和安全事件处理能力。

6. 系统关键参数变更时效慢,系统日志无法个性化分析,导致业务系统的持续优化能力不足。

7. 新一代业务系统虽已具备较高的稳定性和可扩展性,但版本的升级还局限于每月常规或每周紧急,且必须只能在晚上升级,每次升级都是通宵加班,第二天白天一旦出现问题难以回滚,且影响范围巨大。

8. 实现了同城灾备,但冷备硬件资源造成了大量的浪费,且RPO和RTO虽然满足了监管要求,但还是难以满足部分关键业务流程的稳定性要求。

(二) 项目建设目标

通过搭建阳光自主的云服务基础平台,从而提升智能运营、安全稳定、敏捷交付和低成本发展等能力,提高集团整体的自动化、数字化和智能化水平,实现科技赋能业务的核心战略目标。

从图1可以看出,阳光云作为最底层的服务基座,最上层的是各前端新一代业务系统,如新一代车险核心、新一代寿险保全、新一代人力和资金等系统,阳光云与新一代业务系统之间是科技赋能的关系。

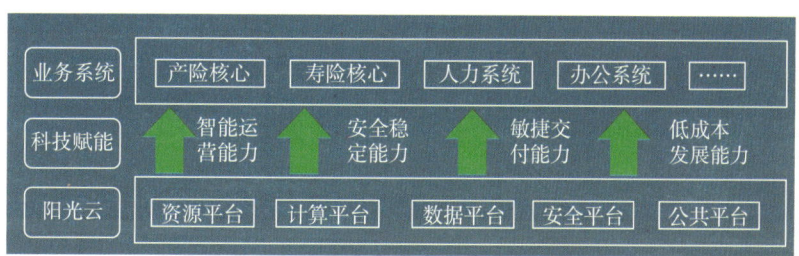

图1 阳光云建设目标

四、项目整体规划

（一）建设原则

阳光云以先进、实用、高效、安全、规范为原则，以平台化、数字化为指导思想，全面打造自主可控的阳光云生态，整体 IT 系统入云，快速交付、资源共享，提升科技能力和业务效率，赢得客户满意度，打造新型保险科技公司。

（二）建设策略

阳光云在不同云层次上使用相应的建设策略。首先，IaaS 层的专业性强，技术壁垒高，应采取以与科技厂商合作为主的策略，获得底层平台的使用权。其次，PaaS 层共用性强，以技术平台为主，公司有一定的研发实力，采用厂商和自建相结合的方式，建设平台层服务。最后，SaaS 层以各主体的业务为主要场景，发挥公司的业务专业性，采用以自研为主的建设策略，促进业务服务共享。

（三）建设顺序

阳光云的建设以先易后难，从科技平台的价值贡献度，以及整体服务能力先补充后增强的角度出发，计划用 3 年时间初步完成平台云化、数字化建设。其中，2019 年重点从系统运营水平、数据处理能力、数字化水平和安全防护能力等方面入手，完成阳光云第一个阶段的建设工作。阳光保险科技建设各阶段性及成果见图 2。

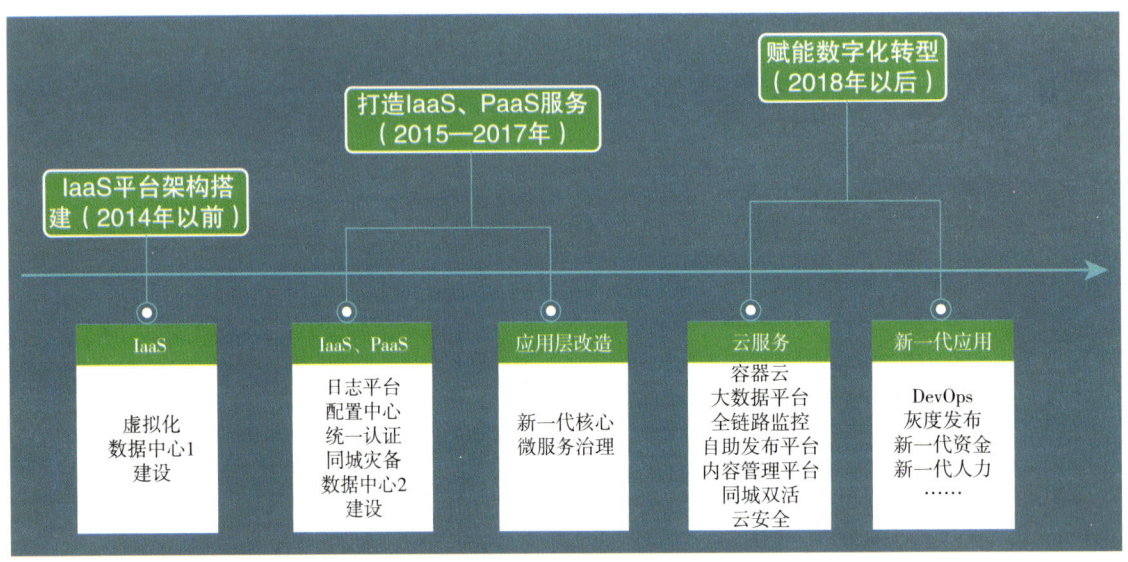

图 2　阳光云阶段性规划

（四）架构规划

阳光云完成云平台建设之后，阳光云的整体架构规划将主要分为四个层次，即 IaaS 层、PaaS 层、公共业务 SaaS 层和特有业态 SaaS 层。整体架构见图 3。

其中，IaaS 层主要提供云计算、云主机、云负载、云网络、云存储和云安全等服务。从资源层面提高供给效率和质量，保障基础服务的可用性。

PaaS 层主要提供云中间件、通信、云原生、大数据、AI、管理平台和公共平台等服务。从管理平台、技术平台和技术服务等方面，采用"共享、共建、共标准"的模式，建设平台服务。

SaaS 层主要从业务职能方面划分出公共业务 SaaS 层和专业业务 SaaS 层，公共业务 SaaS 层主要是共享、共用的业务资源，如人力、办公、客服等，专业业务层主要是核心类业务，如承保和理赔等。

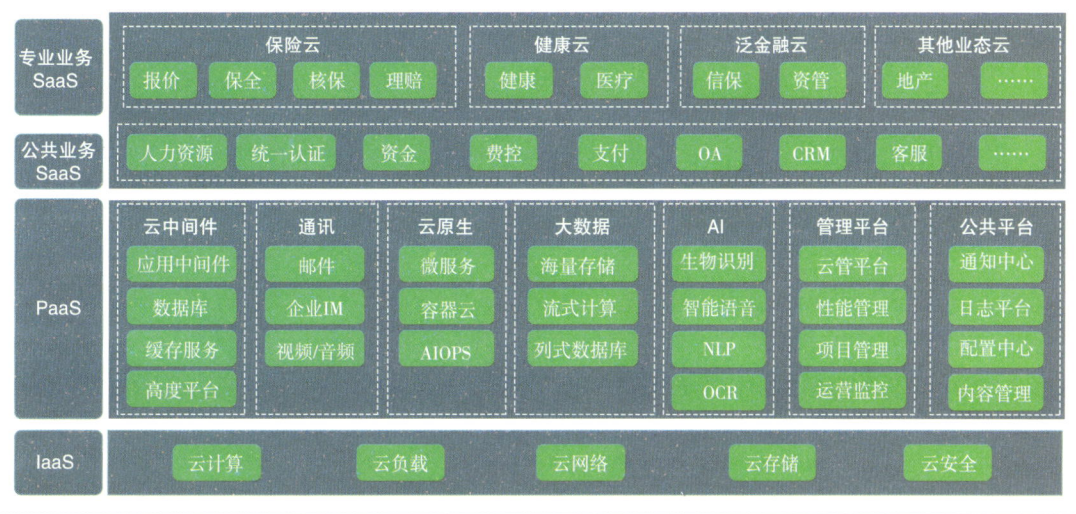

图 3　阳光云整体架构规划

五、项目具体方案

根据阳光云的整体建设规划和建设顺序要求，2019 年重点完成容器云、大数据平台、全链路监控、企业内容管理平台、安全管理平台、公共平台、应用架构升级、同城双活和灰度发布等相关工作。

（一）容器云

容器云应用容器化技术，结合容器化和容器管理平台相关技术，降低系统建设运营成本，提高 IT 资源管理能力，提升资源供给效率。通过构建持续交付平台，引入 DevOps 先进技术体系，提升系统运营质量和效率，提高系统发布速度。

2019 年 5 月，公司邀请国内 5 家主流容器云厂商进行全面的技术验证性测试，经过一系列的技术性和功能性测试，以及与公司内部运营模式和流程的磨合，尝试找到一个结合点，在生产系统安全、稳定的前提下，应用容器化技术，加快系统运营的质量、效率以及安全性。

在整个项目实施过程中，主要架构设计工作分为以下四个部分：

（1）软硬环境评估和设计。根据公司现有的软硬件环境情况，容器云团队与厂商深入讨论，评估容器云平台部署的资源要求，在网络、主机、存储等方面，其中包括网络上使用二层的 MacVlan 或三层的 Calico，主机使用虚拟机或物理机，存储使用集中式存储或分布式存储等方面，考虑与现有技术架构体系相结合，设计整体容器云平台实施方案。

（2）容器管理平台搭建。根据设计实施方案，采用管理平台与计算平台相分离的架构，采取国际先进开源的容器化管理平台和 K8S 相结合的方式，逐个验证相关技术风险点，保障平台的高可用性。

（3）打通持续集成持续部署（CICD）流程。在系统对接的过程中，采用 DevOps 的先进理念，应用 Jenkins、Prometheus、Docker 等技术，与现有的系统运营发布流程匹配，完善容器的监控能力，梳理出适合公司相关流程制度的整体系统运营自动化体系。

（4）安全和可靠性设计。在安全和可靠性方面，设计网络隔离策略和系统资源审计策略，以及系统故障自动恢复机制，为容器云技术落地奠定基础。

经过 2 个月的技术打磨，最终选用分布式架构，将容器云平台按组件功能分为管理集群、控制集群和工作集群三个子集群。三个子集群互相隔离，降低了子集群间的依赖性，提升了平台整体的稳定性。Harbor 集群独立于集群外，在防止集群故障后，还能通过 Yaml 文件，对应用重新部署。push 和 pull 分离，提高速度。"Prometheus + Grafana"用于监控集群组件、集群性能和用户应用。"ElasticSearch + Logstash + Kibana"独立部署用于集群和应用日志管理。

在落地部署实施方面，借助国际开源容器管理平台，积极与容器专家沟通，最后确定实施步骤。整体实施工作框架见图 4。

在网络方面，公司现有物理网络和虚拟网络两种网络，其中虚拟网络主要用于私有云。为了更好地兼容现有网络，公司决定采用"Canal + MacVlan"扁平网络解决方案，较好地解决了 IT 资产不明确、网络安全隔离等问题。扁平网络架构见图 5。

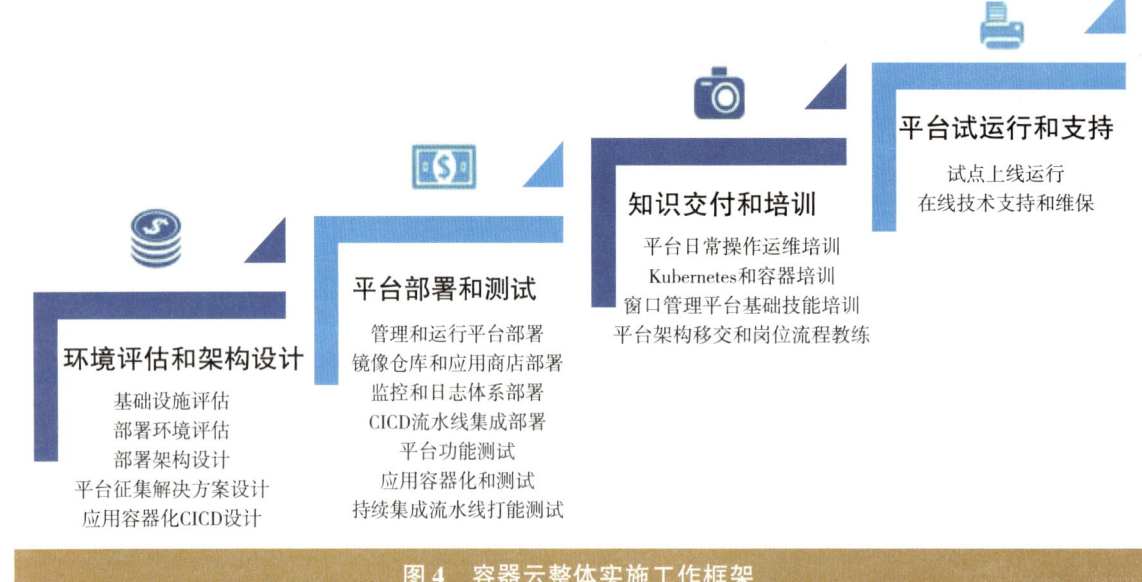

图 4　容器云整体实施工作框架

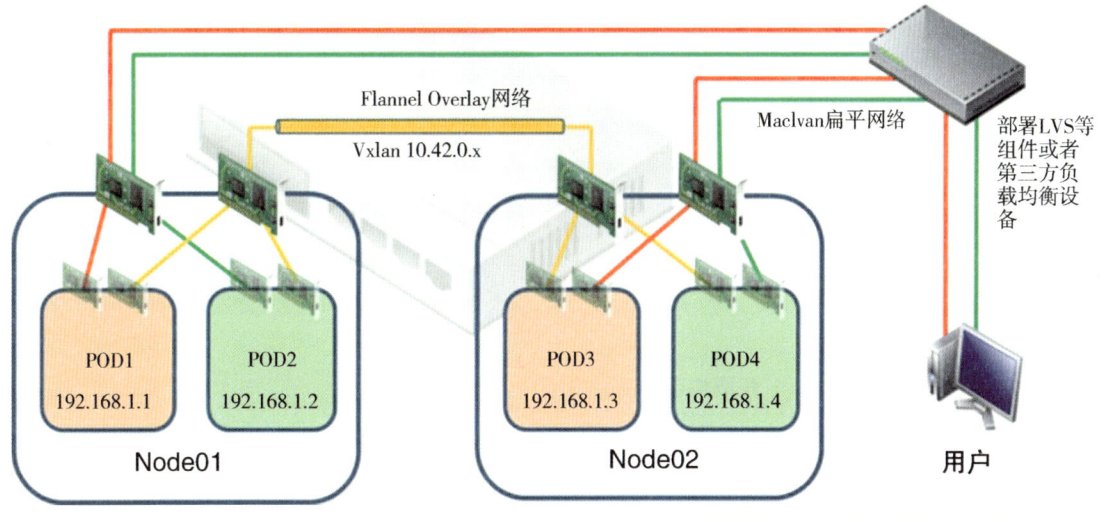

图 5　容器云网络模型

在镜像仓库方面，采用 Harbor 企业级镜像仓库软件，部署时附加 Clair 插件，用于基础镜像漏洞安全扫描。每集群部署两个镜像仓库，两个镜像仓库之间采用同步镜像复制的方式实现镜像数据的 HA。通过 HAProxy 实现镜像仓库访问的 HA。整体架构见图 6。

在 DevOps 方面，采用全流程自动化、自助化。开发人员提交代码后，使用 Sonar 做代码静态扫描，并把扫描结果反馈给相关人员。在 GitLab 中贴标签（通过 Webhook 触发 Jenkins 作业）或者手动在 Jenkins 中触发作业，Maven 开始下拉代码进行编译和构建，然后进行单元测试和打包。打包完成后利用 Dockerfile 功能构建镜像，将镜像上传到 Harbor 镜像仓库中。Jenkins 作业触发容器云在测试环境中启动容器，并由容器云对于这些业务容器进行调度和生命周期管理。在容器云平台上进行自动测试，并邮件通知开发人员测试环境信息和自动测试结果。测试通过后部署到生产环境对外提供服务。Devops 流程见图7。

（二）大数据平台

以开源大数据生态（Hadoop/Spark）技术为基础，采用分布式、并发计算技术提高数据处理能力。大数据平台的整体架构见图8。

搭建大数据平台，产寿集团共享平台资源，以租户的方式运营，数据隔离方式见图9。

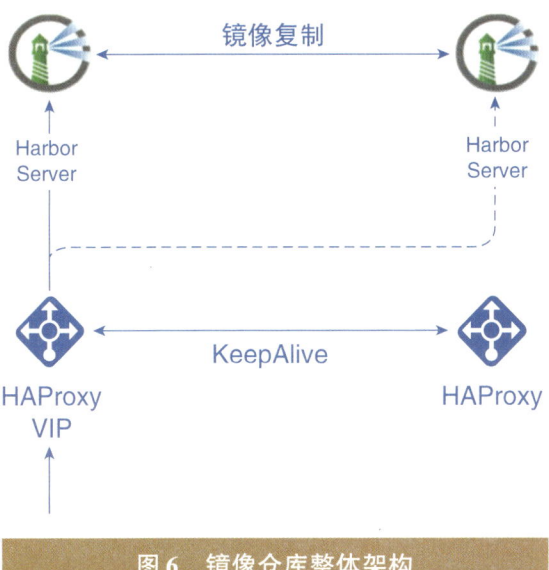

图 6　镜像仓库整体架构

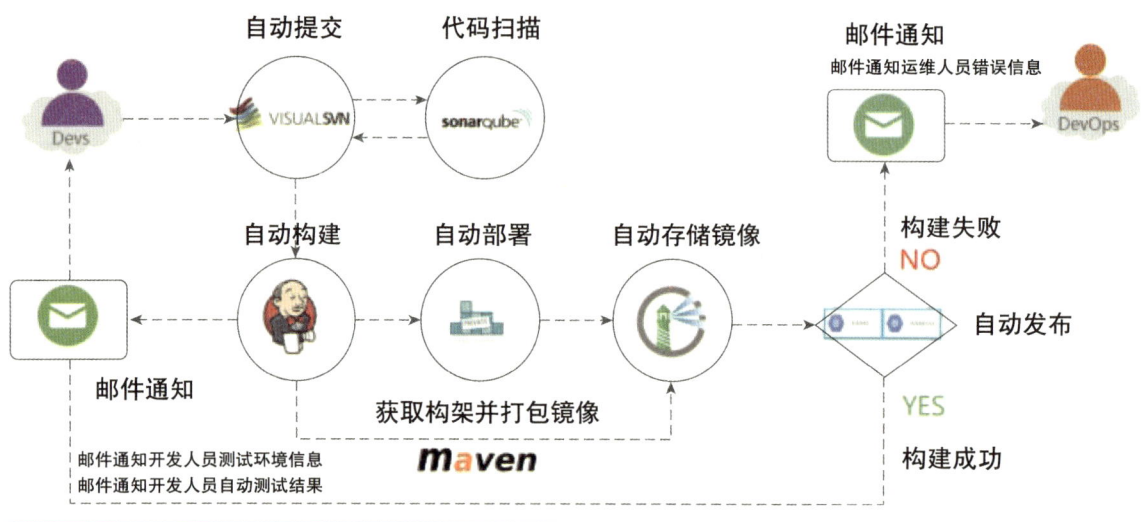

图 7　DevOps 流程图

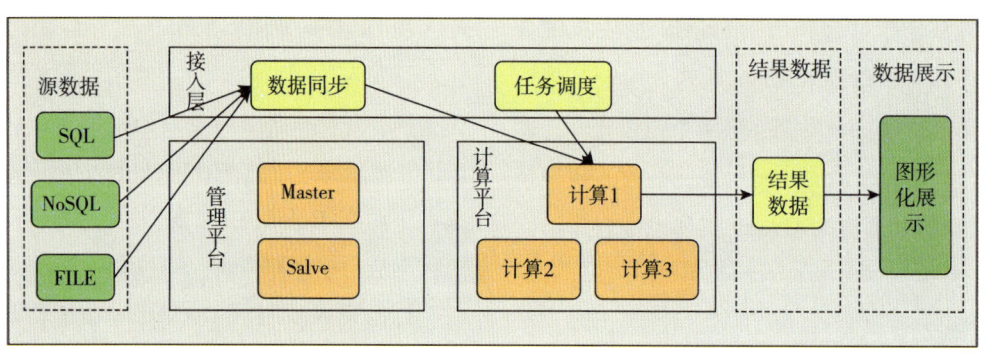

图 8　大数据平台运行整体架构

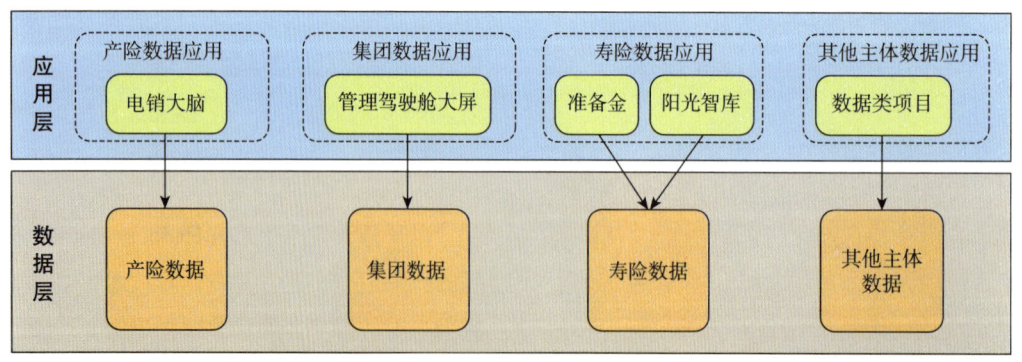

图 9　大数据平台资源分配架构

大数据平台采用分布式存储、流式计算技术提高数据处理能力。大数据平台主要的逻辑架构见图10，技术架构见图11。

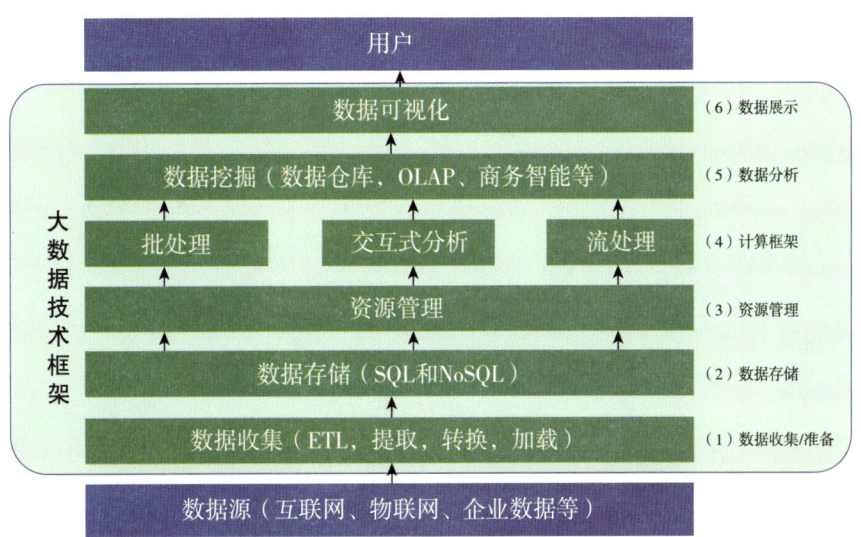

图10　大数据平台逻辑架构

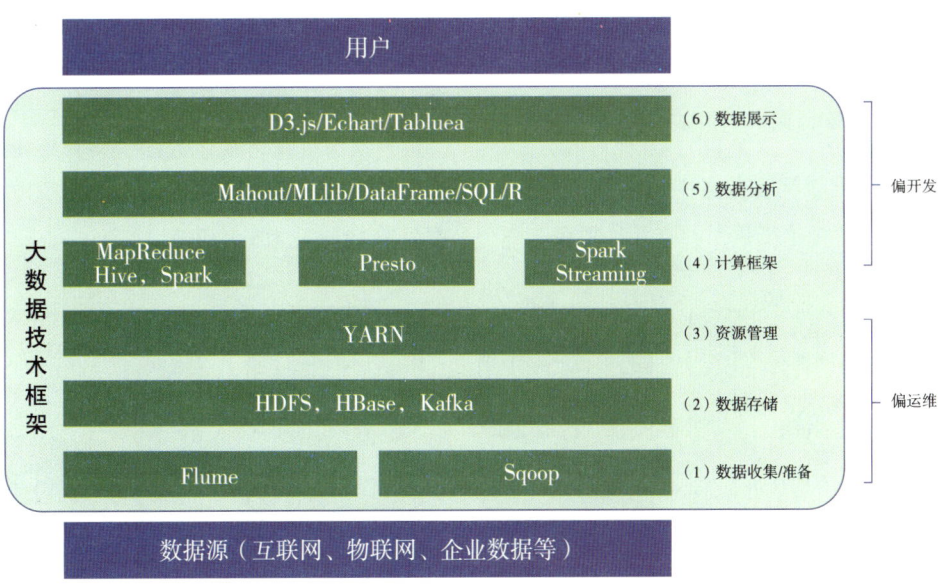

图11　大数据平台技术架构

大数据平台共使用14个技术组件，其中主要有HDFS、HBase、Hive、YARN、Impala、Hue、Kudu、Oozie、Sentry、Spark、ZooKeeper等。各组件的部署情况见表1。

（三）全链路监控

表1　大数据平台技术组件部署表

序号	组件	n1	n2	n3	n4	n5	n6	n7	n8	n9	n10	n11	n12	n13	n14	n15	n16
1	HDFS	√	√	√	√	√	√	√	√	√	√	√	√	√	√	√	√
2	HBase	√	√	√	√	√	√	√	√	√	√	√	√	√	√	√	√
3	Hive	√	√	√	√	√	√	√	√	√	√	√	√	√	√	√	√
4	YARN	√	√	√	√	√	√	√	√	√	√	√	√	√	√	√	√
5	Impala	√	√	√	√	√	√	√	√	√	√	√	√	√	√	√	√
6	Hue	√	√														
7	Kafka						√	√	√								
8	Key – Value Store Indexer	√															
9	Kudu			√	√	√	√	√	√	√	√	√		√			
10	Oozie		√														
11	Sentry		√	√													
12	Solr			√	√	√	√	√									
13	Spark	√	√	√	√	√	√	√	√	√	√	√	√	√	√	√	√
14	ZooKeeper	√	√	√	√	√											

实时监控基础架构、业务系统的运营情况，增加监控维度和可视化工具。共有两种视角，即全公司整体运营视角和产品组视角，既为公司整体运营决策提供可视化数据，又为一线运营人员提供及时的问题定位工作。全链路监控的数据架构见图12，技术架构见图13。

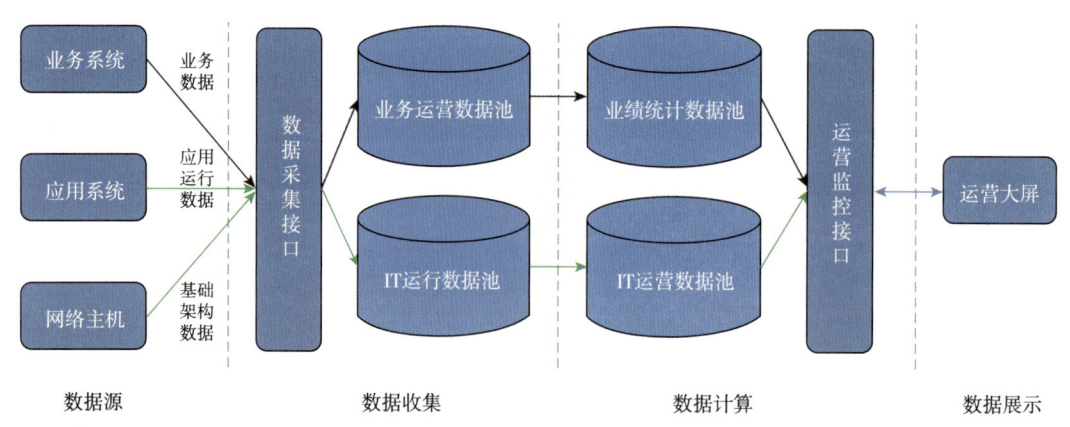

图12　全链路监控数据架构

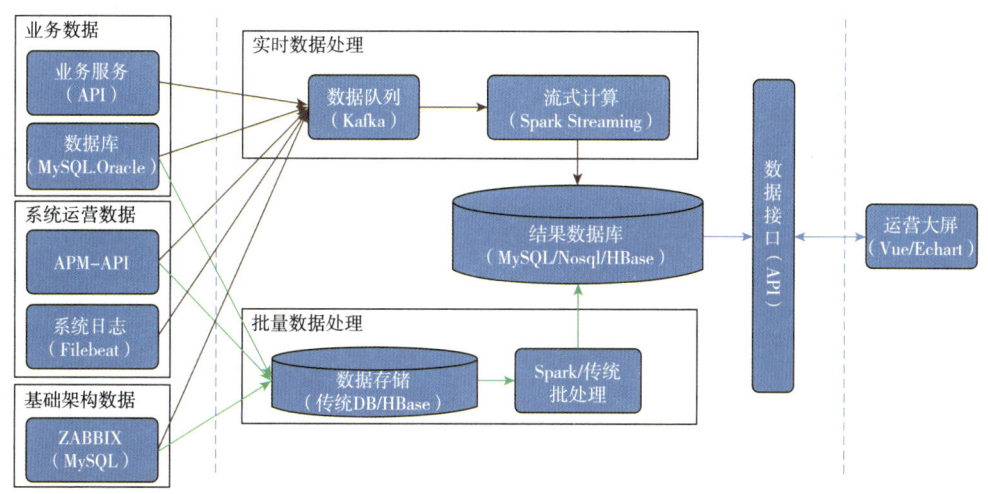

图 13　全链路监控技术架构

（四）企业内容管理平台

企业内容管理平台采用电子文档模板工具、电子签章服务、分布式文件存储、分布式文档检索引擎等技术，实现业务数字化，统一管理数字化资料。

由集团牵头，产险、寿险共同搭建有电子文档管理、数字签名、全文检索和内容存储等功能的内容管理平台。以电子保单、投保书等为业务场景，应用内容管理平台。内容管理平台整体架构见图 14。

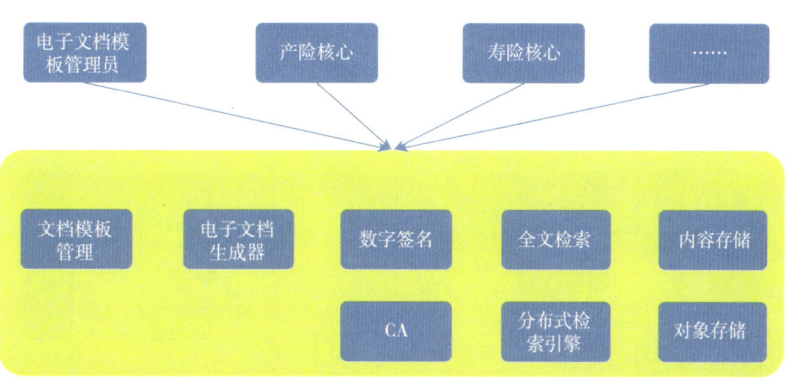

图 14　内容管理平台整体架构

（五）安全管理平台

搭建 UEBA 行为分析软件可节省记录空间，自定义记录信息。通过自主研发，调用安全扫描工具接口以及 CMDB 系统接口，实现漏洞管理系统。

应用场景与业务需求。云主机、云数据库日志审计和用户操作行为记录，信息系统安全扫描检测和漏洞整改。

技术解决方案。使用开源 Packetbeat、Winlogbeat 和 Linux Syslog 进行日志收集工作，利用 Elastic 进行数据分析。采用 UEBA 行为分析软件可节省记录空间，自定义记录信息。通过 Python Web 开发，调用安全扫描工具接口以及 CMDB 系统接口，实现漏洞管理系统的开发。

技术创新方面，大数据软件 Elastic 的使用和推广，可对用户的操作行为进行分析，统计出用户工作效率情况，安全扫描工具的整合和调用，漏洞整改的自动化跟踪。

运维及推广方案，包括 Elastic 的集群使用，用户权限界面的开发使用；UEBA 对涉及敏感信息的部门进行推广；安全扫描工具的集成使用，漏洞统计分析的开发、展示。

风险应对。风险应对需要对高可用集群，以及日志收集状态的监控；需要严格的权限管控。

（六）公共平台

配置平台提供给开发人员及系统运维人员实时更改配置文件的系统，从而不再需要通过基础架构部分进行配置文件的手动升级及重启服务器。配置平台整体架构见图15。

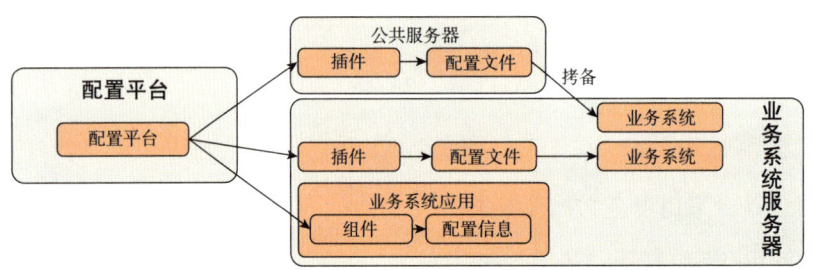

图15　配置平台整体架构

日志系统面向公司所有的开发人员与运维人员，不仅需要提供查询功能，还需要提供统计、监控、报警等功能，并且对外提供标准的查询接口供各系统调用。日志平台架构见图16。

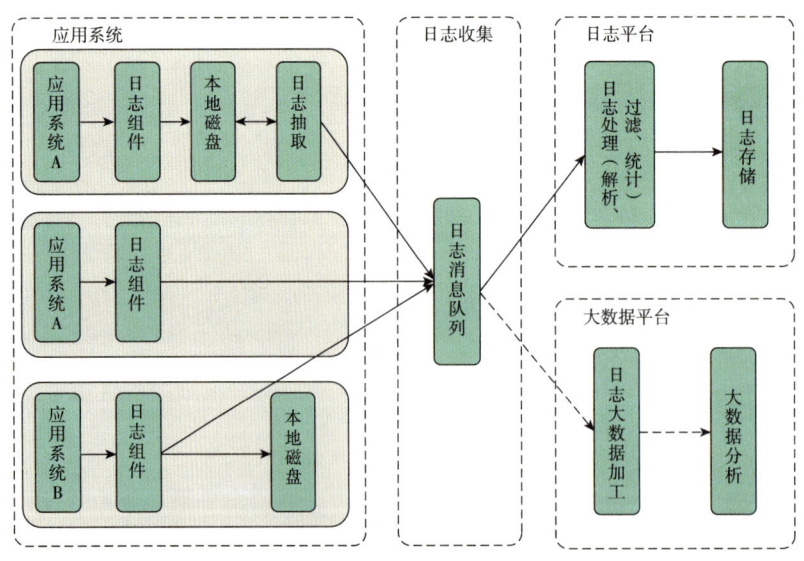

图16　日志平台整体架构

(七)应用架构升级

传统金融软件很多是使用一整套的商业软硬件,通过主机层、数据层和应用层架构,将原集中式的软件架构从水平和垂直等维度拆分,由单一节点改为分布式集群,大量采用成熟开源软件框架,全面提升业务系统的运营能力。应用架构升级方向见图17。

(八)同城双活

公司重要系统均已完成灾备建设,当发生灾难事件时,系统会停止服务,进行相应的故障处理,恢复后业务系统才能继续工作。

借鉴互联网公司和金融业的经验,结合公司发展所处阶段和系统建设整体的实际情况,经过研究和讨论,制定两个数据中心同时运营,任意一个数据中心发生故障时,另一个数据中心的业务系统仍然能正常运营。

根据业务架构、用户访问策略、业务保障范围和业务中断级别的要求综合考虑,选择符合自身的技术方案。其中,同城双活主要的技术架构见图18。

在基础实施方面,要支持分支机构到各数据中心的网络连接。

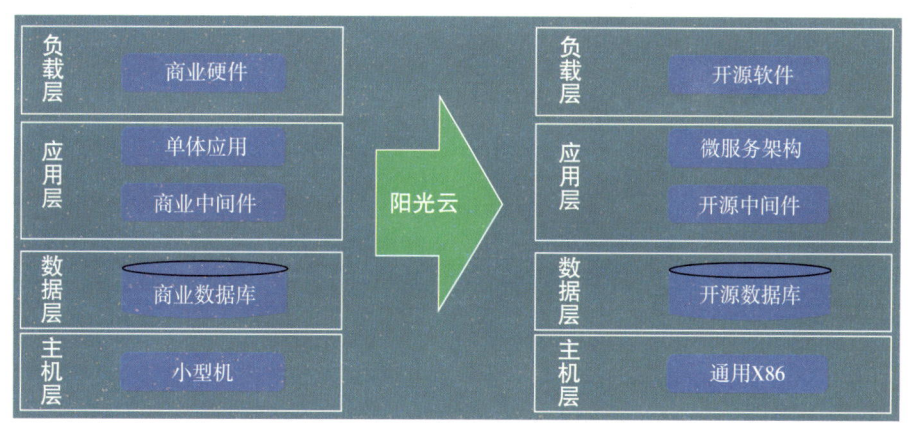

图17　应用架构升级示意

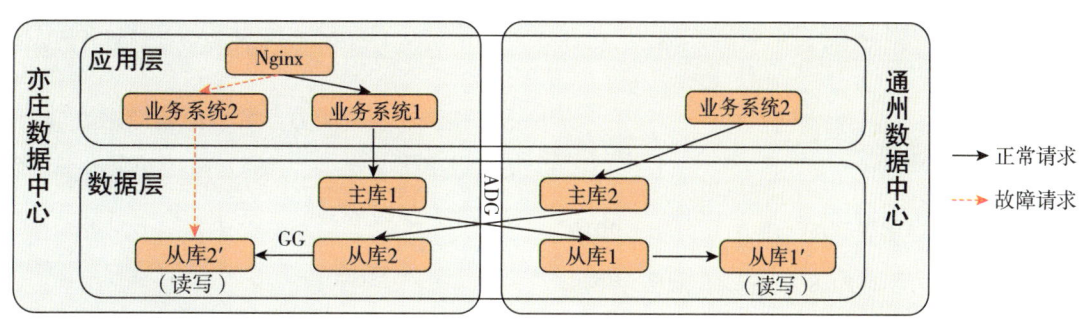

图18　同城双活核心架构

用户访问策略重点以业务特性设计分流方案。

业务保障范围和中断级别重点由应用和数据库结合的方案共同完成。

（九）灰度发布

当前业务系统均采用整体升级部署的方式，升级版本出现问题时，直接影响整体业务系统，经常通过临时发版本的方式解决问题，生产系统的不稳定会影响业务作业。

通过行业调研和技术研究，确定试点实现灰度发布的整体方案，重点提供系统功能试用的能力。新版本将选取一部分业务进行试点升级，一旦升级出现问题只影响该部分业务，而非全部系统，当试点业务稳定后，再全面升级生产系统，极大地提升了生产系统的稳定性。某试点系统灰度发布架构见图19。

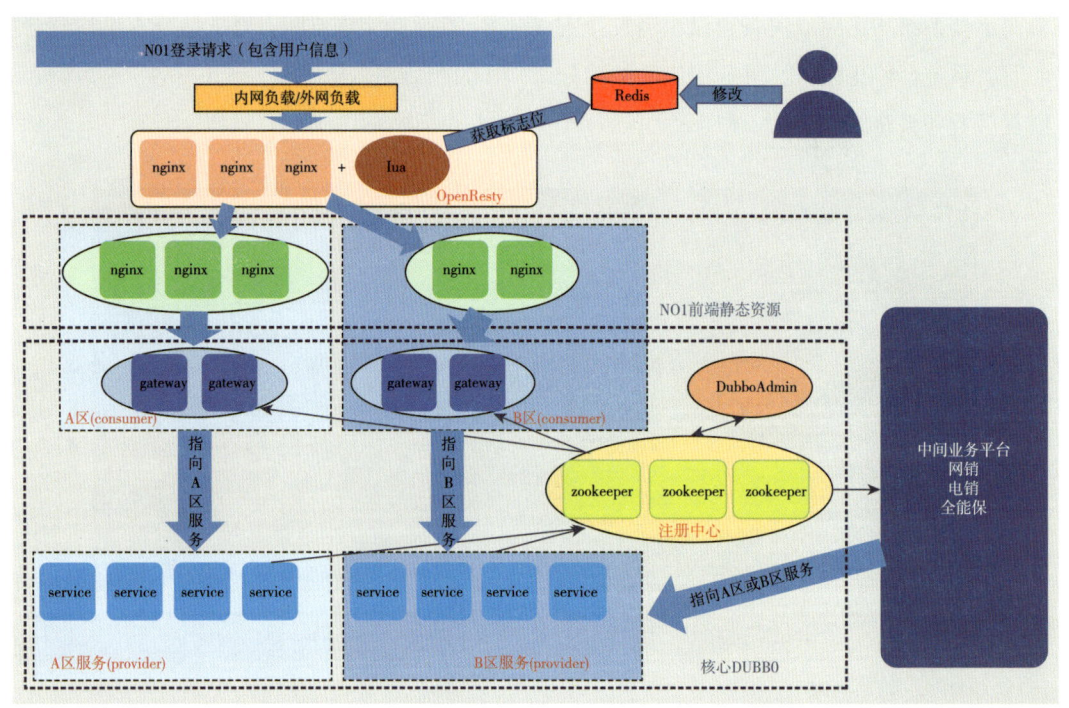

图19　某系统灰度发布架构

六、实施效果

在着手解决当前遇到的不足的基础上，2019年重点打造 IaaS 层和 PaaS 层的核心服务能力，提高公司整体 IT 水平，提升科技赋能业务的核心能力。

提高资源交付速度，提升系统运营的自动化水平和监控预警能力，增强海量数据处理能力，提高数字化办公能力，提升系统安全水平，搭建公共平台级服务。

（一）容器云

搭建容器管理平台，应用云原生理念，结合容器化、微服务和 Devops 等相关技术，降低系统建设运营成本，提高业务系统的运营效率和质量。

其中容器云的成果主要体现在以下几个方面：

1. 降低系统建设运营成本。现有系统资源均为私有云资源，在物理机上通过虚拟化技术，虚拟出单独完整的操作系统，即为虚拟机，应用系统部署在虚拟机上；而容器云是在物理上通过容器化技术，实现操作系统容器化，其中操作系统的资源使用情况较虚拟机有较大幅度的下降，提高单位资源的利用率，降低系统资源单价，从而降低系统运营成本20%以上。

2. 提高资源管理能力，提升资源供给和应用发布效率。原有资源申请流程平均需14天，容器云平台资源供给时间为平均5天。

3. 提升系统运营质量和效率。通过构建持续交付平台，引入DevOps先进技术体系，自动化集成和自动化部署，减少系统运营中的人力成本，提高自动化水平，提升系统运营质量。持续集成持续部署（CICD）的改造效果见图20。

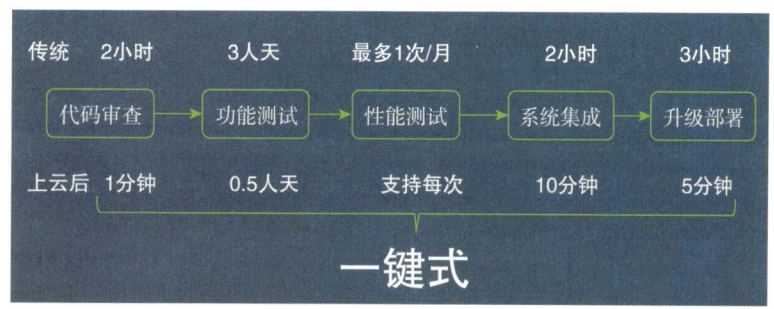

图20　持续集成持续部署的改造成果

（二）大数据平台

建立和推广开源大数据平台及技术规范，增强大数据技术支持能力。借鉴传统数据库的巡检机制，制定大数据平台的季度性巡检制度，通过巡检报告及时发现问题，优化平台，解决问题及防患于未然。

当前，大数据平台已对接17个项目，包括集团、产险、寿险、阳光信保、产险信保、金科和惠金所7个子公司的项目。具体项目包括产险大篷车项目、产险精算报表数据、

产险电销大脑、产险车险报表、寿险MIS系统、寿险阳光智库、寿险智保顾、寿险snake、寿险准备金、寿险再保、寿险健康电子档案、寿险VIP客户分析系统、寿险账户视图、集团全链路监控、集团财务数据、阳光资管数据运营平台和普惠金融风控平台。

大数据平台可提供计算资源300C、1500G，可提供存储资源300T。大数据平台已存储100T数据，平均每天执行3000个任务。

对于传统数据处理，大数据平台主要从两个方面提升数据计算处理能力，即数据实时处理和数据海量批处理。具体的项目效果见图21。

图21　大数据平台接入项目的效果

(三) 全链路监控

通过技术指标及业务指标的可视化大屏监控，提升系统运营水平。通过阳光云大数据平台整合了基础架构层 Zabbix 原始数据，如 CPU、磁盘、内存、网络等原始数据，并结合应用层部署的 APM 探针，形成立体式的 IT 运营指标集市；前端对接多种视角的展示面板和监控告警，打造出全链路监控工具。

(四) 统一企业内容管理

通过非结构化文件存储等服务，提高数字化办公能力。通过电子文档的数据与显示模式相分离，有效控制电子保单的 IT 开发工作量，加快公司产品研发速度，使产品更快地推向市场，赢得更多的客户。其中，电子保单模板开发效率提升，由 5 人天/个，提高到 0.5 人天/个。

(五) 安全管理

建立安全管理平台，完善安全漏洞管理，记录系统、数据的行为轨迹，提升系统安全水平，提高资产安全防护能力。日志审计覆盖 90% 以上的云平台主机。

业务系统上线安全检测场景，OA 上线安全扫描检测时效平均为 1 天，平台建设后可缩减至平均 1 小时以内完成扫描。

(六) 公共平台

日志平台和配置平台提高系统发布自动化水平和运营监控能力。日志平台的上线，至少提高查找问题日志效率 40 倍，极大地提升了排查问题的效率。以某系统为例，共有 10 台机器，1 台机器上有两个应用，每个应用有独自的一套日志文件，即共有 20 套日志文件，原来我们排查一个问题时，运维人员需要登录 10 台机器，在这 20 套日志文件中查找当时的问题日志，平均至少需要 20 分钟。使用日志平台后，秒级查到日志。

通过对接阳光云日志平台和 APM 全链路监控，使前台运维问题平均定位原因时间由 1 小时缩短到 10 分钟以内。

(七) 应用架构升级

通过应用架构升级，从主机层、数据层和应用层等全面改造，降低主机硬件要求依赖，并结合基于开源技术的分布式计算和弹性扩缩能力，预计可节省企业 IT 运营成本 40% 以上。

(八) 同城双活

同城双活项目的主要作用是增强系统的稳定性和故障恢复能力，项目收益重点从减少系统故障次数和恢复时间方面计算，预计可投产比为 1∶6.91。其中主要的效果有以下四个方面：

自主可控。100% 自主设计，在应用层和应用框架支持数据分流及切换等机制。

业务连续。RPO≈0，RTO<30s。

灵活度高。支持接入层、应用层、数据层 3 层用户流量切换。

资源利用。避免灾备资源闲置，提升资源利用率 20% 以上。

(九) 灰度发布

通过使用灰度发布核心版本月均超过 200 个，工作日平均发布 10 个版本，目前 60% 的系统升级在工作日白天发布。

由于可以实现版本的试错和问题版本的快速回滚，灰度发布推广后，核心系统的月均问题数较之前降低了 50% 以上，且没有发生过因版本造成的重大生产事故。

由于核心大部分版本实现了日间生产版本发

布，节省了因夜间版本发布造成的额外人力成本，仅核心一个产品线平均每月可节省 3~4 人/月的测试人力成本。IT 内部人员的加班情况也得到缓解。

七、未来展望

金融业迈向金融科技 3.0 时代背景下，新一代前端业务的数字化转型风生水起，阳光云作为阳光层面的基础性平台，为各子公司提供了安全、稳定、可靠的服务，也践行了科技赋能业务的新一代使命。

目前，大数据平台、容器管理、全链路监控、同城双活及灰度发布等多个阳光云模块已上线使用，科技赋能业务数字化转型已取得了部分阶段性成果。

预计未来阳光云将以 AI、云原生的科技理念为方向，重点打造共享技术平台、资源平台，将业务应用提供了有力支撑，并为新一代业务系统的数字化转型助力赋能，进而提高公司整体的科技水平。

专家点评

阳光云作为新一代自主云服务基础平台，旨在解决阳光保险自身的诸多现况"痛点"，比如公共能力重复性建设、复用度低等问题。该项目的整体建设目标是铺建阳光云作为最底层服务基座，并基于该基座可以在最上层的各前端架构新一代业务系统（如新一代车险核心等）。阳光云的架构规划主要分为四个层次，即 IaaS 层、PaaS 层、公共业务 SaaS 层以及特有业态 SaaS 层。根据规划，该项目之后将重点完成容器云、大数据平台、全链路监控、企业内容管理平台、公共平台、应用架构升级、同城双活和灰度发布等建设。

该项目基于保险公司特定的运维和业务需求，布局规划了完整的云服务基础平台。通过基础性平台为新一代前端业务的数字化转型赋能，有效提高了效率，是很好的科技赋能保险的应用。

PICC 分布式微服务技术体系（PDF-C）标准

◎ 中国人民财产保险股份有限公司

一、项目概述

中国人保集团在"3411"工程四大战略中提出了科技创新驱动发展、提高数字化运营和IT建设水平等要求。在此背景下，公司制定了信息系统架构规划总体目标，即建立统一的技术标准、构建微服务化的应用中台、分布式的技术架构、云服务化的基础环境，形成集团自主的专业架构团队，实现行业领先、金融比肩的一体化架构体系，有力支撑人保集团四大战略的落地。通过前期研究与实践，充分吸纳业界成熟的技术，公司设计并研发了人保新一代分布式微服务技术体系PDF-C（PICC Development Framework for Cloud），并于2019年8月发布PDF-C 2.0技术标准（见图1）。

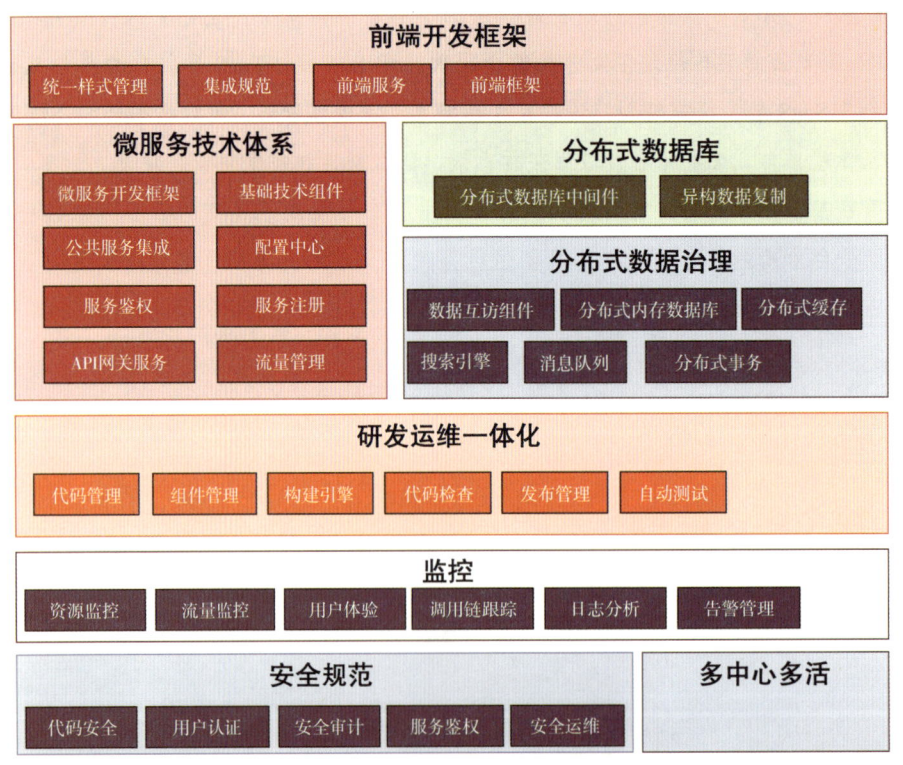

图1　PICC 分布式微服务技术体系(PDF-C)标准架构

PDF-C技术标准为人保集团及各子公司基于云服务化的应用开发提供了统一的技术标准和开发框架，可指导集团及各子公司按照统一的技术标准和技术体系完成信息系统建设，降低技术差异性和系统集成难度，提升集团IT一体化水平，为集团统一运营奠定基础。目前经过人保统一客服平台等多个项目的实践和验证，该技术体系能够极大地提升系统性能、提升用户体验并降低研发和运维成本。

PDF-C 2.0技术体系涵盖开发、测试、运维等软件全生命周期，包括前端开发框架、微服务技术体系、分布式数据库技术、分布式数据治理技术、研发运维一体化、一体化监控平台、安全规范、多中心多活解决方案八大领域。

二、项目背景及意义

（一）项目背景

随着近年来互联网技术的发展，人保集团及各子公司持续在IT技术领域加大投入和创新，探索一条先进、自主、可控的技术路线，以实现IT系统能够快速地实现产品交付、快速地支持业务需求，在面对大规模互联网访问时无性能"瓶颈"，同时又能大规模降低研发运维成本，提高运营水平。

中国人保集团在"3411"工程中提出了创新驱动发展、数字化、一体化、国际化四大战略，其中特别提出了对集团信息科技板块的要求，包括提高科技创新能力、提高数字化运营水平和提高IT一体化建设水平等。在此背景下，公司制定了信息系统架构规划总体目标，建立统一的技术标准、构建微服务化的应用中台、分布式的技术架构、云服务化的基础环境，形成集团自主的专业架构团队，实现行业领先、金融比肩的一体化架构体系，有力支撑集团四大战略的落地。

通过总结前期研究与实践成果，并充分吸纳当前业界主流的开源技术，公司设计研发了新一代的人保分布式微服务技术体系PDF-C，并于2019年8月发布PDF-C 2.0技术标准。

（二）项目意义

PDF-C为集团及各子公司基于云服务化的应用开发提供了统一的技术标准和开发框架，可指导集团及各子公司按照统一的技术标准和技术体系完成信息系统建设，向上支撑集团应用中台建设，向下适配云服务化的基础环境，降低技术差异性和系统集成难度，提升集团IT一体化水平，为集团统一运营奠定基础。

PDF-C是一个全面的体系化的分布式微服务技术企业标准，并在人保有典型的业务应用案例，可作为行业内的参考标准。

PDF-C技术体系基于分布式技术架构，整个技术体系运行在X86开放平台上，可很好地实现自主可控。

PDF-C作为PaaS技术体系和标准，与人保IaaS云一起组成人保云，为人保集团提供完整的云解决方案。

PDF-C技术体系采用微服务架构模式，支持应用的微服务化，支持各模块独立开发部署，支持应用的弹性伸缩，为业务系统的扩展性提供可能。

PDF-C技术体系采用前后端分离模式，通过统一的前端技术提供良好的用户体验，支持基于后端服务快速地实现业务需求，使模块化构建系统成为可能。

PDF-C技术体系支持多中心多活，实现业务的高可用。

三、项目重点解决的问题及主要创新点

（一）项目重点解决的问题

PDF-C 技术体系重点需要解决如下问题。

1. 建立人保集团统一的技术体系和标准，实现集团应用系统建设的统一标准和统一运营。

2. 高效支撑人保微服务应用中台建设。为微服务中台建设提供稳定可靠的技术基础，提供快速的开发模式。

3. 以分布式架构替代传统集中式架构，降低国外大型厂商的依赖度，实现"去 IOE"，降低软硬件技术投入成本。

4. 解决各子公司技术体系、技术组件的差异性，建设基础的技术体系，提升各子公司的技术能力，共享资源，统一技术标准。

5. 支撑研发运维一体化，提升研发、测试、运维效率，降低研发运维成本。

6. 打造统一的用户体验，提供 PC 端、移动端等一致性标准，实现数据共享，增强用户体验，增强客户黏性。

（二）项目主要创新点

本项目建立了人保在信息科技领域的新一代技术标准，提供了系统的、全方位的解决方案，并创新性地应用于多个系统的分布式改造的过程中。项目基于分布式技术，在技术上实现自主可控。该技术体系遵循互联网开放技术标准，且有灵活的横向扩展能力，能很好地应对互联网场景下交易量突发和快速响应的需求。基于该技术体系开发的系统可完全运行在 X86 平台上，降低了 IT 硬件投入成本。主要创新点包括以下几个方面。

1. 建立了微服务技术体系，提供微服务建设标准。开发微服务网关，实现服务注册与发现，实现服务限流与熔断，集成用户中心，实现统一的用户认证、鉴权；建立分布式配置中心，实现配置的统一管理和下发。

2. 研发分布式数据库技术，基于 PostgreSQL 数据库等建立了行业领先的高可用集群方案和数据库标准。研发分布式数据库中间件，实现可横向扩展。

3. 建立前后端分离模式，通过统一的前端技术框架，支持 PC 端、移动应用端一致的用户体验，支持前后端独立开发，提升开发效率。

4. 研发数据库逻辑复制工具，实现异构数据库实时同步，实现数据实时采集与搜索，并设计数据库主主复制技术，实现异地数据库双活。

5. 建立一体化监控平台，结合日志等技术，实现资源、性能、全链路监控等一体化监控。

6. 建立研发运维一体化平台，将软件的需求、开发、测试、部署和运维相关工作流程统一起来，基于整个组织的协作优化，实现项目管理、开发测试、持续交付和应用运维的无缝集成，从而快速交付高质量的软件和服务，灵活应对业务需求和市场环境的不断变化。

7. 建立统一的多中心多活技术体系，而不是传统的两地三中心容灾模式。解决系统运行过程中面临高并发、海量数据、用户体验要求高等挑战。保障系统高可用和业务连续性。

四、项目主要建设内容

PDF-C 技术体系涵盖开发、测试、运维等软件开发全生命周期，从前端界面到后端数据库实现了各类技术组件的平台化、标准化。项目主

要建设内容包括以下八个领域。

（一）前端开发框架

前端开发框架用于构建系统表示层，规范前后端交互，降低开发成本。基于 Nginx、CSS、JSview、VUE 等，提供快速、标准、美观易用的前端开发框架，提供统一样式的模板、集成规范，提供 IOS、Android 的移动开发框架和 APP 开发规范。

支持各种主流浏览器有良好的交互界面，提供丰富的前端组件。前端框架提供全局样式、动效定义、编辑器、表格、国际化等功能，并配合 PDF-C 实现登录、权限验证、Excel 导入导出等功能，提供常用开发样例作为参考，增加开发的便捷性。

（二）微服务技术体系

微服务技术体系提供自动化配置、快速开发、方便调试及部署等特性，提供微服务注册、发现、通信、容错和监控等服务治理基础类库，帮助开发人员快速构建产品级的微服务应用。

微服务开发框架基于 SpringCloud、Springboot、Mybatis 等提供快速微服务开发框架，提供各类技术基础组件，提供各类周边服务集成组件等，提供分布式事务解决方案。具备自动化配置、快速开发、方便调试及部署等特性，提供微服务注册、发现、通信、容错和监控等服务治理基础类库，帮助开发人员快速构建产品级的微服务应用。

微服务治理技术主要解决微服务架构中由于微服务数量众多带来的治理成本问题。微服务治理技术包括服务注册、服务发现、路由、监控、熔断等多项技术。

基于 API 网关 Zuul、微服务注册中心 Eureka、配置中心 Apollo 等组件提供服务的生命周期管理、权限管理、流量管理等。

（三）分布式数据库技术

基于 PostgreSQL、MySQL 等数据库提供分布式交易型数据库技术，建立业内技术领先的高可用集群技术方案，并研发轻量级分布式访问技术组件 L-Sharding，实现数据库分库分表等要求，实现水平弹性扩缩。

利用数据库内嵌的流复制及逻辑复制功能，可以方便地构建一个主数据库、多个从数据库的数据库集群，配合具有心跳检测和资源管理功能的技术组件，可以实现集群主从切换的高可用功能。

基于 L-Sharding 组件实现数据库分布式读写，通过设计 Shardingkey 字段实现数据在不同节点的分布；可按照业务量均衡原则如根据地域特点进行分库设计，将大量数据划分到多个节点的数据子集，提升读写性能，降低系统及数据库的并发压力，应用服务通过 L-Sharding 分库中间件与数据库相连。

（四）分布式数据治理技术

提供服务之间数据存储、交互、访问等组件，提供分布式可扩展技术方案，提供组件的安装部署、开发、运维管理技术标准，包括以下几个方面。

提供 Kafka 等消息队列技术，用于削峰填谷、系统异步化解耦、数据缓冲、数据清分与推送等场景；提供主题、队列模式；提供消息顺序保证、提供事务消息等。

基于 Redis 等技术提供基于 KV 模式的缓存技术，提供基于 SQL 的内存数据库技术。用于数据缓存或内存计算，将经常使用的数据存储在内存中，全局共享，减少和数据库之间的交互频率，提升数据访问速度，主要用于应用程序全局共享缓存。支持通过标准 SQL 或者 LINQ 的方式实现对内存数据的聚合、计算和查询，充分发挥、利用应用服务器的资源。

基于自主研发数据库逻辑复制工具和其他引入工具实现数据异构复制、支持异构数据库、文件、消息队列、内存数据库之间的数据同步与复制，支持增量和全量模式，支持过滤功能等。可用于新老架构数据同步，用于实时数据采集等多种场景。

基于 ElasticSearch 技术建立搜索引擎等。提供分布式 ES 集群环境，提供支持业务数据快速搜索的能力，提供认证授权管理及监控功能。

（五）研发运维一体化

基于 TFS、Git、Jenkins、Maven、NPM、Sonar 等商业或开源技术提供研发、测试、运维一体化技术标准，提供代码管理与审核工具、制品库、测试工具、自动集成发布工具等，提升软件研发和运维效率。

（六）一体化监控平台

基于 Zabbix、ELK、Dynatrace 等技术，提供运行时统一监控体系，包含软硬件资源监控、服务状态监控、日志监控、链路监控等不同层级内容。同时，依赖各组件自带的监控技术，如数据库监控、消息队列监控等。

（七）安全规范

提供安全体系，用以预防、审计安全问题，包括代码开发安全、用户认证、授权、服务调用权限、运维安全。

（八）多中心多活解决方案

基于负载均衡、DNS、数据复制等技术提供应用级多中心多活支持。

五、项目效果

（一）项目对公司产生的实际效果

目前，在人保以 PDF – C 技术体系和技术标准为基础的多个项目已经完成了系统上线，取得了很好的效果。

2018 年 5 月，基于 PDF – C 开发的驾驶车辆风险管理平台正式上线。该平台部署于 X86 服务器，实现了"去 IOE"，降低了对国外大型厂商的依赖度，降低了软硬件成本；实现了数据的分布式存储以及海量数据的高并发处理；使用 CDC、Kafka、ElasticSearch 搜索引擎，实现了数据实时同步和全局数据的快速模糊查询。

2018 年 12 月，基于 PDF – C 开发的人保集团统一客户服务平台正式上线。该平台同样部署于 X86 服务器，实现小机下移；采用微服务设计和分布式数据库，实现了数据的全国集中，实现了应用的在线水平扩展以及数据库的在线水平切分和扩展，有效解决了传统技术架构下水平扩展困难的问题；采用完全的去中心化设计，有效避免了系统单点故障；通过自动化运维工具实现应用一键升级，降低了分布式架构带来的运维复杂的问题；使用搜索引擎，实现了保单、案件的模糊查询，极大提升了座席的查询体验；使用 PG 数据库的主主复制能力，实现了真正意义上的南北实时双活，为集团新架构多中心多活设计的实现奠定了基础。

通过以这些应用为代表的实践，进一步提升了 PDF – C 的成熟性和可靠性，在微服务设计、分布式数据库集群管理、容器的应用、自动化部署运维等多个领域形成了技术沉淀，为实现集团一体化的建设目标奠定了坚实的技术基础。

（二）项目对行业的应用价值和示范效应

PDF-C是一个全面的、完整的、体系化的分布式微服务技术企业标准。

1. 可实现核心业务应用的全面云服务化和多中心多活。

2. 可实现一体化的监控管理和研发运维一体化，切实提升应用系统研发和运维效率。

3. 基于安全态势感知的网络安全体系，实现应用的全面互联网化。

基于人保PDF-C的成功经验和实践，PDF-C可作为保险业分布式微服务架构和系统云服务化建设的参考技术标准。

专家点评

基于集团建立统一技术标准，构建微服务化应用中台等目标，人保设计并研发了新一代分布式微服务技术体系PDF-C（PICC Development Framework for Cloud），并发布了PDF-C 2.0技术标准。这套技术体系涵盖开发、测试、运维等软件全生命周期，包括前端开发框架、微服务技术体系、分布式数据库技术、分布式数据治理技术、研发运维一体化、一体化监控平台体系、安全规范、多中心多活解决方案八大领域。

该项目建立了保险在信息科技领域的新一代标准技术，提供了系统的、全方位的解决方案，并且在微服务技术体系、分布式数据库技术等方面有所创新，不仅在人保有典型的业务应用案例，也可作为行业内的参考标准。

人保云

◎ 中国人民财产保险股份有限公司

一、项目概述

为深入贯彻党的十九大精神，立足行业竞争与市场周期变化，遵循新时代保险发展规律，推动中国人民保险集团向高质量发展转型，集团公司启动"3411"工程，实施创新驱动发展战略、一体化战略、数字化战略、国际化战略。

人保云作为数字化战略的基础性项目，将用于承担集团新架构落地应用，提供稳定高效的云服务能力，提升业务水平扩展能力，达到资源弹性伸缩、降本增效的目的。

根据集团新架构总体规划，通过人保云建设将形成基于"两地四中心"的双模IT架构体系。双模是指基于传统架构的稳态应用模式和基于分布式架构的敏态应用模式。首先，构建人保南专属云和北专属云，承载敏态应用；其次，在人保现有南中心及正在建设的北中心，通过自建的方式分别建设稳态区和敏态区；再次，南中心敏态区、南专属云、北中心敏态区、北专属云共同构成"两地四中心"的架构体系，支撑集团新架构应用的多中心多活模式部署；最后，南中心稳态区、北中心稳态区组成异地灾备的架构体系，支撑公司传统稳态业务的主备模式部署。

为确保人保云建设落到实处，并充分考虑人保实际，在确保自主可控的前提下，一是建设IaaS云平台服务，并完善人保云开发框架PDFC（PICC Development Framework for Cloud）技术体系，提供人保所需的PaaS组件；二是基于新架构完善自动化运维平台、监控组件、研发运维一体化平台的保障体系；三是构建并实施符合人保实际的多中心多活体系。

二、项目背景及意义

（一）项目背景

2018年，为推动中国人民保险集团向高质量发展转型，集团党委部署启动"3411"工程，实施创新驱动发展、一体化、数字化、国际化四大战略。集团公司牵头开展集团信息系统架构规划并形成了集团新一代信息系统架构规范标准，规划明确提出了新架构总体蓝图为构建"三横四纵"框架体系。其中，"三横"为打造应用架构、技术架构以及基础架构。"四纵"为构建监控、安全、研发运维一体化以及多中心多活保障体系。新一代信息系统基于微服务化的应用中台、分布式的技术架构、云服务化的基础环境，其中云服务化的基础环境是支撑集团新一代架构的底座。

根据规划，集团新一代信息系统架构将以"集中、统一、共享"的"人保云"为支撑基础。人保云将依托南北专属云和南中心、未来的北中心形成"两地四中心"的架构。

（二）项目意义

集团"人保云"建设项目有利于推进集团向高质量发展转型，对促进集团信息系统一体化建设，提升集团数字化能力具有重要意义。

1. "人保云"有利于推动集团向高质量发展转型。缪建民董事长在集团2019年半年工作会议上指出："科技水平的高低、科技应用与赋能水平的高低，是保险商业模式变革的核心与灵魂。"他要求加快推进数字化，以科技力量赋能保险供给，实现从技术支撑到科技赋能，再到科技引领的转变，以科技力量优化供给方式。当前，云计算已发展成为各类前沿科技的载体，支撑大数据、人工智能、区块链、物联网等金融科技能力，建设"人保云"是集团落实科技赋能的基础，有利于推动集团向高质量发展转型。

2. "人保云"有利于推进集团信息系统一体化建设。前期集团主要子公司纷纷开展云计算应用，为满足集团各公司业务发展需求的同时，也带来了分散建设、资源不共享、应用水平不高等问题。建设全集团"集中、统一、共享"的"人保云"，从IT体系中最通用的基础设施层面实现统一管理和统一服务，有利于推进集团信息一体化建设。

3. "人保云"有利于推动集团数字化能力提升。为积极贯彻落实集团公司的数字化战略，不断把新技术、新业态、新模式赋能保险主业，集团正以新一代信息系统架构优化升级为抓手，加快提升数字化能力。"人保云"是实现各子公司核心业务系统升级，后台数据互联互通、中台服务灵活通用的必然要求，奠定了数字化能力的技术底座。

三、项目重点解决的问题及主要创新点

（一）项目重点解决的问题

在技术转型方面，人保开展了新一代系统架构规划和研发落地。新架构是人保数字化转型的重要支撑和关键内核，人保云的建设就是新架构落地的一个重要载体。

为了实现新架构落地的目标，人保云项目重点解决以下几个问题。

1. 求新。人保云作为人保集团"新一代信息系统架构"的重要载体，在项目架构上做到"求新"，围绕新架构规划"三横四纵"七大领域中的六大领域，包括云基础架构、技术架构、监控管理、安全管理、研发运维一体化和容灾管理（多中心多活）。通过"求新"的举措，结合人保实际，融入互联网云服务架构理念，建设支撑新架构落地的人保云基础环境。

2. 求稳。现有核心系统支撑整体业务的平稳运行，在数字化转型过程中，确保业务和系统的稳定运行至关重要。因此，平稳推进是一个大原则，新系统平稳上线后再下线旧业务系统，确保平滑运行。基于人保云的南北双中心，部署运行经过新架构改造后的中台核心应用或服务，同时兼顾"敏态、稳态"双模架构。

3. 求快。集团对于新架构落地有总体的时间目标，任务非常紧迫，因此在人保云的建设过程中，项目进度把握得非常严格。只有快速实现人保云投产，才能真正为新架构落地保驾护航。人保云项目建设从2019年4月正式启动，到2019年8月1号正式发布上线，并且实现非车中台微服务、产品中心微服务、主数据中心等应用在人保云成功上线运行。

4. 求同。为改变各公司云计算分散建设的现状，加强全集团云资源的统一管理和统一服务，计划按照"集中、统一、共享"的方向，建设人保云。

（二）项目主要创新点

在人保云项目的建设中，主要的创新点分为以下两个层面。

1. 模式上的创新。突破传统建设模式，不再是单独建设各个基础模块后再做整合。在建设模式上，按照业界云计算最先进的理念，将数据中心、IaaS 基础架、PaaS 组件、研发运维一体化、自动化运维、自动化监控等统一规划建设，避免出现烟囱式的架构体系。这样在项目建设时间和服务水平提高方面，都带来了极大的优化。

2. 技术上的创新。在人保云的建设过程中，技术上的创新点很多，主要的创新点有以下几个方面。

（1）采用国产分布式数据库用于核心系统的数据库。

（2）基于多活多中心进行容灾设计和管理，结合保险核心系统的特点，创新性地推出核心应用"南北多活"的部署模式。

（3）新架构应用基于微服务架构体系，同时规模化的运行在容器平台上。基于研发运维一体化体系，实现从代码构建到 CI、CD、CO 的流程一体化整合。

四、项目主要建设内容

（一）建设原则

为满足集团一体化发展要求，充分利用云计算技术支撑新一代信息系统的部署，人保云技术方案遵循以下设计原则。

1. 统一管控原则。充分考虑集团各公司云计算技术架构的差异，实现异构环境下资源统一管控、运营管理和服务编排，以及统一的资源池化展现平台，统一的服务目录和流程编排。

2. 弹性扩展原则。API 接口标准化、可集成、可扩展、标准开放；虚拟资源弹性伸缩，业务使用无感知；物理资源扩展独立灵活，业务使用无感知。

3. 敏捷交付原则。通过 DevOps、自动化运维等工具平台，实现敏捷交付和研发运维一体化。

4. 自助自动原则。利用服务目录实现资源使用的用户自助服务，以及运维的高效自动化。

5. 可用智能原则。支持敏态业务的多中心多活，兼容传统稳态业务的灾备架构，以及构建信息预测能力，包括业务量预测、容量预测等能力。

（二）建设内容

围绕新一代信息系统架构规划，按照云服务分层设计理念，人保云技术架构分为基础设施服务（IaaS）、技术平台服务（PaaS）两大类型服务，以及云管理平台、自动化运维监控、研发运维一体化和安全管理四大支撑保障。

此外，为实现新一代信息系统的多活部署，人保云需考虑对多中心多活能力的支持，以及为实现人保云所有资源的统一管理，所有服务的统一交付，需构建人保云运营门户平台。

1. 基础设施服务。基础设施服务主要为人保云构建基础服务的能力，即 IaaS 服务，包括计算服务、存储服务和网络服务。

（1）计算服务包括 VM 云应用主机、裸金属服务器、数据库服务器。

（2）存储服务包括分布式存储和企业级SAN集中式存储，分布式存储包括存储服务、对象存储服务和文件存储服务；企业级SAN集中式存储主要作为数据库服务的存储。

（3）网络服务包括云内VPC私有网络、网关等虚拟网络服务，以及VPN和专线等连接服务。

2. 技术平台服务。技术平台服务即人保云的PaaS服务，支撑人保PDF-C技术体系，主要提供以下三种类型服务：数据平台服务，提供整合的数据库服务能力，支持分布式数据库和PostgreSQL；应用平台服务，提供应用技术能力服务，如消息队列服务、缓存服务、API网关服务、微服务；容器服务，提供整合的容器技术能力服务。

（1）数据库平台服务。人保云数据库平台服务具备先进的数据处理和数据安全特性，能够为业务提供有效的海量数据管理服务。构建包含分布式和集中式的数据库能力，支持在线的弹性扩容，满足业务高并发的要求。数据库平台支持OLTP和OLAP不同业务场景。

（2）应用平台服务。应用平台服务涵盖微服务框架、API网关、消息服务、缓存服务等功能。

微服务框架。微服务框架是围绕应用和微服务的开发与管理的服务框架，支持应用全生命周期管理、数据化运营、立体化监控和服务治理等功能；可兼容主流的开发框架，如Spring Cloud，具备包括注册、路由、限流、鉴权、监控等服务治理能力，在开发支持和运行支持上，易用性强，具备丰富的SDK，能弹性伸缩，动态调整。

API网关。API网关（API Gateway）是API托管服务，提供API的完整生命周期管理，包括创建、维护、发布、运行、下线等；可使用API Gateway封装自身业务，将数据、业务逻辑或功能安全可靠地开放出来，用以实现自身系统集成以及对外开发。

消息服务。消息服务是一种分布式消息队列服务，它能够提供可靠的基于消息的异步通信机制，能够将分布式部署的不同应用（或同一应用的不同组件）之间的收发消息，存储在可靠有效的队列中，防止消息丢失；支持多进程同时读写，收发互不干扰，无须各应用或组件始终处于运行状态。

缓存服务。缓存服务提供缓存及存储服务，提供丰富的数据结构能帮助完成不同类型的业务场景开发；支持主从热备，提供自动容灾切换、数据备份、故障迁移、实例监控、在线扩容、数据归档等全套数据库服务。

（3）容器服务。容器服务提供高性能可伸缩的容器应用管理服务，支持用Docker和Kubernetes进行容器化应用的生命周期管理，提供多种应用发布方式和持续交付能力，并支持微服务架构。

3. 云管理平台。云管理平台主要包括云管理服务门户、资源管理接口、自动化作业管理、编排调度引擎。

人保云管理架构设计主要包括云管理和云运营门户。其中，云管理包括统一服务层和云管平台层。统一服务层主要通过服务API适配层和管理API适配层实现对基础设施资源的管理，以及周边配套系统的对接；云管平台层实现服务运营、运维管理、运营分析和流程对接各大板块的功能。

云运营门户包括生命周期管理、运营管理，账户管理，操作审计等功能。云运营门户在功能范畴上定义为人保云业务运营的门户和入口，是人保云对各公司云资源运营管理入口。

4. 自动化运维监控。自动化运维监控体系，包括自动化运维平台和一体化监控平台两个体系。自动化运维平台实现配置采集自动化、资源管理自动化、应用部署自动化的功能；一体化监控平台涵盖日志、资源、网络、用户体验、统一告警的监控能力。

（1）自动化运维。自动化运维实现从"传统运维"到"自动化运维"的转型，通过自动化运维平台的建设，提高对运维工具的自主可控，持续覆盖各个场景的运维工作，实现运维向运营的模式转变。

技术上，构建基于"两地四中心"统一的自动化运维平台。通过完善自动化运维平台，经过 1～3 年的持续建设，逐步实现资源交付自动化、配置采集自动化、应用部署发布自动化，为未来向智能运维转型奠定基础。

（2）一体化监控。建立基于应用架构和微服务框架的一体化、自动化、自主化监控体系；全面覆盖敏态环境，并兼顾稳态环境，形成一体化运维态势感知平台；持续完善稳态环境的监控能力，同时构建敏态环境的监控体系，并对各监控平台进行整合，形成统一的监控门户。技术上，基于人保云内监控架构，结合补充自建监控建设方案进行完善，并且整合传统架构监控，形成一体化监控平台。

5. 研发运维一体化管理。研发运维一体化是贯穿研发、测试、运维的一站式平台，建立支撑各角色工作的工具平台，打通各个工具平台确保流程运转，能对接内部系统及云平台持续交付。同时，建立标准化和体系化的研发运维业务流程，包括建立需求和迭代管理的过程、规范，建立并完善持续集成的过程、规范，建立并完善持续部署的过程、规范，建立并完善持续运营的过程、规范。

技术上，人保云建立覆盖 DevOps 全过程的业务流程与技术规范，其中业务流程包括需求迭代流程、持续集成流程、持续部署流程、持续运营流程。技术规范包括代码管理规范、版本管理规范、质量指标规范、度量分析规范。

6. 安全管理。构建完善的适应于新架构的覆盖策略、技术、数据、制度、流程的安全管理体系，细化安全规范和技术指标，规划和建设安全基础平台，以全面网络安全态势感知能力为建设目标，推进网络安全融入新架构。

7. 多中心多活架构。实现同城双活、异地互备的"两地四中心"多活规划目标，构建全局 DNS、全局负载均衡、网络 SDN 的能力。其中，全局 DNS 面向用户的高质量域名解析能力；全局负载均衡面向业务的分布式部署能力；网络 SDN 面向应用的、灵活的网络流量调度能力。

五、项目效果

（一）项目对公司产生的实际效果

1. 验证了云与分布式架构为代表的敏态架构对于人保核心业务系统的架构适配能力。架构适配能力是数字化转型最为重要的能力，是保险企业快速应对业务变化，支持业务创新的重要基础。基于人保云的技术架构，我们成功地发布上线新一代非车中台微服务，产品中心微服务，主数据中心等应用，为新架构落地闯出一条新路。人保云所验证的新架构平台将会对后续其他核心业务系统起到示范作用。

2. 探索形成提升敏捷交付能力的方法。为了支撑不断涌现的新商业模式，IT 系统必须快速响应业务需求，应对业务变革。实现敏捷交付关键在于建立组件化、积木式的应用构建方式。应对业务变化时，仅对某一块或几块"积木"（功能组件）进行调整，避免"牵一发动全身"的大规模重构。

人保云目前采用的模式，是将云计算、研发运维一体化和自动化运维监控打通，实现一体化建设，全方位的提升敏捷交付能力。

（二）项目对行业的应用价值和示范效应

国务院在《关于促进云计算创新发展培育信息产业新业态的意见》中提出，云计算逐步向以金融业为代表的传统行业加速发展。

2016年7月，银监会发布《中国银行业信息科技"十三五"发展规划监管指导意见（征求意见稿)》，提出银行业应稳步实施架构迁移，到"十三五"末期，面向互联网场景的重要信息系统全部迁移至云计算架构平台，其他系统迁移比例不低于60%；2017年6月，人民银行印发了《中国金融业信息技术"十三五"发展规划》，要求落实推动新技术应用，促进金融创新发展，明确提出稳步推进系统架构和云计算技术应用研究。陆续出台的政策确立了金融信息技术工作未来的发展规划和目标，从监管层面上对金融业提出了"上云"的要求。

人保云在建设之前，在业内做过充分的规划和调研。人保云在推动大型金融机构核心系统分布式和微服务化改造上云方面探索出了一种新的道路和建设发展模式，很多建设思路和探索都是非常大胆和创新的。目前，人保云初步上线，取得了一定的成功，相信在行业内产生很好的应用价值和示范价值。

"长风破浪会有时，直挂云帆济沧海。"人保云的建设道路纵然存在很多困难，但历史总是在一些特殊年份给人民以汲取智慧、继续前进的力量，2019年是中国人保建司70周年，70年与国同行，70载与您相伴，2019年是数字化新时代和人保云建设的开局之年，也是高质量发展转型的关键一年。面向未来，我们将进一步深入贯彻落实集团"3411"工程，稳扎稳打地夯实技术能力，加速推行数字化转型，力求在数字化浪潮中抢占先机，向高质量发展奋力前行。

专家点评

为了集团新架构落地应用并提供稳定高效的云服务能力，该项目通过人保云建设形成基于"两地四中心"的双模IT架构体系。该体系将以构建南中心敏态区、南专属云、北中心敏态区、北专属云共同构成"两地四中心"的架构，从而形成多中心多活模式。

人保云作为人保新一代技术体系的载体，突破了传统建设模式，将数据中心、IaaS基础架构、PaaS组件、研发运维一体化等统一建设规划，不再是单独地建设各个基础模块后再做整合。在技术上，也基于多活多中心进行了容灾设计和管理，创新性地推出了"南北多活"的部署模式。人保云经初步应用验证了其底层架构适配能力，希望进一步改进验证后，能为行业提供启发和示范作用。

人保客户线上化商业模式

◎ 中国人民财产保险股份有限公司

一、项目概述

人保客户线上化商业模式创新项目，以"服务优先、交易跟进、流程再造"为总体策略，围绕以客户为中心，通过客户接触点的线上化牵引，使客户自助关注微信公众号、下载中国人保APP，重构销售、理赔、服务等业务流程，打造跨渠道运营能力，建设线上客户接触平台，实现销售与服务的直通直达，为客户提供全渠道一致性体验，切实推动公司商业模式转型。

二、项目背景及意义

（一）项目背景

截至2018年底，中国网民数量已破8亿人，线上消费呈现出全民化、移动化、社交化的趋势，年轻一代的消费群体已经在线上聚集。在集团"3411"战略布局和"智慧人保"数字化战略的背景下，启动客户线上化实施战略，短期将聚焦车主，实现全流程线上化；长期将依托服务体系，实现线上生态，发挥平台聚合效应。客户线上化工作是构建公司未来核心竞争力的关键工作，也是商业模式创新与技术变革融合的重要实践，是助力公司商业模式创新、高质量发展转型、提升司控业务占比和数字化战略落地的基础保障。

（二）项目意义

1. 项目是公司以客户为中心转型的需要。未来客户在哪里，公司给客户提供什么样的服务，如果客户在线上，就需要把保险产品和服务全方位、多角度地迁移到线上。

2. 项目是金融供给侧改革的需要。未来将有更多的客户在线上，如果不能顺应发展趋势，就会落伍。公司需要调整自己的供给策略，将产品和服务按照客户需要进行调整。

3. 项目是直面市场竞争的需要。在商业车险费率市场化全面放开后，如果还没有能力直达客户，公司将会面临市场竞争中的弱势地位。

4. 项目是提升运营效率的需要。公司需要将业务流程处理线上化，将会提升运营效率，降低运营成本；将中间环节减至最少，将最优服务和最佳产品直接推送给客户。

三、项目重点解决的问题及主要创新点

（一）项目重点解决的问题

现有移动端应用存在以下诸多问题与"痛点"：

1. 分散的线上触面，用户无法获得一致性和一站式的体验。

2. 缺乏线上运营一体化，客户线上转化、

留存能力不足。

3. 缺乏精品互联网保险超市，产品多且条款复杂，服务资源没有有效整合。

（二）项目主要创新点

1. 项目围绕微信和APP两大流量入口，坚持线下客户向线上客户引流、网络平台向移动平台引流、区域平台向集中平台引流、微信平台向APP平台引流的基本原则，建设集保险销售、保全/批改、理赔、续期、客户服务等为一体的"一站式保险"平台，打造架构统一、体验一致、流程深度融合的保险主业"明星产品"，涵盖社交媒体、APP等主流移动应用，成为面向C端用户的核心触面和主打平台，成为客户最贴心的保险服务专家。

2. 创新组织模式和协同机制，响应"支部建在连上"号召，跨子公司建立党员突击队，发扬攻坚克难、敢拼会赢的突击队作风，解决跨组织协作带来的挑战；以党内共识凝聚项目共识，用身份认同推进工作认同，充分发挥党员同志在项目建设中的战斗堡垒作用。

3. 项目荣获多项知识产权及公司内外相关荣誉。项目高度重视自主研发知识产权成果的保护，累计获得计算机软件著作权、专利等60余项；先后获得保险行业协会"2016年度信息化建设优胜奖"、第二届中国互联网保险大会"2016互联网保险年度平台"、金融科技联盟2017年度中国金融科技创新榜"创新奖""优秀解决方案奖"等。

四、项目主要建设内容

（一）开展微信端客户引流建设

按照客户线上化工作要求，围绕承保线上化、理赔线上化、服务线上化三个维度，在各个客户线下触点，实现客户接触点的线上化牵引，重构销售、理赔、服务等业务流程，结合江苏先进建设推广经验，依托社交媒体服务平台微信，全面打造一码通理赔、单车及双人保理赔、在线汽车救援、汽车门诊等在线服务。历时3个月，完成主要功能的开发和上线，如电子支付、电子保单、在线理赔、在线救援等功能完成在全国38家分公司推广上线，微信支付引流、理赔一码通等功能已经在北京、四川、江西、辽宁4家分公司完成试点上线，视频理赔在12家分公司完成试点。

（二）开展中国人保APP研发建设和上线

按照集团数字化运营转型战略规划，建设集保险销售出单、保全/批改、理赔、续期、客户服务等功能为一体的"一站式保险"平台，打造架构统一、体验一致、功能深度融合的全集团保险主业"明星APP"。历时7个月，完成技术规范及方案论证、确定系统应用和技术架构、需求评估、系统设计、开发测试、业务验收以及灰度上线工作。中国人保APP涉及7大功能模块、35个业务流程、新增220个移动页面、开发改造各类服务接口400余个，涉及联合研发运营团队500余人。

（三）持续开展用户体验优化和功能产品服务拓展

项目践行研发测试运维一体化模式，充分发扬产品工匠精神、精雕细琢每个角落，为保险用户提供更智慧、更高效、更丰富的保险服务新体验，深度对比研究同行业产品业务形态、主要功能流程，通过集中测试、众包测试等创新模式，全面保障客户拥有优秀的线上化用户体验。

五、项目效果

（一）项目对公司产生的实际效果

1. 人保客户线上化绑定率提升效果明显，同比提升31%。中国人保APP使用量提升20%、保费提升15%，资产开户、销量分别提升90%和181.5%。

2. 实现集团面向外部用户的一体化数字化产品发布上线。坚持互联网思维，加强互联网技术应用，以客户为中心，为客户提供全险种线上保单管理、自助购买、保全/批改、理赔、续期、客户服务、基金理财、小额贷款等"一揽子"金融保险服务解决方案，实现保单管理统一化，理赔服务简单化，产品购买自助化，理财服务定制化。

3. 科技赋能保险集团的一体化建设。项目全方位、多视角应用了诸如云、智、物、数、移等前沿高科技，致力于打造技术架构先进、用户体验优质的高品质移动互联应用。一是基于中国人民保险集团信息系统统一技术架构规划，第一个成功落地实施的项目，成为中国人保数字化战略转型的标志性里程碑。二是初步构建可配置化前台、微服务化中台、集中与分布式技术相融合的技术框架、公有云和专属云并存的基础环境，实现"敏态、稳态"兼容的"双速IT"。三是基于新一代智能云网络，全面支持IPv6和5G网络通信，成为国内首家率先进行IPv6规模化应用的金融机构。

（二）项目对行业的应用价值和示范效应

保险服务低频，往往离用户较远，体验不佳。人保作为与新中国同生共长的国有企业，始终走在行业前列，在贯彻落实数字化战略、一体化战略、创新驱动战略方面，对行业具有一定的引领和示范效应。纵观各行各业，直达客户、服务客户是永恒的主题，组织的商业模式变革不是一朝一夕、不能一蹴而就，而技术变革推动商业模式变革，已经成为当今企业的标准路线。客户线上化商业模式创新项目是一项具有前瞻性和战略性的工作，是制胜未来的法宝。

专家点评

该项目以客户为中心，围绕微信和APP两大流量入口，通过线下客户向线上客户引流、网络平台向移动平台引流、区域平台向集中平台引流，从而建设集保险销售、保全/批改、理赔、续期、客户服务等为一体的"一站式保险"平台，涵盖社交媒体、APP等主流移动应用。

通过C端保险服务一体化建设与保险科技的赋能，该客户线上化的商业模式改善了以往保险服务低频、用户体验不佳等问题，也为持续开展用户体验优化以及功能产品服务拓展提供了很大空间，为保险业提供了具有示范意义的科技赋能的商业模式。

人保健康互联网保险云核心业务系统

◎ 中国人民健康保险股份有限公司

一、项目概述

人保健康敢为人先,在保险业内首次引入蚂蚁金服金融级分布式架构,采用分布式数据库、微服务、容器等多项顶尖技术,成功构建了互联网保险云核心业务系统,达到行业领先水平。

通过对底层 IT 架构和上层应用进行重构,系统完全满足高并发、大流量的互联网业务需求,系统峰值并发量可以达到 3000TPS,每秒 1000 单,并支持弹性扩容。系统自 2018 年 4 月 18 日上线以来,支撑公司互联网保险业务总出单量已超过 5000 万单,保费超过 50 亿元,并成功经受住了 2018 年 "双十一" 考验(日峰值达到 20 万单)。同时,系统开发了多协议转换功能并采用标准化对接流程,第三方平台产品接入效率由原先的 1 个月缩短至 5 天左右,提升 6 倍;开发了图形化的产品和渠道定义功能,新产品上线时间从 2~3 周缩短至 2 天,减少 80% 以上。

二、项目背景及意义

(一)项目背景

移动互联网的兴起以及互联网金融业务的蓬勃发展,对传统保险业带来了诸多冲击和挑战,为了让保险更好地触达客户、服务客户,提高客户黏性,人保健康在公司党委、总裁室的高度重视和大力支持下,电子商务业务呈现出非常好的发展势头。但随着人保集团数字化战略和创新驱动发展战略的部署落实,以及公司电子商务业务板块的重新定位规划、业务发展的实际情况和行业发展的大趋势,现有的 IT 技术架构和电子商务系统越来越难以支持公司电子商务业务的快速发展。

为了有效推动公司电子商务业务的快速发展、显著改善客户体验、提高运营管理效率,人保健康敢为人先,在保险业内首次引入蚂蚁金服金融级分布式交易架构,对标行业顶尖水平,构建了互联网保险云核心业务系统,为公司未来 5 年互联网业务开展、业务创新及数字化转型提供了平台支撑。

(二)目的与意义

1. 支持公司电子商务业务向内生式集约型增长。公司构建的互联网保险云核心业务系统,具备外部渠道快速接入、新产品快速上线、保险快速出单、客户服务快速响应四大优势,将提高运营管理效率、改善客户体验,有效推动公司电子商务业务从外延式粗放式增长向内生式集约型增长转变,实现灵活高效、快速响应、敏捷服务、极致体验的创新发展目标,巩固公司在健康保险领域的领导者地位。

2. 助力公司数字化战略和创新驱动发展战

略的落地实施。系统采用业内顶尖的互联网架构，具备优异的普适性、拓展性和未来新技术应用能力，一方面可以为公司其他业务系统的移植和复用提供可能，为公司更新系统降低成本；另一方面，为人工智能、大数据等新技术的应用提供计算平台支撑，提高公司驾驭和运用新技术、新模式、新业态的能力，助力公司数字化战略和创新驱动发展战略的落地实施。

三、项目重点解决的问题及主要创新点

（一）项目重点解决的问题

人保健康互联网保险云核心业务系统将重点解决以下两个问题。

1. 在 IT 技术架构方面，公司原系统采用传统的集中式架构，应用系统的所有业务单元集中部署在中心节点。这种架构模式无法满足高并发量的业务请求，横向扩展性差，且难以支撑大数据、人工智能等新技术的部署应用。

2. 在互联网保险业务系统方面，原系统延续了对数据"重传递，轻处理"的基本架构模式，业务流程上高度依赖商保核心业务系统，导致出单时间长，无法支持高并发处理，新产品上线流程周期长，渠道对接灵活性差，服务时效低，客户体验不足等问题。

（二）主要创新点

1. 成功构建分布式交易架构，为互联网业务发展、新技术应用、其他系统移植提供了架构基础。系统对标行业最高水平，引入了互联网行业成熟的金融级分布式交易架构，包括云平台、分布式中间件和分布式数据库三大核心模块，采用了分布式、云化、微服务和容器等多项顶尖技术。该架构可以满足互联网业务持续创新、新技术的创新应用和其他系统的低成本移植等需求，为公司信息化建设在新时期拥抱新技术提供了架构基础。

2. 以互联网思维打造系统，为公司未来 5 年的电子商务业务发展提供平台支撑。在系统建设过程中全面融入互联网思维，以提升客户体验、引领业务发展为建设目的。一是以"小核心，大外围"的保险 IT 架构理念，将契约核保等关键功能前置到电商系统，达到渠道业务系统与公司核心业务系统的解耦的目的，实现对互联网业务高并发请求的支持。二是以"快速接入外部渠道、快速上线新产品"的敏捷理念，采用多种协议转换和标准化对接流程使外部渠道接入效率提升 6 倍，采用同步核心业务系统产品信息和再包装的方式使新产品上线时间缩短 80% 以上，确保公司能够快速响应互联网市场变化，快速拓展第三方渠道。三是以"客户为中心"的服务理念，引入智能云客服系统，以自助服务逐渐取代大部分人工服务，以智能引导和智能决策的机器人辅助人工服务，让客户享受到方便、快捷、贴心以及个性化的服务，大幅提高用户满意度。

3. 创新工作机制，创造了高效建设业务系统的成功案例。在项目实施过程中采用敏捷开发模式，在开发过程中可以快速调整功能需求，实现了系统的快速迭代。同时，以市场化的奖励方式调动各参与方的工作激情，以"创新、实干、诚信、责任"的公司文化鼓舞员工士气，不到 3 个月的时间完成了系统的建设并成功上线，创造了高效建设业务系统的成功案例。

四、项目主要建设内容

整个项目分为 IT 技术架构建设和业务系统

建设两部分，前者为后者提供了基础架构，后者基于前者实现了具体应用，两者共同构成了公司互联网保险云核心业务系统。

（一）公司新一代 IT 技术架构建设

公司新一代 IT 技术架构（分布式平台技术架构）建设包括基础设施、基础软件服务和应用软件三个层次的建设（见图 1）。

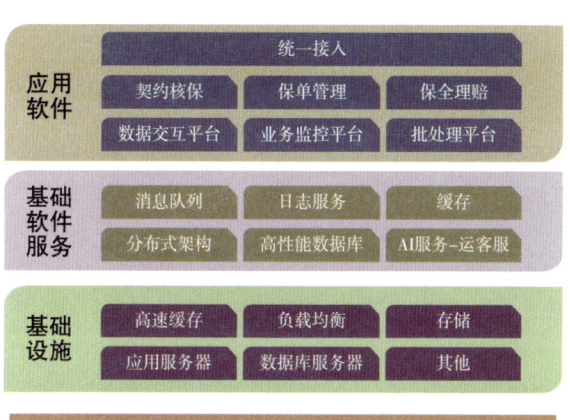

图 1　新一代 IT 技术架构

1. 基础设施层。搭建了私有云平台，平台采用分布式服务器虚拟化架构，实现公司对数据、安全性和服务质量有效控制的同时，还可以根据业务压力进行弹性扩容，平衡性能和成本之间的矛盾。

2. 基础软件服务层。采用了蚂蚁金服成熟的金融级分布式架构，包括分布式中间件平台（Sofa）、分布式数据库（OceanBase）、消息队列（SofaMQ）、高速缓存（Redis）等，同时基于微服务架构思想，以容器技术为载体，能很好地与基础设施进行整合，并能快速弹性扩容，支持超大并发的业务需求等。

3. 应用软件层。基于以上基础设施和基础软件服务，结合公司实际保险业务流程开发新一代电商业务系统，提高业务最大峰值交易处理能力，同时也为其他系统的低成本移植等做好技术和资源储备。

（二）业务系统建设

基于金融级分布式技术架构，建设了新一代电商业务系统，系统具有高性能、可扩展、稳定性高等特点，主要包括统一接入平台、服务平台、数据交互平台、监控平台等（见图 2）。

1. 统一接入平台。统一接入平台主要负责接入第三方外部渠道（包括蚂蚁金服、保险师等），并将外部请求进行标准化处理之后调用相应的服务进行业务处理，主要包括渠道管理、协议管理、报文管理、服务标准化、服务流程化、异步消息处理和流量控制等功能。

2. 服务平台。服务平台实现将现有核心业务系统的产品定义、契约核保等关键功能前置，减少对核心业务系统的依赖，主要负责处理业务逻辑，包括实现新契约和核保、保全和理赔、保单和客户管理、收付费等业务功能。具体实现方式：一是将系统的各个服务提供成标准接口，封装成对外服务，供请求调用；二是采用分布式服务框架，可以在系统层级对并发服务进行软负载处理；三是服务调用者通过服务发现获取所有的微服务清单，根据服务发现信息调用响应的微服务等。

3. 数据交互平台。数据交互平台主要负责和公司核心业务系统进行数据同步，将客户信息、保单信息、保全信息、销管信息、影像信息、产品信息、单证信息、收付信息、基础数据、规则数据信息同步到核心业务系统中。具体实现方式：一是通过部署独立的服务，采用多线程的方式；二是支持实时和异步两种方式将以上同步的信息封装成消息，发布到消息中间件，由消息中间件调用核心业务系统的服务，将信息传送到核心业务系统中。

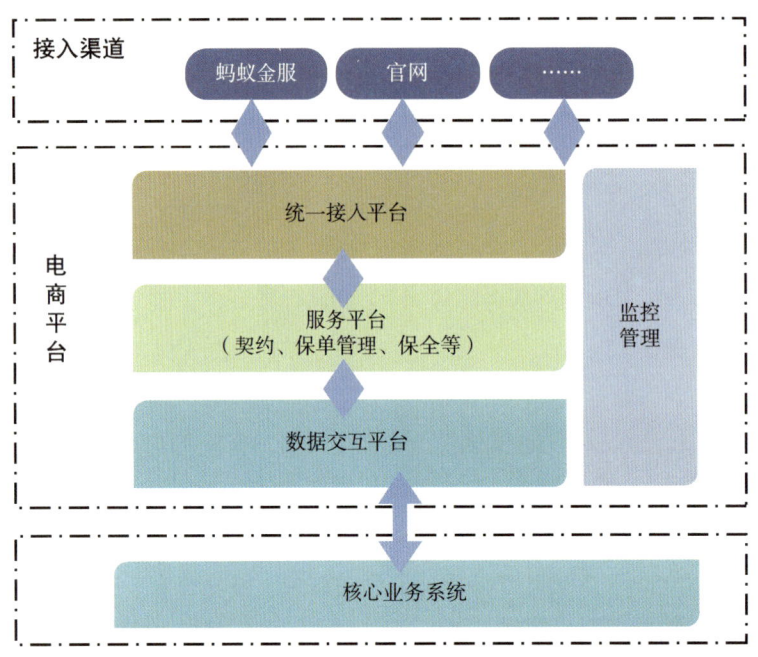

图 2　新一代电商业务系统组成

4. 监控平台。监控平台收集各子系统的服务器信息，如内存、CPU、网络等服务器资源使用情况，同时收集各业务运行状态，如核保流量、承保流量等。将这些信息进行汇总和分析，帮助运维人员掌握系统运行情况、快速定位和找出故障发生的原因。监控平台提供多种告警方式（包括手机短信、邮件、钉钉告警），合理地反映硬件、基础软件和业务应用的实时状态。监控平台可以极大地提升系统运维自动化、智能化，降低运维难度和运维量。

除建设以上四个主要平台外，还通过智能云客服平台，打造一套完整的客户自主服务体系，提高服务效率和提升用户体验。

五、成果与价值

（一）主要成果

人保健康互联网保险云核心业务系统对标行业最高水平，引入了成熟的金融级分布式交易架构，包括私有云平台、分布式中间件和分布式数据库三大核心模块，采用了分布式、云化、微服务和容器等多项顶尖技术，实现了产品定义、契约核保、保全管理、理赔管理、智能客服、一体化监控等全流程服务，满足了互联网业务持续创新、敏捷响应、快速试错、高可用、高并发、高可靠、线性扩展等需求，为公司电子商务业务的发展提供强大支撑，具体如下。

1. 对公司电子商务业务的支持能力大幅提升。

（1）大幅提升出单效率。系统的峰值处理能力达到 3000TPS，并支持弹性扩容，极大地缩短了出单时间。例如，2018 款好医保住院医疗保险，目前每天 15000 单的日结文件，处理速度从以前的 6 小时缩短至 10 分钟。系统自 2018 年 4 月 18 日上线以来，支撑公司互联网保险业务总出单量已超过 5000 万单，并成功经受住了 2018 年"双十一"的考验（日峰值达到 20 万单）。

（2）提高了外部渠道接入效率。系统具备强大的外部渠道配置能力，可灵活配置接入渠道的基本信息、安全策略、交互协议、报文格式等需求，大幅提升了渠道接入的效率；系统还具有强大的业务流程配置能力，可根据实际业务情况，将不同服务进行编排，以满足业务流程需求。基于以上能力，系统可以快速接入外部业务渠道，如蚂蚁金服、沈阳医保个账等业务，并且能对以往对接的第三方业务逐步进行无缝切换。相较于原电商系统，外部渠道接入效率提升6倍。

（3）加快了新产品上线速度。系统能够直接同步核心业务系统已定义的产品信息，并可根据互联网销售特点进行再包装，形成适合互联网特色的保险产品，也可以将不同产品进行全部或部分责任打包，形成一个新的产品组合。相较于原电商系统，新产品上线时间缩短80%以上，确保互联网业务的创新及快速响应要求。

（4）智能客服提升了用户体验。系统采用云客服系统，以自助服务逐渐取代大部分人工服务，以智能引导和智能决策的机器人辅助人工服务，让客户享受到方便、快捷、贴心以及个性化的服务，大幅提高用户满意度。

2. 降低系统软硬件建设成本。系统基于分布式基础架构，服务器及存储使用通用X86架构，数据库使用分布式数据库和其他开源数据库产品，实现了IT基础架构"去IOE"的目标，同时架构可以实现弹性扩展，提升系统整体性能及服务能力。

（二）项目价值

1. 分布式架构基础为其他系统的低成本移植提供了可能。项目构建的分布式技术架构，极大地提升了系统效率，不仅可以部署新一代电商业务系统，未来公司的各类核心业务系统经过一定程度的适应性改造都可迁移到该技术平台上，是公司信息化建设在新时代开始全面拥抱新技术的新起点。

2. 分布式架构基础为未来大数据、人工智能等新技术的应用提供了平台支撑。项目构建的分布式技术架构，采用了分布式、云化、微服务和容器等多项先进技术，不仅满足了新一代电商业务系统高并发业务响应的需求，还可以满足新技术应用、扩展和升级的需求，为新技术的应用落地提供计算平台支撑，如利用大数据、人工智能技术打造实时风控、生物识别、精准营销等功能模块，提升对业务的支撑能力。

六、总结

该项目是保险业首个引入蚂蚁金服金融级分布式架构建设关键业务系统的成功案例，很多应用场景在行业内尚没有可借鉴的经验。项目构建的技术架构和应用架构具有较高的通用性和较强的示范性，对其他保险公司具有较好的借鉴意义。未来，人保健康互联网保险云核心业务系统还将持续引入实时风控、生物识别、精准营销、智能理赔等金融科技能力，最终达到灵活高效、快速响应、敏捷服务、极致体验的创新发展目标，助力公司全面深化改革，向高质量发展转型。

专家点评

该项目引入蚂蚁金服金融级分布式架构，采用分布式数据库、微服务、容器等多项技术，构建了互联网保险云核心业务体系。通过对底层 IT 架构和上层应用的重构，系统可以满足高并发、大流量的互联网业务需求，并支持弹性扩容。此套系统也成功经受住了 2018 年"双十一"的考验。

此项目以互联网思维打造系统，引入了互联网行业成熟的分布式交易架构，对标行业最高标准，在满足互联网业务创新的同时，也提升了客户体验，对互联网保险业务底层架构的技术引入与构建具有启示作用。

人保资产一体化资金清算平台

◎ 中国人保资产管理有限公司

一、项目概述

中国人保资产管理公司一体化资金清算平台的业务理念为自主规划设计，整合前台业务系统及托管行资源，实现了资产管理全业务从投资交易到资金结算交收的全口径一体化电子流程支持，并形成可扩充的企业运营支持基础业务及技术平台，改变了目前保险资管、基金行业全手工托管行交收的传统业务模式，有效提升了运营效率，降低了结算交收操作风险。

项目突出了以下创新点：

1. 项目的技术创新。系统的开放式基础平台架构规划，支持业务种类的完整性，支持系统集成的开放标准接口，可扩展和持续发展的平台能力。

2. 业务流程创新。项目以职责清晰、效率优先为原则，优化前台系统人员操作流程及岗位职责，全面实施基础数据梳理，保证源数据对交收业务流程的有效驱动。

3. 项目模式创新。IT、业务人员深度介入高度掌控项目，主导系统架构、技术方案、业务需求及测试工作；公司前后台 8 个主要部门协作配合，提高 IT 与业务的融合水平，促进整体 IT 发展要素水平提升。

4. 对复杂特殊业务模式的适应性。公司主导完成了大量针对复杂特殊业务模式的适应性技术改造，业务承载能力达到行业领先水平。

二、项目背景及意义

（一）项目背景

全托管模式下的资产管理业务、资产管理公司的场外投资业务的结算交收，以及资产管理人运营的卖方产品客户赎回划款，均依赖于投资管理人根据交易执行结果，形成对场外结算中心或者交易对手方的资金划拨指令，经内部流程审批后，向托管行发送资金划款指令，并跟踪确认托管行划款指令的接收和执行情况，以确保交收完成。

（二）目标与意义

人保资产一体化资金清算平台项目作为前后台全口径数据直通式运营支持系统支持的主要任务之一，项目实现了技术与业务两个目标：技术目标为以开放式技术架构构建托管行资金结算交收支持基础系统平台，支持与各业务系统及托管行资源的技术集成；业务目标为基于各业务系统数据（各场外市场投资、资产管理产品运营、非标买方卖方业务、全行业代销渠道支持等业务系统），实施自动生成交收指令，并在线完成划拨指令审批、托管行指令发布、客户回款、代销结算及尾佣支付、结果反馈的资金结算交收一体化支持。

一体化资金清算平台的建设和运行，改变了目前保险资管、基金行业全手工的托管行交收业务支持模式，有效提升了运营效率、降低了结算交收操作风险。作为在传统业务领域依靠技术信息技术整合集成前后台资源，构建一体化的运营支持体系的探索，全面提升运营承载能力，具有较好的行业示范作用。

三、项目重点解决的问题及主要创新点

（一）项目重点解决的问题

传统系统支持和操作模式下，从前台交易单据的传递、交收指令单生产、审批、向托管行传递、结果跟踪、回款确认等环节，均由资产管理公司运营人员采用手工或者半手工的方式完成。交易清算交收操作效率低，手工录入交收指令数据易出错、审批流程不规范、历史数据不易查询等问题。特别是托管行资金划拨截止前的尾盘交易，低效的手工操作对后台运营人员造成巨大的交收压力，存在较大的交收操作风险。

人保资产一体化资金清算平台的建设，以开放式的基础平台技术架构，整合前台业务系统及托管行资源，实现资产管理业务从投资交易到资金结算交收的全口径一体化电子流程支持，并形成可扩充的企业运营支持基础业务及技术平台，以改变目前保险资管、基金行业全手工的托管行交收业务模式，提升运营效率、降低结算交收操作风险。

（二）主要创新点

（1）平台化建设思想。明确平台化建设的项目定位，将项目定位为构建开放式的托管行资金结算交收支持基础平台。通过业务模型抽象、标准接口规范制定，以支持最大范围的前台系统集成、托管行资源对接，并形成前后端可扩展的基础平台架构，保证系统广泛的业务支持能力和长期可持续发展的生命力。

（2）以系统建设驱动业务流程优化变革。以IT系统建设促进前后台系统使用模式和业务流程的优化，突破行业十几年形成的核心业务系统使用模式。一体化资金清算平台的设计和运行，需要前台业务系统提供完整、准确、及时的数据来驱动。因此，项目的规划和实施过程，对众多的前台系统业务操作岗位职责和流程进行了梳理优化，在部分核心业务系统中对行业十几年的传统使用模式进行了优化变革，建立新的与系统功能相匹配的操作流程及岗位职责，以完整、准确的数据流保证一体化资金清算平台系统业务功能充分发挥。

（3）探索实践新的IT系统建设和推广模式。公司资产管理业务范围在行业中具有最广泛的覆盖，在完整性及复杂性方面最具有代表性。基于建立全业务基础服务平台的项目定位，公司各业务部门的明确需求，各上下游部门的全面协调配合；公司IT人员在系统技术架构、业务支持方案方面发挥了主导作用。公司的项目定位及以上因素为系统开发商通过项目创建行业最佳实践案例提供了良好的条件，项目得到协作开发商的高度重视，在技术人员资源投入的质和量方面得到有效支持，提升合作层次。项目在促进公司业务与IT的融合，以及与协作开发商合作模式方面取得了显著的创新突破。

四、项目主要建设内容

（一）系统构架及规划

人保资产一体化资金清算项目，以资金清算

交收基础平台建设为主体，前端集成O32投资交易系统、登记过户系统（TA）、直销系统、网上交易系统，后端连接各托管行资金划拨指令传输通道，各销售机构，各清算银行银企直连划款通道，提供投资交易、TA直销所对应的托管行交收指令自动生成、TA对于代销划款、直销对应客户划款、指令审批、托管行指令发布及状态反馈的全流程一体化支持。

项目采用自主规划设计，与第三方合作开发共有知识产权，系统及数据运行于内部私有云架构之上，完全自主管理及运营。平台以开放式的基础平台技术架构、抽象化标准化的交收业务模型及集成接口规范，实现对全业务类型及托管行的资金交收业务的技术承载及一体化流程支持。

项目规划构建了开放式资金交收指令标准接口，以便在未来实现与公司在建系统非标业务系统以及需要资金结算交收的其他系统的对接集成，为公司所有托管行资金交收业务提供集中统一的基础支持服务。

（二）优化业务流程

项目实施中，将岗位职责和业务流程优化作为一项重要工作。以职责清晰、效率优先为原则，在系统中重构了部分操作流程支持功能，并明确各岗位操作职责和要求。

此项目最重要的职责和流程调整是资金划拨必备的场外交易对手方账户基础信息的维护。根据公司交易对手方账户信息来源职责划分，改变了以前所有交易对手方账户依赖运营管理部维护的传统模式，采用交易对手方实体账户由投资经理负责维护，本方及DVP账户由运营部负责维护的新模式，以期实现账户信息来源与账户维护操作职能的匹配，并有效减少账户信息传递的环节，提高信息维护的效率和准确及时性，保证交收指令关键要素的准确。

（三）项目整体部署方案

一体化资金清算平台采用两层构架，其中数据交互服务器平台专用于对外接外部系统，包括投资交易系统和非标系统，其他托管行直连是通过电子报文服务器通过接口方式直连托管行发送划款指令，通过传真方式报送附件，实现无纸化、自动化（见图1，图中的CC为一体化资金清算平台系统的简称）。

（四）银行间下行接口部署方案

投资交易系统中银行间交易生成资金划拨指令时，不仅要生成划拨指令，同时还需要生成银行间成交单同步到CC系统当中。另外，赢时胜估值系统也需要使用相同的接口，因此，采用以下部署方式进行银行间下行接口的相关部署（见图2）。

（五）银行电子划款直连方案

对接托管直连由前台系统生成划款指令并通过接口推送至一体化资金清算平台，由平台经过审批后通过深证通专线，将电子划款指令发送至托管行划款系统，托管行校验审批通过后进行划款，一体化资金清算平台通过调用托管行划款指令查询接口，查询划款状态，确认后进行划款自动确认以及前台交易系统自动交收（见图3）。

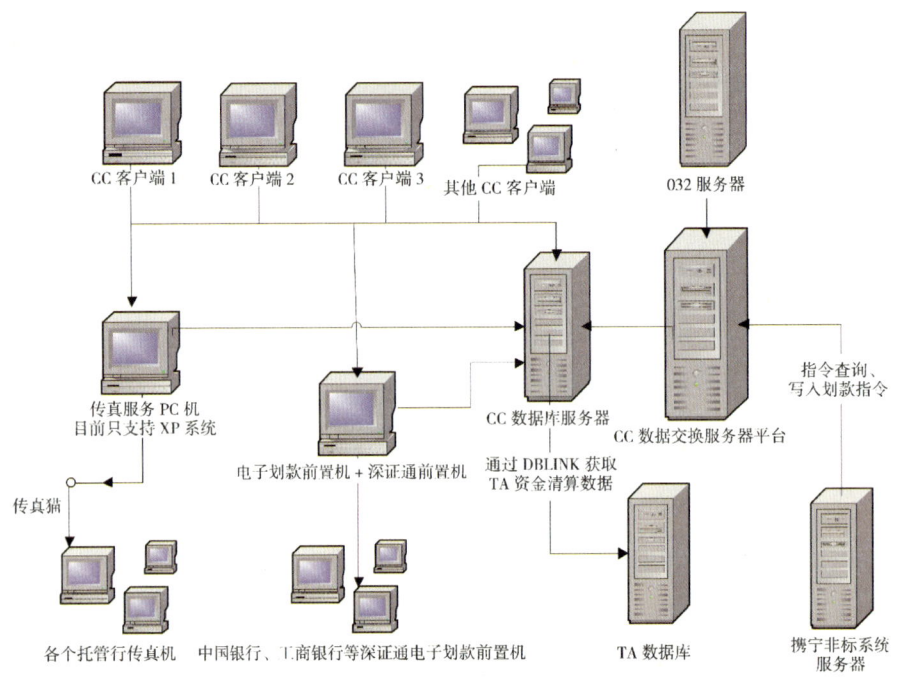

图1 一体化资金清算平台

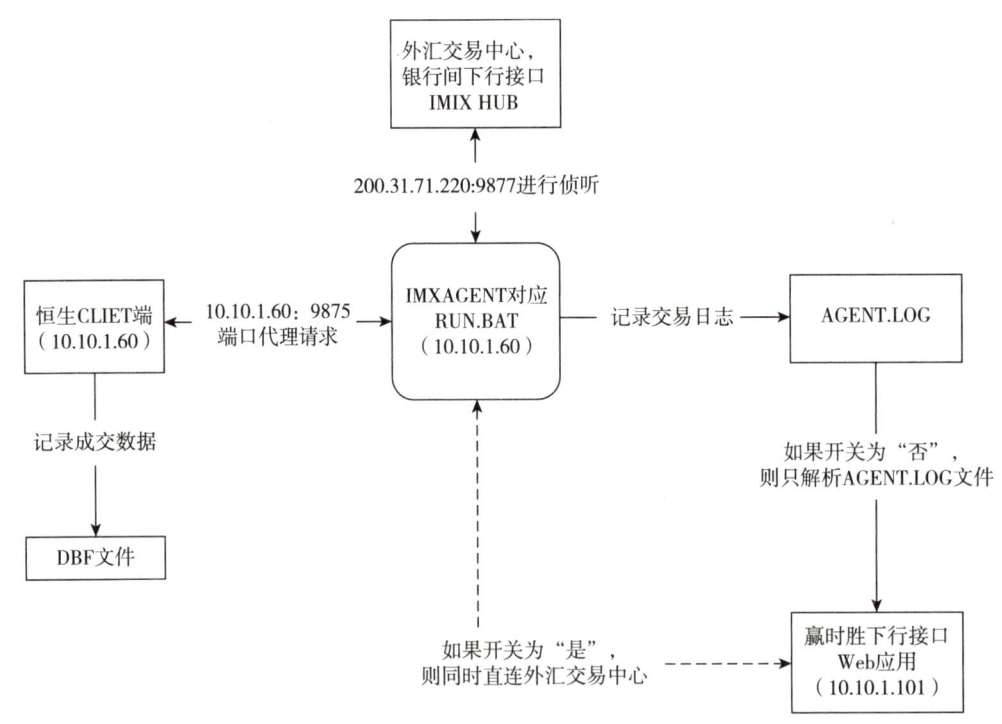

图2 银行间下行接口部署方案

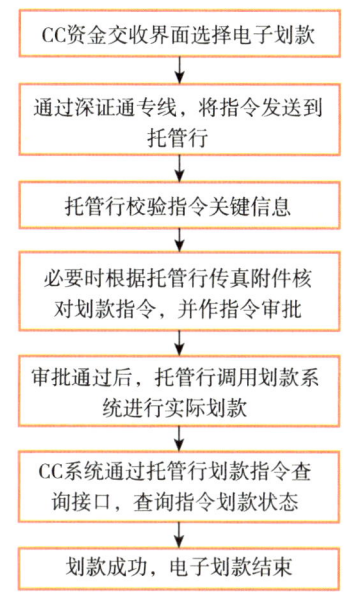

图 3 银行电子划款直连方案

五、项目效果

(一) 主要成果

(1) 创新性。系统平台的创新性表现在以下三个方面：一是反映在项目的业务切入点上，切实有效地抓住公司及行业长期以来在投资运营关键业务操作的"痛点"，并以构建基础平台建设的系统定位，适应业务量增长和业务领域拓展的支持需求；二是以平台化系统建设思想提供一个系统解决托管模式下资金交收整体业务领域的系统支持的方法，并使系统保持可扩充和长期的生命力；三是通过系统建设促进业务流程优化和岗位职责明确。

(2) 融合性。项目在系统技术及业务融合方面，具有以下特点：一是项目在系统架构层面，有效提升了多个系统的有机集成融合，构建跨系统的数据、流程直通式一体化支持；二是项目实施及上线过程中，多部门的协作配合，及业务流程、岗位职责优化，提高了公司 IT 与业务的融合水平，促进了 IT 整体发展要素的提升。

(3) 价值性。一体化资金清算平台的建设在公司业务中取得了显著的成效。一是显著提升了资金划款效率，前台人员在下达交易指令后，直接生成划款指令到资金清算系统，运营部资金结算岗在经过审核与复核后可以通过系统直接生成电子传真至托管行；二是项目提高了资金划款的准确性，减少手工错误，降低资金风险，原有流程是前台交易人员手工信息通知到运营管理部，运营管理部人工录入划款指令并人工传真至托管行，流程操作也比较耗时，效率较低下，且手工操作多，存在资金风险，资金平台项目搭建后，手工风险降低。

公司自系统平台上线以来，实现了除非标业务以外的所有保险资产管理、年金与养老金业务的托管行资金交收的全口径一体化系统支持；2017 年 8 月成功拓展了公司公募基金全业务的托管行资金交收业务一体化支持，以及与主要开户银行的银企直联通道支持；所有新增业务均在平台抽象化的资金交收业务模式下得到快速有效的扩展支持。以上充分体现了系统的业务扩展支持能力及可持续发展能力。

在关于非标业务支持方面，一体化资金清算平台在系统规划中已包含抽象的非标业务资金交收业务模型，并已实现了专门的业务数据和流程接口，完成了技术测试。目前公司非标业务运营管理系统尚在优化上线中，待非标业务系统正式上线，即可同步实现对非标业务托管行交收和划款业务的一体化全面支持。

(4) 协同性。一是项目涉及公司多个部门，项目期间公司多部门团队合作意识得到大力提升。项目在公司信息技术部、运营管理部的密切协同配合下，在组合管理部、固定收益部、基金投资部、权益研究及投资部、年金与养老金事业部、交易部等部门的大力支持下，历经9个月的实施、开发、测试，目前已稳定运行3年多，有效地支持了业务部门的业务工作，达到本期项目预期的目标。二是项目得到协作开发商多个层面的大力支持和配合，在项目实施与试运行过程中，开发商项目团队对公司项目高度重视，全力配合，加班加点保障项目按既定计划推进，为后期深度合作作出榜样。

六、总结

目前该项目已稳定支持业务运转，前台投资交易系统，直销TA系统产生的业务所需划款能够生成划款指令并完成相应审批，所需附件均能直接通过系统传递到资金清算交收平台，划款指令可以通过报文直连的方式传递至托管行，降低了之前因人工传递单据人工录单和传真的操作风险，提高了资金交收效率，降低了结算交收操作风险。

项目同时服务于公司保险资管、公募基金的买方及卖方交收业务，项目完成了超过10万笔各类交收指令的执行及确认，以操作、复核两个最小岗位配置从容应对全公司的资金交收业务，以一体化规范流程为公司节约大量人力成本与差错成本。

项目建设依托公司的全牌照资产管理业务资质，以公司在各交易场所、面向全市场的投资品种，以及多种产品类型的全覆盖和活跃交易为业务基础，对突破目前保险资管、公募基金、券商资管等行业的托管交收业务传统运营模式作出了有益的创新探索，并取得了显著的业务成效。

项目计划在后期将根据公司非标业务运营管理系统的上线进度，将非标业务的托管行划款纳入一体化平台的支持范围；在银行渠道端，基于平台接口功能框架，拓展托管行指令电子渠道支持；基于银企直联的功能，拓展对银行账户级的实时对账功能，建立全流程跨机构的操作风险防范机制，进一步提高资金结算交收的综合运营管理水平，促进资金使用效率的提升。

专家点评

该清算平台项目采用自主规划设计，基于开放式的基础平台技术架构，整合前台业务系统及托管行资源，实现了资产管理全业务从投资交易到资金结算交收的全口径一体化电子流程支持。

该项目在技术上采用了开放式基础平台架构，使平台能够支持完整的各类业务并可以不断拓展；在业务流程上，全面实施基础数据梳理，优化前台系统人员操作流程及岗位职责。清算平台依托于科技的力量，改变了目前保险资管全手工托管行交收的传统业务模式，有效提升了运营效率，降低了结算交收的操作风险。该平台后续还可进一步改进优化，为资管清算业务提供科技应用范例。

人保资产超级现金宝业务资源整合平台

◎ 中国人保资产管理有限公司

一、项目概述

中国人保资产管理有限公司（以下简称人保资产）超级现金宝业务资源整合平台是在人保集团一体化与数字化转型战略大背景下产生的一项促进资源整合及业务模式创新的数字化平台建设项目，该平台的规划理念是充分发挥互联网思维和技术优势，构建标准化基础上灵活适应不同场景的线上客户渠道整合平台，实现业务资源和场景在技术层面的快速对接，为构建跨界、多赢的创新业务模式提供信息系统业务基础架构支持。依托该平台，立足人保资产金融投资与资产管理的专业优势，发挥人保集团整体客户资源优势，以及其他第三方渠道的线上资源，促进具有保险特色的多渠道线上资源整合业务模式的拓展。

该项目的创新点主要包括以下三个方面：

1. 顺应人保集团数字化创新战略，充分调动与促进集团保险业务条线优势资源的整合与发挥，赋能公司金融产品业务的渠道发展。

2. 支撑开放共享、跨界多赢的业务模式创新。依托集团内线渠道客户的规模优势，结合人保资产金融投资能力与专业优势，提升保险客户线上体验及使用黏性。

3. 架构标准统一的互联网接口网关服务，将基金业务本身的复杂逻辑透明化，将超级现金宝账户功能直接开放给外部整合平台，为平台终端用户提供即充即用、随存随取的余额理财服务以及相关衍生的金融增值服务。

二、项目背景及意义

（一）项目背景

在人保集团一体化建设战略和数字化转型的大背景驱动下，本平台按照公司"打造具有人保特色公募基金业务"的目标与要求，以客户为中心，以服务保险主业为基础，依托集团内资源优势，充分发挥与各业务板块的协同效应，积极创新、探索打造具有保险业务场景整合特色的互联网数字化资源整合平台。

（二）目标与意义

作为一项兼具模式创新与资源整合的互联网数字化项目，超级现金宝业务整合平台（以下简称超级现金宝平台或该平台）以互联网思维和技术为手段，旨在通过不断地融合集团内外部优质平台资源，结合公司自身在投资领域的专业优势，为相关平台的终端用户提供以余额理财为核心的平台服务，在深度上持续优化客户体验，在广度上不断完善、丰富平台应用。

三、项目重点解决的问题及主要创新点

（一）项目主要难点及应对方案

在对接整合人保集团各保险业务板块的线上

平台资源过程中，因对接平台本身业务定位限制、账户体系结构差异等因素的综合影响，公司自有平台的实现模式无法兼容、移植至各个对接项目中。因此，急需重新构建一套标准化的对接外部平台的系统解决方案，解决与系统内外不同平台的对接问题。相对应的解决方案和工作机制包括以下两个方面。

1. 在项目的需求调研阶段，将对接平台分析作为核心工作之一，分析范围包括平台账户体系、业务模式、客群特征等，以确保后续指定的对接模式及实现方案是相对最具可行性的。

2. 将公司后端公募基金业务的复杂处理逻辑或不同平台的定制化流程，全部通过后端系统进行处理过滤，在系统接口层面上进行最大程度的标准化及灵活化，以保障对所有内外部平台均能实现高效对接。

（二）项目主要创新点

1. 顺应人保集团数字化创新战略，充分调动与促进集团保险业务条线优势资源的整合与发挥，赋能公司金融产品业务的渠道发展。

2. 支撑开放共享、跨界多赢的业务模式创新。依托集团内线上渠道客户的规模优势，结合人保资产金融投资能力与专业优势，提升保险客户线上体验及使用黏性。

3. 架构标准统一的互联网接口网关服务，将基金业务本身的复杂逻辑透明化，包括公司超级现金宝账户功能直接开放给外部整合平台，为平台终端用户提供即充即用、随存随取的余额理财体验。在支持快速扩充对接平台的同时，也能针对不同平台应用场景的需要，分别配置余额理财账户的资金支取方式、使用额度等功能。

四、项目主要建设内容

（一）系统对接模式

该平台通过三大类系统对接模式（引流模式、前置模式及混合模式），将超级现金宝账户及建构在此之上的金融理财产品服务向外输出至各对接平台上，终端用户能够直接完成公司公募直销基金账户的开立操作，即时享受账户充值实时可用（"T+0"申购）、账户取现秒级到账（"T+0"赎回）等的余额理财账户功能，与对接平台共同打造具有余额理财功能的电子账户产品。平台业务规划见图1。

（二）系统架构

该平台是基于传统的公募基金营销业务系统基础上，在以下三个方面进行了系统改造与重构工作。

1. 新搭建统一互联网网关服务系统，用来支持并向外部整合平台提供统一、标准的实时消息与批量文件形式的接口服务。

2. 新搭建基金订单系统（实时TA系统），用来支持超级现金宝账户相关业务的登记及预确认工作。

3. 改造后端业务系统（包括直销系统、TA系统与资金清算系统），以支持创新业务的清算端运营流程与数据交互。

目前架构的这套超级现金宝业务资源整合平台的解决方案，可同时支持自有平台及外部整合平台的接入使用，提供一致性的功能标准及集中监控与管理，各业务系统间的数据流向及交互关系见图2。

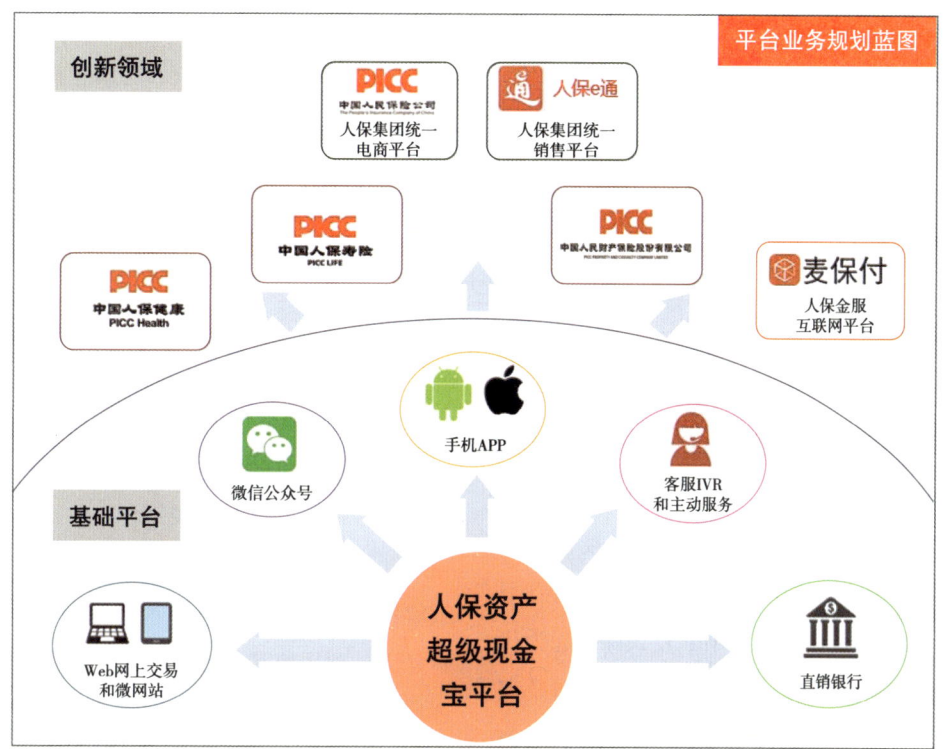

图1 平台业务规划

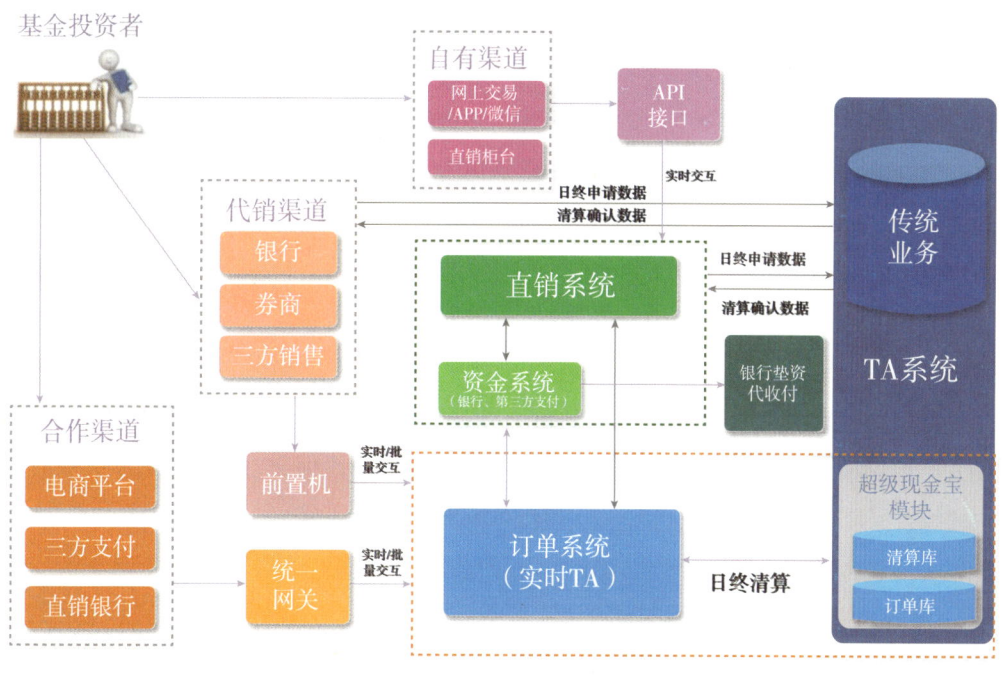

图2 业务系统间的数据流向及交互关系

五、项目效果

（一）主要成果

超级现金宝业务资源整合平台于 2018 年 9 月至今，已陆续与人保金服麦保付平台、人保 e 通、人保财险销管 APP、中国人保 APP 及人保集团综合电商门户等线上平台完成了对接整合，向各线上平台用户提供现金理财账户服务、金融理财产品及其他与保险业务交叉衍生的金融增值服务。

截至 2019 年 8 月底，通过上述对接平台新增的注册用户数达到 60 万户，为客户营销打下了坚实的基础。以中国人保 APP 及人保 e 通为代表的对接平台，其平台用户日活量、访问量及点击量等核心指标，同比均有 60% 以上甚至翻倍的增幅。

该平台在丰富对接整合平台的金融理财与相关增值业务范围以及满足平台用户金融理财需求的同时，也提升了平台用户的活跃度与黏性。

（二）推广价值

该平台将以人保资产金融理财产品为载体的便捷余额理财服务延伸到集团各平台的业务场景中，可丰富集团现有金融产品服务种类。在大资管的业务背景下，利用产品、业务、技术上的创新，既满足客户保障需求，又满足客户不同风险偏好的理财需求，从而为客户提供具有人保特色的"一站式""保险+理财"金融服务，更好地满足客户的综合保险金融服务需求，提升客户服务水平，增强客户黏性和活跃度，促进集团综合客户资源开发体系的建设，有助于提升中国人保综合金融服务提供商的品牌形象。

该平台还可与集团外第三方互联网平台对接，以平台化、系统化、规模化的合作方式将人保资产的超级现金宝账户服务功能对外输出，进一步增强公司的市场竞争力。

六、总结

人保资产超级现金宝业务资源整合平台的总体目标，旨在为各个对接平台上的终端用户提供即充即用、随存随取、便捷高效的余额理财账户或零钱理财产品的两个方面核心体验。在大资管背景下，利用产品、业务、技术上的创新，在为客户提供保险保障服务的同时，满足客户不同风险偏好的理财需求，实现 PICC 的"保险+理财"功能的总设计理念。

该平台目前规划、搭建的系统接入层，在支持公司自有线上平台相关业务开展的同时，还能通过各种接口方式，实现与外部各种结构互联网平台的对接，将两个核心业务服务快速扩展出去。

人保资产公募基金业务，已通过该平台实现了与人保系统内部及外部多个线上客户资源渠道的对接，渠道资源整合在业务驱动下不断扩充，构造了多种模式的客户应用场景和服务模式。自 2018 年 9 月至今，通过上述平台拓展了 60 万注册用户，促进了公募基金业务的超常规发展。

专家点评

超级现金宝业务整合平台，基于构建的标准化对接外部平台的系统解决方案，以互联网思维和技术为手段，为平台终端用户提供以余额理财为核心的服务。该平台通过三大类系统对接模式（引流模式、前置模式和混合模式），将超级现金宝账户及建构在此之上的金融理财产品服务向外输出至各对接平台中。

该项目主要通过搭建统一标准化平台解决了平台项目对接的问题，从而更好地赋能保险公司金融产品业务的渠道发展，并通过这一线上渠道提升保险客户线上体验及其使用黏性。这种"一站式""保险＋理财"的金融服务模式值得探索。

中国人寿数字化平台项目

◎ 中国人寿保险股份有限公司

一、项目概述

近年来,数字化平台作为企业新型商业模式的基础与内核,已成为数字经济和实体经济融合发展的新引擎。中国人寿数字化平台牢牢把握公司在客户、队伍、网点的优势,运用互联网思维精心打磨了云助理(首个面向移动互联的交付通道)、国寿小店(首个营销员个人线上门店)、掌上保险(保险产品线上组合化、场景化配置工厂)、e职场(首个线上团队与线上职场)、分层人脉(基于成长价值链的PAC客户经营)、开放平台(公司内外服务能力开放共享的枢纽)等一系列数字化应用,逐步形成平台化的整体布局。平台充分发挥强化用户连接互动、快速匹配资源等方面作用,技术层面,打通数据壁垒,实现整体交付;应用层面,整合内外部生态服务与资源,鼓励总分联合创新,构筑新型商业模式,加速推动公司平台化转型。

二、项目背景及意义

当前,全球经济已步入数字时代,以科技为特征的数字平台打破了原有传统线性价值链的商业模式,重构企业的资源与组织方式,借助网络效应,形成独特的平台型商业生态。在平台型商业模式下,企业更加便捷、广泛地连接各参与方,创造人人参与、平等开放、协作共赢的价值网络,营造全新的商业环境,构建起全新的市场机制。

中国人寿是中国市场一家典型的传统寿险企业,经过近70年的经营,积累了近200万名营销员的营销队伍、遍布全国直至乡村的营销网点。如何利用科技放大传统竞争优势,创造线上线下相结合的新型商业模式,在提升企业经营效率的同时,更好地服务社会大众,是公司近年来科技驱动转型的重要目标。

三、项目重点解决的问题及主要创新点

中国人寿依托互联网,搭建线上线下一体的数字化平台,以支持销售为核心,将功能和数据整合融入客户经营、团队管理、职场经营的各个环节,以科技赋能业务,提升销售人员的自展能力、主管的自主经营能力、职场的管理运营能力。同时,数字化平台将公司、销售伙伴与客户紧密联结在一起,促进价值互动,进而构建起具有中国人寿特色的多边市场。中国人寿平台化转型思路见图1。

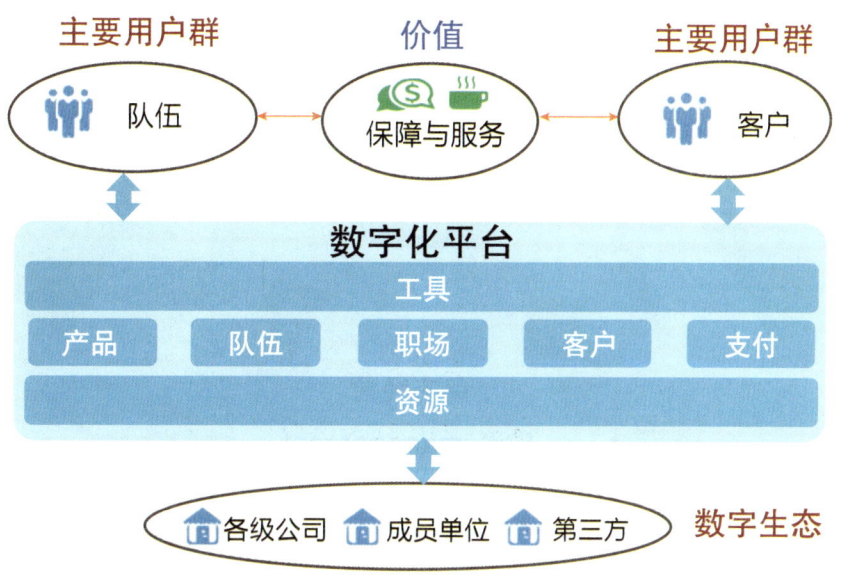

图1 中国人寿平台化转型思路

四、项目主要建设内容

中国人寿采用原型快速迭代方式，用互联网思维精心打磨，先后推出了云助理、国寿小店、掌上保险、e职场、分层人脉、开放平台等一系列数字化应用，主要涵盖了以下四个方面的内容。

（一）基于成长价值链的客户经营，提升自主展业能力

以客户成长为核心，遵循"潜在客户（P）—行动客户（A）—核心客户（C）"的客户成长价值链，提供获客养客工具、活动量管理、客户管理全景视图、短险社交化销售、保障型产品组合销售、客户信息智能推送等一系列配套的数字化工具，帮助营销伙伴对客户进行精准定位和分类，开展分阶段的经营与服务，实现客户的持续有效累积及转化。基于成长价值链的PAC客户经营模型见图2。

（二）线上实时化的团队经营，提升主管自主经营能力

基于平台建立线上团队，实现团队架构、团队经营、团队风采等信息的全景展现。主管通过平台可对属员经营情况实时跟踪并开展专业辅导，帮助属员根据客户需求动态调整拜访策略。同时，平台提供的工作协同、社交分享、排行榜、职场圈等功能有效提升了团队协作能力，营造了团队内部和团队间"比学赶超"的氛围，进一步助力自主经营。

（三）线上线下融合的数字职场，提升职场经营和指挥作战能力

通过早会经营、会议经营、明星榜、荣誉墙等灵活丰富的线上功能将职场从线下搬到线上，使职场经营更加高效便捷，助力职场经营及时响应市场变化。同时，打造业内领先的全网互联网

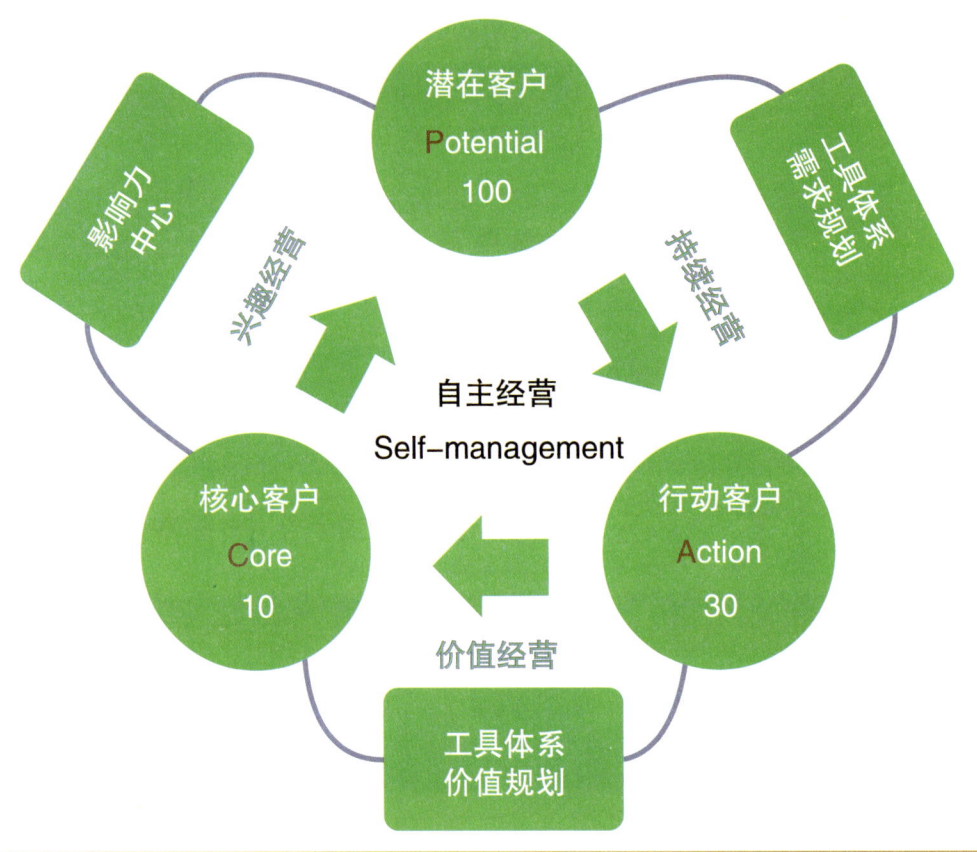

图2 基于成长价值链的PAC客户经营模型

络环境，搭建便捷易用的互联网视频系统，建设适应多场景、智能化、整体无线互联的硬件平台，进一步用科技武装线下职场，推动线上线下融合互动。

（四）能力开放共享平台，奠定内外部资源整合基础

依托平台化、标准化的技术架构，将数字化平台构建成开放共享的体系，各级单位和外部合作伙伴可以随时围绕业务场景，灵活组合各类创新应用与服务能力，满足差异化的业务拓展需求，强化用户、销售、职场、服务、开发者之间的联系。

五、项目效果

数字化平台已在中国人寿所辖36家分公司得到广泛应用，通过平台有效提升了客户经营、产品销售和自主经营能力，并建立起行业领先的技术体系，以及总分共创和生态共建的新机制。

（一）线上销售及服务能力不断增强

依托数字化平台，结合业务推动、各类人群、不同场景进行产品创新，推出形式多样的保险产品组合2300余款，并借助互联网规模效应，实现互联网短险保费的极速增长，达到行业平台化保费的领先规模。2019年上半年，线上获客同比提升18%，线上增员占比超过55.6%，团队线上运作管理同比增幅超过 3 倍；运用大数据等先进技术，开发智能客户推荐模型，根据客户不同年龄、职业等特征，为营销伙伴自动推荐优质客户，推荐客户长险成功购买率达 30%，极大地提升了营销伙伴展业效率。创新推出以国寿福大健康为核心的系列长险组合建议书，线上分享次数超百万次；推出小额信贷险扫描出单、学平险线上自付费模式等，开启了保险产品多元化销售的新模式。建立线上职场 4 万余个，线上团队超过 11 万个，投放线上课件 9 万余件，最快能够在 10 分钟以内完成一款互联网保险产品的上线发布，企业运营管理效率实现大幅提升；平台线上社交化的短险销售模式有效取代了原有纸质卡折式销售，有效节约了公司经营成本。推出营销员社交化电子名片，向客户以更加专业化和个性化的形式展示公司和销售人员的品牌。

（二）技术体系和科技赋能模式全面升级

数字化平台建设、推广和应用的背后，是强有力的技术支撑。借鉴国际最新的云架构理念，自主设计并落地行业领先、层次完整的企业级云架构，使用了实时计算、分布式存储和动态资源池等业内最新技术。建立数字化职场 2.1 万个，配备柜外清、自助终端等智能设备 15.1 万台套，依托数字化支撑构建扁平化和可视化的实时交互通道，各级机构可以直通一线网点开展全天候移动化的沟通交流、业绩追踪、督导指挥、宣传推广等信息上传下达服务，网点可以随时进行跨区域的培训共享、联合晨会、活动直播、移动办公、远程服务代办等日常运行服务，遍布全国的网点已成为公司服务前伸的数字化基地。当前日均视频会议 360 场，日均网点运营活动近 3 万场，互联网视频直播 2300 余次。

（三）总分共创和生态共建的新机制有效建立

总分公司以"平台＋服务"的理念打造整个体系，总公司"搭台"，提供平台及标准化服务；分公司"唱戏"，发挥贴近一线的优势开展属地化创新，快速满足分公司个性化需要，2019 年上半年各分公司基于平台新增推出"画图说保险""布谷鸟播报机器人"等创新 70 余个，累计投放创新应用超过 1000 项，形成"百花齐放"的创新局面。同时，以平台为连接纽带，公司开放保险核心能力，吸引合作伙伴共建新应用，创建了公司提供保险产品和平台、合作伙伴提供销售场景和客户的新型合作模式，目前已有银行、医疗、机动车服务、家政服务等超过 4000 家机构基于平台开展合作。

六、总结

人民日益增长的美好生活需要对保险产品和服务提出了更加场景化、鲜活化、定制化的要求，行业的边界也将越来越模糊。中国人寿数字化平台秉持"专业、开放、互生、共赢"的理念，以保险为本源，以保险科技为引擎，加强与各行各业的融通融合，共同构建中国人寿保险生态圈。

（一）打造保险企业平台化布局创新实践

依托数字化平台，公司打破了传统寿险行业典型代理人模式，让庞大的营销员队伍成为平台的直接用户。同时，全方位整合公司内外部资源，持续向营销员提供产品、服务、工具等，并通过线上社交的方式供给客户，提供更加精准的营销、更加优质的服务。

（二）行业首创层次完整的云化技术架构

平台立足公司全局，从基础、数据到应用进行集成整合，通过 API 方式持续对外开放语音识别、人脸识别、深度学习、大数据等智能化公共能力并持续融入新兴技术，实现内外部服务的快速对接和便捷投放，支持服务场景化的灵活快速组合、集成和交付。

（三）探索以客户为中心的综合金融服务生态建设

面向未来，平台在纵向发挥自身优势的同时，从横向寻求更多突破。通过开放的接口，吸引更多的合作伙伴入驻，汇聚以保险为核心能力、以服务民生为保障的生态能力，向客户提供更加丰富的综合金融服务。

专家点评

中国人寿数字化平台运用互联网思维先后打造出云助理（首个面向移动互联的交付通道）、国寿小店（首个营销员个人线上门店）、掌上保险（保险产品线上组合化、场景化配置工厂）、e 职场（首个线上团队与线上职场）、分层人脉（基于成长价值链的 PAC 客户经营）、开放平台（公司内外服务能力开放共享的枢纽）等一系列数字化应用，逐步形成平台化的整体布局。

该项目以科技赋能业务建设了基于销售的核心生态，从而提升了销售人员的自展能力、主管的自主经营能力以及职场的管理运营能力。该数字化商业模式及管理模式值得行业借鉴和探索。

国寿财险客户中心枢纽建设项目

◎ 中国人寿财产保险股份有限公司

一、项目背景

客户中心枢纽建设项目是中国人寿财产保险股份有限公司新一代核心系统项目建设中重要的项目建设，是体现财险公司新核心系统建设"1+3+N"蓝图规划的重要一环，系统建设涉及公司纵向业务流程各环节、横向多个职能条线，为财险公司以客户为中心理念落地提供重要的能力支持（见图1）。

客户中心枢纽项目建设解决了公司客户是"什么样的谁在什么时机怎么做"的问题，通过有机地将客户线上触点及行为数据串联在一起，基于数据进行标签建模计算，为公司客户提供差异化的服务策略。

客户中心枢纽项目建设整体包含了公司客户信息管理系统（ECIF）改造完善、客户触点及标签管理系统建设、服务策略管理建设。客户信息管理系统（ECIF）承载记录客户主数据的使用，伴随公司新一代核心系统建设项目启动至新一代核心系统建设项目结束，按客户维度迭代优化。客户触点及标签管理平台从认识、分析客户（标签），掌握客户行为（触点）的角度，强化

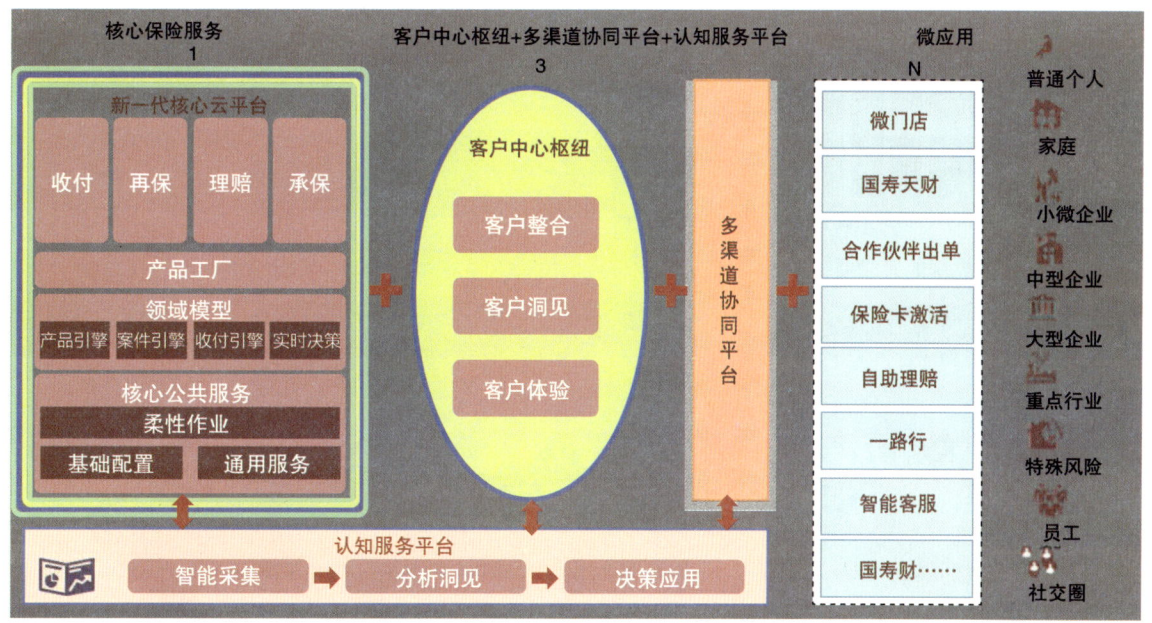

图1　中国人寿财险新一代核心系统建设"1+3+N"规划

客户维度的数据管理能力，作为向"以客户为中心"转型的数据和技术基础。服务策略管理系统，通过客户信息管理系统（ECIF）准确识别客户，通过标签管理清晰认识客户，通过触点管理准确把握时机，实现对业务的实时、灵活、数字化、智能化、低成本的支持。

二、项目建设方案

通过标签管理了解客户是什么样的人（什么样的），完善客户主数据客户信息管理系统的客户360度视图（谁），获取客户线上接触点知道客户在干什么（什么时机），结合触点、标签、客户主数据向客户定制化提供消息通知和差异化服务策略（怎么做），解决了公司客户是"什么样的谁在什么时机怎么做"的问题。与认知平台、相关服务和作业系统共同完成公司面向客户的系统建设（见图2）。

（一）触点及标签管理平台

触点及标签管理平台是基础数据平台，通过采集海量触点、管理和计算标签为服务赋能。

1. 标签管理。通过数据探查、数据建模、迭代优化完成标签的业务定义，好的标签要基于数据和业务分析获得并使用（见图3）。标签具有如下因素：

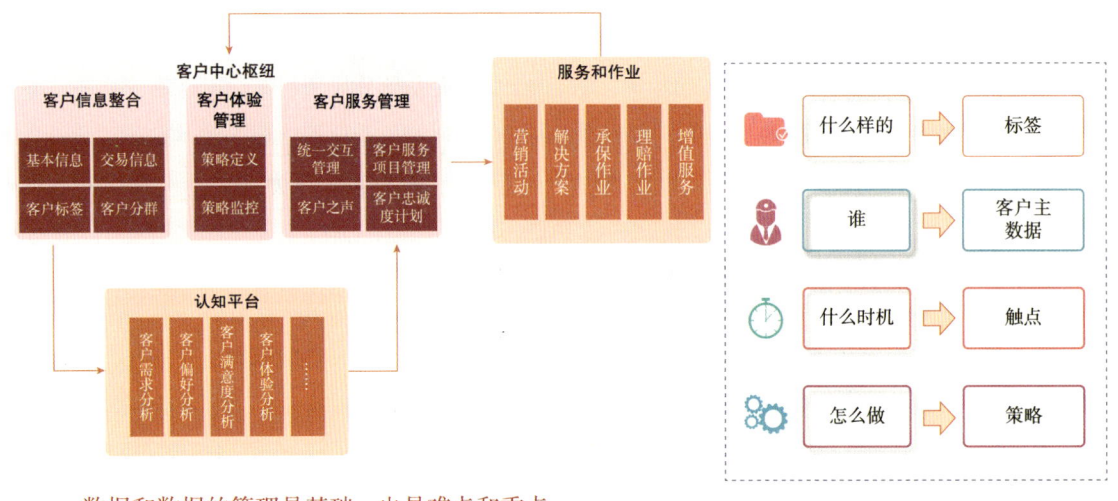

数据和数据的管理是基础、也是难点和重点。

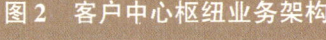

图2　客户中心枢纽业务架构

图3　标签管理流程

（1）触点及标签管理平台中的标签体系是树形结构，有三类节点包括标签分类、标签名称、标签值，标签支持多级标签分类，一般为2~3级。

（2）"标签名称+标签值"组合成一个完整意义的标签，如"性别：男"；标签是一类客户抽象概括的特征，如年龄段：40~50岁，而客户姓名、生日这类细粒度的特征，一般称为属性。

（3）某些标签同级维度互斥，例如客户只会有一个性别；某些标签维度下客户可能会有多个值，如险种偏好。

（4）标签具有生命周期，客户身上的标签，随着时间流逝，标签权重逐渐降低，直到消失。

（5）多个基础标签（原子标签）可以组合成包含业务知识的组合标签（分子标签）。

（6）客户画像就是客户标签的集合，根据分析的角度不同，可分为微观画像和群体画像，微观画像是指客户个体的标签集合；群体画像是某个客户群体的标签分布情况。

2. 触点管理。

触点，或称作"客户触点"，是指根据客户在业务渠道中的行为产生的数据。一般包括以下几个要素：主体（客户）、触点渠道（如客户APP）、触点行为（如购买保单生效）、时间，以及与业务相关的一些数据（如保单的详细信息）。触点可以用来加工标签，也可以直接用来根据触点信息触发营销、活动、服务等业务规则。

采点，即"采集客户触点"，是指通过埋点的方式，在APP、H5页面、Web网页等程序中收集用户信息，追踪用户行为，统计关键流程使用程度的过程。

本项目移动应用、PC端应用采用的采点技术均包括以下几种：

（1）移动APP引入SDK，包括安卓和IOS不同的SDK，打包后在用户收集收集信息，销售支持APP、客户APP采用此方式。

（2）移动端Web部署方式，引入页面JS，获取事件和点击情况发到探头，微信公众号、客户APP采用此方式。

（3）PC端消息队列采集，目前提供了Kafka、RabbitMQ两个队列，财险公司客户信息管理系统、承保系统、理赔系统等内网系统在使用消息队列进行触点采集。

（4）PC端Web部署采集，PC端引入页面JS，获取PC端页面点击情况。

其他采点技术包括移动端无埋点技术、日志分析技术等，基于本项目实际情况暂未采用其他技术。

（二）服务策略管理系统

基于采集的信息和客户标签，可以定制化向客户提供差异化服务并发送通知消息。服务策略管理系统主要包括以下几个方面。

1. 业务事件。根据实际业务要求，针对触点事件进行的规则配置，可被服务策略中心和统一资讯模块引用。

2. 客群筛选。针对客群类的筛选规则配置。

3. 服务策略中心。服务赠送活动的策略配置模块。

4. 统一资讯中心。消息类活动的配置模块。

服务策略管理系统将触点转换为业务事件，作为基础要素供服务和消息的订制；服务策略管理系统可基于标签和业务条件进行客户群的筛选；服务策略中心配置不同业务事件到达时的筛选策略或配置不同条件筛选出的客户群，并将此策略或针对特定客户群作为向客户推送服务的基础，按已配置策略差异化赠送服务；统一资讯中心配置不同业务事件到达时的筛选策略或配置不同条件筛选出的客户群，并将此策略或针对特定客户群作为消息推送的基础，按已配置策略差异化赠送服务。

三、项目效果及示范意义

客户中心枢纽标签可以补充客户画像，基于传统的客户 360 度视图进行互联网化补充，更好地描绘客户视图，并为了解公司客户提供有益的帮助。截至项目上线，客户中心枢纽共上线计算类标签百余个，建设完成基本信息类、地理位置类、客户价值类、保险特征类、服务特征类、渠道特征类、兴趣偏好类、风险特征类八大类标签体系。

客户中心枢纽触点采集后可以进行在线行为分析，优化流程体验，同时针对客户触点系统 PV/UV 进行分析，观察系统是否好用。客户中心枢纽截至上线时已对接移动端客户 APP、微信公众号、小程序、销售支持 APP、客户信息系统、承保系统、理赔系统等 10 余个系统，触点采集量月均千万次。

结合触点、标签，为客户提供有温度的定制化差异化服务关怀，是服务策略管理系统打造的效果。

客户中心枢纽建设项目打造了串联内部保险核心服务和面向客户微应用的枢纽，是多部门多条线协同工作的成果，适用于产品、业管、销售、理赔等全业务流程。客户中心枢纽作为持续赋能平台，将持续对外赋能，支持各业务场景的能力提升和创新。

专家点评

该项目将客户线上触点及行为数据串联在一起，基于数据进行标签建模计算，为公司客户提供差异化的服务策略。整个项目建设包含了公司客户信息管理系统（ECIF）改造完善、客户触点及标签管理系统建设、服务策略管理建设。

该项目能够为公司甚至是行业提供丰富的用户标签信息，可以基于传统的客户资料进行更好的用户画像补充；同时，该项目还通过采集触点后在线进行行为分析，从而通过触点和标签的结合，使保险公司能为客户提供更加个性化的产品和服务，也更有利于对保险产品和业务的进一步研究创新。

太平洋产险大灾指挥平台

◎ 中国太平洋财产保险股份有限公司

一、项目概述

为统筹规划大灾期间各险种灾前预警、灾害范围、损失情况、救援分布、人员部署、物资调配、数据统计、技术支持等防灾应灾工作,做到大灾发生,条线联动,资源共享,快速理赔,精准服务,提升大灾应对的时效性、准确性,提升服务精度、优化服务准确性,为整个大灾工作提供有效的综合平台。

大灾指挥平台,实现产险各个核心系统的大灾标识统一管理,依托GIS技术将自然灾害信息、车险和非车理赔数据融合可视化显示,通过本平台的建设,实现"三控",即全程控、实时控、精准控。搭建事前预警防范模块、事中灵活调配快速处置模块和事后总结分析模块,结合历史大灾信息,形成风险闭环,信息预警,全程信息共享实时监控的大灾管理体系(见图1)。

二、项目背景及意义

通过搭建大灾管理平台,将大灾处理流程化,规范化管理,提高大灾发生期间事前、事中、事后的工作效率及资源利用率,缩短大灾时效周期。整合各条线资源、外部资源,建立大灾作业标准,集中调度,建立多方资源协同作业的大灾理赔模式,建立标准化、透明化的大灾线上管理流程。

三、项目重点解决的问题

1. 大灾预警不充分。通过对接气象数据,对灾害预计受影响区域的保单发送预警信息。做好灾情预防工作。预案执行难标准,历史数据没有被充分利用,缺少风险地图提示。

2. 实时信息不对称。案件效率难以提高,实时数据信息滞后,资源调配不及时;现场无法细分损失,估损时效较差。

3. 资源调配不精确。查勘资源、救援资源、业务资源、合作厂商资源调配无统筹,导致集中查勘、集中救援等资源浪费、资源真空现象,无法有效调配各类资源。

4. 数据汇总不及时。各险种大灾标识不统一,数据汇总口径不一致,数据汇总能力不平衡,数据汇总结果实用价值、历史价值明显下降。

5. 大灾指挥未联动。大灾发生,各条线分头作战,缺少联动,导致人力、资源重复调度,造成资源浪费。

四、项目主要建设内容

1. 建立大灾事前预警预防线上管理流程,实现大灾的自动预警、人工预警及大灾预警审核功能;实现大灾的线上预案制作功能。集成气象地图、风险地图等技术辅助大灾预案的制作。

2. 建立大灾事前防灾标识,对历史易受灾地区,历史灾期前进行防灾防损工作,并做好防灾等级标识,便于后期大灾检视。

3. 建立大灾事中管控功能，实现大灾内外部资源集中调度功能；实现大灾信息采集、大灾损失、资源调配、大灾救援、大灾外修、大灾定损任务、大灾清单、大灾数据、大灾任务的调度通知功能。

4. 建立供外部资源使用的移动应用，实现大灾信息采集、大灾全损、大灾救援、大灾外修、大灾外部支援、大灾案件流向的全面统计和调度。

5. 建立历史大灾数据分析功能，对历史大灾处理痕迹、防灾防损、资源调度、反应时效、案件质量、风险等级等维度进行分析。

五、项目效果

台风预警功能，提前预判预警保单，预估受灾损失，实现了对台风的早期预警、提前锁定、精准推送、连续跟踪，并在2019年"利奇马"等多个台风的防灾工作中成功应用。

以山竹台风为例，分公司及各中支层面均安排报案统计、数据汇总、查勘调度专人专岗。若该系统能够上线，可节约广东（12人）、东莞（3人）、深圳（3人）、苏州（3人）四地分公司总计21人14天的工作量，北京（1人）、上海（1人）、青岛（2人）以每人每天400元计算，可节约成本约12万元，按汛期一年平均7个台风计算，该项成本年均可直接节约84万元，按系统5年使用寿命计算，累积节约420万元。

大灾指挥平台通过提高大灾估损准确性，为精算部准备金提取提供数据支撑。同时，由于调度效率的提高，可提升公司自有查勘人员的工作效率，减少外部公估人员的委托查勘费用。因为，此项目的目的在于防止损失扩大化，目前难以有具体数字可供参考，但该减损的效益年均至少为100万元以上，外部公估费用降低成本年均100万元。

六、总结

该项目率先在行业中使用GIS技术，将灾害、案件、承保赔案、出险调度等数据融合可视化展示，搭建了包括事前预警防范、事中灵活调配快速处置、事后总结分析等模块的大灾指挥平台。该项目上线后成为行业第一个系统级的大灾理赔创新解决方案，实现大灾理赔的科技赋能。

为统筹规划大灾期间各险种灾前预警、灾害范围、损失情况、救援分布、人员部署、物资调配、数据统计、技术支持等防灾应灾工作，做到大灾发生，条线联动，资源共享，快速理赔，精准服务，提升大灾应对的时效性、准确性，提升服务精度、优化服务准确性，为整个大灾工作提供有效的综合平台。

专家点评

为了统筹规划大灾期间各种防灾应灾工作，太平洋产险搭建了大灾指挥平台。该平台依托GIS技术将自然灾害信息、车险和非车理赔数据融合并进行可视化显示，同时搭建了事前预警防范、事中灵活调配快速处置、事后总结分析等模块的全程信息共享实时监控大灾管理系统。

该平台重点解决了一些问题，比如大灾预警不充分、实时信息不对称、资源调配不精确、数据汇总不及时以及大灾指挥未联动，这些问题的解决对于财险公司的业务处理效率和服务精度起到了极大的提升作用，对全行业的大灾核赔定损等处理具有启示作用。

平安产险智能作业项目

◎ 中国平安财产保险股份有限公司

一、项目概述

近年来,平安产险主攻数据化战略,运用科技力量进行基因突变,用技术驱动业务流程改进、打造新产品、提供极致客户体验,积极推动技术落地应用。"智能作业"正是借助 AI 技术和大数据技术,通过对从销售、承保、服务到续保的全流程深度梳理和诊断,提升工作效率,打造极致的客户体验。平安产险在横向平台式推动 AI 智能助手、单证电子化等的同时,也纵向进行垂直业务领域的深度集中突破,如智能理赔等,最终实现"两无"(无线下动作、无数据断点)、"三不"(不系统外传递、不收单、不打印)目标。

二、项目背景和意义

目前国内外保险市场,暂无企业可以提供全流程端到端的智能化作业,平安产险在询报价、录单、批改、打印、配送等环节借助智能机器人、图像识别、OCR、深度学习、自动建模、知识图谱等新科技手段,实现了纵向垂直全流程优化改造,从根本上提升了全流程作业效能。

平安产险通过 AI 智能助手颠覆传统业务模式,极度简化承保环节流程。在承保场景全流程,运用作业机器人和营销大脑,实现询报价、核保出单、保单批改等场景自动化、智能化。出单机器人基于多轮会话模型与绘制业务逻辑打造,借助语义识别技术识别用户意图,通过机器人与客户/业务员/合作伙伴进行多轮交互式对话,引导用户操作并收集相关信息。相关信息收集整理后,通过营销大脑运用大数据技术,构建客户画像并依据客户价值模型输出,实现不同阶段、不同时间、不同个体,推荐千人千面的产品组合方案。在客户确认方案后,通过 OCR 识别技术识别客户身份证、驾驶证、行驶证等相关证件,自动生成报价单并向客户反馈报价,在保险承保环节实现"无人工出单""三步完成服务""一次报价成功"。

三、项目重点解决的问题及主要创新点

通过对从销售、承保、理赔到续保的全流程深度梳理和诊断,借助 AI 技术和大数据技术,提升工作效率,打造极致的客户体验,在横向散点式的推动同时,也进行垂直领域的深度集中突破。

销售环节从前台人员接洽、触达客户,确认保险方案提供资料到报价以及最终确定保险方案,利用 OCR 识别自动录入客户及车辆信息、知识图谱提供展业支持,实现机器人智能报价,提升作业效率。

承保环节从投保单原来需要人工推送和跟踪

签署，通过图像识别自助验车、电子签章线上确认等技术实现线上化和无人出单。利用AI智能助手为客户提供智能出单和客户自助服务，有效提升客户体验和经营服务活跃率。在支付、打印、配送的远程作业场景中，集约化方案有效提升工作效率，缩短客户平均等待时间。

理赔环节包括报案、查勘、定损、核算和支付，能够自助图片定损的案件完全零人力介入，其他案件客户发起视频请求之后，根据客户位置，结合风险模型、客户画像、网络通畅度等计算当前案件是否可以进行一站式视频理赔，再根据案件属性计算案件复杂度决定由哪一类座席处理，以数据为驱动，实现AI自助理赔。

咨询服务环节，通过人机对练、在线问答、服务个性化定制，实现机器人问答优化密集人力。

四、项目主要建设内容

基于全流程系统、数据、动作、人工操作等断点和机会点诊断，针对性设计流程改造和科技赋能解决方案如下。

（一）营销大脑

基于业务系统数据、T端交互数据、用户行为数据和外部渠道数据四大数据层，营销大脑利用OCR识别、人脸识别、语音识别和偏好识别等技术建立用户画像、知识图谱和编程模型，围绕客户全生命周期推动智能决策和推荐引擎多维度提升客户活跃率、服务使用率和续保率。在传统模式中，营销部和业务员须协同进行资料整理、方案调整、方案推荐等动作，资料收集没有规范体系，人力参与分析较大，营销效果不佳；营销大脑利用AI技术对客户需求的分析，自动整理了目标客户名单，针对性推荐产品，实现营销精准化。同时，AI派工有效拓展目标客户群，实现销售标准化提升业务员效能。

（二）AI机器人助手

基于财险多业务场景搭建的客户助手、座席助手等六大机器人助手，旨在实现人工替代和人工协助。在知识问答、知识搜索、智能对练、智能执行等功能层面上，六大助手提供智能对话聊天、搜索引擎、问卷调查、知识活动页和统计报表等高质量服务。

例如，客户助手服务于客户各类交互触点，结合业务知识和客户数据，精准定位客户诉求，实现通用性解答精准答进化，做到零人工干预；座席助手智能识别用户对话意图，提炼金牌话术，实现销售促成。

（三）智能理赔

通过风控模型与智能核培替代理赔理算人力，实现流程线上化、无人化。

1. 零技能人员完成高专业工作。系统根据客户当前位置，结合风险模型、客户画像、网络通常度计算是否适合走一站式智能理赔，结合视频影像与图片智能定损；视频理赔接通率高达99.7%，且系统可以3秒内出定损结果，座席远程当场可以给客户赔付结案。

2. 一站式视频智能理赔。通过流程优化和高新技术的应用，实现接报案、查勘、定损、收单、理算、核价、核损等10种岗位职能整合。通过流程优化和一站式视频智能理赔技术整合了上述职能，大大提高了工作效率和客户体验。

3. "单证后补流程+自助交单"。传统模式中，赔付结案要求单证齐全，但实际中客户很难一次性提供全部单证。一站式视频智能理赔从客户角度解决问题,将已完成定损的案件挂起,客户可以通过其他渠道后期补齐单证,最后系统通过OCR自动识别单证技术将赔款秒级赔付到客户账户中。

(四) 智能认证

认证环节主要分为个人客户认证和企业客户认证。从企业客户角度来看,电子签章的使用大大提升了认证效率,有效保护企业信息。从个人角度来看,认证主要包括声纹认证、人脸认证、指纹认证以及电子签名,综合运用生物科技、人脸识别等技术,提升了客户信息安全性,同时提高了认证效率。

五、项目效果

该项目获得由全球IT领域著名第三方机构国际数据公司(International Data Corporation,IDC)主办的"2019 IDC数字化转型金融行业技术应用场景之最佳创新卓越奖"。其中,单据识别技术获得了国际文档分析与识别大会(ICDAR)上的国际票据扫描件文字识别和信息提取(SROIE)大赛榜单第一位,荣获世界第一。

聚焦智能度相对较低的流程领域,进行智能化改造,推动财险科技转型

1. 智能闪赔。应用了智能图片定损技术,可实现平安每年30%纯外观件案件自助定损。目前智能定损平台涵盖业内最完整、最准确的车型、配件、工时、价格数据库,覆盖99%的定损车型、85%的事故损失配件、93%的维修工时及98%的修理厂,通过图片识别定损能够在交通事故造成的车辆损失情况判断上大大提高准确率以及覆盖率。并且,这些技术还可以在行业内实现共享。因此,智能图片定损作为未来的重要发展方向,具有很大的推广价值和意义。该项目通过渗漏前置及预警管控,自2015年9月至今已实现渗漏管控减损82亿元,通过换修标准图片识别管控,自2017年4月至今已实现减损2000万元。

2. 一站式视频智能理赔。一站式结案成功率为83.32%,一站式视频智能理赔平均支付结案时效为27分钟,客户满意度高达96.3%,一站式视频智能理赔客户NPS高达87.1%,高出平安其他理赔方式6%,达到行业峰值。

3. 信任赔。该项目结合AI和大数据画像,为广大车主提供1200万个授信方案。通过人工智能和大数据实现一车一人一额度,单案件处理平均减少了5~18个人工作业流程,减少审核人员触点,案均耗时2~3分钟,解决了传统定损时效慢纠纷多的"痛点",极大地提升了用户体验。

专家点评

智能作业项目借助 AI 技术和大数据技术，通过在横向平台推动 AI 智能助手、单证电子化的同时，也纵向通过对从销售、承保、服务到续保的全流程深度梳理和诊断来优化客户体验。该项目通过 AI 智能助手极度简化承保环节流程，运用作业机器人和营销大脑实现询报价、核保出单、保单批改、定损、支付等场景自动化、智能化。

综观国内外保险市场，暂无企业可以提供全流程端到端的智能化作业，同时全流程智能化作业的完全实现还有很长的路要走。该项目的构建是一个非常好的尝试和探索，能够高效地降低人力及成本，同时优化客户服务，具有一定的参考意义及示范价值。

大地保险指挥管理系统

◎ 中国大地财产保险股份有限公司

一、项目概述

当前保险公司存在众多跨部门协作的大型组织活动，如核心业务系统换"芯"或"费改"等监管需求上线。这些需求的改造活动涉及面广、系统数量多而且影响较大。

传统大型系统升级活动全靠人工线下通过电话、邮件等方式进行各部门、各系统的协调工作，费时费力，沟通成本极高，且不能准确地从大局把握当前整个活动的进展及完成情况。为了对重大活动事件进行有效的统一管理，公司搭建了指挥管理系统。

本项目目标是采用 **J2EE** 标准搭建的一个 **Web** 应用，要求系统能够实时动态刷新、滚动显示大屏数据，在活动进行中不断轮播，监控所有指令的执行情况并展现报表数据。

系统需要提供指挥链的导入功能，对导入模块制定导入规则，减少用户学习成本。对于指挥链中关键里程碑节点需支持人工控制。以多种形式实现指令的下达通知，包括微信、邮件或短信，进行预先提醒及逾期通报并支持系统管理员在线配置功能。

系统功能上应兼容谷歌等主流浏览器，系统设计上应保留扩展性，接口设计应遵循通用原则，便于与其他系统集成。

二、项目背景及意义

中国大地财产保险股份有限公司是中国再保险（集团）股份有限公司旗下唯一的财险直保公司。自2003年成立以来，公司业务得到了迅速发展。

随着业务的不断扩大，公司的旧核心系统在系统性能、易用性、扩展性等方面都面临挑战，公司为了解决现状，创建了专项小组，成立"726"项目组，决心重塑核心出单系统，车险、财险、意外险三条线并行。由于新核心系统的波及范围大，所有周边系统及出单机构都需要配合，为了确保现有业务的正常出单，最小范围减小系统升级影响，公司必须保证系统切换顺利、有序进行，故而引入"指挥管理系统"用于指挥新核心系统升级操作。

三、项目重点解决的问题及主要创新点

指挥管理系统是为数不多的用于管理重大活动或者事件的全流程线上系统，其使用范围极为广泛，包括但不限于大型系统的上线升级、大型会场、舞台或演出等涉及多部门、多人员的活动。

该系统可以使活动组织者和参与者有序开展指令分发、接收、执行动作，并自动通过大屏展

示当前活动的每个阶段和环节的具体情况以及活动进度比。

1. 为保证大屏数据的时效性，大屏自动刷新时间以秒为单位，考虑到展示内容可能根据活动性质的不同而数量不一，提供了人性化的自定义大屏面板数据轮播功能。

2. 系统支持丰富的通知消息形式，包括短信通知、微信通知、邮件通知等。

3. 系统采用 HTML5 和 Bootstrap 实现，支持主流高级浏览器，提供了友好的用户体验。

4. 系统指挥链导入模板以 Excel 板形式支持指挥链的创建工作，针对 Excel 进行一系列校验、引导用户制定指挥链。

该系统从设计理念上能够完全贴合各类大型活动需要，提供给活动组织者使用，为活动顺利有序进行提供了强有力的支撑。

四、项目主要建设内容

系统功能主要分为大屏展示、指挥链创建、指挥链管理、指挥链执行、通知下发、系统管理模块。

（一）系统功能

系统功能和系统大屏展示分别见图1。

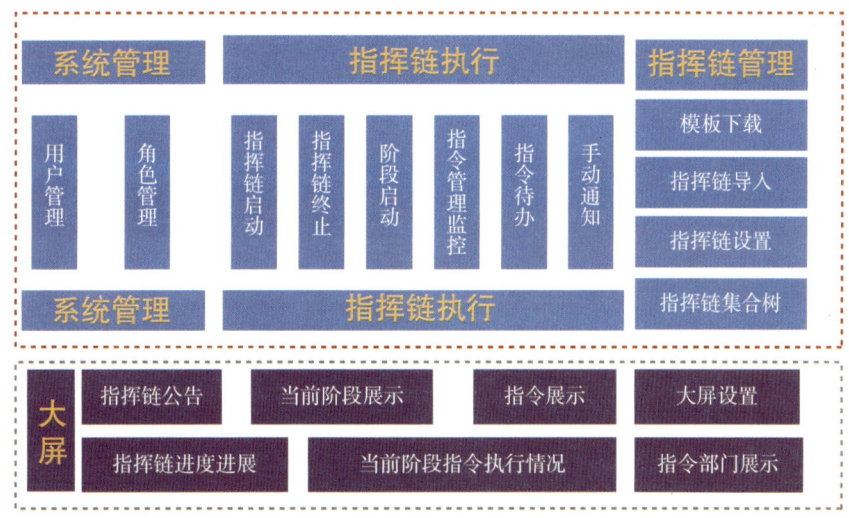

图1　系统功能架构

（二）系统功能模块介绍

大屏展示主要包括指令执行情况统计、指令展示、指令部门统计展示、指挥链进度展示、大屏刷新设置功能，前端使用"HTML5 + bootstrap"实现，支持主流高级浏览器。

指挥链创建主要提供给指挥链管理员使用，将指挥链进行阶段和指令拆解，配置指令执行人、指令审核人，指令间前后依赖关系，设定指令执行时间等基本要素。

指挥链管理提供单个指挥链的信息编辑，默认大屏数据刷新时间、接收超时设置、进展汇报间隔时间、指挥链延迟和提前操作。

指挥链执行包含了指挥链的启动和终止，并对阶段的启动设定手动指挥开关、对指挥链指令进行监控管理，可对单个指令或多条指令进行单条下发或者批量下发操作，且提供指令执行红绿灯状态展示，也可进行指令接收等动作。

通知下发提供包括"实时待办通知""转发通知""逾期提醒""超时通知""指令执行前30分钟""指令执行前5分钟""领导汇报节点通知"以及手动通知等丰富场景。

系统管理模块提供用户管理和角色管理，可对用户进行禁用和授权操作。

（三）项目技术方案

系统采用 MVC 分层设计，分别为视图层、服务层和持久层。前端使用 Bootstrap、HTML5 和 CSS3 等技术，后端主要使用"Spring + Spring MVC + Mybatis"，接口调用采用 Restful 风格进行实现，日志组件用 log4j 进行集成，使用定时组件 quartz 进行通知的定时发送，指挥链 Excel 模板后台采用 Poi 技术对 Excel 进行检验解析。系统软件技术架构见图 2。

系统设计充分考虑了系统及文件访问的安全性限制。系统集成单点登录，通过单点登录系统登录访问后台管理控制台；系统间接口通过 ESB 进行授权访问。

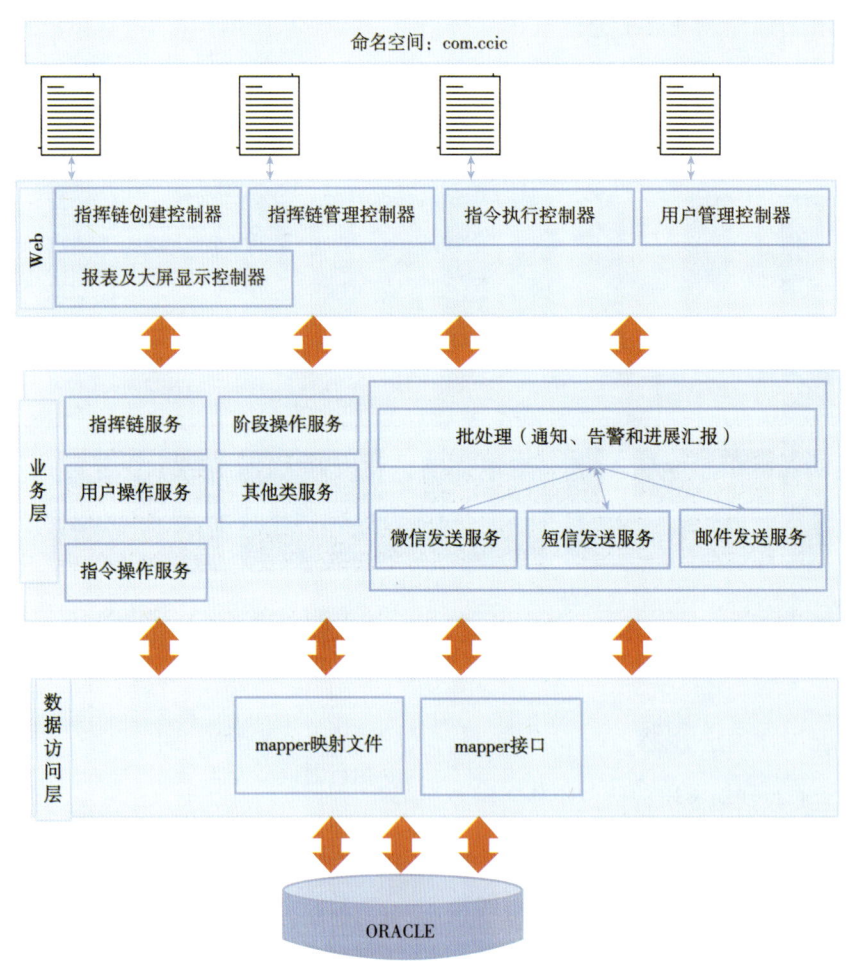

图 2　系统软件技术架构

系统通过使用负载均衡、缓存数据库、日志服务、定时任务以及安全接口调用等服务，使系统具备高性能、高可靠、高安全、可扩展等特性。系统部署架构见图3。

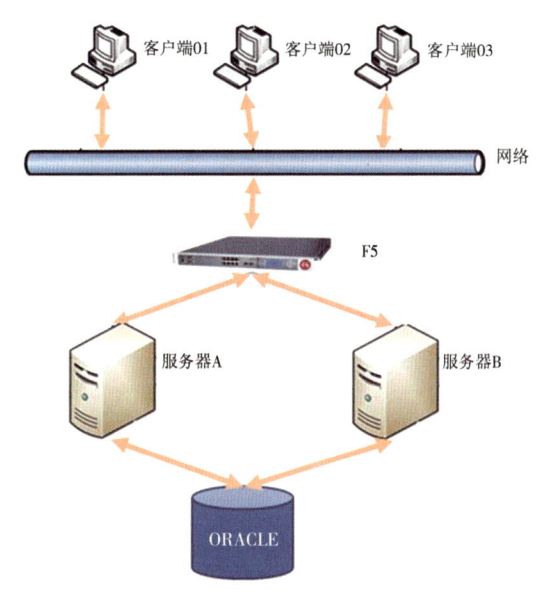

图3　系统部署架构

五、项目效果

指挥管理系统于2018年11月中旬上线试运行，截至2019年8月已经承接了"筋斗云"系统的一期、二期、三期切换和"财意险理赔""意健险理赔"系统上线的重大指挥活动。

系统自上线以来保持良好的运行状态，成功支持了多达"1000＋"人的同时在线，在活动持续时间长达18小时乃至更长时间的情况下，大屏数据依然稳定运行。

指挥管理系统的使用对活动事件的指挥管理发挥以下几个领导性作用。

1. 各个分公司及总公司会场通过指挥系统的大屏数据对上线活动的实时进展一目了然。

2. 活动中的指令操作人员对活动当天要做的指令也是了然于心，并通过丰富的通知下达场景，确保了指令在执行上的时间效率。

3. 指挥中心借助指挥系统及时掌握指令执行动态，及时发现逾期指令，以便现场协调指挥小组解决，保证了活动中每个环节的有序进行。

六、总结

指挥系统中设定的指挥链是基于活动本身制定指令任务，故其使用场景极为丰富，包括并不仅限于"系统上线或升级"，任何有牵扯到多部门、多人员，需要多方协同合作完成的大型活动都可使用指挥系统进行协助管理，为活动组织者提供了可视化的线上跟踪进程，大大提高了沟通效率。

专家点评

为了提升多部门协作的效率，实现对重大活动事件的统一有效管理，大地保险搭建了指挥管理系统。该系统采用 J2EE 标准搭建了 Web 应用，系统功能主要分为大屏展示、指挥链创建、指挥链管理、指挥链执行、通知下发、系统管理等模块。该系统确保能做到对重大活动能够实时动态刷新并且大屏数据能够滚动，在活动进行中要不断轮播，监控所有指令的执行情况并展现报表数据。

系统从设计理念上能够完全贴合各类大型活动需要，并为活动的有序进行提供了强有力的支撑作用。该项目的设计节省了许多沟通成本，提升了公司整体的管理水平。

大地保险"筋斗云"新一代核心业务系统

◎ 中国大地财产保险股份有限公司

一、项目概述

"筋斗云"新一代核心业务系统是大地保险为迎接新技术的不断涌现和应用的日益广泛带来的行业变革，带来的内外部发展机遇和挑战的重要举措；是大地保险全面推进"十三五"规划，促进科技驱动下的客户综合经营转型重大战略项目。

该项目历经规划咨询和建设实施两个阶段，2016年7月启动承保/再保系统重建（"筋斗云"新一代核心业务系统）及IT规划咨询项目；2017年5月开始新一代承保/再保系统，内部代号"筋斗云"系统的开发建设工作；2018年12月22日在安徽、宁波两地试点上线；2019年5月2日第二批12家分支机构推广运行；2019年7月26日完成全国推广上线。

新系统建成上线后替换了老核心、再保、人身险，核保作业等15个旧系统，配套改造43个老系统。

二、项目背景及意义

公司原核心业务系统自2003年建成至今已经运行近16年，其在架构、功能扩展等方面都难以满足公司业务快速发展的要求。近年来，大数据、云计算、人工智能等技术涌现，BATJ等互联网巨头加入布局，保险业传统发展模式面临"瓶颈"。面对大环境的改变，大地保险积极推进战略转型，启动了核心战略项目，确立了"三新三聚焦"战略，旨在推进多元的集团化经营布局，打造科技驱动的客户综合经营体系。立足公司发展战略，确定了"数字大地，双模驱动"的信息化愿景和使命，并分三个阶段实现信息化战略转型，第一个阶段为核心重构；第二个阶段为转型提升；第三个阶段为创新发展。"筋斗云"新一代核心业务系统是肩负着这样的使命而诞生的。

本项目是大地保险历史上规模最大、团队最强、最广泛听取机构意见的项目。项目总计300多人参加，进行1000多场访谈，覆盖产品250多个、70多个流程。项目2017年5月项目需求规划启动，2019年7月26日完成全国范围的推广。本项目的"私有云＋微服务"架构、产品工厂理念以及开放平台作为行业领先的科技创新及应用，具有良好的示范作用。

三、项目重点解决的问题及主要创新点

概括来说，公司"筋斗云"新核心业务系统有六大创新亮点：

(一) 全球领先的"微服务+私有云"架构保险核心系统

公司新一代核心业务系统是基于 Spring 云平台框架建设的,并在大地保险的私有云平台上运行的。大地保险是第一个采用互联网"微服务"架构并将大型保险核心系统运行在私有云平台之上的国内传统保险公司。微服务架构,是继 Cobol、CS 和 BS 架构之后的第四代企业应用架构。而传统 IT 架构,很难应对不断扩充的业务场景、快速高频的服务变更及升级、7×24 小时的服务及体验,而基于"互联网微服务+私有云平台"的全面云化架构设计,从自治解耦,到全新运维理念,将为 IT 带来涅槃式的改变,实现了系统扩展性、安全性及可靠性三大能力的突破。

(二) 国内前沿的真正意义上的产品工厂

大地保险的产品工厂,在对车险、非车险、人身险全产品线"200+"产品、"7000+"条款的分析解读的基础上,创新性地构建了产品模型、标准化产品结构,把产品从属性、条款、费率、规则、限额、风险等方面进行组件化,从而搭建产品的基础层,即组件库。组件库可以看作是生产产品的各种零配件,不仅支持传统"险种"型产品,更进一步结合市场费率、优惠、地区差异属性或规则组装成可售卖的市场产品。一个新产品的上线,原来从头到尾的开发需要耗时上月,现在几天就可以组装上线,从而实现了产品快速定制上线、灵活应对市场变化、支持以客户为中心的产品推荐和组合销售能力等。

(三) 财险领域先进的渠道开放平台

开放平台旨在打造互联网生态。在开放平台上注册的渠道,可以自助查询对接文档材料;自助完成在线测试或场景化测试;可以直接使用现成的出单页面完成业务对接;也可以通过渠道自有系统通过标准接口或灵活编排的对接接口进行业务对接。当然,大地保险也支持完全为渠道定制开发的接口,完成业务对接。开放平台还对接市场上的一些云平台,利用这些云平台上既有的渠道实现长尾渠道的业务对接。通过开放平台,未来渠道将以天计实现对接,完成业务出单。公司基于互联网建成的开放平台,是实现互联网生态建设的重要环节,助力公司快速适应互联网业务发展节奏。渠道开放平台结构见图 1。

一站式对接联调体验

1.了解核心对外提供的服务
2.通过线上文档掌握API细节
3.随时开始线上单个API自助测试
4.模拟端到端用户场景进行自助测试
5.申请身份认证,快速获得审批
6.随时进行系统对接联调

图 1 渠道开放平台结构

（四）引入了大量的互联网新技术、新工具

"筋斗云"新核心项目引入了大量的互联网新技术、新工具，打造高效的系统处理能力。例如，公司通过引入 ES，实现了类似百度查询条的职能搜索；通过 ELK，完成了几百台应用日志的快速定位；通过 Zipkin，实现了完整的链路监控和追踪；通过 Activity 工作流，完成了车财意工作流程的灵活配置；利用 EhCache、Redis 实现了系统的多级缓存，大大增加了系统的处理效率，等等。

（五）"传统+敏捷"的双模管理，结合 DevOps 的创新项目管理方法

从管理创新来看，采用了传统与敏捷结合的双模开发模式，引入 DevOps 模式，并在项目中培养自主研发团队和 DevOps 团队。利用项目 DevOps 工具链，从打包到发布 50 多个微服务，几百台应用只需十几分钟。

（六）自动化的再保流程及智能高效的风险管控

通过危险单位划分前置、自动分保引擎，优化再保业务流程，提高智能、自动化再保能力，有效管理和监控再保业务操作风险和信用风险。系统还对风险敞口进行自动监控及多维预警；强化风险筛选能力，减少承保渗漏和再保渗漏，降低公司经营风险；提供多维度、可视化的巨灾累积风险管理，巨灾案件损失金额和摊赔金额的模拟测算和实时监控，让公司的巨灾累积风险管控能力步入快车道。

四、项目主要建设内容

"筋斗云"新一代核心业务系统基于第四代保险核心技术，以公司未来 5 年发展战略为蓝图，打造了"一工厂、两中心、六平台"。"一工厂"是指先进的产品工厂，通过重构保险产品模型，组件化和配置化实现快速配置新产品，实现市场产品的快速上线和个性化产出。"两中心"是快速高效的配置中心和高度可视化的运维中心，配置中心可对配置性需求进行快速配置上线，运维中心可实时监控系统运行情况，及时发现系统异常并作出响应。"六平台"是指全新的承保平台、再保平台、报表平台、开放平台、移动平台、监管平台。承保平台全面整合车险、财险、意外险三大产品线，打通承保、再保全流程，以多种呈报方式灵活实现核保前置，实现呈报、录单、批改、核保、打印、收付一站式操作；再保平台聚焦智能全自动分保能力，通过采用国内领先的时间切片分保处理方式以及巨灾累计风险管理，充分发挥风险稳定器的作用。报表平台囊括直保交易报表、再保交易报表、经营管理决策，即席挖据分析。报表平台彻底打破交易报表格式固化、功能单一的局限，充分适应不同场景岗位的需要，进行多层次、全方位的信息覆盖。同时，设计直观的图表展现，从多种维度对报表内容进行展示；各类报表均提供自定义查询、任意过滤条件、偏好设置等灵活、友好的功能；开放平台可快速标准化对接外部渠道；移动平台可支持移动办公，移动销售；监管平台可对各类监管对接业务进行标准化、统一化处理。

五、项目效果

"筋斗云"新一代核心业务系统的研发对促进业务发展，服务于广大客户，具有深远意义。

1. 受益于开放平台快速灵活的渠道对接能力，可以为客户提供更多更广渠道的保险服务。

2. 受益于产品工厂的强大产品管理能力，能够快速满足不同客户的差异化个性化需求，智能快速推出符合客户要求的产品。

3. 发挥大数据作用，让优质客户享受更多的优惠和服务，让高风险客户提前识别风险，提前预防，改善保险环境。

4. 公司本身通过科技换"芯"，增强自我发展能力，为广大客户提供更为稳健、优质的服务。

5. 充分发挥科技引领作用，促进行业数字化时代保险商业模式的转型升级，更好地发挥保险稳定器和助推器的作用。

对保险业而言，首先，产品工厂的规划设计具备较好的示范作用。目前行业内没有真正意义上的产品工厂，因此对于市场快速变化的个性化需求，公司新核心系统通过产品的组合配置可以在几天内实现快速上线，该技术将为整个行业的产品管理带来全新思路。其次，开放平台的设计理念打破以往保守的、点对点的对接思路，通过标准页面、标准化接口以及灵活的接口编排能力，以开放的心态展现保险公司的核心服务能力。最后，"微服务+私有云"的全面云化结构，作为国内大型保险核心系统第一个吃螃蟹者，必然为同行业带来云技术等方面的经验分享。

收益的定量指标，如下指标可对项目产生的收益进行定性和定量的分析。

1. 询报价次数每秒峰值并发量是102，未来三年的预期峰值是226。

2. 投保单数每秒峰值并发量是19.6，未来三年的预期峰值是32.6。

3. 核保单数每秒峰值并发量是10.7，未来三年的预期峰值是17.9。

4. 保单数每秒峰值并发量是15.8，未来三年的预期峰值是26.3。

5. 批改次数每秒峰值并发量是1.4，未来三年的预期峰值是2.4。

6. 再保单量（分出业务量）每秒峰值并发量是0.4，未来三年的预期峰值是0.7。

7. 再保单量（月末账单）每秒峰值并发量是2.6，未来三年的预期峰值是4.3。

8. 对于团险业务，要求实现10万团单投保导入、批单导入的服务器端从接收到响应时间在3分钟之内完成（含数据导入、规则校验、业务处理全流程）。

9. 简单类接口服务器端接收响应时间小于30毫秒；中等接口如征信、统计类接口服务器端接收响应时间小于100毫秒；其他复杂接口包含业务逻辑和计算接口服务器端接收响应时间在100毫秒和1秒质检。以上所有响应时间都不包含第三方接口调用响应时间。

专家点评

该项目是大地保险的新一代核心业务系统，采用"私有云＋微服务"的架构打造了"一工厂、两中心、六平台"的模式。其中，"一工厂"是指产品工厂，即通过重构保险产品模型，组件化和配置化来快速配置新产品，实现市场产品的快速上线和个性化产出；"两中心"是指高效快速的配置中心和高度可视化的运维中心；"六平台"是指承保平台、再保平台、报表平台、开放平台、移动平台和监管平台。

该项目搭建了领先的"微服务＋私有云"核心架构系统，同时探索并建设了产品管理的智能化方案——产品工厂，不仅可以进一步满足市场快速变化的个性需求，还降低了保险公司的业务成本，具有较好的示范作用。不过，产品工厂是否能满足所有个性化需求，会遇到什么问题，需要进一步探索构建。

华泰财险车险核心系统架构升级项目

◎ 华泰财产保险有限公司

一、项目概述

近年来,华泰财险紧密结合宏观经济形势、市场环境变化和行业发展趋势,牢牢把握历史性发展机遇,聚焦"专注、专业、效能",以客户为中心,不断通过产品、渠道、服务创新驱动,培育差异化竞争优势,探索可持续发展道路,追求价值型成长,谋求成为细分市场领导者,公司业绩连年稳步增长,效益行业领先,品牌形象与社会声誉良好。

借助科技力量走向专业和精细化路线,提升系统效能、降低运营成本,突破车险困局重围。

在保证系统稳定性的前提下快速响应业务发展需求,随需而变是迫切需要解决的问题。

根据业务划分系统和领域的边界,对一个大而全的系统分而治之,通过一些功能边界明确、业务高度抽象的模块或组件之间的组装形成更大的业务体系。

二、项目背景及意义

(一)行业背景

车险一直以来都是财险市场的必争之地,其重要性及其为财险公司带来的现金流收入在整个财险市场中占据主导地位。随着车险行业的飞速发展,各家保险公司出现了恶性竞争并打起了价格战,导致车险业务处于严重亏损状态。而此时监管的介入,希望通过费率改革推动市场由"费用战""价格战"向以产品和服务为核心的良性竞争转变。商业车险费改纵深推进的历程见图1。

在商车费率深化改革和监管的驱动下,各家保险公司的车险保费持续下降。此时大公司以规模化盈利,而中小公司想要生存则必须转型,借助科技力量走向专业和精细化路线,提升系统效率、降低运营成本,突破车险困局重围。2015—2018年行业车险保费收入及保费增长率统计和2018年行业前十大保险公司费用统计分别见图2和图3。

车险市场诸多乱象,监管力度持续升级,强监管带来的业务需求量也是逐年上升,同时,各地监管政策差异大,上线时间要求紧,如何在保证系统稳定性的前提下快速响应业务上线要求,减少运维投入成本,提升系统性能与代码质量成为迫切需要解决的问题。

(二)研发背景

10年前,财险市场已行至红海。为了生存,多数中小保险公司在"费用战"和"渠道战"中苦苦挣扎。面对行业同质化竞争、粗放式增长和转型压力的阵痛,华泰财险引进了国外成熟市场上的专属代理人(EA)模式,率先开启了EA

模式在国内市场的探索之路。

EA门店以社区门店为销售平台,专属代理一家保险公司的产品,以个人、家庭、小微企业为服务对象,提供优质、便捷服务。截至2018年底,华泰财险已在全国开设EA门店5200家,服务300万客户,EA保费收入42亿元。近5年,在商车费改的环境下,EA保费收入年复合增长率为28%。

相较于传统代理(4S店、车商等),EA门店具有以下几个特点。

1. 门店与公司是合作关系。
2. 门店与客户面对面交流。
3. 门店出单时间灵活,随时响应客户的需求。
4. 门店多产品销售的需求。

华泰车险核心系统是用B/S(Brower/Server,浏览器/服务器)模式,采用MVC(JSP+Struts1)框架,使用jdk1.4,系统功能大而全,涵盖基础配置、出单、收付、批改、理赔全流程、统计以及清单类的报表、销售管理等。对于EA门店这样一个新用户群体的诞生,原本大而全的系统已无法很好地支持其展业。通过调查,门店普遍反映"高峰期系统运行慢""运维事件处理等待时间长""用户操作上体验不友好"等,日益递增的用户需求与紧急的运维问题让车险系统的诟病逐渐显现,难以升华(见图1)。

图1　车险系统的诟病

随着门店业务规模的逐年增长,作为保险公司,需要较大投入来进行后援支持,在产品、人员培训、IT系统支持、理赔体系的构建等方面都需要打造成熟完备的后援支持体系。

在外因和内因的双重压力下,车险系统必须作出战略调整,顺应当下潮流,运用前沿的技术手段,通过标准化、效率化、智能化来提高车险系统的综合能力,进而提升用户体验,彻底走向数字化转型。

（三）系统架构演变史

车险系统的架构在 2009 年上线以后的很长一段时间内，表现为一种集中式的单体架构，即先对系统进行分层，然后通过单个进程进行部署和维护，典型的分层体系包括界面交互层、业务逻辑层和数据访问层。随着业务功能的不断发展以及性能、数据存储等系统"瓶颈"问题的出现，单块模块逐渐不适合系统的维护和扩展，因此 SOA 架构应运而生。

SOA 架构，即面向服务的架构，把原来职能化的系统架构转变为服务化的系统架构，服务之间通过相互依赖最终提供一系列的功能，进一步提升系统对外服务能力。但是由于服务的接口协议不固定，种类繁多，仍然存在不利于系统维护的问题，并且抽取的服务的粒度过大，系统与服务之间耦合性变高，这种架构将逐渐取而代之。

而微服务是在 SOA 架构上所做的升华，从 2018 年开始，华泰运用主流的微服务架构将"业务所需彻底变为组件化和服务化"，将原有的单个业务系统拆分为多个可以独立开发、设计、运行的小应用，这些小应用之间通过服务独立完成交互和集成，可复用性强，解决了运维成本较高的问题。系统架构演变历程见图 2。

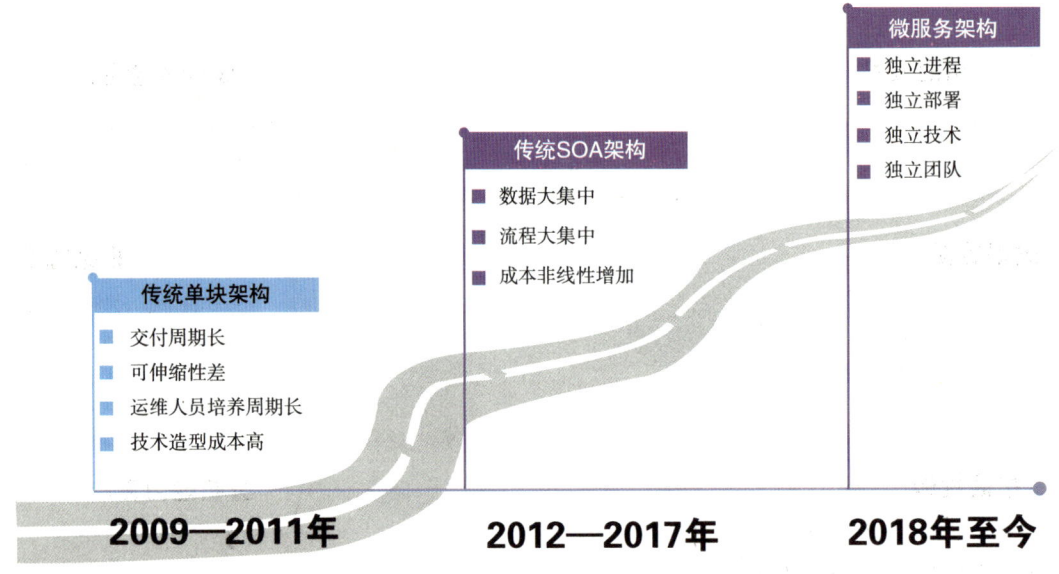

图 2　系统架构演变历程

三、项目重点解决的问题及主要创新点

面对车险市场变化，应对公司 EA 模式的客户需求，华泰财险从 2018 年 3 月启动了车险核心系统架构升级项目群，项目由多个独立的小项目组成，项目的总目标：通过系统架构升级，提升 EA 门店的出单体验，助力公司的 EA 模式发展。

（一）转型方法论

车险系统运行至今已有 10 年之久，系统在功能和性能方面历史遗留的问题很多，架构老旧导致开发人员已不敢触碰核心代码。在进行新需求开发时，只是对原代码的修修补补以及新代码的堆砌，而且往往会因为修改旧问题而引发新问题，已不能适应数据 IT 时代"快字当头"的要求，业务发展也会受制于该系统，对于系统的重构迫在眉睫。

在车险市场同质化竞争越发激烈、监管政策频出以及公司业务高速发展的综合因素下，进行系统的完全替换肯定是行不通的，而是应该作为一种持续的活动，作为产品开发流程的一部分，逐步修缮、重构和替换，培养能力积累经验，分步推广。

首先，根据业务划分系统和领域的边界，对一个大而全的系统进行分而治之，通过一些功能边界明确、业务高度抽象的模块或组件之间的组装去形成更大的业务体系。

其次，在系统和领域边界内部，同样需要对业务体系进行合理建模，通过建立服务体系对服务进行一定粒度下的拆分和集成，从而降低业务实现的复杂性，并提高服务交互的灵活性。

最后，通过服务拆分和集成的手段也可以推动研发团队组织架构的优化，并促进系统持续交付工作的有效开展。围绕这些问题的解决思路，微服务重构方法论为其提供具体的解决方案。

根据系统需求的特性与开发周期，将落地方案分为两类。对于周期内需求变化频繁的系统，以"绞杀者模式"解决。"绞杀者模式"主要解决遗留系统新需求开发慢的问题，通过在新的应用中实现新特性，保持和现有系统的松耦合，仅在必要时将功能从原系统中剥离，以此逐步替换、绞杀原有系统。

对于新需求较少、Bug 较多以及质量不稳定的系统，以"修缮者模式"解决。"修缮者模式"在既有系统的基础上，通过剥离新业务和功能，逐步"释放"现有系统耦合度，在外部进行独立修缮，并保证原有系统和外部协同工作、方便维护。进而解决遗留系统质量不稳定和 Bug 较多的问题，使业务更加稳定灵活，提升系统性能且降低维护的成本。

无论哪种模式，对于微服务重构而言，华泰财险始终坚持使用标准化的数据结构并降低系统集成的耦合度。

（二）项目目标

1. 客户体验导向。新技术的应用必然要服务于业务，结合华泰的研发背景在服务好华泰客户的同时，更要服务好庞大的 EA 门店用户。在进行系统转型的过程中，始终秉承"以客户为中心"的经营理念，多维度收集客户信息，分析加工，从而提升客户体验。客户体验导向见图 3。

（1）指引式出单，根据用户出单习惯，同质信息一块展示，必要的信息放在前面，操作按钮简化，一步操作，结果立现，使出单像"默认安装"一样简单。

（2）整合车与非车系统资源，登录单个系统便可一起出单，打包支付，避免多系统间频繁切换。

（3）浏览器改造，推广 Chrome 浏览器，支持全部 HTML5 和 CSS3 功能，能够展现更多网页特效和高级功能。

（4）H5 影像系统升级，让用户从常年来因安装插件而造成的困扰中解脱出来。

（5）友好性提示，系统提示内容升级，更加人性化，让用户在遇到系统问题时知道如何处理，提升运维效率。

（6）7×24 小时系统服务支持。

（7）移动端报价服务支持。

2. 微服务构建中台战略。为满足用户而尽可能积极地响应需求的变化、发展新业务、提供新的服务，系统需要更快速响应、更灵活运转、运行更稳定。而"大中台"的理念，便在前台和后台之间稳固地搭建起了和谐的桥梁（见图4）。

图3　客户体验导向

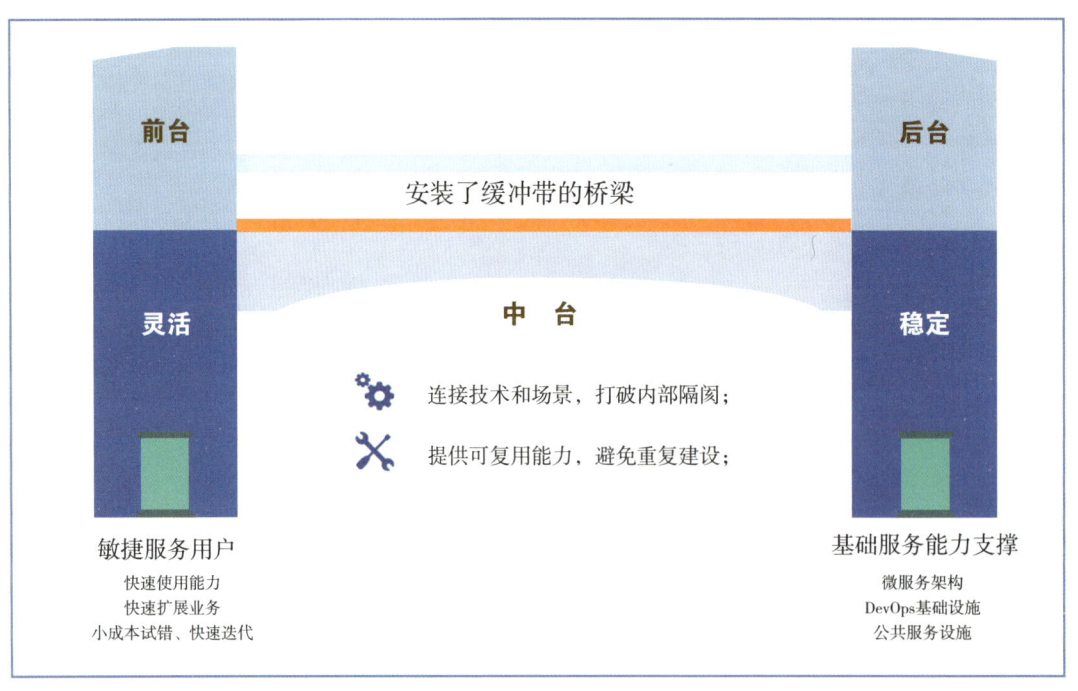

图4　微服务构建中台战略

项目本着以用户体验为中心的持续规模化创新为目标，将后台各式各样的资源转化为前台易于使用的能力定义为中台，并将中台分为三大类，即统一的数据平台、易用高效的技术中台、提供高体验的服务平台（见图5）。

数据平台。无论数据来源是结构化、非结构化、实时还是非实时，统一采集到数据中台，进行数据分析、数据处理和数据服务，并将数据打通，发挥每一个实体对象的数据价值。

技术中台。技术中台提供了自建系统部分的技术支撑能力，帮助我们解决基础设施、搭建项目、持续集成、持续交付等技术问题。

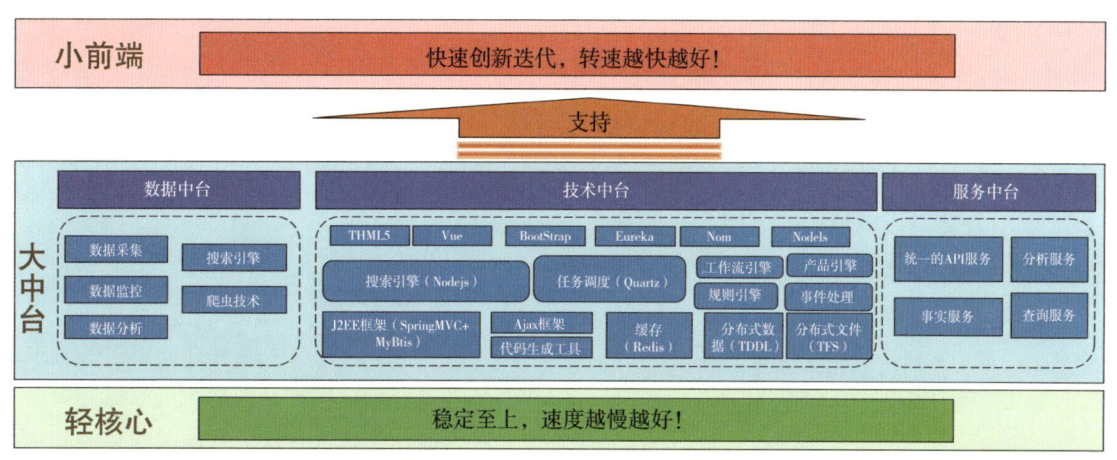

图5　中台架构

服务中台。服务中台为业务系统提供实时的API服务，让前端更好地应用到数据服务。

因此，"大中台"的存在为"前端"的业务开展提供了底层的技术、数据等资源及能力的支持；为"后台"减轻运行压力，让"后台"只专注于数据存储（见图6）。

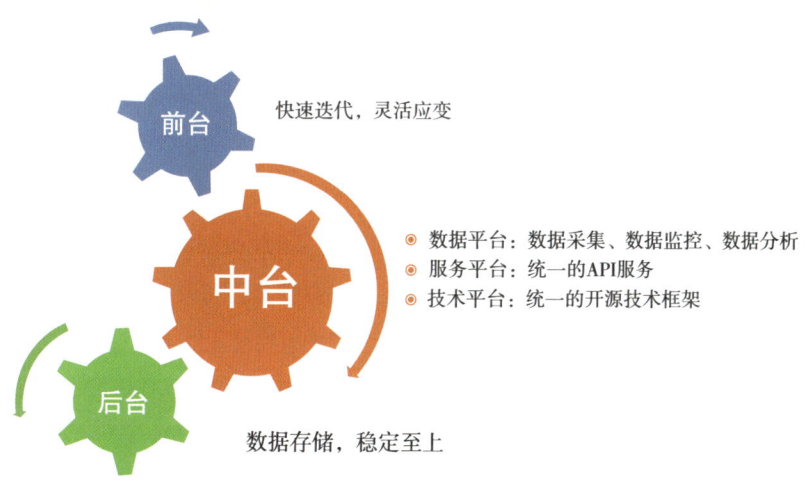

图6　前台、中台、后台协同运行

（三）管理机制创新

为了更好地了解用户的心声，为了做更贴近用户需求的系统，信息技术部制定了门店调研制度，负责车险系统开发的 IT 人员每个季度走访 4 家分公司的门店，每 2 年走完全辖 32 家分公司。与门店店主进行面对面的交流，实际体会店主一天的工作流程。真正了解业务一线的需求，通过实地考察真正地了解用户，倾听用户的心声，了解门店的运行情况，并通过运维人员同系统实际操作人员一起出单，观察用户的操作，发现用户的"痛点"，并针对用户反馈的问题，分析、定制优化方案进而为用户上线了一些贴心的功能。例如，验车码，简化用户拍摄验车照片的复杂度；系统公告，及时告知用户系统的版本上线改动等信息，便于用户了解系统现状及时间安排；出单套餐，为用户提供了一个方便快捷的出单通道；网络状况，让用户能够实时了解当前的网络情况等。

通过寻访，及时了解用户问题，系统快速进行响应，并在下一次巡店中，针对已上线的功能进行实际使用情况的跟踪。在如此往复循环的过程中，持续不断地获取用户的心声，满足用户的要求，赢得了用户的好评。

四、项目主要建设内容

（一）用户体验创新

1. 用户体验。华泰车险系统一直专注于用户体验，通过各种方式来提高用户体验度，让用户感受到"易上手""快处理""体验佳"。

易上手。系统的页面布局遵循业务逻辑，导航式信息录入，让用户多点选少录入，录入过程实时校验，从而减少出错率。录入的数据可随时暂存，操作便捷。

快处理。原本复杂的操作流程，经过新的交互设计，得到极大的简化。前端页面的要素将原有的 200 多个字段展示简化到 90 多个，其中需要手动录入的控制到 10 多个。而静态预填和动态预填缩短了操作时间，将用户操作规范化，使得审核通过率更高。

体验佳。车险系统在设计上注重用户体验。页面通过简约友好的 UI 设计，互联网用色逻辑、图形化信息生动传递，让用户体验新视觉，减缓用户的审美疲劳。

2. wiki 社区。将以往华泰门店的店主在操作中遇到的问题上报给分公司 IT 或者 AFE，再由分公司 IT 或者 AFE 上报给运维人员，由运维人员对运维事件进行分析分类处理。通过分析运维平台记录的历史数据发现，等待时间长的问题主要发生在门店店主上报问题，再通过 AFE 分发给运维人员的过程，而该时间段不可控，并且通过对运维事件进行分类，发现操作解释类问题占据将近 60% 的运维问题比例。因此，优化事件上报路径、降低操作解释类问题的数量，可有效地提高运维效率，提升用户体验。

华泰创建 wiki 社区，实现了运维平台、车险系统反馈意见以及 wiki 社区知识库的数据共享。门店用户在车险系统中提交了反馈意见，系统根据反馈意见先在 wiki 知识库中通过关键字匹配，将类似的问题答案回复给用户，并且意见反馈将会自动同步至运维平台给到运维人员，从而有效地缩短上报流程。而运维人员会定期收集意见反馈中常见的系统操作方法，发布到 wiki 社区中，实现知识共享。当用户遇到问题时，随时在 wiki 社区中检索解决方案。

通过对 wiki 知识库信息的不断完善，提高系统自动回复问题的数量，有效地减少了操作解释类运维事件，减轻运维工作压力。

（二）技术方案创新

1. 微服务。微服务是基于有界上下文的，松散耦合的面向服务的架构，每个服务围绕业务能力进行构建，能够通过自动化机制独立地部署。传统方式架构与微服务架构对比见图7。

在进行微服务改造前，首先需要对系统现有的架构进行评估，然后规划未来架构服务组成、服务间交互的方式、服务发现和服务注册机构的建立、监控及运维体系的建立，最后根据自身需求排定优先级，确定不同服务使用资源配置。

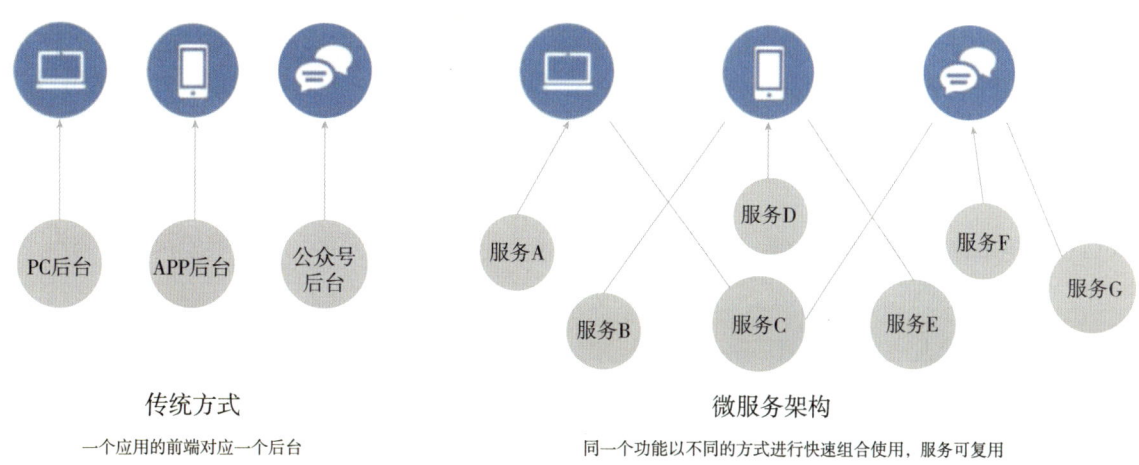

图7　传统方式架构与微服务架构对比

综合对系统各业务节点服务的梳理以及一些监控指标的观察，发现"过分依赖Oracle数据库"以及"长事务"是车险系统最大的弊端，针对这两点优先选定车型查询和到账确认两个点进行试点微服务改造（见图8）。

选用新的服务架构，车险系统性能有了很大的提升，同时出单的稳定性也得到了保障。

有了以上两个微服务的实施经验，华泰车险系统逐步走向整体的微服务改造，完成实时服务横向扩展的技术储备，根据不同服务对系统资源的要求不同，更合理地配置系统资源，使系统资源利用率最大化。

微服务的技术架构将功能分解到各个离散的服务中以实现对解决方案的解耦，横向可扩展实时应对突发的压力，独立部署发布更高效，缩短了交付的周期，并且可用性增强、易扩展服务、减少了开发成本及减少了服务发布对整个平台的影响。

2. 灰度发布。常规情况下，每次发版，需要将新应用程序包上传到服务器，同时停掉老版本服务，然后解包，重启服务。

华泰目前拥有32家分公司，应用系统采用总公司统一部署的方式，业务量相比10年前已增长3倍多，按照常规发版方式，牵一发而动全身，会遇到很多致命性的全辖性问题：某个机构的升级问题导致全辖无法正常使用系统；版本冒烟测试时间长，耗时耗力；一些特殊业务场景，如支付、转保业务等，无法验证，安全隐患大；每次更新版本后，业务普遍反映系统不稳定。

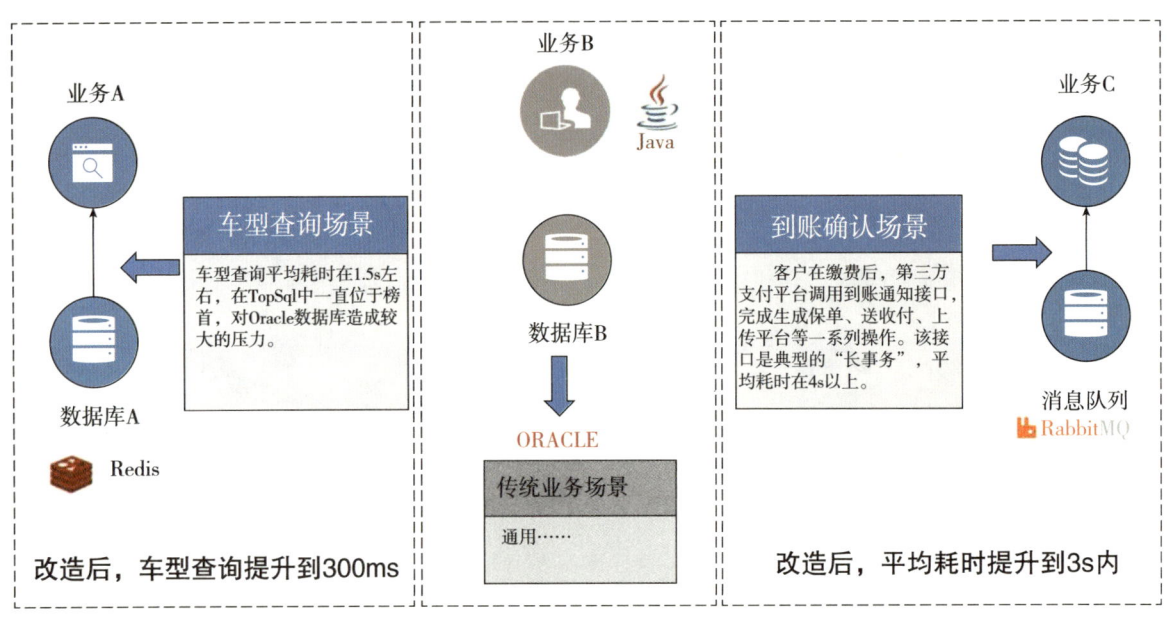

图8 试点微服务改造

不同于传统渠道，EA 门店的出单时间灵活，每次发版的时间窗口非常有限。每次发版都存在许多未知风险，从管理角度出发，项目组严控发版频率，除监管版本外，每月只发一次，这样就会导致：小的运维问题无法及时发布到生产环境，业务体验极其不好。

很显然，常规版本发布已无法适应公司业务增长，系统任何时点的不可用对整体业务都会产生较大的影响，所以从 2018 年开始实施灰度发布。

进行灰度发布时，先启动一个新版本应用，将版本内容涉及的 1 个业务量较小的机构流量切过来，再对新版本做运行状态观察，通过日志平台以及监控平台，收集各种运行时数据。

当确认新版本运行良好后，再逐步将更多的流量导入到新版本上，在此期间，还可以不断地调整新旧两个版本运行服务器的副本数量，以使得新版本能够承受越来越大的流量压力。直到将 100% 的流量都切换到新版本上，最后关闭剩下的老版本服务，完成灰度发布（见图9）。

如果在灰度发布过程中发现了新版本有问题，就应该立即将流量切回老版本上，这样就会将负面影响控制在最小范围内。

线上版本灰度发布策略，可以通过筛选策略和技术手段，不同的用户可使用不同的更新版本，从而保证系统的高效稳定运行。灰度发版的引入极大地减少了全辖性事件的发生，同时发版频率提高，问题及时得到解决，而且这种发布方式对于用户无感，可以保证系统 7×24 小时不间断工作。

灰度发版的引入势必带来额外的工作量，人工发版已无法匹配发版频率，因此采用自动化工具 Jenkins 实现自动化发版（见图10）。从审批到发版，以及逐台的灰度处理，大大提高了开发人员的版本处理效率。版本处理从可靠性、高效性、体验性都得到了较高的收获。2018 年 12 月，华泰已经实现系统的自动化发版工作，极大地减少了运维成本，缩短了处理时效。

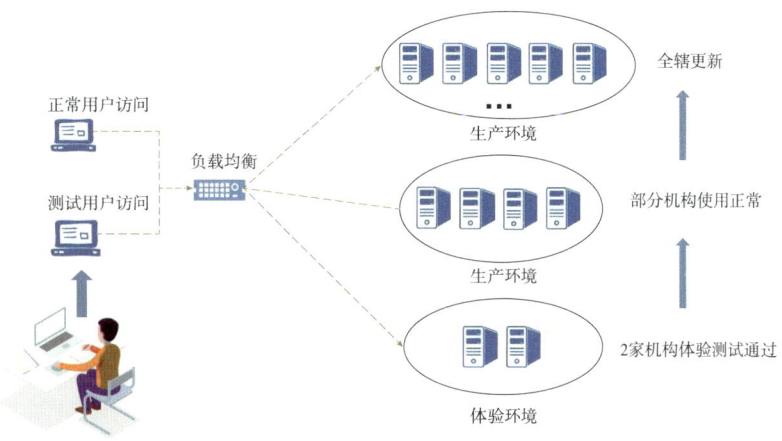

图 9　灰度发布

图 10　自动化版本发布

3. 数据分层治理。业务数据是企业生存的基石，但随着时间的推移，业务量的急剧增长也给系统带来了数据查询时间变长、优化难度增加、优化空间变小、数据库资源竞争加剧、不稳定概率增加等问题，这些问题的出现不仅影响业务的使用，还对整个数据库及关联应用都产生明显的影响，用户开始抱怨，因此数据治理被提上日程。

技术部门经过分析和调研数据的生存周期，发现较早期的数据访问频次很低，而近期的数据访问频次较高，访问频率高低与时间呈负相关，但是所有数据都占用了同样的优质资源，显然这是不合理的。根据调研结果，部门内部会商后制定方案：根据数据的访问频次将数据分为热数据、温数据、冷数据三层，将热数据存储在最优的资源上（闪盘上），而将温数据和冷数据存储在一般配置的数据库上，并且同步建设可视化配置及监测功能的配套系统。

项目从 2018 年 11 月至 2019 年 3 月的实施效果上来看，热数据占比为 20%，转出温冷数据为 80%，再配合系统改造，发现应用系统响应速度提高了 50%、数据库的压力降低了 60%，收益明显。

4. 日志管理平台。日志中隐藏着大量极具价值的数据，但因其散落、无序、复杂的特点一直掩藏了自身的光芒。

一个完整的监控体系包括基础设施监控、系统层监控、中间件层监控、应用监控和业务监控五个部分（见图 11），华泰车险系统前 3 层都有专门的监控工具，但是缺失应用和业务的监控，这样，运维人员无法及时地感知业务量以及各服务接口的运行情况，而且随着微服务的引入，这部分内容的缺失给系统运维工作带来了非常大的挑战。

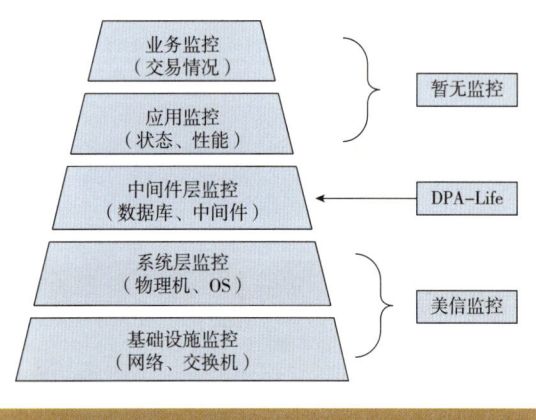

图 11　监控体系

2018 年 5 月，项目组启动了日志管理平台项目，采用了"FileBeat + Kafka + Flume + Elasticsearch"等技术，对系统日志、SQL 等进行监控，并逐渐废除核心大日志表如平台交互日志表的使用。系统通过 API 埋点采集、跟踪日志、系统日志、度量监控日志通过动态植入采集，将散乱的日志汇集，应用到系统监控、性能分析、行为分析等特定场景中发挥功效，帮助系统提高性能及运维效率。

2018 年 8 月，平台完成与业务系统接口的改造工作，业务监控平台呈现出的效果比较显著。以地图展示全国各机构出单情况、以数字仪表盘展示当期销售计划、实际销售额、完成率等指标。

由于日志从存储关系型数据库转移到了 Elastic Search 中，在处理运维问题时，查询效率得到了很大提升，另外为了符合运维人员的操作习惯以及日志的可观性，对服务间调用日志进行了归并，进出存储在一条信息中，当运维人员通过业务号进行查询，每个接口交互的信息清晰可见。

5. 容器建设。随着应用服务的逐渐增多，解决发版效率以及前端无感的灰度发版已成大趋势。2018 年，项目组开始使用容器技术，可以利用镜像快速部署运行服务，能够实现业务的快速交付，缩短业务的上线周期，极大地方便运维人员的上线部署工作。

容器可以高效的部署和扩容，再加上 Rancher 平台可以定义各种性能阈值，使容器平台上的服务运行起来更智能、更有弹性。

容器对资源的占用率更低，所以容器对硬件资源的利用率很高，对降低硬件成本提供了良好的解决方案，并且运维的自动化程度也得到了相应的提高。

6. CI/CD（持续集成/持续部署）。项目组运用自动化工具把开发、测试、发布、部署的过程整合，实现高度自动化与高效交付。在整个交付过程中，最大限度地规避风险，降低代码的出错率，高质量地完成版本发布，大大降低了运维成本（见图 12、图 13）。

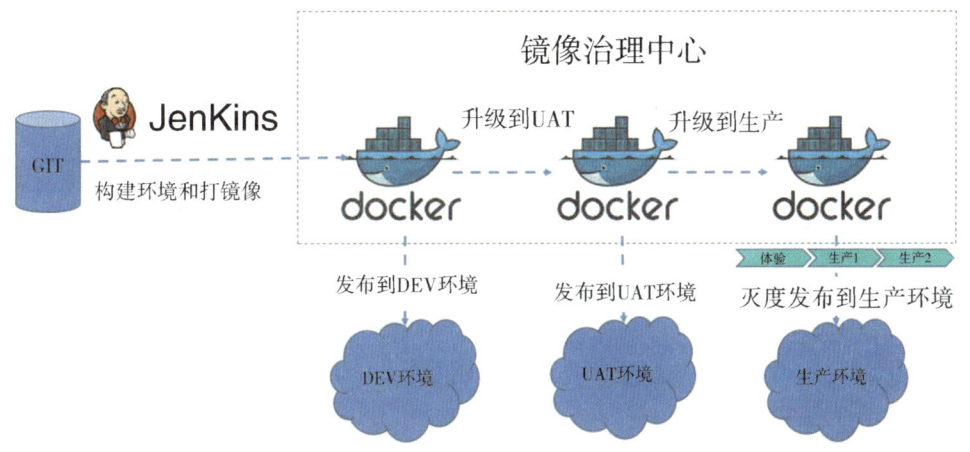

图12　基于镜像治理和多环境的持续交付流水线

图13　Develop 流程建设结构

在运维上，解决了因手动流程降低应用交付速度，提高版本迭代速度及运维效率。

7. 监控平台。从 2018 年开始，项目组就已经采取主动运维的方式，建立一套完整的监控系统，视觉上以驾驶舱的形式呈现出对数据的可视化分析。

最新引入的 Prometheus 监控平台，能够以秒级的方式收集监控数据，而且被监控的目标几乎没有性能上的损耗。Prometheus 对系统的监控指标详尽而全面，从操作系统性能、Java 虚拟机指标到网络流量等应有尽有。

使用 AlertManager 可以高效对系统监控的异常信息进行告警通知，告警的形式也是多种多样，如邮件、短信、IM 等。让告警信息能够在第一时间触达系统负责人以及运维人员，大幅提高了运维效率，降低了系统运行风险。

通过使用 Grafana 可以对大量的监控数据进行可视化分析，实时高效监控系统的运行状况，针对存在的潜在风险及时分析，定期对接口集中优化，从而提高了系统运行的效率。

8. AI智能应用。为了让用户体验系统快速、智能的感受，在使用上不断加强信息技术创新力度和优化保险技术，通过完善现有的科技工具，充分地体现了系统的智能化，表现形式如下：保险机器人。华泰系统为客户提供7×24小时不间断服务。

系统提供AI客服智能问答，实现与AI机器人聊天对话，而机器人也能"有意识"地通过用户的话术进行"意图识别"进而答疑解惑并对服务进行自动回访，减轻客服人员繁重的工作量。

9. 智能识别。系统实现用AI技术来识别数据中的隐形关系，通过智能方案推荐、VIN码识别、业务分类识别等功能减少用户录入操作，提高录单质量，并且极大地减少出错率（通过操作员权限匹配带出销售；通过车型匹配车船税类型；根据承保方案匹配特约，除"其他"特约外，100%自动带出；根据客户的证件信息识别是新客户或存量客户，对于存量客户自动带出客户详情）。

10. 智能工具引入。系统智能作业、自动化处理、系统预处理、采用第三方工具的自动化信息采集等全方面效率提升解决方案，提高出单效率。

11. 语音反欺诈。将客户报案期间的通话录音文件转换成声音信号并进行声学特征提取，对提取出来的能量、共振峰、情绪特征等进行打分，结合语音专家对语音和语境的分析，对案件欺诈类型给出指导意见（如疑似酒驾、疑似单方故意等）。

（三）部署架构

车核心系统架构和运维平台架构分别见图14、图15。

图14 车核心系统架构

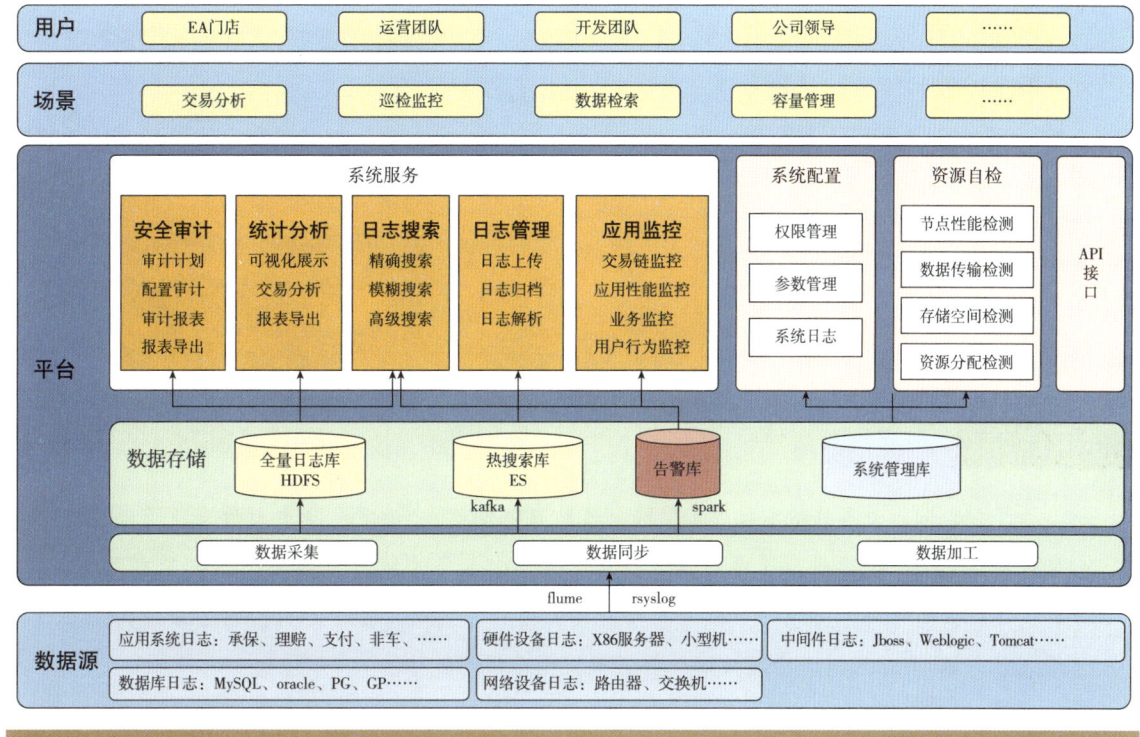

图 15　运维平台架构

五、项目成果

自 2018 年 3 月起，通过新技术（jdk1.8、Springboot、Maven、Redis、MQ、Rancher、Jenkins 等）的引入以及应用及业务数据的监控（ELK、Prometheus、LogManager、DataManager），配合管理理念的调整，系统各方面指标有了明显改善：

1. 从报价、投保、核保到缴费、打印，一张保单可在 3 分钟内交到客户手中。

2. 改造后的接口响应效率提高了 25% 以上。

3. 主业务数据库 CPU 压力降低了 60%，平均使用率维持在 20% 以下。

4. 系统运行负载监控可达到每 5 秒进行一次指标检测，5~10 分钟完成系统资源调配扩容及收缩。

5. 运维的反馈时间和处理时间有了大幅降低，整体的运维事件数量呈现下降趋势。

6. 系统发版时间从原来的 4 小时缩短至 1 小时内。

7. 功能需求发版频率由每月 1 次版本调整为每周 1~2 次版本。

综上所述，经过 1 年多的系统改造，出单效率明显提升；系统问题及时发现发版解决；系统稳定性显著提高，1 年内未出现全辖性系统故障；发版对用户基本无感，为门店全天候出单提供强有力的支撑。

车险系统的架构升级系列项目的实施效果得到了用户的一致好评，在精细化管理的道路上迈出了稳健的一步。

六、总结

在"智能+科技"浪潮的推动下,车险市场将面临前所未有的变局。在全新的业态模式下,保险业和数据技术、人工智能的结合也会越来越紧密,技术应用的助推将成为险企高速增长的关键因素。

AI技术将会不断精进,从数据的收集、分析、分类、辨识到应用等,将完全改变车险业的运行样貌。

未来华泰财险将坚持客户体验导向,不断导入新技术,提升系统架构,进一步降低模块间耦合度,持续推进存量系统的容器化、微服务化改造工作,助力公司EA商业模式的发展。

专家点评

为了配合车险业务的精细化改革路线,辅助EA门店业务开展,华泰财险升级了车险核心系统架构。该系统运用微服务架构,将原有的单个业务系统拆分为多个可以独立开发、设计、运行的小应用,使这些小应用之间通过服务独立完成交互和集成。基于该架构,公司通过接入AI智能应用,构建wiki社区等提升门店用户体验。

通过对该系统架构的升级,能够提升EA门店的操作以及出单体验,从而帮助该公司在采用EA门店经营的模式上有更高效的管理机制改进。该架构同时也提高了公司自身的运维效率,是一次不错的智能升级与尝试。

华安保险智能运维"天眼"项目介绍

◎ 华安财产保险股份有限公司

一、项目概述

(一)华安智能运维总体规划

1. 以全生命周期管理为目标,建立涵盖IT基础资源、配置管理、服务集成、系统变更、应用监控、数据监控等方面的智能运维体系,实现系统运维的自动化及无人值守。

2. 建立能够实现一键发布、系统监控、根因分析、故障预测、故障自愈的高度自动化的智能运维平台。借助智能运维驱动传统运维向"数据化、自动化、智能化"转型,用数据驱动IT运营,不断提升科技服务能力。

(二)"天眼"项目构成

"天眼"项目作为华安智能运维体系规划的重要组成部分,立足于建设智能运维体系规划,通过打造覆盖应用、日志、数据场景的全天候智能监控预警系统,实现智能资源、系统、数据的状态监控,自动完成故障识别、预警推送及常规场景下的智能故障自愈,跑赢用户报障。项目涵盖了三个子平台系统及一个扩展平台。

1. 应用监控平台。应用监控平台的定位是7×24小时提供应用服务的基础资源监控及应用状态监控,主要针对系统的服务可用性、可持续性实施的监控、预警与自动干预。

2. 日志监控分析平台。日志监控分析平台定位是7×24小时提供应用的日志链路监控及分析,对业务系统关键交易环节实现应用访问性能监控预警,提前介入,保障系统稳定。

3. 数据质量管理平台。数据质量管理平台定位是"T+1"对应用系统的业务数据的完整性、一致性、正确性进行监控、分析,实现业务、财务、再保数据质量自动校验、自动监控、自动预警。

4. 运营监控平台(扩展平台)。基于数据质量管理平台的技术架构及数据保障,站在业务运营的角度,对生产系统的业务数据进行运营指标分析,反应业务运营的动态,及时侦测、识别业务运营指标的异动,主动对业务异常进行预警,提示管理部门实施干预,支持业务运营管理。

华安"天眼"项目基于开源技术,围绕云原生技术架构应用与自主研发,实现了华安自身IT运维技术体系的升级演进,用工具代替人工海量程序化工作,减少人工干预,实现真正的7×24小时运维,显著提升了华安的系统运营管理效能,降低了系统的运营成本。见图1。

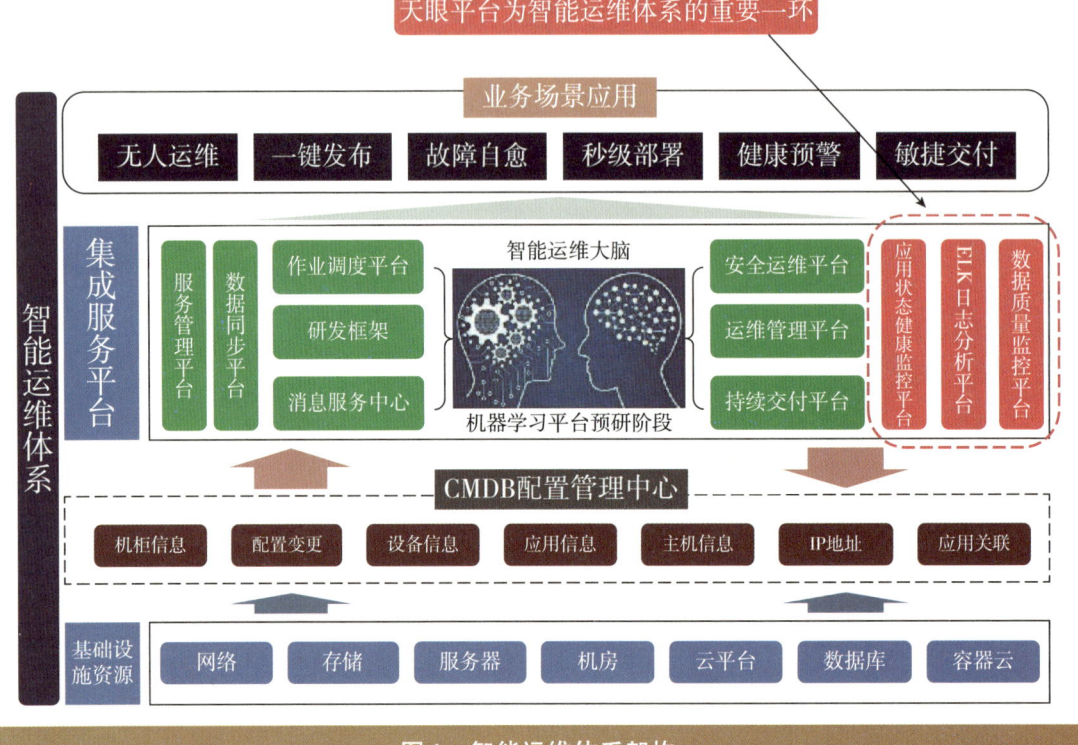

图1 智能运维体系架构

二、项目背景及意义

随着华安保险持续加强信息化的投入，IT技术体系及应用架构不断优化，实施一系列IT系统的升级或整体换代工作，在促进业务创新发展的同时也带来了新的挑战。

1. IT系统的规模及数量不断增长，带来的维护压力不断增加。随着业务系统升级换代和业务规模的持续增长，华安在业务架构、应用架构方面也持续完善、演进，IT系统呈现出正加速分裂（云化、微服务化）的态势，服务数量出现了爆发式的增长，传统的手工维护已经无法跟上公司的前进发展诉求。

2. 技术架构的持续升级、新技术的不断引入，导致系统的技术复杂性不断提升，系统的维护技术难度不断增加。公司内部技术架构的持续升级、创新技术的不断引进、行业监管的技术升级，对生产系统的运维保障提出了更高的技术要求。

3. 行业竞争加速了公司业务创新、管理升级，迫使IT系统不得不持续、快速升级迭代。如何提升IT系统的运维控制能力，在IT系统的快速迭代与系统稳定性之间保持平衡，是行业各家竞争主体面临的共同挑战。

传统运维模式已经跟不上形式的发展，以自动化运维、智能化运维为导向，结合行业最新实践与新兴技术，打造适合华安的智能运维体系，持续稳定支持华安快速发展，成为当下的迫切需要。

三、项目重点解决的问题及主要创新点

通过天眼项目的实施,自2019年初正式投产以来,截至2019年7月,实现了对华安生产业务系统应用资源、服务、数据的闭环监控,并在上半年取得了良好的效果。

上半年业务系统的资源在7×24小时监控升级的基础上,通过应用监控平台实现了对生产系统资源的自动侦测、智能预警及系统关键资源的自动扩容。

实现了对关键生产系统的故障场景的自动识别以及典型场景的故障自愈;通过日志分析平台,成功实现了对核心生产系统的在线异常检测及故障预测,成功预防多起生产事故。2019年上半年,实现了核心生产系统无重大故障、系统可用率从2018年的99.96%提升至99.99%。

同时,通过数据质量管理平台的建设,构件了对业务数据的高、中、低三个层级的数据质量指标体系,通过对业务数据"T+1"的监控预警与及时干预,将业务数据偏差率从2018年的万分之0.8降至万分之0.1,成功将公司业务关账时间从每月8~10日缩短至每月3~4日。另外,基于数据质量管理平台的技术架构,站在业务运营的视角尝试搭建业务运营监控模型,并向公司管理层持续输出业务运营的动态指标数据。

借助天眼项目,实现了对IT系统的资源、可用性、性能、稳定性、数据质量、业务运营动态的完整监控、保障体系。

四、项目主要建设内容

(一)应用监控平台

1. 系统定位。应用状态健康监控系统是天眼平台2.0(数据监控、日志监控、应用监控)的一个组成模块。基于"监测、预警、自愈"设计原则,自研构建自主掌控、灵活扩展的监控平台,使监控运维逐步向自动化、智能化转型,进一步增强系统监控预警能力,保障业务系统稳定持续运行。

2. 技术架构概要。应用监控平台基于成熟的Zabbix开源产品,采用了基于Web界面的分布式系统监视以及网络监视功能的企业级开源解决方案。总体架构由Agent、Server以及代理、数据库、Web五大组件构成。

(1)Zabbix Server。Zabbix Server为核心组件,用来获取Agent存活状况及监控数据。所有的配置、统计、操作数据均通过Server存储到Database。

(2)Zabbix Database。所有的Zabbix数据均存储在数据库中。

(3)Web GUI。为了更简单、无障碍地访问Zabbix,所以提供了Web接口。该接口作为Zabbix Server的一部分,通常和Server运行在同一台主机。

(4)Proxy。Zabbix Proxy能够代替Zabbix Server进行性能及可用性数据采集。Proxy是Zabbix部署的可选组件。如果想分担单一Zabbix Server负载,推荐使用Proxy。

(5)Agent。Zabbix Agents部署在目标监控机上并监控本地资源和应用,将收集数据汇报给Zabbix Server。

3. 应用架构概要。华安应用监控平台,在架构层面根据Zabbix的组件特性,将平台划分为数据层、服务层、代理层、监控层(见图4),主要有以下特点。

(1)分布式架构。当前根据业务应用属性

把监控范围分为四大片区，有效减轻 Server 层负载。

（2）高可用。Server 层搭建备控节点，随时接管主控；数据库层采用 MySQL 主备高可用技术；代理层使用分布式节点做监控数据采集，平台全年可用率大于 99.99%。

（3）高性能。通过分布式监控节点部署、数据库表分区等技术实现每秒百万级大批量监控处理，保证了告警及自愈的高效性及准确性。

（4）线性扩展、灵活定制。架构层面支持代理片区及应用群在线扩展，利用开源 API 接口并根据现实场景灵活定制监控及自愈策略。

4. 实施方案。

（1）Agent 端。Agent 端部署在被监控对象主机上，负责采集和发送监控数据。Agent 部署和配置须标准化，统一采用源码编译安装方式，现有系统可采用 ansible 批量部署，新系统可定制虚拟机模板；配置方面，Agent 配置的"主机名称"统一以被监控主机 IP 和主机名命名。Agent 端按照网络区域分为关键业务主机群、第三方外联区主机群、本地接入主机群、其他区域主机群。

（2）Server 端。Server 端是 Agent 端向其报告可用性、系统完整性信息和统计信息的核心组件，是存储所有配置信息、统计信息和操作信息的核心存储库，负责接收和加工监控数据，告警和自动化处理等工作。一旦 Server 崩溃，由备端 Server 接管工作。

（3）Proxy。Proxy 可以代替 Server 收集性能和可用性数据，然后把数据汇报给 Server，并且在一定程度上分担了 Zabbix Server 的压力。每个区域指定相应代理地址，每个区域代理由两台主机组成高可用架构。

应用健康监控平台见图 2。

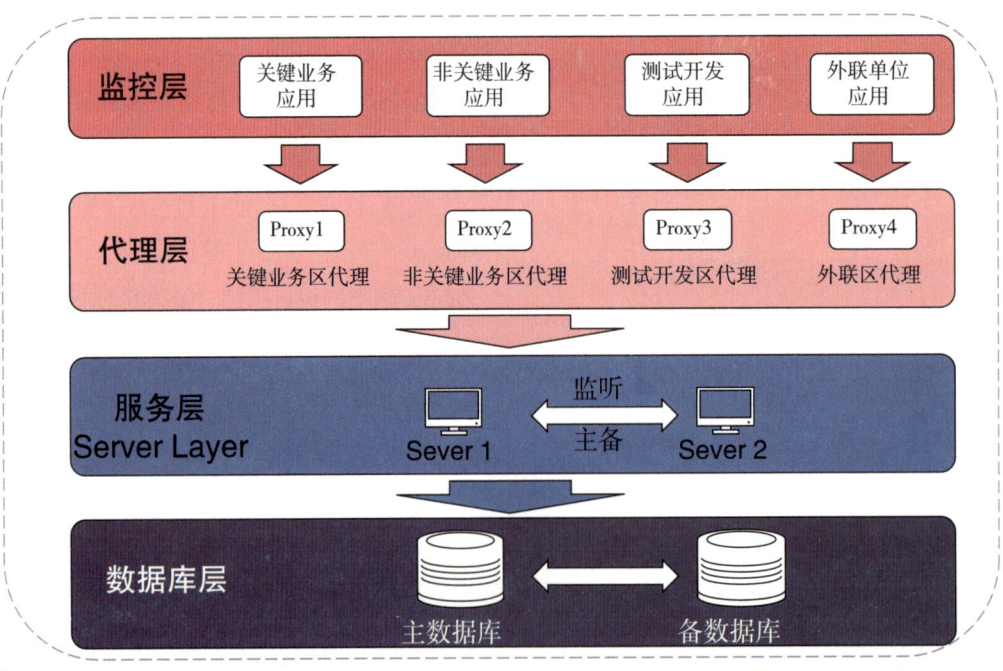

图 2　应用状态健康监控平台

（4）数据库。Server 和 Proxy 都有自身的数据库，Proxy 数据库只相当于中转数据库，故只需对 Server 数据库做备份冗余即可；所有数据库选用 MySQL2.7.24 版本，Server 和 Proxy 数据库当前采用单点部署方式，Server 数据库采用全量备份方式，每天全备一次，一周轮回。

（5）Web 端。Web 端提供数据采集入口、监控展示功能，几乎所有监控配置均在 Web 端网页上完成；Web 端采用的是"php + apache"架构。

5. 取得成果。平台自 2019 年 1 月推广应用至 6 月，已实施 27949 个监控项、18389 个告警器部署，预警能力已覆盖基础设施服务（主机、中间件、数据库、网络设备等）、应用服务状态（接口调用、URL 状态等）监控。

实现业务应用健康"自动发现、自动监测、自动预警"，同时部分故障场景实现自愈，逐步向自动化监控迈进。

（二）日志监控分析平台

1. 系统定位。采用"开源 + 自主研发"方式建设日志监控平台，通过对应用的日志集中管理、跟踪分析实现对系统关键交易环节的性能监控预警，以及时预判性能"瓶颈"并实施优化，保障系统运行效率。

通过对业务系统异常（错误）日志在线分析，实现对系统异常的快速甄别及自动预警，以提前实施干预，在用户感知前修复系统，确保系统运行的稳定性。

2. 系统架构概要。ELK 是开源的分布式日志集中管理平台，主要构成如下。

（1）Filebeat。Filebeat 是一款轻量级，占用服务资源非常少的数据收集引擎，它是 ELK 家族的新成员，可以代替 Logstash 作为在应用服务器端的日志收集引擎，支持将收集到的数据输出到 Kafka、Redis 等队列中。

（2）Logstash。数据收集引擎，相较于 Filebeat 比较重量级，但它集成了大量的插件，支持丰富的数据源收集，对收集的数据可以过滤、分析、格式化日志格式。每个 Logstash 服务都是对等的，将收集到的日志写入 Kafka。

（3）Kafka。作为缓冲节点的优点是磁盘缓存时间比内存缓存更久，断电也不会丢失数据。

（4）ES。ElasticSearch 集群。分布式数据搜索引擎，基于 Apache Lucene 实现可集群，提供数据的集中式存储、分析以及强大的数据搜索和聚合功能。

（5）Kibana。数据的可视化平台，通过该 Web 平台可以实时查看 ElasticSearch 中的相关数据，并提供了丰富的图表统计功能。

3. 实施方案。

（1）引入"Beats + Kafka"技术，使性能优化与系统版本升级。一是系统性能优化。增加 ES 节点 2 台，限制查询日志的时间区间。二是系统架构升级。将"ELK + Redis"升级为"ELK + kafka"。三是系统版本升级。从 ElasticSearch2.X 系列到 6.0X 系列升级。

四是存储性能升级。存储网络传输由 10m/s 升级到 100m/s；NAS 增加备份网段 IP。

（2）实施日志标准化。实施日志标准化统一以下日志输出规范：一是统一业务系统日志格式，输出标准。二是开发日志采集切片脚本，对日志关键信息进行采集。三是制定性能日志信息标准输出与异常打印标准。

（3）日志信息接入。日志多源采集，贯通平台间数据隔阂。一是对符合日志标准的系统进行日志信息接入。二是定制采集引擎对系统日志信息进行采集。

（4）接口与异常信息监控。一是收集应用系统主要接口方法。二是通过切片脚本对性能日志进行分析，统计接口调用时长，调用次数。三是对关键指标设置监控阈值与预警。

（5）可视化展示。一是对日志信息中关键指标数据以图形化的形式展示。二是对完成应用链路信息进行可视化展示。

（6）数据分析。一是应用性能数据分析；二是用户行为，画像分析。

4. 取得成果。

（1）应用接入。核心关键交易系统 13 个，关键业务节点"44＋"个，系统稳定性（异常）指标"50＋"项已纳入系统监控。

（2）平台架构升级。引入"Beats + Kafka"重构新一代日志监控平台，数据传输速率从"1万＋"条/秒提升至"10万＋"条/秒，日志处理能力从"1亿＋"条/天提升至"10亿＋"条/天，数据存储量由 GB 级提升至 TB 级，数据检索效率由 10 秒级提升至秒级。

（3）故障预警。通过邮件与微信对外预警达"9000＋"次，提前预警系统故障"6＋"次；通过系统运行健康度可视化图表展示系统内部运行指标"44＋"项，及时掌控系统运行状态。

（4）自主掌控，定制开发灵活。可根据不同业务场景灵活定制监控方案，配置简单，易开发。

日志监控分析平台架构见图3。

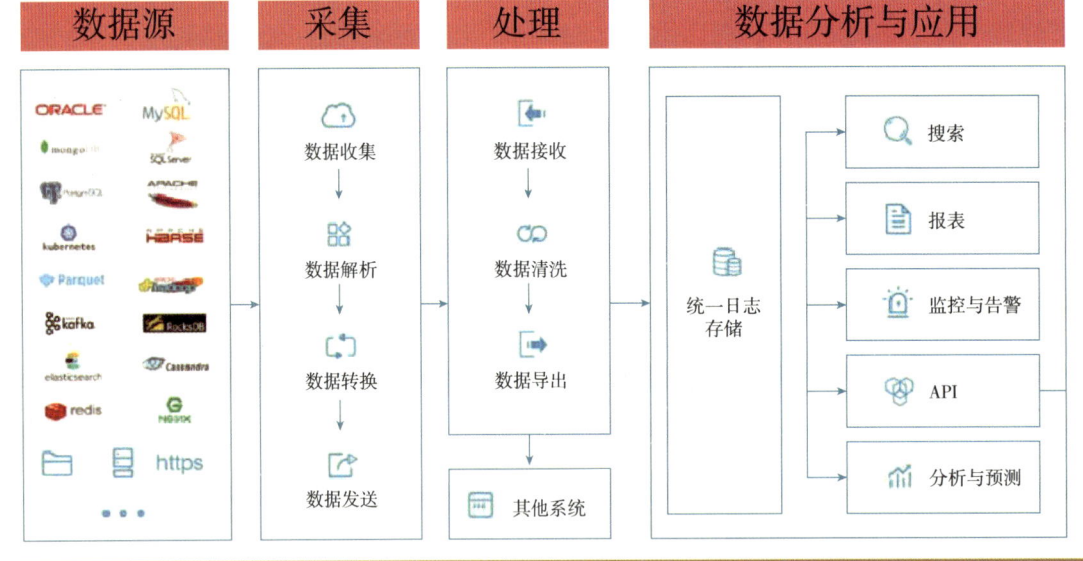

图3　日志监控分析平台架构

（三）数据质量管理平台

1. 系统定位。数据质量管理平台是公司业务数据质量进行监控的管理平台，该平台根据业务系统承载的业务数据逻辑，对系统内数据实施逻辑验证，对跨系统的数据实施数据对账核查，以及时发现并纠正业务数据的偏差，提高公司业务数据质量，保障公司业务的开展，提升公司业务数据的价值。

2. 技术架构。数据质量管理平台依托各生产系统数据库（Oralce、MySQL……）中数据库脚本、存过实现各系统内的数据核查逻辑，并通过 ETL 进行跨系统的对账数据集中与数据对账，以及数据质量跟踪。同时，借助数据质量管理平台（Python Django 框架）的数据核查方案整合和调度平台（XX‑J）的自动作业，实现数据质量管理的自动化。

3. 应用架构。将数据质量平台分为数据层、业务层、应用层、用户层，分别承载。

（1）数据层。承载业务数据的传输、存储职能。

（2）业务层。承载数据质量管理的数据指标、规则及方案管理。

（3）应用层。承载平台的服务管理及系统功能实现。

（4）用户层。承载前端的页面展现及用户操作。

4. 实施方案。构建标准的数据项及质控方案模型，配置开发覆盖核心及周边的系统内、系统间、业财全流程的各类质控方案，实现系统数据质控的程序化、自动化、调度化。

（1）指标模型开发。数据质量管理平台按照系统内、系统间、业财全流程三个层次将数据质量核查分为高、中、低三个层次。

（2）质控方案设计。根据数据质检场景分析，定义各质检场景的质检方案。根据质检方案的需要，可将质检方案进行层级和顺序的分解，一个大的质检方案可由多个质检下级方案组成，各下级方案可继续拆解。每个拆解方案对应与之相匹配的方案指标集，指标集中的指标来自规则库中的指标模型。

（3）中枢模块开发。对质量方案明细的作业顺序及时点的归集，形成作业规划，将作业规划类别匹配至调度平台（XX‑J），调度平台调用中枢管理模块接口，启动中枢管理模块的作业解析任务（根据作业规划解析质检方案及项下的子方案），然后执行作业任务。

针对每个质检方案，中控模块自动匹配对应的消息推送机制，自动按照与之匹配的消息推送方案，向指定人员发送执行结果和异常数据。

（4）前端展示设计。支持数据质量检查指标的复杂数据和文字展示，前端采用"JQuery + Echarts"作为前端可视化框架，该框架中作为百度开源可视化库，可以流畅地运行在 PC 机和移动设备上，兼容当前绝大部分的浏览器。同时，后台 Web 接口 Python 的 Django 框架。

（5）质量分析设计。根据指标模型建设阶段的业务场景分解，建立质量分析模型，并以相应的分析报表进行前端展示（已建）。根据数据质量检测结果，提供对系统、对机构、对人员维度的数据质量绩效评分机制。通过制定绩效指标、绩效规则等信息形成不同维度的绩效方案，相关方案归集到作业任务管理，并形成自动（建设中）。

（6）工作流对接。根据质检结果，将质检发现的数据质量问题，根据问题类别、系统类别，推送至 ITSM（JIRA 或 TAPD），生成工单任务。确保在数据质量平台中发现的数据质量问题能够自动分配至责任人，并进入 ITSM 进行跟踪、流转。

5. 取得成果。

（1）数据监控指标，已完成中低阶"200 +"的数据指标项的梳理开发。

（2）数据质控方案，实现覆盖核心及关键

周边系统内、系统间、业财全流程各类业务场景的质控方案。

（3）系统监控范围，已实现所有核心系统及关键周边系统共计"10+"套系统，覆盖预演及生产两套环境。

（4）系统监控时效，各个系统零散的人工非常规数据监控整合变为模型化成体系的统一自动监控。

（5）2019年1—6月，累计"200+"次的各类数据自动监控（每日、每周例检、每月、年度业财偏差）。

（6）数据质量。数据偏差率从2018年的万分之0.8降低至万分之0.1。

数据质量管理平台架构见图4。

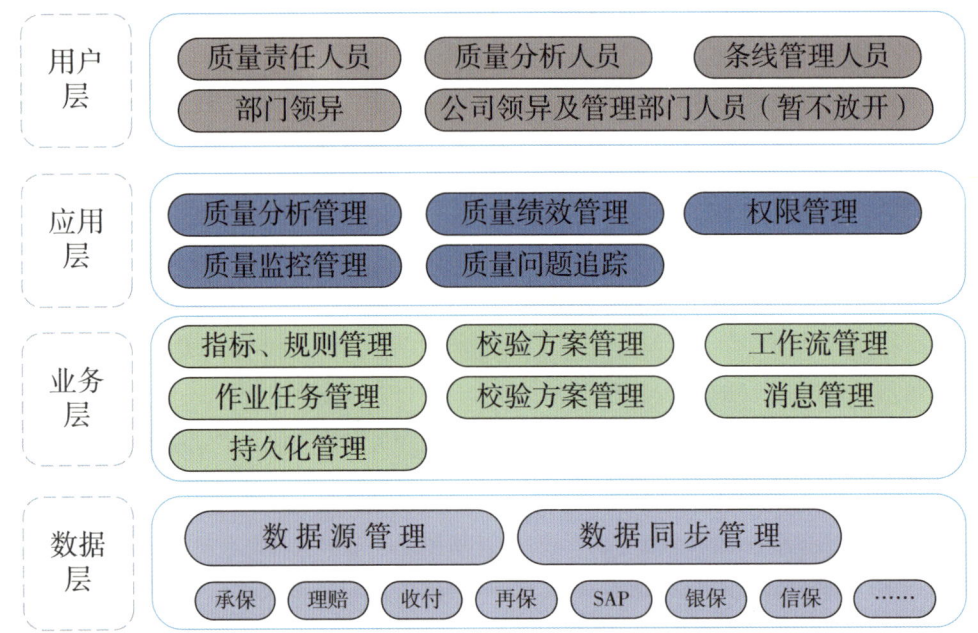

图 4 数据质量管理平台架构

（四）运营监控平台

1. 系统定位。运营监控平台，采用了数据质量管理平台的技术架构，在数据质量管理平台体系的基础上，基于对业务运营分析的指标模型设计，对业务运营的动态进行"T+1"的监测、分析，向业务经营管理层提供最新的业务运营指标动态。

2. 实施方案。

（1）运营监控模型分析。基于对主干业务流程及关键业务的分析，梳理业务节点和交易环节，并识别关键业务节点和关键交易环节的运营指标，形成对业务运营监控的框架性指标体系。

（2）监控方案设计。根据业务运营监控的关键指标，分析各业务系统的相应数据流，识别指标对应的关键数据节点，并进行相应的监控、分析指标的设计，并同步进行监控方案的开发。

（3）输出展示设计。以邮件推送为输出的设计背景，对各监控方案的推送输出进行展示设计。

（4）工作流对接。根据监测结果，将发现

的异常运营指标向管理部门及系统负责人进行邮件告警推送（已经实现）。

根据指标涉及的 IT 系统，推送至 ITSM（JIRA 或 TAPD），生成工单任务到系统负责人，确保在数据质量平台中发现的异常指标能够自动分配至责任人，并进入 ITSM 进行跟踪、流转（建设中）。

3. 取得成果。运营监控平台专注于对生产业务的活动进行监控分析，确保能够及时掌握各关键业务环节、业务场景的业务流量、交易频度、成功率、交易效率、交易趋势等运营关键信息，在以下方面达成了预期效果。

（1）业务运营监控。实现了对承保业务流程关键环节的运营动态监控，如报价、投保、提核、核保、缴费、投保确认等环节。

（2）财务运营监控。实现了对财务管理流程关键环节的运营动态监控，如企联对账、挂账、结算、红冲、暂收款、车船税上传、发票打印等环节。

（3）服务运营监控。实现了对客服服务流程关键环节的运营动态监控，如报案、调度、查勘、定损、人伤定损、资料受理、理算、核赔、结案、预付、分段赔付等环节。

（4）IT 管理监控。实现了对 IT 内部管理关键环节的运营动态监控，如生产问题、需求开发、缺陷开发、生产服务等环节。

五、项目效果

（一）内部效益（对公司产生的实际效果）

"天眼"项目立足于智能运维体系建设规划，围绕根因分析与故障预测、提前预警与自愈、跑赢用户报障这条核心主轴。以 7×24 小时不间断值守为目标，对生产系统的资源消耗、业务可用性、系统性能、系统稳定性、业务数据质量、业务运营动态实施了闭环监控，时刻保障系统稳定性和业务连续性，用工具代替人工海量程序化工作，减少人工干预，解放双手，实现真正的 7×24 小时运维。

2019 年上半年，在生产系统迭代版本高达"250＋"的情况下，以应用监控平台及日志监控平台为支撑，保证了业务的稳定性，上半年系统可用率达到 99.99%；同时，以数据质量管理平台为支撑，保证了业务数据的正确性和一致性，上半年数据考核偏差小于万分之 0.1，并成功将公司业务关账时间从每月 8～10 日缩短至每月 3～4 日，在提升公司的管理效率方面发挥明显效能。

另外，通过"天眼"项目的实施，以开源产品替换商业产品，在提升公司运营效能的同时，降低公司科技投入费用 200 万～300 万元，项目整体取得了良好的效益。

（二）外部效益（对行业的应用价值和示范效应）

华安在"天眼"项目的实践对行业中小保险公司的 IT 运维转型而言，是一个比较有参考价值的项目。

一方面，作为华安智能运维总体架构的一个重要组成部分，"天眼"项目向业界提供了一个覆盖应用、日志、数据场景的全天候智能监控预警体系的成功案例。为中小保险同业提供了一个从传统 IT 运维管理向智能化运维管理转型提供了比较清晰具体的建设规划构想及实施路径，在 IT 运维建设的规划方面具备较好的行业参考价值。

另一方面,"天眼"项目基于开源技术,围绕云原生技术架构应用与自主研发,打造华安自主的智能运维监控体系,实现了运营技术创新与科技赋能,并为同业提供了一个基于开源技术创新应用的成功案例。在新术架构创新应用方面提供了一个比较具体的,有可行性的技术方案,对同业也具备较好的参考价值。

六、总结

华安"天眼"项目作为华安保险智能运维总体规划的一部分,覆盖应用、日志、数据场景的全天候智能监控预警系统,实现智能资源、系统、数据的状态监控,自动完成故障识别、预警推送及常规场景下的智能故障自愈,初步达成了项目的预期,完成了智能监控体系的基础框架建设,取得了良好的项目成效。

但是,在智能运维体系建设的道路上,还存在许多有待深耕及完善的地方,后续尚需在以下方面继续推进智能运维体系建设。

(一)深耕智能监控体系建设

华安"天眼"项目四大平台的监控覆盖范围、监控模型、监控策略、智能识别、自动处置以及自动化任务尚有很大的优化空间,部分功能还需要持续完善和建设。

(二)启动运维大数据平台的建设

未来想要继续向智能运维(AIOps)演进,作为基础性平台的运维监控大数据平台需要尽快提上建设日程。

(三)开展智能运维算法的能力建设

研究基于运维大数据的机器学习模型及算法,将科学适配的算法引入智能运维体系,将依赖运维人员的经验识别演进为机器算法的智能识别,打造属于华安的运维智能决策平台。

专家点评

"天眼"项目作为华安保险智能运维体系规划的重要组成部分,通过打造覆盖应用、日志、数据场景的全天候智能监控预警系统,实现智能资源、系统、数据的状态监控,自动完成故障识别、预警推送及常规场景下的智能故障自愈。该项目涵盖了三个子平台系统及一个扩展平台:应用监控平台、日志监控分析平台、数据质量管理平台、运营监控平台(扩展)。

该项目基于开源技术,围绕云原生技术架构的应用与自主开发,升级了华安自身的IT运维技术体系,减少了人工干预,实现了7×24小时的运维自动化,有效降低了运营成本。该项目对于中小保险公司的IT运维转型具有一定的参考价值,向业界提供了一个适合中小保险公司的,覆盖应用、日志、数据场景的,全天候智能监控预警体系的规划及实施路径。

渤海人寿互联网子核心

◎ 渤海人寿保险股份有限公司

一、项目概述

近年来，随着渤海人寿保险股份有限公司（以下简称渤海人寿）的发展和业务量不断增长，现行架构很难支撑未来发展的需要，传统的大核心模式无法满足系统快速迭代、高并发、大数据量的要求，无法适应互联网化的保险业务迅猛发展的趋势。面对这样的困境，渤海人寿基于自身定位，开始构思一套"支持高并发""服务模块化""高度可扩展"的系统，于是面向互联网时代的"互联网子核心"应运而生。

基于多渠道、跨平台协同发展的诉求，解决各种"痛点"，因此全面打造互联网子核心系统，实现高度可配置化、可扩展、高可用的对接平台。形成前台、中台、后台分离的三层业务系统体系，打造大数据平台和微服务平台，全面支撑公司业务发展，满足各渠道的发展需求。结合公司战略转型，逐步由理财型产品向保障型产品进行转型，强化对健康险、养老险的支持。

二、项目背景及意义

随着互联网的高速发展，使用人口的激增，对于保险公司来说是非常大的挑战，面临越来越多的困难。

在处理能力方面，由于众多渠道的推广，会面临业务量激增的情况，为了支撑业务，这个问题极为紧迫，面对这个问题，选择了将服务部署在云服务器，通过升配或降配，优化服务器资源，既能应对业务高峰，又能释放资源节省成本。

在功能模块方面，将3个系统进行整合，并且原有系统模块划分不清，相同功能在3个系统中开发3次，并且处理方式还存在差异，无法做到功能统一化，代码标准化。为了实现既定目标，做了整体的架构规划，将3套系统合一，分层级，分职责，提供标准化统一化的服务，功能统一化。

在可配置化方面，原系统在对接一款产品时，需要通过修改代码才能实现，工期长，出错率极高，为了解决这个问题，更为了适应互联网保险公司的快速对接、快速上线的目标，公司打造了一套配置中心，其中包括产品定义配置、保全项配置、回访中心配置等，在很大程度上解决了渠道对接时效的压力。高度的可配置化大大解放了人力，提升了效率。

基于以上种种"痛点"，也依据长远规划、阶段实施的原则，渤海人寿为了建设适应互联网场景的新型业务系统，通过保险科技创新提升业务品质和服务质量；搭建安全、稳定、可靠的混合云平台，通过云计算技术，实现业务需要的高效、快捷、弹性扩展的基础架构；打造自主管理、有技术创新能力的技术团队，以提升公司自身技术实力、核心竞争力为目标，对互联网子核心系统的开发势在必行。

三、项目重点解决的问题及主要创新点

在互联网高速发展的今天，为了将保险业与互联网充分地融合，为了达到"提升效率，解放人力，为用户提供更便捷高效的服务"的目标做了如下创新。

1. 提供全方位的互联网保险业务，如契约、保全、理赔、续期等。

2. 平台采用微服务化架构，每个微服务支持独立的部署，可独立伸缩扩展，可以部署在容器化环境，通过容器编排技术实现快速扩容。

3. 增加了与其他系统交互的业务开关配置，降低系统间依赖，开关启动后，子核心可以在其他系统不可用的情况下持续运行出单和服务。

4. 平台功能高度可配置化，可以保障产品、保全服务的快速上线，可以通过配置对系统功能模块进行热插拔。

互联网子核心系统的正式上线，充分提高了产品的对接速度、业务处理能力，减少了服务器资源的重复利用。目前可以支持200笔/秒的处理量，如遇高峰期，可以根据监控报警情况，随时扩容，通过临时申请高配服务器或增加服务器数量，即可实现3000笔/秒的业务处理能力。高峰期过后，随时可以降配，节省资源。高度配置化实现了"3天即可完成一款产品开发""一周完成一款常规保全项的开发""一项功能开发多渠道共用"的高效的开发模式。通过专业、智能、全方位的技术服务，推动保险业务向多元化、综合化经营转型。

四、项目主要建设内容

（一）项目内容

互联网子核心系统建设的目标是降低对原有核心系统的依赖，实现互联网业务全线上服务，与第三方渠道业务对接平台实现互补，实现高度可配置化，形成统一标准化、规范化的对外接口。全面加快系统上线和迭代周期，降低系统开发时间和成本，实现IT系统前置，提升用户体验。

互联网子核心系统建立完整独立的承保、服务体系，实现互联网子核心与原有核心系统的解耦。全面提升移动互联的支持能力，通过互联网子核心的建设，消除对传统核心系统的依赖，将原本复杂的业务系统轻量化，降低系统开发周期和开发成本。

互联网子核心与原核心系统完全异步交互，拥有独立作业能力。数据类应用全面迁移到数据仓库，所有数据类的支持通过大数据平台进行读取，前中后台只进行承保、保全、理赔等业务的支撑，将独立功能模块设计成为独立的处理中心，独立处理业务流程外的业务。

在这个构想的基础上，针对互联网子核心系统做了全面的规划，将互联网子核心系统分为5层架构，它们根据不同的定位发挥各自不同的作用，将传统的保险产品向线上进行迁移，并且加强保全、理赔等线上服务，为广大互联网用户提供了高效、便捷的保险服务，也进一步深化了国家推动保险事业发展的信心与决心。

1. 第三方网关。第三方网关主要用于将第三方渠道的请求报文统一转换为互联网子核心内部标准化接口，并且匹配关系是通过配置中心的

配置关系进行转换的。建设初期，为了最大限度地降低风险，达到逐步切换的目标，在第三方网关报文转换与契约、保全、理赔服务层中间增加数据请求转发开关控制，以支持已有渠道的逐步迁移。平稳对接三中心服务后，再逐步完成整体系统迁移，保证在迁移的过程中，不影响原有渠道的业务。

2. 服务支撑平台。

（1）交易中心。交易中心涵盖了用户在购买保单的全流程中的所有功能服务，包括交易中心核心业务、交易中心客户端、交易中心持久层三个方面。第三方网关服务中包含了交易中心的对接工作，实现了分渠道、分功能切换新服务。为了实现线上无感知切换，添加了开关功能（见图1）。

对接的其他系统出现异常时和调用过程中的紧急情况，可以随时切断与其他系统的强关联，保证前端系统可以及时稳定地为用户提供购买服务的应急处理。虽然可以临时切断强关联，但是后续关联系统如果是校验系统，需要进行补校验，若出现校验不通过的情况，及时报警。

另外，统一将交易中心对外提供服务的接口集成 dubbo、activeMQ、quartz，并提供对 JMS 和批处理接口的支持。

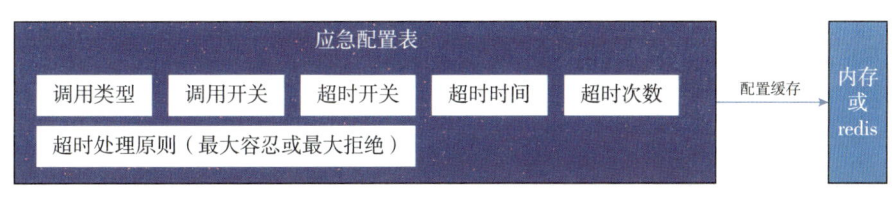

图1

（2）保全中心。保全中心涵盖了用户在做保全服务的全流程中的所有功能服务。保全中心能够实现所有保全项的功能，如投保人基本信息变更、被保险人基本信息变更、受益人基本信息变更、退保、银行卡变更、生存金领取等保全项。其中，为了保障用户申请保全项时是生存的状态，因此引入了活体识别技术，以保障业务要求。

同时，统一将交易中心对外提供服务的接口集成 dubbo、activeMQ、quartz，并提供对 JMS 和批处理接口的支持。

（3）理赔中心。理赔中心涵盖了用户在做理赔服务的全流程中的所有功能服务。

理赔中心包括理赔中心核心业务、理赔中心客户端、理赔中心持久层三个方面。为了实现线上无感知切换，添加开关功能，功能实现部分同交易中心部分，不再赘述。

在理赔中心，为用户提供了理赔报案、影像上传等功能，结合业务要求，还引入了活体识别技术，以保证用户是生存的。另外，若用户影像审核不通过，还提供了影像打回重传的功能。影像经人工审核后，若不符合要求，则会将不合格影像返回给用户，并对每张影像标明不合格的原因，以便于引导用户重新拍照上传。

用户在提交影像时，可以提示上传进度，任意上传状态中的影像均可以进行删除操作。

仅需要3步操作即可完成理赔申请，大大简化了用户的操作流程，提升了用户体验。

（4）配置中心。互联网子核心的最大优势即为高度可配置化，根据配置即可实现60%的需求，针对这些配置，互联网子核心开发了一套可视化界面，用于管理所有的配置信息，在配置的过程中，可以对配置信息形成版本管理，并按指定版本进行回退。已实现过的一些功能在复用时，直接通过可视化界面的配置即可实现，小到一个枚举值，大到一款产品、一篇推文的发布，都可以通过配置实现。

过去，开放某些功能需要通过修改代码实现，一般需要3~5日甚至更长的时间。但现在，通过配置即可实现，从开发到测试到验收仅需要1天时间，当晚即可发布生产。并且运维人员即可处理，大大解放了人力，同时也提高了工作效率。可以进一步推动需求上线，快速地满足业务人员的要求，提供了系统的核心竞争力。

（5）基础服务支持平台（微服务平台）。微服务平台抽象所有独立的功能，具体的功能进行服务化供各系统调用。最小颗粒的建立服务平台，抽象出具体的功能为各系统提供调用服务，最大限度地实现功能复用，减少系统之间的耦合度，降低系统开发成本。抽象出电子保单、短信邮件、在线回访、影像传输、活体识别等独立的子服务功能。

（6）产品中心。在子核心系统的规划中，产品中心是极为重要的，前端系统中的所有产品均是由该中心自动生成并实现的，即通过在产品中心中对渠道、产品、规则等信息的配置，前端页面可以自动生成一款产品，以供用户进行购买，并且其中会根据产品特色配置不同的业务规则，对用户提供的投保信息进行初步审核，自动审核通过后，才可进行支付操作。

该系统除支撑渤海人寿前端系统的出单诉求外，也应用于第三方渠道对接，即与同行业渠道合作，将渤海人寿的产品包装到其他同行平台上进行售卖，通过同行平台的用户资源，推广渤海人寿的产品进行获客。

产品中心的意义不仅在于产品可支持的平台更多，还在于产品的快速开发，没有产品中心时，开发一个渠道的一款产品需要通过修改代码来实现，一个产品的开发周期是20人/日左右，通过产品中心的建设，大大缩短了产品开发的周期，不再需要修改代码，只要通过产品中心的配置界面进行手工配置，即可实现一款产品，开发周期缩短到了3人/日，产品中心还支持产品配置信息的导入导出功能，即在产品形态相近的情况下，无须人工配置，只需导出相近产品，修改文件后，再导入到产品中心，一款新产品就产生了，开发周期进一步缩短到1人/日。

这一模块的实现将重复性劳动的工作量大大缩短，极大地解放了人力，提升了产品的上线速度，这是一个质的飞跃。

（7）电子保单。电子保单系统是独立功能，可以供任何外部系统调用，根据该系统中已经配置好的电子保单模板，通过外部系统的传参，将参数代入电子保单模板中，进而生成电子保单，并发送邮件给客户，以便客户下载电子保单。由于功能独立，可以供外部任何系统进行调用，功能延展性好，广泛应用在渤海人寿内部各个系统中，如银保、销售支持等出单系统。

（8）对账中心。针对契约和退保等收付费功能，需要与第三方渠道进行对账，保证双方系统数据一致，账目一致，因此开发了对账中心的功能。该功能集日对账、月对账功能于一身。极大地减轻了各个业务线的日常工作压力。

日对账可以通过系统自动完成，由渠道提供对账文件，由互联网子核心系统的对账中心先总账核对，再逐单核对的对账方式进行对账，对账结束后会邮件通知渠道业务人员对账结果，基本上无须人工干预。

月对账是基于渠道的月结结算方式的，每月月初可以核对上月的账务信息，其中包括了契约、续期、加保等收费项目的对账，该对账是由业务人员手工导入到系统中的，实时可以获得对账结果，核对有误的账单，会实时报错提醒，并且支持错误账单导出功能。月结对账每个类型每个月只能对账一次，对账成功无法再进行对账。

此功能模块大大降低了人工对账的压力，只要关注系统报错的部分即可，也无须占用人员的更多精力，大大降低了人力成本。

（9）用户中心。根据用户的唯一标识，为用户创建唯一账户，用于用户在前端系统进行登录进行身份验证，其中包括了用户注册基本信息、实名认证信息、保障等级等，可以对契约、保全、理赔操作中的基本信息起到辅助作用，例如订立契约时，可以作为投保人信息进行默认代入等。

（10）消息中心。该模块主要负责为用户发送各种消息，也是可供外部系统单独调用的一项功能，主要消息类型包括短信、邮件、站内信、极光推送等。

消息中心主要用于保障前端系统中对于消息通知的诉求，但是短信、邮件的部分是基于用户的手机号和邮箱地址的，不依附于前端系统存在，因此可以单独供任意系统进行调用。

（11）影像传输。根据接口方式提交影像后，通知互联网子核心系统，互联网子核心系统会自行根据要求处理影像，并将影像文件提交到影像存储系统进行影像留存。

（12）活体识别。对于用户使用保险服务的流程中，要求申请服务的用户必须是生存状态，因此引入了活体识别功能，在用户申请服务前，进行验证。

（13）回访中心。通过接口收集各个系统需要进行回访的数据，可以根据各个不同系统的不同诉求，包括回访内容模板以及保单的不同内容进行区别。定时为用户发送回访短信，接收用户回复的回访结果，并进行记录。

（14）电子签名。移动端分享电子签名技术，解决了需要异地投被保人进行电子签名的问题，代理人或客户可以发送链接给需要签字的投被保人，通过简单的身份验证后，投被保人就可以通过手机进行签字，之后将签名发回，完成契约或保全流程，大大提高了业务处理效率。通过引入前端主流H5框架，对自营服务平台进行架构改造，实现PC端、APP端、微信端三端统一，即同一服务或产品，开发一次即可在三端同时上线，在节省开发资源，提升开发效率的同时，大大提高了系统的跨平台适配能力。

（二）部署情况

互联网子核心以支持互联网化、大数据量、高并发的业务为主，解决互联网业务对快速迭代、快速上线的要求。全面支持新产品快速上线，打破传统核心系统的开发周期"瓶颈"，加快系统建设周期。中台系统是区别于传统架构的一个重要体现，将传统的大核心进行解耦，提高系统的独立性和可靠性，分解核心系统压力，提高系统开发周期，解决互联网时代对系统开发周期的要求，全面提升用户体验，支持公司业务发展。

互联网子核心将大量的"高并发"交易进行缓冲，通过异步的方式提交给内部系统进行处理，缓解了内部各系统的压力。通过云平台迁移、微服务化架构改造等策略，互联网子核心能够承载3000笔/秒的交易请求，满足了大部分第三方互联网平台的系统处理能力要求。

各个子项目的成果都经过测试,具备可视、可集成、可插拔和可独立运行的特征。换言之,就是把一个大项目分为多个相互关联的可独立运行的小项目。在此过程中系统处于 7×24 小时可使用状态,由于是分布式部署,因此一台或几台服务器宕机,只要有一台服务器正常,均不会影响用户的正常使用,足以支撑到问题解决为止。

1. 整体设计。系统规划初期,从模块拆分、代码抽取、技术调研等方面一步步地沟通、推敲、打磨,最后确定了实施方案,基于敏捷开发的开发方式,以用户的需求进化为核心,采用快速迭代、循序渐进的方法推进项目。整个项目在构建初期被规划为三期,第一期是项目各个代码中心的抽取、公共功能合并以及数据库数据的合并;第二期是各功能迁移、各个渠道迁移;第三期是其他边缘功能迭代。

进入实施阶段后,按照软件工程的三个阶段,首先是进入定义阶段,规划功能范围,根据需求的具体范围制订初步项目计划,形成需求分析文档。其次是开发阶段,进行模块拆分,在项目计划的基础上根据模块安排详细计划,推进实施。实施完成后,进行了缜密的性能测试、压力测试、功能测试等,对整体系统的性能进行了全面的评测后,才推进上线。在推进上线之前,还准备了详尽的风险评估预测报告和回退方案。最后是运行和维护阶段,在该阶段进行了项目的移交,包括各个环境的发布、运维等。

在这条创新的道路上,本着"摒弃旧思想,吸收应用新技术"的理念,以规范化、标准化、统一化作为标准,对系统进行合理化的整体规划和设计。在规划设计阶段,经过一次次地讨论、沟通、推敲,最终制定的实施方案如下。

首先,整体规划架构。在规划阶段将系统架构规划为 5 层,分别是渠道支持平台、第三方网关、服务支撑平台、基础服务支持平台、数据引擎(见图 2),每层均有其独立的职能。其次,

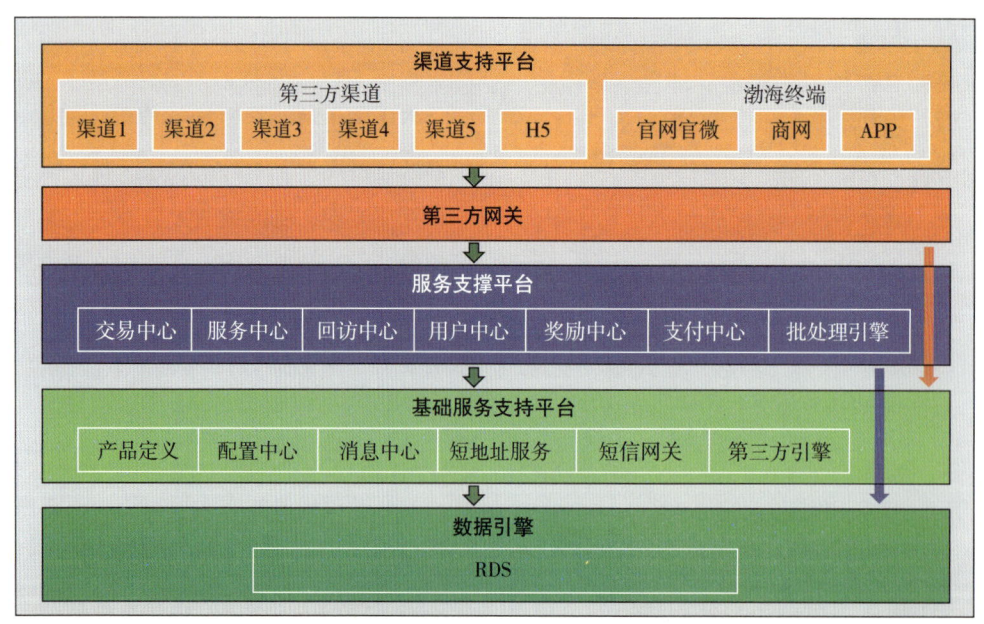

图 2　系统架构规划

系统整合。将3套系统进行整体功能整合，将差异化功能进行统一，再通过功能区分模块，划分为多个功能中心，通过功能模块的调用来实现。再次，统一接口规范。对内、对外均采用统一规划的公共接口，实现接口标准化。最后，数据库数据整合。需要将3套系统的数据进行统一规划合并及迁移。

基于以上的设计思路，再考虑到新旧系统切换的问题，因此设计了开关功能，根据功能模块设计开关，根据模块、功能进行逐一切换，既保证了系统稳定性，又保证了系统的平稳过渡。若出现紧急情况，可以及时切换，尽量减少损失。

2. 网络部署。针对互联网用户数量不稳定的特性，可能会因为活动或推广导致用户访问量激增的情况，为了更灵活高效地适应流量变化，要求服务器有极强的扩展性，但是物理机无法实现，因此将互联网子核心的应用系统迁移至金融云服务器上，根据公司业务量的实际要求进行资源的快速释放和快速扩展，按实际计算流量收费，访问量低时，可以释放本地资源，节约成本，访问量高时，可以实时扩容，为更多用户提供高效的服务（云服务器具有弹性可伸缩优点，可以根据需要进行扩展或释放，弹性的扩容能力，实例与带宽均可随时升降配，云盘可扩容）。

配合云上服务，数据库由原有的Oracle数据库迁移成MySQL数据库。MySQL是一个真正的多用户、多线程SQL数据库服务器。它是以客户机/服务器结构实现的，由一个服务器守护程序MySQL以及很多不同的客户程序和库组成的，能够快捷、有效和安全地处理大量的数据。相对于Oracle等数据库来说，MySQL的使用非常简单。MySQL的主要目标是快速、便捷和易用。

3. 系统架构。基于支持互联网形态业务发展，支持高并发、大数据量业务开展需要，制定信息系统技术架构（见图3）。

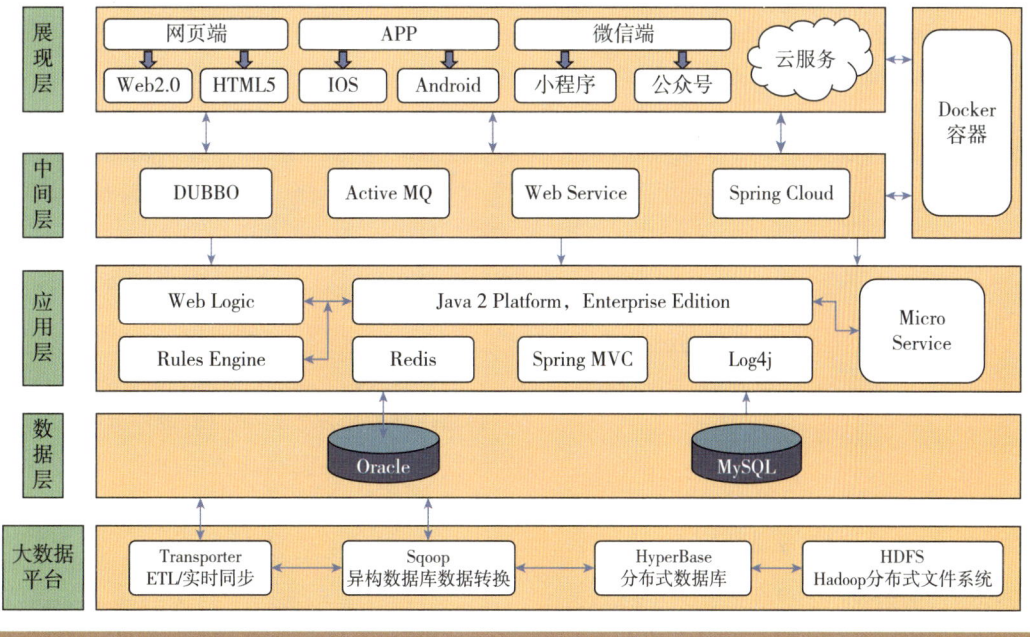

图3　信息系统技术架构

展现层通过混合云架构实现分布式计算、弹性扩展，完成对互联网"高并发"、大数据量业务的支撑；通过 Docker 等新技术的应用，实现业务系统快速迭代、快速上线，客户无感知的灰度发布；Web 2.0、HTML5、微信小程序解决兼容性问题；通过移动互联、人工智能技术实现保单运营无纸化，降低运营成本，提升用户体验，增强用户黏性。

中间层、应用层通过使用成熟稳定的通信接口，解决海量并发；引入规则引擎实现业务的快速响应，缩短开发周期；使用内存数据库提升系统计算、运行速度。

数据层、大数据平台搭建基于 Spark 技术的 Hadoop 分布式架构，完成结构化、非结构化数据的统计分析，推动风险管控、精准营销、产品差异化的创新，实现数据驱动业务发展。

为了实现互联网"高并发"的对接要求，对互联网子核心进行了云平台迁移，利用云平台服务器资源可弹性伸缩的能力，在可预期的业务高峰期，通过临时申请高配服务器或增加服务器数量，即可实现 3000 笔/秒的业务处理能力。在不可预期的情况下，也可以通过 WAF 防火墙、SLB 负载均衡限流等方式，保证系统不宕机，同时通过云镜像快速复制服务器，紧急提升系统处理能力，满足业务要求。

五、项目效果

（一）缩短开发周期

搭建互联网子核心之前，系统功能全部需要通过代码开发来完成，开发完成后还需要进行测试、发布等流程，资源浪费严重。

搭建互联网子核心之后，实现了通过配置实现某些功能的目标，复杂功能通过配置实现，可以大大缩短工期（见表 1）。单纯可以通过配置实现的需求，从开发到测试再到验收仅需要 1 天时间，当晚即可发布生产。

运维人员即可处理，大大解放了人力，同时也提高了工作效率。可以进一步地推动需求上线，极快速地满足业务人员的要求，提高了系统的核心竞争力。

表 1　配置缩短的工期

功能	实施前工期（人/日）	实施后工期（人/日）
产品对接	20	3
已实现规则的复用	5	0.5
多渠道使用相同产品 H5 链接	25	0.5

（二）提高系统效率

在处理能力方面，由于渠道的推广，会面临业务量激增的情况，原系统 50 笔/秒的并发量是无法支撑的，面对这个问题，互联网子核心系统的搭建平时就可以支持 200 笔/秒的处理速度，遇到高峰期可以根据监控报警情况随时扩容，通过临时申请高配服务器或增加服务器数量，即可实现 3000 笔/秒的业务处理能力。高峰期过后，还可以通过降配回收资源，既能应对业务高峰，又能释放资源节省成本，能收能放，驾驭自如。

（三）提高系统扩展性

互联网子核心系统由原来的功能3层架构，修改成了5层，通过微服务的模式，实现了与其他系统的解耦，在其他系统不可用时，可以独立于其他系统运行。通过统一的标准化接口，形成了标准化的服务，使系统维护更加简单，并且提供了一系列可热插拔的功能模块，通过配置即可实现功能的扩展。

六、总结

互联网子核心系统的建设，打破了保险行业的固有思维，根据互联网思维打造了一套灵活、适应性强、标准化的系统，提供了多种对外服务功能，解决了自身的"痛点"。渤海人寿通过科技改变了保险的生态环境，改变了保险的服务方式、销售方式，为公司的发展战略、业务目标的实现，提供一个架构先进、业务全面、服务广泛、管控科学的可运营、可管理、可扩展的信息系统。通过合理的设计，高度可配置化，科学的管理，实现了互联网保险业一个质的飞越。

渤海人寿以创新作为公司发展的根本推动力，通过信息化建设，提升信息管理与技术能力，提升业务服务品质和管理水平，保障系统安全、稳定、高速运行，进一步提高自身的可持续发展能力。

专家点评

为了满足发展和业务量不断增长的需求，渤海人寿打造了一个能够实现高度可配置化、可扩展、高可用的对接平台——互联网子核心。该系统形成了前台、中台、后台三层业务体系，打造了大数据平台和微服务平台，并且基于平台，提供全方位的互联网保险业务，如契约、保全、理赔、续期等业务，同时建设产品中心实现了对产品开发周期的缩减。

该系统的运用提高了保险公司产品的对接速度、业务处理能力，降低了服务器资源的重复利用，大大解放了人力，提升了效率，对行业具有启示作用。

华夏人寿 CRM 系统

◎ 华夏人寿保险股份有限公司

一、项目概述

CRM 系统是以客户为中心的数据核心，主要分为三大模块：涵盖客户数据存储、客户信息管理和客户数据挖掘。

（一）客户数据存储

客户数据中心建立了统一、标准的"以客户为中心"的数据模型，将数十个系统中的客户信息进行统一归档、清洗合并。其中，客户数据仓库涵盖个人客户模型、团体客户模型、潜在客户模型、代理人模型。

（二）客户信息管理

客户管理平台整合客户信息、代理人和客服人员，通过智能的分配引擎、计算引擎将客户全景视图推送到代理人移动端以及客服人员操作端。

（三）客户数据挖掘

数据挖掘平台通过分析 CRM 系统中客户的行为数据，利用数据建模，发现潜在规律，驱动营销和运营的模式创新。

二、项目背景及意义

CRM 旨在提供一个客户数据的开放平台，让更多的人能方便地查询、分析、应用客户数据，让数据创新变得更简单。

（一）CRM – ECIF 是公司客户数据的汇聚核心

CRM 系统建立统一、标准的"以客户为中心"的数据模型，将散落在数十个系统的客户数据进行统一归档、清洗合并。建设内容包括客户数据仓库、客户合并引擎。

（二）CRM – OCRM 是公司客户管理的操作平台

CRM 系统作为公司客户管理的统一入口，提供对客户信息的查询、合并、清洗、计算、分配功能。建设内容包括客户信息全景视图、客户标签计算引擎、客户智能分配引擎。

（三）CRM – ACRM 是公司客户价值的挖掘引擎

通过分析 CRM 系统中客户的行为数据，利用数据建模，发现潜在规律，驱动营销和运营的模式创新。建设内容包括存量客户精准营销、客户风险预警模型。

三、项目重点解决的问题及主要创新点

CRM 系统建设过程重点解决海量数据的存储、灵活可配置的数据分配体系，同时通过数据挖掘和数据分析将沉睡数据唤醒，最终实现数据被利用。具体表现在以下四个方面。

（一）数据存储

创新关键词，包括高性能、海量、可扩展、低成本。采用高性能列式存储架构，支持上亿级别海量客户数据的高速多维度分析，高性能列式存储架构成本仅有传统 ORACLE 存储架构的 1/10，但速度提升了 100 倍以上。

（二）数据分配

创新关键词，包括配置化、自动化。对变化繁多的分配方案，进行配置化管理，灵活可变，快捷、高效、智能化的分配引擎在短短几分钟就能完成客户分配，效率提升了数倍。

（三）数据分析

创新关键词，包括自定义、多维度、纯界面、图表化。面向业务人员的自主灵活分析，由业务人员自主选择标签，快速定义目标客群，并支持灵活的多维度交叉分析，自动生成各类分析图表。整个操作纯界面、简单易用，极大地提升了数据分析效率。

（四）数据挖掘

创新关键词，数据驱动、模型预测。通过对加保客户数据建立逻辑回归数学模型，精准预测存量客户的加保概率，将数据挖掘成果运用到公司业务发展中，并对业绩产生经济效益。

四、项目主要建设内容

CRM 系统建设以"客户为中心"的数据，主要围绕三大主题，整合全司各系统客户数据，快速输出用户画像，客群分析，协助公司管理人员制定销售、服务、运营、产品等管理策略。主要建设内容有以下几个方面。

（一）客户数据仓库

客户数据仓库从公司六大信息系统采集客户数据，通过数据分析，抽象出涵盖 8 类保险业务行为，共 200 余个信息字段的四大类客户数据模型（见图 1）。数据仓库的特点：以客户为中心；字段信息可灵活拓展；列式存储支持海量数据。

（二）客户合并引擎

客户合并引擎打通各渠道客户信息，进行数据去重，形成唯一客户 ID，整合客户信息（见图 2）。合并引擎特点：合并规则可灵活定义，支持自动合并和疑似手工合并多种形式。

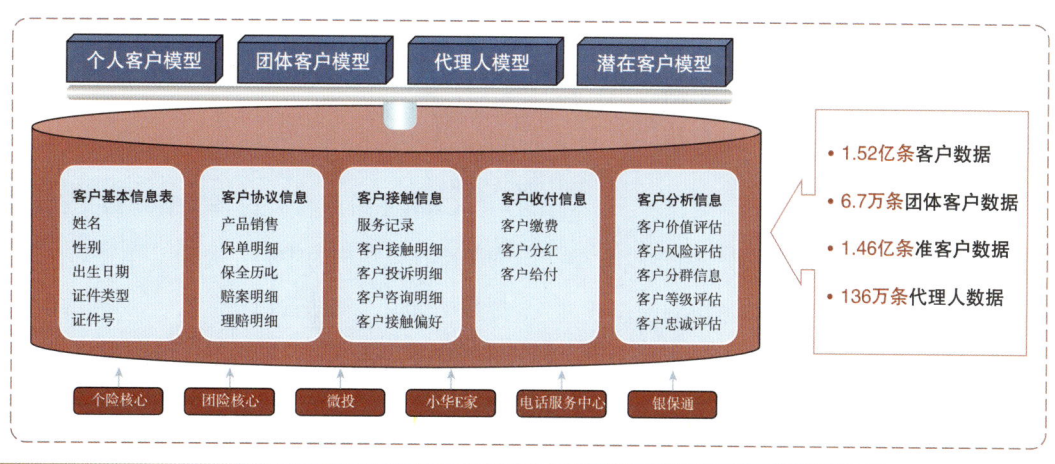

图 1　客户数据仓库架构

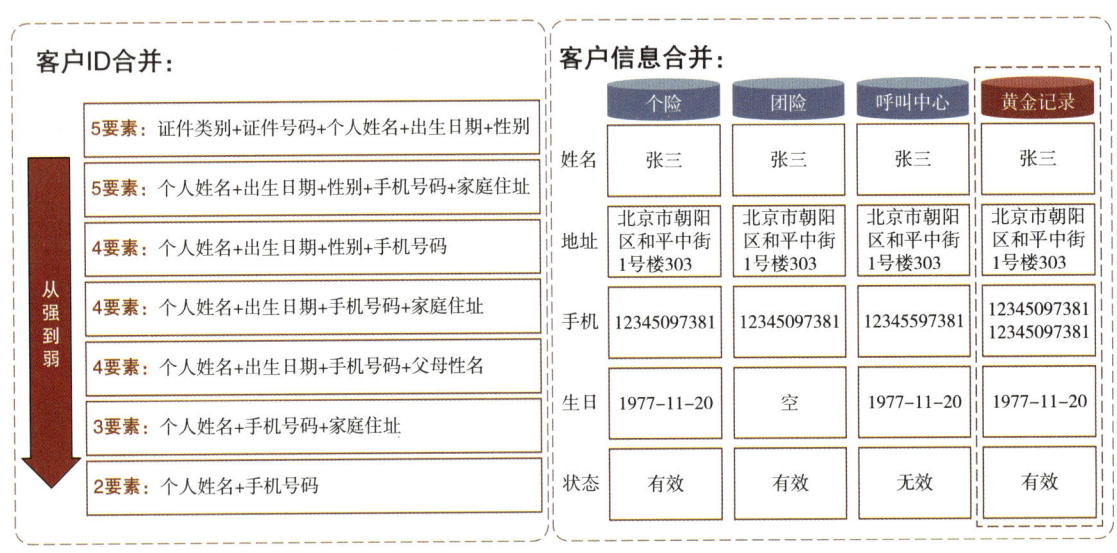

图2 客户合并引擎架构

（三）客户信息全景视图

客户信息全景视图整合客户信息，代理人和客服人员"一站式"全面了解客户，包括基本信息、沟通记录、投保记录、客户记录、客户标签、客户保障、服务提醒、风险预警及客户旅程。

（四）客户标签计算引擎

客户标签计算引擎由业务定义标签计算规则，采用分布式处理架构，实现对上亿量级客户标签的快速计算，快速细分客群。引擎特点：分布式集群、内存计算、列式可扩展存储。

（五）客户智能分配引擎

可自定义分配规则，按计划自动完成分配，数十万名客户只需几分钟即可将结果分配至代理人移动端。引擎特点：配置化、自动化。

（六）客户多维度分析

由业务人员自定义标签，通过标签快速选择目标客群，进行多维度交叉分析，并且自动生成各类分析图表。平台特点：图形化操作、无须编码、业务人员自主分析、提高数据共享能力。

（七）客户精准营销模型

通过逻辑回归模型，精准圈定客群，预测购买概率，提升销售效率。

（八）客户风险预警模型

发现风险因子，划分风险等级，为两核人员提供预警，并且提高运营效率。

五、项目效果

CRM系统整合公司各类客户数据，以数据为基础，以客户为中心，提升工作效率，深入挖掘数据价值，辅助营销与运营。

（一）数据质量提升

CRM将散落在十几个系统的客户数据进行归类、统一标准，共存储各类客户2.5亿户，合并客户信息 1.7 亿条，清洗各类客户信息 5000 余万条。

（二）计算效率提升

采用先进的分布式处理架构，客户标签计算速度从 1 天缩短到数小时，从核心系统将客户绿通、VIP 等级计算功能剥离，减轻核心压力，提升核心生产效率。

（三）分配效率提升

参与分配客户 26.7 万户、代理人 2.8 万户，运用智能的分配引擎技术大幅提升机构人员的工作效率，原来每家机构人工整理、核对、分配数据要消耗 1~2 周，现在只需要 3~5 分钟。

（四）分析效率提升

简化原有的 IT 人员提取数据、业务人员分析数据的工作方式，将原有的数据提取、数据分析流程从数天缩短到几小时。

（五）销售效率提升

全年开展精准营销活动营销渠道 4 次，银保渠道 1 次，通过模型预测产生加保客户 6 万余人，加保标准保费为 7.8 亿元。

（六）运营效率提升

核保端触发风险规则 692 件，进人核 259 件，拒保 20 件，非标承保 28 件，命中率为 7%；理赔端触发风险规则 5516 件，问题件 184 件，止损 1370 余万元，命中率为 3.3%。

六、总结

CRM 系统已经建设完成核心系统中客户基础信息的存储，但客户的海量行为数据、交易数据尚未打通和采集，所以下一步的建设目标是补齐客户和代理人行为数据，打通各触点、整合交易数据和行为数据，输出完整、多维、精确的用户画像，驱动业务流程的优化和创新。

下一步的建设方案："基础平台升级 + 数据应用"双线并举。

（一）基础平台升级，一站式提供海量数据的采集、打通、整合、输出

大数据采集平台升级。大数据采集平台升级主要负责把业务系统数据、行为日志数据采集到大数据存储平台中。

大数据存储平台升级。大数据存储平台升级主要负责各类海量数据的存储、清洗、处理。

大数据整合平台升级。大数据整合平台升级主要负责打通客户多渠道、多触点数据，形成完整的客户信息档案。

（二）数据应用

产生新的业务流程。通过对客户数据的整合、分析，增加新的销售机会。

优化老的业务流程。通过对客户的洞察，提供差异化运营和个性化服务。

专家点评

CRM 系统是以客户为中心的数据核心，主要分为三大模块：客户数据存储、客户信息管理、客户数据挖掘。该系统通过数据仓库技术存储大量客户数据，通过智能的分配引擎、计算引擎将客户全景视图推送到代理人、客服人员移动端，通过数据建模发现潜在规律，驱动营销和运营的模式创新。

该系统通过科技赋能保险，对客户的数据进行存储、分配、分析和挖掘，从而提升保险公司的工作效率，深入挖掘客户特性及其行为的潜在模式，从而辅助营销与运营。保险数据是海量且非结构化的，对这些数据的挖掘是未来保险公司提升竞争力的重要课题，该项目的探索和研究不是单独的例子，但对行业的数据应用起到了较大的启示作用。

众惠相互云上应用级双活数据中心项目

◎ 众惠财产相互保险社

一、项目概述

众惠财产相互保险社（以下简称众惠相互）作为中国特色相互保险实践的先行者和探索者，始终坚持"保险姓保"，回归保险本源，坚持"会员共有、会员共治、会员共享"的核心理念和"填保险市场空白、补保障服务短板"的设立初衷，为个人健康和中小微企业提供全周期风险管理服务。基于华为云提供的弹性负载均衡、云数据、专属网络、数据复制等云服务，众惠相互通过重构核心系统、破解数据库改造"瓶颈"，最终成功构建了 RPO = 0、RPT 分钟级的云上双中心灾备方案，不仅完全满足监管，且资源闲置率为零、整体成本节省了 25%，成为国内首例保险全业务系统云上应用级双活数据中心。

二、项目背景及意义

作为中国新兴的保险市场主体，众惠相互除要解决"如何盈利、多久盈利"的问题外，还要满足监管要求。"十三五"规划明确提出，对于信息安全、数据安全，灾备是最基础的技术需求，几乎所有的信息资产都需要灾备保护，以确保在任何意外故障情况下，信息系统的正常运转。《中国保监会关于专业网络保险公司开业验收有关问题的通知》（保监发〔2013〕66号）更明确要求，保险公司需要建立同城应用级、异地数据级灾难备份体系，且要在指定时间内做到异地应用级灾难备份，并定期进行系统应急演练。

面对 IT 系统建设的高要求和业务创新提出的双重挑战，众惠相互需要考虑在满足监管要求的前提下，做到以最优的资源投入实现灾备 IT 系统建设。

三、项目重点解决的问题及主要创新点

保险公司传统灾备方案以同城应用冷备为主，有"两高一低"的弊端，即高成本、高浪费、低利用率。因为对于传统灾备来说，通常要自建灾备中心，备份机房 IT 资源的利用率平时只能达到 20%，但却要付出 100% 的建设成本，不仅硬件投入大，而且 3 年维保期过后，备份机房就基本浪费了。

此外，传统方案若要做到应用级灾备，需要采用应用级别的复制软件、CDP、存储复制，在两个数据中心间建立骨干网络，保证网络层、应用层的延迟，且 Failback 需要大量的操作与测试，这些都对软硬件部署、维保服务等提出了更高的要求，并进一步加剧了建设运维投入及人力成本。

众惠相互基于华为云提供的弹性负载均衡、云数据、专属网络、数据复制等云服务，通过重

构核心系统、破解数据库改造"瓶颈",最终成功构建了 RPO=0、RPT 分钟级的云上双中心灾备方案,不仅完全满足监管,且资源闲置率为零,整体成本节省了 25%,成为国内首例保险全业务系统云上应用级双活数据中心。

国内首例双中心应用集群案例见图 1。

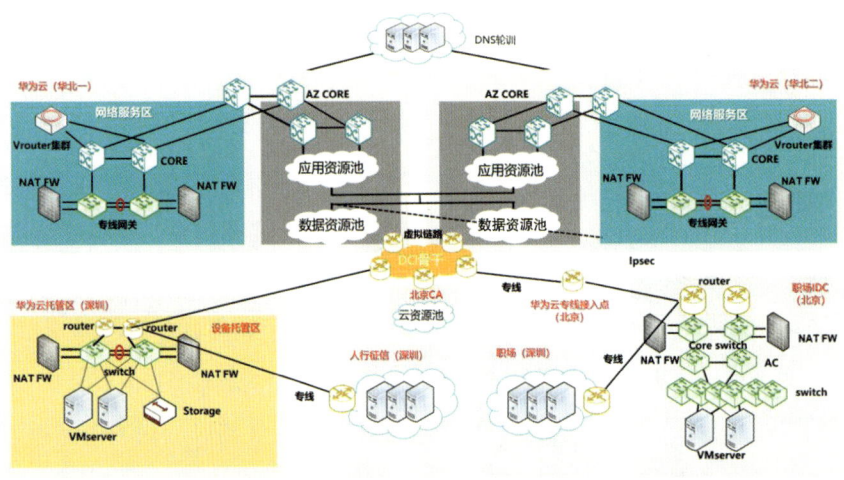

图 1 国内首例双中心应用集群案例

四、项目主要建设内容

众惠相互成功构建云上应用级双活数据中心,具体有以下几种措施。

(一)数据中心基础设施高可用设计

1. 计算高可用。软硬件深度适配,提升计算实例性能的稳定性。硬件故障智能预测与隔离,实现硬件故障前置预测与隔离。

2. 存储高可用。分布式多副本技术,将数据写入 3 份跨机架的存储节点中,能够保证副本故障时快速进行数据迁移恢复。智能检测存储介质和硬件故障、亚健康检测,提前隔离亚健康节点,自动搬迁均衡数据分布,降低业务影响。

3. 网络高可用。跨机房网关可在机房之间切换,无单点故障,同时关键基础设备也做了冗余设计、高可用集群部署。

(二)数据库高可用升级改造

1. 数据库从单中心主从架构改造为双机房主备从架构+读写分离。为构建更加健壮的双活中心架构,并将备机设计为可独立应用高可用机制、只读副本则用于读写分离,以解决老架构中从库由于承接读业务而出现负载过重并最终导致 RPO 和 RTO 大大降低的问题。

2. 巨大型业务数据库拆分。为了解决原有数据库日益庞大复杂、未来会限制业务发展并可能无法应对风险等问题,根据业务的隔离性,通过垂直拆分将业务系统单元化,对于部分无法拆分的数据,利用华为云提供的 DRS 服务实现高效实时同步(50MB/S)、自动断点续传的效果。

3. 业务数据从原数据中心无感迁移至云上双活中心。本次重构不仅构建了长期的无感灾备能力,从原数据中心迁移到新双活数据中心的迁移过程也实现了无感的效果。结合云平台提供的

DRS服务的在线迁移能力，在业务运行过程中，通过将源数据逻辑化、持续地同步到新架构数据中，完成了数据库架构热升级，且新双活前端程序提前在云上完成联调与部署，通过轻量化割接即完成了架构升级，整个过程做到了对用户最大限度的无感。

五、项目效果

众惠相互的此次系统重构前后历时3个月，通过对原有系统进行细致的测试及结合云平台的特色和能力，实现了核心业务系统重构和数据库改造，最终实现了架构上的先进性和数据迁移过程的稳定性。通过改造，众惠的IT系统达到架构和可靠性上的新高度，成为企业核心竞争力之一，并有效改善了信息建设、长期维护的质量和成本。

六、总结

众惠相互作为国内第一个全业务上云的保险公司，当前构建的应用级双活数据中心，完成了借力云平台改造IT基础设施的关键一步，打下了坚实的IT基础。

未来，众惠相互将继续充分借力云计算、大数据、人工智能等先进技术，提升信息技术运维管理能力、开发能力，并在社交连接、人工智能等领域作出探索，进一步在保险业务上持续创新，提升保险服务能力，更广泛地为广大用户提供差异化、专业化、特色化的金融服务。

专家点评

为了满足灾备需求，提高备份机房的资源利用率，该项目基于华为云提供的弹性负载均衡、云数据、专属网络、数据复制等云服务，通过重构核心系统构建了云上双中心灾备方案，建立了全业务系统云上应用级双活数据中心。

该项目基于第三方云服务，通过充公和改造，使公司的IT系统达到架构和可靠性的高度，降低了企业的维护成本，提升了企业的竞争力。这种基于云上双中心的灾备方案对业内保险公司的信息架构升级和灾备方案构建具有一定的启示作用。

泛华新互联网核心云平台

◎ 泛华金融控股集团

一、项目概述

泛华金融控股集团（以下简称泛华）作为保险中介向互联网发展的先行者之一，其以科技创新作为公司发展的核心战略之一。进入互联网时代之后，泛华勇于作探路者，在互联网的浪潮中进行探索，其运用互联网科技打造了多个互联网平台，使无数消费者、众多保险公司受益，极大地提高了整个保险中介甚至整个保险业的运行效率及服务水平。

2019年，研发历时近1年的互联网核心平台也在7月正式上线，此次提出新互联网核心系统升级是在泛华坚持自主研发，多年重金投入科技的一次重要体现，是基于保险业发展、科技迭代趋势以及全力支持泛华模式发展等因素的考量。此次系统升级最大的亮点在于服务化、智能化、移动化和一体化，服务化实现前中后台功能组装，智能化为销售提供全方位辅助，移动化实现随时的服务支持，而产品一体化，是几十家保险公司数据流程一体化，充分满足了效能的要求，也能支持行业营销员的多元需求，最终有效触达客户，满足客户需求。

二、项目背景

一方面，数据显示，中国仅次于美国成为全球第二大保险市场，但是从保险深度来看，中国与保险业较为成熟的发达国家相比仍有一定差距，并且低于国际平均水平，这也说明了我国虽已是保险大国却仍不是保险强国，保险业还有很大的发展空间。

另一方面，我国保险业经历了从2011年到2017年的高速发展时期，但到了2018年，行业进入发展平缓期，过去粗放式的发展模式已经不适合未来行业发展需要。因此，在产品和渠道创新上深耕细作，同时提升服务水平，加强保险科技赋能将是未来行业发展的主旋律。

作为保险中介行业的领军者，泛华始终坚持"科技领先"战略，基于产品的变迁，数据的增长，管理半径的跨越，浏览器的演进，智能化的要求，用户体验感与移动端的要求以及云与互联网技术的应用，泛华决定对互联网核心系统进行升级。

三、项目重点解决的问题

1. 技术框架升级。技术框架升级为主流互联网框架，降低学习成本和维护成本。

2. 数据存储。数据存储由集中化到分布式，减轻压力。

3. "去IOE"。服务器、中间件、存储采用开源软件，降低成本。

4. 云端部署。核心系统云端容器部署，可弹性扩展，快速发布、部署通道。

5. 管理变迁。由管理为主向转服务为主转变。

6. 功能冗余。功能简捷明了，减少培训工作。

7. 组织变迁。标准化组织管理。

8. 人员交叉。支持人员开展全面的金融业务。

9. 保险公司一体化。实现更多的自动化数据对接。

10. 配置化。更多的配置化对业务的支撑，配置即生效。

11. 实时数据。消息、督导贯穿作业流程，打通管理端与销售端消息督导，智能客服。

12. 用户体验。移动端支撑，手机端协同。

四、项目主要建设内容

（一）项目主要设计点

项目主要包括以下几个设计点。

1. 体现中介的管理特点。
2. 体现服务一体化思路。
3. 体现新技术的支撑体系。
4. 体现移动时代的用户体验。
5. 体现与保险公司一体化的应用方式。
6. 整合了泛华所有平台的基础组件。

（二）项目方案

项目采用开源组件，微服务架构，子系统设计，平台化部署，一体化运作（见图1）。

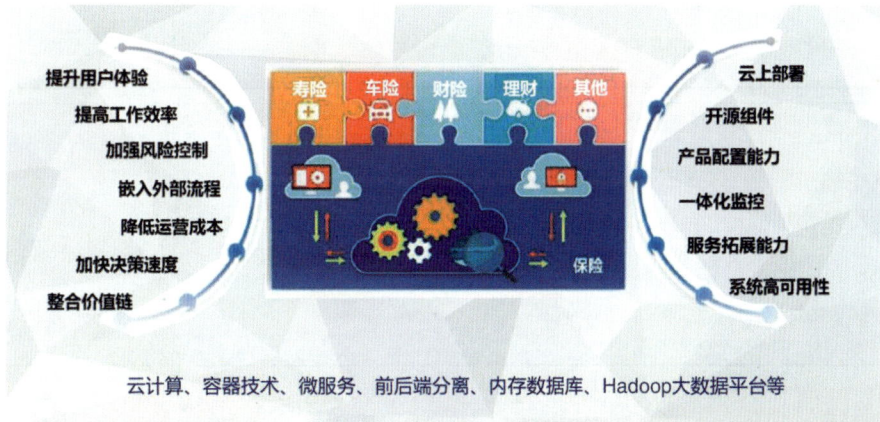

图1 平台架构

（三）技术选型

市场上微服务架构选型与验证，根据对比，最终选定 Spring Cloud 作为新核心微服务技术架构，同时系统采用前后端分离架构，前后端边界明确、职责明确（见图2）。

注册中心。通过注册中心来实现服务发现和服务注册并对服务进行健康监测（心跳检查）。

统一网关。进行路由分发，服务端负载均衡，还可以实现单点登录、服务鉴权等。

缓存。减缓数据库的访问压力，加快数据的访问时间。

消息队列。提供异步请求，削峰填谷，服务解耦的功能。

数据拆分。分库、小表广播、同步数据回

写，数据分散处理，减轻整体数据压力。

缓存架构。针对基础数据，引入缓存架构，将对数据库的访问变成内存的应用访问，降低资源的消耗。

大数据。Hadoop 大数据平台日志收集，保证每个操作都有迹可循。

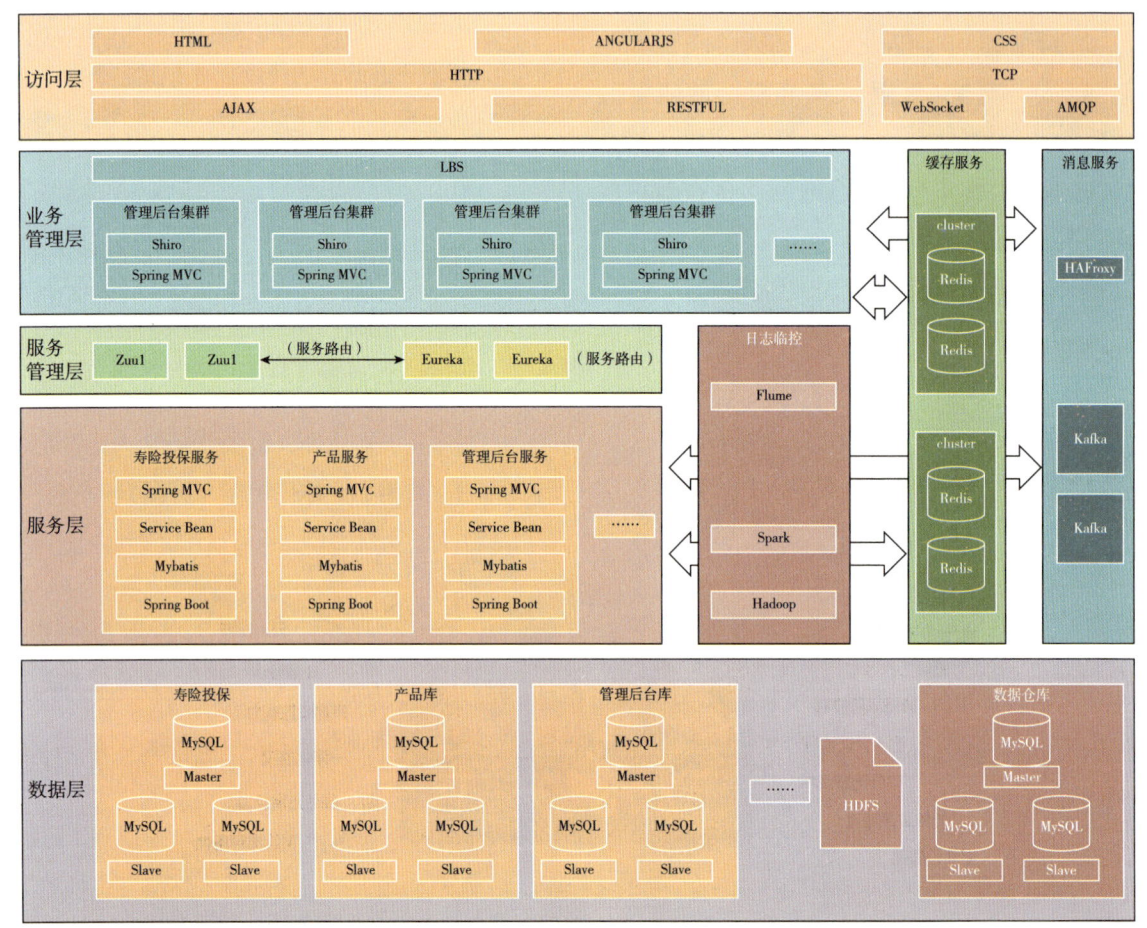

图 2　新核心微服务技术架构

（四）微服务架构方案

本着满足客户需求，面向未来发展，结合产品营销策略、业务发展规则、业务形态和业务流程的原则打造一套敏捷开放的平台。通过对现有的各系统的整合，建立对内对外统一、高效的平台，满足业务管理、销售支持、决策分析等各方面需要。

目前，保险企业各个业务系统存在较多的应用竖井，每个竖井都需要通过专有的接口提供各自服务。依据业务发展趋势和建设规划，需要从面向系统转为面向服务，通过服务组件提供应用和数据，需要对架构进行解耦，并消除应用竖井，让业务功能以标准化的业务服务形态暴露给最终用户，使服务可共享并可重复利用。

微服务的概念是 Martin Flower 在 2014 年写的一篇论文 *Micro Services* 中提出来的，在某种程度上是面向服务的架构 SOA 继续发展的下一步，微服务就是一些协同工作的小而自治的服务（进程），很小、专注于做好一件事，具有自治性，其主要特点有以下几个。

1. 与组织结构相匹配。每个服务可按照业务、团队划分，使小的团队在小的代码库上高效工作。

2. 可组合性。易于重用已有功能。

3. 技术异构性。可以使用不同的语言开发，使用不同的数据存储技术，服务之间通过轻量级 API 调用。

4. 简化部署。每个服务可独立部署，服务之间互相不影响，管理自动化。

5. 弹性扩展。可针对用户访问流量大的服务单独扩展，从而能够节约资源。

6. 对可替代性的优。微服务中的多个服务大小相似，重写或移除一个或者多个服务的阻碍会很小。

微服务的特点与优点比较显著，同时服务拆分也存在以下几个方面的挑战。

1. 微服务粒度大小难以划分，需要设计人员对业务有很好的掌握。

2. 分布式复杂性，主要体现在分布式事务、网络延迟、系统容错等问题的解决难度较大。

3. 微服务之间通信成本较高，对微服务之间网络稳定性、通信速度要求较高。

4. 由于微服务数量较大，运维人员运维、部署有较大的挑战。

基于对业务需求、技术需求以及组织结构变化、安全、替换性的需求，秉承单一职责、服务粒度适中、团队结构、以业务模型的切入、演进式拆分、避免环形依赖和双向依赖的原则，泛华将原有庞大业务系统进行分解，根据不同的业务单元划分不同的服务，并将原有基础服务进行整合，形成统一的服务归口，持续对外输出，服务拆分后，互联网核心由 9 个公共服务、7 个寿险业务服务、5 个财险业务服务、3 个公共业务服务组成。

专业的中间件服务方面，对原有的工作流引擎、规则引擎、报表引擎、认证服务、前端框架进行了升级。统一的机构、用户、权限、口令管理，标准化的组织机构，支持全面金融人员多重身份的配置。更多规范的业务流程，辅以调度与消息推送，实时掌握任务的最新动态。规则引擎辅助大范围的配置工作，让复杂的配置前端化，每一次的规则变化都有迹可循。消息平台支持统一的消息能力配置，打通前端、中端、后端消息的交互。

业务中间件服务方面，对原有的产品中心进行升级，归口全集团产品配置，支持多级服务商定义、全类型产品定义、线上交单流程定义、服务商授权管理、电商产品管理及各项定制。完整费率维护及计算支持，可维护产品费率、续期费率、保全费率并进行计算。对不同供应商（可细化到产品）的标保（泛华标保、保险公司标保）费率、总成本费用率、核佣基数、价值保费和 FYF 等各类系数及相关计算能力。对前端销售系统个性化支持，可定义组合产品、系列产品，可对不同服务商或者不同种类的产品统一销售。在用户体验方面，支持产品及建议书个性定义，通过可视化自定义配置，对电商产品首页、建议书展示页进行个性定制，并进行静态化处理。

业务服务方面，更多的智能化接入，更多的配置，统一销售端与管理端的投保流程，逐步取消线下录单，采用与线上单一致的投保录入。录入过程中智能识别与手机协同嵌入，集成证件识别、银行卡识别、统一的客户平台信息带出，手机端协同录入，手机端扫码拍照上传即可同步到核心系统。更多的流程对接，保单、保全、续期等数据采用保险公司对接模式，录入的精简与流程的优化大大增加了内勤工作效率缩短流程时间。财务结算支持总对总、分对分、直接续费、间接手续费的结算，所有收入、成本分摊都可以细化到保单险种级别。

基本法配置模型的设计，辅以规则引擎与分布式计算，加快基本法上线与佣金计算的速度，即配置即生效，所有架构规则、计算规则清晰可见。

五、项目效果

（一）"分钟级灰度发布部署+弹性扩展抗压+7×24小时运营"

"云+微服务架构+容器"，实现了系统的快速发布，无须考虑提前准备硬件资源的安装，容器的可弹性扩展支撑了大流量情况的应对，灰度发布，无缝切换，除大版本外部需要停机维护，自动上线引流分流，客户无感。

（二）统一基础平台，标准化，一体化

各销售平台与核心平台一体化，打通基础组件，统一平台、用户、消息、规则、任务等，开放式的API，提供外部标准化接口快速接入，对内一体化流程与服务。

（三）智能体系的建立，强输出、轻录入、简流程

协同作业运营效率提升明显，将传统流程拆分，多个功能改造后代理人介入发起，如入司申请、离司申请、团队调整申请和线下单录入等功能前端化。

任务督导贯穿整个系统作业流程，所有待办、已办任务一目了然，消息督导待办任务并辅以考核体系，流程的推进时效提升明显。

流程智能改进，减少流转更多的数据带出，优化了流程节点，以对接为主，智能化用户录入，数字化智能识别（银行卡、证件），同时所有流程节点都支持手机端扫码交互，减少图片传输及流传，一次性到位。

更多的页面可配置化功能，让运营人员、业务人员参与到各类指标、流程、制度、规则的配置，复杂的规则辅以规则引擎，同时所有轨迹在系统中都有迹可循，使系统中的重要流程、指标、制度等更清晰、可追溯。

（四）基本法、创业团队的快速支撑

基本法定义、创业团队定义全部配置化，之前1~2个月上线一套基本法，现在配置即生效，无须任何开发，佣金计算、考核更可实现分钟级完成。

（五）支持移动端作业，效率更高

新核心前端响应式框架，嵌入微信企业号，可以随时随地手机端办公。

六、对行业的应用价值

新互联网核心系统实时连通了保险公司、保险中介、保险销售人员等，实现保险全交易全服务环节无缝接壤。利用互联网技术，将保险公司的产品、保险中介的特色服务模式以及全面的售后服务带给终端的保险从业者与保险消费者，保险公司、中介公司不需要录入人员，极大地减少了内勤工作。同时，实现了销售与管理、服务一体化，打通了10多个系统，消息与任务在保险

公司、中介公司销售人员、管理人员、内勤与客服人员中合理分配，极大地减少了中间环节的人力损耗。

同时，以科技、智能、大数据的领先运用，在简化日常工作、智能化服务保险业务员、移动互联的推进、行业标准性的提升、产品简易化场景化的发展等全栈式服务模块中进行钻研开发和实时优化，促使保险销售模式的高速变化，让保险销售更专业，让服务人员更专业。

七、项目意义

一直以来，寿险业务的专业性、非标性、服务性和低频次四大特点决定了寿险对中介市场的依赖，正如原中国保监会副主席周延礼出席"中国首届科技赋能保险中介大会"时表示，保险科技赋能保险市场新生态建设，可助力保险中介转型升级。随着科技深度赋能保险演进，得益最大的当属保险中介。此次互联网核心系统上线效果显著，凸显了保险科技新应用的价值，也充分彰显了高内涵价值的寿险业务的持续增长，以及信息技术应用所带来的经营效率的提升。

同时，新的互联网核心系统采用 SaaS 与开放平台设计，也有望在未来实现行业构建共享服务平台的目的，对保险中介行业的业务流程改造和效率的提升有重大影响，有望提升整个行业的技术对接水平，并引领新一轮保险中介行业科技赋能的发展模式。

专家点评

该互联网核心云平台采用开源组件、微服务架构、子系统设计、平台化部署、一体化操作的模式，满足业务管理、销售支持、决策分析等各方面的需要。该平台的微服务架构核心由9个公共服务、7个寿险业务服务、5个财险业务服务、3个公共业务服务组成。中间件方面对原有的规则引擎和产品中心进行了升级，业务方面有了更多的智能化接入。

该平台作为中介互联网云平台，实时连通了保险公司、保险中介、保险销售人员等，实现保险全交易、全服务环节无缝接壤。该项目具有值得全行业推广的启示价值。

第四章

基础设施建设与数据安全

人保财险数据中心 IPv6 SDN

◎ 中国人民财产保险股份有限公司

一、设计概述

随着科技对保险业的介入越来越深,利用科技提高保险业的风控、精算、服务等业务已成为当下行业的大趋势。作为保险业的领军者,中国人民保险集团发布数字化战略转型,打造"智·惠人保",利用数字化技术,赋能运营转型与商业模式创新。强化内部协同,推进互联网战略,实现从传统保险企业向互联网保险企业转型。构建线上线下一体化销售服务体系,建立直达客户的营销新模式;打造在线承保、理赔、财务收付费平台,建设公司作业新模式。

为了推进公司全面转型,实现高质量发展,信息技术建设面临保障系统稳定运行和加速技术创新的双重压力与挑战。从 2017 年开始,中国人保财险信息技术部积极尝试和探索 IT 和网络新技术,不断研究云计算、云网络、云安全、网络智能运维和 IPv6 等相关技术与应用实践,2018 年完成北京中心新一代 IPv6 SDN 网络整体架构规划设计和部署,是全国第一张基于 IPv6 的 SDN 网络,技术全球领先。2019 年实现了 SDN 网络典型场景的智能感知突破,AI 赋能网络智能运维,业内领先。

(一)规划目标

1. 构建人保多地多中心架构,满足业务连续性和业务灵活扩展的要求。

2. 提升标准化及自动化的能力,优化网络管理手段。

3. 架构设计充分考虑新网络技术、云计算等技术。

(二)建设原则

依据重要性排列,包括以下几个设计原则。

1. 高可靠原则。网络本身的架构设计要兼顾可靠性,持续保证可靠性的达成,满足网络 7×24 小时运行的要求。满足系统和应用同中心和跨中心部署的高可靠性要求。考虑网络故障域的规模,避免因故障域过大导致的架构风险,控制广播和组播的范围,避免环路风险。

2. 高安全原则。按照应用系统的分类,明确不同类业务系统间的访问控制原则,依据原则部署策略。按网络物理分区部署防火墙,依据"按需部署,就近防护,单侧执行"的原则部署,提升资源池化能力,改进安全分区规划和提升策略自动化管理能力优化安全策略的管理。

3. 可维护易管理原则。通过架构和部署方案的标准化,逐步提升自动化的能力,减少业务部署等工作的工作量。构建一体化的网络运维体系。并通过可视化、AIOps 简化运维,快速排障。

4. 高性能原则。网络支持大容量、低时延,满足业务应用随时连接，以及实时、交互和智能化的需求。

5. 前瞻性原则。网络支持高带宽、低时延，10GE 接入，40GE 互联。支持网络 SDN、云计算平台，实现网络自动化。

6. 可演进原则。整体架构可逐步向前演进，兼顾传统架构与新网络架构的并存。网络的设计可满足计算、存储、DB 等周边专业的发展要求，可兼顾其在一定周期内的技术演进。

（三）设计方案

数据中心网络设计核心思想之一是 SDN（Software Defined Network），通过将网络控制与转发解耦合构建开放可编程的网络体系结构，面向下一代的互联网设计（IPv6）的基础上，实现了网络即服务 NaaS、防火墙即服务 FWaaS 功能，也是公司在网络转型过程的创新和探索。

该架构包含控制层和转发层两个层次。控制层是网络的控制中心，负责网络的业务自动部署，包括网络的创建和防火墙的策略下发。控制层通过服务 API 接口跟协同应用层对接，以满足多应用直接编排网络。转发层完成数据报文的实际转发，基于网络上构建 Overlay 转发层。

1. 网络即服务 NaaS（Network-as-a-Service）。SDN 网络可以做到动态创建租户和业务变更，实现网络自动化配置与验证。

SDN 实现了面向应用的网络编排，基于不同业务组的定义，实现不同业务组间的策略编排，当计算资源发生变更时，网络策略自动迁移，无须人工参与。Fabric 网络采用 Spine-Leaf 架构，通过 VxLAN 技术构建大二层网络，分布式 VxLAN 组网架构，可以支持业务灵活扩展，流量转发路径最优，消除了未知单播和广播流量，极大地增强了网络可靠性和扩展性。VxLAN 业务网段的路由通过 BGP EVPN 打通，BGP EVPN 作为 VXLAN 控制面，触发 VTEP 间自动建立 VxLAN 隧道，实现 VXLAN 和非 VxLAN 网络的互通，实现应用业务间高性能互访、虚拟机灵活迁移、网络资源自动适配。

2. 防火墙即服务 FWaaS（Firewall-as-a-Service）。为适应差异化的业务和频繁的业务变更场景，在整体方案中部署安全控制器，提供安全业务编排和策略统一管理，支持安全功能服务化，协同网络、安全设备，实现安全业务自动编排，安全业务集中管理。

安全控制器与网络 SDN 控制器协同处置，结合网络拓扑学习业务策略与安全策略的映射关系，通过与 SDN 网络控制器协同，基于业务链按需调度将租户流量引流至对应的安全设备。实现对全网安全策略集中管理和安全业务编排，快速部署安全业务，自动完成安全策略的生成与部署，实现安全业务分钟级部署，有效降低安全运维成本，提高运维管理效率。

3. 面向下一代的互联网设计（IPv6）。IPv6 是 IP 地址的第六版网络协议，诞生于 1999 年。地址长度达到 128Bit，可以提供 2 的 128 次方的 IP 地址。IPv6 与 5G 等技术结合会快速推动移动互联网、物联网、工业互联网、云计算、大数据和人工智能等新兴业态的发展。

为了加快 IPv6 部署场景，2017 年 11 月国务院办公厅印发《推进互联网协议第六版（IPv6）规模部署行动计划》；2018 年 5 月，工信部发布了关于落实《推进互联网协议第六版（IPv6）规模部署行动计划》；中国人民银行、中国银行保险监督管理委员会、中国证券监督管理委员会联合下发了《关于金融行业贯彻〈推进互联网协议第六版（IPv6）规模部署行动计划〉的实施意见》（银发〔2018〕343号）。

本次云网络规划与设计方案中充分考虑了面向下一代互联网（IPv6）架构，率先建设成国内第一个基于IPv6的SDN网络架构，构建基于IPv4和IPv6双栈的SDN网络。

在方案内，数据中心交换和安全设备等采用IPv4和IPv6双栈部署，提供以下几个主要功能：

（1）兼容IPv4 WEB/APP服务器访问IPv4 DB服务器。

（2）支持Ipv4和Ipv6双栈，满足IPv4/v6 WEB/APP服务器访问IPv4/v6 DB服务器互访需求。IPv4系统访问IPv4/v6双栈系统，使用IPv4协议栈；IPv4/v6双栈系统访问IPv4系统，使用IPv4协议栈。

（3）人保财险北京数据中心已经完成IPv4和IPv6双栈改造，满足IPv6接入需求，为应用软件、中间件、数据库、操作系统等IPv6改造提供了灵活的网络架。

二、数据中心IPv6 SDN网络设计和演进

（一）IPv6 SDN网络设计

1. 设计原则。业务分区采用"SDN + Vxlan"架构，IPv6部署满足业务的长期演进，适应网络技术的快速发展和银保监会对金融业网络提出的要求（见图1）。

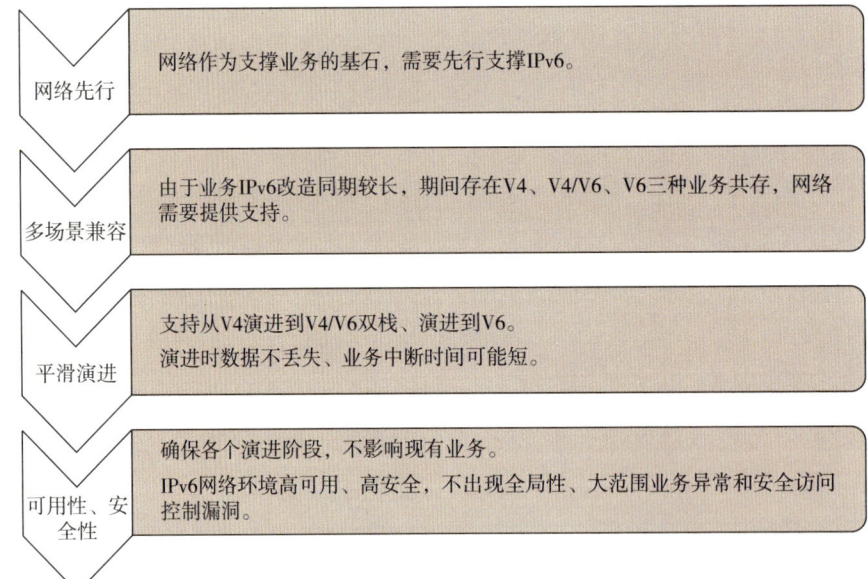

图1　IPv6规模部署各阶级示意

改造过程中，首要原则是需要保证业务和应用继续平稳运行，提供IPv6改造技术，将IPv6网络和IPv4网络无缝地连接起来，使IPv6主机可以跨越现有成熟的IPv4网络进行通信，或者使IPv6主机和IPv4主机进行互相通信。

2. IPV6地址规划原则。IPv6地址规划原则，遵循层次化、安全性、连续性、可扩展性四大原则：

（1）层次化原则。IPv6 海量地址空间对路由聚合能力提出了更高的要求，IPv6 地址规划首要任务在于减少网络地址碎片，增强路由聚合能力，提高网络路由效率。层次化设计有利于缩小路由表规模，可扩展、灵活，便于实施和排除故障，便于管理和容量规划。层次化设计就是将 IPv6 地址划分为相对独立的几个字段，每个字段可以单独规划，实现路由汇聚。

（2）安全性原则。相同业务属性具有相同的安全要求，业务之间的互访需要进行安全控制，同一种业务属性划分到一段地址空间，有利安全设计和策略管理。

（3）连续性原则。IPv6 地址段与段之间，段内地址尽量保持连续，连续的 IP 地址避免地址浪费，有利于管理和地址汇总，连续的 IP 地址易于进行路由汇总，减小路由表，提高路由效率。

（4）可扩展性原则。地址分配时要有一定的余量，在规划时预留扩展字段，以满足网络扩展时的需要。

（二）数据中心 IPv6 演进方案

在 IPv6 的演进过程中，必将会有以下多种网络形态存在。

（1）在过渡初期阶段，IPv4 网络已经大量部署，而 IPv6 网络只是散落在各地的孤岛。

（2）过渡中期是 IPv4 和 IPv6 网络重叠共存。

（3）最后阶段，会以 IPv4 孤岛为主，直至 IPv4 全部消失。

其中 IPv4 与 IPv6 共存阶段是一个较为长期、较为重要的阶段。对于数据中心网络来说，核心是要解决数据中心接入端和数据中心内部服务器之间双栈访问的问题，涉及的关键技术主要有 NAT64 转换技术、双栈技术和过渡隧道技术。

方案一：NAT64 方案。DC 出口"DNS64 + NAT64"，DC 内部维持不变。

1. 场景。

（1）DC 内部 Web，APP，DB 服务器维持不变，不进行业务的 IPv6 改造，全部为 IPv4，IPv4 服务业务多、复杂，难以短期改造成端到端的双栈。

（2）可以短时间提供 IPv6 访问的服务能力，同时积累应用系统 IPv6 改造经验。

2. 方案。

（1）用户通过 IPv6 网络访问某域名时，通过 DNSv6 解析出 IPv6 Web 地址。

（2）数据中心出口防火墙做 NAT64，地址翻译方法和 DNS64 解析一致，防火墙将报文转成 IPv4 后转发到内网，IDC 内部无须改造。

（3）ALG 问题由防火墙根据业务情况解决。

3. 关键技术。

（1）DNS64：提供 DNSv6 或 DNS64 服务，默认 DNS64 采用知名前缀 64：FF9B：/96 将 IPv4 合成到 IPv6，此时防火墙自动识别，地址翻译无须配置；当 DNS64 采用自定义前缀时，防火墙需和 DNS64 配置同一合成规则；防火墙支持自定义前缀长度 32、40、48、56、64 或 96。

（2）NAT64：防火墙 NAT64 可对 TCP/UDP/ICMP 三种报文的 IPv4 与 IPv6 之间的转换；FTP、RTSP、ICMP、视频网站 HTTP 等协议 ALG，防火墙可选择静态 NAT64 和动态 NAT64。

方案二：IPv4 和 IPv6 双栈方案。DC 出口，DC 内部 WEB – APP – DB 全部双栈。

1. 场景。

（1）DC 内部 Web、APP、DB 三级调用都

同步进行 IPv6 双栈改造。

（2）改造的时间相对比较长，IPv4/IPv6 双栈服务能力长期存在，积累应用系统 IPv6 改造经验。直至最后 IPv4 流量消亡，全网演变为 IPv6 Only 组网。

2. 方案。

（1）用户通过 IPv4 网络访问某域名时，通过 DNSv4 解析出 IPv6 地址。

（2）用户通过 IPv6 网络访问某域名时，通过 DNSv6 解析出 IPv6 地址。

（3）IPv4 和 IPv6 两套独立的业务系统，或者业务系统也部署 IPv4 和 IPv6 双栈模型。

（三）网络 IPv6 演进阶段

新架构中，IPv6 作为基础能力，相关技术和设备选型要能够满足 IPv6 的部署要求，同时可以平滑过渡。

中国人保已完成整个集团内 IPv6 的地址规划，并按照规划逐步进行推进。目前已经完成了接入、数据中心的 IPv6 双栈改造，支撑中国人保 APP 的双栈业务发布。在改造过程中，经历了如下两个阶段。

阶段一，内网提供 L2/L3 Overlay IPv4 + IPv4/IPv6 双栈服务（见图 2）。

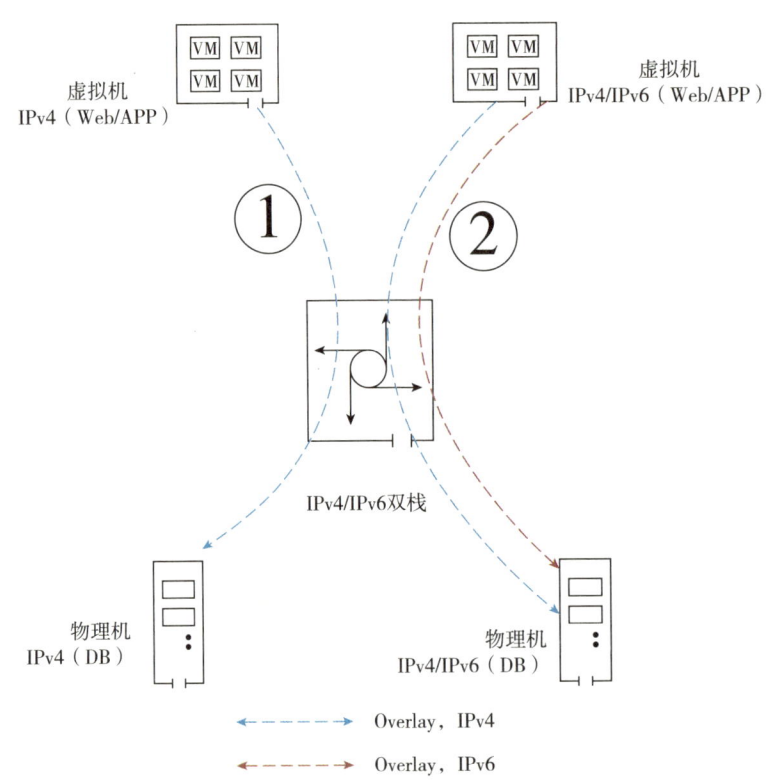

图 2　L2/L3 Overlay IPv4 + IPv4/IPv6 双栈服务架构

1. IPv4 Web/APP 服务器访问 IPv4 DB 服务器。
2. IPv4/IPv6 Web/APP 服务器访问 IPv4/IPv6 DB 服务器，交换机支持 IPv4 和 IPv6 双栈，满足互访需求。IPv4 系统访问 IPv4/IPv6 双栈系

统，使用 IPv4 协议栈；IPv4/IPv6 双栈系统访问 IPv4 系统，使用 IPv4 协议栈。

阶段二，内网提供 L2 ~ L7 Overlay IPv4 + IPv4/IPv6 双栈服务（见图3）。

1. Web 服务器 IPv4 方式访问 IPv6 服务器：Web 服务 IPv4 地址经过业务区防火墙 NAT46 地址转换，转发到 IPv6 服务器 APP 和 DB。

2. Web 服务器 IPv46 方式访问 IPv4 服务器：Web 服务 IPv6 地址经过业务区防火墙 NAT64 地址转换，转发到 IPv4 服务器 APP 和 DB。

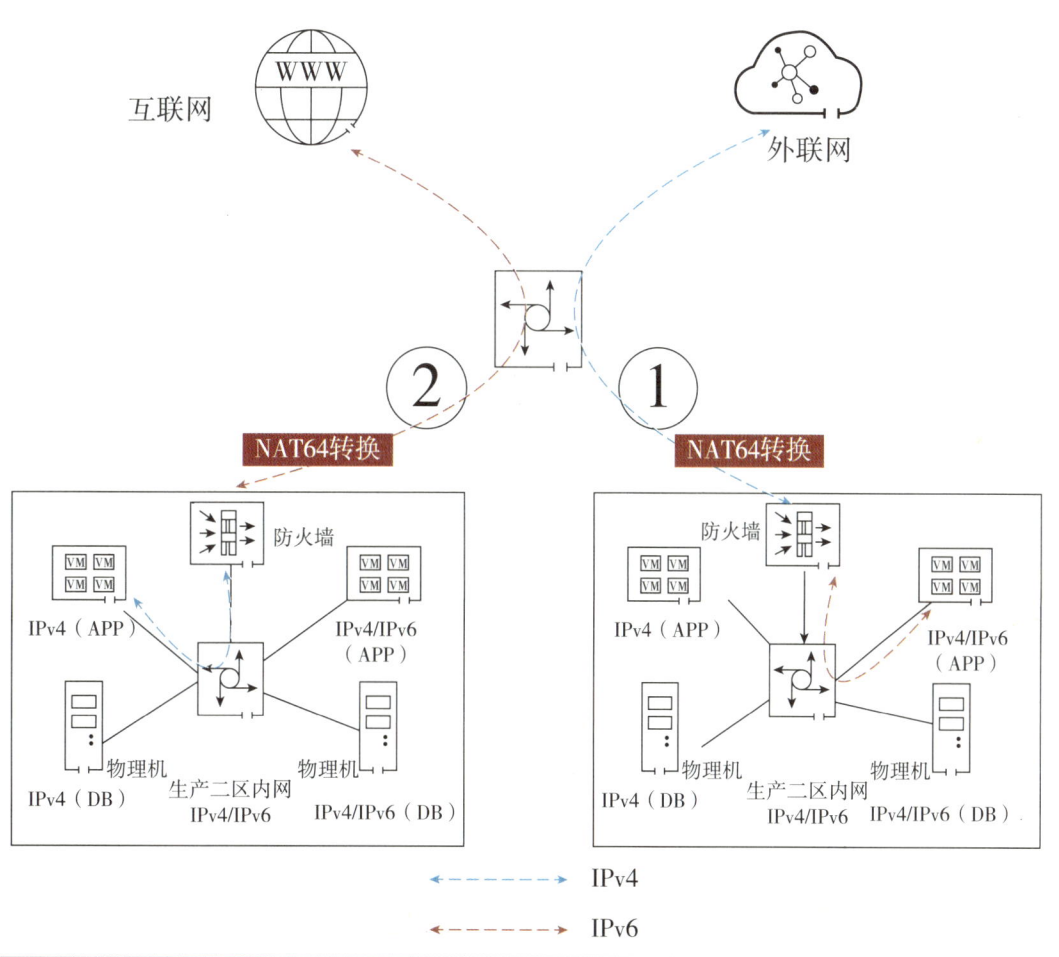

图3　L2 ~ L7 Overlay IPv4 + IPv4/IPv6 双栈服务架构

三、数据中心 IPv6 SDN 方案效果

SDN 网络分为物理网络 Underlay 和逻辑网络 Overlay，均可以实现自动化部署。减少网络人员变更改端口相关配置的重复劳动，网络人员更可聚焦网络优化和自动化运维的工作。通过 ZTP 功能实现网络即插即用，通过 Overlay 单路径探测、多路径探测和环路检测实现网络拓扑可视化运维。

1. Fabric Underlay 网络自动化部署：零配置开局功能（ZTP）提高设备部署、日常维护和故障处理的效率。当设备规划完成后，无须到安装现场对设备进行软件调试，设备上电后即可被SDN控制器自动纳管，自动加入网络Fabric，为Overlay业务发放做好充分准备，做到设备即插即用。

2. Fabric Overlay 网络自动化配置：Overlay网络通过VPC（Virtual Private Cloud，虚拟安全域）实现逻辑划分，提供安全的网络边界防护、不受限制的完整IP地址空间，以及基于VPC提供的一系列增值业务。

在整体方案中部署智能网络分析平台，实现数据中心内部应用和网络的关联分析，实时呈现应用地图及网络质量，可以快速识别故障；预置了业务质量、网络服务和安全合规等相关的几十种类别的典型故障，全景呈现出当前活跃和历史发生的故障并新增故障排除向导，实现了典型故障秒级自动识别和一键式诊断排除；采用大数据和机器学习算法训练网络行为模型，呈现出设备、队列、端口的动态基线并主动监测异常，实现易损耗零部件的故障预测，转被动运维为主动运维，网络先于业务发现隐患。

人保财险北京数据中心陆续完成分公司的灾备业务和总部生产应用的平滑迁移，网络整体运维效率提升50%以上，大数据分析器实现网络运维智能化，实现运维转型。

数据中心IPv6 SDN方案成功部署是人保财险新数据中心网络架构的重大突破，满足未来业务发展和监管要求，也是保险业在网络转型过程的创新和探索，基于IPv6 SDN的成功应用将助力保险业数据化战略转型，为保险业务不断发展增加新动力。

专家点评

新一代网络规划和架构已成为大型保险企业突出关注的问题，中国人民财产保险股份有限公司的项目，突出反映了架构管理的前瞻性，其中的多地多中心、自动化管理和新一代通信技术的运用反映了管理的独创性。这种规模性的配置，体现了很强的工程管理创新，从实际运行的效果来看，对同行业规模不断扩大的企业，有明显的示范效果。

泰康保险集团"动静合一 透明防护"从源头做好数据安全保护

◎ 泰康保险集团股份有限公司

一、项目概述

以客户信息为代表的关键数据是金融保险企业的核心资产。为了应对日益严峻的内外部安全威胁，遵守国家《网络安全法》、保监会《中国保险业标准化"十三五"规划》以及公安部《信息安全等级保护》等相关法律法规的安全监管规定，保障泰康保险集团核心数据的资产安全，确保公司稳健经营，集团决定建设数据库"静态+动态"脱敏系统从不同角度保障数据安全。

（一）积极应对网络及信息安全风险

对于一家大型的金融保险集团来说，由于其平台本身交易量巨大、往来客户数量多，试图非法获取客户敏感信息的不法分子一旦成功，其获益以及对用户、保险企业造成的损失是巨大的。泰康保险集团拥有涉及大量客户个人信息和商业机构信息等敏感数据，须对公众信息保护承担义务，更应加强信息安全构建，防止公众的合法权益受到侵害。

（二）从源头做好数据安全防护

随着金融科技创新水平逐渐增强，中国保险业正在经历大数据的洗礼，如何做好保险数据的安全管理，已成为保险企业必须正视的问题。电子数据在复制、传输、变形的过程中具有无痕或难以追溯的特性，防止数据泄露唯有从源头进行管控，才能取得良好的防护效果。在此背景下，集团经过多次考察调研与专家论证，启动了数据库脱敏系统建设工作，利用"静态+动态"的组合方式，降低数据泄露风险，在满足国家法规、银保监会要求的同时，为用户提供了安全可靠的服务环境。

二、项目背景及意义

近年来，随着监管政策逐步落地和行业自律日趋完善，金融在科技的加持下步入"智慧"新时代，保险公司拥有大量个人客户信息，加强核心数据保护，既是维护行业健康发展、治理市场乱象的重要手段，也是保险公司的责任使命和必然选择。

（一）服务于集团整体信息安全战略

"客户体验与诚信经营"是泰康保险集团"一把手"牵头的一号工程，加强集团信息安全建设，保障集团客户信息安全，提升用户体验是泰康保险集团孜孜不倦的追求和目标。在这个基础上，泰康保险集团以风险为导向，从组织、管理、技术多方面着手，提升以客户信息为代表的敏感数据保护水平，数据库"静态+动态"脱敏系统是该规划中的重要环节。

（二）沉淀集团敏感数据地图

在数据脱敏项目的实施过程中，对集团多业态环境下各类型数据进行了数据特征、敏感级别、脱敏处理方式梳理，完善了集团敏感数据地图。在项目的运营过程中，随着集团数据类型的变化，持续更新敏感数据地图。该地图对实施和优化其他敏感数据保护措施提供了重要基础，对数据安全管理水平的提升具有重要的助力作用。

（三）数据安全防护的示范实践

通过集团数据脱敏项目的成功实施，探索并实践出了一整套适配集团多业态环境下的敏感数据安全管控方法，包括敏感数据识别、脱敏保护、脱敏检测、脱敏响应的流程、工具与方法；对今后各子分公司的数据安全建设起到示范作用；通过项目的成功实践，对各单位信息化系统中存储的敏感数据进行数据源头的统一安全防护，最大限度地降低敏感数据的泄露风险。

三、项目重点解决的问题及主要创新点

对集团多业态环境下各类型数据的数据特征、敏感级别、脱敏处理方式等进行了全面梳理，完善了集团敏感数据地图；采用动静结合的方式实现了数据动态防护与静态防护的一体化管理，覆盖数据使用的各类场景；在不影响业务使用、不改变操作习惯的情况下实现了数据的安全防护，实现了使用便利与安全防护的平衡。

（一）首创采用"动静合一"的数据脱敏体系

静态脱敏实现海量数据从生产向非生产环境中的快速、准确的脱敏，动态脱敏实现运维人员实时访问生产环境过程的敏感数据差异化展现。若静态脱敏与动态脱敏不能有效整合，将不利于集团敏感数据地图的完整性、不利于数据防护场景的统一管理、不利于数据防护策略的统一部署，因此在项目中创新实现了静态脱敏与动态脱敏的整合。

"动静合一"是指将动态脱敏与静态脱敏两个独立的产品有机整合，一体管理、一体使用。静态脱敏可以对存在敏感信息的数据进行脱敏处理，并生成一套新的业务数据，从源头避免了敏感数据的泄露；动态脱敏解决了，生产环境需要根据不同业务场景在同一敏感数据读取时进行不同级别脱敏的问题。

"动静合一"的数据脱敏系统实现了对集团数据共享、业务开发、数据运维等不同使用数据场景的数据安全管理一体覆盖；实现了对集团各类型数据库的脱敏策略一体部署；实现了对集团敏感数据分布的一体收集。

（二）创新实践"透明防护"兼顾效率与安全

数据与业务高度关联，集团业务形态多、数据量大且多样，对数据安全的管理，稍有不慎就会影响业务生产，稍有偏差就会影响业务使用。项目采用透明防护的方式介入使用流程；采用逐级提升的安全策略介入管理；采用分布接入的方式实现纳管与覆盖。在集团复杂的数据使用场景下，项目的实施实现了无故障、无投诉。

"透明防护"是指不改变使用者原有使用习惯、原有使用环境、原有使用工具的情况下实现信息安全防护。安全与效率都是集团信息化建设的目标与要求，在数据脱敏项目建设与实施的过

程中严格践行安全与效率并重的理念，基于安全不影响生产、安全不影响使用的标准，成功实现了安全功能的部署与覆盖。

四、项目主要建设内容

通过对集团内部问题的分析和对各部门需求的调研，以及对行业相关领域解决方案分析，发现通过数据脱敏是解决集团当前面临的敏感数据泄露风险的最佳方案。数据脱敏可以保护敏感数据，在敏感数据生产流转过程中，通过敏感数据变形技术，在源头做好数据安全防护，防止敏感数据泄露事件的发生。

（一）敏感数据智能梳理，满足个人隐私数据管理的政策合规

随着《网络安全法》的颁布施行，对个人隐私数据的保护已经上升到法律层面，而数以亿计的保险数据，很难用手工处理的方式进行分类管理。脱敏系统中敏感数据的自动发现、可视化展现分布视图，解决了人工方式梳理不全、工作量大等问题，满足了法规遵从、操作审计等业务系统保护数据安全需求。

（二）满足生产数据面向测试、开发、培训的数据安全需求

由于保险业的业务创新、业务销售特点，需要不断更新业务、人员培训等。为保证业务更新、人员培训等工作的顺利开展，需要经常性将生产数据库复制到测试、开发、培训数据库。数据脱敏系统通过内置的策略和算法在复制过程中对数据进行脱敏，为测试、开发、培训系统提供高质量的数据，使这些工作能够高质量、高效率地进行，又有效避免了敏感数据泄露的可能性，做到"用""护"相结合。

（三）满足生产数据面向运维的数据安全需求

数据脱敏系统能够在同一敏感数据读取时，进行不同级别的脱敏，通过身份权限判别来控制数据访问结果的差异化，从而满足了细粒度的生产数据访问安全需求。在数据大集中的趋势下，既保障了数据的实时性，又能有效防止敏感数据访问权限失控。

五、项目效果

集团数据脱敏项目实施后，面向数据脱敏的内部需求，提供敏感数据发现、静态数据脱敏、动态数据脱敏三大安全能力，通过数据源管理、敏感数据管理、静态脱敏任务管理、动态脱敏策略管理、敏感数据分类分级管理、算法管理、用户管理、系统管理等功能模块，帮助各业务部门对 IT 系统中的敏感数据进行可视化管理，提高敏感数据防护能力，进一步提升了数据安全领域的技术水平，更好地保护了客户数据与个人隐私。

（一）符合国家政策法规，防范信息安全关键风险

该项目符合国家对数据安全—敏感数据保护的相关要求，成为集团信息化系统建设中的基础支撑与核心保障，帮助集团全面化、系统化地管理保护敏感数据，防止因敏感数据泄露给公司带来直接和间接损失。

（二）集团敏感数据地图

通过系统的敏感数据发现能力，对涉敏数据库进行敏感数据识别和标记，对比人工梳理，极大地提高了生产效率，已接入涉敏的数据库数十套，防护的数据百亿条，数据容量数百 TB，对

接入的涉敏数据库全部进行了数据扫描，对库中存储的敏感数据进行了识别和标记。

（三）节约管理成本

数据脱敏采用事中防范的机制，对越权、超限的数据访问行为进行阻断，摆脱了事后才发现、事后才处理的被动状态，防范信息安全损失于未然的同时也节约了大量的管理成本，使安全管理者有更多的精力聚焦于安全规则的制定，而非具体的数据安全巡查任务。

按照够用、权限最小化原则实现数据共享，以数据为核心设定管理策略，策略一旦设定全网生效。数据脱敏使数据共享不再左右为难，摆脱了以往给多了怕出问题，给少了怕后面追加带来麻烦的两难局面。使安全管理者可以有更多精力聚焦于共享数据策略的合理性，继而形成统一规则，后续沿用即可。

六、总结

从国家角度出发，数据安全问题，近年来普遍受到各个国家的重视。2018年5月，欧盟出台《通用数据保护条例》，该条例的适用范围极为广泛，目的在于遏制个人信息被滥用，保护个人隐私。《中华人民共和国网络安全法》也明确规定要对收集到的用户信息进行严格保密，网络运营者应当采取技术和其他必要措施，确保个人信息安全，防止信息泄露，损毁和丢失。习近平总书记在谈网络安全的时候指出，没有网络安全就没有国家安全，而数据安全的发展直接决定和影响网络安全的发展。

从行业角度出发，数据是保险业的战略资产，大数据应用对保险业务深度和广度拓展具有重要的意义。在大数据应用过程中，涉及数据采集、数据使用、数据分析、数据发布等多个环节。保险企业如何保证数据在流转、使用过程中的安全性，已成为各公司共同关注的问题。数据脱敏是数据安全领域重要的解决方案，是金融保险、健康医疗等各个行业对数据去除隐私敏感信息，进行大规模系统测试、数据开放共享和流通的核心技术，对激活大数据价值具有重要意义。

泰康保险集团通过数据脱敏项目实践验证了集团敏感数据管理的方法与思路，并完善了集团敏感数据地图。这套方法与思路值得同业单位借鉴，并期待得到各同业单位的指导，以共同提升客户信息保护能力，提升对银行保险业客户服务水平，做好金融稳定的基石。

专家点评

数据安全已成为保险企业的新关注点，泰康保险集团的项目突出反映了管理上的前瞻性，其中的数据安全管理除常规的技术手段外，特别强调了完整的脱敏体系以及效率与安全的平衡，反映了管理上的独创性。从实际的运行效果来看，也取得了很好的成绩，值得同行业学习推广。

安心保险基于互联网技术的大数据平台

◎ 安心财产保险有限责任公司

一、项目概述

互联网技术助力安心财产保险有限责任公司（以下简称安心保险）收获了自开业以来持续的高速发展。在快速发展的同时，公司也面临以下几个问题：数据孤岛；业务快速发展，开发周期长；缺少完善的数据监控系统；个性化营销如何开展；满足 C 端营销对数据的实时处理要求。

为应对数据处理量快速提升和 C 端的产品营销需求，安心保险开始建设新一代基于互联网技术的大数据平台。该平台是一个承接技术、引领业务、构建规范、全域可联的数据处理平台，建设目标是高效满足前台数据分析和应用需求。

大数据平台的建设内容主要包括全域数据采集、数据模型标准化、统一数据资产管理和建设主题式服务。

大数据平台的业务功能包括数据来源、数据总线、缓存数据、数据计算和数据应用五大模块。

在大数据技术的影响下，保险业会进入开放共享的时代，大数据平台将成为企业最为宝贵的资产，大数据团队也会成为企业精细化运营的核心团队。

二、项目背景及意义

互联网技术助力安心保险收获了自开业以来持续的高速发展。从完整年度保费收入来看，2016 年保费收入为 0.75 亿元；2017 年保费收入为 7.95 亿元，同比增幅超过 10 倍；2018 年保费收入为 15.3 亿元，同比增幅高达近 93%。成立 3 年的安心保险保费收入从 0.75 亿元到 15.3 亿元，增幅达到 19 倍。而在数据系统的建设方面，安心保险也经历了从传统数据仓库到大数据平台的快速演变。

早期为满足监管报送、报表分析的数据需求，安心保险建立了传统的数据仓库。但随着时间的推移，公司业务在发展，数据在积累，数据需求也在不断变化，原有传统的数据仓库面对新需求时备感吃力。

就业务特点而言，互联网保险业务更多的是满足场景化、碎片化的保险需求，单均保费远低于行业平均水平。在相同保费规模下，保单数量数十倍于传统保险公司，而且互联网保险公司更注重面向 C 端的产品营销，在传统业务分析之外，需要构建用户行为的分析能力所带来的数据处理量的快速提升，并对数据平台的分析能力提出了新的要求。

为应对这种情况，安心保险开始建设新一代基于互联网技术的大数据平台。它是一个源自业务、承接技术、构建规范的数据处理平台，建设目标是构建既"准"且"快"的"全""统""通"的智能大数据体系。大数据平台从业务视角出发，更多强调的是服务于前台，实现逻辑、模型、标签、算法的复用沉淀。

三、项目重点解决的问题及主要创新点

大数据平台在系统建设时，就需要梳理在数据使用中所面临的以下问题。

1. 系统建设越来越多，数据孤岛现象严重，IT拥有大量数据，却无法有效管理和发掘其中价值。

2. 业务快速发展，数据需求越来越多，而且对开发周期提出了更高的要求。原有的数据开发模式，难以满足业务快速迭代对数据的需求。

3. 缺少完善的数据监控系统，无法在数据质量问题对业务产生影响之前发现并及时修复。

4. 个性化营销需要丰富的数据支撑。不同目的的产品、千人千面的需求、个性化营销该从何入手？

5. C端营销需要将运营和营销拉通，而拉通的基础就是数据，而且C端营销对数据的实时处理能力要求很高，新的数据平台该如何满足？

四、项目主要建设内容

（一）建设目标

基于互联网技术的大数据平台是一个承接技术、引领业务、构建规范、全域可联的数据处理平台，建设目标是高效满足前台数据分析和应用需求。大数据平台涵盖了数据资产管理、数据治理、数据模型、垂直数据中心、全域数据中心、萃取数据中心、数据服务等多个层次的功能模块。

在数据源方面，公司将分散在核心承保系统、理赔系统、客服系统、收付系统、财务系统、再保系统、电商四端及第三方平台等的数据，通过数据总线单向提取到缓存数据层。在数据计算层对结构化数据和非结构化数据、半结构化数据分别进行批处理及流式处理运算，其运算结果将用于支撑对账主题、监管主题、报表主题、实时查询主题、用户主题、风险主题、营销主题等。

（二）建设思路

1. 数据一站式服务。按照应用主题对相关数据进行一站式整合。例如，在建设DMP系统时，需要整理各个来源的用户数据完善用户画像。从业务方面包括承保、理赔、客服、支付等数据；从行为方面包括公众号、小程序、卡包等模块的各类数据。而且各类数据有不同的生成时间、生成逻辑、数据有效期，在使用时则需要对这些数据先进行逻辑拆解再进行整合，才能对DMP提供支撑。

2. 向上赋能多样化产品。传统的数据仓库提供的能力都是"T+1"批处理进行汇总分析，分析的维度仅限于传统保险分析的维度，分析的数据也仅限于业务数据。但是随着业务需求的发展，对于数据获取的能力、数据分析的维度、数据整合的能力都提出了更多要求，很多潜在需求将在数据平台处理能力提升后才能唤醒。所以，安心保险的大数据平台能力在数据实时获取、批处理、数据使用原则及办法方面都进行了规划，以此为基础来提升业务在数据应用方面的能力。

3. 向下合并多计算引擎。大数据平台在计算方面，应该结合各个方面的数据计算能力，整合并发挥其最优配置。Hadoop 平台有产品生态丰富、应用场景多样、硬件要求低的特性，但是在数据量 10 亿条以内时进行跑批处理时，在同样的服务器资源开支条件下运算效率并未超过 MPP 架构的数据库。因此公司的数据平台应该向下合并多种计算引擎，在不同的数据量、不同的数据处理需求、不同的应用场景方面，发挥各种计算引擎的优势。

（三）建设内容

1. 全域数据的采集。以需求为导向，以数据多样性的全局思想为指导，引入全流程线、全终端、多形式的数据。

2. 数据模型标准化。对数据平台中各层的数据模型、公共中间件进行标准化与口径归一。

3. 统一数据资产管理。使用元数据管理系统，通过分析、应用、优化、运营来管理已知的数据资产。

4. 建设主题式服务。构建多样式主题服务，封装复杂的多物理表管理，提供面向业务的统一查询出口和查询逻辑。

（四）建设方法

1. 统一数据。

（1）数据标准化。要从源头实现数据统一标准，而非从数据处理之后基于数据指标的数据标准化。因为数据只有保证源头唯一，数据模型才能稳定、可靠，数据服务才能达到可信的目的。

（2）技术内核工具化。所有的数据规范、标准等都需要一套完备的工具来保障执行，所以公司的维度建模、调度的运维等必须实现工具化。

（3）元数据驱动。安心保险当前所有的数据提取计算都是通过配置的方式来实现的，这样在数据全链路中就会存在失误、性能等各种问题，公司正在努力想自动规划计算和存储方向演进，那公司如何做到这一点呢？其中最主要的一点就是需要进行元数据的规范定义和管理，尽可能地实现数据的原子化和结构化，这些元数据就是将来实现自动化计算和存储的主要依据。

2. 统一指标。统一指标思想应该包含统一且规则明确的经营指标，并且指标的描述及定义需要通过指标字典进行管理。

（1）指标定义标准化。指标是各家保险公司分析经营状况的重要依据，除保标委下发的指标外，还会存在灵活定制的经营指标，这样就存在一个问题，数据部分的指标定义会和业务部分的指标定义存在偏差，数据报表存在分歧。所以，公司第一步是要做指标定义标准化。

（2）指标管理工具化。指标管理工具化能大幅降低指标的维护和使用难度，指标字典和指标变更在公司内部往往都是以文档的形式存在的，这样不利于指标的查询和使用，如当指标做了修改或者定义，该情况往往掌握在数据人员手里，业务人员通常会根据自己的需求来要求提取数据，这样就出现指标定义口径偏差，甚至重复定义等问题。

3. 统一服务。统一服务至少要包含主题式服务、统一但多维度的数据服务、跨数据源的数据服务三项服务。

（1）主题式服务。主题式服务就是将一系列用户关心的内容通过特定维度关联起来，如业务人员需要查询"客户"主题下的内容，可能一个用户的操作和信息存储在 100 张物理表中，但这不是用户关心的，所以主题式服务就是在逻辑层面构建"客户"主题模型，为用户提供精确的客户相关信息。

（2）多维度服务。统一服务是因为在数据平台发展前期，免不了会根据业务需求开放多种数据查询服务，随着时间的积累，数据出口必然存在混杂和难以管理的问题，统一服务的做法就是集中提供这些数据服务，降低管理难度和运维成本；而多维度服务则是在统一的基础上满足各种需求而必然需要采取的措施，公司要逐步演进构建一个高价值使用的数据服务。

（3）跨数据源服务。无论数据源头在哪里，从数据服务的角度考虑，都不应该把数据源头暴露给使用用户，所以应该尽可能多地屏蔽数据源。

（五）业务功能框架

业务功能框架如图1所示。

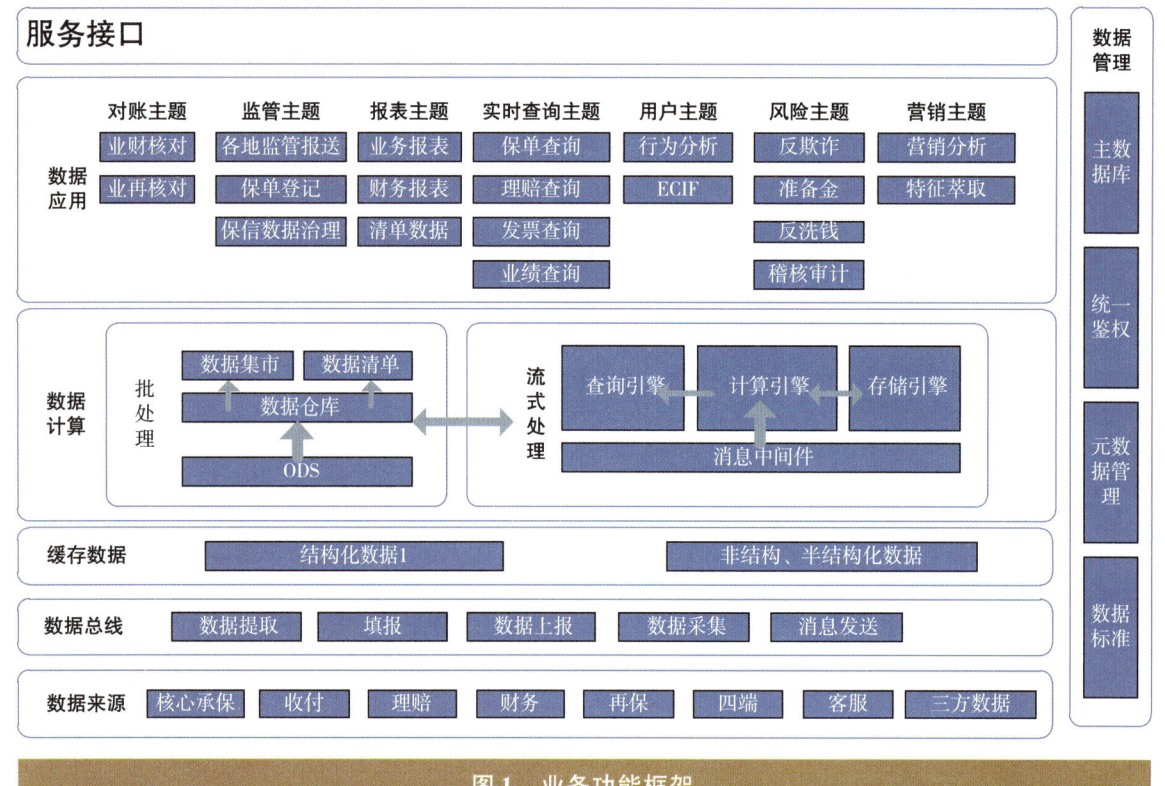

图1 业务功能框架

各功能模块介绍如下：

1. 数据来源。数据中台的数据来源有核心承保、收付、理赔、财务、再保、四端、客服和第三方数据等。从业务属性来讲，数据可以分为用户业务数据、用户行为数据以及第三方数据。

用户业务数据。用户业务数据是公司已存在业务库中、已经购买过公司产品的用户，这部分数据一般会存储在业务库中，如核心承保、收付、理赔、财务和再保等。

用户行为数据。根据业务场景，用户行为数据的收集都通过C端埋点工具予以实现。数据生成流程都是用户在安心四端（APP、PC网站、微信、H5）上进行相关操作，进而触发埋点请求数据采集系统，进而存储在埋点服务器中。

第三方数据。保险业自身的数据积累和第三方数据则是通过与外部渠道合作，获得更多维度的用户数据，达到丰富用户画像的目的。

2. 数据总线。数据总线环节，将各类数据来源通过不同的数据导入工具，导入数据缓冲层。按照数据来源的不同，数据总线主要分为用户业务数据的采集、用户行为数据的采集以及第三方数据采集。

用户业务数据的采集，通常会分为离线与实时两种采集方式，离线数据采集一般是通过JDBC途径进行数据的提取，这种方式应用于批量处理场景，常用工具有SQOOP、KETTLE、DataX等；实时采集通过中间件来完成，如开源中间件产品CANAl、MaxWell等。

对于离线批处理而言，SQOOP在数据采集过程中占据了重要位置，首先SQOOP部署简单，采用命令行的方式进行作业调用，在很大程度上减少了ETL工程师的工作复杂度，另外对多种数据源的支持、高效可控的资源利用方式，也同样为数据的提取提供了更多灵活的可选项，例如，可以根据数据量大小进行并行度的设置，最大限度地提取数据（见图2）。

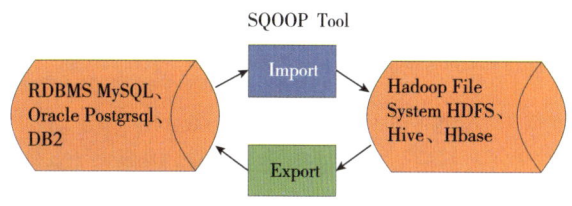

图2　SQOOP部署

在线业务数据实时提取采用的方案通常是同步数据库的归档日志，以达到实时同步数据的目的，以MySQL为例，阿里巴巴的开源组件canal就是将自己伪装成MySQL数据库的slave节点，通过与master节点建立binlog Dump连接，实现实时数据同步（见图3）。

在线用户行为数据的采集主要是对四端平台的用户行为数据进行抓取，并发送到埋点服务器。数据总线将埋点服务器收集的数据同步到大数据平台（见图4）。

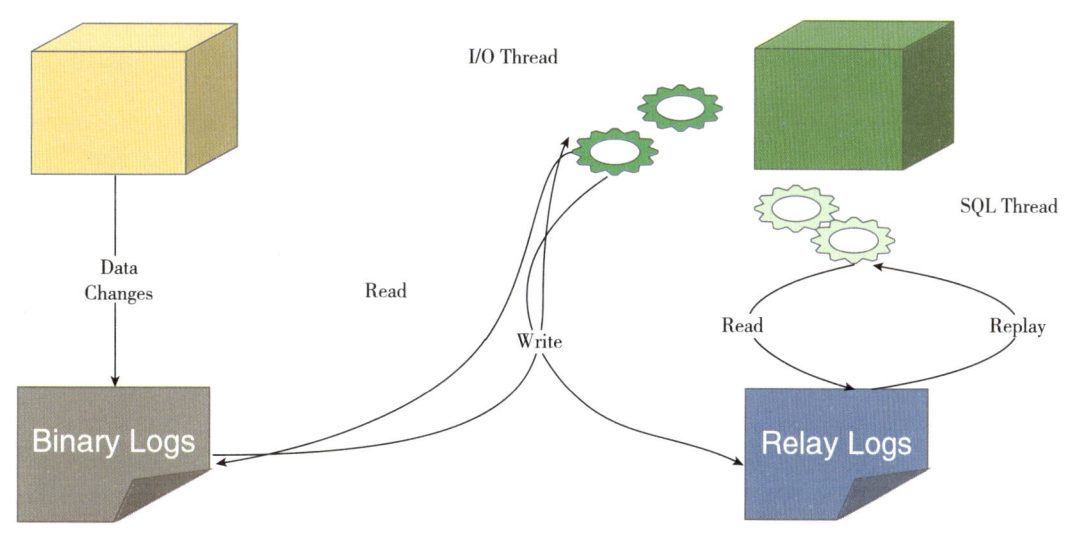

图3　在线业务数据实时提取流程

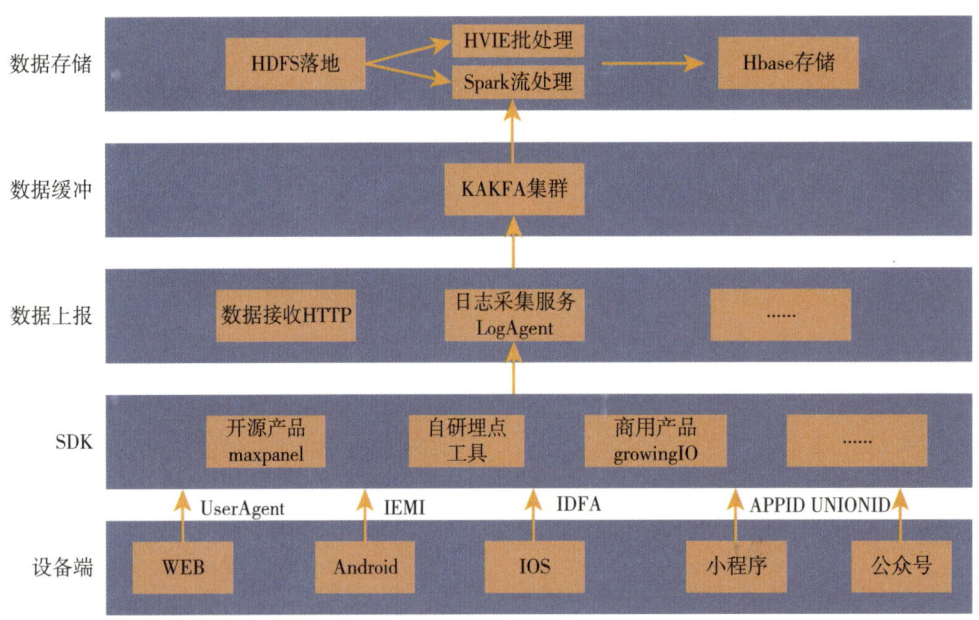

图4 在线用户行为数据采集流程

第三方数据的采集通常通过 API 的形式进行数据采集，数据中台的配置中心提供 API 地址以及访问密钥。数据服务交互通过 API 接口实现，参与数据模型计算，以满足数据服务需求。

3. 数据缓存。实时数据提取完成后，数据流将会连续不断地流动起来，这样就会带来数据处理过程耦合性强、容错性能差等问题，为方便后续计算并且保证数据的容错性、可追溯性、传送效率，数据流的解耦是必不可少的一部分。从性能方面而言，数据流的解耦方案需要考虑中间件的稳定性、吞吐量以及与计算引擎的匹配程度等因素，在诸多技术方案中，公司最终选择消息中间件（KAFKA）来解决解耦问题，它在实际使用过程中帮我们解决了如下几种问题。

（1）系统解耦。在项目启动之初来预测将来项目会碰到什么需求，是极其困难的，消息系统在处理过程中插入了一个隐含的、基于数据的接口层，两边的处理过程都要实现这一接口。这允许进行独立扩展或修改两边的处理过程，以实现系统间解耦。

（2）数据冗余。有些情况下处理数据的过程会失败。除非数据被持久化，否则将造成丢失。消息队列把数据进行持久化直到它们已经被完全处理，通过这一方式规避了数据丢失的风险。许多消息队列所采用的"插入—获取—删除"范式中，在把一个消息从队列中删除之前，需要处理系统明确指出该消息已经被处理完毕，从而确保数据被安全的保存直到你使用完毕，即通过冗余的方式来保证数据的安全性。

（3）中间件扩展性。因为消息队列解耦了处理过程，所以增大消息入队和处理的频率是很容易的，只要另外增加处理过程即可，不需要改变代码、不需要调节参数，扩展就像调大电力按钮一样简单。

（4）灵活削峰。在数据量剧增的情况下，应用仍然需要继续发挥作用，但是这样的突发流量并不常见。如果以能处理这类峰值访问为标准来投入资源随时待命无疑是巨大的浪费。使用消息队列能够使关键组件顶住突发的访问压力，不会因为突发的超负荷的请求而完全崩溃。

（5）时序性。在大多使用场景下，数据处理的顺序很重要。大部分消息队列本来就是排序的，并且能保证数据会按照特定的顺序来处理。

4. 缓冲。在任何重要的系统中，都会有需要不同的处理时间的元素。例如，加载一张图片要比应用过滤器花费更少的时间。消息队列通过一个缓冲层来帮助任务最高效率的执行写入队列的处理，后续任务的速度就会尽可能地快速。此时，缓冲有助于控制和优化数据流经过系统的速度（见图5）。

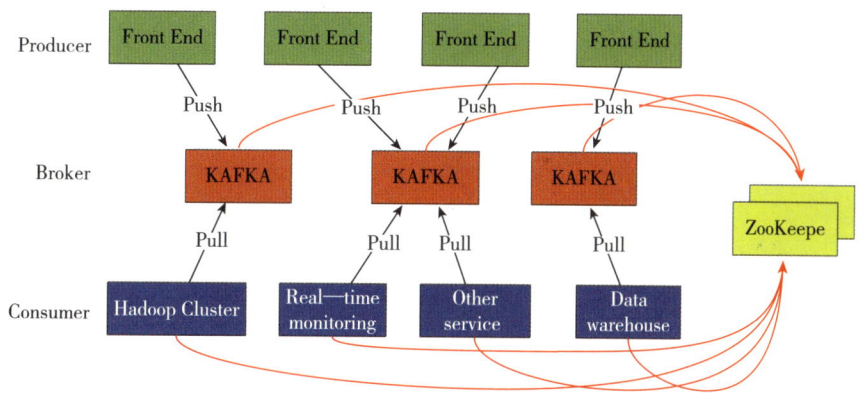

图5　缓冲结构

5. 数据计算。数据计算从计算方法上可以分为批处理计算和流式计算两种，而流式计算又可以根据计算方式的不同分为 one by one 处理的流式计算和微批方式处理的流式计算。

（1）批处理。批处理在大数据世界有着悠久的历史。批处理主要操作大容量静态数据集，并在计算过程完成后返回结果。

批处理模式中使用的数据集通常符合以下特征：一是有界，批处理数据代表数据集的有限集合；二是持久，数据通常始终存储在某种类型的持久存储位置中；三是大量，批处理操作通常是处理极为海量数据集的唯一方法。

批处理非常适合需要访问全套记录才能完成的计算工作。例如，在计算总数和平均数时，必须将数据集作为一个整体加以处理，而不能将其视作多条记录的集合。这些操作要求在计算进行过程中，数据要维持自己的状态。

需要处理大量数据的任务通常最适合用批处理操作进行处理。无论直接从持久存储设备处理数据集，或将数据集载入内存，批处理系统在设计过程中就充分考虑了数据的量，可提供充足的处理资源。因批处理在应对大量持久数据方面的表现极为出色，所以经常被用于对历史数据的分析。

（2）流处理。在大数据时代，数据通常都是持续不断动态产生的。在很多场合，数据需要在非常短的时间内得到处理，并且还要考虑容错、拥塞控制等问题，避免数据遗漏或重复计算。流计算框架则是针对这一类问题的解决方案。流计算框架一般采用 DAG（有向无环图）

模型。图中的节点分为两类：一类是数据的输入节点，负责与外界交互而向系统提供数据；另一类是数据的计算节点，负责完成某种处理功能如过滤、累加、合并等。从外部系统不断传入的实时数据则流经这些节点，把它们串接起来。如果把数据流比作水的话，输入节点好比是喷头，源源不断地出水，计算节点则相当于水管的转接口。

流式计算中，首先要保证以下两个问题：

一是吞吐量。One by one 的处理方式在吞吐量方面有天然的劣势，比如一条数据从数据源接收到数据，然后按一定规则发送给下游进行计算，最终写入到外部系统，这样在正常情况下可能没有问题，但是考虑到系统的容灾性，当系统故障需要重算时，就需要考虑数据重发。storm 的解决方案就是在数据源端增加 ACK 机制，但这样处理的弊端是 ACKER 随着数据量越大压力越大，也就造成公司认知中的 storm 吞吐量不高的问题，而在 Spark Streaming 中，吞吐量的问题就得到了极大的改善，原因是 Spark Streaming 使用了微批的处理方式，降低数据的时效，保证了数据计算的吞吐能力。

二是数据不重复不丢失。在解答这个问题之前，公司先来了解以下一些概念：

at most once 为最多消费一次，会存在数据丢失。

at least once 为最少消费一次，保证数据不丢，但是有可能重复消费。

exactly once 为精确一次，无论何种情况下，数据都只会消费一次，这是公司最希望看到的结果。

一个流式系统能准确地做到 exactly once，就能保证数据不重复、不丢失。如果要做到 exactly once，流式系统必须满足以下三个要求：receiver 处保证 exactly once；

流式系统自身保证 exactly once；sink 处保证 exactly once。

五、项目效果

（一）解决数据重用问题

大数据平台将 1500 个基础模型作为所有数据服务开发的基础，无论应用的数据模型有多复杂，总是能溯源到 1500 张基础表。这奠定了数据核对和认知的基础，最大限度地避免了重复数据抽取和维护带来的成本浪费。

同时，统一的基础模型将相关业务领域的数据做了很好的汇聚，解决了数据互通的诉求。

（二）客户画像

大数据平台的客户画像应用为个人客户画像，其中包括人口统计学特征、消费能力数据、兴趣数据、风险偏好等。保险业拥有的客户信息并不全面，基于自身拥有的数据有时候难以得出理想的结果，甚至可能得出错误的结论。所以公司的大数据平台不仅考虑了自身业务所采集到的数据，更应考虑整合外部更多的数据，以扩展对客户的了解。主要包括以下几个方面。

1. 客户在社交媒体上的行为数据。通过打通保险企业内部数据和外部社会化的数据可以获得更为完整的客户拼图，从而进行更为精准的营销和管理。

2. 客户在电商网站的交易数据，公司与京东合作利用用户的交易类数据实现费率模型的精准调整，以此来构建用户的偏好模型和风险模型。

3. 其他有利于扩展客户维度的数据。公司通过大数据平台采集到了互联网用户行为类数据，包括用户浏览、点击、填写、下单等，并以此来构建用户行为模型。

客户画像模型上线运行半年后，赔付率有了明显改善。其中家财险赔付率下降76%，意健险赔付率下降27%，机动车辆保险下降8%。

（三）运营优化

1. 市场和渠道分析优化。公司实时监控不同市场推广渠道的质量，从而进行合作渠道的调整和优化。同时，公司也分析哪些渠道更适合推广哪种产品，进行渠道推广策略的优化。

2. 产品和服务优化。公司将客户行为转化为信息流，并从中分析客户的个性特征和风险偏好，更深层次地理解客户的习惯，智能化分析和预测客户需求，从而进行产品创新和服务优化。

3. 舆情分析。公司通过爬虫技术，抓取社区、论坛和微博上关于公司及产品和服务的相关信息，并通过自然语言处理技术进行正负面判断，尤其是及时掌握保险业以及产品服务的负面信息，及时发现和处理问题。对于正面信息，可以加以总结并继续强化。

同时，公司也抓取同行业的舆论信息，及时了解同行做得好的方面，作为自身业务优化的借鉴。

（四）精准营销

在上述基础之上公司开展了以下有效的精准营销。

1. 实时营销。实时营销是根据客户的实时状态来进行营销，如客户当时的所在地、客户最近一次消费等信息来有针对地进行营销（某客户采用信用卡采购孕妇用品，可以通过建模推测怀孕的概率并推荐孕妇类喜欢的业务）；或者将改变生活状态的事件（换工作、改变婚姻状况、置居等）视为营销机会。

2. 交叉营销。交叉营销即不同业务或产品的交叉推荐，比如健康险和意外险的捆绑销售等手段。

3. 客户生命周期管理。客户生命周期管理包括新客户获取、客户防流失和客户重新获取等。

利用客户画像模型，通过运营优化，公司的精准营销投放点击率达到2%，转化率为2.5%的优良效果。

（五）风险管控

风险管控包括反欺诈和反洗钱等功能。实时欺诈交易识别和反洗钱分析。保险公司可以利用客户的基本信息、卡基本信息、交易历史、客户历史行为模式、正在发生行为模式（报案、出险）等，结合智能规则引擎进行实时的交易反欺诈分析。基于大数据平台的大数据风控系统上线后，已有1.005%的拦截率，预估赔付率下降23%~25%。

（六）人才成长

大数据平台也是引导新员工进入数据领域的最佳老师。有了基础模型，新员工可以系统地学习基本数据能力；有了标签库，新员工可以获得前人的所有智慧结晶；有了数据管理平台，新员工能清晰地追溯数据、标签和应用的来龙去脉。所有的知识都是在线的、最新的、实用的。

更为关键的是，大数据平台让新员工摆脱了在起步阶段对导师的过度依赖，能快速地融入团队，在前人的基础上进行创新。大数据平台天然的统一、集成的特性，有可能让新员工打破点线的束缚，快速构筑起自己的知识体系，成为企业数据领域的专家。

六、总结

总体来说，平台上线后，打通了数据孤岛，解决了公司数据重用的问题，对运营及精准营销提供了稳固的支持，同时也培养了一批大数据工程师。在客户画像模型上线运行半年后，利用客户画像模型，通过运营优化，公司的精准营销投放点击率达到2%，转化率为2.5%的优良效果。

基于大数据平台的大数据风控系统上线后，已有1.005%的拦截率，有效地提高了客户的准入门槛。

但同时也发现了一些问题，主要是应用开源框架过程中的一些有待优化的地方，有些问题只能通过现有的办法绕开，待版本更新后升级解决。这些问题对大数据工程师的能力要求较高，公司后续会邀请业内专家对相关人员进行培训，以提升解决问题的能力。

专家点评

　　大数据平台是保险企业集约化管理的重点工程，安心财产保险有限责任公司的项目反映了公司管理上的新思路。项目在多子系统集成、统一产品视图、与客户互动服务等方面表现突出，反映了企业数字化管理的整体规划能力，大大提高了客户的体验度，也培养了新一代复合型人才，从实践过程上看，取得了很好的效果，值得同行业借鉴。

中再巨灾风险中国地震巨灾模型

◎ 中再巨灾风险管理股份有限公司

一、项目概述

中国是严重的多自然灾害国家，其中地震灾害频发，造成了严重的社会经济损失和人员伤亡。目前国内地震巨灾风险管理体系尚不完善，风险分散能力较弱，存在地震巨灾保险产品供给短缺、规模较小，风险转移方式单一等问题，救灾资金主要来源于政府财政。保险对于减轻灾害损失、恢复生产重建具有重大作用，国际巨灾保险补偿率平均水平为30%，而我国不到5%。2008年汶川地震，保险赔付仅占总经济损失的0.2%。同时地震保险业务的发展离不开地震巨灾风险管理工具的支持，地震作为高风险险种，风险损失估计需要巨灾模型的支撑。地震灾害频率低、损失大，风险"看不清、难量化"。针对中国灾害国情，中再集团推出了具有自主知识产权的中国地震巨灾模型。中国地震巨灾模型包括灾害模块、工程模块和金融模块，为政府部门、保险业、企事业单位提供一套完整的灾害风险管理工具和量化评估工具，为地震保险健康发展注入新动能。

二、项目背景

我国是世界上地震灾害最为严重的国家之一，地震频率高、强度大、影响范围广，给人民群众的生产生活带来了巨大的威胁。而保险作为一种市场力量和现代社会风险管理的基本手段，对促进并完善国家灾害补偿机制具有重要的现实意义。党的十八大以来，习近平总书记、李克强总理多次就防震减灾工作作出重要批示。党的十八届三中全会明确提出："完善保险经济补偿机制，建立巨灾保险制度"。近年来，我国巨灾保险发展较快，但目前我国保险业对地震巨灾事件的风险分析、损失测算方面的研究十分薄弱，难以对地震巨灾风险状况作出全面科学的评价，成为制约地震保险发展的一大重要因素。其中技术层面的制约无疑是其重要因素。因此，在此背景下，针对地震风险"看不清、难量化"的"痛点"，中再引入国际著名巨灾专家，引入GIS遥感、建筑工程、精算分析等各领域专业人才，引入地球物理和自然地理等专业的博士后人才，与国内一流的科研院所、高校一道合作，集结100多位内外部行业专家、科研人员、工程师、软件工程师，研发了中国地震巨灾模型。2018年5月12日，汶川地震10周年之际，中再集团在成都召开了中国再保险第二届巨灾风险与保险高峰论坛：地震风险管理与保险。会上正式发布了中再巨灾模型平台"再·型"。2019年8月22日，在中国再保险第三届巨灾风险与保险高峰论坛暨中国地震巨灾模型发布会上，中再集团发布了我国第一个经中国地震学会认证、拥有自主知识产权、可商业应用的"中国地震巨灾模型2.0"。

三、项目意义

中再集团发起设立了我国首个专注巨灾风险管理的金融科技公司——中再巨灾风险管理公司，引入国际上具有丰富经验的专业模型开发团队，聚合顶尖科研机构、高校资源，深入开发利用多种科研数据资源，同时获得科技部国家重点研发计划重点专项"地震保险损失评估模型及应用研究"专项资金支持。在多方共同努力下，"中国地震巨灾模型"研发完成，目前已获得中国地震学会权威认证，达到国际先进水平，模型平台经权威软件测评机构测试认证，技术鉴定证书、用户文档和技术文档完备、培训和运营服务体系完整，已达到商业级应用要求。

中国地震巨灾模型有以下三大特点：一是数据最新最全。长时间尺度随机事件集、契合中国实际的场地条件数据，符合中国国情的建筑物易损性数据、丰富完整的行业风险暴露数据库；二是算法极快，支持高性能计算、弹性计算，一小时内完成上百万标的计算；三是极致的客户体验，GIS可视化、批量地址解析、灵活嵌入保险核心业务流程。

支持200万数据上传和实时校验。可选择基于1万年到100万年随机事件集、实际历史灾害事件、模拟灾害事件计算，快速得出EP曲线、ELT、标的损失等。"再·型"将极大地提高我国地震损失评估的准确性，对地震风险识别、保险定价、优化组合、理赔及时响应、风险累积管理起到强有力的支撑作用。

中国的地震巨灾保险风险评估发展较晚。1997年中国人民保险公司联合中国地震局和国家科委等部门分析绘制了我国地震保险纯费率图，构建了地震风险管理系统保险模型框架。我国台湾则以美国FEMA的HAZUS系统为基础，于2000年完成台湾本土化的地震损失评估系统HAZ-Taiwan及与之相配套的软件平台TELES。北京师范大学与瑞士再保险公司合作，于2002年完成"中国自然灾害数字地图集"。2007年，中国地震局工程力学研究所开发中国大陆地区地震风险评估系统HAZ-China。有国外模型公司分别在2007年和2010年先后发布了中国地震巨灾保险模型。模型均以美国地震模型为基础，结合当时的中国历史地震目录及断层带和地质构造资料，模拟中国可能的地震活动性。但由于缺乏最新的断层带和地质构造、中国历史震害资料，以及对中国建筑结构及保险理赔的了解不足，国际模型公司的中国地震模型因存在数据缺乏、科学性不足、精度不高、针对性差等问题而缺乏权威性。此外，国际巨灾模型公司的中国地震模型更新周期长，不能及时反映最前沿的中国地震研究成果，不能满足中国经济和保险市场快速发展对地震损失评估的需求，而且价格高，非大型保险公司无法负担；在使用过程中不了解定价细节，无法进行优化和对接。"再·型"将根本性改变我国长期完全依赖国外模型公司产品的历史，对系统性提升我国地震巨灾风险量化管理能力具有里程碑意义。

四、项目特点

"中国地震巨灾模型"具有科学性高、实用性强、适用性广等诸多特点，得到与会嘉宾高度关注和充分认可。一是科学性高。它是指中国地震巨灾模型能模拟中国大陆及其周边地区500万年共计3亿多个地震随机事件，首次实现精准测算中国不同建造年代、高度、用途、结构体系等上万种建筑物在模拟地震中的经济损失和保险损失,模型计算速度极快,计算结果符合我国实际。二是实用性强。它是指中国地震巨灾模型既能够为保险公司商业化使用,制定精细化巨灾风险区划和限额管理、快速评估承保业务的保险损失、优化设计再保方案;也能够被政府部门等相关单位使用,以快速评估地震灾害经济损失,辅助制定地震防灾减灾综合规划方案。三是适用性广。它是指中国地震巨灾模型建立了定制化服务方案,用户可根据自身需求灵活定制不同场景的模型应用,灵活选择云端在线应用或部署本地、实现与本地系统在线融合。推广应用这一模型,可以降低我国保险业对外依存度、提升科技自立能力,可以节约成本、提高地震损失评估准确度。

五、项目方案

中再巨灾风险管理股份有限公司联合国内权威地震和灾害及保险研究机构,基于地震灾害研究领域的最新发展,研发符合中国国情的拥有中国自主知识产权的地震巨灾保险损失评估模型,服务中国及国际保险业,以加速中国国家地震巨灾保险制度的顺利推进。

如图1所示,地震巨灾保险损失模型包括以下三个模块:灾害模块、工程模块和金融模块。

灾害模块包括随机地震随机事件集模块和地震动强度计算模块。历史地震纪录,尤其是保险业关注的可能造成人民生命财产损失的中强震级地震,资料缺乏,不能满足地震保险再保险定价和风险管理的需求。通过对历史地震资料的分析,为地震潜在震源区的地震发生率,地震频度与震级的关系,震中位置及深度等参数建立统计模型,地震随机事件集模块则通过蒙特卡罗方法对地震活动性参数统计模型进行大量的随机抽样,产生大量地震随机事件,以弥补历史地震纪录缺乏的缺陷。

地震发生时,震源释放的能量以地震波的形式从震源向周围地球介质传播。地震波在地壳介质传播过程中因能量损耗而逐渐减弱,直至消失。地震影响的范围及其影响范围内地震动的强度受地震影响区地质构造及地表层场地土的影响。结合区域性地震动衰减关系及场地条件,地震动强度模块模拟影响到建筑物的地面地震动强度。通过建筑结构、室内财产及商业中断易损性曲线,地面地震动强度可用来计算地震造成的财产损失。

工程模块包括地震损失计算模块及地震损失估算所需的地震风险暴露数据。地震财产保险损失通常包括建筑结构、室内财产及商业中断损

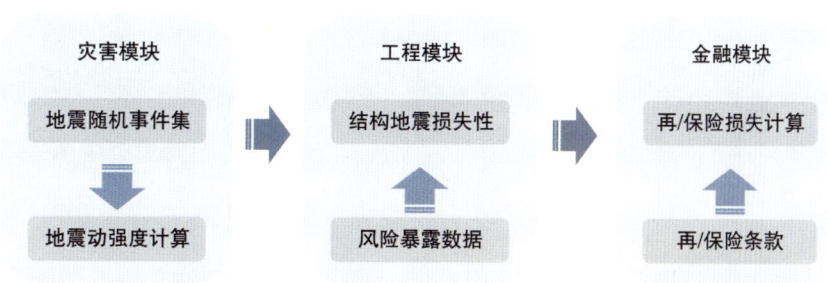

图1 地震巨灾保险损失模型

失。取决于历史震害资料的数量和质量，地震易损性曲线的开发主要采用震害资料经验法和工程解析法两种。震害资料经验法通常是根据大量的震害调查数据分析得到地震易脆性曲线。震害资料经验法通常仅适用于震害资料或经验较多但又未经正规设计建筑物的易脆性评价。工程解析法则是基于计算机数值模拟理论的易脆性分析方法。工程解析法利用数值模拟建筑结构在地震作用下的破坏机理，获得建筑结构发生破坏的过程和细节，可以对经正规设计但震害资料经验有限（或缺乏）的建筑物进行易损性评价。

地震对风险暴露标的（建筑物）的影响与地震源和建筑物之间的距离有直接关系。因此，风险暴露标的（建筑物）的地理位置信息对建筑结构的地震损失有着举足轻重的影响。但在现实中，这种精确到单个建筑物的保单数据往往不可靠或得不到。风险暴露数据大多是省级或地市级的累积总保额。累积总保额直接用于地震巨灾模型计算出保险损失，因其不确定性太大而失去在保险定价及地震风险管理中的实用价值。行业风险暴露数据库反映社会可保建筑造价及其空间分布。因此行业风险暴露数据库可以为省级或地市级的累积总保额作空间拆分，最大限度地减少累积保额下地震保险损失结果的不确定性，提升其在保险定价及地震风险管理中的实用价值。同时，行业风险暴露数据库也可以用来评估地震造成的社会整体经济损失，帮助政府部门及时有效地应对灾害，抗震救灾。

金融模块则是用保险和再保险条款计算出被保人、直保公司和再保公司所受的损失份额。不同的国家和地区，保险条款如免赔额的类型及限额会有所不同。金融模块可以对单个标的定价计算，也可以风险组合作再保需求分析和定价，风险控制及风险管理。

专家点评

巨灾风险管理是保险业新的发展方向，反映了市场和客户的迫切要求，中再巨灾风险管理股份有限公司的项目，填补了我国这一领域的空白，其中巨灾模型和场景应用，反映了管理者的理论水平和实践能力。从实际运行效果来看，也取得了一定的效果，对同行业的风险模型建设起到了示范作用，值得更大范围的交流。

中银保险信时空大数据分析研判技术在保险业的研究和应用

◎ 中国银行保险信息技术管理有限公司

一、项目概述

中国银行保险信息技术管理有限公司（以下简称中国银保信）在全国车险信息共享平台和全国农险平台的基础上，采用地理信息技术、大数据实时计算技术、3S 技术等，打造了中国银保信 GIS 系统，该系统由车险 GIS 系统和农险 GIS 系统两大部分共同构成，系统基于车险、农险行业的海量业务数据，实现车险、农险行业的多维度风险识别及风险数据的管理、共享及应用，同时，平台不断引入行业内外多源数据（气象、交管、公安等），深入开展多维度的数据碰撞和空间数据挖掘，深化车险、农险业务应用，拓展服务的广度与深度，提升保险公司的风险管理能力和高新科技应用水平。

车险 GIS 系统包含三大部分。一是全国车辆出险地名标准服务。它是以提升行业数据质量为目标，建立全行业出险地点标准，从而为行业基于空间位置的数据挖掘及应用奠定基础。二是全国道路风险地图系统。它是以"构建行业从环境维度的风险识别能力"为目标，实现车辆运行生态中"环境风险"的可视化管理及应用，从而为保险业的理赔资源管理、反欺诈支持等多业务场景提供基础支撑。三是全国标准地图 API 服务。它是一套基础地图服务组件，包括地图操作、路径规划等多类接口，行业各家公司可对接进行二次开发，建立自己需要的地图系统。

农险 GIS 系统是为了解决农险标的管理难、防范虚假投保风险的行业"痛点"，基于农险标的影像数据和业务数据的叠加应用，利用遥感 GIS 技术和自动化地块采集工具，组织保险机构在前端分别采集承保地块信息，实现标的信息在行业的"一次采集、共享应用"，同时为保险业提供精准承保理赔、智能核保、长势监测、风险预警和定损评估等服务。

二、项目背景及意义

随着保险业的快速发展，信息化建设也受到行业的广泛重视，中国银保信作为保险业信息共享的基础性平台，汇聚了全国所有保险公司的承保、理赔业务数据，积极开展行业数据挖掘及数据应用，深入挖掘行业数据的潜在价值，可有效推动行业快速发展。车险和农险作为两个空间属性较为突出的险种，深入开展空间数据挖掘分析应用，将在推动行业各家保险公司的风险精准化识别及精细化管理、支持保险公司运营决策、发挥保险业辅助社会治理等多个业务方向产生极为重要的作用。

车险方面，全国商业车险改革综合型条款于2016年6月上线完成，新一代全国车险信息平台承担行业信息共享和风险识别的使命更加凸显。随着当前大数据技术应用水平的不断提升，主题数据挖掘和应用已成为保险业发展的共同需求，因此进一步研究车辆行驶过程中的"环境因素"，对车险的影响具有十分重要的现实意义。之前保险公司在登记车辆出险地点时，大多采用手工录入方式，由于各地地名口语化、方言化比较严重，各保险公司没有统一的标准，造成各家公司的地名信息质量参差不齐，导致后续的查勘、定损等环节产生较大的困难，同时也给行业在进行基于出险地点信息的数据挖掘分析造成较大难度。该系统通过构建标准化地名服务，规范行业出险地址，并运用大数据技术、空间分析技术，直观地精准描绘道路交通事故发生概率的画像图，其独有的"层级"概念，将为大数据分析引入"风险地图+"模式，也将开辟一个崭新的视角让我们重新审视跨平台融合后的数据关联关系，多维度分析产生的道路风险数据，将使车险行业在NCD、车型费率分级和交通违法系数等基础上，为行业基准的发布应用提供新的模式，对于提升行业内部经营水平和参与交通治理等方向均有较大的积极影响。

农险作为一项国家政策保险，加快农险高质量发展，要求走精准承保和精准理赔的科技创新之路。"大国小农"是我国基本的情况，并且在相当长的一段时间内会依然存在。农户相对分散且以小农户为主，客观上增加了农险承保理赔工作的难度。加之农业灾害频发，遇到重大灾害时，受灾标的识别和测量极其困难。推动农险高质量发展成为政府与行业的共同诉求，利用科技创新开展精准承保理赔服务工作迫在眉睫。为了彻底解决传统农险实务管理中的难点和"痛点"，提供可落地的实施方案，进一步明确新技术在农险新实务流程中发挥作用的关键环节和要点，2017年，中国银保信联合原内蒙古保监局和黑龙江保监局、当地保险机构与保险公司开始探索基于全国农险平台的精准承保理赔服务模式。通过建立行业统一的基于GIS技术的农险系统，利用遥感地理信息系统和全球定位系统集成方法，构建重大灾害、农险灾情预测、灾后评估等模型，为农险公司提供农险保单的风险评估预警服务和防灾减损决策支持服务，为农业的灾害预测提供分析和研判，在农户提前防灾减损等多个方面都有广泛的应用前景。

三、项目重点解决的问题及主要创新点

（一）项目重点解决的问题

车险GIS系统针对行业当前车辆出险地点存在的错别字、拼音、数据不规范、格式不统一等问题建设了全国车辆出险地名标准服务，从而实现行业车辆出险地点的标准统一；针对行业当前"从环境"维度的风险识别能力较弱的问题，建设了"全国道路风险地图系统"，从整体上提升行业的风险识别能力和风险管理水平，进而支持行业用户的日常经营决策，同时也有助于实现跨部门信息共享，辅助社会治理；针对行业当前缺少地图类应用组件的问题，建设了"全国地图标准API服务"，确保行业数据的安全性。

农险GIS系统首先通过构建完整的承保地块信息采集规程，重点解决承保地块重叠、面积的总分不一、面积差距过大等地块采集质量情况，保险公司利用承保校验地块图，叠加遥感监测，对地块重叠、面积差距过大和作物不一等异常数

据进行及时处理，辅助行业识别与管控区域内承保标的的完整性与真实性，可有效补齐农险标的唯一性管理短板；其次通过农险平台的数据汇聚，可在全行业实现标的信息共享，切实助力农险行业精准化承保理赔和科学经营；再次系统利用承保地块覆盖率，跟踪保险公司的工作进度和承保质量，使用地块重叠及重复识别功能，开展合规风险管理，并高亮提示承保率超过100%的地区，形成图形化的标的不一、遥感荒地等地块级异常保险标的风险提示，有助于防止穿透农险合规监管；同时，"监管＋公司＋平台"的三方协同机制的有效推进，将进一步完善承保理赔的精准管理机制。如每年承保前，农险平台协同银保监局根据区域内农险情况共同制定工作方案，让农险经营机构有目标、有重点、分步骤地扎实开展工作，让公司能在承保季节快速有效地完成承保验标工作，切实加快了承保作业效率，高效的三方协同作业模式，也将直接提高行业农险作业效，降低行业运营成本。

（二）项目主要创新点

1. 率先构建了道路事故风险等级的评价体系。全国道路风险地图系统将报案数据中人伤、有责交通死亡、赔款金额、水淹、火自爆、全损等属性与案件出险地点空间位置结合，依据道路风险分析模型计算道路的风险值，逐步形成道路事故风险等级的评价体系，实现道路风险由"定性"到"定量"的转变；最终采用GIS可视化手段全面展示全国范围内各种维度下道路的风险分布情况，为车险行业承保理赔的风险精细化管理等多业务方向提供数据支撑。

2. 实现GIS空间运算和大数据实时计算的有机融合。全国道路风险地图系统采用了大数据实时计算架构，将全国车辆案件数据在多维度分析场景下进行快速的上图和渲染，对传统的GIS服务层组件进行了大幅改造升级，通过Hadoop、Spark等架构的优势，进行快速计算分析，将计算结果快速呈现在地图平台上，实现当前大数据实时计算技术与传统GIS应用的有机融合，开辟了全新的用户体验和应用场景。

3. 探索扩展车险行业风险识别的维度。当前，车险定价以车辆、人员等因素为主，通过车型车价、车辆关系人等相关的多项因子锁定车辆的风险及费率。通过道路风险地图系统的分析，行业可以尝试探索"道路环境"对车辆保险的影响，深入挖掘各种环境因素对行车安全的影响，有利于保险公司对标的信息掌握的准确度和全面性，便于今后延伸车险行业在道路风险因子方向的研究和应用，更有助于推动行业实现"差异化定价"的落地应用。

4. 智能化遥感影像解译的创新应用。农险GIS平台通过AI技术与遥感影像解译技术的深度融合应用，对地块的空间位置和边界进行了精细化的识别，为农险标的精准化管理提供基础数据支撑；遥感影像光谱信息、图像及样本点的混合模型计算，将农作物种植空间分布、农作物长势分析、灾后损失情况进行快速识别和判断，形成了农业遥感维度人工智能应用的深度探索，可向保险公司提供基础数据以及基于遥感和分析结果的数据产品和评价，为农险开展精准承保理赔工作提供服务。

5. 农业保单数据自动化解析并快速空间化的创新。针对农险承保过程中的保单地址、行政区划等填写不规范，无法快速实现空间融合、完成承保业务数据与遥感成果数据进行分析的问题，通过建立五级标准的行政区划数据，建立了保单信息、行政区划、空间坐标的映射关系，实现业务数据的空间精确赋值和可视化表达，提高数据分析的丰富程度，有力支撑保险公司的运营决策分析。

6. 基于空间位置的多年行政区划变更管理。系统中采用空间数据进行多年行政区划变更管理，利用空间位置的不变性，可对行政区划的历史变化情况进行回溯和推演，在此统计和归纳的基础上，从空间维度针对变更前后的数据进行规范化和序列化梳理，便于行业更加准确地决策。

四、项目主要建设内容

（一）建设内容

中国银保信 GIS 平台由车险 GIS 系统（全国车辆出险地名标准和道路风险地图系统）和农险 GIS 系统（全国农险平台 GIS 系统）两大部分共同组成。在全国车险信息共享平台和全国农险平台的基础上，通过引入 GIS、RS、GNSS 等空间运算、大数据实时计算、遥感影像智能解译等先进技术，打造车辆保险全国道路风险地图和农险应用一张图，基于车险、农险行业的海量业务数据，实现车险、农险行业的多维度风险识别及风险数据的管理和共享应用，同时，系统后续将陆续引入行业内外多源数据（气象、交管、公安等），深入开展多维度的数据碰撞和空间数据挖掘，采用创新服务模式与手段，深化车辆保险、农险业务应用，拓展车险和农险的服务广度与深度，提升车险行业和农险行业的风险管理能力和高新科技应用水平，系统目前已经投产应用的服务如下。

1. 全国车辆出险地址标准服务。全国车辆出险地名标准服务构建了近亿数量级的包含坐标的全国标准地址数据库，并每年多次更新，实时服务全国保险公司接报案业务，实现行业车辆出险地址的规范化和标准化。该服务提出行业统一的五级地名标准（例如，省—市—区（县）—道路（乡镇）—参照建筑物名称或距离参照建筑物 N 公里处），以出险车辆附近"参照建筑物"的形式将事故地点映射为地图上的一个信息点，并对应地图上唯一坐标，实现事故信息空间化，同时出险地点因为具有坐标而变得更加精准。目前该系统的数据已经在全国 53 家保险公司投入使用，行业车辆出险地点的准确率已提升至 95% 以上，极大地改善了行业以往数据中存在拼音、错别字等问题，有效解决了车险行业出险地点数据质量差的问题，同时也为保险业基于位置的空间数据分析和挖掘奠定了坚实的基础。

2. 全国道路风险地图系统。该系统为一套 Web 页面系统，目标在于为全行业提供"从环境"维度的风险识别能力支撑，系统依托标准的全国海量出险地点数据，采用 GIS 空间运算、大数据实时计算等技术，实现全国范围内道路级别的环境风险识别，全面展示各种业务场景下的道路风险分布情况，实现"道路有风险"的定性认知到"道路风险是多少"的量化剖析，尤其是在"车联网"发展态势日趋迅猛的情况下，"车辆运行时间""历史行驶轨迹""车辆运行状态"等因素，都将构成行业针对每一辆汽车"精细化承保和理赔"的重要依据，全新维度的风险识别，可以为车险行业承保风险预警、理赔风险探测等提供数据支撑，亦将成为保险公司提升风险精细化管理能力的重要途径。

通过道路风险地图的分析，行业可以在当前以"车辆因素""人员因素"为主的风险识别及费率定价基础上，尝试探索"道路环境"对车辆保险的影响，便于今后延伸车险行业在道路风险因子费率定价方向的研究和应用。同时，地图的空间数据挖掘功能，可以在地图上绘制"人""车""案件""修理厂/4S店"等相关因素的关联图谱，形成具有指向性的网状结构图，能有效地为行业的反欺诈应用提供线索。

系统从车辆出险时间、空间、险种、赔款金额、车辆种类、车辆使用性质、涉及人伤、水淹车、火自爆等十几个维度，分析行业、保险公司的道路风险和区域风险，从而为保险公司的理赔管理、反欺诈支持、风险预警等多业务场景提供支持。其主要功能包括GIS基础应用、多维空间分析、热点分布、实时案件、案件检索、图表统计、专题图层管理等模块。

未来系统将逐步引入交管、运管、天气等多部门图层数据，开展不同行业的数据空间化碰撞研究，分析不同交通压力、不同运输压力、不同气象条件下事故高发路段，相关分析结果将有助于优化事后的管控措施，有效缩短交通管理机制的反射弧，为保险业经营和交通环境治理找到了双赢的结合点，对行业而言，参与社会管理还有助于优化消费者对保险业的认知和信任程度，提升行业专业化形象。

3. 全国标准地图API服务。该服务共包括8大类、27小类接口，是一套可供保险公司二次开发的地图套件，保险公司如有需要，可以基于此服务开发自己所需的地图应用，能够满足"资源调度系统"等常见地图应用的建设需求。

保险公司与该系统的所有业务数据往来全部在网络专线上运行，不与互联网产生任何的交互，能够切实保证行业数据的安全可靠，是一套真正的保险业自己的地图服务。

4. 农险全国应用一张图。针对农险的行业需求，通过引入遥感影像、行政区划边界、气象日值、气象预警等行业内外多源数据，分类规范，跨界融合，为后续的系统应用提供标准化的数据服务，同时，利用空间数据挖掘、机器学习等技术，根据保险公司的实际业务场景，对承保理赔业务数据展开多维度的分析展示，形成内容翔实、表现丰富的农险全国应用一张图，支持保险公司承保标的管理及理赔定损核验等多场景业务应用，实现行业级的数据共享及服务。

（二）相关技术运用

1. 总体建设思路。在本系统中，平台遵循统一的标准规范体系进行设计，遵循J2EE、SOA（Service - Oriented Architecture，面向服务的体系结构）规范与标准，采用B/S（Browser/Server，浏览器/服务器模式）的开发和部署方式，利用Web Service技术、XML技术、OCG标准等先进技术，基于ArcGIS 10.4等主流地理信息平台，构建三层或多层体系结构，实现客户端零部署，用户使用IE浏览器即可访问和使用系统。

本系统实施所需的数据采集、查询、统计分析技术、GIS技术、虚拟化技术、远程登录技术、网络和信息安全技术等信息技术在中国银保信GIS平台系统中均有过成熟的应用，保障了本系统的顺利实施。

2. 技术方案选择。中国银保信GIS平台以标准化的保险业务数据和空间数据为基础，实现业务历史数据、实时数据、分析结果数据在不同时空维度下的空间可视化展示，并可通过空间分析手段实现对保险承保、理赔、灾害风险的分析决策。

（1）"GIS平台+大数据"计算架构的技术

方案。中国银保信 GIS 平台采用空间大数据计算架构，实现了车险案件数据实时上图，并通过模型的构建，完成了基于全国车辆案件大数据的区域风险分析、道路风险分析、空间叠加分析和案件热点分析等道路环境风险分析功能，系统的技术架构如图 1 所示。

通过构建 Spark 分布式集群，采用分布式服务框架 Zookeeper 解决统一命名服务、状态同步服务、集群管理、分布式应用配置项等数据管理问题，采用 YARN 进行统一的资源管理调度，控制整个集群并管理应用程序向基础计算资源的分配，提升集群的利用率、资源统一管理和数据共享程度。Spark 通过设计 DAG 执行引擎实现基于内存的计算，基于 SparkSQL 进行交互式查询，SparkStreaming 的流式计算，大大提升了空间实时计算的性能，保证了任意时间段内区域风险和道路风险的实时分析，结合出险地点的案件密度、赔付金额、车辆类型等案件属性作为分析因子，构建风险分析模型，提升风险分析的准确性。

（2）智能化遥感影像解译技术方案。通过人工智能和深度学习的应用，结合遥感解译的基础技术，实现对于农作物种植分布、长势监测以及灾后的快速定损评估，通过技术的运用，有效地辅助和服务了保险公司精准承保、精准理赔的需求。遥感影像解译流程见图 2。

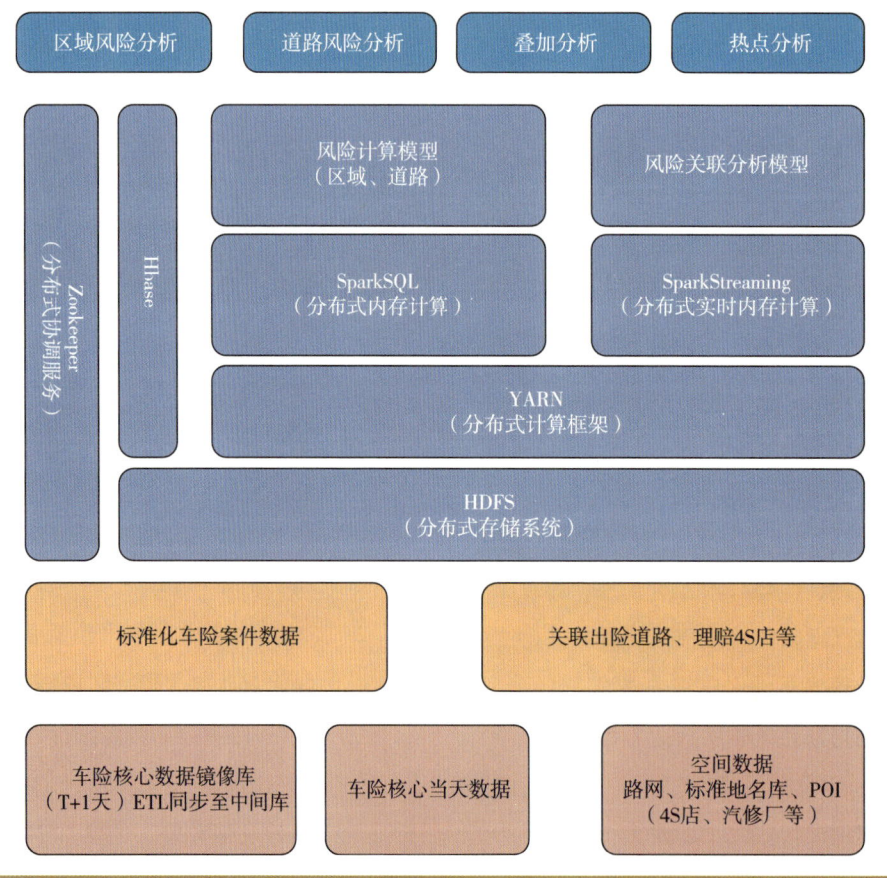

图 1　车险 GIS 平台技术架构

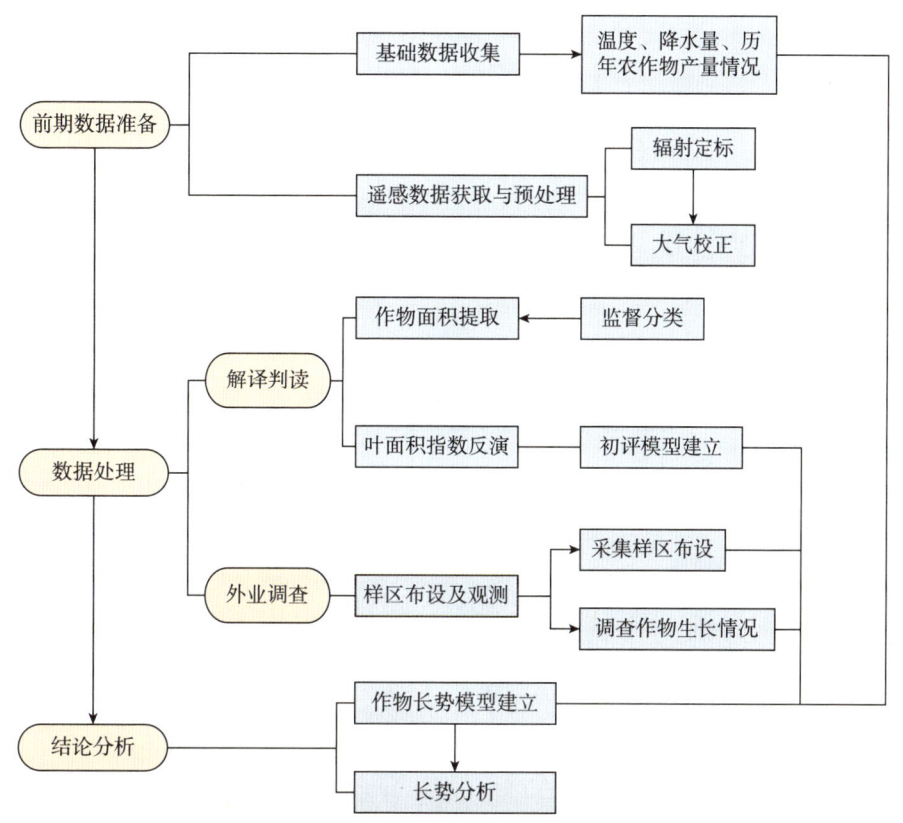

图 2　遥感影像解译流程

农作物种植分布遥感解译充分利用作物生长的物候信息，获取不同生长阶段的遥感影像，通过计算多期遥感影像的 NDVI（归一化差分植被指数，应用于检测植被生长状态、植被覆盖度）差值结果，提取指定区域农作物种植范围。

$$\text{NDVI} = \frac{\rho_{NIR} - \rho_{red}}{\rho_{NIR} + \rho_{red}}$$

式中，ρ_{red} 为可见光红光波段反射率；ρ_{NIR} 为近红外波段反射率。

在农作物灾损评估方面，通过获取农作物灾前、灾后（时效可用）影像信息，自动化对比两期影像的纹理差异、影像灰度信息，提取农作物灾损范围。在此基础上根据不同的灾损类型利用相应的灾损级别分类标准进行灾害等级评估，例如，作物旱情可借助归一化干旱指数（NDDI）根据红光、近红外和短波红外波段反射率对灾损区的植被干旱程度进行计算，最终按照旱情分级标准（正常、轻旱、重旱）进行灾损分级，得出灾损区域的受损程度分布。

（3）农业保险保单自动解析和空间化技术方案。中国银保信 GIS 平台利用完备的标准地名地址库和强大的文本解译分析能力，将数据库中存储的保单数据按照投保人地址、投保人身份证号和邮政编码进行标准化拆分和补充，完成了地址的标准化清洗，并通过快速制图模块实现业务数据不同方式的空间呈现，为业务数据空间分析奠定了良好基础。农险业务数据清洗流程见图 3。

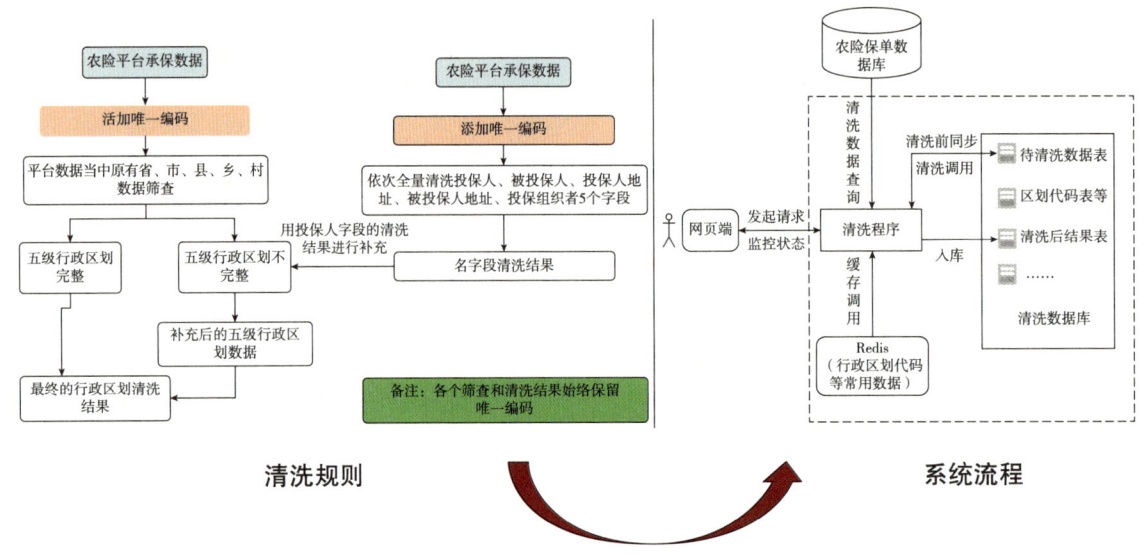

图3 农险业务数据清洗流程图

用来进行地址清洗的行政区域名称应包括城市、区（县）、街道（镇、乡）以及社区（村）等行政区域的名称，也可以包含所在省或者自治区的名称。

一个标准的地址应由以下五级地址元素构成：一级行政区划名称、二级行政区划名称、三级行政区划名称、四级行政区划名称、五级行政区划名称。因此，农险保单地址标准化处理方法如下：一是数据元素规范化处理（见表1）。二是数据过滤。根据数据规范，制定过滤规则，重点对数据中缺失的部分与信息重复部分进行筛查过滤。三是地址信息顺序错误筛查。对于数据中没有按照规范定义的数据进行错误输出操作。程序只接受数据规范中预先定义的五级地址。四是地址拆分规则。地址拆分采用正则表达式与结巴分词相结合的模式，拆分初期使用正则表达式进行拆分，后期随着词库的不断丰富可以使用结巴进行地址的拆分。

表1 数据元素规范化处理对照表

处理问题	错误问题	正确方案
缩写/简写	豫	河南省
拼音处理	HeNanSheng, HN	河南省
别名处理	高新区	中原区
别字处理	郑洲市	郑州市
多/少字	郑州	郑州市
特殊字符处理	1#	1号
繁体	鄭州市	郑州市
全角半角	ＡＢＣ	ABC

正则表达式是对字符串［包括普通字符（例如，a 到 z 之间的字母）和特殊字符（称为元字符）］操作的一种逻辑公式，就是用事先定义好的一些特定字符及这些特定字符的组合，组成一个"规则字符串"，这个"规则字符串"用来表达对字符串的一种过滤逻辑。

给定一个正则表达式和另一个字符串，可以达到如下目的：第一，给定的字符串是否符合正则表达式的过滤逻辑（称作匹配）。第二，可以通过正则表达式，从字符串中获取想要的特定部分。

正则表达式的特点：第一，灵活性、逻辑性和功能性非常强。第二，可以迅速地用极简单的方式达到字符串的复杂控制。

地址拆分过程当中用到的正则表达式是根据省、市、区、县、乡、村各级区划的关键词构建正则表达式进行地址信息的拆分处理。

在正则表达式的基础上进一步使用结巴分词的模式对保单地址进行拆分。分词器需要构建自己的地址码词典，通过词典的逐渐丰富，可以逐步摒弃正则表达式拆分地址码的方式。

结巴分词主要有以下三种模式：一是全模式，把句子中所有的可以成词的词语都扫描出来，速度非常快，但是不能解决歧义；二是精确模式，试图将句子最精确地切开，适合文本分析；三是搜索引擎模式，在精确模式的基础上，对长词再次切分，提高召回率，适合用于搜索引擎分词。

（4）基于空间位置的多年行政区划变更管理技术方案。中国银保信 GIS 平台构建了完整的行政区划变更、管理映射的技术链路，完成 2013 年至今不同行政区划版本的管理，并记录每年的变化量，实现行政区划名称、行政区划代码向前和向后的推演与追溯，并完成了对于农险平台的行政区划代码映射，保证了业务系统准确上图和时间维度分析的准确性。行政区划变更管理流程见图 4。

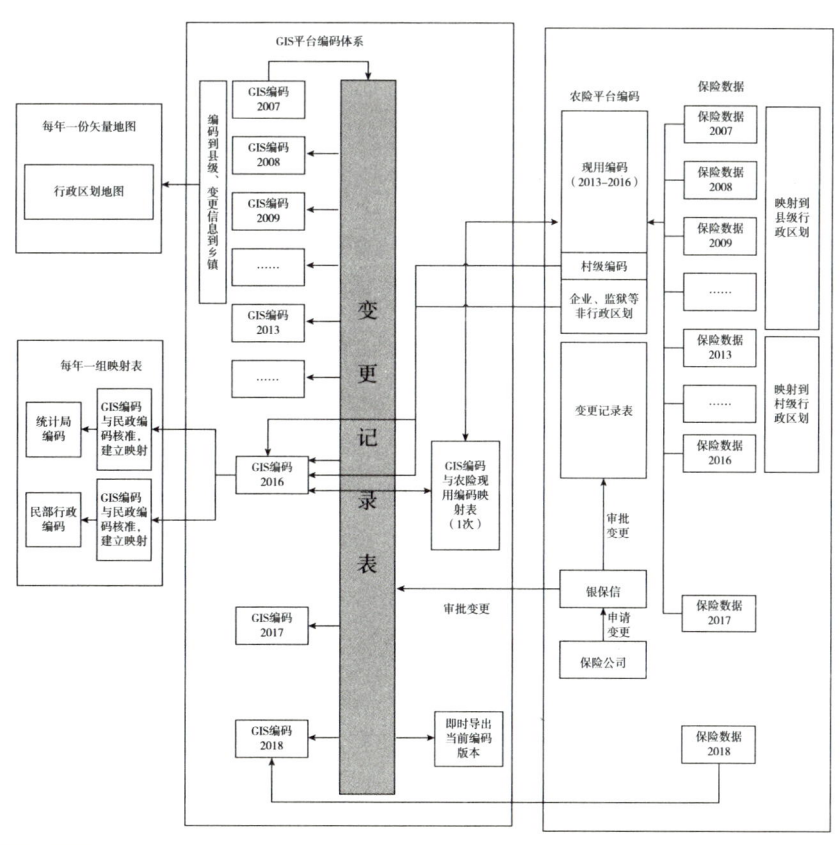

图 4　行政区划变更管理流程

五、项目效果

（一）推广情况

中国银保信 GIS 平台建成后，不仅在中国银保信内部逐步成为公司级 GIS 平台的应用，也开始分批次向全国保险公司、行业协会、监管部门推行使用。

车险的 GIS 系统方面，全国车辆出险地名标准服务和全国道路风险地图已经上线和正在上线的省份共有 26 个，到 2019 年 10 月底，系统将完成全国所有 67 家保险总公司、1000 多家保险省分公司、36 个省市地区的保险监管局、保险行业协会的业务服务全覆盖。系统上线后，各地的车辆出险地点数据质量有了大幅提高，绝大部分机构出险地点数据准确率已经达到 95% 以上，为行业数据的深度应用提供了先决条件，道路风险的多维分析为上线地区提供了良好的风险识别能力支撑，同时也为行业后续在车联网、反欺诈、费率精算等方面的应用奠定了基础。多个地区已经开始利用道路风险地图系统开展与当地交通管理部门的数据分析和碰撞，实现跨行业的数据共享，积极发挥保险业辅助社会治理的作用。

农险 GIS 系统方面，已经连续两年在内蒙古和黑龙江稳定运行，范围初具规模，覆盖 52 万户农户的 4425 万亩承保面积。下一步计划逐渐向其他地区稳步推广，为推动标的唯一性管理、灾害科学合理定损和打破区域平均赔付等方面积累宝贵经验。农险作业信息精准化实现"双提高一落地"：大幅提高承保地块信息采集数量和覆盖范围，试点区域从 5 个旗县扩大到 16 个旗县，采集地块 3.63 万个，占试点旗县承保面积的 64.11%；提高遥感承保核验精准度和时效性，总体异常率为 6.27%；实现重大灾害遥感评估种植险应用落地，为保险公司提供部分旗县洪涝灾害遥感监测灾害损失评估结果，为精准理赔提供科学依据。

系统的推广和应用对于保险业使用 GIS 开展业务分析决策具有广泛的影响，系统在保险业的深度应用，可有效协助行业各保险公司、各地行业监管、各地行业协会利用地理信息系统加快推进保险业务精细化运营、管理等目标的实现，同时，结合保险业天然的风险洞察能力，可进一步发挥保险业的社会基础保障功能和辅助社会治理的作用。

（二）应用情况

中国银保信 GIS 平台的构建，不仅完成了基础 GIS 平台的数据清洗、有序存储和服务发布，同时实现了对车险和农险两大业务在风险识别、风险管理、数据应用等多方面的行业服务支撑。

目前，该系统已经正式上线，运行稳定，功能实用，界面友好。在车险方面，通过标准地名地址服务规范了行业的案件数据，建立了面向全行业的道路和区域风险分析服务，同时也为行业在探索扩展车险行业风险识别的维度，衍生风险数据的跨行业共享和应用，辅助社会治理等方向提供支撑。在农险方面，实现了农险精准承保、及时预警、及时监测和精准理赔等功能，有助于行业进一步推动承保理赔精准化、规范化、合规化、科学化的进程，具有广泛的行业价值和较为深远的社会效益。

六、总结

该系统针对我国车险和农险存在业务管理不规范、风险预警不科学等问题，按照"综合分析—技术引入—平台研发—应用推广"的思路，通过引入空间数据挖掘、大数据实时运算、遥感影像解译、语义分析等多项前沿技术，并融合气象、交管、公安等多源数据，对车险、农险行业进行多维度的风险分析和业务分析等，逐步构建了保险业统一的GIS平台并成功推广应用，实现了全国范围内道路风险的可视化展示应用及农险应用的一张图，对车辆案件地名标准化、车险道路风险的精准化识别、农险精准承保理赔等多个方面，起到了良好的技术推动作用，为全行业深度应用GIS服务开展日常运营的管理和决策奠定了坚实的基础。

专家点评

时空大数据分析反映了新一代保险分析系统的方向，是保险业发展的重要关注点，中国银保信的项目，反映了这方面的最新进展，其中高效风险等级评价体系，多信源信息集成，车险和农险应用落地等代表了行业的最新水平，具有很强的示范作用，从实际运行效果来看，也取得了很好的效果，值得同行业学习和借鉴。

众惠相互基于流程再造在分级诊疗服务中的应用

◎ 众惠财产相互保险社

一、项目概述

众惠财产相互保险社(以下简称众惠相互)开发的华西妇儿联盟家庭医生互助计划,以"让每个孩子都能在家门口找到好医生"为愿景,旨在高效打通并整合医疗、保险及健康管理资源,通过对家庭医生、诊疗标准、诊疗路径、监测评价等机制的有效安排,并充分利用互联网信息技术及 HIS 系统数据,打造相互保险特色的"参与式医疗"模式,为被保险儿童提供便捷、优质、精准的医疗服务及保险保障,并通过日常的健康管理提升被保险儿童的健康水平。

二、项目背景及意义

(一)项目背景

近年来,"儿科医生荒"现象引发热议,基层儿科医患信任关系薄弱,导致患病家庭在基层医院就医的概率较低。习近平总书记在党的十九大报告中明确提出,实施健康中国战略,深化医药卫生体制改革,加强基层医疗卫生服务体系和全科医生队伍建设,为人民群众提供全方位全周期健康服务。

(二)项目意义

基于上述背景,为落实党的十九大健康中国战略精神及国务院深化医疗改革的工作部署,早在 2017 年,众惠相互就联合四川大学华西附二院、福瑞医疗在成都高新区通力试点打造儿童健康管理服务项目,即"华西妇儿联盟",致力于通过分级诊疗的模式解决儿科看病难题。众惠相互开发的华西妇儿联盟家庭医生互助计划,专营以医家庭生为中心的相互保险计划,基于互助精神、公开透明的运作方式、非营利性经营理念开发的社保补充型产品,是介于社保与传统商业保险之间的普惠性非营利型的互助保险计划。该项目将助力成都高新区构建闭环式妇儿健康分级诊疗保障体系,以"相互保险+科技"创新运用相互保险机制为妇儿全周期健康管理及医疗服务提供金融工具支持,帮助患儿家庭解决"门诊费用高、儿科用药贵"问题。为每位儿童签约专属家庭医生,提供 7×24 小时健康管理服务,有效缓解儿科看病难问题。同时对接医院系统,确保患者门诊医疗可以无须付费,直接由保险公司理赔付费。

三、项目重点解决的问题及主要创新点

(一)项目重点解决的问题

利用技术手段,结合多方资源,落实党的十

九大健康中国战略精神及国务院深化医疗改革的工作部署，助力成都高新区构建闭环式妇儿健康分级诊疗保障体系。帮助患者实现线上档案查询、线上问诊、预约挂号等服务，使患者可以就近在基层社区卫生服务中心通过"华西妇儿联盟"认证医生享受到"华西"标准化的服务流程、看诊流程、用药流程。对于病情严重、紧急或需要进入华西附二院进行就诊的病患，可通过分级诊疗转诊系统快速转诊至华西附二院门诊。

为解决"门诊费用高，儿科用药贵"，该项目坚持社会保险为主、互助保险为补充，探索非营利性互助保险支持等医疗金融创新。众惠保相互牵头开发医联体内家庭医生服务卡、家庭医生互助计划、单病种付费等产品，由医保基金、基本公共卫生服务经费和签约居民付费等方式共同分担。同时，通过建立一级医院与社区医院的医疗直付网络，实现了成都当地近百家医院的直连，对于所有的门诊理赔案件，实现了保险公司向客户直赔。

该项目通过以三甲医院为龙头的联盟质控委员会、开展典型病历分析、进行联盟医生培训等多种形式，不仅有效提升了基层医生的儿科诊疗能力，还增进了居民对基层医生的信任，让基层首诊成为可能，有效缓解了患儿在三甲医院就医难、社区医院就医质量低、政府卫生投入负担重等问题，有助于合理配置医疗资源，并提高资源使用效能。

（二）项目主要创新点

在成都当地，通过建立一级医院与社区医院的医疗直付网络，同时项目组技术团队在8个月内，实现了成都当地近百家医院的直连，对于所有的门诊理赔案件，实现了保险公司向客户直赔。基于非高端医疗的健康险领域，属于首创。

使用云计算等技术手段，通过云服务基础上搭建的互联网微服务分布式架构的方式，实现保险公司业务系统和医院系统的互联，保险公司系统和TPA公司系统互联。有效控制直付业务场景中的风险，提升业务效率，减少人力投入，缩短业务周期。

四、项目主要建设内容

（一）移动端保险产品销售及理赔流程

基于移动端构建保险产品的全套销售及线上理赔流程，包括产品展示、在线核保、在线支付以及承保、保单展示和线上报案理赔。

（二）一级医院与社区医院的直付网络

在成都当地，通过建立一级医院与社区医院的医疗直付网络，同时项目组技术团队在8个月内，实现了成都当地近百家医院的直连，对于所有的门诊理赔案件，实现了保险公司向客户直赔。基于非高端医疗的健康险领域，属于首创。

（三）优化保险业直付场景

通过技术手段，优化了保险业原来的直付场景中，TPA公司、医院与保险公司之间的账期问题。在基本不耗费线下人力的情况下，将行业平均40天的账期，缩减到20天。

（四）直付业务双向记账

众惠相互侧与TPA公司，实现了直付业务的双向记账，解决了医院测、TPA公司与保险公司侧由于账期过长而导致的账差问题。

（五）直付业务风险控制

众惠相互侧业务系统与成都当地医院系统的

互联，对于出险客户可做到准确实时的信息交互，高效地实现了保险公司向客户直赔。

（六）理赔自动化

在理赔业务侧，根据产品在门诊业务的范围，根据前期的设计，项目前期运行的完善，宝无忧项目实现了95%以上理赔业务的全流程系统自动核赔。

（七）数据实时传输

与健康管理公司进行数据的实时传输，获取用户就诊记录以及身体健康信息，有效地进行风险管理与控制。

（八）系统架构

系统通过云服务基础上搭建的互联网微服务分布式架构，实现不间断的安全可靠的支持，保证服务的稳定性和数据的实时性。

联网分布式架构进行设计，引入当下市场成熟度较高的缓存、微服务、持续集成三端融合等技术理念，超前规划给予平台扩展统一日志分析、大数据风险等方面的能力。

（九）服务体验

利用反馈式服务体验，在缴费环节，实现无感切入，数据信息实时反馈，实时付款，实时通知被保险人，无须客户主动操作，极大地提高了被保险人的服务感受。

五、项目效果

作为成都高新区儿科医联体建设试点，该项目通过创新机制，整合多方资源，建立了相对成熟的分级诊疗运行体系。政府主导为先，高新区提供政策平台支持，出台关于支持华西妇儿联盟项目推动分级诊疗的实施意见，组织7家社区卫生服务中心、70余名基层医生深度参与。发挥"华西"优势，华西二院提供医疗技术支持，建立儿科诊疗服务标准体系。引入社会参与，国福瑞医疗提供科技金融支持，研发信息系统，并联动众惠相互开发保险产品，支持项目持续高效运转。

实践中，项目有效缓解了高新区患儿三甲医院就医难、社区医院就医质量低、政府卫生投入负担重等问题，引起了央视、人民网、新华社等主流媒体关注，以及国家卫健委、国家医保局和省市卫健部门的高度重视。2018年底，四川省卫计委印发《成都地区妇儿联盟建设实施方案》，将高新区经验向全省推广。截至目前，华西妇儿联盟项目已覆盖成都市武侯区等9个区县，包括妇幼保健院8家、基层医疗机构107家、认证家庭医生82名，并正向达州、巴中、眉山、资阳、西昌等地的数十家医疗机构拓展。经统计，该项目已为成都市21302人次轻症儿童提供了线上预约、标准化看诊及直付结算体验，近1.5万人次的基层就诊量中仅1.2%患儿通过绿色通道转诊到华西附二院。试点区域中，基层儿科看诊人次同比增长42.70%，次均看诊费用55.68元，同比下降34.20%；通过对1197名看诊家长进行了随访，满意率达92.7%。

六、总结

自2016年6月保监会批准3家相互保险社筹建以来，监管部门指导各公司坚持"保险姓保"、回归保险本源，坚持以"会员共有、会员共治、会员共享"为核心理念，坚持"填保险市场空白、补保障服务短板"的设立初衷，在相互模式探索、创新产品研发、内部治理优化、会员服务提升、企业稳健运营等方面进行了积极探索和有益尝试。以众惠相互与成都高新区合作的华西妇儿联盟家庭医生互助计划为例，该计划具有不追求股东利润和经营成本低廉的特点，更好地为特定群体和特定领域提供简便灵活、惠而不费的保险产品和多样化、个性化的保险服务，充分体现了相互保险设立初衷和发展方向，在推进保险供给侧结构性改革、促进普惠金融发展、完善多层次保险市场体系等方面具有重要意义。

专家点评

流程再造的行业嵌入系统是保险业新的课题，是"保险+"的重要形态，众惠相互的项目，反映了此类信息化管理的新方向。其中，分级诊疗服务是医疗改革的重要方向，反映了信息化跨行业集成的重要发展趋势，是重要的尝试方向。从实际运行效果来看，该项目也取得了一定的效果，为同行业的此类应用起到了借鉴作用，也值得同行业广泛关注。

轻松筹与中再产险、华泰保险发布首款全产业链区块链保险

◎ 轻松筹·轻松保

一、项目概述

近年来，中国保险市场发展稳中向好，保险科技广泛应用。2017年中国保险业全年原保费规模达到3.66万亿元，位列全球第二。保险科技投入力度加大，区块链、大数据、人工智能等前沿技术广泛运用于产品创新、保险营销等方面。互联网保险创新业务保持高速增长，国内互联网保险市场高达1835亿元。

2017年，区块链技术随着以比特币为代表的"数字货币"火爆全球，但随即便迎来行业洗牌，进入了产业化变革的整合期。进入2019年，"虚火"退去的区块链技术，能否实现实际应用、集中产业化落地成为行业关注的焦点议题，区块链"应用元年"的声音不断。细分到"大健康"产业，区块链技术的落地应用同样在摸索中前进。轻松筹在区块链技术的探索，一直以来都处在同行业前列。早在2016年，轻松筹搭建区块链实验室，自主研发了"阳光链"项目，2018年10月29日，轻松筹联合华泰保险及中再产险依托轻松筹自主研发的"区块链"技术，打造了首款全产业链区块链保险。有了区块链技术的赋能，不仅打通了保险机构与企业之间数据共享的"最后一公里"，还创造出优质的信息资源，提升企业运营效率，以便更好地服务消费者。

二、项目背景及意义

（一）项目背景

2014年8月，国务院印发了《关于加快发展现代保险服务业的若干意见》（国发〔2014〕29号，以下简称《意见》），《意见》明确指出，鼓励保险产品服务创新。切实增强保险业自主创新能力，积极培育新的业务增长点。支持保险公司积极运用网络、云计算、大数据、移动互联网等新技术促进保险业销售渠道和服务模式创新。

2016年10月，国务院印发《"健康中国2030"规划纲要》（以下简称《纲要》），《纲要》明确指出，"共建共享、全民健康"是建设健康中国的战略主题。共建共享是建设健康中国的基本路径。从供给侧和需求侧两端发力，统筹社会、行业和个人三个层面，形成维护和促进健康的强大合力。要促进全社会广泛参与，强化跨部门协作，深化军民融合发展，调动社会力量的积极性和创造性，加强环境治理，保障食品药品安全，预防和减少伤害，有效控制影响健康的生态和社会环境危险因素，形成多层次、多元化的社会共治格局。

党的十九大报告指出，人民健康是民族昌盛和国家富强的重要标志。这体现了我们党对人民健康重要价值和作用的认识达到新高度。实施健康中国战略，增进人民健康福祉，事关人的全面发展、社会的全面进步，事关"两个一百年"奋斗目标的实现，必须从国家层面统筹谋划推进。

（二）项目意义

最新数据显示，2018年底我国还有贫困人口1660万人，而这其中的40%是"因病致贫""因病返贫"，互联网保险的快速发展为健康扶贫工作提供了新方向、新思路、新载体。利用互联网保险，能够让更多民众以较低的价格获得健康保障，从而在疾病来临时有抵御的能力。借助互联网发展的健康保障平台筹集了一大批对健康有关注的用户，通过这一平台，可以进行高效的"用户教育"和场景教育，用大数据、区块链等技术为平台赋能，也一直秉承开放合作的态度，与各公益组织、企业形成了合力，发挥各自优势。

区块链是一种去中心化的分布式账本数据库。分布式账本是每个网络节点都可以记录整个账本的交易记录，记录一个或多个账户资产的变动、交易，类似于银行对账单。可以说，区块链是"制造信任"的机器，每一个数据区块背后，都对应着一个账单，记录着一定时间内的信息变动。由于"区块链"本身具有无法篡改、无法伪造的技术特征，保证了信息的真实、透明、有效。

三、项目重点解决的问题及主要创新点

降低成本、高效运营和信息共享以及反欺诈是保险区块链解决的几个关键问题。

（一）降低成本

目前的再保险流程复杂且时间较长，往来文件和资料要经过多层盖章和审核，十分耗时。区块链通过简化现阶段保险公司和再保险公司的信息交流过程，简化再保险流程，公开透明的分布式账本，简化了财务系统等多方面检验真伪的过程，节省了大量的人力成本、时间成本和材料成本。

（二）高效运营和信息共享

借助区块链，保险机构和再保险机构的系统内可同时保存有关保费和赔付的详细数据，从而减少了对数据真实性的审核流程，而且这种数据的保存是永久的。每一款保险产品本身就存在着包括停售等风险，但传统领域中，保险公司、再保公司等机构的沟通交流时间往往以"季度"来算，这样不利于数据的及时共享，也不利于再保公司进行必要的调整。各大保险公司之间出于信息安全性考虑，很难让用户信息共享（如风险保额），保险公司之间的份额确认及账单结算等多机构之间的信息传递也比较迟缓，此外业务流程冗长、效率低下、在多机构间信息传递不畅。"互联网保险+区块链"的组合最重要的是解决信息不对称的难题，区块链技术可以通过不同的权限把保险中介公司、保险公司、再保公司连接在一起，数据在区块链上设置不同的权限，规范查看范围。这样一来，既实现了数据的共享，也能更及时地反映问题。它可以把赔付信息、购买信息等实施传输。当数据实现在不可变更账本上的共享之后，再保险公司无须等待原保险公司提供数据，就能获取一手数据，大大提升了运营效率。

(三) 反欺诈

如果能够把所有的保险数据都存储在一个链上，那么也就意味着所有的资源是行业共享，也就能有效避免出现"骗保"等不法行为，更加方便行业数据交流，避免行业损失。

四、项目主要建设内容

近年来，百万医疗保险的低保费、高保障的性价比优势受到投保人的追捧，投保人数高速增长，但还是有不少人群对此类高性价比的健康险产品的停售风险心存疑虑。针对被保险人面临的产品停售风险，轻松筹联合华泰保险、中再产险共同开发"鸿福e生尊享版百万医疗"。

为了顺应行业的发展趋势，满足人们日益增长的健康保障需求，中再产险、华泰保险、轻松筹共同签署区块链技术合作协议，三方达成深度产品合作关系，对外发布首款全产业链区块链保险产品（鸿福e生尊享版百万医疗保险），打造"科技创新+健康保障"的商业模式，提供智能化、透明化、安全化的健康保障体系。

鸿福e生尊享版百万医疗保险，是第一款将区块链底层技术运用到保险全产业链的健康险产品，实时打通前端渠道、中端承保、理赔和后端再保，赋予互联网保险高效率、高透明等势能。

在产品的特性方面，相较于通常的百万医疗保险，鸿福e生尊享版降低了用户的尾部风险，将停售后的尾部保障期间延长到最长3年，保证每一位保单持有人拥有足够的财务保障面对重大疾病风险。如果该产品停售，对于被保险人在保险期间内已罹患的重大疾病，自该重大疾病确诊之日起3年内的医疗费用，保险公司继续提供赔偿，从而保证被保险人已罹患的重大疾病可以得到有效治疗。

三方的合作使数据在各个流程环节间及时传递，对保险公司、再保险公司调整每年续保费率、提高风险管理能力极具推动作用。此外，应用全产业链区块链技术也为直保公司、再保公司提升了经营效率，降低了保险产品的成本，是构建保险新生态、再保新模式的有益尝试。

五、项目效果

对公司产生的实际效果：鸿福e生尊享版百万医疗险产品自推出后得到了轻松保用户的大力支持，以区块链作为媒介，加大了轻松保与华泰保险和中再产险的联系。

停售后的尾部3年保障时间也给投保用户带来切实的健康守护。让每一位保单持有人拥有足够的财务保障面对重大疾病风险。

轻松筹作为业内第一家将区块链技术运用到健康保障行业的企业，在功能创新上，轻松保采取基于场景化、用户画像等优势和精准的"互联网+"模式，首先根据掌握的用户数据，了解用户属性和产品诉求，针对不同的用户制定专属、精准的健康保障险。其次，轻松保保险产品在付费方面采取丰富、创新的付费模式，包括月付、保障卡等模式。最后，在轻松保的产品功能设计更贴近用户，产品条列更符合用户的阅读习惯及理解。

2019年4月18日，轻松保喊出"年轻人的第一份保险"的口号，并发布了全新的"年轻保"系列产品，引入小程序，通过步数来减保费，通过这种新颖的方式督促运动，圈粉年轻投保用户。

鸿福e生尊享版百万医疗保险，是第一款将区块链底层技术运用到保险全产业链的健康险产品，除解决信任的效果和不可篡改的特性外，还实时打通前端渠道、中端承保和后端再保，重新构建了一个保险生态，赋予互联网保险高效率、高透明的势能。

六、总结

鸿福 e 生尊享版百万医疗险产品是业内首款全产业链区块链保险产品，通过科技赋能，引领行业探索新的技术边界。区块链与互联网保险的结合，不仅改变了行业传统的数据交流和共享方式，也借助区块链公开透明不可篡改的特性避免了数据被篡改。但对于区块链在保险领域大规模应用，还需要很长时间的探索和开发。

专家点评

> 跨行业信息共享反映了保险业新的发展方向，轻松筹的区块链保险项目，是这一方向的积极尝试，虽然这类区块链项目还有待进一步实践验证，但跨行业信息共享和透明化是未来的发展方向，从实际运行效果来看，也有一定的效果，值得进一步探索。

中国信保信用保险客户服务模式创新与外贸信用生态建设的探索和实践

◎ 中国出口信用保险公司

"一带一路"倡议提出以来，我国对外贸易、投资合作快速发展。国内企业积极拓展海外业务，在对外贸易、产业投资、金融合作等诸多领域发挥了积极作用。在国际贸易当中，贸易的安全与便利是国家推进贸易强国建设的重要保障，中国出口信用保险公司（以下简称中国信保）作为我国唯一的政策性出口信用保险机构，积极支持中国对外经济贸易发展与合作，通过为对外贸易和对外投资合作提供保险等相关服务，促进对外经济贸易发展，帮助广大外经贸企业破解"有单不敢接""有单无力接"的难题，发挥稳定外需、促进出口成交的杠杆作用，履行政策性职能使命，服务国家新一轮高水平对外开放。

在新的外贸形势下，国内企业积极加快结构调整和转型升级，着力培育以技术、品牌、质量、服务、标准为核心的外贸竞争新优势，企业创新能力增强，动力转换加快，企业对提升贸易便利化、提高贸易风险防控能力的要求不断增强，这无疑对中国信保的服务模式和服务能力提出了更高的要求。

一、新外贸形势对中国信保IT服务提出新的机遇与挑战

（一）复杂的外贸营商环境对信用风险管理提出了更高的要求

近年来，受国际贸易摩擦频发、全球金融波动加大、地缘政治风险等因素影响，世界经济下行压力加大。主要经济体增速逼近触顶，一些新兴经济体增速回落，全球经济增长趋缓，国际贸易、投资形势趋紧。全球消费者信心指数、全球制造业PMI均呈下跌趋势。在复杂多变的外贸形势下，中国信保要切实发挥好逆周期调节作用，须不断提升服务能力、不断优化服务模式，大力创新服务模式和产品，积极支持企业开拓多元化国际市场，优化国际市场布局，充分发挥好出口信用保险防风险、促融资、拓市场、补损失的作用，持续促进外贸稳定发展，实现"优进优出"，切实发挥好外贸稳定器和压舱石的作用。

（二）外贸新业态下催生了多种国际贸易便利化手段，服务复杂性增大

随着国家"一带一路"倡议的推行，自由贸易区、国际贸易单一窗口、贸易综合服务平台、跨境电子商务等越来越多的渠道及政策福利吸引出口企业入驻。出口企业通过这些渠道或平台开展对外贸易，其信用保险的业务办理方式及服务支持方式与传统模式不同，渠道的多样性增加了保险服务的复杂性。

（三）数据不透明造成信息沟通壁垒，影响业务效率与客户体验

在"鼓励和支持金融机构进一步扩大出口信

用保险保单融资"的政策支持下，企业的旺盛融资需求和银行的谨慎放贷形成鲜明对比，企、信、银三方数据不透明，风险信息传导不畅造成了难以逾越的信息沟通壁垒。另外，征信渠道、追偿渠道、海关口岸、检验检疫、工商税务等数据渠道的重要性也愈加明显，传统合作方式已经满足不了日益多样化、敏捷化和智能化的业务要求。

（四）外贸企业自身对业务管理与风险控制的要求不断提升

随着业务合作的不断深入，企业与上下游合作伙伴之间的业务联系更加紧密，企业的市场竞争已经日益演变为供应链与供应链之间的竞争。通过EDI实现供应链整合、密切合作关系，加强一体化业务管理与风险控制，增强供应链的整体竞争能力，已经成为越来越多的企业应对市场竞争的基本共识。

二、中国信保EDI开放平台概述

为更好地服务对外贸易，提升外贸信用风控链条的有效性和敏捷度，2010年中国信保开始对外推出"信保通"EDI（Electronic Data Interchange）在线服务。该项服务是中国信保利用互联网和电子技术手段，实现公司"信保通"电子商务系统与公司客户、合作伙伴的业务信息系统互联互通，完成业务数据在线传输的重要举措。

EDI以双方系统直连的方式，实现了企业贸易流程、业务过程与信用风控流程的有效衔接，并且几乎完全免除对接双方的人工操作，实现"零距离""零手工""零迟滞""零差错"服务。此举既优化了出口企业的风险管理过程，将风险控制有效前移，加强事前风控，也有效解决了客户业务量大、交互多、业务模式复杂和操作成本高等诸多难题。

与传统服务手段相比，"信保通"EDI服务具有长效、便捷、深入的突出特点。EDI项目实施后，企业在全业务周期、全业务范围内均可体验到"身边"的信用风险保障服务。业务申报零手工、全自动。信息反馈及时、零迟滞。风险传导效率提高，并可瞬间覆盖到企业的各个业务环节和责任人，实现风险联动和业务提质增效。

同时，EDI还是中国信保加强对外合作，建设"数字化信保"，推动业务模式创新、产品创新的重要利器。通过建设EDI"数据高速路"，实现跨机构、跨领域的业务和风控合作的无缝衔接。中国信保主动融入外贸生态链，参与全球贸易过程，提升全业务链的抗风险能力，实现精准服务、高效服务。

经过多年的持续发展，目前EDI已经成为中国信保服务企业、促进合作、拓展市场和推动创新的重要手段，并在实践中发展形成"开放、共享、共赢"的新一代中国信保EDI开放平台，积极助力公司的高质量发展和服务国家新一轮高水平对外开放。中国信保EDI开放平台架构见图1。

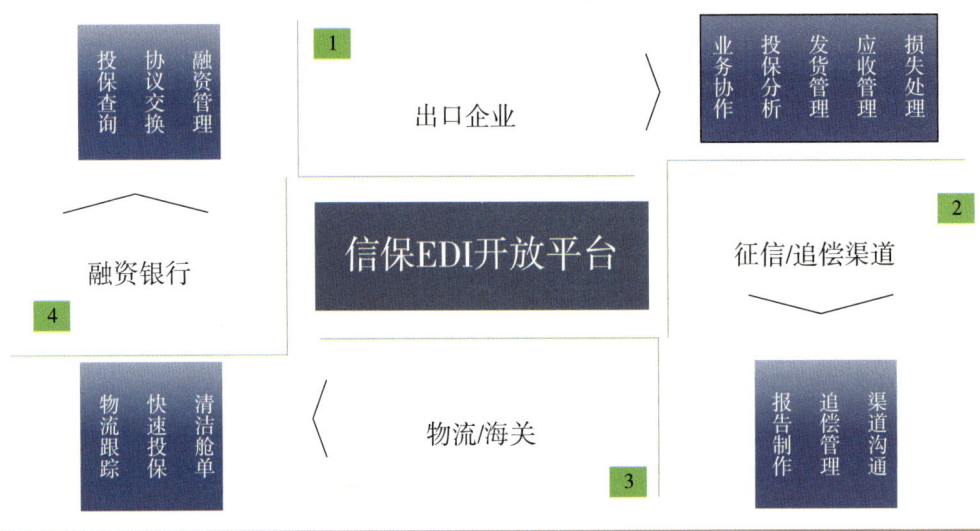

图1 中国信保 EDI 开放平台业务概览

三、中国信保 EDI 开放平台的建设历程

中国信保的 EDI 在线服务从产生到日趋完善，先后经历了项目型、产品化、开放平台三个发展阶段。

（一）项目型运作阶段

2010 年 5 月，中国信保"信保通 EDI 在线服务"在山东某家电龙头企业试水。首次实现中国信保"信保通"电子商务系统与保户业务管理系统的直连直通，实时交换业务数据。随后，中国信保陆续在广东等地开展了企业 EDI 项目试点工作。

（二）产品化阶段

2012 年 6 月，"信保通 EDI 在线服务"实现产品化升级，平台支持能力显著增强。以此为基础，中国信保正式在全国范围内复制推广"信保通 EDI 在线服务"，实现业务交互自动化、无纸化。

2015 年 1 月，"信保通 EDI 客户端助手"正式推出，此举大幅降低了接入机构的实施成本，并能有效缩短项目研发周期 50% 以上。

（三）开放平台建设阶段

2017 年，"信保通 EDI 在线服务"进一步升级为中国信保 EDI 开放平台（见图 2）。公司以"开放、共享、共赢"的合作理念，面向国际贸易生态链中的众多外贸企业、服务保障机构、金融机构、政府机构等推出即时的数据交换服务。此后，EDI 对接机构迅速扩大，数据服务内容不断丰富，平台能力和使用效益显著提升。

2019 年，中国信保将信用保险服务顺利接入到国际贸易单一窗口，让小微企业出海不仅"走得快"，还能"走得稳""走得好"。与融资银行实现贸易融资 EDI 数据对接，打破数据不透明造成信息沟通壁垒，实现风控联动、信息互通，助力保单融资提质、增效。与资信渠道实现资信业务 EDI 数据对接，提升资信调查的自动化水平和数据交互能力。与国际贸易单一窗口、融资银行联合推出"信保贷"小微企业在线保单融资产品及服务,实现"保收汇、全线上、免抵押、利率低、秒获批、期限活"的保险融资体验,积极落实普惠金融政策,服务小微企业发展。

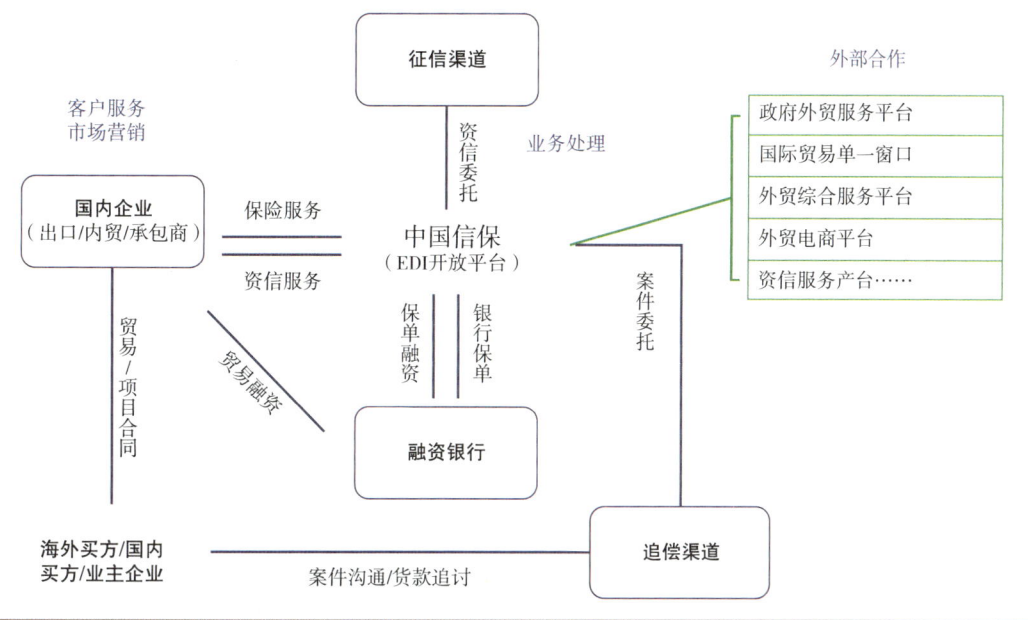

图2 中国信保EDI开放平台业务架构

目前,中国信保EDI开放平台已经成为中国信保增进上下游、各板块之间信息共享和业务协作,打造新型合作关系,促进多方合作共赢,推动服务融合,打造敏捷信控大环境的重要工具。

四、中国信保EDI开放平台的优势

(一)数据交换"自动化",节省业务办理的人力支出

EDI项目的实施,将原有人工搬运数据的工作方式转变为系统自动完成数据交互的工作方式,节省了人力成本。同时,避免因人工填报造成的数据错漏问题,提高了数据的准确性和完整性。

(二)避免数据迟滞,促进资源整合,提升业务效率

EDI项目的实施,提高了业务数据在双方业务场景中交互的速度,避免因跨系统人工提交、人工查阅等情况造成数据迟滞。EDI促进了对接机构的内部数据资源整合,实现贸易流程、业务过程与信用保险流程的有效衔接,通过中国信保及时推送的信用风险信息,帮助企业提前感知风险,优化企业风险管理过程,将风控措施落实到企业各个业务环节,提高整个业务流程的流转效率。

(三)创新数据交互形式,积极支持业务创新和合作模式创新

EDI项目的实施,优化了数据交互方式,实现了双方平台级的在线业务协同和资源共享,使业务合作更加便捷、高效,并带来业务合作模式创新和产品创新;同时,EDI可有效衔接外部平台,扩展业务合作领域,增强市场营销和产品创新能力。

（四）建设开放、共享、共赢的贸易信用生态链

EDI 是拓展业务合作范围和推动跨领域合作的重要手段。通过增进外贸流程上下游、各板块之间信息共享和业务协作，打造新型合作关系，提升服务质量，提高全链条的在线业务协作能力。

五、中国信保 EDI 开放平台的技术基础

（一）通过"加密+认证+签名"三重机制，保障数据安全、抗抵赖

在基于 Web Services 的 EDI 数据交换机制中，安全性保障主要涉及链路层及面向 Internet 的 Web Services 应用安全性两方面内容。其中，链路接入方面，EDI 采用 SSL（Secure Sockets Layer）方式实现数据通道安全接入，保证数据在互联网传输过程中的安全性；Web Services 应用安全性则借助可信第三方 CA，建立基于数字证书的身份认证机制，保证数据交互双方身份的真实性。通过电子签名保证电子报文的完整性和合法性，防止篡改及第三方假冒，实现业务过程"无纸化"。同时，平台还提供了应用监控、入侵检测、数据审计和异常告警等相关安全措施。

（二）统一接入标准和规范，确保服务质量

为了提高"数据接入方"的接入质量，提高项目实施成效，中国信保在项目的营销推广、技术评估、接口规范、项目实施、安全标准、文档体系、沟通管理、运维支持等方面均形成了标准化的工作机制和流程，支持可配置的需求实现和可扩展的数据接口，兼容差异化的应用场景和服务要求。公司对外提供全程免费技术服务，高标准、高要求执行项目，确保每一个 EDI 项目的实施成效。

（三）坚持开放理念，促进资源整合

EDI 以开放的形式，实现多方资源接入。除出口企业数据接入外，还扩展了银行融资、资信渠道、追偿渠道、政府平台等资源入口，促进数据共享、分析和利用。以融资为例，面对当前复杂多变的世界市场环境，企业在选择出口市场时，可能会承担更高的投资成本和经营管理风险，需要金融机构提供一定的资金信贷支持。针对企业轻资产、融资需求强烈的特征，中国信保与银行深度合作，搭建在线的融资服务路径，帮助企业突破发展"瓶颈"。

中国信保 EDI 技术架构见图 3。

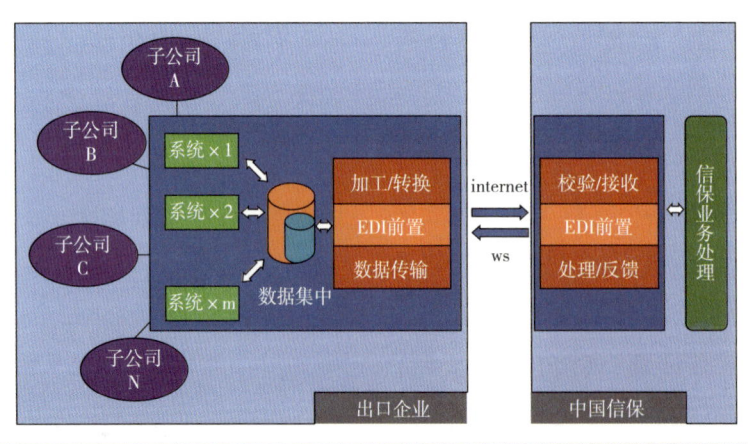

图 3　中国信保 EDI 技术架构

六、中国信保 EDI 开放平台项目实践

（一）助力出口企业简化业务操作，把控业务风险

截至 2019 年 9 月，中国信保已经实现与 600 多家各地区行业龙头企业的 EDI 对接。2018 年，通过 EDI 双向交互数据 1983 万次、14.77 亿条。EDI 对出口企业的积极作用主要体现在：一是工作效率提升，免除人工跨系统搬运数据的操作；二是出错概率降低，系统自动数据交互大大降低了人工干预造成的错误风险；三是业务通知和风险预警及时，将原有被动式人工信息获取转变为系统主动式信息发布，提早感知并从容应对突发风险；四是降低出口企业培训成本，双方系统集成之后，人员流动产生的学习成本会大大降低。EDI 在线服务的引入，不但促进了出口企业内部数据资源整合，实现了透明、全面的业务监控，还可以通过中国信保及时向出口企业推送的信用风险信号，帮助企业提前感知风险，优化企业风险管理过程，提高风险感知的受众范围，帮助企业的业务员—生产部门—发运部门—财务部门—风控部门—企业管理层等不同层级角色及时掌握信用风险状况，将风控措施落实到企业的各个业务环节，完善企业风控制度，最终提升业务质量。

（二）支持外贸新业态，提升合作创新能力

近年来，在"促进贸易便利化，优化营商环境"的政策推动下，新外贸业态、新服务模式不断涌现。信用保险作为出口贸易不可或缺的重要环节，受到各方积极关注。中国信保主动把握合作新契机，积极融入国际贸易大环境体系，创新合作理念，拓宽信用风险管理的服务触角，大力开展与国际贸易单一窗口平台、外贸综合服务平台、国际电子商务平台、政府外贸服务平台等的对接，为中国外贸转型升级提供服务。面对不同服务方式、不同服务渠道的接入需求，EDI 灵活应变，实现"场景化"的业务支持，推动合作创新。目前，中国信保已经与数十家外贸综合服务平台、国际贸易单一窗口、政府外贸服务平台、第三方外贸电商平台等实现了在线业务合作，并产生积极成效。

（三）加强银信在线合作，积极落实普惠金融政策，提升保单融资效率及风险联动能力

EDI 在融资银行和中国信保之间形成即时、顺畅的数据交互，帮助融资银行在系统内的协议签订、额度审批、应收账款登记、发放融资等环节，即时获等信用保险相应信息，并作为相关业务操作的参照和依据，进一步发挥了信用保险在贸易融资中分险增信的积极作用，同时也进一步优化了双方业务交互流程，提高了双方操作的匹配程度。此外，银、信 EDI 合作有助于中国信保掌握出口企业保单融资的整体情况，形成业务流程"出运—融资—收汇"的完整链条，对于判断出口企业自身业务情况具有较大意义，特别是可以有效补充当前出口贸易中的收汇核实工作，准确反映买方付款信息，提升客户感受，为承保和风险管理提供重要的参考依据。中国信保与融资银行的 EDI 数据对接，促进了数据透明化，免去线下流程，实现单证不落地，既降低了操作风险，又提高了融资效率。

（四）拓宽合作渠道，衔接上下游打造信息高速路

EDI 打通中国信保与海外渠道（资信渠道、

追偿渠道等）的系统，将原有因为时差、沟通工具等因素脱节的业务办理环节联动起来，实现双方数据的实时共享，提高业务敏捷度，有效遏制损失势头，提高风险管控能力。另外，通过与各外贸服务机构、企业/个人征信服务机构之间的信息共享和合作，逐步建立起覆盖全球的进出口企业信用记录，更好地为企业提供从个体到产业链的整体服务。目前，中国信保正在与多家渠道磋商，加速实现双方数据交互，推动业务的快速展开。

七、EDI 开放平台的应用展望

未来，中国信保将持续加大 EDI 开放平台的相关投入，致力于打造"纵向一体化"在线协作平台，通过信息共享和业务协作，提升国际贸易生态链的业务流畅度，共同防范和应对国际市场风险变化。通过运用电子签名、智能运维、微服务等相关技术，实现 EDI 项目服务一体化、实施自动化、数据分析智能化，为广大出口企业、外贸服务平台等提供买家评估、信用评级、风险预警、风险分析报告等"高附加值"的顾问式服务，最终实现中国信保用服务规避风险，用数据支持决策，用创新推动转型，用合作优化环境的目标。

专家点评

保险业 EDI 建设在跨行业、跨地域发展中起到巨大作用，是保险业与其他行业信息化格式转化的重要方向，中国出口信用保险公司的项目，反映了这方面的最新成果，其中多方面互动机制代表了这方面发展的最高水平，有很强的实践经验价值。从实际运行来看，该项目取得了很好的效果，值得保险业对外系统衔接借鉴，值得行业内学习推荐。

中国银保信意健险风险管理系统赋能行业风控水平提升

◎ 中国银行保险信息技术管理有限公司

一、项目概述

意健险风险管理系统是中国银行保险信息技术管理有限公司（以下简称中国银保信）基于行业数据汇集成果，向保险公司提供的数据服务，供保险公司在两核作业中识别客户风险，以更精确地作出业务判断。系统首期提供个人意外险核保风险提示、个人健康险核保风险提示、个人健康险理赔风险提示以及理赔重复票据提示四类数据服务，实现了跨公司、跨险种、跨区域的全国性风险信息共享和预警，风险识别效果显著，能够有效防范行业系统性风险。

二、项目背景与意义

随着经济水平的提高和大众保险意识的觉醒，近年来商业健康险和意外险呈现出快速增长的态势。与此相伴随，欺诈现象频发、欺诈严重也制约了意健险健康发展，行业"千万元保额"，甚至"亿元保额"等高额密集投保案件层出不穷。这也反映出行业风控乏力、风控水平低等问题。问题的根本在于缺少底层的数据共享，导致单个保险公司很难应对各类欺诈行为，建立以反欺诈为目的的意健险风险数据共享机制，已成为全行业的迫切需求。

2018年2月保监会正式印发《反保险欺诈指引》，提出要充分发挥大数据平台集中管理优势，探索建立多险种的反欺诈信息管理平台，为保险欺诈风险的分析及预警提供支持。2019年6月，银保监会开展"护航2019"反保险欺诈专项行动，将意健险作为反欺诈重点领域，以平台大数据为基础，开展反欺诈工作。可以说，监管机构对利用数据共享开展行业反欺诈提出了明确的要求。

为此，中国银保信顺应行业呼声，响应监管要求，秉承建设行业基础设施的使命，充分利用行业数据汇集成果，精心打造赋能行业风险管控利器，建设全国性的意外及健康险风控平台——意健险风险管理系统，实现了跨公司、跨险种、跨区域的全国性风险信息共享和预警，有效提升保险公司风险防控能力，助力防范化解金融风险，进一步遏制消费者不良信用行为的发生，促进社会信用体系不断发展完善，切实发挥保险业辅助社会治理的作用。

三、项目解决的重点问题

中国银保信经过广泛调研、深入论证，在充分征集行业需求和意见的基础上，于2018年7月正式推出意健险风险管理系统，打通了行业各保险公司之间的数据壁垒，通过大数据技术，实现了底层风险数据共享，减少因信息不对称而引起的欺诈风险。意健险风险管理系统也是保险业非车险领域首个行业级数据的应用成果。系统先期推出"守护者"系列数据产品，包括个人意外险核保风险提示、个人健康险核保风险提示、个人健康险理赔风险提示、理赔重复收据提示等四大类8个场景的风控数据服务。

这一系列服务可供保险公司在核保、核赔过程中实时调用风险数据查询功能，获取客户累计保额、理赔次数、重复报销等风险指标，以全面了解客户真实的风险状况，作出准确的业务判断，实现高水准的风险管控。以个人意外险核保风险提示场景为例，此服务用于个人意外险核保环节，当消费者投保意外险时，保险公司通过此场景查询被保险人在行业内是否有与意外险相关的高风险信息（如是否密集投保、累计风险保额、有效投保公司总数等），有效筛选出具有高风险特征的业务及客户，并作出更精确合理的业务判断。

四、项目方案

针对保险产品的个性化特征、业务生命周期的不同阶段、风险因素概率化的敞口分类，公司通过意健险风险管理系统向行业推出基于不同业务场景的数据服务（见表1）。

表1 意健险风险管理数据服务——"守护者"系列

数据产品	应用场景	覆盖险种
个人意外险核保风险提示	①个人意外险核保	普通意外险、自驾车意外险、借款人意外险、综合交通工具意外险等
个人健康险核保风险提示	②补偿医疗险核保 ③重大疾病险核保 ④个人津贴险核保	个人补偿医疗保险 个人重大疾病保险 个人津贴保险
个人健康险理赔风险提示	⑤补偿医疗险理赔 ⑥重大疾病险理赔 ⑦个人津贴险理赔	
理赔重复收据提示	⑧医疗发票重复报销	团体企业补充医疗保险 团体中端医疗保险 个人补偿医疗保险

（一）个人意外险核保风险提示

此服务用于个人意外险核保环节，有效筛选出具有高风险特征的业务及客户，能够有效遏制高额意外险欺诈案件频发的趋势。例如，个人意外险投保前，保险公司通过此服务查询被保险人在近年内是否有与意外险相关的高风险信息（如累计风险保额、有效投保公司总数、是否已死亡等），打破信息壁垒，便于保险公司在核保过程中识别风险。

（二）个人健康险核保风险提示

此服务用于个人健康险核保环节，快速透明地为保险公司提供被保险人的风险信息，提高核保效率。例如，在个人重大疾病保险承保前，保险公司通过此服务查询被保险人有效累计保额和近年内是否有高风险信息（如是否有非正常核保、理赔结论，是否有重疾、慢性病等），支持保险公司把住风险入口，提升风险筛查能力。

（三）个人健康险核赔风险提示

此服务协助保险公司更好地处理、审核赔案，识别被保险人欺诈、医疗滥用、逆向选择等风险，提高行业整体风险控制水准，提升保险公司理赔服务水平。例如，当保险公司处理赔案时，可通过此服务查询被保险人在近年内是否有健康险的高风险信息（如是否有非正常核保、理赔结论，是否有重疾、慢性病）以及线索比对信息（如既往就诊记录、既往病史、曾就诊医院等），消除信息不对称，便于保险公司在理赔过程中识别风险，采取相应的风险控制措施。

（四）理赔重复票据提示

此服务用于个人及团体健康险的理赔环节，协助保险公司排查医疗发票重复报销、甄别虚假医疗发票，便于保险公司管控费用，提高行业风控水平。例如，部分保险公司小额自助理赔时，客户只需上传票据影像，不需要提交实物；保险公司通过此服务查询该张医疗发票是否已有理赔记录，以规避被保险人重复理赔的风险。系统在行业数据归集的基础上，通过整合、加工、计算全行业数据，向保险公司提供风险识别数据服务。意健险风险管理系统具有以下特点。

1. 行业级源数据。打通行业信息壁垒，依托大数据分析、比对等技术，实现行业底层数据整合应用，建立行业级、全国性的意健险反欺诈系统，有效帮助保险公司识别隐匿的业务风险，尤其是多家公司投保、高额密集投保等风险。

2. 业务针对性强。为顺应行业对反欺诈服务的强烈呼声，在充分考虑保险公司业务实务的基础上，推出适用于不同业务场景的数据服务，如针对自驾车意外险、重大疾病保险的风险提示，在一定程度上解决行业"痛点"和难点。同时，采用大数据技术，对100余亿张保单进行清洗、加工、逻辑计算，设计50余个风险标签，供保险公司在核保、核赔过程中实时查询，以全面了解客户真实的风险状况，有效避免业务风险。

3. 系统安全性高。中国银保信始终坚守信息安全的原则和底线。一方面，依据国际通行惯例和国内相关法律法规，充分取得客户授权；另一方面，利用数据加密、脱敏等技术，规避客户隐私信息泄露风险。

4. 系统稳定性高。系统在充分评估保险公司业务量的基础上，能够支撑高并发的业务开展，满足保险业务时效要求，确保保险公司的良好体验和系统稳定运行。

5. 可扩展性强。系统采用动态迭代的建设思路，设计灵活可配置的底层架构，不断拓展数据来源，逐步引入大数据建模技术，以丰富数据服务的谱系和类别，更好地服务行业发展。

五、项目效果

截至目前，意健险风险管理系统已为40余家保险公司提供数据服务，助力行业潜在止损近10亿元，行业平台数据应用价值逐步凸显，风险防控作用显著。

（一）强化了高风险保单前端预警管理

系统实时嵌入保险公司作业流程，能够协助保险公司在投保端有效识别客户相关风险信息，如同业投保理赔情况、异常健康告知、累计风险保额情况等，通过前端预警提示，有效避免因信息不对称而导致的欺诈风险，帮助保险公司作出更趋合理的业务判断，严把高风险保单"入口关"。

（二）提升了保险公司风控水平

系统提供标准化接口，保险公司可因司制宜选择接入方式和风险信息使用规则。一是在系统接入方式上，大部分公司将系统嵌入核保、核赔流程中，实时调用健康险平台风险数据库查询模块。二是在风险信息使用规则上，保险公司可自行组合使用风险指标，不断优化风险防范应对方式，业务风控水平持续提升。

（三）促进了保险业务降本增效

一方面，系统毫秒级反馈丰富的风险指标信息，帮助保险公司快速精确地作出业务判断，提升承保、理赔效率，尤其是对于承保业务，有效提升了自动核保效率和比例，进一步增强了消费者服务体验水平；另一方面，系统提示出险时间、出险地点等风险指标，给予保险公司更具针对性的调查方向，节省调查成本。

六、总结

意健险风险管理系统是保险业行业级数据应用的重要尝试，对提升保险公司风控水平作用显著，有利于全方位扎紧反保险欺诈"藩篱"。下一步，根据行业欺诈形态的演化和保险业务发展趋势，系统将持续开展迭代优化工作，进一步丰富数据服务的谱系和类别，同时探索人工智能、云计算、区块链等新型技术在数据服务中的应用，向行业提供更为及时、便捷、高效的数据服务。未来，中国银保信也将秉承公司使命，建立更完善的行业反欺诈数据服务体系，切实打造保险反欺诈协同机制，助力行业转型升级，促进行业高质量发展。

专家点评

该项目通过大数据技术，对非车险领域行业级数据进行应用，向保险公司提供数据服务并供其在两核作业中识别客户风险，从而能够更精准地作出业务判断。这个管理系统目前提供个人意外险核保风险提示、个人健康险核保风险提示、个人健康险理赔风险提示以及理赔重复票据提示四类数据服务。

该项目是一次很好的尝试，充分打通了行业各保险公司之间的数据壁垒，实现底层数据共享，从而减少因信息不对称而引起的欺诈风险。该项目目前取得的效果令人振奋，下一步有望建立更加完善的服务体系，促进行业整体精细化发展。

后　记

从保险业以及整个金融业来看，通过新技术应用来促进服务和销售模式转型已逐渐成为共识。从整个社会来看，保险作为服务业，在农业、医疗、交通等领域的参与度不断提升，影响力也日渐增强。互联网金融的数字化、电子化、精细化及智能化是未来行业不可逆转的发展趋势。保险业只有与信息技术相结合，积极转变经营理念与商业模式，才能够打造重塑核心竞争力的现代服务业，进而为整个社会的发展作出贡献。

作为中国银保监会主管的工作日报，《中国银行保险报》（原《中国保险报》）以服务银保监会中心工作需要、服务银行业保险业改革开放大局、服务人民群众对银行业保险业的需要为工作宗旨，秉持"权威、准确、专业"的工作方针，一直高度关注保险业信息化建设的进程。

一方面，《中国银行保险报》在"六维一体"全媒体平台开辟信息技术专栏，关注行业信息化建设的政策要求及发展趋势，报道行业信息化建设的理论与实践；另一方面，利用媒体优势搭建交流平台，连续举办十二届保险业信息化高峰论坛，打造行业最具权威的信息化论坛平台。同时，打开思路、创新形式，多次组织保险机构高管深入前沿企业交流考察，组织保险业信息技术沙龙、保险信息技术论坛等，为行业信息化建设提供思想碰撞和经验交流的平台。

《2019保险业信息化优秀案例精编》的成书，只是《中国银行保险报》为行业信息化建设所尽的一点微薄之力，若能帮助读者管窥当前保险业信息化建设的进程，洞察未来保险业科技变革的趋势，亦或给渴望了解行业信息技术发展的读者一点指引，足矣。

最后，感谢给予本书出版以大力支持的华安财产保险，参与评审和指导的吴晓军、左春、刘勇、许闲等专家学者，以及相关保险机构的信息技术负责人。本书在成书的过程中，倾听了大量的专家意见，在此一并致谢！

中国银行保险传媒股份有限公司
2019 年 12 月